Comentários ao Novo CPC
e sua Aplicação ao Processo do Trabalho
Atualizado conforme a Lei n. 13.256/2016

JOSÉ ANTÔNIO RIBEIRO DE OLIVEIRA SILVA – Juiz Titular da 6ª Vara do Trabalho de Ribeirão Preto; Doutor em Direito do Trabalho e da Seguridade Social pela Universidad de Castilla-la Mancha (Espanha) – Título revalidado pela Universidade de São Paulo (Usp); Mestre em Direito Obrigacional Público e Privado pela UNESP; Professor da Escola Judicial do TRT-15.

CARLOS EDUARDO OLIVEIRA DIAS – Conselheiro do Conselho Nacional de Justiça; Juiz Titular da 1ª Vara do Trabalho de Campinas; Pós Doutor em Ciências Sociais, Humanidades e Artes pela Universidade Nacional de Córdoba; Doutor em Direito do Trabalho pela Faculdade de Direito da Universidade de São Paulo (USP); Mestre em Direito do Trabalho pela Faculdade de Direito da PUC-SP; Professor Titular do Centro Universitário UDF.

GUILHERME GUIMARÃES FELICIANO – Juiz Titular da 1ª Vara do Trabalho de Taubaté; Vice-Presidente da Associação Nacional dos Magistrados da Justiça do Trabalho (Anamatra), Gestão 2015-2017; Doutor em Direito Penal e Livre-Docente em Direito do Trabalho pela Faculdade de Direito da Universidade de São Paulo; Doutor em Direito Processual Civil pela Faculdade de Direito da Universidade de Lisboa; Professor Associado II Do Departamento de Direito do Trabalho e da Seguridade Social da USP.

MANOEL CARLOS TOLEDO FILHO – Desembargador do Trabalho do TRT-15; Bacharel, Mestre e Doutor em Direito do Trabalho pela Faculdade de Direito da Universidade de São Paulo; Vice-Diretor da Escola Judicial do Tribunal Regional do Trabalho da 15ª Região; Membro Efetivo da Asociación Argentina de Derecho del Trabajo y de la Seguridad Social e da Asociación Uruguaya de Derecho del Trabajo y de la Seguridad Social.

JOSÉ ANTÔNIO RIBEIRO DE OLIVEIRA SILVA
Coordenador
CARLOS EDUARDO OLIVEIRA DIAS
GUILHERME GUIMARÃES FELICIANO
MANOEL CARLOS TOLEDO FILHO

Comentários ao Novo CPC
e sua *Aplicação ao Processo do Trabalho*
Atualizado conforme a Lei n. 13.256/2016

Volume 1 – Parte Geral

(Arts. 1º ao 317)

EDITORA LTDA.
© Todos os direitos reservados

Rua Jaguaribe, 571
CEP 01224-003
São Paulo, SP — Brasil
Fone (11) 2167-1101
www.ltr.com.br
Março, 2016

Versão impressa — LTr 5465.1 — ISBN 978-85-361-8755-6
Versão digital — LTr 8886.2 — ISBN 978-85-361-8739-6

Dados Internacionais de Catalogação na Publicação (CIP)
(Câmara Brasileira do Livro, SP, Brasil)

Silva, José Antônio Ribeiro de Oliveira
  Comentários ao Novo CPC e sua aplicação ao processo do trabalho, volume 1 : parte geral : arts. 1º ao 317 : atualizado conforme a Lei n. 13.256/2016 / Carlos Eduardo Oliveira Dias, Guilherme Guimarães Feliciano, Manoel Carlos Toledo Filho; coordenador José Antônio Ribeiro de Oliveira Silva. — São Paulo : LTr, 2016.

  Bibliografia.

  1. Processo civil 2. Processo civil - Brasil I. Feliciano, Guilherme Guimarães . II. Toledo Filho, Manoel Carlos. III. Silva, José Antônio Ribeiro de Oliveira. IV. Título.

16-01169   CDU-347.9(81)(094.46)

Índice para catálogo sistemático:

1. Brasil : Código de processo civil : Comentários   347.9(81)(094.46)
2. Código de processo civil : Comentários : Brasil   347.9(81)(094.46)

Dedicamos estes Comentários a todos os nossos alunos, de todos os cursos e faculdades, que com suas inquietações, dúvidas e críticas, sempre nos motivaram a estudar sempre mais as peculiaridades do processo do trabalho, na tentativa de impedir intromissões desnecessárias do Código de Processo Civil.

ÍNDICE

Apresentação 11

PARTE GERAL
LIVRO I
DAS NORMAS PROCESSUAIS CIVIS
TÍTULO ÚNICO
DAS NORMAS FUNDAMENTAIS E DA APLICAÇÃO DAS NORMAS PROCESSUAIS

Capítulo I — Das Normas Fundamentais do Processo Civil (Arts. 1º ao 12) 13
Capítulo II — Da Aplicação das Normas Processuais (Arts. 13 ao 15) 46

LIVRO II
DA FUNÇÃO JURISDICIONAL
TÍTULO I
DA JURISDIÇÃO E DA AÇÃO (Arts. 16 ao 20) 53
TÍTULO II
DOS LIMITES DA JURISDIÇÃO NACIONAL E DA COOPERAÇÃO INTERNACIONAL

Capítulo I — Dos Limites da Jurisdição Nacional (Arts. 21 ao 25) 61
Capítulo II — Da Cooperação Internacional 67
    Seção I — Disposições Gerais (Arts. 26 e 27) 67
    Seção II — Do Auxílio Direto (Arts. 28 ao 34) 71
    Seção III — Da Carta Rogatória (Arts. 35 e 36) 78
    Seção IV — Disposições Comuns às Seções Anteriores (Arts. 37 ao 41) 80

TÍTULO III
DA COMPETÊNCIA INTERNA

Capítulo I — Da competência 84
    Seção I — Disposições Gerais (Arts. 42 ao 53) 84
    Seção II — Da Modificação da Competência (Arts. 54 ao 63) 94
    Seção III — Da Incompetência (Arts. 64 ao 66) 103
Capítulo II — Da Cooperação Nacional (Arts. 67 ao 69) 108

LIVRO III
DOS SUJEITOS DO PROCESSO
TÍTULO I
DAS PARTES E DOS PROCURADORES

Capítulo I — Da Capacidade Processual (Arts. 70 ao 76) 112
Capítulo II — Dos Deveres das Partes e de Seus Procuradores 120
    Seção I — Dos Deveres (Arts. 77 e 78) 120
    Seção II — Da Responsabilidade das Partes por Dano Processual (Arts. 79 ao 81) ... 124
    Seção III — Das Despesas, dos Honorários Advocatícios e das Multas (Arts. 82 ao 97) ... 128
    Seção IV — Da Gratuidade da Justiça (Arts. 98 ao 102) 145
Capítulo III — Dos Procuradores (Arts. 103 ao 107) 154
Capítulo IV — Da Sucessão das Partes e dos Procuradores (Arts. 108 ao 112) 160

TÍTULO II
DO LITISCONSÓRCIO (Arts. 113 ao 118) 165

TÍTULO III
DA INTERVENÇÃO DE TERCEIROS

Capítulo I — Da Assistência 174
   Seção I — Disposições Comuns (Arts. 119 e 120) 174
   Seção II — Da Assistência Simples (Arts. 121 ao 123) 178
   Seção III — Da Assistência Litisconsorcial (Art. 124) 181
Capítulo II — Da Denunciação da Lide (Arts. 125 ao 129) 183
Capítulo III — Do Chamamento ao Processo (Arts. 130 ao 132) 189
Capítulo IV — Do Incidente de Desconsideração da Personalidade Jurídica (Arts. 133 ao 137) 192
Capítulo V — Do *Amicus Curiae* (Art. 138) 197

TÍTULO IV
DO JUIZ E DOS AUXILIARES DA JUSTIÇA

Capítulo I — Dos Poderes, dos Deveres e da Responsabilidade do Juiz (Arts. 139 ao 143) 199
Capítulo II — Dos Impedimentos e da Suspeição (Arts. 144 ao 148) 203
Capítulo III — Dos Auxiliares da Justiça (Art. 149) 206
   Seção I — Do Escrivão, do Chefe de Secretaria e do Oficial de Justiça (Arts. 150 ao 155) ... 206
   Seção II — Do Perito (Arts. 156 ao 158) 211
   Seção III — Do Depositário e do Administrador (Arts. 159 ao 161) 214
   Seção IV — Do Intérprete e do Tradutor (Arts. 162 ao 164) 216
   Seção V — Dos Conciliadores e Mediadores Judiciais (Arts. 165 ao 175) 218

TÍTULO V
DO MINISTÉRIO PÚBLICO (Arts. 176 ao 181) 226

TÍTULO VI
DA ADVOCACIA PÚBLICA (Arts. 182 ao 184) 228

TÍTULO VII
DA DEFENSORIA PÚBLICA (Arts. 185 ao 187) 229

LIVRO IV
DOS ATOS PROCESSUAIS 231

TÍTULO I
DA FORMA, DO TEMPO E DO LUGAR DOS ATOS PROCESSUAIS

Capítulo I — Da Forma dos Atos Processuais 231
   Seção I — Dos Atos em Geral (Arts. 188 ao 192) 231
   Seção II — Da Prática Eletrônica de Atos Processuais (Arts. 193 ao 199) 234
   Seção III — Dos Atos das Partes (Arts. 200 ao 202) 235
   Seção IV — Dos Pronunciamentos do Juiz (Arts. 203 ao 205) 236
   Seção V — Dos Atos do Escrivão ou do Chefe de Secretaria (Arts. 206 ao 211) ... 238
Capítulo II — Do Tempo e do Lugar dos Atos Processuais 240
   Seção I — Do Tempo (Arts. 212 ao 216) 240
   Seção II — Do Lugar (Art. 217) 241

Capítulo III — Dos Prazos 242
    Seção I — Disposições Gerais (Arts. 218 ao 232) 242
    Seção II — Da Verificação dos Prazos e das Penalidades (Arts. 233 ao 235) 247

TÍTULO II
DA COMUNICAÇÃO DOS ATOS PROCESSUAIS

Capítulo I — Disposições Gerais (Arts. 236 e 237) 250
Capítulo II — Da Citação (Arts. 238 ao 259) 253
Capítulo III — Das Cartas (Arts. 260 ao 268) 263
Capítulo IV — Das Intimações (Arts. 269 ao 275) 268

TÍTULO III
DAS NULIDADES (Arts. 276 ao 283) 274

TÍTULO IV
DA DISTRIBUIÇÃO E DO REGISTRO (Arts. 284 ao 290) 277

TÍTULO V
DO VALOR DA CAUSA (Arts. 291 ao 293) 279

LIVRO V
DA TUTELA PROVISÓRIA

TÍTULO I
DISPOSIÇÕES GERAIS (Arts. 294 ao 299) 281

TÍTULO II
DA TUTELA DE URGÊNCIA

Capítulo I — Disposições Gerais (Arts. 300 ao 302) 294
Capítulo II — Do Procedimento da Tutela Antecipada Requerida em Caráter Antecedente (Arts. 303 e 304) 301
Capítulo III — Do Procedimento da Tutela Cautelar Requerida em Caráter Antecedente (Arts. 305 ao 310) 305

TÍTULO III
DA TUTELA DA EVIDÊNCIA (Art. 311) 315

LIVRO VI
DA FORMAÇÃO, DA SUSPENSÃO E DA EXTINÇÃO DO PROCESSO

TÍTULO I
DA FORMAÇÃO DO PROCESSO (Art. 312) 318

TÍTULO II
DA SUSPENSÃO DO PROCESSO (Art. 313 ao 315) 319

TÍTULO III
DA EXTINÇÃO DO PROCESSO (Arts. 316 e 317) 324

Referências Bibliográficas 327

APRESENTAÇÃO

Esta obra representa o primeiro volume de uma série cujo objetivo é comentar integralmente o novo CPC, desde a ótica particular do processo trabalhista brasileiro.

Seus quatro autores compartilham a condição de magistrados trabalhistas e docentes-doutores. Mas o realmente importante é que eles igualmente compartilham a condição de *convertidos*. E aqui cabe uma *explicação fundamental*.

A formação tradicional do bacharel em direito, tanto no Brasil quanto no exterior, não costuma dar muita importância ao direito processual do trabalho, disciplina que ordinariamente é encarada como se fora um *mero apêndice* do direito processual civil.

Aliás, a figura do apêndice, como vista pela ciência médica, ilustra bem o que tradicionalmente se pensa do processo do trabalho, tanto na Academia quanto fora dela: um desdobramento sem função clara ou definida, a ser lembrado somente quando inflama ou ameaça supurar e que, se for removido, não fará nenhuma falta.

Esta perspectiva, não raro, acompanha o egresso-bacharel por sua trajetória profissional, ainda quando ela se desenvolva exclusivamente na área trabalhista.

Com os autores não foi diferente.

A realidade, porém, é que o direito processual do trabalho brasileiro, mercê da criatividade e do empenho de seus múltiplos e distintos atores jurídicos, criou figuras, rotinas ou posturas que, por sua eficiência, foram inclusive assimiladas pelo processo civil, ainda quando ali não se ousasse confessar a sua origem.

E aqui é que se passa a *conversão* acima noticiada: os autores estão hoje completamente convencidos de que o direito processual do trabalho é *uma coisa* e o direito processual civil é *outra*. Seus princípios e paradigmas não são idênticos. Compartilham, sim, fundamentos e objetivos comuns, mas mesmo esses podem ou devem sofrer modulações, em ordem a adaptá-los à *realidade específica* do *direito instrumental trabalhista*. O diálogo entre ambos, portanto, não é equalizado, na medida em que o processo civil somente se irá manifestar quando o processo do trabalho assim o permitir. Em outras palavras, e para deixar bastante claro: na dimensão institucional afeta à Justiça do Trabalho, *o processo do trabalho sempre foi, ainda é, e sempre deverá ser mais importante do que o processo civil*.

Esta afirmação é particularmente importante no momento atual, em que o direito processual civil, mercê do advento de um Código Novo, busca dissimuladamente – ou ostensivamente até – *colonizar* o direito processual do trabalho. Esta ideia, que não é propriamente nova, vem agora com força redobrada, e para nada deve ser ignorada: a história comprova que o *resultado central* de toda colonização é transformar a realidade a ela antecedente a ponto de, muitas vezes, não deixar pedra sobre pedra.

Ao processo do trabalho e aos seus aplicadores cumpre assim resistir e o primeiro passo para tanto é questionar sua própria formação profissional, passando pela revisão de conceitos e a consolidação de princípios. Nossa expectativa é de que a obra ora apresentada possa atender a tal finalidade.

Por fim, cabe assinalar que, se bem seja esta obra fruto do trabalho conjunto de todos os comentaristas, ela não teria sido possível sem a iniciativa e o entusiasmo do *Prof. José Antônio Ribeiro de Oliveira Silva*, que nela igualmente funcionou como seu organizador e revisor. A ele, assim, registram os demais autores seu sincero agradecimento.

Campinas (SP), 20 de janeiro de 2016.

OS AUTORES

LEI N. 13.105, DE 16 DE MARÇO DE 2015

CÓDIGO DE PROCESSO CIVIL.

A PRESIDENTA DA REPÚBLICA

Faço saber que o Congresso Nacional decreta e eu sanciono a seguinte Lei:

PARTE GERAL

LIVRO I
DAS NORMAS PROCESSUAIS CIVIS

TÍTULO ÚNICO
DAS NORMAS FUNDAMENTAIS E DA APLICAÇÃO DAS NORMAS PROCESSUAIS

CAPÍTULO I
DAS NORMAS FUNDAMENTAIS DO PROCESSO CIVIL

Art. 1º

O processo civil será ordenado, disciplinado e interpretado conforme os valores e as normas fundamentais estabelecidos na Constituição da República Federativa do Brasil, observando-se as disposições deste Código.

Comentário de *José Antônio Ribeiro de Oliveira Silva*

NOTA INTRODUTÓRIA

O objetivo central desta obra é analisar, passo a passo, a *compatibilidade* das normas do novo Código de Processo Civil com as normas do processo do trabalho.

Para que se possa atingir esse escopo, o método aplicado pelos autores será o de, *primeiramente*, comentar de modo objetivo o sentido e o alcance das regras do novo Código de Processo Civil, para, em seguida, verificar a possibilidade de aplicação *subsidiária ou supletiva* ao processo do trabalho.

Nesse caminhar, torna-se imprescindível procurar identificar a existência de norma própria no processo laboral ou de eventual lacuna. Num segundo passo, analisar se mesmo na existência de norma própria não seria desejável a aplicação supletiva do novo Código, como, aliás, prevê expressamente seu novel art. 15. De qualquer modo, numa ou noutra hipótese — lacuna normativa (primária) ou lacuna ontológica e axiológica (secundária) —, apontar com clareza a (in) compatibilidade das novas regras com as normas do processo do trabalho, exigência especial do art. 769 da Consolidação das Leis do Trabalho. Daí que a análise da referida *compatibilidade* será a *bússola* que guiará todos os comentários formulados pelos autores, na sequência desta obra.

NORMA JURÍDICA PROCESSUAL

A regra primeira deste novo Código de Processo Civil é *inédita*, em termos de ordenamento do processo que propicia a prestação jurisdicional civil em nosso país. Ao dispor que doravante o processo civil deve se pautar, em sua ordenação (procedimento a ser seguido), disciplina e inclusive em sua interpretação, pelos *valores* e pelas *normas fundamentais* insculpidos em nossa Constituição republicana, o CPC de 2015 evidencia a *supremacia* das normas constitucionais sobre as do próprio Código — como não poderia ser de outra forma —, sobretudo dos valores e dos princípios constitucionais. Com efeito, a *tríade normativa* — regras, princípios e valores — passa a guiar o aplicador e o intérprete das novas regras codificadas.

Nesse passo, convém recordar brevemente o significado dos institutos jurídicos referidos.

De todos sabido que a norma jurídica (estatal) é o principal objeto do Direito, e que por meio dela o Estado institui determinados padrões de conduta social, impondo sanções jurídicas ao destinatário que não observar os padrões definidos na norma. No caso em exame, o conjunto normativo do novo Código de Processo Civil visa a estabelecer os *com-

portamentos que cada ator jurídico deve seguir no curso do processo judicial de natureza civil, prevendo o papel de cada uma das partes que atuam ou podem atuar no processo, fixando os procedimentos (ritos) a serem seguidos e inclusive impondo sanções para condutas impróprias — por exemplo, as previsões de multas e indenizações por dano processual ou litigância de má-fé —, além de prever regras de outra natureza.

Ocorre que a norma não provém apenas das regras positivadas pelo Estado, como há tempo se proclama, pois os princípios gerais de direito deixaram de ser apenas fonte subsidiária do Direito (art. 4º da LINDB) e passaram a ser utilizados pelos atores jurídicos como *fonte normativa* que, portanto, disciplinam/regem uma situação concreta. E mais recentemente a doutrina tem proclamado que também os grandes valores consagrados pela sociedade, sobretudo em sua carta constitucional, possuem uma carga normativa, além de sua importante função interpretativa das normas postas.

FORÇA NORMATIVA DOS VALORES E PRINCÍPIOS

O novo Código de Processo Civil admite expressamente que os princípios constitucionais têm *força normativa*, situando-se acima da própria Lei n. 13.105, de 16 de março de 2015, que criou o novo Código. Com efeito, os princípios — e os valores — constitucionais estão no ápice da pirâmide normativa, exatamente como sempre preconizou a jurisprudência dos valores.

Neste sentido, Paulo Bonavides afirma que essa construção doutrinária — da *força normativa dos princípios* — fez com que a teoria dos princípios se convertesse no *coração* das Constituições. Assim, deixando de ser mera "fonte subsidiária de terceiro grau nos Códigos, os princípios gerais, desde as derradeiras Constituições da segunda metade do século XX, se tornaram fonte primária de normatividade". De modo que a jurisprudência dos princípios, enquanto "jurisprudência dos valores", interpenetra-se com a "jurisprudência dos problemas", formando a "espinha dorsal" da nova hermenêutica, na época do pós-positivismo. Com efeito, a jurisprudência dos princípios fornece "os critérios e meios interpretativos de que se necessita para um mais amplo acesso à tríade normativa — regra, princípio e valor". De se enfatizar que essa *tríade normativa* possui uma singular importância "para penetrar e sondar o sentido e a direção que o Direito Constitucional toma (no) tocante à aplicabilidade imediata de seus preceitos" (BONAVIDES, 2006, p. 276-285).

Resta, portanto, identificar quais são os valores e princípios constitucionais invocados pelo novo Código de Processo Civil, os quais irão, doravante, guiar o aplicador e o intérprete, na condução do processo comum.

Pois bem, alguns institutos jurídicos têm uma dimensão tão abrangente que podem ser classificados como princípios, fundamentos, direitos e inclusive *valores* de um sistema normativo.

O mais significativo desses institutos é o *princípio ontológico da dignidade da pessoa humana*, tão importante que há uma regra expressa no novo Código determinando a sua observância, a do art. 8º, segundo a qual o juiz, ao aplicar o ordenamento jurídico, deve resguardar e promover a dignidade da pessoa humana, além de outras diretrizes ali fixadas, como comentaremos mais adiante.

Amplamente sabido que a dignidade humana é um dos princípios *cardeais* de nossa Constituição (art. 1º, III), sendo um dos *fundamentos* da própria República Federativa do Brasil (*caput*). E há regras que mandam observar, resguardar, promover e até interpretar outras regras com base nessa *máxima da dignidade humana*, como o art. 8º supramencionado e tantos outros. Daí que se pode afirmar, sem receio algum, que a dignidade é um *direito fundamental* de toda pessoa humana, a ser exigida em situações concretas tanto em face do Estado quanto dos particulares, na chamada *eficácia horizontal* dos direitos fundamentais. Isso significa que, num caso concreto, o juiz pode exigir que o comportamento da parte seja adequado ao respeito que merece a outra parte, no curso do processo, sob pena de violar o princípio da dignidade humana e sofrer as consequências daí decorrentes. Sendo assim, a dignidade da pessoa humana se torna mais do que um princípio como quaisquer outros, erigindo-se num dos *valores fundamentais* da sociedade brasileira.

Outros valores podem ser lembrados, nessa ótica de *princípios fundantes*, como os *valores* da liberdade, da igualdade, da solidariedade — a famosa tríade que se busca concretizar desde a Revolução Francesa de 1789 —, da vida, da livre iniciativa, dentre outros.

Na seara trabalhista, um valor tão importante — e nem sempre lembrado — é o *valor social do trabalho humano*, insculpido em fundamento, princípio e valor no art. 1º, inciso IV, da Constituição da República Federativa do Brasil. Por isso, a doutrina justrabalhista mais abalizada enfatiza que o trabalho é, a um só tempo, direito fundamental, fundamento de nosso Estado Democrático (e social) de Direito e um valor que se encontra no ápice de nossa pirâmide normativa.

No tocante aos *princípios constitucionais*, de se analisar aqueles que têm mais larga aplicação no âmbito processual, diante dos limites estreitos desta obra.

Por certo que o novo Código de Processo Civil procura equalizar uma difícil colisão dos *princípios constitucionais processuais*, assegurando de um lado as desejáveis celeridade e efetividade, imprescindíveis à presteza da solução judicial, e de outro as garantias do contraditório e da ampla defesa. Em meio a tudo isso, o novo Código revela um verdadeiro fascínio pelo postulado da segurança jurídica. Com efeito, é extremamente complexo atingir o utópico "meio-termo" nessa *colisão de princípios fundamentais*, porque ou se estipulam regras que beneficiam a celeridade, rumo à tão sonhada efetividade — porque há muito se afirma que justiça tardia é uma forma de injustiça —, ou se concretizam regras que asseguram a plena participação em contraditório, possibilitando-se às partes que a todo momento possam (tentar) influenciar na decisão judicial, até em nome do regime democrático de direito, o que, no final das contas, deságua em morosidade, para que haja a mais ampla segurança jurídica quando das decisões no curso do processo.

PRINCÍPIOS CONSTITUCIONAIS DO PROCESSO

Antes mesmo da Constituição da República Federativa do Brasil de 1988, Ada Pelegrini Grinover apontava a inegável *conexão* entre o direito processual e o regime constitucional. Com efeito, o Estado de Direito somente alcançará sua concretização através desses instrumentos processual-constitucionais de tutela dos direitos *fundamentais* do ser humano. Citando Couture, esta conceituada autora assevera: trata-se "de fazer com que o direito não fique à mercê do processo, nem que venha a sucumbir por ausência ou insuficiência deste" (GRINOVER, 1975, p. 3-6).

Por óbvio, nesse contexto — identificação dos princípios processuais *fundamentais* — não podem caber princípios que são específicos de determinada fase procedimental, como, por exemplo, o princípio da impugnação especificada — que se aplica à defesa —, o princípio da preclusão — que se aplica aos prazos —, os princípios relacionados à prova — inclusive o da proibição da prova ilícita — e tantos outros. Por isso, sustenta-se que os chamados princípios *gerais*, como os princípios da demanda, da congruência, do livre convencimento, da oralidade, da lealdade, da instrumentalidade das formas e o princípio dispositivo não passam de regras técnicas, faltando-lhes o *caráter de generalidade* de que são dotados os *princípios de origem político-constitucional*, por referirem-se, aqueles, apenas a algum setor do direito processual e não ao processo como um todo (DINAMARCO, 2004, V. I, p. 196-197).

Entendemos que os princípios *fundamentais* do sistema processual encontram-se previstos na própria Lei Fundamental do País e, portanto, podem ser denominados também de *princípios constitucionais do processo*.

Para Dinamarco, tais princípios *fundamentais* são os seguintes: a) do devido processo legal; b) da inafastabilidade do controle jurisdicional; c) da igualdade; d) da liberdade; e) do contraditório e da ampla defesa; f) do juiz natural; e g) da publicidade. Segundo este renomado autor, o princípio do duplo grau de jurisdição não tem os contornos de autêntica garantia constitucional, e a exigência de motivação das decisões judiciais trata-se, em verdade, de uma projeção do princípio do devido processo legal. Para ele, em suma, a garantia de todo o sistema processual é o *princípio do acesso à justiça*, que é, portanto, *o princípio-síntese e o objetivo final do sistema* (Idem, p. 197-198).

De nossa parte, entendemos que boa parte dos princípios constitucionais processuais acaba reunida no princípio do devido processo legal. Como reconhece Dinamarco, "muitos desses princípios, garantias e exigências convergem a um núcleo central e comum, que é o *devido processo legal*". Ora, "observar os padrões previamente estabelecidos na Constituição e na lei é oferecer o contraditório, a publicidade, possibilidade de defesa ampla *etc.*". De modo que são "inegáveis as *superposições* entre os princípios constitucionais do processo, sendo impossível delimitar áreas de aplicação exclusiva de cada um deles" (destaques no original) (*Idem*, p. 198).

Destarte, podemos sustentar que, em verdade, há na Constituição Federal *três princípios processuais ontológicos*, que consubstanciam valores fundamentais e podem ser considerados como a *matriz* de todo o sistema processual, a saber: a) o princípio do acesso à justiça; b) o princípio do devido processo legal; e c) o princípio da efetividade.

PRINCÍPIO DO ACESSO À JUSTIÇA

O princípio do acesso à justiça se consubstancia na *facilitação do acesso* ao Poder Judiciário. No entanto, não se assegura com essa garantia simplesmente a porta de entrada ao cidadão, mas também e principalmente "a porta de saída", vale dizer, a efetiva entrega da tutela jurisdicional postulada.

No dizer da mais abalizada doutrina, deve-se assegurar às pessoas que buscam o Judiciário o *resultado útil do processo*, sendo que toda a atividade jurisdicional deve ser pautada pela busca incessante dessa utilidade do provimento, como uma maneira de se promover a justiça do caso concreto. Em outras palavras, o acesso à justiça não significa apenas a garantia da propositura da demanda (ajuizamento da ação), devendo materializar-se em todos os atos do procedimento (rito a ser seguido), até a entrega da prestação jurisdicional, seja mediante um provimento cautelar, cognitivo ou satisfativo ao autor da demanda, que efetivamente satisfaça a sua pretensão — caso ele tenha ganho de causa.

Cappelletti e Garth asseveram, com maestria, que o *acesso à justiça*, nessa ordem de ideias, pode — e deve — "ser encarado como o requisito fundamental — o mais básico dos direitos humanos — de um sistema jurídico moderno e igualitário que pretenda garantir, e não apenas proclamar os direitos de todos" (CAPPELLETTI; GARTH, 1988, p. 12).

Esta garantia está preconizada no art. 5º, inciso XXXV, da Constituição da República Federativa do Brasil, segundo o qual *"a lei não excluirá da apreciação do Poder Judiciário lesão ou ameaça a direito"*. E está agora assegurada também no art. 3º do novo Código de Processo Civil, como se verá na sequência desta obra.

PRINCÍPIO DO DEVIDO PROCESSO LEGAL

De acordo com o art. 5º, LIV, da Constituição da República Federativa do Brasil, *"ninguém será privado da liberdade ou de seus bens sem o devido processo legal"*. Eis a garantia do devido processo legal que, segundo a doutrina, vem sendo assegurada desde a Magna Carta outorgada pelo Rei João Sem Terra, em 1.215, na Inglaterra.

Nelson Nery sustenta que o princípio constitucional *fundamental* do processo civil, "a base sobre a qual todos os outros princípios e regras se sustentam, é o do *devido processo legal*, expressão oriunda da inglesa *due process of law*" (destaques no original). Referido princípio é, pois, "o gênero do qual todos os demais princípios e regras constitucionais são espécies" (NERY JUNIOR, 2009, p. 77).

Ocorre que, como sustenta este prestigiado autor, em sentido genérico, o princípio do *due process of law*, que encontra precedente *constitucional* nas Emendas 5ª e 14ª da Constituição Federal norte-americana, caracteriza-se pelo *trinômio vida-liberdade-propriedade*. Assim, tudo o que disser respeito à tutela destes bens jurídicos está sob a proteção da cláusula do devido processo. Este autor afirma que, assim sendo, foi neste sentido genérico, amplo, que a locução foi expressamente adotada na Constituição Federal brasileira, no inciso LIV do art. 5º (*Idem*, p. 78-80).

Não obstante, a cláusula do devido processo legal consubstancia um instituto jurídico bastante abstrato, sendo que, por isso, a maneira mais segura de se buscar o seu sentido e alcance é a de se analisar os seus *subprincípios*, com as suas especificidades. Isso porque o princípio do devido processo legal só se concretiza quando asseguradas algumas *garantias constitucionais*, como as que seguem:

a) *do juiz natural* — consubstanciado em duas normas constitucionais que exigem a fixação prévia das regras de competência e proíbem os tribunais ou juízos de exceção, respectivamente, os incisos LIII (*"ninguém será processado nem sentenciado senão pela autoridade competente"*) e XXXVII (*"não haverá juízo ou tribunal de exceção"*) do art. 5º da Constituição da República Federativa do Brasil;

b) *do contraditório e da ampla defesa* — garantias asseguradas no inciso LV do multicitado art. 5º, segundo o qual *"aos litigantes, em processo judicial e administrativo, e aos acusados em geral são assegurados o contraditório e ampla defesa, com os meios e recursos a ela inerentes"*;

c) *da motivação das decisões judiciais* — esta garantia constitucional se encontra no art. 93, inciso IX, da Constituição Federal, de acordo com o qual *"todos os julgamentos dos órgãos do Poder Judiciário serão públicos, e fundamentadas todas as decisões, sob pena de nulidade"* (primeira parte do inciso);

d) *da publicidade* — garantia prevista no inciso LX do referido art. 5º, quando se preconiza que *"a lei só poderá restringir a publicidade dos atos processuais quando a defesa da intimidade ou o interesse social o exigirem"*, também assegurada no inciso IX do citado art. 93 (parte final), ao se assegurar que todos os atos processuais devem ser públicos, salvo se o próprio interesse público exigir o contrário, nos termos fixados em lei, quando poderá ser limitada *"a presença, em determinados atos, às próprias partes e a seus advogados, ou somente a estes"*;

e) *da igualdade* — o direito processual constitucional não tem norma específica sobre o tratamento isonômico que deve ser dispensado às partes, buscando a doutrina fundamento para este princípio no *postulado geral da igualdade*, pois referido princípio, no campo do processo, estaria amparado no *caput* e no inciso I do art. 5º da Constituição Federal, *locus* onde se prevê a garantia genérica da igualdade, com a afirmação de que *"todos são iguais perante a lei"* (*caput*), e de que *"homens e mulheres são iguais em direitos e obrigações"* (inciso I).

Na sequência desta obra comentaremos sobre estes *subprincípios* do devido processo legal, até porque há previsão expressa dos quatro últimos nos arts. 7º, 8º e 11 do novo Código de Processo Civil, bem como em diversos outros dispositivos deste.

PRINCÍPIO DA EFETIVIDADE

Para José Carlos Barbosa Moreira, "se o processo é instrumento de realização do Direito Material, o resultado do seu funcionamento deve situar-se a uma distância mínima daquele que produziria a atuação espontânea das normas substantivas, e já constitui uma desgraça a impossibilidade de fazer coincidir precisamente um e outro" (*Apud* TOLEDO FILHO, 2006, p. 31).

Barbosa Moreira, um dos maiores mestres da processualística nacional, explica que a *efetividade* "consiste na aptidão para desempenhar, do melhor modo possível, a função própria do processo", ou, ainda, "para atingir da maneira mais perfeita o seu fim específico". O festejado mestre carioca chega, inclusive, a delinear um "programa básico da campanha em prol da efetividade", baseado nos *seguintes parâmetros*: 1º) o processo deve dispor de instrumentos apropriados de tutela; 2º) esses instrumentos devem ser utilizáveis, na prática; 3º) devem ser asseguradas condições favoráveis à adequada apuração dos fatos relevantes; 4º) tudo isso deve desembocar em um resultado útil;

5º) alcançando-se esse resultado com o menor gasto possível de tempo e energia (*Apud* TOLEDO FILHO, 2006, p. 33).

Todas essas considerações são necessárias porque, como há muito tempo já se proclama, o maior obstáculo à efetividade do processo é o *tempo de sua duração*.

Essa preocupação não passou despercebida do legislador constituinte derivado que, por ocasião da *Emenda Constitucional n. 45/2004* — com a qual procurou reformar o Judiciário brasileiro —, promoveu a *positivação do princípio da efetividade*, ao inserir, no rol seleto de direitos e garantias fundamentais do art. 5º da Constituição da República Federativa do Brasil, o inciso LXXVIII, assegurando a todos, no âmbito judicial ou administrativo, a razoável duração do processo, com a celeridade imprescindível a que essa duração razoável se concretize. Eis a dicção da norma: *"a todos, no âmbito judicial e administrativo, são assegurados a razoável duração do processo e os meios que garantam a celeridade de sua tramitação"*.

Portanto, a um só tempo foram positivados na Constituição os princípios da *celeridade* e da *duração razoável do processo*, como se fossem verso e reverso da mesma moeda.

Pensamos que, em verdade, *não se criou um novo princípio*, ao lado do da celeridade. A razoabilidade expressa neste dispositivo constitucional tem o escopo de assegurar, no fundo, a tão comentada *efetividade da prestação jurisdicional*, a qual, assim, *destaca-se* do conteúdo jurídico do princípio do acesso à ordem jurídica justa e se consubstancia num *princípio específico*, que, somado ao da celeridade, oferecerá meios para se resguardar a dignidade da pessoa humana dos litigantes, no âmbito processual e para além do processo, porquanto de longa data se propõe que o processo não passa de instrumento de realização do direito material.

PROCESSO DO TRABALHO

A questão é: aplica-se a norma do art. 1º do novo Código de Processo Civil ao processo do trabalho?

Pois bem, o *fundamento ideológico* do processo do trabalho é o *próprio direito do trabalho*, tendo em vista que o processo deve ser entendido como um instrumento do direito material ao qual serve. A natureza *instrumental* do direito processual "impõe sejam seus institutos concebidos em conformidade com as necessidades do Direito substancial". Desse modo, "a eficácia do sistema processual será medida em função de sua utilidade para o ordenamento jurídico material e para a pacificação social". Afinal, de que adianta "uma ciência processual conceitualmente perfeita, mas que não consiga atingir os resultados a que se propõe" (TOLEDO FILHO, 2006, p. 29, 37 e 43).

Com efeito, se o processo do trabalho tem como *finalidade primordial* a concretização dos direitos materiais trabalhistas, quando violados, e sendo a grande maioria destes de natureza alimentar, não pode o processo laboral "importar" normas do novo Código de Processo Civil que venham burocratizar seu procedimento, tornando-o menos célere e, no final, menos efetivo.

É com essa perspectiva em mente que serão analisadas todas as hipóteses de cabimento das novas regras processuais no âmbito do processo do trabalho.

Sendo assim, a regra do art. 1º do novo Código de Processo Civil, quando evoca a *transcendência dos valores e das normas fundamentais constitucionais*, sobretudo dos princípios processuais insculpidos na Constituição, tem *plena aplicabilidade* ao processo laboral, especialmente no que se refere ao respeito incondicional à dignidade da pessoa humana, ao acesso à ordem jurídica justa e ao binômio celeridade-efetividade.

Sem embargo, o princípio do devido processo legal, com seus *subprincípios* de concretização, deve ser "adaptado" ao ramo justrabalhista, sobretudo no tocante ao princípio da igualdade e à exacerbação dos princípios do contraditório e da ampla defesa.

Como vimos anteriormente, o *devido processo legal* é uma cláusula normativa imaginada, pelo menos a princípio, para a tutela dos chamados direitos humanos de *primeira geração*. Se os direitos sociais dos trabalhadores são reconhecidos como direitos humanos de *segunda geração* — com um inegável caráter alimentar — e, portanto, clamam por um processo sem as amarras formais do direito processual clássico — vale dizer, direitos que precisam ser satisfeitos no menor tempo possível —, de se ponderar que o princípio do devido processo *legal*, em toda a sua extensão, não pode ser aplicado no processo do trabalho sem os devidos aparos e adaptações. Isso porque no direito material do trabalho, a razão de ser do processo laboral, vigora um princípio diametralmente oposto ao da igualdade, o festejado *princípio da proteção*, a matriz ontológica e ideológica de todo o direito material trabalhista.

É dizer: torna-se necessário, na análise do direito fundamental ao devido processo, no âmbito da Justiça do Trabalho, pensar que o processo laboral é buscado como *instrumento de realização de direitos fundamentais sociais dos trabalhadores*, cuja concepção material exterioriza, em diversas ocasiões, *valores fundamentais* para o sistema jurídico, como o princípio da dignidade da pessoa humana e o valor social do trabalho, erigidos em *fundamentos* da sociedade democrática brasileira (art. 1º, incisos III e IV, da Constituição da República Federativa do Brasil).

> **Art. 2º**
>
> O processo começa por iniciativa da parte e se desenvolve por impulso oficial, salvo as exceções previstas em lei.

Comentário de José Antônio Ribeiro de Oliveira Silva

PRINCÍPIOS DISPOSITIVO E INQUISITIVO

A regra em destaque é equivalente à do art. 262 do CPC de 1973, que não previa apenas a parte final, relativa às *exceções* previstas na legislação. Ela evoca a apreciação de dois princípios processuais gerais sempre tratados pela doutrina, a saber, os *princípios dispositivo e inquisitivo*. A primeira parte da regra, que exige iniciativa da parte para o início do processo, está alinhada ao princípio *dispositivo*, que também vinha inscrito no art. 2º do CPC revogado: *"Nenhum juiz prestará a tutela jurisdicional senão quando a parte ou o interessado a requerer, nos casos e forma legais"*. Ainda que esta última regra não tenha sido incluída no novo Código de Processo Civil, por certo que o teor da norma está inscrito na primeira parte do atual art. 2º.

Agora, ainda que o processo exija iniciativa da parte (autora), o desenvolvimento do processo (curso do procedimento) não pode ficar à mercê dela, tampouco da parte contrária (ré), pois o juiz competente, como condutor nato do processo, deve impulsionar os atos processuais rumo à decisão na qual proporcionará a entrega da prestação jurisdicional invocada por ambas as partes. Daí o princípio *inquisitivo*, em nome do qual o juiz exerce o referido impulso do processo.

De se observar, portanto, que os referidos princípios são *antagônicos*.

É ínsita ao princípio dispositivo a ideia de *disponibilidade*, identificando-se nele atos ou fatos processuais disponíveis. De modo que, por este princípio, as partes têm a *faculdade* de praticar ou não determinado ato processual. A título exemplificativo: a) o sujeito pode ou não ajuizar a ação para demandar uma providência do Estado-juiz; b) ajuizada a ação, cita-se o réu, que tem o direito de se defender, mas não a obrigação de fazê-lo, porquanto a defesa é um mero ônus de que ele pode ou não desincumbir-se; c) as partes têm o direito de produzir a prova que se fizer necessária para o convencimento do juiz quanto à veracidade dos fatos por elas alegados, mas, também a prova, é apenas um ônus ou uma faculdade colocada à disposição das partes. Em suma, o princípio dispositivo identifica a *disponibilidade*, pelas partes, de direitos, faculdades e ônus processuais que vão surgindo no curso do processo.

Humberto Theodoro observa que o princípio *dispositivo* atribui às partes toda a iniciativa, seja na inauguração do processo, seja no seu impulso, apontando duas derivações importantes desse princípio no sistema processual civil: 1ª) o princípio da demanda; 2ª) o princípio da congruência. Explica este renomado autor que o princípio da demanda está previsto na regra que exige a iniciativa da parte ou do interessado para a prestação da tutela jurisdicional, de sorte que não há instauração de processo, *ex officio*, pelo juiz. Já o princípio da congruência, também chamado de princípio da adstrição, é aquele segundo o qual o juiz ficará limitado ou adstrito ao pedido da parte, apreciando e julgando "a lide nos limites em que foi proposta, sendo-lhe defeso conhecer de questões, não suscitadas, a cujo respeito a lei exige a iniciativa da parte" — era a regra do art. 128 do CPC de 1973, mantida no art. 141 do novo Código de Processo Civil. O autor citado conclui que, sendo assim, prevalece o princípio dispositivo na *inauguração da relação processual* e também na *definição do objeto* (mérito) sobre o qual recairá a prestação jurisdicional, justificando-se "a prevalência do princípio dispositivo nesses momentos cruciais do processo pela necessidade de preservar a neutralidade do juiz diante do conflito travado entre os litigantes" (THEODORO JÚNIOR, 2007, V. I, p. 30).

Por sua vez, o princípio *inquisitivo* implica em que o juiz age de ofício, impulsionando o processo até a solução final. Por ele, o juiz tem liberdade de iniciativa tanto para a propositura da demanda e a formação da relação jurídica processual, quanto para o desenvolvimento do processo (procedimento).

Em verdade, nenhum dos dois princípios é aplicado em toda a sua essência nos Códigos de Processo Civil atuais, adotando o processo civil contemporâneo uma postura mista, com normas que ora fazem valer o princípio inquisitivo e ora o dispositivo. Muito esclarecedora, a esse respeito, a regra do atual art. 2º do CPC, repetindo a ideia central do art. 262 do CPC de 1973, como já apontado.

No entanto, embora se diga aplicável no processo civil o princípio inquisitivo, nele há limites para o julgador na busca da chamada verdade real, ainda que o juiz não seja mais um mero expectador da atividade das partes. Por isso, a doutrina do processo civil pondera que, a princípio, *a prova* é de iniciativa das partes, pois são estas que se acham em condições ideais de averiguar quais os meios válidos e eficientes para a prova de suas alegações. Além disso, o juiz deveria ser um árbitro imparcial e só excepcionalmente determinar a realização de provas *ex officio*.

Comentários ao Novo CPC

PROCESSO DO TRABALHO

A regra do art. 2º do novo Código de Processo Civil se aplica ao processo do trabalho?

Quanto à iniciativa da parte para a propositura da demanda não há dúvida alguma, aplicando-se, nessa matéria, o princípio *dispositivo*. Também no que pertine ao exercício dos direitos, faculdades e ônus processuais relacionados à defesa, recursos, impugnações variadas, não pode haver dúvida. Agora, no que se refere à iniciativa na *produção das provas*, o processo do trabalho possui regras essenciais que bem revelam a *predominância do princípio inquisitivo* no seu âmbito, tanto que podemos afirmar ser este um princípio *específico* do processo laboral, dada sua concepção e modo de aplicação nos processos que correm na Justiça do Trabalho.

Vale dizer: o princípio inquisitivo se aplica mesmo é no processo do trabalho, no qual os arts. 765 e 852-D da CLT dão ao juiz *ampla liberdade* na direção do processo, bem como para velar pelo andamento rápido das causas, razão pela qual pode determinar *"qualquer diligência necessária ao esclarecimento delas"* (art. 765). No procedimento sumaríssimo — ainda aplicável no processo do trabalho, de acordo com o art. 852-A e seguintes da CLT —, pode o juiz do trabalho inclusive *limitar ou excluir* as provas que considerar excessivas, impertinentes ou protelatórias (art. 852-D). Veja-se, a propósito, a regra elucidativa do art. 4º da Lei n. 5.584/1970: *"Nos dissídios de alçada exclusiva das Varas e naqueles em que os empregados ou empregadores reclamarem pessoalmente, o processo poderá ser impulsionado de ofício pelo Juiz"*.

Como reforço de argumento, podemos recordar que a grande maioria dos direitos materiais trabalhistas é de caráter *indisponível*, daí porque o princípio da indisponibilidade, conquanto relacionado ao direito material do trabalho, ecoa no campo do processo, armando o juiz do trabalho de instrumentos pelos quais pode praticar inúmeros atos de ofício, em busca da verdade "real". Para tanto, não deve esperar pela iniciativa da parte trabalhadora no tocante às diligências probatórias, podendo determinar, de ofício, *quaisquer providências* que se façam necessárias. A título meramente exemplificativo, a determinação de realização de perícias, a despeito da falta de requerimento da parte, para a apuração de insalubridade, periculosidade, incapacidade derivada de acidente ou doença do trabalho; a ordem para juntada de documentos, como recibos de pagamento, cartões de ponto, contratos de prestação de serviços e um largo etcétera. E se a verdade se encontrar do lado do trabalhador, poderá, na execução ou cumprimento da sentença, agir de ofício para a plena satisfação dos direitos materiais reconhecidos, nos moldes do art. 878 da CLT e outros dispositivos correlatos.

Com efeito, a *ampla possibilidade* de aplicação do princípio inquisitivo no processo do trabalho já revela o quanto este processo se distingue do processo civil, motivo pelo qual há de se ter muita cautela na aplicação das normas do novo Código de Processo Civil àquele ramo especializado do direito processual. Como já dissemos, essa é a grande preocupação dos autores desta obra, como se verá no desenvolvimento dela, passo a passo, nos comentários a cada artigo do novo Código.

Art. 3º

Não se excluirá da apreciação jurisdicional ameaça ou lesão a direito.

§ 1º É permitida a arbitragem, na forma da lei.

§ 2º O Estado promoverá, sempre que possível, a solução consensual dos conflitos.

§ 3º A conciliação, a mediação e outros métodos de solução consensual de conflitos deverão ser estimulados por juízes, advogados, defensores públicos e membros do Ministério Público, inclusive no curso do processo judicial.

Comentário de José Antônio Ribeiro de Oliveira Silva

TUTELAS PREVENTIVAS E REPARATÓRIAS

Foi assegurado neste art. 3º, *caput*, do novo Código de Processo Civil o princípio do acesso à justiça ou da inafastabilidade da jurisdição. Este princípio, como vimos anteriormente, foi positivado expressamente no art. 5º, inciso XXXV, da Constituição da República Federativa do Brasil.

Verifica-se, na análise deste comando constitucional — repetido com pequenas alterações de redação no art. 3º do novo Código —, que a garantia do acesso à justiça não comporta apenas medidas reparatórias das lesões cometidas aos direitos. Ao titular do direito também se asseguram *medidas preventivas*, ainda quando da situação de ameaça de lesão. De tal modo que a garantia do direito de ação se exercita na formulação de pretensões reparatórias *lato sensu* e também de postulações preventivas. Com efeito, as *tutelas de urgência* (cautelares, tutela antecipada e mandado de segurança) encontram guarida constitucional no dispositivo citado, que propicia, assim, todos os caminhos necessários e úteis à implementação do *acesso à justiça*.

O ideal é que o sistema processual fosse capaz de evitar todas as lesões ao direito material, daí porque as medidas preventivas aqui mencionadas estão intrinsecamente conectadas com a justiça das decisões e são, em última análise, garantia da própria manutenção do Estado Democrático (e social) de Direito.

Para a concretização da facilitação do acesso à justiça (princípio do direito de ação ou da inafastabilidade da jurisdição, para alguns autores), imprescindível que se busque a *universalização da jurisdição*, possibilitando o acesso mais amplo possível ao Judiciário — principalmente às pessoas carentes de recursos materiais ao custeio do processo —, inclusive com a desburocratização dos serviços judiciários e do procedimento. Neste sentido, a doutrina das *ondas renovatórias do direito processual*, propondo os caminhos para que a referida universalização seja factível. Fala-se, portanto, em *três ondas* de renovação do sistema processual:

1ª) *a concessão de assistência jurídica gratuita aos necessitados* — o que se implementa com leis e regras específicas, bem assim, com a informalidade para a concessão do benefício (art. 5º, inciso LXXIV, da Constituição Federal; Lei n. 1.060/1950; Lei Complementar n. 80/94 — Defensoria Pública);

2ª) *o fenômeno denominado coletivização do processo* — a possibilidade de legitimação anômala ou extraordinária e de tutela coletiva para que uma só prestação jurisdicional resolva milhares de conflitos, na tutela de interesses difusos, coletivos e individuais homogêneos (substituição processual, ação civil pública, mandado de segurança coletivo);

3ª) *a redução do formalismo e do tecnicismo do procedimento* — o que tem sido implementado com a criação de juizados especiais cíveis, criminais e federais, além de várias outras medidas no processo comum.

PROCESSO DO TRABALHO

Indubitavelmente, esta regra que assegura a *garantia do acesso à justiça* se aplica ao processo do trabalho, no qual as *tutelas preventivas* são extremamente importantes, ainda que não sejam utilizadas em toda a sua plenitude. As tutelas antecipadas e as tutelas cautelares — e em menor escala as tutelas derivadas do mando de segurança —, se bem postuladas e deferidas, podem evitar sérias lesões aos direitos dos trabalhadores, como se verá mais adiante, quando do comentário às normas que tratam da tutela provisória — art. 294 e seguintes do novo Código de Processo Civil.

Ademais, o processo do trabalho sempre esteve na vanguarda quando o assunto é a facilitação do acesso à justiça. Tanto é assim que sempre possuiu medidas concretas de implementação dessa garantia, motivo pelo qual podemos afirmar que, na Justiça do Trabalho, as tais *ondas renovatórias do direito processual* sempre estiveram presentes. Veja-se:

1ª) *a gratuidade do processo do trabalho* — o processo do trabalho sempre foi gratuito ao trabalhador, que na maioria esmagadora dos casos é quem recorre ao Judiciário Trabalhista afirmando lesão ou ameaça de lesão a um seu direito material (arts. 782 e 790, § 3º, da CLT);

2ª) *o dissídio coletivo e a substituição processual* — a Justiça do Trabalho é o único ramo do Poder Judiciário que, efetivamente, possui, desde a década de 1940, um *procedimento específico* para a solução de demandas coletivas (dissídio coletivo), quando frustrada a negociação coletiva no âmbito das categorias profissional e econômica, tendo possibilitado, também desde aquela época, a *substituição processual* dos trabalhadores pelo sindicato representativo de sua categoria, inclusive para demandar em juízo o cumprimento das cláusulas normativas fixadas em dissídio coletivo (arts. 195, § 2º, e 856 a 875, da CLT);

3ª) *a simplicidade do procedimento* — o procedimento do processo do trabalho sempre foi, desde sua origem, simples, desburocratizado, contendo apenas e tão somente as regras essenciais à prestação jurisdicional célere e efetiva, sendo que a Lei n. 9.957/2000 (Lei do procedimento sumaríssimo) veio valorizar ainda mais seu procedimento, que já era célere.

Enfim, essa garantia do amplo acesso à justiça é tão efetiva no processo do trabalho que a jurisprudência trabalhista, após algumas hesitações, firmou-se no sentido de que nem mesmo a existência de comissão de conciliação prévia (art. 625-D e §§ da CLT) pode inibir a propositura da ação judicial, exatamente pela aplicação do *princípio da inafastabilidade da jurisdição* — o fundamental princípio do acesso à justiça.

ARBITRAGEM

Como é sabido, o recurso à *jurisdição* ainda é o meio preferido para a composição dos litígios em nosso país. Por mais que a doutrina e certa jurisprudência tenham incentivado o uso de outros mecanismos de solução dos conflitos de interesses, como *a arbitragem* e *a mediação*, a formação universitária ainda concentra forças no estudo do processo como método estatal (preferencial), o que, segundo estudiosos do tema, acirra a litigiosidade, oferecendo pouco espaço para a utilização dos meios alternativos referidos.

Agora, o novo Código de Processo Civil vem incentivar expressamente o recurso a esses mecanismos, permitindo a arbitragem, na forma da legislação de regência, e incentivando a solução consensual dos conflitos, nos moldes dos §§ deste art. 3º.

A *arbitragem* é um mecanismo extrajudicial de solução de conflitos de interesses, presentes ou futuros, que tem como premissa a eleição, pelas partes envolvidas, de uma terceira pessoa para dirimir o conflito estabelecido (heterocomposição), comprometendo-se a acatar a decisão que venha a ser tomada pelo árbitro (meio impositivo), a qual produzirá, portanto, os mesmos efeitos de uma decisão jurisdicional.

Em verdade, o sistema arbitral está positivado em nossa legislação desde as Ordenações do Reino — Afonsinas, tendo sido prevista já na Constituição do Império, de 1.824. Atualmente, encontra-se disciplinada pela Lei n. 9.307/96, que dispõe, em seu art. 1º, sobre a possibilidade de utilização do instituto em comento apenas para dirimir conflitos relativos a direitos patrimoniais *disponíveis*. De se observar que a Lei n. 13.129/2015 alterou a Lei de Arbitragem para possibilitar esse mecanismo de solução de conflitos também em relação à administração pública e dispor sobre outras matérias.

Para que seja utilizada, necessária uma *convenção de arbitragem*, que pode se concretizar de duas formas: 1ª) por meio de *cláusula compromissória* — prevista no art. 4º da Lei n. 9.307/96, sendo um negócio jurídico por meio do qual as partes se comprometem a submeter conflito eventual e futuro à arbitragem; 2ª) por *compromisso arbitral* — que encontra previsão no art. 9º da citada lei e constitui negócio jurídico pelo qual as partes submetem à arbitragem um litígio atual e já existente, sendo que esse compromisso pode ser judicial, celebrado por termo nos autos, ou extrajudicial, estipulado por escritura particular ou instrumento público.

PROCESSO DO TRABALHO

No âmbito do processo do trabalho é necessário distinguir duas situações, a primeira relacionada aos conflitos *coletivos* de trabalho e a segunda no tocante aos conflitos *individuais*.

Na primeira hipótese, de se ponderar que a própria OIT preconiza a solução extrajudicial de conflitos coletivos por meio da arbitragem, em conformidade com o art. 6º de sua Convenção n. 154, de 1981, ratificada pelo Brasil e promulgada por meio do Decreto n. 1.256/94, convenção esta que trata da sistemática da negociação coletiva.

Outrossim, a possibilidade de utilização da arbitragem como forma de solução de conflitos *coletivos* de trabalho está expressamente prevista na Constituição Federal de 1988, no § 1º de seu art. 114. Ademais, com esteio em tal previsão, a legislação infraconstitucional também dispõe sobre o recurso à arbitragem para a solução de litígios específicos, como a Lei de Greve (Lei n. 7.783/89, art. 3º, *caput*), a Lei de Participação nos Lucros (Lei n. 10.101/00, art. 4º) e a Lei Pelé (Lei n. 12.395/2011, art. 90-C) (DELGADO, 2015, p.1547).

Diante desse quadro, havendo expressa previsão na Constituição, bem como em leis esparsas, afigura-se possível a instituição da arbitragem no âmbito das relações *coletivas* de trabalho, como método *facultativo* de solução de conflitos, desde que observado o princípio da inafastabilidade da jurisdição (art. 5º, XXXV, da CRFB/88).

Por outro lado, quanto aos dissídios *individuais*, em não havendo previsão específica para a utilização da arbitragem, a doutrina e a jurisprudência não a têm admitido, com os seguintes argumentos: 1º) acesso amplo e irrestrito do trabalhador ao Judiciário Trabalhista (art. 5º, XXXV, da CRFB); 2º) irrenunciabilidade dos direitos trabalhistas; 3º) hipossuficiência do trabalhador; 4º) estado de subordinação inerente ao contrato de trabalho, que impede a livre manifestação de vontade do trabalhador (SCHIAVI, 2008, p. 38).

A doutrina juslaboral tem admitido — inclusive o autor citado no parágrafo anterior —, no entanto, a possibilidade de utilização da arbitragem em período *pós-contratual*, aduzindo que, cessada a relação empregatícia, desapareceria a subordinação e eventual pressão por parte do empregador, deixando ao empregado ampla liberdade para manifestar sua vontade.

Todavia, em que pese tal posição já ter sido adotada por parte da jurisprudência trabalhista, entendemos não ser possível a convenção de arbitragem nem mesmo na *fase pós-contratual*, vez que, embora não mais subordinado ao empregador, a partir da extinção contratual o trabalhador passa à *condição de desempregado*, sendo que poderia se submeter a compromisso arbitral, mesmo que violador de seus direitos, temendo a demora de um processo judicial, sobretudo quando não tiver recebido nem mesmo as essencialíssimas verbas rescisórias.

Neste sentido recentíssima decisão do E. TST, no julgamento, pela SDI-1, dos embargos no bojo do RR-27700-25.2005.5.05.0611. Vejam-se destaques da notícia:

Segundo o Ministro José Roberto Freire Pimenta, Relator dos Embargos para a SDI, a arbitragem é autorizada e incentivada na esfera coletiva devido à relativa igualdade de condições entre as partes negociadoras, pois empregados e empregadores têm respaldo igualitário de seus sindicatos.

No entanto, o Relator ressaltou que, quando se trata da tutela de interesses individuais e concretos de pessoas identificáveis, como o salário e as férias, é desaconselhável a arbitragem. "É imperativa a observância do princípio protetivo, fundamento do direito individual do trabalhador, que se justifica em face do desequilíbrio existente nas relações entre trabalhador e empregador. É difícil admitir a possibilidade do comparecimento de um empregado, isoladamente, a uma entidade privada, que não vai observar o devido processo legal, o contraditório e o direito de defesa".

Ainda segundo o Ministro, a possibilidade de uso da arbitragem nos dissídios individuais pode ser interessante *a priori*, mas, na prática, as dificuldades naturais que o empregado vai enfrentar, isolado, são desconsideradas. "Há o perigo de o instituto ser usado para inserir novas regras trabalhistas na relação de emprego, desviando-se de entendimentos sedimentados da Justiça do Trabalho".

Para ele, "são inimagináveis os prejuízos que poderão assolar o trabalhador ante o perigo de se flexibilizarem as normas trabalhistas, pois a arbitragem é realizada por intermédio de regras de direito livremente escolhidas pelas partes".

Disponível em: <http://www.conjur.com.br/2015-mar-31/arbitragem-nao-julga-conflitos-trabalhistas-individuais-tst>. Acesso em: 2 abr. 2015.

Quando muito, sendo indiscutivelmente um meio célere (por não haver previsão de recurso) e confidencial (por não observar o princípio da publicidade), poder-se-ia pensar nos benefícios da arbitragem para alguns casos específicos, como para os chamados "altos empregados", que têm amplo conhecimento de seus direitos e discernimento necessário para optar por tal método, podendo até ser de seu interesse que não se dê publicidade ao litígio. Entretanto, somente seria válida se estipulada a arbitragem por *compromisso arbitral*, ou seja, na existência de um conflito atual e *após* a extinção do contrato de emprego.

Já a *cláusula compromissória*, que deve ser entabulada anteriormente ao surgimento do conflito, inserindo-se como cláusula contratual, entendemos não ser possível sua fixação nos contratos de trabalho, uma vez que presente a *subordinação jurídica* do empregado, que se veria obrigado a aceitar todas as imposições propostas, sob pena de não conseguir o tão esperado emprego.

CONCILIAÇÃO E MEDIAÇÃO

Mauricio Godinho Delgado ensina que a *conciliação* é o método de solução de conflitos de interesses em que as partes agem para a composição, mas dirigidas por um terceiro que, no entanto, não atua com poder decisório, pois a decisão (conciliação) será tomada pelas próprias partes envolvidas na relação jurídica conflituosa. "Contudo, a força condutora da dinâmica conciliatória por esse terceiro é real, muitas vezes conseguindo implementar resultado não imaginado ou querido, primitivamente, pelas partes". E explica que a conciliação, conquanto tenha pontos de proximidade com a transação e a mediação, delas se distingue em três níveis: 1º) *no plano subjetivo* — como a conciliação ocorre em juízo, nela há a interferência de um terceiro "diferenciado", *o juiz* (de se ponderar que a transação, por sua vez, ocorre sem interferência de um terceiro e pode ser judicial ou

extrajudicial); 2º) *no plano formal* — porque ocorre no curso de um processo judicial, sendo que por meio da conciliação as partes podem promover a extinção parcial ou total do objeto do processo; 3º) *no plano de seu conteúdo* — porque, por meio da conciliação, as partes podem resolver questões sobre direitos não transacionáveis na esfera estritamente privada (DELGADO, 2002, p. 665-666).

Mais adiante, o preclaro doutrinador elucida que a *mediação* consiste numa técnica pela qual determinada pessoa, um terceiro imparcial diante do conflito de interesses entre as partes, "busca auxiliá-las e, até mesmo, instigá-las à composição, cujo teor será, porém, decidido pelas próprias partes". Essa técnica, portanto, tem como nota singular a *aproximação das partes* para a busca da solução consensual. Diferentemente do árbitro, o mediador "não assume poderes decisórios perante as partes, as quais preservam toda a autonomia quanto à fixação da solução final para o litígio". O mediador apenas contribui para o diálogo entre as partes, podendo fornecer-lhes "subsídios e argumentos convergentes, aparando divergências, instigando à resolução pacífica da controvérsia" (*Idem*, p. 668).

No dizer de Jorge Luiz Souto Maior, na mediação "a conciliação é buscada por influência da participação de uma terceira pessoa alheia ao conflito, pessoa esta que não possui poderes para impor aos conflitantes a solução que considere ser a melhor" (MAIOR, 2002, p. 671).

Daí sobressai a característica de mera aproximação das partes, por meio da mediação, para a busca da conciliação, que será, portanto, decidida pelas próprias partes.

Enfim, de se destacar que a Lei n. 13.140/2015 regulamentou a mediação entre particulares como meio de solução de controvérsias, permitindo a autocomposição de conflitos também no âmbito da administração pública, estabelecendo, em seu art. 3º, que pode ser objeto de mediação todo conflito que verse sobre direitos disponíveis, ou ainda sobre direitos indisponíveis, desde que estes admitam transação.

PROCESSO DO TRABALHO

Se a arbitragem deve ser vista com reservas no processo do trabalho, outra situação temos quando se trata de conciliação ou até mesmo de mediação.

Quanto à *conciliação*, como método de solução consensual de conflitos de interesses, a Justiça do Trabalho foi pioneira na sua previsão legal e na sua prática. A transcrição do art. 764 e seus §§ da CLT deixa essa verdade clara como a luz do dia. Veja-se:

> Art. 764. Os dissídios individuais ou coletivos submetidos à apreciação da Justiça do Trabalho serão sempre sujeitos à conciliação.

§ 1º Para os efeitos deste artigo, os juízes e Tribunais do Trabalho empregarão sempre os seus bons ofícios e persuasão no sentido de uma solução conciliatória dos conflitos.

§ 2º Não havendo acordo, o juízo conciliatório converter-se-á obrigatoriamente em arbitral, proferindo decisão na forma prescrita neste Título.

§ 3º É lícito às partes celebrar acordo que ponha termo ao processo, ainda mesmo depois de encerrado o juízo conciliatório.

A literalidade destas normas fala por si. Mas convém ressaltar: 1º) os juízes do trabalho deverão, *sempre*, envidar todos os esforços para a conciliação das partes, quer nos litígios individuais, quer nos dissídios coletivos; 2º) a lei autoriza a que o juiz do trabalho — ou melhor, instiga-o — empregue, *sempre*, suas boas técnicas e inclusive a *persuasão* à parte renitente, em busca da solução conciliatória, o que não tem sido bem compreendido até hoje por alguns advogados, especialmente os de empresas; 3º) o juiz do trabalho poderá tentar o acordo entre as partes a qualquer momento, no curso do processo, mas será *imprescindível* que o faça antes mesmo do recebimento da defesa, logo na abertura da audiência (arts. 846 e 847 da CLT), e após o término da instrução (art. 850 da Consolidação), havendo forte entendimento jurisprudencial no sentido de que, faltando a última proposta de conciliação, pelo juiz, haverá nulidade do processo a partir de então.

Nota-se, portanto, com toda a clareza que a *função precípua* da Justiça do Trabalho sempre foi a busca da conciliação entre as partes. Na Justiça especializada a tentativa conciliatória não é meramente retórica e nunca houve necessidade de audiência específica para tanto — audiência preliminar de conciliação —, que só faz retardar o andamento do processo, porque o réu, em regra, sabendo da existência de outras audiências futuras, prefere esperar por elas para assim ganhar um pouco mais de tempo.

De modo que, quando muito, as regras dos §§ 2º e 3º do art. 3º do novo Código de Processo Civil irão apenas e tão somente *reforçar* as normas existentes no processo do trabalho há décadas. No entanto, o citado § 3º evidencia que também *os advogados e membros do Ministério Público* (do Trabalho) deverão estimular as partes à solução negociada do conflito, o que é muito bom porque chama estes importantes atores jurídicos à responsabilidade pelo sucesso dos mecanismos conciliatórios, tão incentivados pelo CNJ nos últimos tempos.

Quanto à *mediação*, sempre foi utilizada para a solução dos *conflitos coletivos de trabalho*, especialmente no âmbito do Ministério do Trabalho e Emprego, antes da Constituição de 1988 em caráter obrigatório (art. 616, §§ 1º e 2º, da CLT) e a partir da Constituição da República Federativa do Brasil de 1988 em caráter voluntário ou facultativo (art. 8º, inciso I), como ressalta Godinho Delgado (DELGADO, 2002, p. 668-669).

Em relação aos *conflitos individuais*, Souto Maior, em interessante estudo de direito comparado, verifica que a *mediação extrajudicial* é também admitida, inclusive no Brasil — basicamente com as comissões de conciliação prévia —, apresentando as seguintes características: a) *quanto à fonte* — no Brasil é autorizada por lei (Lei n. 9.958/2000 — arts. 625-A a 625-H da CLT), que define os parâmetros a serem obedecidos na constituição das CCPs, que podem ser instituídas por empresas, em sindicatos ou grupos de sindicatos (comissões intersindicais); b) *natureza jurídica* — aqui é confiada a organismos privados (as CCPs), e não públicos; c) *mediador* — no Brasil deve ser uma comissão, de composição paritária, formada com representantes dos empregados e empregadores; d) *local* — pode funcionar no âmbito da empresa, no sindicato ou em local definido na negociação coletiva, quando se tratar de comissões intersindicais; e) *força executiva do instrumento do acordo* — possui eficácia de título executivo extrajudicial (art. 625-E da CLT) (MAIOR, 2002, p. 679-680).

Não obstante, a *obrigatoriedade* de submissão prévia da demanda pelo trabalhador à CCP (art. 625-D da CLT) foi rechaçada pela jurisprudência, culminando com a decisão liminar do E. STF, nos autos das ADI n. 2139 e 2160, afastando essa obrigatoriedade por ser inconstitucional, já que fere o *princípio da inafastabilidade da jurisdição*, como já referido. Quando da concessão parcial da liminar nas ADI n. 2139 e 2160, foi conferida interpretação conforme a Constituição Federal relativamente ao art. 625-D da CLT, para se concluir que o empregado poderá livremente optar por tentar a conciliação perante a Comissão de Conciliação Prévia ou por ingressar diretamente com a ação trabalhista.

Entendemos, portanto, que a única interpretação possível da norma do art. 625-D será a que conclui ser *facultativa* a submissão da demanda às CCPs. Por isso, a submissão de toda e qualquer demanda trabalhista a esses órgãos extrajudiciais de conciliação (mediação) deve ocorrer de forma voluntária e não impositiva, razão pela qual a não comprovação, num processo, de que a demanda fora inicialmente submetida à CCP não retira do autor o seu direito de ação.

Ademais, a *eficácia liberatória geral* prevista no art. 625-E da CLT também não impede que a demanda seja levada ao Judiciário, em face da dicção do art. 5º, XXXV, da CRFB. A desigualdade entre as partes negociantes, a não exigência de acompanhamento do trabalhador por advogado e a inexistência de qualquer tipo de chancela para a validade da conciliação impõem que também se restrinja o limite da quitação operada perante a CCP. Por conseguinte, essa quitação há de limitar-se aos valores ali negociados — e recebidos —, já que, diante da prevalência do *princípio da indisponibilidade* do direito material trabalhista, negociação em tais moldes não pode ser admitida.

Outra situação haverá na *mediação judicial*, se e quando forem criados mecanismos de mediação no âmbito da Justiça do Trabalho, mas sempre sob a supervisão do juiz e mediante a observância de rígidos parâmetros, previamente definidos, para que haja efetiva conciliação e não renúncia a direitos essenciais por parte do trabalhador.

A propósito, o art. 42, parágrafo único, da Lei n. 13.140/2015 expressamente disciplina que "a mediação nas relações de trabalho será regulada por lei própria". Evidente, portanto, que a referida lei não regula a mediação no âmbito do processo do trabalho.

Art. 4º

As partes têm o direito de obter em prazo razoável a solução integral do mérito, incluída a atividade satisfativa.

Comentário de *José Antônio Ribeiro de Oliveira Silva*

EFETIVIDADE PROCESSUAL

Esta regra assegura, no novo Código de Processo Civil, a duração razoável do processo, tão perseguida pela boa doutrina e instituída, no plano constitucional, no inciso LXXVIII do art. 5º da Constituição da República Federativa do Brasil, acrescido pela Emenda Constitucional n. 45/2004, como já observado nesta obra.

Conquanto a nova norma não tenha feito menção à celeridade ou a mecanismos por meio dos quais se pode obter a solução integral do mérito — da pretensão deduzida em juízo — em prazo que se possa considerar razoável, *inovou* de modo considerável o sistema processual ao garantir que, em tempo razoável, também se deve ultimar a *atividade de satisfação* do direito material reconhecido. Assim, as medidas de cumprimento ou execução também devem ser implementadas num prazo que leve em conta a celeridade, para que o titular do direito possa vê-lo satisfeito no menor tempo possível.

De modo que o *princípio da efetividade*, que já estava *expresso* na Constituição, vem de certa forma relativizar a dicotomia entre direito processual e direito material, para que a parte que tenha razão jurídica possa ver seu direito satisfeito em sua plenitude e no menor espaço de tempo possível.

Com efeito, se havia dúvida, agora se pode sustentar a existência de um *direito fundamental à efetividade*, traduzida na razoável duração do processo, incluindo a *fase satisfativa*. Esse entendimento vem ao encontro das ondas renovatórias do processo, da promessa de universalização da jurisdição, da ideia do processo de resultados, sendo, assim, o *fecho de abóboda* de todo o sistema processual. Em suma, o princípio da efetividade significa a *concretização do direito material no tempo oportuno*. Já se dizia que justiça tardia é injustiça qualificada. Pois é para impedir a (in)justiça tardia que se assegura esse direito fundamental, previsto na Constituição e "regulamentado" no art. 4º do novo Código de Processo Civil.

Neste sentido, Fredie Didier afirma que "o Pacto de San José da Costa Rica, ratificado pelo Brasil, prescreve o direito a um processo com duração razoável, donde se retira o princípio constitucional da efetividade", que também pode ser nominado de "princípio da máxima coincidência possível", alicerçado na "velha máxima chiovendiana, segundo a qual o processo deve dar a quem tenha razão o exato bem da vida a que ele teria direito, senão precisasse se valer do processo jurisdicional". De modo que "o processo jurisdicional deve primar, na medida do possível, pela obtenção deste resultado (tutela jurisdicional) coincidente com o direito material" (DIDIER JR., 2008, V. I, p. 40-41).

O direito fundamental à efetividade é, em última análise, *direito fundamental à tutela executiva* — como constou expressamente na parte final do art. 4º do novo CPC —, pois o sistema processual deve ser capaz de proporcionar a quem tenha razão a *satisfação* de seu direito material, e no menor tempo possível.

PROCESSO DO TRABALHO

Conquanto seja a norma do art. 4º do novo Código de Processo Civil extremamente importante, pois visa a obtenção do resultado útil do processo, no menor tempo possível, determinando, inclusive, que a atividade satisfativa deve ser célere, para a efetividade processual, podemos sustentar que, a rigor, seria despicienda sua aplicação ao processo do trabalho.

Explicamos: o processo do trabalho tem uma regra excepcional nesse sentido, que já preconizava, desde 1943, a busca pela efetividade. Trata-se do art. 765 da CLT, cujo teor é o que segue: *"Os Juízos e Tribunais do Trabalho terão ampla liberdade na direção do processo e velarão pelo andamento rápido das causas, podendo determinar qualquer diligência necessária ao esclarecimento delas"*.

Por isso, afirmamos linhas atrás que, no âmbito do processo do trabalho, *predomina o princípio inquisitivo*, o qual autoriza o juiz laboral a atuar com toda a firmeza, evitando toda sorte de procrastinações, tendo ampla liberdade para dirigir o processo em busca desse resultado, pois tem como *missão primordial* velar pela celeridade processual.

Comentários ao Novo CPC

De sorte que o processo do trabalho sempre foi *pós-moderno*, desde a origem, tendo em vista que sempre se preocupou, na teoria e na prática, com a *satisfatividade*, em tempos recentes erigida em mandamento constitucional (inciso LXXVIII do art. 5º da Constituição da República Federativa do Brasil) e agora em norma fundamental do processo civil brasileiro (art. 4º do CPC).

Tanto é assim que a norma do art. 878 da CLT sempre autorizou o juiz do trabalho a iniciar, de ofício, a própria execução. Veja-se a regra *preceptiva*: "*A execução poderá ser promovida por qualquer interessado, ou ex officio pelo próprio Juiz ou Presidente ou Tribunal competente, nos termos do artigo anterior*".

Ora, é máxima de hermenêutica milenar a de que *quem pode o mais, pode o menos*. Nessa toada, sempre se ensinou que na Justiça do Trabalho o juiz pode não somente dar início à fase executória, como também determinar, *de ofício*, a prática de todos os atos imprescindíveis ao adimplemento dos direitos do trabalhador, reconhecidos em sentença condenatória, inclusive porque se trata de *atividade satisfativa de créditos de natureza alimentar* e, por isso mesmo, de caráter indisponível.

Sem embargo, a se entender que a norma do novel art. 4º é *mais avançada*, principalmente na aplicação da teoria das lacunas secundárias — veja-se comentário a respeito dessa temática no art. 15 do novo Código de Processo Civil —, por óbvio que nesse caso se poderia sustentar a plena aplicabilidade da referida norma ao processo do trabalho.

Art. 5º

Aquele que de qualquer forma participa do processo deve comportar-se de acordo com a boa-fé.

Comentário de José Antônio Ribeiro de Oliveira Silva

PRINCÍPIO DA BOA-FÉ

Sendo o processo um instituto do Direito Público, o juiz está autorizado a zelar para que ele transcorra com normalidade institucional, exigindo das partes e de todos aqueles que intervierem no processo um comportamento respeitoso, ético e leal. O que se exige de todos no curso do processo é a *boa-fé*, e em seu *aspecto objetivo*, vale dizer, é das circunstâncias das práticas e omissões das partes e terceiros que se poderá aferir, *objetivamente*, se agiram com boa-fé, ainda que subjetivamente a pessoa entenda que o tenha feito.

Não se pode, assim, tolerar a má-fé. Por isso, o juiz agora tem à sua disposição uma *norma fundamental* que lhe dá amplos poderes para, de ofício, combater a fraude processual. Como afirma Humberto Theodoro, "a lealdade processual é consequência da boa-fé no processo e exclui a fraude processual, os recursos torcidos, a prova deformada, as imoralidades de toda ordem" (THEODORO JÚNIOR, 2007, V. I, p. 33).

Daí porque o juiz pode, inclusive, extinguir o processo sem resolução do mérito quando verificar conluio das partes para a prática de ato simulado ou para conseguirem algum objetivo proibido ou ilícito, nos termos do art. 142 do novo Código de Processo Civil (art. 129 do CPC de 1973). A nova regra autoriza até mesmo que, nessas ocasiões, o juiz aplique, de ofício, as penalidades por litigância de má-fé às partes.

Em verdade, a boa-fé será verificada pelo seu contraposto, pela má-fé, vale dizer, sempre que a parte não age de má-fé é porque observou o *princípio da boa-fé (objetiva)*. Na análise das *circunstâncias específicas* do caso concreto é que o juiz estará autorizado a decidir num ou noutro sentido. Ademais, o juiz pode e deve valer-se do princípio inquisitivo para a verificação da conduta das partes.

Com efeito, o art. 77 do novo Código de Processo Civil contém os *deveres das partes*, procuradores e de todos aqueles que participem do processo, que devem ser objetivamente observados para que se possa concluir por sua boa-fé, em conformidade com a lealdade que de todos se espera num processo de natureza pública. E o art. 80 do CPC contém um *rol exemplificativo* das atitudes das partes e dos intervenientes que podem configurar sua *má-fé processual*, pela qual poderão responder com a imposição de multa, indenização de prejuízos, honorários de advogado e indenização de despesas efetuadas, nos moldes do art. 81 e §§ do novo CPC. Estes dispositivos correspondem, em linhas gerais, às disposições dos arts. 14, 17 e 18 do CPC de 1973, e serão objeto de comentários específicos mais adiante.

PROCESSO DO TRABALHO

Nessa temática se nota uma *completa lacuna* no processo do trabalho, que não trata de comportamento desleal das partes e terceiros intervenientes, tampouco das penalidades que o juiz pode impor a eles, caso conclua, diante das circunstâncias do caso, pela má-fé e pela ocorrência de dano processual.

Como estes dispositivos referidos são ferramentas *utilíssimas* à condução do processo pelo juiz — que pode advertir o sujeito malicioso de que sua conduta pode causar dano a outrem —, a fim de evitar a procrastinação e outras artimanhas maliciosas que retardam a prestação jurisdicional ou podem conduzir a uma decisão injusta, e, na ocorrência de *dano processual*, autorizam o juiz a condenar o litigante de má-fé ao pagamento de multa e indenizações, como já mencionado, temos que eles são *plenamente aplicáveis* no processo do trabalho.

Com efeito, no processo do trabalho o juiz deve atuar com todo o rigor necessário para evitar a litigância de má-fé, sobretudo quando importar em procrastinação da efetiva entrega da prestação jurisdicional — que envolve atos de cognição e de satisfação, como já visto —, dado o caráter alimentar da maioria das verbas postuladas nesse segmento especializado do ramo processual. Daí a plena aplicabilidade do art. 5º do novo Código de Processo Civil ao processo do trabalho, no qual deve vigorar, por óbvio, o *princípio da boa-fé (objetiva)*.

Art. 6º

Todos os sujeitos do processo devem cooperar entre si para que se obtenha, em tempo razoável, decisão de mérito justa e efetiva.

Comentário de *Guilherme Guimarães Feliciano*

O QUE HÁ DE NOVO?

1. O dever de cooperação entre as partes "parciais" do processo — autor e réu — já se reconhecia bem no Código de Processo Civil de 1973, notadamente pelos preceitos relativos aos deveres gerais das partes (art. 14), à má-fé processual (arts. 16, 17 e 18) e aos respectivos deveres processuais probatórios (arts. 339 e 340). Daí que a maior novidade do art. 6º do NCPC talvez seja referir um dever de cooperação extensível a *"todos os sujeitos do processo"*, o que alcança os auxiliares da justiça e, no que mais interessará à nossa análise, o **juiz** (dita parte "imparcial"). Note-se que, no art. 14 do CPC/73, há a referência às partes e *"a todos aqueles que de qualquer forma participam do processo"*; visivelmente não se pensara na figura do juiz, até mesmo pela topografia do preceito (Capítulo II, *"Dos Deveres das Partes e dos seus Procuradores"*). O que se entender, porém, quando o Código dita que o **juiz** deve "cooperar" para que se obtenha, em tempo razoável, decisão de mérito justa e efetiva?

2. A pretensão política de um "juiz neutro" é falaciosa. Com efeito, a garantia do juiz natural exige imparcialidade (no sentido de isenção subjetiva quanto às partes e à lide) e "impartialidade" (do francês *"impartialité fonctionnel"*, no sentido da adstrição funcional); não exige, porém, *neutralidade*, inclusive porque o estado de neutralidade moral não é realmente factível em seres humanos na plenitude de suas faculdades intelectuais. Se penso e sinto, opino. **Essa liberdade regrada de convicções** (= livre convencimento motivado), **aliada à diversidade original no acesso às funções ou carreiras judiciais e à própria estrutura dialógica do processo judicial, é o que torna o Judiciário um poder *democrático*,** mesmo nos sistemas em que os juízes são escolhidos meritocraticamente (e não eleitos).

3. Nessa linha de argumentação, não deve escandalizar o cientista jurídico a tese — e o fato — de que o juiz não é mero árbitro cego da lide, passivo no proceder e equidistante das partes, como reivindicava o direito moderno-legal-formal. Ele pode e deve interferir no processo constantemente, e não apenas de modo *corretivo*, mas também de modo *colaborativo*, a fim de proporcionar o pleno esclarecimento das partes, a máxima transparência nos procedimentos, atos e opiniões, a recíproca lealdade processual e, por fim, a máxima higidez do processo, de modo a permitir um pronunciamento de mérito (i.e., uma decisão judicial de fundo sobre os interesses materiais versados no conflito concreto de interesses). Dessa compreensão, que não é exatamente *nova*, mas é decerto cara a uma visão *pós-moderna* do processo judicial (pela desconexão com o direito moderno-liberal-formal e pela ideia de legitimação do procedimento judicial como técnica para alcançar um fim — a sentença de mérito — e até pelo sentido de tolerância com as partes), arranca o chamado **princípio da cooperação**; e, bem assim, os chamados **poderes assistenciais** do juiz. O que nos remete ao *"modelo de Stuttgart"*.

4. Nos anos setenta do século passado, na Alemanha, valorizando uma presumida "função assistencial" dos magistrados, alguns tribunais alemães construíram, com base na interpretação flexível da *ZPO*, um modelo de direção processual proativa a que se denominou **"modelo de Stuttgart"**, como antípoda do modelo liberal do juiz "inerte" (GRUNSKY, 1971, p. 354-369; BATISTA, 1997, p. 72, nota n. 121). O modelo em testilha não pensava estanquemente as posições processuais do juiz, do autor, do réu, dos terceiros intervenientes e dos auxiliares do juízo; antes, concebia-as em unidade funcional, como **comunidade de trabalho** (*"Arbeitsgemeinschaft"*).

5. Conquanto tenha depois encontrado forte resistência junto às cortes superiores, o "modelo de Stuttgart" legou à Alemanha e à teoria do processo uma série de conceitos, princípios e conteúdos ressignificados, como p.ex., no contexto alemão, o *"Frage- und Aufklärungspflicht"* (dever de perguntar, investigar e esclarecer). O elenco de poderes e deveres assim identificado reúne-se no conceito mais largo de **"dever de cooperação judicial"**, a que corresponde um específico princípio processual (*"Prinzip der Kooperation"*). Trata-se, pois, de um **poder-dever** que, a nosso sentir, deriva do *"procedural due process"* (logo, do art. 5º, LIV, CF). É o que passa a estar textualmente acometido aos juízes, por força do art. 6º do NCPC. Mas o que dele deriva?

6. Na dicção de PETERS (baseando-se na exposição de motivos do *CPO* alemão original), o juiz deve zelar pela exaustiva discussão dos conteúdos da lide, atuando colaborativamente desde a organização inteligível dos elementos do litígio até os esforços máximos de negociação entre as partes (donde se concluir que — como intuíra a doutrina processual trabalhista desde a origem — a própria *conciliabilidade* é uma garantia processual, já que proporciona para o conflito uma *solução célere*, não *litigiosa* e *consensualmente justa*). Na prática, essa concepção precipitou uma tendencial diminuição da disponibilidade das partes sobre a matéria processual (e inclusive sobre suas próprias responsabilidades, o que suscitou críticas), em contrapartida ao reconhecimento de corresponsabilidades a cargo dos tribunais (PETERS, 1992, p. 999-1000).

UM POUCO DE HISTÓRIA...

7. Podem-se reconhecer duas "origens" para o "modelo de Stuttgart" (uma ideológica e outra propriamente histórica), ligadas a dois expoentes do direito processual europeu: FRANZ KLEIN e FRITZ BAUR.

8. Os escritos de KLEIN influenciariam sentidamente o processo civil alemão durante o século XX, sobretudo porque a *CPO* original, de 1877, preconizava uma concepção marcadamente liberal do processo (*supra*, § 21º), conexa a uma ordem jurídico-civil cuja existência pressupunha essencialmente a limitação dos poderes do Estado. Daí a imagem de um processo civil *"no âmbito do qual se tratava sempre de tão somente realizar os interesses dos particulares, um papel bastante passivo"*: a separação maniqueísta entre a coisa pública e a coisa privada sugeria que o Estado-juiz não poderia, em linha de máxima, imiscuir-se nas condições e no desenvolvimento do processo/procedimento, que haviam de ser exclusivamente manejados pelas partes, no seu particular interesse.

9. Na Áustria, bem ao contrário, a influência de ANTON MENGER e FRANZ KLEIN engendrou desde cedo uma "concepção *social* de processo", trasladada pelo último para a *ZPO* austríaca de 1895, que arrancava da ideia de que nem todos os cidadãos têm de fato as mesmas possibilidades ou o mesmo grau de instrução, o que seguramente interferia com o acesso à jurisdição. Nessa concepção, o "nódulo central" significativo do processo não se resumia às pretensões materiais ou direito subjetivos das partes, alcançando também o *interesse da comunidade* a um acesso mais equânime e universal à ordem jurídica justa e a uma *"eficiente organização do processo civil "assistencial""* (HAAS, 2011, V. 197, p. 238-240). Isso diz muito para o processo do trabalho. Décadas mais tarde, os modelos "classistas" de justiça abeberar-se-iam nessa mesma fonte, institucionalizando as diferenças a partir da inserção de regras processuais de proteção instrumental (*e. g.*, "*ius postulandi*" das partes, gratuidade processual e, no Brasil, o depósito recursal como pressuposto para o recurso ordinário da empresa) e também de elementos corporativistas (*e. g.*, as representações classistas), esses últimos animados por uma matriz ideológica diametralmente oposta àquela que movera KLEIN.

10. Pela dita "concepção social de processo", o juiz, na qualidade de *realizador do interesse público* e de *representante político da comunidade*, deveria ter uma participação mais efetiva — determinante mesmo — no binômio processo/procedimento. Cogitou-se de um modelo de processo próprio para o Estado social, percebido como instrumento estatal de intervenção para o bem-estar social (*"staatliche Wohlfahrtseinrichtung"*). Daí a necessidade de maiores poderes de direção e intervenção processual, que receberam o nome de **"poderes assistenciais"**, porque próprios daquele "processo civil assistencial" proposto por KLEIN (que, todavia, jamais negou ter o processo civil, por função primeira, a *realização dos direitos materiais* subjacentes à lide, cabendo considerar o "interesse público" tão só *nessa* perspectiva, e não em qualquer outra). Essas reflexões influenciaram, como dito, a doutrina processual e depois a própria *ZPO* alemã, especialmente nos anos setenta do século passado, quando se passou a considerar o *elemento social* como um escopo autônomo do processo, para o qual o juiz deveria igualmente atentar, tutelando as posições processuais das partes (ou dos grupos) economicamente débeis, para equalizar os desajustes materiais decorrentes de condições socioeconômicas. Segundo HAAS, esses princípios já não se observam na processualística tedesca, em que hodiernamente se admite, como único escopo do processo civil, aquele da realização dos direitos subjetivos resistidos:

> "[o] uso do poder de que o juiz titular deve orientar-se para a consecução eficiente desse escopo [proteção dos direitos subjetivos] (e à possibilidade de toda pessoa vê-lo realizado). Ao fazê-lo, deve-se ter como referência o modelo do cidadão livre e adulto. Detecta-se, finalmente, que o poder do juiz no processo civil alemão é e continua a ser limitado

pela liberdade e a responsabilidade das partes" (HAAS, 2011, p. 240).

11. Nada obstante, é inegável que os poderes assistenciais foram incorporados à prática processual civil alemã e, mais que isso, à própria legislação. O que nos leva à segunda "origem" do "modelo de Stuttgart" (aquela histórica, a lhe dar o nome), como também e à figura de FRITZ BAUR.

12. Em finais dos anos sessenta do século XX, na República Federal da Alemanha, as audiências em processos cíveis no primeiro grau de jurisdição haviam se transformado — BÖTTCHER diz "degenerado" — em intercorrências procedimentais puramente formais: não se prestavam à discussão do caso, mas apenas à apresentação burocrática de requerimentos formulares, com o arrastamento da lide de audiência em audiência, sem qualquer debate substancial das questões de fato e de direito. Todo o trabalho preparatório dos juízes amiúde era inútil, porque os advogados os surpreendiam com novos pedidos ou incidentes. A fim de reverter os quadros de entropia processual, docentes universitários e profissionais forenses das regiões de Tübingen e Stuttgart, inspirados em célebre preleção de FRITZ BAUR, de 1965 (BAUR, 1966, *passim*), passaram a renovar os procedimentos judiciais, para atender a uma série de desideratos de índole substantiva e pragmática, sem todavia arrostar a literalidade da *ZPO*. A essa nova "visão" deu-se o nome de "modelo de Stuttgart", sobretudo pela localização das primeiras experiências judiciais bem-sucedidas com o modelo. Por ele, revitalizava-se a oralidade dos procedimentos, cabendo ao juiz "conter" os desvios ou excessos postulatórios dos advogados, exercendo seus poderes de direção de modo a pavimentar o caminho para uma audiência bem preparada, em que o caso fosse amplamente discutido e todas as suas circunstâncias, fáticas e jurídicas, restassem suficientemente esclarecidas, com vista à celebração de um acordo entre as partes ou à prolação de uma sentença definitiva. Essas ideias constituíram a base da reforma processual civil alemã de 1976 e em boa medida são ainda hoje praticadas, sendo certo que *"it is generally recognized that without this renewed consciousness regarding quality, the quantitative problems of the civil judges could not be solved today"* (BÖTTCHER, 2004, V. 05, n. 10, p. 1317-1330).

13. Dentre as principais características do "modelo de Stuttgart" — muitas das quais claramente presentes no processo do trabalho brasileiro —, releva mencionar as seguintes:

- o procedimento deve implicar um envolvimento ativo de partes, advogados e juízes, aplicados presencialmente em um diálogo oral e direto sobre os fatos e o direito em litígio (com isso, acelera-se o procedimento e otimiza-se o entendimento das partes, que tendem a acatar a sentença, sem recorrer, quando convencidas da justiça da decisão);

- após ouvidas as partes e as testemunhas, os juízes retiravam-se do recinto para deliberar e retornavam com um "projeto de sentença", discutido em seguida com as partes, que tinham uma derradeira chance de composição amigável (tal "procedimento aberto" resultara, na segunda metade dos anos setenta do século XX, em uma marca recorde de apenas um terço de apelações para o total de sentenças, sendo certo que aproximadamente 75% dos casos julgados sob o "modelo de Sttutgart" terminavam em não mais que seis meses, contra apenas 40% para a mesma média temporal nos tribunais regulares);

- algumas das características básicas desse modelo, até então opcionais, tornaram-se cogentes para todos os tribunais federais alemães a partir da *"Vereinfachungsnovelle"* de 1976 (a "lei para a aceleração e simplificação dos procedimentos judiciais"), que previu, entre outras coisas, a concentração dos atos processuais em uma audiência una, com comparência obrigatória das partes, sempre iniciada por um resumo *"ex iudice"* das questões de fato e de direito, seguindo-se eventuais ajustes e a colheita das provas orais; de outra parte, no afã de conter arroubos autoritários em meio a tantos poderes, proibiu-se o juiz de *"fundamentar sua sentença em aspecto jurídico para o qual não se tenha explicitamente dirigido a atenção das partes"* (CAPPELLETTI; GARTH, 1988, p. 78-79 e nota n. 156).

14. Assim, ainda que aquele "escopo social" originalmente divisado nos escritos de KLEIN tenha se perdido parcialmente como ideia-força, a perspectiva de um processo civil mais célere, concentrado e efetivo, dirigido por juízes com poderes mais amplos na condução, na intervenção e inclusive na correção do processo/procedimento (para os quais se enfatizaram, ademais, funções *atípicas* no modelo liberal-moderno, como as de mediação, em nível de enunciação de propostas conciliatórias), deita raízes naquele modelo de processo pensado para nivelar posições processuais de partes materialmente desiguais. A diferença é que, na versão que chega ao século XXI, as necessidades de direção, intervenção e/ou correção já não se baseiam apenas em premissas abstratas de hipossuficiência técnica ou econômica de grupos (= perfil classista), mas decorrem sobretudo de considerações concretas sobre as condições de litigância das partes processuais, tomadas caso a caso, segundo o prudente arbítrio do julgador.

15. Neste contexto histórico, da reforma processual civil alemã de 1976 — diretamente inspirada pelas experiências do "modelo de Stuttgart", a reboque das ideias de BAUR (anos sessenta) e das práticas do juiz ROLF BENDER e de seus pares (anos setenta) —, densificou-se a ideia de que o juiz dispõe de *poderes assistenciais* que humanizariam o processo civil, tornando-o mais próximo dos cidadãos, mais consentâneo com um ideal de justiça distributiva (e não meramente comutativa) e, de resto, mais efetivo em seus escopos primários. Ao juiz competiria a direção do processo não apenas no aspecto formal, mas também no aspecto material (= *"materielleProzessleitung"*), assim se compreendendo a síntese dos diversos poderes de iniciativa oficial do magistrado, com os quais o Estado-juiz pode esclarecer temas controvertidos, produzir ou completar provas deduzidas pelas partes e participar ativamente da composição amigável ou da formação do cabedal decisório (COMOGLIO; FERRI; TARUFFO, 1998, p. 205). Hoje, pensando-os em conjunto (os poderes assistenciais), chega-se forçosamente a um tronco deontológico originário: o *princípio da cooperação processual*. Positivado, agora, no art. 6º do NCPC.

O PRINCÍPIO DA COOPERAÇÃO, AFINAL

16. Pelo *princípio da cooperação* deve-se entender o dever de colaboração para a descoberta da verdade (atuando especialmente sobre partes e terceiros) — correspondendo à chamada "cooperação material", com limites objetivos nos direitos fundamentais das pessoas afetadas (integridade pessoal, reserva da vida privada, inviolabilidade de domicílio e correspondência etc.) e no direito ou dever de sigilo (sigilo profissional, sigilo funcional, segredo de Estado) — e, de outro lado — correspondendo à chamada "cooperação processual" —, o poder-dever de providenciar pelo suprimento de obstáculos que impeçam ou comprometam a decisão de mérito e o acesso à ordem jurídica justa (vinculando especialmente o juiz). É do princípio da cooperação processual que arrancam, afinal, os referidos *poderes-deveres assistenciais* do juízo.

17. De fato, os tribunais têm reconhecido pontualmente tais poderes-deveres assistenciais, conquanto nem sempre os identifiquem com o "modelo de Stuttgart", notadamente quando o legislador já tratou de positivá-los. No CPC/73, entre os *deveres específicos de cooperação*, encontram-se aqueles derivados do art. 284, *caput*, e do art. 327, 2ª parte, do CPC. Não há, todavia, um preceito escrito, de formulação genérica e direta, positivando o princípio. O mesmo se diga, na seara laboral, dos capítulos processuais da CLT — embora muitos desses *poderes assistenciais*, derivados do princípio da cooperação processual, possam ser inferidos do art. 765 da CLT.

18. O NCPC, por seu turno, a par deste próprio art. 6º, traz uma enorme gama de preceitos que instrumentalizam o princípio geral da cooperação por meio de diversos outros princípios e regras. Basta ver o art. 10 (dever do juiz de dar às partes oportunidade de prévia manifestação antes de deliberar sobre qualquer matéria, ainda que ela admita decisão *"ex officio"*); o art. 139, V (que positiva o *princípio da conciliabilidade* como uma garantia processual civil, à maneira do art. 765, § 1º, da CLT, destacando o poder-dever judicial de *"promover, a qualquer tempo, a autocomposição, preferencialmente com auxílio de conciliadores e mediadores judiciais"*); o art. 139, VI (que positiva parcialmente o *princípio da adequação formal*, ao dispor sobre o poder-dever judicial de *"dilatar os prazos processuais e alterar a ordem de produção dos meios de prova, adequando-os às necessidades do conflito de modo a conferir maior efetividade à tutela do direito"* — conquanto a sua redação original fosse bem mais abrangente, porque autorizava *"adequar as fases e os atos processuais às especificações do conflito, de modo a conferir maior efetividade à tutela do bem jurídico, respeitando sempre o contraditório e a ampla defesa"*); e o art. 139, IX (que preordena ao juiz determinar previamente o suprimento dos pressupostos processuais e o saneamento de outras nulidades, pavimentando o caminho da sentença de mérito).

O art. 139, VI reproduzia, de perto, o art. 265º-A do CPC luso de 1961. Nada obstante, transigindo com o discurso conservador que à altura já estava em marcha e denunciava um suposto vezo autoritário do projeto (que outorgaria "superpoderes" à Magistratura), o relator-geral do projeto na Câmara dos Deputados, Deputado VALTER PEREIRA, apresentou substitutivo *restringindo* a abrangência positiva do preceito, para limitá-lo às faculdades atuais (SILVA, 2011, p. 39-50).

OS PODERES ASSISTENCIAIS DO JUIZ

19. Nesse diapasão, seguindo de perto a doutrina estrangeira, e acrescendo a ela o nosso entendimento, podem-se identificar, afinal, os seguintes **poderes-deveres assistenciais** que, de um modo geral, dimanam do art. 6º do NCPC para todos os juízes brasileiros (e também para os juízes do Trabalho, *ut* art. 769 da CLT — conquanto muitos desses poderes *já fossem, na prática, por eles exercidos, em diversos contextos*):

(a) o *poder-dever de esclarecimento* (*"Hinweispflicht"* ou *"Fragepflicht"*), que é, na verdade, um *dever geral recíproco* na comunidade processual: do juiz para com as partes e das partes para com o juiz. Pode e deve o juiz se esclarecer perante as partes, como também esclarecê-las acerca do que for necessário, em questões de fato e em questões de direito, com vista a uma decisão de mérito justa e efetiva; e, da mesma forma, têm as partes o dever de esclarecer o juiz;

(b) o *poder-dever de prevenção* baseia-se exatamente em que a garantia do *"procedural due process"* (art. 5º, LIV, CF) não assegura apenas uma decisão *qualquer*, mas uma *decisão de mérito* compromissada com a verdade dos fatos e com a justa composição da lide; daí que o Estado-juiz tem também o dever de *prevenir* as partes quanto a caminhos processuais que possam comprometer o desenvolvimento válido e regular do processo, que não conduzam à descoberta da verdade real ou que não deflagrem o tipo de tutela jurisdicional que atenderia aos interesses manifestos pelas partes, por exemplo;

(c) os *poderes-deveres de consulta*, que se ligam à garantia constitucional do contraditório e impõem que o juiz ouça os pronunciamentos das partes sobre todos os pontos relevantes, fáticos ou jurídicos, da matéria litigiosa (e que o faça preferentemente *"ex ante"*, evitando as "decisões-surpresa") — como, aliás, já está nos arts. 9º e 10 do NCPC;

(d) os *poderes-deveres de auxílio*, que dizem com o dever de auxiliar as partes na superação das eventuais dificuldades que impeçam o exercício de direitos ou faculdades ou o cumprimento de ônus ou deveres processuais: havendo dificuldade séria da parte em conseguir certa informação ou em obter documento ou outro meio de prova sem o qual não logrará desincumbir-se convenientemente de um ônus, ou exercitar uma faculdade, ou exercer um direito processual, ou ainda atender um dever, incumbe ao juiz *providenciar pela remoção do obstáculo*, desde que seja possível — jurídica e faticamente — fazê-lo; e

(e) o *poder-dever de inflexão formal*, que poderia ser assim enunciado: *o poder-dever de infletir as regras de processo-procedimento, sempre que a fixidez daquelas regras obstruir injustificada e seriamente a decisão de mérito ou a justa composição (material) do litígio.* É o que está, mitigadamente, no art. 139, VI, do NCPC.

Art. 7º

É assegurada às partes paridade de tratamento em relação ao exercício de direitos e faculdades processuais, aos meios de defesa, aos ônus, aos deveres e à aplicação de sanções processuais, competindo ao juiz zelar pelo efetivo contraditório.

Comentário de *Guilherme Guimarães Feliciano*

O QUE HÁ DE NOVO?

1. Diversamente do Código Buzaid (CPC/1973), o NCPC refere textualmente o princípio do *efetivo* contraditório, que tem sede constitucional (art. 5º, LV, CRFB):

> LV — aos litigantes, em processo judicial ou administrativo, e aos acusados em geral são assegurados o contraditório e ampla defesa, com os meios e recursos a ela inerentes [...].

O contraditório, ademais, não se limita aos processos judiciais, alcançando também os procedimentos litigiosos administrativos, como está no texto do inciso LV do art. 5º e, adiante, nas próprias Disposições Constitucionais Gerais, para a hipótese específica de demissão de servidores públicos estáveis por insuficiência de desempenho (autorizada a partir da EC n. 19/1998):

> Art. 247. As leis previstas no inciso III do § 1º do art. 41 e no § 7º do art. 169 estabelecerão critérios e garantias especiais para a perda do cargo pelo servidor público estável que, em decorrência das atribuições de seu cargo efetivo, desenvolva atividades exclusivas de Estado.
>
> Parágrafo único. Na hipótese de insuficiência de desempenho, a perda do cargo somente ocorrerá mediante processo administrativo em que lhe sejam assegurados o contraditório e a ampla defesa. (g.n.)

2. Ao repositivar o princípio do contraditório, ademais, o NCPC delimita a sua extensão operacional, desenvolvendo uma das suas dimensões mais relevantes, amiúde identificada como um (sub)princípio associado: o da **paridade de armas**. Nos termos da Lei n. 13.105/2015, a garantia de efetivo contraditório implica *paridade de tratamento* em relação a:

(i) exercício das variegadas *situações jurídico-processuais*, a saber, direitos/poderes processuais, faculdades processuais, ônus processuais e deveres processuais;

(ii) emprego dos meios de defesa; e

(iii) aplicação de sanções processuais.

Isto significaria, na literalidade, que aprioristicamente o juiz não poderia ser mais flexível com uma parte, em relação ao seu ônus probatório, mantendo o rigor da repartição para a contraparte. Nem tampouco poderia admitir a reconvenção de uma das reclamadas e recusar liminarmente a da outra, se fossem ambas apresentadas oportunamente e ambas dotadas de nexo de conteúdo com a petição inicial ou a contestação. Menos ainda poderia usar diversas réguas éticas para considerar a conduta processual de cada uma das partes. Onde se lê, porém, "aprioristicamente", entenda-se bem (e notadamente no processo do trabalho, onde a desigualdade natural das partes é habitual): o juiz poderá, sim, *tratar desigualmente partes desiguais*, inclusive quanto a esses elementos, desde que fundamente a sua decisão, de modo suficiente e válido. A equidade distributiva (Aristóteles) deve funcionar no processo — e especialmente no processo do trabalho.

Para isto, aliás, o próprio NCPC subministrará recursos. Assim, por exemplo, *"pode o magistrado dilatar prazos, inverter a ordem processual de produção de provas, além de promover outras medidas necessárias ao alcance do efetivo contraditório"* (v. art. 139, VI,

NCPC; e, *supra*, o poder-dever de inflexão formal) (WAMBIER, 2015. p. 73).

3. Há que ver, entretanto, que nem todo contraditório precisa ser *pleno* e *prévio* para se atender à garantia constitucional. O próprio texto constitucional, aliás, ressalva hipóteses de contraditório especial. Assim, por exemplo, quanto aos procedimentos de desapropriação por interesse social para fins de reforma agrária:

> Art. 184. Compete à União desapropriar por interesse social, para fins de reforma agrária, o imóvel rural que não esteja cumprindo sua função social, mediante prévia e justa indenização em títulos da dívida agrária, com cláusula de preservação do valor real, resgatáveis no prazo de até vinte anos, a partir do segundo ano de sua emissão, e cuja utilização será definida em lei.
>
> [...]
>
> § 3º Cabe à lei complementar estabelecer *procedimento contraditório especial*, de rito sumário, para o processo judicial de desapropriação. (g.n.)

O CONTRADITÓRIO E A AMPLA DEFESA. CONCEITO E NORMA

4. O princípio do contraditório, na lição de CALAMANDREI, filia-se a uma visão de processo que responde a princípios constitucionais de ordens jurídicas democráticas, sendo por isso mesmo indispensável. Mais que isso, o contraditório seria, para o jurista florentino, a "força motriz" e a "garantia suprema" do processo, vazado no conhecido adágio *"audiatur et altera pars; nemo potest inaudito damnari"*. Sua indispensabilidade, ademais, não se presta para "exacerbar a litigiosidade das partes" ou para oportunizar aos advogados a diletância retórica; antes, milita *"no interesse da justiça e do juiz, já que a contraposição dialética das defesas contrárias encontra facilmente o modo mais adequado para descobrir toda a verdade, iluminada em seus mais diversos aspectos"* (CALAMANDREI, 1960, p. 148-158). Nesse diapasão, podem-se reconhecer no contraditório duas situações subjetivas processuais indissociáveis: o **direito de influência** e o ônus (ou o **dever**, na perspectiva do juiz) de **debater**. Vejamos.

5. O **contraditório** processual só tem sentido como meio legítimo para que a parte possa fazer ver ao juiz as suas razões de fato e de direito; e, mais, para que possa *convencê-los* delas. E isso tanto diz com a dimensão *retórica* (= *contraditório argumentativo*), como também diz com a dimensão *probatória* (= *contraditório instrutório*). Nessa linha de argumentação, anda mal o juiz que, ao argumento de já ter formado a sua convicção, dispensa testemunhas apresentadas pela parte, dentro do marco legal, para esclarecer fatos controvertidos, relevantes, pertinentes e não autoevidentes. Isso porque, ao fazê-lo, *nega à parte* o seu direito de influência i.e., o direito de tentar incutir-lhe, com a apresentação de novos elementos, diversas convicções. E, da mesma forma, a parte tem sempre o ônus processual de debater as questões de seu interesse, com argumentos e provas; ao não fazê-lo, sujeita-se a prejuízos processuais (como, *e.g.*, a consideração de que determinados pontos de fato estão incontroversos ou mesmo a presunção de veracidade de toda a matéria fática alegada pelo *"ex adverso"*), desde que não se trate de questões de ordem pública ou assemelhadas, impassíveis de renúncia ou confissão.

6. Já a ideia de **ampla defesa** garante a *plenitude da defesa*, com todos os meios e recursos a ela inerentes (o que está evidentemente sujeito ao poder conformativo do legislador ordinário). A rigor, a garantia da ampla defesa *abarca* aquela do contraditório, assegurando instrumentos de resistência para a pessoa no processo, mesmo em contextos que não ensejam contradição em acepção estrita (assim, *e.g.*, nos processos de jurisdição voluntária ou nos atos jurisdicionais *"ex officio"*).

7. Quanto aos limites do contraditório e da ampla defesa, as interpretações têm sido geralmente as mais extensivas possíveis. No geral, reconhece-se a validade das *inflexões do contraditório*, conforme as necessidades do caso, como apontado acima — até mesmo no processo penal. Na Alemanha, o *BVerfG* chegou a decretar, em maio de 1975 (*BVerfGE* 40, 88), a ilegitimidade constitucional de uma sentença de primeira instância do foro de *Laufen* (e, bem assim, a sua confirmação pela decisão o tribunal estadual de *Traunstein*), por violação ao art. 103, 1, da *GG* (contraditório), porque negara a um cidadão austríaco, flagrado em território alemão sem sua carteira de habilitação (*Führerschein*), o direito à devolução de prazo processual penal para a apresentação de defesa. Na espécie, o réu havia realmente perdido o prazo, mas alegava que, como professor primário, estaria gozando férias entre julho e agosto de 1974, não tendo como tomar ciência da acusação e apresentar defesa. O juiz de primeiro grau entendera, porém, que o acusado deveria ter tomado providências no sentido de ser informado sobre a citação, já que a esperava (o que foi depois confirmado em grau de *einfache Beschwerde*). No tribunal constitucional, porém, repeliu-se a interpretação dada ao antigo § 45, 1, 1 do *StPO*, inclusive porque contrária à interpretação conforme que o próprio *BVerfG* já havia formulado a propósito, da qual as instâncias inferiores não poderiam se afastar, como fizeram.

8. Por outro lado, bem antes disso, o *BVerfG* já trabalhava com os limites do devido processo substantivo em matéria de defesa processual, como se vê, respectivamente, em *BVerfGE* 9, 89, e *BVerfGE* 25, 158. No primeiro caso, como visto alhures, decidira-se que o contraditório (art. 103, I, da *GG*) havia de ser concretamente ponderado com outros princípios materiais diretamente implicados (*"[...] aus der inneren Sachgerechtigkeit der einzelnen Verfahrensart sich ergebenden Grundsätzen abgestimmt werden"*), o que levou a se reconhecer concretamente a legitimidade constitucional de um ato urgente de constrição processual penal — "*in casu*", a prisão preventiva da reclamante, ante fortes indícios de tentativas de obstrução da justiça (*Verdunkelungsgefahr*) — com contraditório *diferido* (i.e., após a detenção, e não antes dela). Já no segundo caso, pontuou textualmente que o art. 103, 1, da GG *"garante, em face de todos os procedimentos judiciais, independentemente da conformação do procedimento pelos diferentes códigos processuais (BVerfGE 7, 53 [57]), um mínimo de contraditório"*, devolvendo ao reclamante o prazo para resposta processual penal — aliás, em termos bem semelhantes àqueles do *BVerfGE 40, 88* — ante *"o princípio pelo qual as exigências sobre o que uma parte processual deve fazer para a garantia de seu direito ao contraditório não podem ser exageradas"* (no mesmo sentido, v. BVerfGE 17, 194 [197]; 18, 147 [150]). Sinalizava-se, com isso, qual deve ser o *núcleo intangível* do direito ao contraditório.

9. Ampla defesa tem também relação com *defesa técnica*. No Brasil, como se sabe, o art. 133 da Constituição em vigor dispõe que "[o] *advogado é indispensável à administração da justiça, sendo inviolável por seus atos e manifestações no exercício da profissão, nos limites da lei*". Nada obstante, tanto em sede processual civil quanto em sede processual laboral (mas — atenta ao direito das gentes — não em sede processual penal), a legislação brasileira admitia e seguiu admitindo hipóteses de exercício do *"ius postulandi"* por parte leiga. Assim é que, no processo do trabalho, o art. 791, *caput*, da CLT dispõe que "[o]*s empregados e os empregadores poderão reclamar pessoalmente perante a Justiça do Trabalho e acompanhar as suas reclamações até o final*". Na mesma alheta, o art. 9º, *caput*, da Lei n. 9.099/1995 estabelece que "[n]*as causas de valor até vinte salários mínimos, as partes comparecerão pessoalmente, podendo ser assistidas por advogado; nas de valor superior, a assistência é obrigatória*".

10. Logo após a promulgação da nova Constituição, o STF havia decidido que a CRFB/1988 não revogara as normas legais especiais que autorizam expressamente a prática pessoal de atos processuais pelas partes; *e.g.*, STF, HC n. 67.390-2/PR, TP, rel. Min. MOREIRA ALVES, *in* DJ 06.04.1990, *in verbis*:

"HABEAS CORPUS. CAPACIDADE POSTULATÓRIA DO PACIENTE E IMPETRANTE. INTERPRETAÇÃO DO ART. 133 DA CONSTITUIÇÃO FEDERAL. A constitucionalização do princípio geral já constante do art. 68 da Lei n. 4.215/63, e princípio que diz respeito à advocacia como instituição, não lhe deu caráter diverso do que ele já tinha, e, assim, não revogou, por incompatibilidade, as normas legais existentes que permitem — como sucede no Habeas Corpus — que, nos casos previstos expressamente, exerça as funções de advogado quem não preencha as condições necessárias para a atividade profissional da advocacia" (g.n.).

No entanto, a pretexto de adequar a ordem jurídico-processual à nova Constituição, e também para assegurar mercado de trabalho, a advocacia brasileira logrou fazer aprovar, em 4.7.1994, a Lei n. 8.906/1994 (*"dispõe sobre o Estatuto da Advocacia e a Ordem dos Advogados do Brasil"*), cujo art. 1º dispôs ser atividade *privativa* dos advogados *"a postulação a qualquer órgão do Poder Judiciário e aos juizados especiais"* (inciso I). Com isso, ter-se-iam revogado tanto a norma do art. 791, *caput*, da CLT, basicamente circunscrita aos feitos em tramitação na Justiça do Trabalho, como a norma do art. 9º, *caput*, da Lei n. 9.099/1995, relativa aos juizados especiais cíveis, universalizando a obrigatoriedade de patrocínio advocatício em qualquer demanda perante o Poder Judiciário. Logo em seguida, a Associação dos Magistrados Brasileiros arguiu perante o STF, com fulcro no art. 103, IX, da CRFB, a *inconstitucionalidade* do dispositivo, no que eliminava a postulação leiga, por malferir, entre outras garantias processuais, a do *acesso à justiça* (enquanto a OAB contra-argumentava com o direito à ampla defesa e, por ele, o direito à postulação técnica). Era a ADI n. 1.127-8/DF, distribuída em 06.09.1994 para o Ministro MARCO AURÉLIO MELLO, com o deferimento parcial de medida liminar cautelar em outubro do mesmo ano.

11. Ulteriormente, após intensos debates e históricas intervenções, o Supremo Tribunal Federal terminou compreendendo em sede definitiva, e a nosso ver corretamente, que o art. 1º da Lei n. 8.906/1994 incorria mesmo em inconstitucionalidade, precisamente ao empregar o vocábulo *"qualquer"* (tornado então ineficaz). *In verbis*:

AÇÃO DIRETA DE INCONSTITUCIONALIDADE. LEI N. 8.906, DE 4 DE JULHO DE 1994. ESTATUTO DA ADVOCACIA E A ORDEM DOS ADVOGADOS DO BRASIL. DISPOSITIVOS IMPUGNADOS PELA AMB. PREJUDICADO O PEDIDO QUANTO À EXPRESSÃO "JUIZADOS ESPECIAIS", EM RAZÃO DA SUPERVENIÊNCIA DA LEI N. 9.099/1995. AÇÃO DIRETA CONHECIDA EM PARTE E, NESSA PARTE, JULGADA PARCIALMENTE PROCEDENTE.I — O advogado é indispensável à administração da Justiça. **Sua presença, contudo, pode ser dispensada em certos atos jurisdicionais.** [...] XIII — Ação direta de inconstitucionalidade julgada parcialmente procedente" (g.n.).

12. Com efeito, obrigar o cidadão a se fazer representar por advogado em qualquer ponto do país seria engendrar gargalos insuperáveis em áreas geográficas pouco servidas pela advocacia privada ou, ainda, em nichos nos quais a assistência judiciária gratuita não é efetiva (como segue ocorrendo, dezoito anos depois, com microempreendedores feitos réus na Justiça do Trabalho: amiúde se apresentam sem advogado e geralmente não são alcançados por nenhum convênio de assistência, restando aos casos críticos a sempre incerta nomeação dativa). A partir desse precedente, o TST passou a sufragar sistematicamente a possibilidade legal de postulação pessoal leiga (cf. Súmula n. 425 do TST), como aliás já vinha entendendo, antes mesmo da edição do Estatuto da Advocacia (v., *e.g.*, TST, RR n. 32943/91.2, 4ª T., rel. Min. MARCELO PIMENTEL, *in* DJU 30.10.1992). À vista das condições culturais e socioeconômicas concretas que permeiam os mais variados rincões de um país com proporções continentais, deu-se aqui uma

necessária inflexão da norma do art. 133 da CRFB, a bem da garantia do art. 5º, XXXV, da Constituição.

13. Disso tudo se pode concluir que, nos feitos não penais, a postulação técnica não é uma questão de "núcleo essencial" do direito constitucional de defesa, mas de proporcionalidade (= limites dialógicos dos direitos fundamentais): há que se aferir de acordo com o subsistema processual em consideração. Deve ser apreciada caso a caso. Há disso um recentíssimo exemplo português. No *affaire Assunção Chaves v. Portugal* (31.1.2012), criança nascida no Hospital de Dona Estefânia (Lisboa), filha de pai brasileiro e de mãe portuguesa, foi confiada à Santa Casa de Misericórdia de Lisboa, porque o pessoal técnico do nosocômio entendeu haver risco à integridade da menor, ante os problemas de toxicomania, oligofrenia e epilepsia da mãe. Apresentando-se ao Tribunal de Família de Lisboa, os pais não souberam se opor à intervenção pública de modo formalmente adequado e eficiente (embora fosse induvidoso o inconformismo), o que culminou com a perda do poder familiar. Como se tratava de hipótese de jurisdição voluntária, não era indispensável a constituição de causídico; mas, às voltas com um procedimento formal repleto de aspectos técnicos, a ausência de advogado prejudicou determinantemente os interesses dos pais em relação ao filho. Diante disso, o TEDH reconheceu a violação do direito de acesso a um tribunal. Essa linha de enfrentamento da questão poderá gerar discussões, no futuro, quanto à possibilidade de se exercitar pessoalmente o *"ius postulandi"*, no processo do trabalho, quando as questões submetidas à primeira instância forem *unicamente* de direito.

Art. 8º

Ao aplicar o ordenamento jurídico, o juiz atenderá aos fins sociais e às exigências do bem comum, resguardando e promovendo a dignidade da pessoa humana e observando a proporcionalidade, a razoabilidade, a legalidade, a publicidade e a eficiência.

Comentário de Guilherme Guimarães Feliciano

O QUE HÁ DE NOVO?

1. O art. 8º do NCPC basicamente reproduz o que consta do art. 5º da Lei de Introdução às Normas do Direito Brasileiro (LINDB), no sentido de que "[n]*a aplicação da lei, o juiz atenderá aos fins sociais a que ela se dirige e às exigências do bem comum"*. Mas inova em relação ao Código Buzaid, que nada tem de semelhante (diversamente da CLT, com disposição similar no art. 852-I, § 1º, para o rito sumaríssimo, após a redação da Lei n. 9.957/2000). Em relação ao que já está na LINDB, ademais, o NCPC acrescenta, de relevante, o seguinte:

(a) o eixo semântico que funda a ordem jurídico-constitucional em vigor, i.e., a *dignidade da pessoa humana* (art. 3º, I, CRFB), que deve compor o horizonte hermenêutico de sentido em qualquer esforço intelectivo de interpretação/aplicação das fontes formais em vigor (inclusive no campo jurídico-processual); e

(b) os princípios-garantia — publicidade, legalidade, eficiência — e os princípios de "calibragem" (FERRAZ JR., 1991, p. 175-176) — proporcionalidade, razoabilidade — que devem necessariamente informar a *função jurisdicional*, como função de Estado que é (e, não por outra razão, há notável coincidência entre os princípios referidos pelo art. 8º do NCPC e aqueles insculpidos no art. 37, *caput*, da CRFB).

DERIVAÇÕES DO ART. 8º DO NCPC. OS PRINCÍPIOS-GARANTIAS

2. Nessa alheta, interessa examinar, ainda que brevemente, o que esses princípios podem carrear, de útil, na tarefa de interpretação/aplicação das fontes formais de direito objetivo, notadamente no âmbito da Justiça do Trabalho (e, portanto, na esfera do Direito e do Processo do Trabalho). Comecemos pelos princípios-garantias.

3. O **princípio da legalidade**, no âmbito do Direito e do Processo do Trabalho, desafia alguns cuidados, conquanto seja obviamente aplicável. Dele decorre que os exercentes do poder público *"in concreto"* — em nosso caso, os juízes do Trabalho — devem observância a um quadro normativo *"que embargue favoritismos, perseguições ou desmandos"*, fiando-se em normas *gerais* e *abstratas* (e, por isso mesmo, *impessoais*) (MELLO, 1996, p. 56-57). Tem ainda a ver, numa acepção mais restrita, com o *primado da lei* (em sentido formal) sobre as demais espécies normativas, no sentido de que,

"[p]or exprimir [...] a vontade geral [= democracia representativa], possui um primado sobre os atos normativos emanados dos demais poderes. Deveras, a administração pública, que a realiza nos casos concretos, apoia-se exclusivamente na lei" (CARRAZZA, 1993. p. 140.).

4. É certo, porém, que acima das normas legais estão as normas constitucionais. A *legalidade formal* deve ceder espaço a uma *legalidade constitucional,* que busque a constitucionalidade formal e material dos atos do Poder Legislativo antes de aplicá-los. Isso é tanto mais verdadeiro no imo do Poder Judiciário. Logo, a positivação do princípio da legalidade no campo do processo civil — e, pela via dos arts. 769/CLT e 15/NCPC, ao processo do trabalho — não pode exprimir, em absoluto, o compromisso mecânico do julgador com uma legalidade de cariz formal e positivista, como outrora se pensava. Ao contrário, exprime um sentido *material* de legalidade, ligado à própria ideia da ponderação de interesses (proporcionalidade) e do devido processo legal substantivo (art. 5º, LV, CRFB). Daí a necessidade de se realizar uma leitura *combinada* dos vários princípios insertos no próprio art. 8º do NCPC.

5. O **princípio da publicidade**, por sua vez, deita raízes no processo romano das *"legis actiones"*. Em nosso tempo, observam com razão CINTRA, GRINOVER e DINAMARCO (1993, p. 64-66), que *"a presença do público nas audiências e a possibilidade do exame dos autos por qualquer pessoa representam o mais seguro instrumento de fiscalização popular sobre a obra dos magistrados, promotores públicos e advogados"*. Essa é uma ideia que ganha força sobretudo no pensamento liberal, ecoando fortemente ao longo da Revolução Francesa e nos séculos subsequentes, pela célebre oração de *l'orateur du peuple*, MIRABEAU (*"Donnez-moi le juge que vous voudrez: partial, corrupt, mon ennemie même, si vous voulez, peu m'importe pourvu qu'il ne puisse rien faire qu'à la face du public"*); ou, mais recentemente, no início do século XX, com o *justice* LOUIS BRANDEIS (*"Sunlight is the best disinfectant"*). Não por outra razão, a garantia da publicidade está assegurada na própria Declaração Universal dos Direitos do Homem (art. 10º) e no Pacto Internacional dos Direitos Civis e Políticos (art. 14, 1), como também em várias constituições nacionais (deixando o seu *"locus"* tradicional, que era o da lei ordinária; no Brasil, vejam-se os arts. 155 do CPC, 792 do CPP e 770 da CLT). É assim, p. ex., no Brasil, em duas passagens constitucionais (art. 5º, LX, e art. 93, IX, da CRFB), e também em Portugal (art. 206º da CRP).

6. A publicidade garante às partes, em todas as concreções do processo judicial (civil, trabalhista, penal, fiscal, eleitoral etc.), a divulgação oficial dos atos judiciais, a realização de audiências públicas e a possibilidade de consultas aos autos e documentos, com extração de certidões, ressalvados os casos legais de sigilo judiciário, nos termos da própria Constituição (art. 93, IX, CRFB) e da legislação federal ordinária (art. 155 do CPC Buzaid; art. 189 do NCPC — que inclui, para além do que já existia no art. 155, o segredo nos processos em que haja *"dados protegidos pelo direito constitucional à intimidade"* e, bem assim, naqueles que *"versem sobre arbitragem, inclusive sobre cumprimento de carta arbitral, desde que a confidencialidade estipulada na arbitragem seja comprovada perante o juízo"*). Tais exceções dizem com a salvaguarda de direitos fundamentais como a intimidade, a privacidade, a confidencialidade negocial e a imagem, num juízo de ponderação concreta de valores que remete ao *"substantive due process"*.

7. A "eficiência", a rigor, não seria um princípio (a despeito de sua inserção, como tal, no art. 37, *caput*, da CRFB, com o advento da EC n. 19/1998). *Eficiência*, em sede administrativa, é um *escopo*, um *objetivo*, uma *diretriz*. Um ponto de chegada; não um ponto de partida. Nada obstante, inserida no art. 8º do NCPC, reclama algum sentido orgânico. Neste preciso contexto, portanto, a "eficiência" deve ser compreendida como **efetividade processual**; ou, o que é o mesmo, **direito à tutela judicial efetiva**. Entende-se por direito à tutela judicial efetiva, neste sentido mais largo, o direito de acesso aos tribunais (demanda e recorribilidade), à jurisdição de mérito e à respectiva motivação, à própria imodificabilidade da decisão final (coisa julgada) e também à execução/satisfação judicial. Organiza-se, pois, sobre um tripé fundamental: acesso, mérito e satisfação. E, no sentido mais estrito, entende-se por direito à efetividade jurisdicional em sentido estrito (ou à efetividade jurisdicional executiva) o direito *"ao cumprimento do comando que a sentença contém, [...] a realização dos direitos reconhecidos na mesma"* (MORENO, 2004, p. 221).

DERIVAÇÕES DO ART. 8º DO NCPC. OS PRINCÍPIOS CALIBRADORES

8. Resta, então, discrepar os princípios da proporcionalidade e da razoabilidade. O **princípio da proporcionalidade**, de inspiração alemã, diz com a dimensão *substantiva* do devido processo legal (*"substantive due process"*) e com a *concordância prática* dos direitos fundamentais (K. HESSE), ideia-força que resume bem o chamado *juízo de proporcionalidade em sentido estrito* ("coração" do princípio da proporcionalidade). Podemos compreendê-lo como o princípio a veicular

a ideia de que, na "esfera de conformação" do legislador (*gesetzgeberische Gestalungsfreiheit*) — e, por extensão, no âmbito de atuação criativa dos demais poderes públicos —, o **excesso** pode configurar a *ilegitimidade* de uma dada providência ou de sua abstenção, por derivação do *princípio do Estado de Direito*, que proíbe restrições de direitos fundamentais inadequadas à consecução dos fins a que afinal se prestam. Isso significa que toda providência oficial (i.e., posta com *"auctoritas"*), ao restringir direitos fundamentais, admite apreciação material à luz dos fins sociais a que se destina e em face dos demais interesses juridicamente relevantes em jogo, esteja ela consubstanciada em ato legislativo, em ato administrativo ou em ato jurisdicional. Cuida-se de saber, então, se a medida restritiva guarda, com os seus fins legítimos, uma relação de *adequação* (*Geeignetheit*) e de *necessidade* (*Erforderlichkeit*), de modo que há violação ao princípio da proporcionalidade sempre que um juízo material de compatibilidade revelar *contraditoriedade, incongruência, irrazoabilidade* ou *inadequação* entre meios e fins (HESSE, 1970, p. 28-29 e 132 e ss.).

Todo juízo de proporcionalidade é, portanto, um *juízo de ponderação complexa*, a exigir do Magistrado ao menos três operações mentais distintas: um juízo de *necessidade*, um juízo de *adequação* e um juízo de *estrita proporcionalidade*. Os dois primeiros são juízos fáticos (mundo-do-ser). O último é um juízo essencialmente jurídico (mundo-do-dever-ser).

9. A **razoabilidade**, por sua vez, vem sobretudo da tradição anglossaxônica. Serve como filtro para distinguir e validar os comportamentos *racionais*, progredindo depois para filtrar também os comportamentos *razoáveis*. O *racional* e o *razoável* são noções que, a rigor, não se confundem. As sentenças "salomônicas" (v. *1º Reis* 3, 26-27) são racionais, na medida em que seguem um padrão lógico e inteligível de decisão, passível de compreensão e reprodução por terceiros; e, nada obstante, podem ser *irrazoáveis*, como no próprio episódio bíblico citado, em que o rei Salomão decide "dividir" a criança com uma espada, dando uma metade para cada uma das suas sedizentes mães. Nesse último aspecto — o de ser *razoável* —, a razoabilidade de PLÁ RODRIGUEZ aproxima-se da razoabilidade desenvolvida por RECASÉNS SICHES, que advoga *"o fracasso do racional e a necessidade do razoável na interpretação do Direito"*. Para R. SICHES, o jurista deve privilegiar a *razão vital*, não a razão físico-matemática (ou, diríamos nós, a lógico-cartesiana). O princípio da razoabilidade passa a ter, portanto, papel relevante para a própria interpretação judicial, aproximando-se do *juízo de adequação* ínsito à proporcionalidade em sentido lato.

Art. 9º

Não se proferirá decisão contra uma das partes sem que ela seja previamente ouvida.

Parágrafo único. O disposto no caput não se aplica:

I – à tutela provisória de urgência;

II – às hipóteses de tutela da evidência previstas no art. 311, incisos II e III;

III – à decisão prevista no art. 701.

Art. 10.

O juiz não pode decidir, em grau algum de jurisdição, com base em fundamento a respeito do qual não se tenha dado às partes oportunidade de se manifestar, ainda que se trate de matéria sobre a qual deva decidir de ofício.

Comentário de Guilherme Guimarães Feliciano

O QUE HÁ DE NOVO?

1. Os arts. 9º e 10 do NCPC também inovam na ordem legal processual civil, não tendo equivalentes perfeitos no CPC de 1973. E, na mesma linha do art. 7º do NCPC (*supra*), recrudescem a garantia do contraditório no contexto das decisões judiciais. Sua finalidade básica é *evitar as "decisões-surpresa"* (também denominadas de *"decisões de terceira via"*) (WAMBIER, 2015, p. 81). O *contraditório* e a *ampla defesa* hão de assegurar aos réus, no Direito Processual do Trabalho, o direito à comunicação dos atos procedimentais, à defesa oral ou escrita, à livre e razoável produção de provas (o que significa, em contrapartida, que o juiz do Trabalho pode indeferir provas protelatórias, inúteis, impertinentes ou desproporcionais), ao livre acesso dos autos, às alegações finais e à interposição de recursos (ressalvando-se, é claro, os casos legais nos quais esses consectários sofram restrições proporcionais e justificadas; assim, p.ex., no caso da irrecorribilidade das decisões interlocutórias). Nada obstante, até mesmo em razão do quanto disposto no art. 8º do NCPC (*supra*), tais princípios podem e devem experimentar *modulações* quando tensionados com o princípio da proporcionalidade e com o princípio da legalidade. Será sempre assim, em derredor de tensões que podem se revelar com maior ou menor intensidade.

2. Pela literalidade do texto do art. 9º, nenhuma decisão prejudicial aos interesses de uma das partes processuais poderia ser prolatada sem a *prévia oitiva* dessa mesma parte. Em decisões judiciais que imponham alguma sucumbência, portanto, o contraditório haveria de ser sempre *prévio*, ressalvadas três exceções:

(a) as tutelas de urgência (arts. 300 a 310 do NCPC);

(b) as tutelas de evidência, mas somente aquelas previstas no art. 311, II e III (i.e., tutelas a se concederem independentemente de demonstração de perigo de dano ou de risco ao resultado útil do processo (= cautelaridade = tutela de urgência), mas apenas quando *"as alegações de fato puderem ser comprovadas apenas documentalmente e houver tese firmada em julgamento de casos repetitivos ou em súmula vinculante"*, ou quando *"se tratar de pedido reipersecutório fundado em prova documental adequada do contrato de depósito, caso em que será decretada a ordem de entrega do objeto custodiado, sob cominação de multa"*);

(c) a decisão prevista no art. 701 do NCPC (= *mandado liminar em ação monitória*). *In verbis*:

Sendo evidente o direito do autor, o juiz deferirá a expedição de mandado de pagamento, de entrega de coisa ou para execução de obrigação de fazer ou de não fazer, concedendo ao réu prazo de 15 (quinze) dias para o cumprimento e o pagamento de honorários advocatícios de cinco por cento do valor atribuído à causa.

3. Já pela liberalidade do art. 10, *mesmo quando se tratar de matéria cognoscível "ex officio"*, seria de rigor proporcionar às partes prévia oportunidade de manifestação — mesmo àquela a quem a decisão em tese favoreceria —, na linha ideológica de se assegurar um contraditório *pleno* e *prévio* em quase todas as situações encontradiças no processo.

Mesmo aí, porém, a própria Lei n. 13.105/2015 abre exceções pontuais. O melhor exemplo diz com o reconhecimento da *decadência* e da *prescrição* (ambas cognoscíveis *"ex officio"*, nos termos do art. 487, II, do NCPC): seguindo a lógica do art. 10, não podem ser reconhecidas sem que antes seja dada às partes oportunidade para manifestar-se, *exceto* na hipótese do art. 332, § 1º, NCPC. Noutras palavras, quando se tratar de hipótese de *improcedência liminar do pedido* pela aferição *"prima facie"* da decadência ou da prescrição (instituto processual que denominei, alhures, de **julgamento superantecipado da lide** — FELICIANO, 2007a, p. 1-19), a intimação das partes para prévia manifestação a respeito torna-se dispensável.

Essas exceções já demonstram, por si mesmas, como a literalidade do art. 10 (refletida na segunda parte do parágrafo único do art. 487) conduz a resultados artificiais. Nada justifica que, identificada *"prima facie"* a decadência ou a prescrição, o juiz possa desde logo extinguir o processo com resolução de mérito (art. 487, II, NCPC), mesmo sem ouvir as partes; tendo, porém, constatado somente ao final do procedimento essa mesma condição jurídica — a do direito decaído ou da pretensão material prescrita —, depois de superados todos os debates e todas as provas (embora as partes não tenham especificamente se pronunciado sobre a decadência ou a prescrição), já não possa fazê-lo, em sentença, sem antes reabrir a instrução para ouvir previamente as partes. A irracionalidade é gritante.

O CONTRADITÓRIO, O RAZOÁVEL E O ART. 765 DA CLT

4. Com efeito, a despeito das excelentes intenções do legislador ao prestigiar o contraditório nos arts. 9º e 10 (procurando conferir maior concretude ao princípio-garantia do art. 5º, LV, CRFB), é certo que o texto aprovado, se interpretado com rigor literal, termina consumando um *retrocesso* no plano da aplicação judiciária da norma jurídica, notadamente quando se tratar de **preceito legal de ordem pública** (de que invariavelmente se revestem as chamadas "objeções processuais", às quais se reporta o art. 10). É da tradição do processo — em especial no âmbito do processo penal e dos ritos processuais destinados à tutela de direitos fundamentais (em cuja classe podemos inserir o *processo laboral*), a parêmia latina *"iura novit curia"*: **o juiz pode aplicar o Direito em conformidade com a configuração factual que se lhe apresenta, mesmo se não cogitada pelas partes,** desde que nisso não desborde dos limites objetivos e subjetivos da lide. Ao desbordar desses limites — aí sim — seria imprescindível a imediata dilação adversarial para efeito de contraditório (como se dá, no processo penal, com a chamada *"mutatio libelli"* — art. 384 do CPP). Com mesma ou maior razão, não há necessidade de se limitar o poder decisório do juiz, quando à mercê de objeções processuais, a um procedimento contraditório prévio. O princípio do contraditório (art. 5º, LV, CRFB) já estará atendido com a inarredável possibilidade de revisão do *"decisum"*, em sede de recurso, caso uma das partes se entenda "surpreendida" ou contrariada com a subsunção jurídica que o magistrado imprimiu a determinado fato ou circunstância (decadência, prescrição cognoscível *"ex officio"*, coisa julgada, litispendência, carência de ação, ausência de pressuposto processual objetivo ou subjetivo etc.). Desse modo, obrigar o juiz a abrir contraditório sempre que pretenda decidir com base em normatividade cogente e cognoscível *"ex officio"* é, ao fim e ao cabo,*limitar a extensão do seu poder de direção processual*, circunscrevendo-o a lindes que hoje não se impõem e que, inexistentes, nem por isso têm suscitado discussões de fulcro constitucional. Num certo sentido, é comprometer o próprio princípio da duração razoável do processo (art. 5º, LXXVIII, CRFB), que estaria no cerne semântico do novo *Codex*.

5. Já por isso, considerando-se a redação em vigor do art. 765 da CLT — e admitindo-se que a *compatibilidade* segue sendo um requisito gnosiológico para que se possa incorporar ao processo do trabalho a norma processual civil (art. 769 da CLT c.c. art. 15 do

NCPC) —, entendo que **os arts.** 9º, 10 e 487, parágrafo único, se entendidos na sua plena literalidade, *são inaplicáveis ao processo do trabalho.*

Com efeito, reza o art. 765 da CLT que

[o]s Juízos e Tribunais do Trabalho terão ampla liberdade na direção do processo e velarão pelo andamento rápido das causas, podendo determinar qualquer diligência necessária ao esclarecimento delas.

6. O CPC de 1973 jamais possuiu um preceito com semelhante alcance. Tampouco o encontraremos no NCPC. Isto revela que, em muitos sentidos, o processo laboral é muito mais *inquisitivo* do que sempre foi o processo civil, de perfil eminentemente dispositivo (v. art. 262 do CPC Buzaid). E é *inquisitivo* no sentido mesmo de conferir maior efetividade processual pelo empoderamento da autoridade pública. Outras passagens da CLT igualmente o revelam (*e.g.*, o art. 878, *caput*, da CLT, ao prever — antes mesmo que os processualistas civis cogitassem do chamado "processo sincrético" da Lei n. 11.232/2005 — a execução trabalhista por impulso oficial; ou o art. 852-D da CLT, quanto atribui ao juiz do Trabalho, no rito sumaríssimo, amplos poderes para limitar ou excluir provas, ou mesmo para, no campo probatório, *"dar especial valor às regras de experiência comum ou técnica"*; e assim sucessivamente).

7. Ora bem, a *inquisitoriedade* natural do processo do trabalho, conquanto sobretudo se revele no âmbito do direito probatório, não transige com um regime de cognoscibilidade de matérias de ordem pública que exija, em (quase) todo caso, a oitiva prévia das partes processuais. Daí porque, na plenitude da letra, os preceitos em comento revelar-se-ão *incompatíveis* com o processo laboral. E a jurisprudência trabalhista dirá, caso a caso — e de acordo com os princípios da proporcionalidade e da razoabilidade (arts. 8º e 489, § 2º, do NCPC), se o ato judicial praticado manietou o contraditório a ponto de agredir a garantia do art. 5º, LV, da CRFB.

O CONTRADITÓRIO, O RAZOÁVEL E A INTERPRETAÇÃO SISTEMÁTICA DO NCPC

8. Nao bastasse, a própria sistemática do novo CPC parece transigir com a saudável e necessária possibilidade de decisão imediata com base em matéria de ordem pública, sem prejuízo de eventual *contraditório diferido* (que significará, nesses casos, o atendimento razoável à garantia do art. 5º, LV, CRFB). Vejam-se, por exemplo, os casos do art. 278, par. único (quanto às nulidades absolutas, cognoscíveis de ofício), do art. 292, § 3º (quanto à correção *"ex officio"* do valor da causa, pelo juiz, *"quando verificar que não corresponde ao conteúdo patrimonial em discussão ou ao proveito econômico perseguido pelo autor, caso em que se procederá ao recolhimento das custas correspondentes"*), do art. 370, *caput* (quanto à determinação *"ex officio"* de produção de quaisquer provas que julgar necessárias para o julgamento da lide), do art. 300, § 1º (quanto ao condicionamento das medidas acautelatórias à prestação de caução) e, por fim, do art. 297 (quanto às *"medidas que considerar adequadas para efetivação da tutela provisória"*). Ao que se lê nas redações desses preceitos — que sempre preordenam decisão judicial nos autos, *sem a ressalva expressa que se lê no art. 487, parágrafo único* —, poderá o magistrado, em qualquer daqueles casos, *decidir de ofício* (para declarar a nulidade, produzir a prova, substituir ou conceder a medida de urgência etc.), *independentemente* de oitiva prévia de ambas as partes. Ou acaso se sustentará que, por força do art. 10, deverá o juiz, *em todos esses casos*, ouvir antecipadamente a(s) parte(s)? Indagará ao autor e ao réu se acham que o valor da causa corresponde realmente ao conteúdo patrimonial em discussão, quando já tenha se convencido do contrário? As respostas já não seriam óbvias? A ser assim, a hermenêutica sacrificaria amiúde a duração razoável do processo. Em alguns casos, o contraditório prévio seria inclusive contraproducente, quando não impeditivo dos efeitos pretendidos (assim, *e.g.*, nas hipóteses de tutela de evidência do art. 311, IV, que não estão ressalvadas no art. 9º). Ora, se é dado ao juiz, ao menos nessas situações específicas, decidir *"inaudita altera parte"*, por que não poderia fazê-lo quando estiverem presentes as mesmas razões que aqui justificarão o diferimento do contraditório (a saber, a *defesa da ordem pública* e/ou a *preservação da utilidade e da celeridade do processo* — o que decorre, aliás, do próprio espírito do art. 9º, I)? *"Ubi eadem ratio ibi idem ius"*.

9. A bem da interpretação sistemática, aliás, convirá reconhecer que, no próprio texto do NCPC, encontram-se alinhavados os casos em que a atuação *"ex officio"* pressupõe a necessária oitiva *prévia*. Assim, p. ex., no art. 493, parágrafo único. Ou, como já visto, no art. 487, parágrafo único. Nada obstante, a redação "peremptória" do art. 10 do NCPC ensejará, infelizmente, inúmeras polêmicas a esse propósito. E, com essa força literal, torna-se *incompatível* com o processo do trabalho.

10. A nosso ver, pela perspectiva constitucional (art. 5º, LV), resta claro que, a depender do caso concreto, o juiz *poderá* estabelecer o prévio contraditório, com proporção e utilidade, entre a identificação de objeções processuais incidentes e a sua decisão a respeito; o *dever*, porém, refere-se ao contraditório *"a se"*, não necessariamente ao seu momento. É o que se dá, aliás, com as próprias nulidades absolutas, que demandam contraditório; e, nada obstante, o novo *codex* autorizará o seu decreto de ofício (art. 278, par. único), aparentemente sem necessidade de prévia manifestação das partes (a não ser, insista-se, que se pretenda aplicar o art. 10 à hipótese do art. 278, par. único; mas, sendo assim, haveremos de aplicá-lo também às hipóteses do art. 297 do NCPC, em se tratando de tutela de evidência, ainda que isso prejudique a finalidade da norma?). Vê-se, pois, que a melhor sistemática será sempre

deixar a critério do magistrado, na direção do processo em cada caso concreto, decidir sobre a *necessidade* (no aspecto técnico-jurídico, i.e., quanto à constitucionalidade/legalidade de eventual mitigação ou diferimento) e também sobre a *conveniência* (aspecto político-processual) do contraditório prévio. É, aliás, o que naturalmente decorreria da excelente norma inserta no art. 107, V, do texto original do anteprojeto, quanto à *adequação das fases e dos atos processuais às especificações do conflito*, de modo a "*conferir maior efetividade à tutela do bem jurídico*" (mas que foi lamentavelmente manietada para, no atual art. 139, VI, admitir tão-só a *dilatação dos prazos processuais legais* e a *alteração da ordem de produção dos meios de prova*, como instrumentos de adequação do procedimento às necessidades do conflito). Daí porque, ao que sentíamos — e assim nos manifestamos em parecer solicitado, à época, pela Diretoria de Assuntos Legislativos da Associação Nacional dos Magistrados da Justiça do Trabalho (então sob os cuidados do juiz GERMANO SILVEIRA DE SIQUEIRA) —, melhor teria sido **eliminar** do projeto o atual art. 10 do NCPC, a bem da preservação dos poderes de direção do juiz no processo e do seu próprio livre convencimento motivado. Infelizmente, assim não se fez.

CONTRADITÓRIO MITIGADO E DIFERIDO

11. Deve-se, ademais, debelar os preconceitos que ainda existem quanto à figura do **contraditório mitigado ou diferido**. Fiel às lições do grande OVÍDIO BAPTISTA (SILVA, 2004, p. 112 e ss.; p. 128-129), é mister reconhecer que a dignidade e a urgência do bem da vida perseguido (i.e., do "direito material") não apenas justifica como muitas vezes *impõe* um procedimento contraditório diferenciado, sem que isso represente qualquer violência à cláusula constitucional vazada no art. 5º, LV, da CRFB). Desse modo, pode bem o juiz, deparando-se com objeções processuais ou outras matérias de que deva conhecer "*ex officio*", **decidi-las** de plano, mercê do princípio do livre convencimento motivado, quando for essa a melhor solução para a preservação da utilidade do processo e/ou para a sua duração razoável (mais: a depender do bem da vida em jogo e das circunstâncias do caso, *terá* de fazê-lo).

12. E, na perspectiva constitucional, o juiz assim o fará *sem prejuízo* do contraditório, que tão somente será diferido (mas nem por isso mitigado: mesmo no processo do trabalho, mais infenso a incidentes processuais, a parte insatisfeita poderá registrar seus protestos, na audiência ou no primeiro momento em que lhe couber falar nos autos, com vistas à ulterior impugnação em sede de recurso ordinário (ver art. 795 c.c. art. 893, § 1º, da CLT); e, no processo civil — mesmo neste que agora se renova —, haverá sempre a possibilidade dos agravos; ver, no CPC de 1973, os arts. 522 a 529; no NCPC, vejam-se os arts. 1015 a 1020).

Art. 11.

Todos os julgamentos dos órgãos do Poder Judiciário serão públicos, e fundamentadas todas as decisões, sob pena de nulidade.

Parágrafo único. Nos casos de segredo de justiça, pode ser autorizada a presença somente das partes, de seus advogados, de defensores públicos ou do Ministério Público.

Comentário de *Guilherme Guimarães Feliciano*

O QUE HÁ DE NOVO?

1. O artigo em comento reproduz e desenvolve, com positividade legal, o preceito insculpido no art. 93, IX, da Constituição (na redação da Emenda Constitucional n. 45/2004):

[...] todos os julgamentos dos órgãos do Poder Judiciário serão públicos, e fundamentadas todas as decisões, sob pena de nulidade, podendo a lei limitar a presença, em determinados atos, às próprias partes e a seus advogados, ou somente a estes, em casos nos quais a preservação do direito à intimidade do interessado no sigilo não prejudique o interesse público à informação.

2. Não inova, ademais, na ordem legal. Quanto à motivação, o CPC de 1973 já possuía preceito similar no art. 131 (na redação da Lei n. 5.925/1973):

O juiz apreciará livremente a prova, atendendo aos fatos e circunstâncias constantes dos autos, ainda que não alegados pelas partes; mas deverá indicar, na sentença, os motivos que lhe formaram o convencimento.

3. Quanto à publicidade, por sua vez, ditou o CPC de 1973 (art. 155, com a redação da Lei n. 6.515/1977 para o inciso II):

Art. 155. Os atos processuais são públicos. Correm, todavia, em segredo de justiça os processos:

I — em que o exigir o interesse público;

II — que dizem respeito a casamento, filiação, separação dos cônjuges, conversão desta em divórcio, alimentos e guarda de menores.

Parágrafo único. O direito de consultar os autos e de pedir certidões de seus atos é restrito às partes e a seus procuradores. O terceiro, que demonstrar interesse jurídico, pode requerer ao juiz certidão do dispositivo da sentença, bem como de inventário e partilha resultante do desquite.

NCPC E FUNDAMENTAÇÃO JUDICIAL

4. Quanto ao *princípio-garantia da motivação dos atos judiciais*, de inegável assento constitucional (art. 93, IX, CRFB), pode-se enunciá-lo, em termos deontológicos, como *o dever de o juiz fundamentar toda e qualquer decisão judicial*— e, ao se cuidar de *decisões*, afastam-se, por conceito, os *despachos de mero expediente*, que não têm conteúdo decisório —, delas constando objetivamente todos os seus pressupostos de fato e de direito.

5. Com efeito, nos Estados Democráticos de Direito, é a **fundamentação judicial**, ao lado do **contraditório**, a principal garantia dos cidadãos perante o Poder Judiciário; e não uma estéril e anódina "legalidade", como afirmavam os "modernos" oitocentistas. Motivar de *modo objetivo*, aliás, é também dialogar com o *princípio da simplicidade*, particularmente importante no âmbito do processo laboral: *a decisão judicial deve ser plenamente inteligível para os iniciados e suficientemente inteligível para os leigos*. Nessa medida, uma fundamentação hermética, atulhada de latinismos, estrangeirismos e linguagem gongórica, por não ser clara e objetiva, decerto não atende bem ao princípio da motivação.

6. Ao legislador de 2015, porém, não bastou reproduzir a norma constitucional. Viu-se tentado a "regulamentá-la", a bem da "modernidade", embora a norma constitucional derivada do art. 93, IX, da Constituição não fosse, a rigor, norma de eficácia contida ou limitada, mas de *eficácia plena*. E assim o fez, no art. 489, §§ 1º e 2º:

[...] § 1º Não se considera fundamentada qualquer decisão judicial, seja ela interlocutória, sentença ou acórdão, que:

I — se limitar à indicação, à reprodução ou à paráfrase de ato normativo, sem explicar sua relação com a causa ou a questão decidida;

II — empregar conceitos jurídicos indeterminados, sem explicar o motivo concreto de sua incidência no caso;

III — invocar motivos que se prestariam a justificar qualquer outra decisão;

IV — não enfrentar todos os argumentos deduzidos no processo capazes de, em tese, infirmar a conclusão adotada pelo julgador;

V — se limitar a invocar precedente ou enunciado de súmula, sem identificar seus fundamentos determinantes nem demonstrar que o caso sob julgamento se ajusta àqueles fundamentos;

VI — deixar de seguir enunciado de súmula, jurisprudência ou precedente invocado pela parte, sem demonstrar a existência de distinção no caso em julgamento ou a superação do entendimento.

§ 2º No caso de colisão entre normas, o juiz deve justificar o objeto e os critérios gerais da ponderação efetuada, enunciando as razões que autorizam a interferência na norma afastada e as premissas fáticas que fundamentam a conclusão. [...]

7. O art. 489 do novo Código de Processo Civil será objeto de oportunos comentários nesta obra. Por agora, todavia, importa registrar que:

(a) dentre as várias hipóteses "regulamentares" de desmotivação sentencial previstas no art. 489/NCPC, há aquelas que não passam de rematadas platitudes; e outras há que, a nosso ver, padecerão do vício da inconstitucionalidade, se não se lhes aplicar interpretação conforme; e

(b) logo após a aprovação do texto da Lei n. 13.105/2015 pelo Congresso Nacional, as três associações nacionais de juízes do Brasil — a Associação dos Magistrados Brasileiros (AMB), a Associação dos Juízes Federais do Brasil (AJUFE) e a Associação Nacional dos Magistrados da Justiça do Trabalho (ANAMATRA) — encaminharam à Presidência da República ofício conjunto requerendo uma série de **vetos** àquele texto; entre os vetos solicitados, pediam-se justamente os dos §§ 1º e 2º do art. 489 do NCPC.

Os pedidos de veto não foram acolhidos. Consequentemente, as mesmas críticas ali perfilhadas seguem inteiramente cabíveis.

8. Argumentos do referido ofício foram divulgados em *nota pública* da ANAMATRA, publicada em 9.3.2015, que destacou, quanto ao art. 489, o seguinte:

Relativamente às diversas manifestações críticas dirigidas às propostas de veto encabeçadas pelas três associações nacionais de Magistrados para alguns artigos do Novo Código de Processo Civil (NCPC), todas elas publicadas no sítio eletrônico do CONJUR e em outros órgãos de comunicação social, a **Associação Nacional dos Magistrados da Justiça do Trabalho — ANAMATRA** vem a público externar o seguinte.

1. Diversamente do que — até levianamente — afirmaram alguns poucos dentre os muitos juristas ouvidos, os vetos propostos não têm por finalidade "diminuir o trabalho dos juízes", mas preservar-lhes a independência funcional e assegurar mínima concretude a um dos princípios norteadores do NCPC e de todos os Pactos Republicanos para o Judiciário até aqui: a duração razoável do processo. Embora esperado o ataque de setores da advocacia, lamentavelmente ele veio antes mesmo de serem conhecidas as razões alinhavadas por ANAMATRA, AMB e AJUFE. Preferiu-se, pois, o julgamento às cegas.

2. No centro da polêmica, os vetos propostos aos parágrafos do art. 489 do NCPC guiaram-se por uma lógica jurídica comezinha: o legislador não pode restringir desarrazoadamente o conceito constitucional de fundamentação (art. 93/CF), como tampouco pode obliquamente tornar "vinculantes" súmulas, teses e orientações jurisprudenciais que constitucionalmente não o sejam. O mesmo se aplica ao art. 927.

3. Com efeito, os §§ 2º e 3º do art. 489 e os incisos III, IV e V e § 1º do art. 927 do NCPC exorbitam do poder de conformação legislativa do Parlamento, na medida em que terão impactos severos, de forma negativa, na gestão do acervo de processos, na independência pessoal e funcional dos juízes e na própria produção de decisões judiciais em todas as esferas do país, com repercussão deletéria na razoável duração dos feitos (art. 5º, LXXVIII, da CRFB), que é reconhecidamente o Leitmotiv e um dos alicerces centrais do novo Código.

4. À vista dos termos do art. 93, IX, da Constituição da República, o legislador entendeu por bem "regulamentar" a matéria em questão, contrariando a tradição secular do processo civil brasileiro — que jamais se viu "condicionado" pelo legislador quanto àquilo que seria ou não uma fundamentação sentencial suficiente —, para agora, em pleno século XXI, tolher a construção dos tribunais e estatuir ele próprio, Poder Legislativo, quais as hipóteses em que os tribunais devem considerar as decisões "não fundamentadas" (e, portanto, nulas de pleno direito, aos olhos da Constituição).

5. Ao fazê-lo, o Congresso Nacional retira do Poder Judiciário a plena autonomia para a interpretação do art. 93, IX, CRFB, travestindo-se em "intérprete autêntico" de uma cláusula constitucional de garantia que foi ditada pelo poder constituinte originário, o que chama a atenção por afrontar a própria separação harmônica entre os Poderes da República (art. 2º da CRFB). O Poder Legislativo não pode ditar ao Poder Judiciário como deve interpretar a Constituição. Esse papel cabe sumamente ao próprio Judiciário; e, em derradeira instância, ao Supremo Tribunal Federal, guardião constitucional da Carta Maior (art. 102 da CRFB). O inciso IX do art. 93/CF jamais encerrou norma jurídica de eficácia limitada ou contida, mas indubitável norma jurídica de eficácia plena, que agora perde plenitude por uma interpretação legislativa enviesada.

6. Não bastasse, onde regulamenta impropriamente, o Congresso Nacional regulamentou de modo írrito, violando outras tantas cláusulas constitucionais. Cite-se como exemplo o inciso IV do § 1º do art. 489 ("não enfrentar todos os argumentos deduzidos no processo capazes de, em tese, infirmar a conclusão adotada pelo julgador"), que enuncia uma utopia totalitária. Esperar que o juiz — em tempos de peticionamento eletrônico e dos impressionantes "ctrl C" e "ctrl V" — refute um a um todos os argumentos da petição inicial, da contestação e das várias peças recursais, ainda quando sejam argumentos de caráter sucessivo ou mesmo contraditórios entre si (porque será possível tê-los, p.ex., no âmbito das respostas processuais, à vista do princípio da eventualidade da defesa), tendo o juiz caminhado por uma linha lógica de decisão que obviamente exclui os outros argumentos, é exigir do agente público sobretrabalho inútil e violar obliquamente o princípio da duração razoável do processo.

7. De outra parte, quanto aos incisos V e VI do parágrafo único do mesmo art. 489, diga-se da sua quase esquizofrenia. Por tais preceitos, será nula a sentença que "se limitar a invocar precedente ou enunciado de súmula, sem identificar seus fundamentos determinantes nem demonstrar que o caso sob julgamento se ajusta àqueles fundamentos"; logo, o juiz não pode simplesmente aplicar a súmula de jurisprudência a caso que evidentemente se subsuma a ela, devendo "identificar" (enaltecer?) seus fundamentos determinantes. Mas não é só. Assim como não pode "simplesmente" decidir com base em súmula de jurisprudência de tribunais superiores, também não pode deixar de decidir conforme essa mesma súmula (o que denota, no limite, um tratamento esquizoide da matéria), porque também será nula a sentença que "deixar de seguir enunciado de súmula, jurisprudência ou precedente invocado pela parte, sem demonstrar a existência de distinção no caso em julgamento ou a superação do entendimento". No limite, restará ao juiz reproduzir súmulas e enaltecê-las — conquanto não sejam constitucionalmente vinculantes.

8. Essas e outras "inovações", impostas a fórceps, de uma só canetada, a toda a Magistratura nacional, sem o necessário amadurecimento de mecanismos de democratização dos procedimentos de uniformização de jurisprudência no âmbito dos tribunais superiores, regionais e estaduais, não colhem a simpatia da Magistratura do Trabalho, como tampouco deveriam colhê-la de qualquer cidadão minimamente cônscio das necessárias aptidões democráticas do Poder Judiciário. Por isso, e apenas por isso, a ANAMATRA pediu — e segue pedindo — o veto aos referidos preceitos do NCPC, já amplamente conhecido como o "Código dos advogados". Que diga, agora, a Presidência da República.

9. Muitos autores supõem que essa ordem de críticas pretenda, na realidade, assegurar ao juiz um arco de discricionariedade judiciária incompatível com o Estado de Direito e o princípio da legalidade. Para este debate, sugerem-se outras leituras (FELICIANO; DIAS, 2015, *on line*). O leitor saberá tirar suas próprias conclusões.

10. De se ver que, a rigor, as mesmas razões — de ordem constitucional ou de ordem político-judiciária — que determinam leituras mais restritivas do art. 489, § 1º, do NCPC aplicam-se, sem reparos, ao processo civil e ao processo do trabalho. Logo, não seria por essas específicas razões que o art. 489 do NCPC deixaria de se aplicar ao processo do trabalho, pelo filtro do art. 769 da CLT. Por essa via, pois, *não há caminho útil para supor a inaplicabilidade subsidiária do art. 489/NCPC ao processo do trabalho* (notadamente porque o processo do trabalho realmente possuiria, a respeito, uma lacuna legislativa: não "regulamenta", para o processo do trabalho, o art. 93, IX, da Constituição). Nada obstante, outras linhas de argumentação podem ser exploradas (p. ex., a da inaplicabilidade por *incompatibilidade*, considerando-se os princípios da simplicidade e da informalidade, que igualmente informam o processo do trabalho, e o próprio teor simplificado das sentenças trabalhistas, consoante arts. 832 e 852-Ida CLT; nesse caso, sequer haveria propriamente "omissão"). Oportunamente, voltaremos a tais considerações.

A respeito dos princípios da simplicidade e da informalidade como princípios informadores do processo do trabalho (FELICIANO, 2013, p. 117-144).

NCPC E PUBLICIDADE JUDICIAL

11. Como já dito acima, o *princípio da publicidade* garante às partes processuais a divulgação oficial dos atos judiciais, a realização de audiências públicas e a possibilidade de consultas motivadas aos autos e documentos, com extração de certidões, ressalvados os casos legais de sigilo judiciário, nos termos da Constituição (art. 93, IX, CRFB) e da legislação federal ordinária (art. 155 do CPC/1973; art. 189 do CPC/2015). Tais exceções relacionam-se à salvaguarda de direitos fundamentais como a intimidade, a privacidade e a imagem, num juízo de ponderação que é originalmente feito pelo legislador.

12. Pelo texto do novo Código de Processo Civil (art. 189), estarão excluídos do imperativo de publicidade processual os seguintes processos:

- em que o exija o interesse público ou social (e aqui se abre amplo espectro para a apreciação judicial *"in concreto"* da necessidade de sigilo processual, caso a caso);
- que versem sobre casamento, separação de corpos, divórcio, separação, união estável, filiação, alimentos e guarda de crianças e adolescentes;
- de que constem dados protegidos pelo direito constitucional à intimidade (e, nesse caso, o juiz deverá examinar, de perto, as interações entre a CLT, o NCPC e a Lei n. 12.527/2011);
- que versem sobre arbitragem, inclusive sobre cumprimento de carta arbitral, desde que a confidencialidade estipulada na arbitragem seja comprovada perante o juízo (hipótese que dificilmente se verificará validamente no processo laboral — exceção feita, como de praxe, às arbitragens em sede de direito coletivo).

13. Ademais disso, nos termos do § 2º do mesmo art. 189, até mesmo o *terceiro interessado* poderá ter *acesso episódico e parcial* às informações de autos que tramitem em segredo de justiça. Diz o texto que "[o] *terceiro que demonstrar interesse jurídico pode requerer ao juiz certidão do dispositivo da sentença, bem como do inventário e de partilha resultantes de divórcio ou separação*". Há de ser, porém, interesse *jurídico*; jamais interesse econômico ou moral, por exemplo.

Art. 12.

Os juízes e os tribunais atenderão, preferencialmente, à ordem cronológica de conclusão para proferir sentença ou acórdão.

§ 1º A lista de processos aptos a julgamento deverá estar permanentemente à disposição para consulta pública em cartório e na rede mundial de computadores.

§ 2º Estão excluídos da regra do *caput*:

I – as sentenças proferidas em audiência, homologatórias de acordo ou de improcedência liminar do pedido;

II – o julgamento de processos em bloco para aplicação de tese jurídica firmada em julgamento de casos repetitivos;

III – o julgamento de recursos repetitivos ou de incidente de resolução de demandas repetitivas;

IV – as decisões proferidas com base nos arts. 485 e 932;

V – o julgamento de embargos de declaração;

VI – o julgamento de agravo interno;

VII – as preferências legais e as metas estabelecidas pelo Conselho Nacional de Justiça;

VIII – os processos criminais, nos órgãos jurisdicionais que tenham competência penal;

IX – a causa que exija urgência no julgamento, assim reconhecida por decisão fundamentada.

§ 3º Após elaboração de lista própria, respeitar-se-á a ordem cronológica das conclusões entre as preferências legais.

§ 4º Após a inclusão do processo na lista de que trata o § 1º, o requerimento formulado pela parte não altera a ordem cronológica para a decisão, exceto quando implicar a reabertura da instrução ou a conversão do julgamento em diligência.

> § 5º Decidido o requerimento previsto no § 4º, o processo retornará à mesma posição em que anteriormente se encontrava na lista.
>
> § 6º Ocupará o primeiro lugar na lista prevista no § 1º ou, conforme o caso, no § 3º, o processo que:
>
> I – tiver sua sentença ou acórdão anulado, salvo quando houver necessidade de realização de diligência ou de complementação da instrução;
>
> II – se enquadrar na hipótese do art. 1.040, inciso II.

Comentário de Guilherme Guimarães Feliciano

O QUE HÁ DE NOVO?

1. O Código Buzaid silenciou quanto à ordem de conclusão dos processos para efeito de julgamento. Não considerou relevante "engessar" critérios que, no dia-a-dia das unidades judiciárias, poderiam ser perfeitamente formulados e administrados pelos próprios juízes, respeitando-se, em todo caso, a isonomia e a moralidade pública. Nada obstante, queixas recorrentes ligadas à possibilidade de juízes favorecerem partes ou terceiros antecipando pautas e decisões a seu inteiro talante, sem maiores razões objetivas, ou mesmo o temor difuso ante a capacidade de interferência e de influência de determinados escritórios de advogados nas pautas das varas e tribunais (e especialmente de tribunais superiores), levaram o legislador a cogitar de um *critério universal* que bem atendesse à justiça e à moralidade: o da *antiguidade da conclusão*. Para melhor atingir a finalidade moralizadora do preceito, a Lei n. 13.195/2015 estatuiu, originalmente, a *obrigatoriedade* da observância da ordem cronológica de conclusão para a prolação de sentenças ou acórdãos; mesmo para os processos com *preferências legais*, ademais, elaborar-se-ão listas próprias, mas igualmente por ordem cronológica de conclusão (art. 12, §3º). Dizia, "*ab initio*", a cabeça do art. 12:

> Os juízes e os tribunais **deverão obedecer** à ordem cronológica de conclusão para proferir sentença ou acórdão. (g.n.)

Além disso, o NCPC tratou de associar esse critério cronológico mandatório à garantia da publicidade judiciária, de modo que "[a] lista [cronológica] de processos aptos a julgamento deverá estar permanentemente à disposição para consulta pública em cartório e na rede mundial de computadores", permitindo-se o controle diuturno daquela antiguidade.

2. Essa obrigatoriedade, porém, foi **superada** antes mesmo do término da "*vacatio legis*" do NCPC (art. 1045). Com efeito, foi publicada, em 5.2.2016 (DOU), a **Lei n. 13.256, de 4 de fevereiro de 2016**, que "[a] ltera a Lei nº 13.105, de 16 de março de 2015 (Código de Processo Civil), para disciplinar o processo e o julgamento do recurso extraordinário e do recurso especial, e dá outras providências". Tal lei alterou os arts. 12, 153, 521, 537, 966, 988, 1029, 1035, 1036, 1038, 1041 e 1042 do NCPC, além de revogar o art. 945, o § 2º do art. 1029, o inciso II dos §§ 3º e 10 do art. 1.035, os §§ 2º e 5º do art. 1037, os incisos I, II e III do *caput* e o § 1º, incisos I e II, alíneas "a" e "b", do art. 1042, e os incisos II e IV do *caput* e o § 5º do art. 1043. Entrará em vigor "*no início da vigência da Lei n.* 13.105, *de 16 de março de 2015 (Código de Processo Civil)*" (art. 4º), o que significa que, na prática, a redação original do NCPC já entra em vigor parcialmente revogada/alterada.

3. A razão política de ser da Lei n. 13.256/2016 foi, essencialmente, a de *restabelecer o duplo juízo de admissibilidade dos recursos especial e extraordinário*, devolvendo o juízo admissional aos tribunais "*a quo*" e sanando uma novidade que preocupava imensamente a cúpula dos tribunais superiores, pelo risco de hiperlotação das instâncias extraordinárias com recursos potencialmente inadmissíveis. Mas, no que interessa a este comentário, a Lei n. 13.256/2016 introduziu o advérbio "*preferencialmente*" na redação do *caput* do art. 12/NCPC, além de lhe modificar levemente a redação. "Preferencialmente", segundo os léxicos, significa "*de modo preferencial, em que há preferência*" (Dicionário Caldas Aulete Digital, disponível em *http://www.aulete.com.br/preferencialmente*); o que, por sua vez, é indicativo de *inclinação, prioridade, primazia*. Já não significa ou indicia, porém, *obrigatoriedade*. Na comparação com a redação originária (*supra*), de feitio mandatório, a viragem hermenêutica é óbvia: a ordem cronológica para a prolação de julgamentos deve ser observada como **ponto de partida**, mas **o juiz poderá desatendê-la se julgar conveniente, à vista dos critérios do § 2º (*infra*) ou de quaisquer outros que lhe pareça juridicamente relevantes** no caso concreto. Mesma liberdade, aliás, foi assegurada aos juízes, no que diz respeito à ordem para *publicação* e *efetivação dos pronunciamentos judiciais* (art. 153/NCPC). Pela redação original da Lei n. 13.105/2015, lia-se que "[o] *escrivão ou chefe de secretaria deverá obedecer* à ordem cronológica de recebimento para publicação e efetivação dos pronunciamentos judiciais" (g.n.). Pela nova redação — mais adequada —, estabelece-se que "[o] escrivão ou o chefe de secretaria **atenderá, preferencialmente,** à ordem cronológica de recebimento

Comentários ao Novo CPC

para publicação e efetivação dos pronunciamentos judiciais" (g.n.). Voltaremos a isto adiante.

4. De todo modo, desde a redação originária houve a preocupação de se conceder alguma flexibilidade ao critério-base (*cronológico*). Para tanto, foram elencadas nove exceções à regra geral da ordem cronológica (que *estão mantidas*, para todos os efeitos, mesmo após a Lei n. 13.256/2016). São elas:

- as sentenças proferidas em audiência (como haveria de ser, em regra, no processo do trabalho — v. art. 850, *caput, in fine*, da CLT), as sentenças homologatórias de acordo (v. arts. 764, § 1º, e 832, §§ 3º e 4º, da CLT) e as sentenças de improcedência liminar do pedido (v. art. 332 do NCPC);

- o julgamento de processos em bloco para aplicação de tese jurídica firmada em julgamento de casos repetitivos;

- o julgamento de recursos repetitivos ou de incidente de resolução de demandas repetitivas (v., no processo do trabalho, a Lei n. 13.105/2014 e o Ato n. 491/SEGJUD/GP, de 23.9.2014);

- as decisões proferidas com base nos arts. 485 e 932 (ou, respectivamente, as hipóteses de extinção do processo sem resolução de mérito e de competências monocráticas do relator nas instâncias recursais e nas ações originárias);

- o julgamento de embargos de declaração (v. arts. 1022 a 1026 do NCPC; no processo laboral, art. 897-A da CLT);

- o julgamento de agravo interno (v., no NCPC, os arts. 136, parágrafo único, 994, III, e 1021; no processo laboral, os regramentos são regimentais, no âmbito dos tribunais regionais do trabalho e do TST);

- as *preferências legais* (como, e.g. a preferência processual do idoso, *ut* art. 71 da Lei n. 10.741/2003, ou do deficiente, *ut* art. 69-A da Lei n. 9.874/1999, na redação da Lei n. 12.008/2009) e, no mesmo diapasão, as *metas* estabelecidas pelo Conselho Nacional de Justiça — como foi, outrora, a famosa "Meta 2" de 2009, que propusera o julgamento, até 31.12.2009, de todos os processos distribuídos até 31.12.2005; e depois, ano a ano, assim sucessivamente (cabendo registrar a infelicidade de o NCPC "positivar" a ideia de gerir por *metas de produtividade*, quase como se compusessem um instituto do direito judiciário, quando representam tão-só uma ferramenta tática para um específico modelo de gestão, atualmente inspirado na metodologia denominada "*Balanced Scorecard*", da *Harvard Business School*, desenvolvida em 1992 por R. Kaplan e D. Norton);

- os processos criminais, nos órgãos jurisdicionais que tenham competência penal (hipótese aplicável à Justiça do Trabalho, a nosso sentir, no que diz respeito ao julgamento de *habeas corpus*, "*ex vi*" do art. 114, IV, CRFB); e

- as causas que exijam *urgência* no julgamento, assim reconhecida por decisão fundamentada (e seria sobretudo neste inciso que os juízes comuns — e os do Trabalho, se se compreendesse extensível o preceito — concentrariam seus esforços retóricos de justificação para a "quebra" da ordem cronológica de conclusão, quando pretendessem elaborar, p.ex., as chamadas "pautas inteligentes" de julgamento, agregando processos por critérios de matéria ou conteúdo de instrução).

No entanto, com o advento da Lei n. 13.256/2016 — e a substituição do caráter obrigatório pelo "preferencial" —, as pautas inteligentes poderão ser construídas com maior liberdade, de acordo com os entendimentos do Magistrado e as necessidades concretas da sua unidade, sob critérios que, embora objetivos, não se subsumam necessariamente à hipótese do art. 12, IX, do NCPC.

ORDEM CRONOLÓGICA PARA PUBLICAÇÃO E EFETIVAÇÃO DE PRONUNCIAMENTOS JUDICIAIS

5. Como antecipado acima, não foi apenas quanto às decisões judiciais que o novo Código de Processo Civil havia cedido ao critério da ordem cronológica. Pelo texto original, também para qualquer *publicação* ou *efetivação de pronunciamentos judiciais*, as secretarias judiciárias haveriam de observar a ordem cronológica de recebimento do expediente. Disso decorreria, p.ex., que, recebidas do distribuidor as petições iniciais com determinada ordem de antiguidade, não poderiam as próprias audiências a designar — sejam iniciais ou unas, na Justiça do Trabalho — seguir ordem cronológica diversa, sob pena de responsabilidade do juiz e/ou do servidor. Note-se que, no âmbito do processo do trabalho, se é certo que as audiências têm sido automaticamente designadas nos distribuidores da Justiça do Trabalho (ou pelo próprio sistema do PJe-JT, quando o caso), também é certo que, a rigor — e a despeito de tal automaticidade —, trata-se de *ato derivado de pronunciamento judicial*, delegado ao servidor (ou ao "sistema"), na medida em que só o juiz tem autoridade legal para marcá-las (v., p.ex., art. 823 da CLT). Inviabilizavam-se, também aqui, as ditas "pautas inteligentes" (agora as de instrução).

6. Com efeito, dispunha o art. 153 do NCPC:

> O escrivão ou chefe de secretaria deverá obedecer à ordem cronológica de recebimento para publicação e efetivação dos pronunciamentos judiciais.

Na sequência, registra este mesmo preceito (mantido, nessa parte, pela Lei n. 13256/2016):

> § 1º A lista de processos recebidos deverá ser disponibilizada, de forma permanente, para consulta pública.

§ 2º Estão excluídos da regra do *caput*:

I — os atos urgentes, assim reconhecidos pelo juiz no pronunciamento judicial a ser efetivado;

II — as preferências legais.

§ 3º Após elaboração de lista própria, respeitar-se-ão a ordem cronológica de recebimento entre os atos urgentes e as preferências legais.

§ 4º A parte que se considerar preterida na ordem cronológica poderá reclamar, nos próprios autos, ao juiz do processo, que requisitará informações ao servidor, a serem prestadas no prazo de 2 (dois) dias.

§ 5º Constatada a preterição, o juiz determinará o imediato cumprimento do ato e a instauração de processo administrativo disciplinar contra o servidor.

Como se vê, algumas das ressalvas legais presentes no art. 12, §1º, do NCPC reproduziram-se aqui, particularmente quanto às preferências legais e quanto aos atos urgentes. E, outra vez, a Lei n. 13.256/2016, a bom tempo, lançou pá-de-cal sobre a polêmica. Quando entrar em vigor, o NCPC dirá, no *caput* do art. 153, que o escrivão ou o chefe de secretaria atenderá **preferencialmente** à ordem cronológica de recebimento para publicação e efetivação dos pronunciamentos judiciais. Nada mais do que isto.

PAUTAS CRONOLÓGICAS, CONSTITUCIONALIDADE E CONVENIÊNCIA

7. A par do previsível debate sobre a aplicação dos arts. 12 e 153 ao processo do trabalho, pela via dos arts. 15/NCPC e 769/CLT — sendo outra hipótese em que, a rigor, há de fato *lacuna legislativa* no texto celetário —, precedeu-o um difícil debate sobre a *possibilidade* e a *legalidade* da positivação desse critério, com foros de **obrigatoriedade**, como originalmente previsto pela Lei n. 13.105/2015 (a despeito das tentativas de flexibilizar o seu rigor, *ut* art. 12, §1º, e 132, §2º, NCPC).

8. Nesse particular, para evitar maiores prolongamentos, vale reproduzir o conjunto de argumentos que a AMB, a AJUFE e a ANAMATRA apresentaram à Presidência da República para o *veto* do art. 12/NCPC originário, sem sucesso. O ofício data de 31.1.2015. *"In verbis"*:

> No que tange a esses dois artigos, apresentamos inicialmente o texto de autoria do magistrado e processualista FERNANDO DA FONSECA GAJARDONI, que sintetiza com muita propriedade as gravíssimas consequências que surgirão com a aplicação dos referidos dispositivos:
>
> "Praticamente todos que se arriscam a pensar o sistema de Justiça no Brasil afirmam que o nosso problema não é de legislação processual (ao menos não é o principal deles). A Justiça brasileira precisa, muito antes do que qualquer Novo Código de Processo Civil, investir em gestão.
>
> Pois em todo o mundo se trabalha, atualmente, com a ideia de gerenciamento de unidades judiciais (court management) e de processos (case management), isto é, com a aplicação, no âmbito do Poder Judiciário, de conhecimentos e técnicas de gestão hauridos da Economia e da Administração (definição de prioridades, racionalização do uso dos recursos econômicos e humanos disponíveis, separação de problemas afins para tratamento em bloco, realocação racional dos espaços físicos, investigação do potencial de cada célula dentro das unidades judicias, etc.).
>
> Através da gestão judicial busca-se emprestar à prática cartorial e dos gabinetes judiciais (court management), e também à própria condução individualizada do processo pelo magistrado (case management), um grau de racionalidade e organização próprias da iniciativa privada, com a produtividade e eficiência que lhes é peculiar.
>
> O Novo Código de Processo Civil, contudo — na contramão desta tendência mundial —, dificulta sobremaneira a aplicação da gestão na Justiça brasileira, vedando que magistrados e servidores possam, com a liberdade necessária, gerenciar as unidades judiciais em que atuam.
>
> Com efeito, o art. 12, do NCPC, estabelece, peremptoriamente, que todos "os juízes e os tribunais deverão obedecer à ordem cronológica de conclusão para proferir sentença ou acórdão", enumerando, em seus parágrafos, uma série de exceções (embora insuficientes) nas quais é autorizada a quebra da ordem cronológica. E o art. 153, do NCPC, dispõe que "o Escrivão ou chefe de secretaria deverá obedecer à ordem cronológica de recebimento para publicação e efetivação dos pronunciamentos judiciais", a qual, sob pena de responsabilidade funcional, só poderá ser violada mediante prévia, expressa e fundamentada decisão judicial.
>
> Os dispositivos, em primeira análise, mostram-se razoáveis. Realmente, a cronologia no julgamento, no cumprimento dos processos e na publicação das decisões judiciais, ao menos em princípio, aparenta ser imperativo de igualdade, já que distribui as agruras da espera pela tutela jurisdicional entre todos (art. 5º, caput, da CF). Além disso, a regra impede, também, que o julgamento, o cumprimento e a publicação das decisões no processo sigam ordem distinta, considerando as partes envolvidas (e sua eventual capacidade econômica ou política), ou mesmo a "influência" ou o "prestígio" dos advogados atuantes.
>
> Por fim, tem-se que a previsão da cronologia obstará que magistrados e secretarias venham a preterir os processos mais complexos em favor dos processos mais simples, de fácil julgamento/cumprimento, uniformizando, assim, o tempo da Justiça.
>
> O que, entretanto, aparenta ser um avanço, causará infindáveis problemas práticos, havendo real risco de a novidade prejudicar profundamente a prestação do serviço público jurisdicional no país.
>
> Considerando que mais de 50% (cinquenta por cento) das unidades judiciais no Brasil têm competência cumulativa — verdadeiras clínicas gerais que cuidam de processos cíveis, criminais, de família, empresariais, fiscais, etc. —, não se acredita que o estabelecimento da cronologia, como única rotina de trabalho, seja algo razoável ou minimamente eficiente.

A cronologia impede que os processos sejam selecionados por tema para julgamento e cumprimento em bloco, com enorme perda de eficiência; impede que determinadas demandas tenham seu julgamento preterido exatamente porque, no caso, a sensibilidade do magistrado e dos advogados indique que, naquele momento, a sentença, em vez de pacificar, potencializará o conflito (v.g. conflitos familiares, conflitos coletivos pela posse da terra); impede que os Tribunais Superiores levem a julgamento casos de repercussão geral apenas no momento em que haja segurança suficiente para decidi-los; impede que o serviço seja dividido por assunto entre servidores distintos, considerando a afinidade e especialização de cada um; impede que processos mais simples e de fácil solução – mas cujo rápido julgamento/cumprimento seja fundamental para as partes envolvidas (alvarás para levantamento de resíduos salariais, ações de benefícios previdenciários, etc.) –, possam ser julgados/cumpridos se eventualmente, na unidade, haja uma ação muito complexa pendente de julgamento ou cumprimento; enfim, impede qualquer autonomia da unidade judicial (ou mesmo de sua Corregedoria) na definição, à luz das particularidades locais (volume de serviço, números de juízes e servidores, estrutura física/material), da melhor forma de atender aquele caso e todos os demais que ali têm curso.

Além disso, a fixação, em lei cogente e de validade nacional, de um único critério de gerenciamento – isto é, a ordem cronológica –, engessa qualquer tipo de inovação de gestão que porventura possa vir, seja ela através de resultados revelados por pesquisas empíricas, seja em vista de novos modelos de gestão aplicados à administração judiciária. Atente-se: a revelação de que a cronologia não é o melhor método de gestão, certamente demandará futura e dificultosa alteração legislativa, algo que não existiria se a regra partisse de quem tem atribuição constitucional para fiscalizar e definir planos e metas para a Justiça: o CNJ e as Corregedorias de cada Tribunal.

Ninguém é contra a cronologia para julgamento e cumprimento de processos. Pelo contrário. Ela é desejável, pois espelha igualdade de tratamento pelo Estado. Porém, ela deve ser aplicada juntamente com outras técnicas de gestão, avaliadas casuisticamente conforme características da unidade judicial e do próprio caso concreto. Definir legal e abstratamente, com base simplesmente na cronologia, a forma de julgamento, cumprimento/publicação de atos processuais, não parece consentânea com a promessa de um processo civil constitucional, justo e célere, premissas principais do Novo CPC (arts. 1º e 4º).

O sistema deveria se preocupar em punir os poucos magistrados e servidores que cedem a influências escusas para definir suas pautas de trabalho. Não, na ânsia de impedir iniquidades, engessar inovações na gestão da Justiça." (v. http://jota.info/o-novo-cpc-e-o-fim-da-gestao-na-justica)

Destacamos, também, que o Conselho Nacional de Justiça, desde sua fundação, vem trabalhando arduamente na missão de criar uma cultura de gestão processual e tem buscado, por variadas iniciativas, implementar novas práticas nas unidades judiciais de todo o País, com base nas técnicas de racionalização e otimização do serviço.

Por sua vez, a AMB, a AJUFE, a ANAMATRA, a ENFAM e a ENAMAT, ao longo de 8 (oito) anos estão trabalhando para melhorar os níveis de gestão, ministrando cursos e, no caso da AMB/ENFAM, criando mesmo um mestrado profissional com o fim específico de capacitar magistrados em gestão de casos e de cartórios/secretarias (o que inclui, p.ex., a formatação das chamadas *"pautas inteligentes"*, que reduzem o tempo morto do processo e aproveitam a similitude essencial ou circunstancial das causas, relativizando, a bem de uma melhora geral dos tempos processuais, a regra básica da ordem cronológica). Foi graças a esse esforço que conseguimos, ano após ano, melhorar a performance dos índices aferidos pelo CNJ, ainda que não se reponha o estoque de mão-de-obra e que o volume de trabalho aumente vertiginosamente.

Os próprios sistemas eletrônicos de gerenciamento de processos permitem aferição adequada de toda a tramitação dos feitos, sendo plenamente possível, nos dias de hoje, identificar práticas que signifiquem o represamento de processos antigos.

Não resta dúvida que a ordem cronológica deve ser buscada como critério de julgamentos e de cumprimento de atos judiciais, mas não pode representar o engessamento das demais técnicas de produção em escala e de aproveitamento das potencialidades de cada unidade judiciária, com suas peculiaridades, para dar melhor rendimento ao serviço e à prestação jurisdicional.

As exceções previstas nos arts. 12 e 153, que permitem a quebra da observância da ordem cronológica, não amenizam a sensação de sufocamento da gestão processual, ou melhor, de seu sepultamento. Imagine-se a quantidade de incidentes que surgirão na administração das varas e secretarias judiciais quando a ordem cronológica não for observada, mesmo com decisão fundamentada do juiz.

O recurso de agravo de instrumento não está previsto para atacar o ato de quebra da cronologia e aí surgirá a criatividade da advocacia brasileira, para impetrar Mandados de Segurança, Correições Parciais, Reclamações e assim por diante. Mas não é só na quebra que surgirão esses incidentes, pois quando a parte pedir o julgamento fora da ordem cronológica e o juiz negar, certamente haverá o manejo de todas aquelas ferramentas de inconformismo, o mesmo ocorrendo quando o cartório eventualmente deixar de cumprir ato que efetive direito para, em atendimento a regra do art. 153 do Novo CPC, dar cumprimento a ato de mero trâmite, como é o caso do arquivamento de dezenas de processos por desinteresse da parte. A prevalecer a regra da ordem cronológica rigorosa, o beneficiário do alvará terá que esperar que o cartório tramite as dezenas de feitos anteriormente recebidos para cumprimento de ato burocrático, para, só depois, expedir alvará efetivando direito reconhecido à parte. Em nome de uma regra formal, posterga-se o atendimento ao objetivo maior da justiça é que é de efetivar direitos em tempo célere. Caos à vista!

Como já dito, o novo CPC busca trazer segurança jurídica e celeridade, inclusive com a diminuição de recursos para os Tribunais. Na contramão desses desideratos, porém, os arts. 12 e 153 serão pólvora rica para a criação de problemas intermediários na tramitação dos processos e prejudicarão, ao fim e ao cabo, a desejada aceleração da marcha processual para a decisão de mérito.

É isso que se quer evitar.

As distorções que decorrem de situações excepcionais envolvendo aqueles que insistem em represar julgamentos e não cumprir no tempo devido as decisões dos processos mais antigos devem ser controladas com atuação firme das Corregedorias e CNJ, jamais com gesso legislativo que só fará imobilizar uma gestão adequada do sistema de justiça do Brasil! (*g.n.*)

9. Também neste ponto, entusiastas do novo Código de Processo Civil insistiam na *bondade* do novel art. 12 (texto originário). Na simplificadora expressão de Paulo Cezar Pinheiro Carneiro (In WAMBIER et al., 2015. p. 89), tratar-se-ia — na redação originária — de "[a]rtigo polêmico, mas necessário". O tempo o desdisse. Conquanto a Presidência da República não tenha acolhido as razões jurídicas e políticas de veto apresentadas ao Ministério da Justiça (*supra*), o próprio *Congresso Nacional* tratou de rediscutir a matéria e assimilar, com brevidade, as ponderações feitas por tantos segmentos do Judiciário; e, ao cabo dos debates, *introduziu a primazia* (= "preferência") *do critério cronológico, passível de relativização objetiva*, em substituição à sua obrigatoriedade radical. Andou bem, como temos dito. Para o processo laboral, uma polêmica a menos.

CAPÍTULO II
DA APLICAÇÃO DAS NORMAS PROCESSUAIS

Art. 13.

A jurisdição civil será regida pelas normas processuais brasileiras, ressalvadas as disposições específicas previstas em tratados, convenções ou acordos internacionais de que o Brasil seja parte.

Comentário de *Manoel Carlos Toledo Filho*

O artigo em exame assinala que, em sua *dimensão usual e natural*, a assim chamada "jurisdição civil" será disciplinada pelas normas jurídicas instrumentais brasileiras, ou seja, pelos preceitos processuais votados e aprovados em conformidade com o procedimento legislativo nacional.

A premissa assim estabelecida determina que, de uma maneira geral, a sistemática processual brasileira irá forçosamente depender de ato do Congresso Nacional, uma vez que, conforme preceitua o art. 22 da Constituição Federal, compete privativamente à União legislar sobre direito processual.

Por outro lado, o legislador fez questão de destacar que a abrangência de sua imposição se restringe ao âmbito judiciário civil, naturalmente excluindo, por conseguinte, os atos jurisdicionais vinculados ao campo do direito instrumental penal.

Isto não significa que o processo penal tenha, a rigor, uma regência distinta daquela determinada pelos dispositivos processuais brasileiros, ou que ele ordinariamente sofra uma maior influência do direito estrangeiro do que aquela que ao processo civil possa ser atribuída.

Na realidade, o que o fez o legislador foi marcar a *diferença ideológica e/ou ontológica* que existe entre o processo civil e o processo penal.

Realmente: na ciência processual, conquanto se cogite ou se admita uma unidade principiológica ou, em outros termos, a existência de uma "teoria geral", parece claro que a jurisdição penal consubstancia um mundo à parte, máxime por interferir, de modo específico, direto e radical, com o direito fundamental à liberdade, cujos limites a ela caberá gradativamente traçar e constantemente avaliar (ou reavaliar).

Não foi por acaso, portanto, que, no Uruguai, onde, se bem desde 1988 exista um Código Geral de Processo (Lei n. 15.982, de 18.10.1988) o processo penal seguiu regido por um procedimento autônomo a ele diretamente vinculado, admitindo-se quando muito a incidência casual, em caráter meramente supletivo, das normas processuais ditas gerais ao regramento específico previsto para o âmbito penal. Fato semelhante se passou na Colômbia, em que há pouco tempo igualmente se publicou um CGP (Lei n. 1.564 de 12.7.2012), o qual, não obstante, já em seu art. 1º cuidou de esclarecer que o mesmo regularia "a atividade processual nos assuntos civis, comerciais, de família e agrários", sem menção ao processo penal (e tampouco ao processo do trabalho, que, aliás, é naquele país desde o ano 1948 disciplinado por um Código específico).

Esta necessidade de distinção entre os panoramas civil e penal possui igualmente relevância quando se trata de analisar a realidade dos litígios relacionados ao direito processual do trabalho. Com efeito: desde os seus primórdios, o processo trabalhista foi encarado como uma sorte de figura intermediária entre o processo penal e o processo civil, como vislumbrado por Nicola Jaeger já ao início da década de 30 do século passado (JAEGER, 1933, p. 11). É dizer: se existe uma diferenciação institucional entre os planos instrumentais civil e criminal, ela deve também, em alguma medida, intuitivamente transportar-se para o direito processual do trabalho.

Isto, aliás, foi o que explicitamente ocorreu no Uruguai: o mencionado Código Geral de Processo daquele país, embora abrangesse o processo do trabalho, reconhecia a necessidade de, no caso de algumas lides específicas, como as laborais, as agrárias e as de família, investir os juízes dos mesmos poderes atribuídos aos juízes penais (art. 350.5). E, no caso particular do processo trabalhista, esta linha de conduta veio a ser consolidada pela lei dos processos laborais do Uruguai (Lei n. 18.572 de 8.10.2009) a qual, em seu art. 1º, esclarece que o Juiz do Trabalho estará investido, para fins instrutórios, "com todas as faculdades inquisitivas previstas para a ordem processual penal".

Assim, o que houve no Uruguai foi, em um primeiro momento, a absorção do processo do trabalho pelo processo civil "geral" para, 20 (vinte) anos após, retornar-se ao modelo dúplice, com a instauração de um processo trabalhista independente. Já na Colômbia, como visto acima, o processo trabalhista sequer chegou a ser incorporado ao processo civil geral.

Em síntese, ao utilizar o termo "jurisdição civil", o Código inconsciente ou involuntariamente projeta uma abrangência diferenciadora que se estende às lides laborais, aspecto que será objeto de análise detida mais adiante, quando do exame da incidência supletória das normas processuais civis ao direito processual do trabalho.

De outro lado, o artigo examinado expressa que poderão ser invocadas, além das normas processuais brasileiras, aquelas concernentes a "tratados, convenções ou acordos internacionais de que o Brasil seja parte".

É uma adição auspiciosa, na medida em que explicita a faculdade — quiçá seja inclusive mais adequado falar-se em *dever* — que possui o Poder Judiciário Nacional de acompanhar e fazer aplicar os ditames de índole instrumental sufragados pela comunidade internacional, notadamente quando se trate de preservar e enaltecer direitos básicos e elementares como, de resto, indubitavelmente o são os direitos trabalhistas. Aliás, a CLT já fornece uma indicação preciosa nesta direção, quando autoriza o Juiz do Trabalho a utilizar-se do direito comparado (art. 8°), autorização esta que, porque de índole *geral ou introdutória*, alcança também a dimensão processual que aos conflitos trabalhistas esteja correlata.

Art. 14.

A norma processual não retroagirá e será aplicável imediatamente aos processos em curso, respeitados os atos processuais praticados e as situações jurídicas consolidadas sob a vigência da norma revogada.

Comentário de *Manoel Carlos Toledo Filho*

O artigo em destaque se reporta à aplicação da norma processual no tempo, é dizer, à *eficácia intertemporal* do direito instrumental civil.

De sua redação duas premissas contrapostas claramente sobressaem: 1) a nova norma não poderá atingir, influenciar ou modificar atos, termos ou situações processuais que já se tenham praticado antes de seu advento; 2) a nova norma poderá atingir, influenciar ou modificar os atos, termos ou situações processuais cuja realização ainda não se haja completamente ultimado à data de sua entrada em vigor. Cândido Rangel Dinamarco resume a questão assinalando que "fatos ocorridos e situações já consumadas no passado não se regem pela lei nova que entra em vigor, mas continuam valorados segundo a lei do seu tempo" (DINAMARCO, 2002, p. 97).

Como se vê, a essência do preceito guarda evidente correlação com a aplicação, ou não, das normas processuais supervenientes às demandas ainda não completamente solucionadas, é dizer, aos processos em andamento, sem distinção quanto à etapa ou ao momento específico em que os mesmos eventualmente se encontrem.

Discorrendo acerca do tema, Cândido Rangel Dinamarco enumera 4 (quatro) posições a respeito: 1) aplicação integral da lei nova; 2) preservação completa da lei antiga; 3) preservação da lei antiga para as fases processuais ainda em curso; 4) isolamento dos atos e situações processuais já consumados. Segundo o renomado jurista paulista, a última posição é a que prepondera (*Idem*, p. 99-100).

Sem embargo, a nosso juízo, ao referir-se o Código a "situações jurídicas consolidadas", ele quando menos abre uma brecha ou oportunidade para a incidência, consideradas certas circunstâncias, da 3ª posição mencionada. É que, na medida em que um determinado ato, já devidamente praticado, componha uma fase processual específica, não será possível, a rigor, a ela aplicar integralmente a moldurem estipulada pelo dispositivo superveniente.

Assim, por exemplo, os pressupostos de cabimento de um recurso ou de um meio autônomo de impugnação, cuja interposição seja antecedente ao sistema vigente, deverão naturalmente ter sua adequação examinada em conformidade com o modelo anterior, ainda quando, concretamente, tal exame venha a ocorrer largo tempo depois de sua revogação. Significa isto inferir, como corolário, que o julgamento mesmo do incidente será balizado pelo sistema velho.

Do mesmo modo, não se poderá exigir que uma decisão ou sentença, que tenha sido proferida ainda sob a égide do Código anterior, se revista dos requisitos de conteúdo ou validade previstos pelo Código atual, vale dizer, não se poderá impugná-la com base em ditames que ela não poderia ou deveria, à época de sua prolação, ter considerado. Logo, toda a fase procedimental a ela subsequente estará, em boa medida, indiretamente adstrita aos parâmetros delineados pelo ordenamento instrumental revogado.

Na verdade, queremos crer que melhor teria andado o legislador se houvera aqui reproduzido o conteúdo do art. 12 do indigitado CGP uruguaio, segundo o qual as normas processuais novas, se bem possuam aplicação imediata, não atingem os "recursos interpostos, nem os trâmites, diligências ou prazos que tenham começado a correr ou tido princípio de execução antes de sua entrada em vigor". A precisão do preceito preveniria dúvidas e polêmicas, que, conquanto sejam inevitáveis, poderiam ao menos ter sua incidência atenuada.

Art. 15.

Na ausência de normas que regulem processos eleitorais, trabalhistas ou administrativos, as disposições deste Código lhes serão aplicadas supletiva e subsidiariamente.

Comentário de *Manoel Carlos Toledo Filho*

O art. 15 cuida do fenômeno da *incidência indireta* das normas do CPC, estabelecendo que seu conteúdo, além de reger o desenvolvimento de todos os processos de índole estritamente civil (ou civil *stricto sensu*), poderá ser eventualmente aplicado aos processos de cunho administrativo, eleitoral e trabalhista (processos civis em *sentido lato*), quando da ausência de normas que a estes sejam específicas. Embora no transcorrer da tramitação legislativa se tenha pensado em incluir o processo penal no rol da incidência reflexa, ele ao final foi deixado de fora, o que reforça o caráter de *singularidade institucional* por nós acima mencionado, quando do exame do art. 1º.

Nossa primeira análise sobre o tema em foco, que ora em parte aqui se reproduz, foi realizada no artigo "Os poderes do juiz do trabalho face ao novo código de processo civil", publicado na obra coletiva "O novo código de processo civil e seus reflexos no processo do trabalho (MIESSA, 2015, p. 329-332).

O preceito em comento desde logo externa dois aspectos dignos de nota.

O primeiro consiste em apresentar-se o Código, por sua própria iniciativa, como fonte secundária de processos outros que não aquele que diretamente lhe diz respeito. O legislador quis claramente ir mais além daquela que seria sua esfera normal e natural de influência, prévia e explicitamente expandindo o universo das normas que criou.

A Lei processual civil espanhola (Ley de Enjuiciamiento Civil- Ley 01/2000) fez o mesmo de modo mais amplo, conforme dicção de seu art. 4º, aqui reproduzido em tradução livre: "Na falta de disposições nas leis que regulem os processos penais, contencioso-administrativos, laborais e militares, serão de aplicação, a todos eles, os preceitos da presente lei".

O segundo é a utilização simultânea dos advérbios supletiva e subsidiariamente, ponto sobre o qual nos deteremos mais adiante.

Esta inédita *redação conjuntiva* foi proposta pelo Deputado Reinaldo Azambuja mediante a EMC (Emenda na Comissão) n. 80/2011.

Um exame completo da potencial influência que tal dispositivo possua sobre os processos trabalhistas passa pela verificação de três temas ou ângulos distintos sobre os quais discorremos a seguir: **a)** a autonomia do processo laboral; **b)** a sua integração ou complementação pelas normas do direito processual comum; **c)** a influência que pode exercer o novo preceito sobre a realidade a ele antecedente.

A) A AUTONOMIA DO DIREITO PROCESSUAL DO TRABALHO

O surgimento e desenvolvimento do direito do trabalho, cuja época podemos situar, fundamentalmente, entre a segunda metade do século XIX e a primeira metade do século XX, trouxe para o âmbito da ciência jurídica paradigmas diferenciados.

Realmente: ao contrário do direito civil, que se firmava na ideia basilar e secular de igualdade, o direito do trabalho desde sempre admitiu a noção de uma prévia desigualdade entre os integrantes da relação jurídica que a ele incumbiu disciplinar. Nem haveria mesmo como ser diferente: nela, um dos partícipes tem o direito de comandar e o outro o dever de obedecer; e este que comanda é também quem fornece o ganho de que o outro ordinariamente depende para seu sustento pessoal e familiar.

A relação de trabalho é, portanto, indiscutivelmente, uma relação de poder. E em uma relação de poder os seus integrantes jamais se encontram em situação de igualdade. Por conta mesmo desta transformação de paradigmas, os preceitos trabalhistas deveriam, como corolário, ademais de possuir um conteúdo materialmente equalizador (URIARTE, 2011, p. 7), ser analisados desde uma perspectiva distinta e aplicados mediante uma instrumentação que a eles fosse condizente. A perspectiva seria dada por julgadores preparados para tanto, devidamente inseridos na lógica e no contexto do novo direito; e a instrumentação viria na forma de um processo específico, cuja estrutura soubesse levar na devida conta o conteúdo do direito substancial que lhe era afeto. Surgiram, assim, os juízes do trabalho e o direito processual do trabalho.

De modo que o processo trabalhista veio para ser um processo diferente, baseado em uma perspectiva original, qual seja, a da desigualdade material entre os litigantes, cuja neutralização incumbia-lhe efetuar, transportando assim, para o âmbito instrumental, o mesmo *caráter protetor* afeto às normas jurídicas de fundo. Em suma, como já advertira Couture, ao direito processual do trabalho agregou-se a primordial finalidade de impedir que o litigante mais poderoso desviasse ou entorpecesse o objetivo da Justiça (COUTURE, 2003, p. 194).

Para atingir esse desiderato, o processo do trabalho incorporou as premissas básicas afetas ao ideal do procedimento oral: celeridade, imediação, concentração, simplicidade e liberdade de ação para o Juiz. Despiu-se de formalismos, rejeitou a burocracia e focou na aceleração dos resultados. E nunca se duvidou da plena adequação de tal perfil para o processo laboral. Como ponderava Ramiro Podetti, basta pensar-se no obreiro dispensado, acidentado, morto ou acamado, com familiares a seu cargo, para se compreender que há motivos humanos irrefragáveis para apressar os processos em questão (PODETTI, 1949, p. 18).

Mas, sem embargo dos traços distintivos que historicamente o envolveram, desde sempre se questionou sua plena autonomia em relação ao processo civil, sob o fundamento de que ambos compartilhariam institutos comuns.

A nosso juízo, porém, as matrizes fundamentais de cada qual nunca se confundiram: à igualdade sufragada pelo processo civil sempre se contrapôs e ainda se contrapõe a desigualdade combatida pelo processo trabalhista. Como corretamente obtempera Daniel Brain, a especialidade do direito processual do trabalho é indiscutível tanto do ponto de vista jurídico como científico e judicial, e isto provém precisamente da especificidade do direito substantivo que lhe cumpre servir (BRAIN, 2008, p. 28).

Na verdade, o que do exame da doutrina parece inferir-se é que, já ao início da convivência entre ambos, percebeu-se que, em algum momento, e em alguma medida, o processo civil iria reproduzir a moldura do processo trabalhista. Em outras palavras, este serviria de inspiração para aquele, ou ainda, como observou Ramiro Podetti, haveria uma assimilação, pelo processo civil, das conquistas realizadas pelo processo trabalhista (PODETTI, 1949, p. 20).

Isso realmente ocorreu, como se pode aferir, por exemplo, pelo conteúdo da Lei n. 5.478/68, que disciplinou o procedimento da ação de alimentos, e praticamente copiou o rito previsto pela CLT, e pela lei processual civil espanhola de 2.000 (LEC 1/2000) que adotou como princípios inspiradores aqueles tradicionalmente sufragados pelo processo laboral (IZQUIERDO, 2004, p. 54-55), a ponto inclusive de se afirmar, naquele país, que teria ocorrido uma "laboralização" do processo civil (*Idem*, p. 15; a expressão é de MONTOYA MELGAR, no prólogo da obra supracitada). Logo, não se tratava, a rigor, somente de uma comunhão de princípios, mesmo que meramente parcial, mas sim da percepção de que o processo laboral responderia melhor não somente aos anseios da classe trabalhadora, mas da própria sociedade como um todo.

De todo modo, a redação atribuída ao art. 15 do CPC parece haver dirimido, após mais de 70 anos do advento da CLT, a polêmica em questão. É que, ao reportar-se direta e expressamente ao processo trabalhista, o processo civil brasileiro finalmente reconheceu formalmente sua existência e, mais do que isso, sua autonomia, já que admitiu que somente na ausência de norma específica este poderá sobre aquele atuar. Trata-se, indiscutivelmente, de um passo importante. Afinal, na orgulhosa e altaneira família do direito processual, o processo do trabalho sempre foi encarado como uma sorte de meio irmão de ascendência duvidosa, cuja presença era conveniente ignorar. Agora, não mais.

De fato: o que até então na órbita do direito processual comum havia a tal respeito eram somente referências indiretas, como as constantes do art. 1037 do CPC de 1973 (Art. 1.037. Independerá de inventário ou arrolamento o pagamento dos valores previstos na Lei n. 6.858, de 24 de novembro de 1980) ou do art. 3º da Lei n. 8.009/90 (Art. 3º A impenhorabilidade é oponível em qualquer processo de execução civil, fiscal, previdenciária, trabalhista ou de outra natureza...).

B) A INTEGRAÇÃO DO PROCESSO DO TRABALHO PELO DIREITO PROCESSUAL COMUM

Fixou-se acima a premissa da autonomia do processo do trabalho, enquanto instrumento institucional diferenciado, voltado à satisfação de direitos prementes, centrado na relativização das formas e na desburocratização do conteúdo.

Mas autonomia não significa isolamento. Justamente porque a estrutura central do novo mecanismo almejava a máxima simplicidade que fora possível ou desejável, já de antemão se vislumbrava que ele não iria abranger toda e qualquer situação que pudesse assomar em sua rotina. Assim, o sistema necessitava de algum tipo de ferramenta auxiliar, que preenchesse suas inevitáveis lacunas, em ordem a não deixar nenhum questionamento ou incidente sem uma devida e pronta resposta. E essa ferramenta era o direito processual comum e, dentro deste, o direito processual civil.

Entender a motivação deste auxílio não oferece dificuldades; o mesmo, todavia, não ocorre naquilo que se refere à forma ou aos limites em que tal ajuda irá executar-se. Quando, ou em quais circunstâncias, o processo civil poderá ser chamado a socorrer o processo trabalhista? Que parâmetros prévios deverão ser atendidos para tanto?

Discorrendo a respeito, Eduardo Stafforini sustentava que a incidência supletória do processo comum somente poderia ser admitida quando não contrariasse ou desnaturasse os princípios informadores do direito processual do trabalho (STAFFORINI, 1955, p. 379).

Esta *percepção*, se bem se possa afirmar que seja *universal*, revela-se, não raro, de dificultosa aplicação na prática. E isto quiçá não tanto pela complexidade dos textos legais em si mesmo considerados, mas pela mentalidade daqueles a quem cabe interpretá-los, cuja formação acadêmica e profissional, quase sempre, vem impregnada dos dogmas ou cânones pertencentes ao direito civil e ao direito processual civil.

O que acima se asseverou tem intuitiva e fácil explicação nas próprias grades curriculares das faculdades de direito, em que o direito civil e o direito processual civil possuem amplo espaço, ingressando o direito do trabalho com uma previsão modesta e o processo do trabalho, por vezes, sequer sendo oferecido como disciplina obrigatória.

Agora bem, se o bacharel em direito recebe seu diploma com a visão de que o processo trabalhista é pouco relevante ou até mesmo dispensável, será apenas natural que, em sua prática cotidiana, ele recorra intensa e seguidamente ao processo civil em busca de soluções para os litígios trabalhistas em que venha a interceder, seja como juiz, advogado ou membro do Ministério Público. Por isso mesmo, Stafforini já à sua época observara que, em muitos juízes, era grande a influência exercida pelo direito processual civil ao momento de interpretar e aplicar as normas do direito processual do trabalho (*Idem*, p. 380).

Um exemplo, deveras pertinente, no âmbito da realidade brasileira, pode ser encontrado na aceitação, por parte da doutrina e jurisprudência, da incidência ao processo do trabalho da nomeação de curador para o reclamado citado por edital (art. 9º, inciso II, do CPC de 1973, e 72, II, do CPC de 2015). O efeito prático desta medida é tornar ainda mais moroso um processo em que, normalmente, o empregador desapareceu sem sequer saldar as verbas rescisórias. Somente um *apego desmedido* aos cânones do processo civil explica, *permissa venia*, tamanha *incongruência principiológica*.

De todo modo, superado que seja esse óbice, haverá que se enfrentar o problema do método de integração da eventual lacuna que se queira sanar no âmbito instrumental trabalhista. E, para uma boa compreensão da matéria, faz-se necessária, antes de tudo, ter presente uma noção do que seja *o instituto das lacunas e suas espécies*.

Maria Helena Diniz, na monografia mais festejada sobre o tema na doutrina brasileira, destaca que o chamado postulado da plenitude hermética do sistema jurídico "fracassa em seu empenho ao sustentar que todo o sistema é uno, completo, independente e coerente". Plenamente aferível, portanto, *a incompletude do sistema*, que apresenta, sim, lacunas. A autora cita Karl Engisch, para quem *"lacuna é uma imperfeição insatisfatória dentro da totalidade jurídica"*. E também Tércio Sampaio Ferraz Jr., que explica os componentes dessa definição, dizendo que a *imperfeição* "é um não-acabado, é aquilo que não foi concluído dentro de um limite"; e que o termo *insatisfatória* "exprime uma falta ou uma insuficiência que não deveria ocorrer dentro de um certo limite. A lacuna pode ocorrer, porém não deve ocorrer". A expressão "limite" corresponde à "totalidade jurídica" utilizada por Engisch. Demais, traduzindo o vocábulo "lacuna" a ideia de incompletude, há de se fazer menção a *lacuna jurídica* — do direito legislado e do direito consuetudinário, que formam o direito positivo — e não apenas a "lacuna da lei". *Em síntese, lacuna é a incompletude do sistema jurídico*, que não consegue prever regras — na lei ou no costume — para todos os fatos sociais. Mais adiante, a autora citada passa à investigação das *espécies de lacuna*, dentro das classificações propostas pela doutrina. Depois de referir diversas classificações das lacunas, inclusive nas obras de Zitelmann, Norberto Bobbio e Karl Larenz, explica que, diante da dinâmica do Direito e da concepção multifária do sistema jurídico, que envolve um subsistema de fatos, valores e normas, elas se apresentariam fundamentalmente em três dimensões: "a normativa (não existe a norma), a ontológica (a norma existe, mas está envelhecida ou ancilosada) e axiológica (a norma existe, mas é injusta ou insatisfatória)" (DINIZ, 2007, p. 68-70 e 95).

Isto fixado, cabe neste passo investigar como a CLT almejou disciplinar tal tema.

A CLT contém três preceitos que autorizam a incidência do direito comum, material ou processual, em sua esfera de abrangência: cuida-se dos arts. 8º, 769 e 889, cuja redação a seguir se reproduz:

> **Art. 8º** As autoridades administrativas e a Justiça do Trabalho, na falta de disposições legais ou contratuais, decidirão, conforme o caso, pela jurisprudência, por analogia, por equidade e outros princípios e normas gerais de direito, principalmente do direito do trabalho, e, ainda, de acordo com os usos e costumes, o direito comparado, mas sempre de maneira que nenhum interesse de classe ou particular prevaleça sobre o interesse público. Parágrafo único. O direito comum será fonte subsidiária do direito do trabalho, naquilo em que não for incompatível com os princípios fundamentais deste.
>
> **Art. 769.** Nos casos omissos, o direito processual comum será fonte subsidiária do direito processual do trabalho, exceto naquilo em que for incompatível com as normas deste Título".
>
> **Art. 889.** Aos trâmites e incidentes do processo da execução são aplicáveis, naquilo em que não contravierem ao presente Título, os preceitos que regem o processo dos executivos fiscais para a cobrança judicial da dívida ativa da Fazenda Pública Federal.

Aquele que aqui mais diretamente nos interessa é o **art. 769**, que, portanto, passamos a examinar.

Poucas não foram as polêmicas que a redação imprecisa deste dispositivo ocasionou, máxime com o advento das diversas minirreformas operadas ao CPC de 1973. Como tivemos oportunidade de comentar em outra oportunidade, aos operadores do direito processual do trabalho o art. 769 parece oferecer a mesma advertência que acompanhava o célebre enigma da esfinge: "decifra-me ou devoro-te" (TOLEDO FILHO, 2015, *on line*).

Por conta disso, dizíamos então que haveria duas correntes doutrinárias contrapostas acerca deste tema: a *tradicional*, que partiria de uma análise sedimentada na *literalidade* do art. 769 da CLT, e a *reformista*, que estaria firmada em uma perspectiva *global*, trabalhando com a ideia de uma adesão subsidiária de índole *estrutural* ou *teleológica*. Em outros termos, para a posição tradicional preponderaria a noção de lacuna normativa, enquanto que o enfoque reformista se centraria nas lacunas ontológicas ou axiológicas. Para esta segunda corrente — à qual nos filiamos — na "ideia de supletividade, já estaria embutida a existência de omissão e/ou insuficiência da estrutura base; e a incompatibilidade não se definiria pelo cotejo de preceitos literais, mas pela ideia defendida pelo conjunto, pelos *princípios informadores* do sistema principal. Vale dizer, a compatibilidade em questão seria de índole *sistêmica* ou *metodológica*" (idem). As correntes em apreço seguem em confronto, com vantagem para a primeira no âmbito do Tribunal Superior do Trabalho e uma leve preponderância da segunda na órbita conjunta da 1ª e 2ª instâncias de jurisdição.

C) A INTEGRAÇÃO DO PROCESSO TRABALHISTA SEGUNDO O ART. 15 DO CPC

Ingressa-se agora no âmago do tema, cabendo, por primeiro, buscar investigar o sentido do preceito em exame que, como se viu, trabalha simultaneamente com os critérios de supletividade e subsidiariedade.

De acordo com os léxicos, o vocábulo *supletivo* se refere a servir de *suplemento*, é dizer, "a parte que se junta a um todo para o ampliar ou aperfeiçoar" (MICHAELIS, *on line*) ou, ainda, *suprir*, que, por sua vez, significa *completar, inteirar* ou *preencher* (NOVO DICIONÁRIO AURÉLIO, 2004, p. 1898). Já o vocábulo subsidiário se reportaria a *subsídio,* cujo significado é o de *auxílio* ou *ajuda* (Idem, p. 1887).

Assim, o que a norma em questão está claramente a expressar é que os preceitos constantes do CPC deverão ser utilizados no âmbito do processo trabalhista sempre e quando tal utilização sirva para, *simultaneamente,* completá-lo e auxiliá-lo, é dizer, para agregar-lhe *eficiência,* para torná-lo mais *efetivo ou eficaz.*

Do acima delineado se pode inferir que, a rigor, não existiria uma antinomia entre as disposições constantes do art. 769 da CLT e do art. 15 do CPC. Com efeito: como se viu, o art. 769 da CLT trabalha com as noções de *subsidiariedade* e *compatibilidade.* O art. 15 do CPC, a seu turno, se reporta a *subsidiariedade* e *supletividade.* O conceito de subsidiariedade, portanto, é comum a ambos os preceitos. Além disso, e ainda mais importante, se supletivo se reporta a suprir, se suprir é completar, e se para completar o todo a parte adicionada deve ser com ele compatível, temos então que, ao fim e ao cabo, **supletividade** e **compatibilidade** significam, substancialmente, uma só coisa. Assim, na verdade, o que se constata é que o art. 15 do CPC diz aquilo que o art. 769 da CLT quis dizer, mas o fez de maneira mais clara. Em suma, disse a mesma coisa, mas o disse *melhor.*

Não é só. O art. 15 do CPC parece mesmo reforçar a posição reformista, por nós supra identificada, como tentaremos demonstrar a seguir.

O sentido transmitido pela norma em exame, como visto, indica o intuito de, a um só tempo, completar e reforçar. Isto significa que não se pretende apenas sanar uma omissão, mas concretamente aperfeiçoar o sistema principal, fazendo-o melhor do que é. Sendo assim, ainda quando a norma específica exista e, aparentemente, resolva integralmente a situação fática processual a ela apresentada, sua incidência poderá ser substituída pelo preceito importado, se daí resultar um claro ou indiscutível ganho de eficiência para o mecanismo principal. É dizer, o art. 15 do CPC, conscientemente ou não, explicitou a positivação da integração de cunho teleológico sufragada pela corrente reformista.

Por outro lado, parece claro que a norma processual civil não deverá ser invocada quando sua incidência desautorize ou infirme os *objetivos* ou a *finalidade estrutural* perseguida pelo processo trabalhista. Realmente: não se pode completar *contrariando* ou auxiliar *enfraquecendo*.

> Esta ilação, a rigor, nada tem de nova. O professor mexicano Arturo Valenzuela já a sustentava na década de 50 do século passado, afirmando que a integração da norma processual trabalhista pelo processo comum não poderia resultar na criação de situações contraditórias ou excessivas ao contexto do diploma cujo conteúdo se buscava inteirar (*Apud* BUEN L., 2002, p. 59).

Neste diapasão, ainda quando nada se preveja explicitamente no processo trabalhista a respeito de um certo ponto, a solução correlata deverá ser encontrada em outra esfera que não no processo comum, máxime na *principiologia* mesma do processo laboral. Ou seja, aqui, a lacuna seria apenas aparente; o sistema principal estaria completo desde sua dimensão conjuntural, ilação que, de novo, e a *contrario sensu*, fortalece a linha de pensamento de matiz reformista.

> Paradigmática, a este respeito, é a quarta disposição final da recente (2011) Lei de Jurisdição Social espanhola, a seguir reproduzida em tradução livre: "naquilo que não esteja previsto nesta Lei regerá como supletiva a Lei Processual Civil e, nos casos de impugnação dos atos administrativos cuja competência corresponda à ordem social, a Lei de Jurisdição Contenciosa-administrativa, **com a necessária adaptação às particularidades do processo social e desde que sejam compatíveis com seus princípios** (destacamos).

E, na verdade, não haveria mesmo como ser diferente. Afinal, o *fundamento ideológico* do processo do trabalho é o *próprio direito do trabalho*, tendo em vista que o processo deve ser entendido como um instrumento do direito material ao qual serve. Assim, se o processo do trabalho tem como *finalidade primordial* a concretização dos direitos materiais trabalhistas, quando venham os mesmos a ser violados, e sendo a grande maioria destes de natureza alimentar, não pode o processo laboral "importar" normas do novo Código de Processo Civil que venham burocratizar seu procedimento, tornando-o *menos célere* e, consequentemente, *menos efetivo*.

Como corolário, na medida em que, no direito material do trabalho, que, enfatize-se, é a razão de ser do processo laboral, vigora um princípio diametralmente oposto ao da igualdade, o festejado *princípio da proteção*- matriz ontológica de todo o direito material trabalhista — esse princípio natural e necessariamente irradiará seus efeitos para o processo do trabalho. Colocando a questão em outros termos, não se poderá jamais olvidar, quando da análise do direito ao devido processo no âmbito da Justiça do Trabalho, que o processo laboral corporifica um *instrumento de realização de direitos fundamentais sociais dos trabalhadores*.

Serão estas, por conseguinte, as *premissas estruturais* que irão determinar a apreciação de todos os preceitos constantes do atual CPC, em sua incidência — ou não — à esfera própria e específica do direito processual do trabalho.

> Vale observar que, naquilo que particularmente se refere à fase de execução do título judicial ou extrajudicial trabalhista, por conta da existência de *preceito específico* que assim dispõe (art. 889 da CLT), as normas do CPC somente poderão eventualmente incidir *após* o esgotamento das possibilidades encontradas na Lei de Execução Fiscal (Lei n. 6.830/80). De sorte que, nesta etapa ou dimensão, o Código de Processo Civil faz as vezes de fonte supletiva (ou subsidiária) de *cunho secundário* ou *mediato*, na exata medida em que as normas de *incidência primária* ou *imediata* serão, necessária e forçosamente, aquelas integrantes do procedimento executivo fiscal.

LIVRO II

DA FUNÇÃO JURISDICIONAL

TÍTULO I

DA JURISDIÇÃO E DA AÇÃO

> **Art. 16.**
>
> A jurisdição civil é exercida pelos juízes e pelos tribunais em todo o território nacional, conforme as disposições deste Código.

Comentário de José Antônio Ribeiro de Oliveira Silva

JURISDIÇÃO

A norma deste art. 16 corresponde à do art. 1º do CPC de 1973. As pequenas distinções de redação são as seguintes: 1ª) a regra anterior fazia menção à jurisdição contenciosa e voluntária; 2ª) a norma do novel art. 16 explicita que a jurisdição é exercida tanto pelos juízes quanto pelos tribunais.

Duas observações a respeito destas notas. A primeira no sentido de que, por óbvio, ainda que o novo Código de Processo Civil não tenha feito referência à jurisdição voluntária, os chamados procedimentos de jurisdição voluntária continuam previstos no Repertório Processual, no Capítulo XV do Título III do Livro I da Parte Especial, ou seja, no Título que cuida dos *Procedimentos Especiais*. São os arts. 719 a 770 do novo Código de Processo Civil, que tratam da notificação e da interpelação, da alienação judicial e de outras matérias de natureza estritamente civil que não têm a menor aplicabilidade no processo do trabalho, como divórcio e separação consensuais, testamentos, interdição e outras.

A segunda para ponderar que conquanto seja óbvio que a expressão juiz, em sentido lato, refere-se tanto aos juízes de primeiro grau quanto aos "juízes" dos tribunais — desembargadores e ministros —, é salutar que se evidencie o exercício da jurisdição também pelos tribunais, que em regra atuam em órgãos colegiados (câmaras, turmas, seções especializadas).

No entanto, o mais importante desta norma diz respeito à sua localização topográfica e principalmente ao instituto de processo ao qual se refere. Se o CPC de 1973 já era inaugurado com a regra correspondente a esta, o novo Código de Processo Civil fixa, de forma categórica, que para o bom exercício da função jurisdicional, os juízes, desembargadores e ministros dos tribunais superiores deverão estar sempre atentos para as *normas de sobredireito* que estão disciplinadas nos arts. 1º a 15, denominadas pelo próprio Código de *normas fundamentais* do processo.

Com efeito, a jurisdição é um dos quatro *institutos fundamentais* do direito processual — os outros são: ação, defesa e processo. Em linhas gerais, jurisdição é o poder-dever de prestar a tutela jurisdicional quando invocada pela parte interessada. Isso porque o Estado avocou esta atividade, retirando-a dos particulares, razão pela qual não pode declinar da prestação jurisdicional, sempre que demandada no bojo de um processo.

Sendo assim, a jurisdição não é um poder, mas uma *função do Estado*, já que o poder é uno e indiviso. O poder do Estado é soberano em seu território, sendo de todos sabido que o Estado realiza seus fins através de três funções básicas: a) a legislativa; b) a administrativa; e c) a jurisdicional.

Com efeito, ao direito subjetivo de ação, por meio do qual determinada pessoa postula ao Estado que preste uma tutela ao seu direito material e assim realize a justiça, corresponde a *atividade estatal da jurisdição*, pela qual o Estado cumpre o dever de, mediante um devido processo legal, administrar justiça aos que a solicitam. Assim, de certa maneira é possível afirmar que o juiz é a *longa manus* do legislador, tendo em vista que transforma, pela prestação jurisdicional, em comando concreto entre as partes as normas gerais e abstratas da lei. Para Athos Gusmão Carneiro, jurisdição é "o poder (e o dever) de declarar a lei que incidiu e aplicá-la, coativa e contenciosamente, aos casos concretos" (CARNEIRO, 2004, p. 3-6).

Em verdade, a jurisdição é mais do que uma função do Estado ou monopólio estatal, sendo, "ao mesmo tempo, poder, função e atividade. Como poder, é manifestação do poder estatal, conceituado como capacidade de decidir imperativamente e impor decisões". Por sua vez, a função "expressa o encargo que têm os órgãos estatais de promover a pacificação de conflitos interindividuais, mediante a realização do direito justo e por meio do processo". E como atividade, a jurisdição "é o complexo de atos do juiz no processo, exercendo o poder e cumprindo a função que a lei lhe comete" (CINTRA; GRINOVER; DINAMARCO, 2006, p. 145).

Sem embargo, de se observar que não apenas a declaração e aplicação do direito são atividades jurisdicionais, porquanto a realização prática do direito (execução) também reveste-se de jurisdicionalidade. Ora, todos os atos praticados no curso do procedimento, sejam eles de direção do processo ou de cunho decisório, ou ainda de efetivação do direito reconhecido, são atos jurisdicionais. Enfim, pensamos que *a jurisdição* é o poder-dever que o Estado tem de prestar a tutela jurisdicional no caso concreto, não só declarando o direito, mas *tornando-o concreto*, efetivando-o se necessário for.

PROCESSO DO TRABALHO

Conquanto se possa advogar a plena aplicabilidade desta norma no âmbito do processo do trabalho, porque neste também há jurisdição — e com as mesmas implicações do processo civil —, que será exercida sempre por juízes, desembargadores dos Tribunais Regionais e ministros do TST, há duas objeções que não podem passar despercebidas do intérprete cauteloso: 1ª) temos uma jurisdição *trabalhista*; 2ª) essa jurisdição especializada deve se pautar *primeiramente* pelas normas do processo do trabalho, consubstanciadas na velha (e boa) CLT e em leis esparsas, pois o CPC atua na Justiça do Trabalho apenas de forma *supletiva* e *subsidiária*, como comentamos no artigo imediatamente anterior.

Ademais, não se pode jamais perder de vista a concepção de que o processo do trabalho é instrumento de realização de direitos materiais fundamentais, especialmente os do rol do art. 7º da Constituição da República Federativa do Brasil, direitos revestidos, quase sempre, de *natureza alimentar*. Por isso, a atividade jurisdicional do juiz do trabalho — *lato sensu* — tem de se pautar pelos *princípios específicos* do processo do trabalho, como os da simplicidade e informalidade, aliados ao princípio inquisitivo, em busca da tão almejada efetividade processual.

A lição de Marinoni, ainda que proferida para os domínios do processo civil, aplica-se como luva nessas considerações, quando este grande jurista afirma que o juiz deve prestar a tutela jurisdicional levando em consideração as *necessidades do direito material*, tendo em vista que a referida tutela "tem uma óbvia natureza instrumental em relação ao direito material". Dito de outra maneira, "a jurisdição tem o objetivo de dar tutela às necessidades do direito material, compreendidas à luz das normas constitucionais" (MARINONI, 2006, V. 1, p. 109).

Assim, o juiz do trabalho — como os juízes em geral — deve solucionar o caso concreto sempre de modo a buscar a *solução mais justa*, partindo da verificação das peculiaridades do caso, das suas consequências sociais, buscando na Constituição e nos princípios constitucionais a solução mais adequada e depois verificando se há uma previsão legal específica para a situação, não se olvidando de analisar a constitucionalidade da norma infraconstitucional. E a solução encontrada deve ser razoável, equânime, levando à justiça do caso concreto. Destarte, a atividade jurisdicional do juiz do trabalho jamais poderá ser neutra, indiferente aos valores constitucionais e ao próprio direito material objeto da controvérsia entre as partes.

Enfim, a função jurisdicional trabalhista há de ser *efetiva*. Como já visto, o princípio da efetividade foi alçado à categoria de direito fundamental no inciso LXXVIII do art. 5º da Constituição. A *realizabilidade* do direito material trabalhista deve ser a *meta principal* da função jurisdicional especializada, pois reconhecer a existência de um direito, mas não propiciar as condições para a sua efetiva satisfação, não é o que se espera dessa jurisdição. A entrega da tutela jurisdicional somente estará aperfeiçoada quando houver a entrega do chamado bem da vida àquele que a isso faz jus, e no menor tempo possível. Nessa ordem de ideias, a *atividade jurisdicional executiva* assume papel de destaque, como se verá nos comentários às normas que disciplinam o cumprimento da sentença e o procedimento executivo.

Art. 17.

Para postular em juízo é necessário ter interesse e legitimidade.

Comentário de José Antônio Ribeiro de Oliveira Silva

CONDIÇÕES DA AÇÃO

O art. 17 do novo Código de Processo Civil trata das chamadas *condições da ação*. Corresponde ao art. 3º do CPC de 1973, referindo-se aos mesmos requisitos, mas com alterações significativas, principalmente a partir de uma interpretação sistemática do novo Código, porquanto o art. 485 — que corresponde ao art. 267 do CPC anterior —, em seu inciso VI, também passa a exigir somente a *legitimidade* e o *interesse processual* para o julgamento do mérito do processo.

O novel dispositivo exige a presença do interesse e da legitimidade para a *postulação em juízo*, ao contrário do dispositivo anterior, que os exigia para "propor ou contestar ação". De saída, portanto, já se pode observar que a locução utilizada pelo legislador contemporâneo é muito mais *abrangente* do que a inscrita em 1973. Pensamos que, nesse aspecto, está correta a nova locução, porquanto não apenas autor e réu formulam pretensões no curso do processo — e não apenas na propositura da ação e na contestação —, mas também *terceiros intervenientes*, que intervém justamente para trazer à apreciação do juízo uma situação jurídica de seu interesse, formulando pedidos em seu favor. Daí que tanto o autor e o réu quanto os terceiros que participam do processo formulam pretensões materiais e postulam várias providências ao juiz, em vários momentos do processo, embora suas postulações mais importantes estejam mesmo na petição inicial, na contestação e na petição de ingresso do terceiro.

A doutrina clássica, comentando esses requisitos, trata do formalístico instituto jurídico das *condições da ação*, quais sejam: a legitimidade de parte, o interesse de agir e a possibilidade jurídica do pedido. Na falta de uma destas condições, o processo deveria ser extinto sem resolução do mérito respectivo, conforme disciplina o art. 267, inciso VI, do Código de Processo Civil de 1973.

Em termos clássicos, a *legitimatio ad causam* se traduz na titularidade ativa e passiva da lide, ou seja, é a pertinência subjetiva da ação. Tem legitimidade ativa o titular da pretensão deduzida em juízo (*res in iudicio deducta*). A legitimidade passiva recai na pessoa em face da qual formula o autor sua pretensão.

O *interesse de atuar no processo*, que é instrumental, constitui-se na necessidade da intervenção do Poder Judiciário para dirimir a controvérsia, invocada pelo meio adequado, posto que o titular do direito material não teve sua pretensão atendida por outros meios. Reside, pois, não somente na utilidade do provimento, mas principalmente na necessidade de se valer do processo como remédio apto à aplicação do direito material no caso concreto, por meio da prestação da tutela jurisdicional, verificando-se, aí, a presença do *trinômio necessidade, utilidade e adequação* da via utilizada.

A *possibilidade jurídica do pedido* se refere à ausência de óbice à sua formulação no ordenamento jurídico, e não à sua previsão expressa em lei. É dizer, esta condição da ação jamais significou expressa previsão legal para o direito postulado, pois há séculos se reconhece que o direito material tem outras fontes para além da estritamente legal. Basta consultar o art. 4º da LINDB, que admite outras fontes para o Direito.

Por isso, esta condição da ação, severamente criticada pela doutrina até mesmo nos domínios do processo civil, agora desaparece dos requisitos da postulação em juízo. Com efeito, *não há mais falar em possibilidade jurídica do pedido*, desaparecendo da processualística a possibilidade de o réu ou terceiro interveniente alegarem a falta de amparo para o pleito do autor, pois todas as argumentações respectivas sempre revelam uma *questão de mérito*, jamais de óbices ao julgamento da pretensão material. Se o pedido não tem amparo na lei ou nas demais fontes do Direito, ou se não pode ser acatado por ilicitude do objeto, é caso de *improcedência* do pleito, nunca de "carência da ação".

Ademais, até mesmo a categoria tradicional das "condições da ação" deve ser *extirpada* da processualística contemporânea, como adverte Cassio Scarpinella Bueno, tendo em vista que, a partir da interpretação do inciso VI do novel art. 485 a doutrina processual brasileira deve se inclinar por concluir, "na linha de outros ordenamentos jurídicos, que o interesse e a legitimidade" devem ser "tratados ao lado dos pressupostos processuais como pressupostos de admissibilidade do julgamento de mérito, genericamente considerados". Pondera, contudo, este autor, que estas *condições* do direito de ação (em juízo) — que é exercido por todos que atuam no processo —, embora não devam servir de obstáculos ao exercício deste direito (art. 5º, XXXV, da CF/88), podem ser úteis "como elementos seguros da necessidade de pontos de contato entre os planos material e processual que dão à iniciativa daquele que postula em juízo" um *mínimo de seriedade*, "representativa, em última análise, da *boa-fé* que deve presidir a atuação de *todos* os sujeitos processuais", em conformidade com o art. 5º do novo Código de Processo Civil (destaques no original) (BUENO, 2015, p. 55).

PROCESSO DO TRABALHO

A jurisprudência trabalhista nunca se impressionou com a teoria das "condições da ação", revelando o quanto o processo do trabalho é um processo *pós-moderno*, a despeito das críticas dos processualistas civis e de advogados muito afeitos ao tecnicismo processual próprio do processo comum. Sobre a pós-modernidade da CLT — e, por extensão, do processo do trabalho —, de se consultar a obra de Jorge Pinheiro Castelo, principalmente quanto este autor trata da desconsideração da personalidade jurídica (CASTELO, 2003, p. 349-363).

Basta uma passada de olhos pelos julgados da Justiça do Trabalho para se perceber que, *na prática*, o juiz trabalhista já aplicava, há muito tempo, a tese de que a legitimidade de parte e o interesse processual devem ser aferidos *exclusivamente* para se verificar a pertinência de o juiz resolver o próprio mérito, ou seja, as postulações materiais formuladas pelas partes no curso do processo. Daí porque na quase totalidade dos casos o juiz do trabalho *rejeita* as preliminares de ilegitimidade e falta de interesse de agir, sendo que a preliminar de impossibilidade jurídica do pedido *sempre foi rechaçada* pela jurisprudência trabalhista, diante do extenso rol de fontes do direito material do trabalho, consubstanciado no art. 8º e parágrafo único da CLT.

Com efeito, se o direito de ação é autônomo e abstrato, isto é, desvinculado do direito material deduzido, ainda que se reconheça que o postulante não tem o direito invocado, não é o caso de se considerá-lo "carecedor da ação". Mesmo que, no mérito, verifique-se a improcedência do pedido, de se concluir que o trabalhador — em regra — é o titular da pretensão levada a juízo, deduzida em face do empregador (ou do pretenso empregador).

A hipótese mais frequente dessa constatação, no processo do trabalho, é a relacionada à alegação de *ilegitimidade passiva* por parte do tomador de serviços. Ora, não se pode confundir ilegitimidade de parte, questão meramente processual, com *responsabilidade trabalhista*, uma questão meritória, pertinente a este instituto de natureza bifronte — responsabilidade —, situado numa zona de intersecção entre o direito formal e o direito material. Se o trabalhador formula um pedido de responsabilização (solidária ou subsidiária) em face do tomador dos seus serviços, por óbvio que deduz uma pretensão de direito material diante dele, revelando, nesse passo, não somente a legitimação de ambas as partes, mas também seu *interesse processual*, porque sua pretensão está sendo resistida pelo tomador.

De modo que essas questões de legitimidade e interesse de atuar em juízo passam a ter alguma importância, no processo do trabalho, apenas quando se referirem a autênticos *pressupostos para o julgamento do mérito* — das pretensões materiais —, como ocorre, por exemplo, nos seguintes casos: a) representação do espólio do trabalhador, diante do quanto disposto no art. 1º da Lei n. 6.858/80; b) legitimidade e/ou interesse (meio adequado) do sócio, do sucessor trabalhista e do integrante de grupo econômico para a oposição de embargos à execução ou de embargos de terceiro; c) falta de interesse processual quando as partes celebraram uma transação extrajudicial, para a prevenção do litígio trabalhista; d) legitimidade do sindicato ou do Ministério Público do Trabalho para a propositura de ações coletivas (ação civil pública ou ação civil coletiva). Sobre estes temas comentaremos oportunamente.

Art. 18.

Ninguém poderá pleitear direito alheio em nome próprio, salvo quando autorizado pelo ordenamento jurídico.

Parágrafo único. Havendo substituição processual, o substituído poderá intervir como assistente litisconsorcial.

Comentário de *José Antônio Ribeiro de Oliveira Silva*

SUBSTITUIÇÃO PROCESSUAL

A norma do *caput* do art. 18 é praticamente idêntica à do art. 6º do CPC de 1973, com a mudança de que, a partir do novo Código de Processo Civil, a autorização para a figura conhecida por *substituição processual* pode ser conferida por todo o ordenamento jurídico, não somente pela lei, em sentido estrito. Assim, o sistema jurídico, que tem outras fontes além da legal, pode ter figuras de substituição processual reconhecidas, não sendo raro que a jurisprudência crie (ou reforce) direito a essa substituição, consolidando situações jurídicas.

No processo civil tradicional, a regra é a de que a mesma pessoa que tem *legitimatio ad causam* possui, também, *legitimatio ad processum*, tendo ela, portanto, a legitimação para ir a juízo em busca da satisfação de seus direitos. De modo que, apenas quando autorizada pelo sistema, poderá ocorrer a *substituição processual* da parte que detém o direito material pela chamada parte "formal". Destarte, conforme a norma que ora se comenta, ocorrerá a substituição processual quando alguém está legitimado para agir em nome próprio, mas na *defesa de direito alheio*.

Trata-se de uma *legitimação extraordinária*, em que há uma dissociação entre o titular do direito material e a parte que pleiteia em juízo, figura que não se confunde com a sucessão, nem com a representação processual.

Com efeito, a *sucessão processual* ocorre quando há a mudança de uma das partes, ou seja, quando há alteração do titular do direito material afirmado em juízo. Nesse caso, uma outra pessoa assume o lugar do litigante originário, tornando-se parte na relação jurídica processual, o que ocorre, por exemplo, quando o herdeiro assume a posição da parte que faleceu. Já a *representação processual*, que é autorizada por lei, ocorre quando alguém postula em juízo em nome da pessoa representada, defendendo interesse desta, ou seja, atuando para a defesa de direito alheio e *em nome do representado*.

Há doutrinadores que entendem que a *legitimação extraordinária* é um instituto mais amplo do que a substituição processual, mas a doutrina prevalecente é no sentido de que são expressões "sinônimas".

No campo do cotejo entre as *ações individuais* e as *ações coletivas* é que a discussão se torna interessante, porque a pertinência subjetiva da ação leva em conta os sujeitos da lide. Ocorre que o exame da legitimação para a causa é feito em abstrato, sem perquirir, de imediato, a existência dos fatos e o direito relativo ao objeto litigioso. De modo que o ordenamento jurídico pode conferir essa legitimação a um terceiro que não é o titular do interesse a ser defendido em juízo, por isso mesmo uma *legitimação extraordinária*. Com efeito, Nelson Nery adverte que só faz sentido diferenciar a legitimidade ordinária da extraordinária quando há uma ação individual exercitável, pois somente nesta haverá a possibilidade de alguém substituir outrem, pessoalmente, em juízo, agindo em nome próprio, mas na defesa de interesse do substituído. Veja-se a lição: "A dicotomia legitimação ordinária e extraordinária só tem pertinência no direito individual, no qual existe pessoa *determinada* a ser substituída. Nos direitos difuso e coletivo o problema não se coloca." (destaque no original) (NERY JUNIOR, 2015, p. 254).

Sendo assim, apenas no *processo civil coletivo* em que o legitimado atua na defesa de *interesses individuais homogêneos* é que se dá a substituição processual, porque nesse caso o legitimado extraordinário defende, em nome próprio, direito alheio, de pessoas determinadas ou determináveis no curso do processo (na liquidação e/ou no cumprimento da sentença condenatória genérica). Entretanto, a solução para a legitimação ativa é diferente se o legitimado atua na defesa de *interesses difusos e coletivos*, pois nesse caso ele atua na defesa de direitos de pessoas indeterminadas, havendo uma *legitimação autônoma* para a condução do processo, que independe do direito material discutido em juízo. É dizer, para a tutela de interesses difusos e coletivos não é possível o ajuizamento de uma ação individual, pois somente os chamados "legitimados coletivos" podem ingressar com a *ação coletiva* para a tutela desses interesses especiais. Sendo assim, *não há falar em substituição processual* nesse caso porque não haverá uma ação individual para cotejo.

Enfim, a regra do parágrafo único deste art. 18 disciplina que, *"havendo substituição processual, o substituído poderá intervir como assistente litisconsorcial"*. Ora, se o titular do direito material reivindicado é o substituído, é evidente que este poderá intervir no processo iniciado pelo legitimado extraordinário a qualquer tempo. No entanto, como não se trata de "sucessão processual", ele terá de atuar ao lado do substituto, sendo, portanto, seu *assistente litisconsorcial*.

Pelo texto do Projeto de Lei do Senado Federal haveria o dever de o magistrado dar ciência ao substituído para que, caso quisesse, viesse a intervir no processo, sendo que, se isso ocorresse, cessaria a substituição processual, o que levaria à condução posterior do processo exclusivamente pelo ex-substituído. Como essa proposta legislativa não vingou, pensamos ser desnecessária a ciência da demanda ao substituído. Em sentido contrário, Cassio Scarpinella Bueno:

Preferível, por isso mesmo, a versão do Projeto do Senado, que impunha ao magistrado o dever de dar ciência ao substituído e determinava que, com sua intervenção, cessava a substituição. Tratava-se de solução em que, bem pensada, harmonizava-se com o "modelo constitucional".

O que se põe para discussão, destarte, é se aquela diretriz pode ser extraída do sistema, malgrado a sua não aprovação ao final dos trabalhos legislativos. A resposta é positiva porque ela decorre dos princípios do contraditório, da ampla defesa e do devido processo legal. Assim cabe ao magistrado, defrontando-se com hipóteses de substituição processual (ou, mais amplamente, de legitimação extraordinária), dar ciência ao substituído para, querendo, intervir no processo. Trata-se, neste sentido, de verdadeiro *dever-poder* do magistrado. No contexto dos embargos de terceiro, não é diversa a razão de ser do parágrafo único do art. 675. (destaque no original) (BUENO, 2015, p. 56).

No tocante à *extensão dos poderes* conferidos ao titular do direito material, mas que atua como mero assistente litisconsorcial, comentaremos mais adiante, quando da análise dos dispositivos referentes à assistência como figura de intervenção de terceiros. A questão mais interessante é a relativa aos *poderes de disposição do direito* por parte do substituído, porque, embora titular do direito ou do interesse discutido em juízo, ele não é parte principal, mas apenas assistente desta. Em razão disso a doutrina, nos domínios do processo civil, tem entendido que o substituído não pode praticar atos de disposição do direito, no curso do processo. Esta matéria é muito importante no processo do trabalho e por isso a comentaremos brevemente no próximo tópico, ainda que mais adiante tenhamos que colacionar mais argumentos ao exame da matéria.

PROCESSO DO TRABALHO

De todos sabido que ao final do séc. XX houve reconhecimento do papel de destaque do instituto da *substituição processual*, no âmbito das ações coletivas, pois, diante do novo perfil das sociedades de massas, ele tornou-se um instrumento indispensável para garantir a efetividade das demandas coletivas. Principalmente a partir da Lei da Ação Civil Pública (Lei n. 7.347), de 1985, o processo civil passou a ter outra dimensão, tendo a doutrina sistematizado o chamado *microssistema da jurisdição (ou tutela) coletiva*.

Contudo, muito antes da década de 1980, o processo do trabalho já contava com institutos de natureza coletiva que já lhe davam, desde a década de 1940, a aura de um *processo pós-moderno*, a despeito das críticas e preconceitos dos processualistas civis. Por isso, afirmamos anteriormente que o processo do trabalho sempre foi *vanguardeiro* em

Art. 18

matéria de facilitação do acesso à justiça, implementando, desde seu nascedouro, medidas ou técnicas que podem ser compreendidas na temática das chamadas *ondas renovatórias* do direito processual. A Justiça do Trabalho é, efetivamente, o único ramo do Poder Judiciário que possui, desde o início, um procedimento específico para a solução de demandas coletivas, o *dissídio coletivo*, tendo possibilitado, desde 1943, a *substituição processual* dos trabalhadores pelo sindicato representativo da categoria profissional respectiva, em diversas hipóteses.

Com efeito, a CLT, bem como a legislação esparsa, definem hipóteses clássicas de *legitimação extraordinária* dos sindicatos, quais sejam: a) a ação de cumprimento (art. 872, parágrafo único, da CLT); b) a postulação de adicional de insalubridade ou de periculosidade (art. 195, § 2º, da CLT); c) a cobrança de FGTS (art. 25 da Lei n. 8.036/90).

O *exemplo categórico* de substituição processual no âmbito do processo do trabalho é o da permissão para o sindicato, em nome próprio, postular o pagamento de adicional de insalubridade ou de periculosidade para os trabalhadores da categoria profissional por ele representada. Temos, nesse caso, uma hipótese de *interesses ou direitos individuais homogêneos* dos trabalhadores, tratando-se de direitos de natureza individual, divisíveis em seu objeto e que permitem a identificação de seus titulares, mas que podem ser defendidos em juízo de forma coletiva, porque decorrentes de uma *origem comum* — o ambiente de trabalho insalubre ou perigoso —, exatamente como preconiza o art. 81, parágrafo único, inciso III, da Lei n. 8.078/90 — o CDC.

Desta forma, o pedido de adicional de insalubridade ou de periculosidade tanto pode ser levado a juízo coletivamente, pelo sindicato, como substituto processual, como pode ser formulado individualmente por cada trabalhador que labore nessas condições, o que demonstra que a legitimidade do substituto processual, nesse caso, é *concorrente* com a dos titulares do direito aos referidos adicionais.

De se registrar: *desde 1943* isso já era possível na Justiça do Trabalho. E com a Constituição da República Federativa do Brasil de 1988 o leque de possibilidades de substituição processual pelo sindicato da categoria foi *bastante ampliado*, nos moldes da norma do art. 8º, inciso III, da Constituição. Embora tenha havido interpretação restritiva por parte da própria Justiça do Trabalho, consoante o teor da Súmula n. 310 do TST, o Supremo Tribunal Federal pacificou o entendimento no sentido de que a citada norma alberga não somente a figura da representação processual, mas também da *substituição processual*, o que autoriza os sindicatos a substituírem os trabalhadores de suas categorias de forma ampla, sem a necessidade de autorização expressa para tanto, o que levou, no ano de 2003, ao *cancelamento da Súmula n. 310* pelo TST.

É dizer, o Supremo Tribunal Federal decidiu que o art. 8º, inciso III, da CF/88 permite que os sindicatos atuem na defesa dos direitos e interesses coletivos da categoria, ou dos *direitos individuais* (homogêneos) dos integrantes da categoria profissional, como substitutos processuais. Vale destacar que o STF, em decisão plenária tomada no Mandado de Injunção 3475/400, firmou entendimento, *por unanimidade*, no sentido de ser plena, ampla e abrangente a substituição processual autorizada aos sindicatos, para atuarem nos litígios que versem sobre os direitos e interesses coletivos ou individuais da categoria, por força do art. 8º, III, da CF/88. E a representação ou substituição processual é de *todos os membros da categoria*, como manda a Constituição da República, não apenas dos associados.

Após a consolidação desse entendimento, o TST não apenas cancelou a restritiva Súmula n. 310, mas também reformulou a Súmula n. 286, para reconhecer a legitimidade do sindicato para propor *ação de cumprimento* que vise à observância de cláusula de acordo coletivo e de convenção coletiva de trabalho.

Daí que a substituição processual pelo sindicato, no processo do trabalho, é atualmente ainda *mais ampla* do que a concebida no início da década de 1940, tendo a jurisprudência reconhecido essa possibilidade inclusive no tocante à *jornada de trabalho*, desde que demonstrada a origem comum dos direitos a serem tutelados, por exemplo: não fruição do intervalo intrajornada integral de uma hora pelos trabalhadores substituídos; não recebimento de adicional noturno etc.

Não somente pelo sindicato, pois o Ministério Público do Trabalho também tem atuado na defesa de *interesses ou direitos individuais homogêneos* dos trabalhadores, como substituto processual. Embora a doutrina minoritária entenda que o MPT não tem legitimidade para atuar na defesa destes direitos, pois o ordenamento jurídico somente lhe permite a defesa de interesses coletivos que se vinculem aos direitos sociais dispostos nos arts. 7º a 11 da CF/88, este não é o entendimento que prevalece. Com efeito, a doutrina majoritária defende e reconhece a *legitimidade do MPT* para a defesa dos direitos e interesses individuais homogêneos trabalhistas, por meio da propositura de uma *ação civil coletiva*, com fundamento no art. 84 da LOMPU, c/c o art. 6º, inciso XII, do mesmo diploma legal, uma vez que referido dispositivo, ao disciplinar sobre as funções do Ministério Público do Trabalho, relaciona-as com as *funções institucionais* previstas nos capítulos I, II, III e IV do Título I da referida lei.

Outra questão é a atinente à *extensão dos poderes* dos substituídos, quando intervém como assistentes litisconsorciais. Podem estes desistir da ação? Podem transigir no curso do processo?

Ao sindicato — e ao Ministério Público do Trabalho —, como substituto processual, por atuar na defesa de direito ou interesse alheio, compete apenas a gama de poderes relacionados à *gestão do processo*, não podendo dispor do direito material que não lhe pertence. Destarte, não lhe é permitido transigir, renunciar e nem mesmo reconhecer juridicamente pedido da parte contrária.

Por outro lado, sendo os substituídos os *titulares do direito material* discutido em juízo, podem eles *desistir da ação*, independentemente da anuência do substituto, até a prolação da sentença, exigindo-se, entretanto, a homologação judicial da referida desistência, nos termos do art. 200, parágrafo único, do atual CPC, e o consentimento do réu, caso o interesse em desistir da ação tenha sido manifestado após a apresentação da contestação, conforme o art. 485, § 4º, do novo Código de Processo Civil.

Portanto, uma vez que co-legitimados para o exercício da demanda ajuizada pelo substituto processual, os substituídos podem integrar a relação jurídica processual, para exercício do seu direito de desistência da ação, na qualidade de *assistentes litisconsorciais*, já que eles possuem relação jurídica com a parte contrária — o empregador — e, por esta razão, serão atingidos pela coisa julgada, conforme o art. 124 do CPC de 2015, aplicável ao processo do trabalho por força do art. 769 da CLT e da Súmula n. 82 do TST, que admite a assistência (simples ou adesiva) no processo do trabalho.

Ademais, no processo do trabalho o substituído — como titular do direito discutido em juízo e que será atingido pela coisa julgada — pode ingressar posteriormente no processo e, se entender pertinente, inclusive *renunciar, transigir ou reconhecer a procedência de pedido* da parte contrária, independentemente da anuência do substituto. Destarte, a jurisprudência trabalhista tem admitido *amplos poderes de disposição* por parte do trabalhador substituído, conquanto no processo civil haja restrições doutrinárias a respeito de atos dispositivos do direito por parte do substituído, pois atua como mero assistente litisconsorcial.

Art. 19.

O interesse do autor pode limitar-se à declaração:

I – da existência, da inexistência ou do modo de ser de uma relação jurídica;

II – da autenticidade ou da falsidade de documento.

Comentário de José Antônio Ribeiro de Oliveira Silva

AÇÃO DECLARATÓRIA

Como é fácil intuir, a regra do art. 19 do novo Código de Processo Civil, praticamente idêntica à do art. 4º do CPC de 1973, disciplina o cabimento de *ação meramente declaratória*. Agora, além da ação declaratória de existência ou inexistência de uma relação jurídica — por exemplo, uma ação declaratória de paternidade; ou de inexistência dessa relação jurídica —, ou de uma ação em que o autor busque tão somente a declaração da autenticidade ou da falsidade de um determinado documento, pode o autor demandar também a declaração *"do modo de ser de uma relação jurídica"*.

O que o autor precisa demonstrar para a propositura dessa ação declaratória é somente seu interesse de agir nesse sentido, ou seja, que há necessidade da intervenção do Poder Judiciário, que o provimento meramente declaratório lhe é útil, exsurgindo, daí, que a ação meramente declaratória é o meio adequado para tanto. Demonstrada a presença do trinômio necessidade-utilidade-adequação, não há porque obstar o exercício do direito de ação por parte do autor.

A novidade, portanto, fica por conta da possibilidade de uma ação declaratória *interpretativa* de cláusula convencional, para que o juízo defina o "modo de ser" da relação jurídica pactuada pelas partes. Cassio Scarpinella observa que essa diretriz encontra eco na Súmula n. 181 do STJ, segundo a qual: "É admissível ação declaratória, visando a obter certeza quanto à exata interpretação de cláusula contratual" (BUENO, 2015, p. 57).

PROCESSO DO TRABALHO

Conquanto cabível a ação meramente declaratória no processo do trabalho, ela não tem sido utilizada porque não oferece interesse prático na sua utilização. Ora, se o trabalhador pretende o recebimento de haveres trabalhistas, de que lhe adiantaria ajuizar uma *ação declaratória de relação de emprego*? Por isso, não somente nesta como em várias outras questões trabalhistas o autor prefere propor logo uma ação condenatória ao cumprimento de obrigações (de dar ou pagar e fazer, em regra), surgindo a pretensão declaratória como uma pretensão "necessária", mas não condicionante, tanto que em alguns casos se tem admitido a *declaração incidental* da relação jurídica (de emprego) havida entre as partes, quando não formulado o pedido específico ou quando implícito no pleito de anotação da CTPS (obrigação de fazer).

Estas observações se aplicam tanto à ação declaratória de existência ou inexistência de uma relação jurídica quanto à ação declaratória da autenticidade ou da falsidade de um documento específico, porque ao trabalhador — em regra generalíssima quem demanda na Justiça do Trabalho — *não interessa a simples declaração* de falsidade documental se não for para, por meio dela, obter a condenação ao pagamento de uma verba trabalhista que teria sido sonegada por força do documento específico, por exemplo, um TRCT ou um recibo de pagamento falso.

De modo que a ação individual meramente declaratória somente tem sentido quando fulminada há muito tempo a pretensão de pagamento de verbas trabalhistas pela *prescrição* (art. 7º, inciso XXIX, da CF/88), demonstrando o autor que tem interesse no reconhecimento do vínculo empregatício havido entre as partes — ou mesmo de algum fato importante no curso da relação de emprego, como o pagamento "por fora" — para efeitos previdenciários, por exemplo. Para que não surjam dúvidas, a chamada ação declaratória de nulidade de cláusula convencional é, em verdade, uma *ação constitutiva negativa* (desconstitutiva), e não uma ação meramente declaratória.

Outra consideração se dá no campo das *ações coletivas*. Nesta seara, de se destacar que no processo do trabalho já cabia, há muito tempo, a ação interpretativa de cláusula convencional, no chamado *dissídio coletivo de natureza jurídica*. Como pondera a doutrina, nessa "ação coletiva declaratória não há propriamente lesão a direito, mas dúvida quanto à sua aplicação, sua abrangência, o que leva o autor a acionar o Estado-Juiz visando obter dele a correta interpretação da norma". Destarte, o objeto desse dissídio coletivo é "a interpretação de uma norma preexistente, legal, costumeira ou mesmo oriunda de acordo, convenção ou dissídio coletivo". No entanto, o Tribunal Superior do Trabalho tem entendimento pacificado no sentido de que o dissídio coletivo de natureza jurídica não se presta à interpretação de norma de caráter genérico (Precedente Jurisprudencial n. 7, da Seção Especializada em Dissídios Coletivos). "Segundo tal entendimento, o litígio há que ser particularizado e restrito ao âmbito do suscitante" (BASSO, 1999, *on line*).

Art. 20.

É admissível a ação meramente declaratória, ainda que tenha ocorrido a violação do direito.

Comentário de *José Antônio Ribeiro de Oliveira Silva*

Esta norma corresponde à do art. 4º, parágrafo único, do CPC de 1973, revelando o cabimento da ação *meramente declaratória*, ainda que já tenha havido a lesão ao direito material.

Praticamente as mesmas ponderações que já fizemos nos comentários ao artigo anterior, sobre a ação meramente declaratória, aplicam-se aqui. Até porque esta regra poderia ter vindo como um simples parágrafo inserido no art. 19, como ocorria no CPC anterior.

Apenas um reforço de argumentação se faz necessário, para recordar a amplitude do direito fundamental de acesso à justiça, consubstanciado no art. 5º, inciso XXXV, da Constituição da República Federativa do Brasil, porquanto não poderia mesmo o novo Código de Processo Civil excluir da apreciação jurisdicional uma pretensão meramente declaratória, tendo em vista que esse direito fundamental assegura inclusive a proteção contra a situação de *mera ameaça* ao direito.

De sorte que nos reportamos aos argumentos já expendidos anteriormente, inclusive quanto ao processo do trabalho, para não sermos redundantes.

TÍTULO II
DOS LIMITES DA JURISDIÇÃO NACIONAL E DA COOPERAÇÃO INTERNACIONAL

CAPÍTULO I
DOS LIMITES DA JURISDIÇÃO NACIONAL

Art. 21.

Compete à autoridade judiciária brasileira processar e julgar as ações em que:

I – o réu, qualquer que seja a sua nacionalidade, estiver domiciliado no Brasil;

II – no Brasil tiver de ser cumprida a obrigação;

III – o fundamento seja fato ocorrido ou ato praticado no Brasil.

Parágrafo único. Para o fim do disposto no inciso I, considera-se domiciliada no Brasil a pessoa jurídica estrangeira que nele tiver agência, filial ou sucursal.

Comentário de *José Antônio Ribeiro de Oliveira Silva*

LIMITES DA JURISDIÇÃO NACIONAL

Esta norma, que corresponde à do art. 88 do CPC de 1973, define, como o próprio título do capítulo evidencia, os *"limites da jurisdição nacional"*. Isso porque o Estado brasileiro é soberano em seu território, motivo pelo qual as regras do processo que ele disciplina se aplicam aos processos conduzidos pelas autoridades judiciárias brasileiras, é dizer, pelos juízes brasileiros.

Daí que até mesmo pessoas naturais ou jurídicas estrangeiras se sujeitam aos efeitos das decisões judiciais tomadas no Brasil, especialmente nas situações jurídicas descritas neste art. 21: 1ª) se o réu tiver *domicílio* em qualquer município do território brasileiro e, sendo pessoa jurídica, basta que ela tenha agência, filial ou sucursal no Brasil para que se considere aqui domiciliada; 2ª) se a obrigação (de dar ou pagar, fazer, não fazer e entregar coisa) tiver de ser *cumprida* no Brasil; 3ª) se o fundamento da ação for fato *ocorrido* ou ato jurídico *praticado* em nosso território. Em qualquer dessas situações, o autor pode ajuizar sua demanda no Brasil, observando as normas de distribuição de competência (critérios material, funcional e territorial).

Claro que, em situações limítrofes como essas, pode haver também a propositura de ação perante órgãos jurisdicionais estrangeiros, vale dizer, em outros países, envolvendo as mesmas partes, com a mesma causa de pedir e inclusive o mesmo pedido, não se podendo falar, nesse caso, em litispendência e coisa julgada, a teor do art. 24 do novo Código de Processo Civil. O que poderá haver é a homologação de decisão estrangeira para que surta efeitos no Brasil, nos moldes dos arts. 960 a 965 do CPC de 2015, o que será objeto de comentários oportunamente.

PROCESSO DO TRABALHO

À primeira vista, parece plenamente compatível com o processo do trabalho esta norma do art. 21 do novo Código de Processo Civil porque, a rigor, os juízes e tribunais do trabalho somente podem exercer a *jurisdição trabalhista* nos limites do território brasileiro, sendo competentes para todas as ações trabalhistas aqui ajuizadas, ainda que envolvam pessoas naturais ou jurídicas estrangeiras.

Contudo, dadas as especificidades das relações jurídicas trabalhistas, no processo do trabalho temos *regras próprias* e, portanto, não necessitamos do regramento do CPC.

Embora as regras do art. 651 e §§ da CLT se refiram a critérios de competência territorial, elas também fazem referência à *jurisdição trabalhista* e a seus *limites*, bastando uma leitura atenta, especialmente de seu § 2º, para isso constatar.

Duas situações podem ser destacadas: 1ª) o trabalhador, brasileiro ou estrangeiro, prestou serviços a empregador (brasileiro ou estrangeiro) que tem domicílio no Brasil, ainda que se trate de filial ou agência aqui sediada, *em território brasileiro*; 2ª) o trabalhador brasileiro prestou serviços a empregador (brasileiro ou estrangeiro) que tem domicílio no Brasil, mas o fez *no estrangeiro*.

Em ambas as hipóteses o trabalhador pode ajuizar ação trabalhista perante autoridade judiciária *brasileira*, que será competente para o processamento e o julgamento da demanda.

Na primeira hipótese, se os serviços foram prestados no Brasil as obrigações trabalhistas correspondentes serão regidas pela *legislação brasileira* (Constituição da República, CLT e legislação esparsa), devendo a ação ser ajuizada na Vara do Trabalho que tem "jurisdição" sobre o local em que o trabalhador prestou os serviços, ainda que tenha sido contratado em outro lugar ou até *no estrangeiro*, em conformidade com a regra do art. 651, *caput*, da CLT.

Na segunda hipótese, a regra aplicável é a do § 2º do art. 651 da CLT, segundo a qual a "competência" das Varas do Trabalho estende-se às lides ocorridas em agência ou filial no estrangeiro, desde que o trabalhador seja brasileiro e não haja convenção internacional dispondo em contrário. O que importa, então, é a *nacionalidade do trabalhador*, e não da empresa. De se destacar: essa regra *não é* de competência territorial, mas de *"jurisdição"*, porque ainda que aplicável a normativa trabalhista do país onde os serviços foram prestados, presentes estes dois requisitos — trabalhador brasileiro e ausência de convenção internacional em sentido contrário —, a ação trabalhista pode ser *ajuizada no Brasil*. É dizer, ainda que *os fatos* tenham ocorrido em outro país (no exterior) e as *obrigações trabalhistas* correspondentes sejam regidas por outro ordenamento jurídico, para a proteção aos trabalhadores brasileiros, a eles se faculta a propositura de sua demanda em território brasileiro, numa clara situação de *"extensão da jurisdição trabalhista"* dos juízes brasileiros.

Portanto, essa regra do § 2º não define competência territorial, tanto que, fixada a "competência" da Justiça do Trabalho brasileira, há de se procurar nas demais regras deste art. 651 a definição do juízo competente, *em razão do território*.

Embora tenhamos que comentar essa situação mais adiante, convém já apontar que, nesse caso, a doutrina do processo do trabalho entende que competente seria a Vara do Trabalho do local da sede ou filial da empresa no Brasil, ou a do local da contratação antes de o empregado ir para o exterior.

No entanto, perfilhamos entendimento no sentido de que, no caso examinado, a ação pode ser ajuizada no local do domicílio do trabalhador ou na Vara do Trabalho da localidade mais próxima, numa interpretação *sistemática* e lógica dos §§ 1º e 2º do art. 651 da CLT, concretizando-se, assim, o *princípio da facilitação do acesso à justiça*, uma vez que o trabalhador, desempregado e hipossuficiente, poderia fazer a opção pelo local que considerasse mais conveniente à defesa de seus direitos. Esta diretriz se aplica com maior razão se a empresa a ser demandada não tiver sede ou filial no Brasil. A propósito, a doutrina majoritária entende possível o ajuizamento dessa demanda em território brasileiro. Veja-se:

"... não obstante os obstáculos operacionais para a propositura da demanda em face de empresa que não tenha sede ou filial no Brasil, mostra-se perfeitamente possível a notificação do empregador por carta rogatória, sendo competente a Vara do Trabalho, por aplicação analógica do art. 88, I e II, do CPC. Se ele aceitará, ou não, submeter-se à jurisdição da Justiça Laboral brasileira, já é problema alheio à questão da competência." (LEITE, 2011, p. 280-281).

Quanto ao *direito material aplicável* ao contrato de trabalho do trabalhador que prestou serviços no estrangeiro, a Súmula n. 207 do TST firmava o entendimento de que seriam as leis em vigência no país da prestação de serviços e não aquelas do local da contratação que iriam reger a relação jurídica trabalhista, em conformidade com o princípio da *lex loci executionis*.

Entrementes, com a alteração do *caput* do art. 1º da Lei n. 7.064/82, a jurisprudência passou a entender que seria aplicável a norma do inciso II do art. 3º da referida lei, segundo a qual se deve assegurar ao trabalhador transferido para trabalhar no exterior, *"a aplicação da legislação brasileira de proteção ao trabalho, naquilo que não for incompatível com o disposto nesta Lei, quando mais favorável do que a legislação territorial, no conjunto de normas e em relação a cada matéria"*. Outra não poderia ser a diretriz, pois pode ocorrer sério desrespeito — com base na lei do país da prestação dos serviços — aos direitos fundamentais do trabalhador, assegurados pela Constituição da República Federativa do Brasil. Nesse caso, é indene de dúvida que a aplicação da lei brasileira (mais protetiva) ao trabalhador brasileiro que trabalha no estrangeiro se reveste de plausibilidade e materializa o fim maior buscado pelo sistema jurídico, qual seja, o respeito à dignidade humana (do trabalhador). Por isso mesmo foi cancelada, em 2012, a Súmula n. 207 do TST.

Comentários ao Novo CPC

Art. 22.

Compete, ainda, à autoridade judiciária brasileira processar e julgar as ações:

I – de alimentos, quando:

a) o credor tiver domicílio ou residência no Brasil;

b) o réu mantiver vínculos no Brasil, tais como posse ou propriedade de bens, recebimento de renda ou obtenção de benefícios econômicos;

II – decorrentes de relações de consumo, quando o consumidor tiver domicílio ou residência no Brasil;

III – em que as partes, expressa ou tacitamente, se submeterem à jurisdição nacional.

Comentário de *José Antônio Ribeiro de Oliveira Silva*

Este dispositivo, que não tem correspondência no CPC de 1973, é praticamente uma extensão do quanto disciplinado no art. 21 do novo Código de Processo Civil, prevendo hipóteses específicas de ações que são de *competência da Justiça brasileira*: a) *ações de alimentos*, nas situações previstas nas letras "a" e "b" *supra*, que revelam hipóteses alternativas e não cumulativas; b) ações envolvendo as *relações de consumo*, desde que o consumidor tenha domicílio ou residência em território brasileiro; c) ações precedidas de *cláusula de eleição de foro*, por meio da qual as partes, de forma expressa ou tácita, tenham ajustado submeter eventual demanda à jurisdição brasileira.

Evidentemente, essa cláusula de eleição de foro com opção pelo Judiciário nacional não se aplica na situação inversa, disciplinada no art. 25 do novo Código de Processo Civil, segundo a qual *"não compete à autoridade judiciária brasileira o processamento e o julgamento da ação quando houver cláusula de eleição de foro exclusivo estrangeiro em contrato internacional, arguida pelo réu na contestação"*. É dizer, havendo cláusula de eleição de foro, em contrato internacional, na qual se eleja *de forma exclusiva* um foro estrangeiro, não poderá a Justiça brasileira conhecer, processar e julgar a causa.

Da simples leitura destas normas e das poucas considerações que se fazem necessárias já se pode perceber a total inaplicabilidade delas no processo do trabalho, por duas razões: 1ª) a Justiça do Trabalho *não tem* competência material para processar e julgar ações de alimentos e com fundamento das relações consumeristas; 2ª) *não se aplica*, no processo do trabalho, a cláusula de eleição de foro, por sua total incompatibilidade com as regras protetivas do art. 651 e §§ da CLT, como se verá logo em seguida, nos comentários ao art. 25 do novo Código.

Art. 23.

Compete à autoridade judiciária brasileira, com exclusão de qualquer outra:

I – conhecer de ações relativas a imóveis situados no Brasil;

II – em matéria de sucessão hereditária, proceder à confirmação de testamento particular e ao inventário e à partilha de bens situados no Brasil, ainda que o autor da herança seja de nacionalidade estrangeira ou tenha domicílio fora do território nacional;

III – em divórcio, separação judicial ou dissolução de união estável, proceder à partilha de bens situados no Brasil, ainda que o titular seja de nacionalidade estrangeira ou tenha domicílio fora do território nacional.

Comentário de *José Antônio Ribeiro de Oliveira Silva*

As regras deste art. 23 correspondem às do art. 89 do CPC de 1973, com exceção da inserida no inciso III, que não tem correspondência naquele Código.

Aqui se disciplinam situações que evocam a jurisdição *exclusiva* da Justiça brasileira, relativamente às seguintes ações e atos processuais: a) ações relativas a *imóveis* situados em território brasileiro; b) atos específicos, em ações relacionadas à *sucessão hereditária* (confirmação de testamento particular, inventário, partilha de bens), sobre bens situados no Brasil; c) *partilha de bens* situados em nosso território, em ações de divórcio, separação judicial ou dissolução de união estável.

Também como já observamos nos comentários anteriores, da simples leitura destas normas já se pode perceber a total inaplicabilidade delas no processo do trabalho, porque a Justiça do Trabalho *não tem* competência material para processar e julgar ações reais, relacionadas a imóveis, tampouco para ações que envolvam cognição sobre testamento, inventário e partilha de bens, não tendo nem sombra de competência para ações de divórcio, separação judicial e dissolução de união estável, diante do quanto disposto no art. 114 e §§ da Constituição da República Federativa do Brasil.

Art. 24.

A ação proposta perante tribunal estrangeiro não induz litispendência e não obsta a que a autoridade judiciária brasileira conheça da mesma causa e das que lhe são conexas, ressalvadas as disposições em contrário de tratados internacionais e acordos bilaterais em vigor no Brasil.

Parágrafo único. A pendência de causa perante a jurisdição brasileira não impede a homologação de sentença judicial estrangeira quando exigida para produzir efeitos no Brasil.

Comentário de *José Antônio Ribeiro de Oliveira Silva*

A norma do art. 24 corresponde à do art. 90 do CPC de 1973, que, no entanto, não continha a ressalva do final do *caput*, relativa às disposições de tratados internacionais e acordos bilaterais em sentido oposto, tampouco a regra do novel parágrafo único.

Como já afirmamos, dependendo da situação concreta, pode haver propositura de ação tanto na Justiça brasileira quanto no Poder Judiciário de outro país, *sem que*, contudo, haja litispendência ou coisa julgada para as ações aqui ajuizadas, ainda que envolvam as mesmas partes, tenham a mesma causa de pedir e o mesmo pedido. É até uma questão de lógica, pois a litispendência e a coisa julgada são institutos processuais que, por óbvio, referem-se à *mesma jurisdição*, segundo os mesmos critérios de distribuição de competência, porque somente se verifica a presença desses pressupostos processuais (negativos) quando proposta novamente a mesma demanda (com a tríplice identidade de "elementos" da ação), em curso (litispendência) ou já resolvida de forma definitiva (coisa julgada).

Somente será possível falar em litispendência ou coisa julgada, ou em impossibilidade de a Justiça brasileira conhecer da mesma causa e das que lhe forem conexas, se houver disposição *expressa* em sentido contrário, prevista em tratados internacionais ou acordos bilaterais, que estejam *em vigor* no Brasil.

Agora, estando em curso ação perante o Poder Judiciário brasileiro, esse fato não impede a homologação de decisão judicial estrangeira, quando *exigida essa homologação* para que a decisão possa ter eficácia no Brasil. Disciplinam sobre a homologação de decisão estrangeira os arts. 960 a 965 do novo CPC, que serão comentados oportunamente.

Conquanto seja inusitado, se houver propositura da mesma demanda trabalhista — ou de demandas conexas — no Brasil e também no exterior, aplicam-se essas diretrizes a respeito da *inexistência* de litispendência e coisa julgada em relação à ação trabalhista processada na nossa Justiça do Trabalho, bem como a exceção já comentada, quando houver tratado internacional ou acordo bilateral em vigor no Brasil dispondo em sentido contrário, nos moldes do art. 651, § 2º, da CLT.

Art. 25.

Não compete à autoridade judiciária brasileira o processamento e o julgamento da ação quando houver cláusula de eleição de foro exclusivo estrangeiro em contrato internacional, arguida pelo réu na contestação.

§ 1º Não se aplica o disposto no *caput* às hipóteses de competência internacional exclusiva previstas neste Capítulo.

§ 2º Aplica-se à hipótese do *caput* o art. 63, §§ 1º a 4º.

Comentário de José Antônio Ribeiro de Oliveira Silva

CLÁUSULA DE ELEIÇÃO DE FORO

A norma deste art. 25, sem correspondência no Código anterior, admite a validade de cláusula de eleição de foro *exclusivo* no estrangeiro, pactuada em *contrato internacional*. É dizer, as partes podem excluir a possibilidade de submissão da demanda à jurisdição brasileira, caso em que, não havendo abusividade e desde que o réu invoque em seu favor a referida cláusula na contestação, sob pena de preclusão, o juiz brasileiro terá que extinguir o processo sem resolução do mérito, por falta de um pressuposto processual de existência do próprio processo, por absoluta *falta de jurisdição* sobre o caso concreto.

Portanto, trata-se de situação mais abrangente e mais drástica do que a disciplinada no *caput* do art. 63 do novo Código de Processo Civil, por meio do qual as partes podem, por cláusula de eleição de foro, *modificar a competência* em razão dos critérios valor e território. Não se trata de mera prorrogação de competência, mas de *afastamento*, por completo, de qualquer competência da Justiça brasileira, que não teria o poder-dever de resolver a demanda.

Contudo, ainda que largamente admitida referida cláusula nos domínios do processo civil, a doutrina e a jurisprudência passaram a se deparar com situações especiais e, diante delas, *restringir* o princípio da autonomia da vontade, notadamente nas *relações consumeristas*, nas quais predominam os contratos de adesão.

É que a *abusividade* de uma cláusula de eleição de foro pode *inviabilizar*, por completo, o ajuizamento da ação por parte do autor, afrontando o princípio do acesso à justiça, multicitado nestes comentários às normas do novo Código de Processo Civil.

Por isso mesmo a cláusula de eleição de foro, *se abusiva*, pode ser considerada *ineficaz* pelo juiz, *de ofício*, desde que o faça *antes da citação* do réu, sendo que, nesse caso, o juiz deve determinar a remessa dos autos do processo ao juízo do foro do domicílio do réu, nos termos do § 3º do novel art. 63, correspondente ao parágrafo único do art. 111 do CPC de 1973. Depois da citação, embora o juiz não possa mais fazê-lo de ofício, se o réu alegar a abusividade da cláusula de eleição de foro como *preliminar na contestação* — o que deve alegar "*sob pena de preclusão*" (§ 4º) —, em acatando a alegação, o juiz poderá declarar a *ineficácia da cláusula* e determinar o envio dos autos ao juízo competente, no caso, o do foro do domicílio do réu.

Nesse contexto, além de não poder ser abusiva, a cláusula de eleição de foro *exclusivo* no estrangeiro somente pode ser estipulada em contrato internacional, e por escrito, devendo, ainda, referir-se "*expressamente a determinado negócio jurídico*" (§ 1º do art. 63 do novo Código de Processo Civil). E o réu deverá invocá-la na contestação, "*sob pena de preclusão*" (§ 4º). Se observadas todas essas diretrizes, a eleição de foro obrigará "*os herdeiros e sucessores das partes*" (§ 2º).

Agora, não tem qualquer efeito a eleição de foro *exclusivo* no estrangeiro quando pactuada para as "*hipóteses de competência internacional exclusiva*", preconizadas nos arts. 21 a 23 do novo Código de Processo Civil, porque *apenas* a Justiça brasileira pode conhecer das ações ali mencionadas, por se referirem a imóveis ou outros bens situados no Brasil, a credor de alimentos ou consumidor domiciliado ou residente em nosso país, ou às demais situações previstas nestes dispositivos legais.

PROCESSO DO TRABALHO

A norma do art. 25 do novo Código de Processo Civil não tem a menor aplicabilidade no âmbito do processo do trabalho. Ainda que a cláusula de eleição de foro *exclusivo* no exterior seja pactuada em contrato "internacional" de trabalho, por escrito, e se refira, portanto, expressamente a determinado negócio jurídico — *o contrato de trabalho* —, essa cláusula seria, de plano, considerada *abusiva* pela Justiça do Trabalho brasileira, não tendo a menor possibilidade de aplicação.

É que o contrato de trabalho — ainda que celebrado pelos chamados "altos empregados", os quais têm relativa autonomia da vontade quando da contratação — trata-se de um *contrato de adesão*.

Nesse contexto, torna-se importante recorrer às diretrizes da doutrina do direito civil e do direito do trabalho para fundamentar esse posicionamento. E esse recurso ao direito material mostra o quão tênue é, *na prática*, essa distinção entre direito processual e direito material.

Pois bem, Carlos Roberto Gonçalves distingue *contratos paritários* de *contratos de adesão*. Para referido autor, enquanto aqueles "são os contratos do tipo tradicional, em que as partes discutem livremente as condições, porque se encontram em pé de igualdade (par a par)", os segundos "são os que não permitem essa liberdade, devido à preponderância da vontade de um dos contratantes, que elabora todas as cláusulas", já que "o outro adere ao modelo de contrato previamente confeccionado, não podendo modificá--las: aceita-as ou rejeita-as, de forma pura e simples, e em bloco, afastada qualquer alternativa de discussão" (GONÇALVES, 2001, V. 6, p. 30).

Destarte, o *contrato de adesão* é aquele em que os direitos e obrigações então ajustados pelos contratantes são definidos por apenas um deles mediante cláusulas às quais o outro, desprovido de qualquer liberdade de discussão, restringe-se a manifestar aceitação. "São exemplos dessa espécie, dentre outros, os contratos de seguro, de consórcio, de transporte, e os celebrados com as concessionárias de serviços públicos (fornecedoras de água, energia elétrica etc.)" (*Idem*).

No tocante ao *contrato de trabalho*, não se pode questionar o fato de que, na busca de colocação no mercado de trabalho, o candidato, em regra, não tem poder de discussão quando do estabelecimento das cláusulas que o vincularão ao empregador. E, dentre os princípios que regem o contrato de trabalho, encontra-se o da *interpretação mais favorável* ao trabalhador. Com efeito, essas peculiaridades tornam o pacto laboral por demais assemelhado ao contrato de adesão.

A propósito, veja-se a doutrina clássica do direito do trabalho:

Quase sempre o consentimento da parte que se obriga a trabalhar toma a forma de pura e simples adesão. É que as condições de trabalho nas grandes empresas se acham ordinariamente predeterminadas, em caráter uniforme, quer por uma convenção coletiva, quer por um regulamento da empresa. O pretendente ao emprego vê-se, pois, na contingência de aceitá-las em bloco...

(...) Realmente, a declaração de vontade, no contrato de adesão, não é livre como no contrato em que as condições são discutidas pelas partes. A necessidade jurídica de aceitação global das cláusulas insertas num regulamento leva o empregado a concordar com certas condições de trabalho que não aceitaria se tivesse a liberdade de discuti-las (...). (GOMES; GOTTSCHALK, 1990, p. 180-181).

Veja-se, ainda, o escólio de Alice Monteiro de Barros:

Para Cesarino Júnior, o contrato de trabalho é do tipo de adesão, isto é, o empregado adere sem discutir o esquema do contrato individual, já prefixado em parte pela lei, pela convenção coletiva e pelo regulamento da empresa. Cotrin Neto e Arnaldo Süssekind também vêem no contrato de trabalho fortes características de adesão.

Aderimos ao mesmo posicionamento. O contrato de trabalho é do tipo de adesão. Sua principal função é criar uma relação jurídica obrigacional entre as partes, porém, com o caráter meramente complementar, em face do extenso rol de normas imperativas previstas em lei ou instrumentos coletivos, que fogem do domínio da autonomia da vontade e compreendem aspectos relevantes do vínculo empregatício. As partes, se desejarem celebrar o contrato terão que aderir a elas, sem possibilidade de discussão, como aliás se infere do art. 444 da CLT.

Lembre-se que à luz do art. 423 do Código Civil vigente, quando houver no contrato de adesão cláusulas ambíguas ou contraditórias, dever-se-á adotar interpretação mais favorável ao aderente. Em se tratando de aplicação subsidiária ao Direito do Trabalho, o aderente é o empregado. O dispositivo visou a proporcionar o equilíbrio contratual ao co-contratante que confiou no comportamento do estipulante (BARROS, 2007, p. 237-238).

Em conclusão a respeito dessa temática, podemos afirmar que o contrato de trabalho é uma *espécie de contrato de adesão*, porque o trabalhador, em regra, no ato da contratação, submete-se às cláusulas contratuais definidas pelo empregador — com a limitação das normas de ordem pública que aderem ao referido contrato —, não tendo liberdade para discutir o seu teor, motivo pelo qual não teria autonomia da vontade para aceitar — ou rejeitar — a eleição de foro, nacional ou *estrangeiro*, cláusula que, portanto, seria *abusiva*.

Ainda que assim não fosse, as *regras de competência* na Justiça do Trabalho são todas estabelecidas para a devida proteção ao trabalhador, o hipossuficiente da relação jurídica trabalhista, tanto as que definem a "jurisdição" trabalhista — mormente a do § 2º do art. 651 da CLT, como já observado — quanto as que estipulam critérios de distribuição da competência (jurisdição) pelo território nacional, *ex vi* do art. 651 e §§ da Consolidação. Por isso já sustentamos que não se aplica, no processo do trabalho, *nenhuma* cláusula de eleição de foro, pela total *incompatibilidade* desse instituto com as regras protetivas do citado art. 651.

Enfim, pelo *princípio inquisitivo* que é peculiar ao processo do trabalho, não incide também a regra de preclusão *pro judicata* estipulada no § 3º do art. 63 do novo Código de Processo Civil, motivo pelo qual o juiz do trabalho poderá declarar, *de ofício*, a ineficácia da cláusula de eleição de foro no estrangeiro mesmo *depois da citação do réu*, inclusive porque na Justiça do Trabalho não há despacho da petição inicial, como se verá oportunamente.

CAPÍTULO II
DA COOPERAÇÃO INTERNACIONAL
Seção I
Disposições Gerais

Art. 26.

A cooperação jurídica internacional será regida por tratado de que o Brasil faz parte e observará:

I – o respeito às garantias do devido processo legal no Estado requerente;

II – a igualdade de tratamento entre nacionais e estrangeiros, residentes ou não no Brasil, em relação ao acesso à justiça e à tramitação dos processos, assegurando-se assistência judiciária aos necessitados;

III – a publicidade processual, exceto nas hipóteses de sigilo previstas na legislação brasileira ou na do Estado requerente;

IV – a existência de autoridade central para recepção e transmissão dos pedidos de cooperação;

V – a espontaneidade na transmissão de informações a autoridades estrangeiras.

§ 1º Na ausência de tratado, a cooperação jurídica internacional poderá realizar-se com base em reciprocidade, manifestada por via diplomática.

§ 2º Não se exigirá a reciprocidade referida no § 1º para homologação de sentença estrangeira.

§ 3º Na cooperação jurídica internacional não será admitida a prática de atos que contrariem ou que produzam resultados incompatíveis com as normas fundamentais que regem o Estado brasileiro.

§ 4º O Ministério da Justiça exercerá as funções de autoridade central na ausência de designação específica.

Art. 27.

A cooperação jurídica internacional terá por objeto:

I – citação, intimação e notificação judicial e extrajudicial;

II – colheita de provas e obtenção de informações;

III – homologação e cumprimento de decisão;

IV – concessão de medida judicial de urgência;

V – assistência jurídica internacional;

VI – qualquer outra medida judicial ou extrajudicial não proibida pela lei brasileira.

Comentário de *Guilherme Guimarães Feliciano*

O QUE HÁ DE NOVO?

1. A **cooperação** de que trata os arts. 26 e ss. não se confunde com o *dever de cooperação* que estudamos *supra* (art. 6º). Trata-se, aqui, da chamada **cooperação externa** (i. e., *entre órgãos judiciários com diversas jurisdições ou competências*), não da *cooperação interna* (que se dá entre juízes, partes e terceiros no âmbito de uma mesma relação processual). Em nossa formulação, a *cooperação externa* compreende tanto a *cooperação internacional*, tratada nos artigos seguintes, quanto a *cooperação nacional*, objeto dos arts. 67 a 69. O preceito não tem qualquer correspondência no Código Buzaid e perfaz, no imo da legislação processual federal, uma nova e interessante concreção do princípio inserto no art. 4º, IX, CF (*"A República Federativa do Brasil rege-se nas suas relações internacionais pelos seguintes princípios: [...] cooperação entre os povos para o progresso da humanidade"*).

2. A **cooperação jurídica internacional** consiste em um fenômeno político-jurídico — mais que um "instituto", a meu sentir — pelo qual, à vista dos limites práticos que o respeito às soberanias nacionais e o próprio princípio da territorialidade impõem às jurisdições estatais, os Estados soberanos, de comum acordo, elegem mecanismos e procedimentos para que as situações jurídico-processuais dimanem efeitos concretos além dos próprios limites da jurisdição de origem. Haverá então, em relação a determinada providência, um *Estado requerente* e um *Estado requerido*. Quando o Brasil formula pedido de cooperação judiciária a um Estado estrangeiro, dá-se a chamada *cooperação internacional ativa*; quando o Brasil recebe e processa pedido de cooperação judiciária formulado por Estado estrangeiro ou organização internacional, dá-se a chamada *cooperação internacional passiva*.

3. Do ponto de vista formal, a cooperação jurídica internacional deve se respaldar em *convenções e tratados internacionais* de que o Brasil seja parte, daí resultando que os seus pressupostos e procedimentos podem variar significativamente, a depender dos acordos que baseiem as relações internacionais com o Estado requerente ou requerido. Já por isto, cresce em importância o estabelecimento de bases axiológicas e principiológicas mínimas, na perspectiva brasileira, para que a variabilidade dos pressupostos e procedimentos de cooperação não comprometa as diretrizes éticas do NCPC ou mesmo os fundamentos constitucionais ditados pelo constituinte originário (v. *infra*). Esse é, afinal, o propósito maior do art. 26 do NCPC. E, justamente por isto, o seu § 3º dispõe, textualmente — embora com má sintaxe —, que, na cooperação judiciária internacional, *não será admitida a prática de atos que contrariem as normas fundamentais que regem o Estado brasileiro*, como *tampouco se admitirá a prática de quaisquer atos que*, se não as contrariam frontalmente, venham a *produzir resultados incompatíveis com aquelas normas fundamentais*. Deve-se ter em conta, neste caso, especialmente as normas constitucionais brasileiras que ditam o conteúdo normativo essencial e irredutível do devido processo legal formal (*"procedural due process"*), na esteira das aplicações processuais do conceito alemão de *"Wesensgehaltgarantie"* (ou *garantia do conteúdo essencial* das cláusulas constitucionais que dispõem sobre direitos humanos fundamentais, como já desenvolvemos, alhures, para o processo penal e não-penal — FELICIANO, 2016, *passim*): a mínima legalidade procedimental (art. 5º, II, CF), a vedação da tortura e de qualquer tratamento desumano ou degradante (art. 5º, III, CF), notadamente em sede probatória e executiva, a inviolabilidade da liberdade de consciência e crença (art. 5º, VI, CF) e da intimidade, da vida privada, da honra e da imagem das partes (art. 5º, X), a não-discriminação no âmbito do processo/procedimento (art. 5º, I e VIII, CF), a inviolabilidade do sigilo de correspondência e das comunicações telegráficas, telefônicas e telemáticas, ressalvadas as exceções legais (art. 5º, XII), a inadmissibilidade de provas ilícitas (art. 5º,) etc. Todas essas normas *limitam* as possibilidades práticas da cooperação internacional que se requeira ao Brasil, na linha do compromisso constitucional de prevalência dos direitos humanos assumido na fundação originária do Estado (art. 4º, II, CF).

4. Na ausência de convenções ou tratados internacionais, porém, a cooperação judiciária internacional poderá também se basear no compromisso político da *reciprocidade*, desde que manifestada formalmente, pelas vias a tanto habilitadas (i.a., a via *diplomática*). **Reciprocidade** é o instituto de natureza política, jurídica e negocial pelo qual, preexistentes as relações diplomáticas entre os Estados interessados (= condição de possibilidade), o Estado requerente vincula-se, no plano do Direito Internacional Público, à promessa de reservar, ao Estado requerido, idêntico tratamento e solicitude, quando demandado para o mesmo objeto. Ver, em abono a esta definição (conquanto não se enuncie com esse inteiro teor), MADRUGA, 2012, *on line*:

> Atente-se a que *"a promessa de reciprocidade somente pode ser formulada por quem possua a capacidade de vincular internacionalmente o Estado estrangeiro, ou seja, o representante do Estado estrangeiro que fala ao exterior. Opondo-se à concessão de extradição em razão do pedido ter sido formulado pelo Procurador-Geral do Estado português, o ministro Francisco Rezek indicou precisamente as autoridades autorizadas a fazê-lo:* 'Como disse o Advogado dativo, o Procurador-Geral do Estado português não fala ao exterior. Ele representa o Estado internamente, perante a Justiça de Portugal. Existe um relacionamento diplomático normal entre esta República e aquela. Ainda que não existisse, e que se devesse partir para a fórmula variante a que alude a lei, o pedido "de Governo a Governo", ainda assim, a voz do Governo Português não seria a do Procurador-Geral do Estado. Seria, para todos os fins, a do Chefe de Estado, a do Chefe do Governo, a do Ministro de Estado das Relações Exteriores; e, para comunicação com esta República, também a do Embaixador permanente acreditado junto a nós. Nenhuma outra autoridade, nem mesmo o Ministro da Defesa ou o Presidente da Corte Suprema, falaria pelo Estado Português em caso de ausência de relacionamento diplomático'" (*cit., passim*). O voto de Rezek foi proferido no Pedido de Extradição n. 411 (STF, TP, rel. Min. DÉCIO MIRANDA, j. 15.2.1984, in DJ 30.3.1984).

Será, pois, a alternativa diplomática para se obter a cooperação internacional, ativa ou passiva, quando não houver ajustes internacionais formalizados, para esse efeito, entre Estados requerente e requerido. Afora uma e outra hipótese, restam obstados, por lei, os canais regulares de cooperação judiciária internacional, o que não deixa de representar um óbice aos desideratos de justiça universal. A única exceção, neste caso, será o instituto da *homologação de sentença estrangeira*: observados os ditames competenciais básicos dos arts. 105, I, *"i"*, e 109, X da CF, não se exigirá, para a homologação de sentença estrangeira no interesse da pessoa ou do Poder Público, *sequer a reciprocidade* (art. 26, § 2º, NCPC). O PLS n. 326/2007, identificado como Projeto de Lei da Cooperação Jurídica Internacional (v. nota n. 5, *infra*), foi mais liberal nesse particular (MONTEIRO; VERÇOSA, 2015, p.114 e ss): nos termos do seu art. 5º, § 1º, mesmo à falta de convenções ou tratados internacionais, estariam autorizadas todas as modalidades de cooperação jurídica internacional que se destinassem a *questões cíveis* em geral, dispensando-se, inclusive,os compromissos de reciprocidade (para além, portanto das homologações de sentenças cíveis estrangeiras). O NCPC não trilhou esse caminho.

5. A propósito, a expressão *"cooperação jurídica internacional"*(ou, melhor seria dizer,*"cooperação judiciária internacional"*) não é de uso unânime na doutrina. Alguns identificam esse fenômeno com a expressão *"cooperação interjurisdicional"* (A. P. GRINOVER); ou, ainda, *"cooperação jurisdicional internacional"* (L. R. BARROSO), ou *"cooperação internacional das jurisdições"* (I. STRENGE) (MONTEIRO; VERÇOSA, 2015, p.115). Essa modalidade de cooperação tem profundo interesse para a jurisdição trabalhista; e terá ainda mais, notadamente à mercê **(a)** da globalização exponencial das atividades empresariais e da deslocalização do trabalho (FELICIANO, 2014, tópico 2.4; POCHMANN, 2006, p. 65), no plano material; e **(b)** das imunidades que legislação e jurisprudência reservam às representações diplomáticas de Estados e organizações internacionais, no plano processual (tanto em sede executiva, como, mais recentemente — v. STF, REsns. 578.543 e 597.368, rel. Min. Ellen Gracie —, em sede cognitiva).

6. Sob o manto conceitual da cooperação jurídica internacional, a Lei n. 13.105/2015 dispõe sobre duas modalidades: o **auxílio direto** (arts. 28 a 34) e a **carta rogatória** (art. 36). Conquanto disciplinadas no NCPC, porém, tais modalidades servem bem a todas as especialidades jurisdicionais (e não apenas às causas cíveis); servem, inclusive, às causas penais, no que mais interessa para estes comentários, às causas trabalhistas. Outras modalidades existem, com usos menos universais; e, já por isso, não foram reguladas no NCPC. É o caso, p.ex., do instituto da *extradição*, que interessa essencialmente ao processo penal (v. art. 5º, LI e LII, CF; Lei n. 6.815/1980 — Estatuto do Estrangeiro; Decreto n. 86.715/1981) e é da exclusiva competência do STF (art. 102, I, *"g"*, CF).

BASES AXIOLÓGICAS E PRINCIPIOLÓGICAS DA COOPERAÇÃO INTERNACIONAL NO NCPC

1. Consoante dispõe o art. 26 da Lei n. 13.105/2015 — na boa toada metodológica que se espraia por quase todo o NCPC e faz o estrato principiológico de cada matéria preceder a sua descrição processo-procedimental —, a cooperação internacional pautar-se-á, na perspectiva brasileira, pelos seguintes valores (plasmados em princípios jurídicos constitucionais ou legais) e premissas (ora de jaez ético-normativo, ora de jaez burocrático):

(i) *respeito às garantias do devido processo legal no Estado requerente* (realçando-se o valor constitucional do *"due process of law"*, insculpido no art. 5º, LIV, CF, mas com foco no respeito aos paradigmas universais do *"procedural due process"* pelo Estado requerente — e, entenda-se bem, não ao *"procedural process"* do Estado requerente);

Na correta dicção de MONTEIRO e VERÇOSA, *"a intenção do legislador do CPC de 2015 foi condicionar o atendimento, pelo Brasil, do pedido formulado pelo Estado estrangeiro à observância, nesse último Estado, de garantias do devido processo legal. Exemplificando: o Brasil somente poderia cumprir uma carta rogatória de citação de réu domiciliado no Brasil, para que este possa defender-se nos autos de processo em curso em um Estado A, se o referido Estado A respeita as garantias do devido processo legal. Até porque, a dicção do dispositivo é: 'o respeito às garantias do devido processo legal no Estado requerente'. Para que valesse a outra interpretação, talvez a redação adotada pelo legislador devesse ter sido 'o respeito às garantias do devido processo legal do Estado requerente'. Assim, para atender a real intenção do legislador, talvez tivesse ficado mais claro se a redação deste inc. I fosse: 'a cooperação jurídica internacional será regida por tratado de que o Brasil faz parte e observará: I- a exigência ao respeito, pelo Estado requerente, das garantias do devido processo legal'"* (MONTEIRO; VERÇOSA, 2015, p. 116). A razão desta premissa-limite é o implícito reconhecimento de que o *"procedural due process"* integra o chamado *"ius cogens"* internacional em todas as esferas do processo — e não apenas no campo processual penal, como já se admite há algumas décadas, especialmente nas extradições.

(ii) *igualdade de tratamento entre nacionais e estrangeiros, residentes ou não no Brasil, em relação ao acesso à justiça e à tramitação dos processos*, assegurando-se assistência judiciária aos necessitados (corrigindo-se, em boa hora, qualquer leitura limitativa do *caput* do art. 5º da CF, que textualmente garante aos brasileiros e aos "estrangeiros residentes no país" a inviolabilidade do direito à vida, à liberdade, à igualdade, à segurança e à propriedade — o que configurou, na irretocável dicção de J. AFONSO DA SILVA, evidente vezo de redação, desafiando interpretação extensiva: o legislador constituinte disse *menos* do que queria dizer, até porque regemo-nos, nas relações internacionais, pelo princípio da prevalência dos direitos humanos, *ut* art. 4º, II) (SILVA, 1993, *passim*);

(iii) *publicidade processual*, ressalvados os casos de sigilo judiciário previstos na legislação brasileira e/ou do Estado requerente (reproduzindo, na esfera legal, os ditames do princípio constitucional da publicidade, que tanto vige para o Judiciário — art. 93/CF — como para a Administração em geral — art. 37, *caput*, CF —, inclusive a judiciária);

(iv) *existência de autoridade central* para recepção e transmissão dos pedidos de cooperação (o que segue de perto o art. 2º, VII, do Projeto de Código Modelo de Cooperação Interjurisdicional para Ibero-América (<http://www.arcos.org.br/periodicos/revista-eletronica-de-direito-processual/volume-iv/codigo-modelo-de-cooperacao-interjurisdicional-para-iberoamerica>) e significa que, a rigor, a cooperação judiciária internacional não pode se "pulverizar" entre as várias autoridades judiciárias brasileiras, nem passiva, nem ativamente); e

(v) *espontaneidade* na transmissão de informações a autoridades estrangeiras (o que repete o art. 2º, VIII, do Projeto de Código Modelo de Cooperação Interjurisdicional para Ibero-América e compromete o juiz brasileiro com um sentido ético de colaboração para com as justiças estrangeiras, notadamente nas hipóteses em que sequer é razoável esperar a iniciativa do Estado estrangeiro — p. ex., nos procedimentos criminais supervenientes à providência de cooperação internacional solicitada e atendida).

2. No que diz respeito ao *devido processo legal*, MONTEIRO e VERÇOSA pontuam criticamente que a premissa do art. 26, I, deve ser compreendida *"cum grano salis"*; e, nessa ensancha, chegam a sugerir que *"o exame do respeito ou não às garantias do devido processo legal no Estado estrangeiro devesse ser feito pelo Brasil antes da celebração do tratado internacional"*, evitando-se constrangimentos maiores ao tempo da apreciação dos pedidos de cooperação judiciária que nele se basearem (MONTEIRO; VERÇOSA, 2015, p. 116). De fato, a interpretação do preceito não pode conduzir a cenários draconianos, em que a cooperação internacional — e, por ela, as próprias relações diplomáticas — veja-se vergastada por um excessivo subjetivismo ideológico, aplicado à compreensão de uma realidade jurídica que não se compreende bem. O pressuposto, aqui, não pode ser o de um escrutínio universal rigoroso da legislação processual estrangeira, à maneira de um julgamento ético, como antecedente lógico-legal de toda apreciação de pedidos de cooperação internacional. Por isto mesmo, dizíamos *supra* (n. 1, *"i"*) que o escrutínio jurídico do devido processo legal, na acepção do art. 26, I, NPCC, *ainda se feito casuisticamente* (e não *"in abstracto"*, i.e., ao tempo da celebração dos tratados — até porque restará, sempre, a hipótese da reciprocidade, que *também* se curva aos valores e princípios do art. 26), deve considerar:

(a) os *paradigmas universais* desse princípio-garantia — e não necessariamente o molde nacional jurídico-positivo —, à luz do Direito Internacional dos Direitos Humanos (e, notadamente, das convenções e tratados de direitos humanos ratificados pelos dois países e da jurisprudência consolidada no âmbito do Sistema Internacional de Direitos Humanos, por órgãos como o Comitê de Direitos Humanos da Organização das Nações Unidas, a Corte Interamericana de Direitos Humanos e o Tribunal Europeu de Direitos Humanos); e

(b) a dimensão *procedimental* do devido processo legal (i.e., exclusivamente o chamado *"procedural due process"*), porque a interpretação extensiva do preceito, alcançando também o assim designado *"substantive due process"* (i.e., a legitimidade substantiva da *"lex terrae"*, para retomar o texto original da Magna Carta de 1215), abriria uma verdadeira caixa de Pandora no plexo das relações jurídicas internacionais brasileiras.

3. No que toca à figura da *autoridade central* para a cooperação jurídica internacional, releva registrar que, no Brasil, tanto para a cooperação ativa como para a cooperação passiva, o **Ministério da Justiça** é a autoridade central por excelência, figurando inclusive na maior parte dos tratados de cooperação judiciária internacional dos quais o Brasil é signatário. Os pedidos são processados pelo Departamento de Recuperação de Ativos e Cooperação Jurídica Internacional — DRCI (v. <http://justica.gov.br/Acesso/institucional/sumario/quemequem/departamento-de-recuperacao-de-ativos-e-cooperacao-juridica-internacional> — último acesso em 31.1.2015), que foi criado pelo Decreto n. 4.991, de 18.2.2004, e está integrado ao Ministério da Justiça, no organograma da Secretaria Nacional de Justiça (v. <http://www.tjsp.jus.br/Download/Corregedoria/CartasRogatorias/Documentos/ManualExpedCRPenal.pdf>). Já por isso, o § 4º dita que, à falta de *designação específica* em lei setorial ou nos próprios tratados e convenções internacionais, "[o] *Ministério da Justiça exercerá as funções de autoridade central*" na ponta brasileira das relações cooperativas. Algumas exceções importantes a esta regra são apontadas por MONTEIRO e VERÇOSA (todas elas derivadas dos próprios textos dos respectivos tratados e convenções internacionais):

(i) Procuradoria-Geral da República: é a autoridade central no âmbito da Convenção sobre Prestação de Alimentos no Estrangeiro, da ONU, de 1965; e (ii) Secretaria de Direitos Humanos da Presidência da República: desempenha o papel de autoridade central quanto às seguintes convenções internacionais de que o Brasil é Estado-Parte: Convenção da Haia sobre os Aspectos Civis do Sequestro Internacional de Crianças, de 1980; Convenção Interamericana de Restituição Internacional de Menores, de 1989; e Convenção da Haia Relativa à Proteção das Crianças e à Cooperação em Matéria de Adoção Internacional, de 1993 (MONTEIRO; VERÇOSA, 2015, p. 118).

Seção II
Do Auxílio Direto

Art. 28.

Cabe auxílio direto quando a medida não decorrer diretamente de decisão de autoridade jurisdicional estrangeira a ser submetida a juízo de delibação no Brasil.

Art. 29.

A solicitação de auxílio direto será encaminhada pelo órgão estrangeiro interessado à autoridade central, cabendo ao Estado requerente assegurar a autenticidade e a clareza do pedido.

Art. 30.

Além dos casos previstos em tratados de que o Brasil faz parte, o auxílio direto terá os seguintes objetos:

I – obtenção e prestação de informações sobre o ordenamento jurídico e sobre processos administrativos ou jurisdicionais findos ou em curso;

II – colheita de provas, salvo se a medida for adotada em processo, em curso no estrangeiro, de competência exclusiva de autoridade judiciária brasileira;

III – qualquer outra medida judicial ou extrajudicial não proibida pela lei brasileira.

Art. 31.

A autoridade central brasileira comunicar-se-á diretamente com suas congêneres e, se necessário, com outros órgãos estrangeiros responsáveis pela tramitação e pela execução de pedidos de cooperação enviados e recebidos pelo Estado brasileiro, respeitadas disposições específicas constantes de tratado.

Art. 32.

No caso de auxílio direto para a prática de atos que, segundo a lei brasileira, não necessitem de prestação jurisdicional, a autoridade central adotará as providências necessárias para seu cumprimento.

Art. 33.

Recebido o pedido de auxílio direto passivo, a autoridade central o encaminhará à Advocacia-Geral da União, que requererá em juízo a medida solicitada.

Parágrafo único. O Ministério Público requererá em juízo a medida solicitada quando for autoridade central.

Art. 34.

Compete ao juízo federal do lugar em que deva ser executada a medida apreciar pedido de auxílio direto passivo que demande prestação de atividade jurisdicional.

Comentário de *Guilherme Guimarães Feliciano*

O QUE HÁ DE NOVO?

1. O **auxílio direto** existe no ordenamento brasileiro desde pelo menos 1965, quando entrou em vigor, na ordem jurídica interna (Decreto n. 56.826/1965), a Convenção sobre Prestação de Alimentos no Estrangeiro (1956), da Organização das Nações Unidas, que positivou o instituto.

2. Mais recentemente, foi introduzido no parágrafo único do art. 7º da Resolução n. 9/2005, do Superior Tribunal de Justiça (que passou a responder, desde o advento da EC n. 45/2004, pelo juízo superior de delibação de decisões judiciais estrangeiras para efeito de cumprimento no território brasileiro — v. art. 105, I, *"i"*, CF). Jamais foi regulado, porém, no âmbito de um código de processo civil brasileiro. Por isso, também não tem correspondência no CPC/1973.

3. As hipóteses de *auxílio direto passivo* para a prática de *atos de natureza jurisdicional* introduz no ordenamento processual, ademais, um interessante caso adicional de *legitimidade extraordinária*, até então não regulado com especificidade nesse âmbito legal. Mas voltaremos a isto adiante.

AUXÍLIO DIRETO: CONCEITO. AUXÍLIO PARA ATOS ADMINISTRATIVOS E AUXÍLIO PARA ATOS JURISDICIONAIS

1. Nos termos do art. 28, essa modalidade de cooperação jurídica internacional terá cabimento *"quando a medida não decorrer diretamente de decisão de autoridade jurisdicional estrangeira a ser submetida a juízo de delibação no Brasil"*. O texto, na verdade, combina-se com o art. 36/NCPC e termina por sinalizar, para o instituto do auxílio direto — também conhecido como "auxílio jurídico" ou "pedido de assistência" —, um conceito engendrado *por exclusão* (e, não por outra razão, o rol de medidas do art. 30 é meramente *exemplificativo*): a rigor, estão subsumidas ao conceito de *auxílio direto* todas aquelas medidas de cooperação jurídica internacional que *dispensem a intervenção do Superior Tribunal de Justiça* (art. 105, I, *"i"*, CF). O que pode ser lido, *"a contrario"*, nesses termos: *todas as decisões jurisdicionais de autoridades judiciais estrangeiras, para serem cumpridas no Brasil, demandam juízo superior prévio de delibação junto ao órgão judiciário constitucionalmente competente* (ao tempo da promulgação da CF/1988, o Supremo Tribunal Federal; após a EC n. 45/2004, o Superior Tribunal de Justiça). Aqui se incluem as *cartas rogatórias* (art. 36/NCPC), que exigem *"exequatur"*.

2. Por conseguinte, admitem o procedimento de *auxílio direto* todas as outras decisões, de autoridades judiciais estrangeiras — se não forem jurisdicionais — e/ou de autoridades administrativas estrangeiras, *"si et quando"* dispensarem aquele prévio juízo superior de delibação jurídica. E, porque a dispensam, essas hipóteses reúnem-se sob a designação de auxílio "direto".

3. Distinguir entre a natureza *jurisdicional* ou *administrativa* dos atos, para assim concluir se há ou não necessidade de prévio juízo judiciário superior de delibação (STJ), é algo a se basear necessariamente na perspectiva *brasileira* da questão. Noutras palavras, *"[a] qualificação da natureza do ato — administrativo ou jurisdicional — sempre se faz de acordo com o direito brasileiro"*; e, uma vez identificados, da qualificação decorre que *"os atos administrativos sempre são passíveis de cumprimento pela via do auxílio direto"*, mas

> os atos de natureza jurisdicional [...] somente podem ser objeto de auxílio direto quando se tratar de demanda judicial a ser ajuizada no Brasil e **integralmente processada e julgada por juiz nacional**. Em se tratando de atos de natureza jurisdicional praticados por juiz estrangeiro, inevitavelmente a cooperação jurídica internacional se dará pela via da carta rogatória e não pela via do auxílio direto [...] (MONTEIRO; VERÇOSA, 2015, p. 122).

Daí que, no auxílio direto, *"não há o reconhecimento em solo nacional de qualquer decisão proferida por jurisdição estrangeira"* (MONTEIRO; VERÇOSA, 2015, p. 122) (= decisão jurisdicional estrangeira). Por isso, dispensa a prévia delibação superior do STJ. E, também por isso, diferencia-se fundamentalmente da carta rogatória, em que *se cumpre* (ou não) conteúdo de decisão jurisdicional estrangeira.

AUXÍLIO DIRETO: "AUTORIDADE CENTRAL" E SUBSTITUIÇÃO PROCESSUAL

1. Diante da premissa técnico-burocrática inserta no art. 26, IV, NCPC, é cediço que nenhuma modalidade de auxílio direto, por mais simples que seja, admitirão a comunicação direta entre as autoridades requerente e requerida. Seja para o auxílio direto *ativo* (em que o Estado brasileiro é requerente), seja para o auxílio direto *passivo* (em que o Estado brasileiro é requerido), o pedido deve necessariamente passar pela "autoridade central", que — já o dissemos (*supra*) — será de regra o Ministério da Justiça (art. 33/NCPC). Há, porém, aqueles casos em que a autoridade central será a Procuradoria-Geral da República ou a Secretaria Nacional de Direitos Humanos, p.ex. (*supra*).

2. Como vimos acima, o auxílio direto passivo só poderá envolver ato jurisdicional a se praticar no Brasil se se tratar de demanda judicial a ser ajuizada no Brasil e integralmente processada e julgada por juiz nacional (configurando-se o chamado *auxílio direto judicial* — SILVA, 2006, *on line*); se, ao revés, o ato requerido derivar de qualquer decisão jurisdicional de autoridade estrangeira, exigir-se-á a prévia delibação judiciária superior no Brasil (STJ). Naquele primeiro caso, porém, *quem ajuizará a demanda?* Observe-se que a parte diretamente interessada — seja o Estado estrangeiro, seja um seu cidadão —, embora pudesse se valer de um advogado contratado no Brasil para ajuizar diretamente a ação, terminou socorrendo-se, por razões quaisquer (hipossuficiência econômica, barreiras culturais e linguísticas, interesse de Estado etc.), nos procedimentos de auxílio direto. A rigor, qualquer *ato jurisdicional* que se pretenda ver praticado no Brasil exigirá a provoca-

ção do juízo natural (art. 5º, XXXV e LIV, CF) por quem detenha *capacidade postulatória* para este fim. *"Quid iuris"*?

3. O art. 33 do NCPC dá-nos a resposta. Com efeito, se o art. 32 cuida basicamente das hipóteses de auxílio direto passivo que visam à prática de atos de natureza administrativa (ou que *"não necessitem de prestação jurisdicional"*), o art. 33 trata tipicamente das hipóteses de auxílio direto passivo que visam à prática de atos de natureza jurisdicional; e, ao fazê-lo, encaminha a solução para o problema da capacidade postulatória. A teor desse artigo, uma vez recebido o pedido de auxílio direto passivo, caberá à autoridade central — aqui, de regra, o Ministério da Justiça, ou mais raramente a Secretaria dos Direitos Humanos da Presidência da República — *encaminhá-lo à Advocacia-Geral da União*, a quem competirá, *"ex vi legis"*, requerer em juízo, por seus órgãos (que detêm necessária capacidade postulatória), a medida solicitada e "avalizada" por aquela autoridade central (a quem competirá, registre-se, a última palavra administrativa sobre *dar seguimento ou não* ao pedido do Estado estrangeiro; logo, a AGU não poderá, ao menos do ponto de vista formal, recusar atuação ao argumento de que não há base convencional ou de reciprocidade para o auxílio direto, ou de que não se atenderam as formalidades cabíveis).

4. Como, porém, há casos em que a autoridade central é o próprio Ministério Público (a rigor, a sua chefia constitucional, i.e., a Procuradoria-Geral da República), cujos órgãos *também detêm* necessária capacidade postulatória, é certo que, nesses casos, a medida será requerida em juízo por um dos órgãos do *Parquet* a tanto designados, diretamente, sem necessidade de qualquer encaminhamento externo. É precisamente o que dita o parágrafo único do art. 33, no sentido de que "[o] *Ministério Público requererá em juízo a medida solicitada quando for autoridade central"*.

5. Mesmo em matéria trabalhista, essa equação não se alterará. Vejamos. A propositura de demandas trabalhistas também exige capacidade postulatória; o que ocorre é que a legislação reconhece-a para o trabalhador e o empregador (art. 791/CLT), nas instâncias em que se pode discutir matéria fática (Súmula n. 425 do TST). Ora, se um trabalhador no estrangeiro quiser pedir, de lá, a realização de ato de natureza jurisdicional no Brasil, e se por rara hipótese isto for admitido com base em tratado internacional ou compromisso de reciprocidade, é presuntivo que o fará por não ter condições de contratar advogado no Brasil; então, com igual ou maior certeza, não poderá se fazer presente, no território brasileiro, para formalizar reclamação ou comparecer à audiência. Nenhum funcionário do Ministério da Justiça poderia secundá-lo, com os mesmos poderes postulatórios que ele próprio teria, *"ex vi"* do art. 791/CLT.

6. Nas situações do art. 33 do NCPC, dá-se curiosa hipótese de **legitimidade processual extraordinária** que, até então, não tinha tratamento legal específico na legislação processual brasileira. Com efeito, tratando-se de demanda judicial requerida no interesse de Estado estrangeiro ou de cidadão ou residente estrangeiro que, respaldado por tratado internacional ou compromisso de reciprocidade, obtém o auxílio direto *sem outorga de procuração* (= instrumento de mandato, ut art. 654 do NCC), resulta que será a União, pelo órgão da sua Advocacia-Geral (art. 33, *caput*), ou o Ministério Público (art. 33, par. único), pelo seu órgão designado, a parte processual a requerer, *em nome próprio*, a tutela de *pretensão, direito ou interesse alheio*. Trata-se, pois, de típica autorização legal para fins de substituição processual, tal como prevista no art. 6º do CPC/1973 e no art. 18 do NCPC, eis que "[n]*inguém poderá pleitear direito alheio em nome próprio, salvo quando autorizado pelo ordenamento jurídico"*. Nesse preciso sentido, reportando a melhor doutrina, MONTEIRO e VERÇOSA:

> A atuação em juízo da Advocacia-Geral da União (ou, em alguns casos, do Ministério Público Federal) no auxílio direto passivo causa dúvida a respeito da sua qualificação jurídica. Teori Albino Zavascki considera que nos casos de auxílio direto passivo para pleitear medida judicial no Brasil, "o Estado requerido atua em regime semelhante ao da substituição processual: requer em nome próprio para atender solicitação de outro Estado". [...] Examinando previsão semelhante do Anteprojeto de cooperação jurídica internacional, disposta no § 1º do art. 46, Ricardo Perlingeiro Mendes da Silva entende que "o papel do MPF e da União é de legitimado extraordinário concorrente, defendendo, em nome próprio, direito da parte litigante ou do ente estrangeiro" [...]. Segundo nos parece, a União Federal, por meio da Advocacia-Geral da União, atua como legitimada extraordinária em juízo, em regime de substituição processual, defendendo em nome próprio interesse alheio (MONTEIRO; VERÇOSA, 2015, p. 134).

Assim também pensamos.

7. Ao mais, como temos apontado, é certo que nem sempre o substituído será o próprio Estado requerente. Eventualmente o será, se for ele próprio, Estado requerente (ou, a rigor, a *pessoa jurídica de direito público interno* que juridicamente o "presenta"), o legítimo titular da pretensão, direito ou interesse material subjacente. Noutros ensejos, será substituído o seu cidadão ou residente — pessoa natural ou pessoa jurídica de direito interno (público ou privado) —, legítimo titular da pretensão, direito ou interesse material subjacente que, por razões quaisquer, o Estado requerente intermedia em seu pedido de auxílio direto.

AUXÍLIO DIRETO: COMPETÊNCIA DA JUSTIÇA FEDERAL

1. Nos termos do art. 34 do NCPC, a apreciação do pedido de auxílio direto passivo para a prática

de ato jurisdicional compete ao *juízo federal* do lugar em que deva ser executada a medida. Basicamente, assim se dispôs por um fundamento duvidoso: o de que, em toda hipótese, a competência seria mesmo da Justiça Federal, à luz do art. 109/CF: tanto porque a parte processual ativa — *i.e.*, o autor — será a União (pela AGU) ou o MPF, em regime de substituição processual, atraindo a hipótese do art. 109, I, CF, como porque o pedido de auxílio direto terá base em tratado internacional, atraindo a hipótese do art. 109, III. Nesse sentido, MONTEIRO e VERÇOSA (MONTEIRO; VERÇOSA, 2015, p. 134), fazendo coro ao próprio Ministério da Justiça, em sua página oficial na rede mundial de computadores.

2. Com melhor razão, porém, MENDES DA SILVA (SILVA, 2006, *passim*) e outros autores que apontam, no preceito, inconstitucionalidade *"in abstracto"* (ou, ao menos, advogando a necessidade de interpretação conforme). É que a interpretação acima desenhada olvida a parte final do próprio art. 109, I, CF: são da competência da Justiça Federal *"as causas em que a União, entidade autárquica ou empresa pública federal forem interessadas na condição de autoras, rés, assistentes ou oponentes, exceto as de falência, as de acidentes de trabalho e as sujeitas à Justiça Eleitoral e à Justiça do Trabalho"* (*g.n.*). Noutras palavras, por expressa dicção constitucional, a competência *"a parte subjecti"* da Justiça Federal — definida pela figuração processual da União e/ou suas autarquias e empresas públicas — *cede* perante a competência material que se definir, *"a parte objecti"*, em favor da Justiça Eleitoral, da Justiça do Trabalho ou, mais restritamente (nas causas falimentares e acidentárias típicas), das próprias Justiças estaduais. Desse modo, ao definir a competência da Justiça Federal para processar e julgar pedidos de auxílio direto passivo consistentes em atos jurisdicionais típicos preparatórios, incidentais ou inerentes a ações falimentares (*e.g.*, pedidos de restituição), o art. 34/NCPC termina por *violar* a regra de competência do art. 109, I, *"in fine"*, CF, lá onde a competência dos juízes federais de primeiro grau é *excepcionada* para as causas falimentares (principais e acessórias), que seguem acometidas aos juízes estaduais... E o Novo Código de Processo Civil não poderia ter disposto de modo diverso.

3. Nem se diga, por outro lado, que a competência material da Justiça Federal de primeiro grau justificar-se-ia, se não pelo inciso I, pelo inciso III do art. 109/CF (*"causas fundadas em tratado ou contrato da União com Estado estrangeiro ou organismo internacional"*). Não será assim por ao menos duas razões. A uma porque, nos termos do art. 26/NCPC (já examinado), os pedidos de auxílio direto passivo tanto podem se basear em tratados e convenções internacionais como também em *reciprocidade*; e, nesse caso, não haveria qualquer razão para se considerar atraída a competência da Justiça Federal, naquelas hipóteses excepcionadas pelo art. 109, I, CF (falências, infortunística, JE, JT), já que o inciso III reporta apenas a preexistência de tratados internacionais. A duas porque, na melhor compreensão do inciso III, a competência da JF resta atraída quando a *causa* estiver fundada em tratado ou contrato da União com Estado estrangeiro (i.e., quando o tratado ou contrato internacional constituir a *"causa petendi"* imediata da demanda, senão o próprio *"petitum"*) (nesse sentido BOCHENEK, 2004, p. 128-129); não quando a *legitimidade ativa* — e apenas ela — estiver fundada em tratado ou convenção internacional. São objetos diversos.

4. De outra sorte, a intelecção do art. 109, III, CF deve ser *restritiva*. Só se poderá alegar a hipótese do inciso III, a rigor, se o (des)cumprimento do tratado ou convenção internacional suscitar suficiente *interesse político* da União, tendo como partes *pessoas de direito privado, nacionais e estrangeiras* (o que não é o caso, no auxílio direto, diante da substituição processual) (MENDES, 2006, p.102-104); não sendo assim, mesmo que a *causa petendi* deite raízes no tratado ou convenção internacional, a competência fixar-se-á pela natureza da matéria. Daí porque, p. ex., quaisquer pedidos que um ex-empregado deduza no Brasil, acerca de férias a que faça jus pelos serviços aqui prestados, serão da competência da Justiça do Trabalho, *ut* art. 114, I, CF, ainda se estiverem baseados nas alterações que o instituto sofreu por conta da Convenção n. 132 da Organização Internacional do Trabalho (incorporada ao direito interno por meio do Decreto n. 3.197/1999, que a promulgou). Mesma interpretação restritiva já foi sufragada, aliás, pelo Excelso Pretório, quanto às causas envolvendo transporte aéreo internacional, a despeito dos tratados e acordos internacionais que incidem sobre a matéria.

5. Acresça-se aos argumentos acima, para delinear mais claramente o critério de restrição do art. 109, III, CF, a promissora construção de CARMEN TIBÚRCIO e de ROMANO NETO, que o restringe segundo a dicotomia *tratados-leis* (fora da hipótese do inciso III) *vs. tratados-contratos* (dentro da hipótese do inciso III). Segundo ROMANO NETO,

> o melhor critério a orientar a interpretação do art. 109, III, da Constituição Federal de 1988, é a **distinção entre tratado-lei e tratado-contrato**, critério do qual se aproximou o Professor Aluísio Gonçalves de Castro Mendes e que foi expressamente defendido pela Professora Carmen Tibúrcio, ambos da Universidade do Estado do Rio de Janeiro, e que contou, ao menos em uma oportunidade, com a acolhida do Supremo Tribunal Federal.
>
> Com efeito, ao **reservar à Justiça Federal o julgamento apenas das causas fundadas em tratados-contratos**, alcança-se satisfatoriamente o resultado de se evitar a hipertrofia da Justiça Federal, na medida em que, não tendo tais tratados a pretensão de estabelecer regras de conduta gerais, o número de situações jurídicas

individuais que emergirão de sua aplicação é significativamente menor.

De outra parte, na medida em que tais tratados são voltados principalmente à cooperação entre países (comercial, jurídica etc), eventual descumprimento daquilo neles estabelecido afeta a imagem do Estado brasileiro no plano internacional de uma maneira muito mais direta do que o eventual descumprimento de um tratado-lei por um particular que deixe de se submeter à regra de conduta nele estabelecida.

Justifica-se, em especial com relação aos tratados-contratos, a fixação da competência da Justiça Federal, preservando-se o interesse político do Estado brasileiro no seu cumprimento, tal qual defendido pela quase totalidade da doutrina nacional, que vê nessa preservação a razão subjacente à regra de competência.

Analisando-se, à luz desse critério distintivo, a jurisprudência de nossos Tribunais Superiores a respeito da aplicação da norma do art. 109, III, da Constituição Federal, observamos que, na maioria das vezes ele foi observado, ainda que de maneira não expressa (ROMANO NETO, 2015, *on line*).

Ora, têm indiscutível natureza de *tratados-lei* todos aqueles tratados e convenções internacionais que acoplam mecanismos de cooperação jurídica interestatal à disciplina multilateral de temas de rematado interesse público internacional, como são a adoção e guarda internacional, o transporte aéreo internacional, os *Standards* mínimos para o trabalho decente, os alimentos entre territórios nacionais etc. Como o leitor percebeu, são sobretudo esses os tratados que ensejarão as medidas de cooperação jurídica internacional (e, no que ora nos interessa, os pedidos de auxílio direto passivo), ressalvados os casos particulares de tratados bilaterais específicos de cooperação jurídica. Também por isso, portanto, esses pedidos não atrairão a hipótese do art. 109, III, CF; e, logo, não atrairão *necessariamente* a competência da JF, como quer o art. 34.

6. Observe-se, por fim, ser remansosa a jurisprudência do STF no sentido de que *"a mera alegação de interesse da União é insuficiente para justificar o deslocamento da causa para a esfera da competência da justiça federal"* (v., *e.g.*, STF, RE n. 588.134-AgR, rel. Min. CÁRMEN LÚCIA, 1ª T., *in* DJe 1.7.2011; STF, AI n. 814.728-AgR, rel. RICARDO LEWANDOWSKY, 1ª T., *in* DJe 10.3.2011). Não basta, portanto, simplesmente *presumir* o interesse da União apenas porque, por força de um tratado, incumbe a ela — ou ao MPF — funcionar como parte em juízo, reclamando direito, pretensão ou interesse alheio.

7. Assim, temos por inapelável o entendimento de que, se o pedido de auxílio direto passivo *judicial* implicar matérias afetas ao art. 114, VIII, CF, *a competência para o seu conhecimento, processamento e julgamento será necessariamente da Justiça do Trabalho*, porque não baseado diretamente em cláusulas específicas de tratados-contratos (no caso da jurisdição trabalhista, jamais será o caso), mas, amiúde, em compromissos de reciprocidade. Extraindo-se do art. 34/NCPC outra intelecção, haveremos de tê-lo por *inconstitucional*. Daí porque, ao menos no que afeta a Justiça do Trabalho — que, tal qual a Justiça Federal, é *ramo judiciário da União* —, propomos seja dada *interpretação conforme* (*"verfassungskonformen Auslegung"*) ao referido art. 34, para se compreender, na expressão *"juízo federal do lugar em que deva ser executada a medida"*, competência extensível a *qualquer órgão do Poder Judiciário da União* (alcançando, portanto, a Justiça Federal, a Justiça do Trabalho e a Justiça Eleitoral), sempre de acordo com as respectivas competências materiais constitucionais, definidas de acordo com a *"causa petendi"* da medida judicial requerida pelo Estado estrangeiro.

5. Nessa linha, imagine-se, p. ex., um possível pedido de auxílio direto passivo judicial para a produção antecipada de provas em matéria acidentária (suponha-se o óbito de trabalhador estrangeiro, com viúva residente no exterior, interessada em ajuizar ulterior ação trabalhista acidentária para se indenizar em face do empregador sediado no Brasil, mas temendo a adulteração do local ou a dispersão das testemunhas). Supondo-se que o pedido tenha seguimento com base em compromisso de reciprocidade (à falta de tratado internacional específico para esse tipo de cooperação), e porque subsumível à hipótese do art. 30, II, NCPC, entendemos ser competente para o seu conhecimento, processamento e julgamento, no Brasil, o *juiz do Trabalho* da localidade onde devam ser colhidas as provas (*ut* art. 114, VI, CF, c.c. arts. 846/851 do CPC/1973 ou arts. 381/383 do NCPC). São hipóteses pouco comuns, mas que poderão vir a se apresentar.

AUXÍLIO DIRETO: BREVE CASUÍSTICA

1. Na esteira do que se expôs até aqui, são exemplos práticos de *auxílios diretos* mais recorrentes nas relações internacionais hodiernas (seguindo-se de perto o art. 30/NCPC):

— os pedidos formais de informações sobre o andamento e/ou o resultado de processos judiciais ou administrativos em curso no Estado requerido (art. 30, I, 2ª parte, NCPC): a importar, se for requerido o Brasil, em um pedido formalizado diretamente ao Ministério da Justiça, que analisará a regularidade formal do pedido (= autenticidade/clareza: art. 29/NCPC) e o encaminhará, caso regular, à autoridade judiciária ou administrativa perante a qual tramitou o processo; a autoridade elaborará a informação, equivalente a uma certidão de objeto e pé, e a remeterá ao MJ; ato contínuo, o MJ examinará a adequação da informação àquilo que se demandou; e, conforme repute ou não adequada, devolverá à autoridade para ajustes ou complementações ou encaminhará, pela via diplomática, à autoridade central do Estado requerente;

— os pedidos formais de informações sobre o ordenamento jurídico do Estado requisitado (art. 30, I, 1ª parte, NCPC): a ter especial interesse, para a Magistratura brasileira, nos casos em que, à vista dos *elementos de conexão* presentes em certo litígio de dimensão internacional (o que exigirá o manejo de rudimentos do Direito Internacional Privado), ao juiz nacional se impuser aplicar o *direito estrangeiro*, em hipóteses nas quais não o conheça suficientemente e dele não façam provas bastantes as próprias partes interessadas (o que lhes incumbe, *ut* art. 337/CPC e art. 376/NCPC);

— as colheitas de provas em processos administrativos (art. 30, II, NCPC): *"si et quando"* os atos materiais correspondentes não impuserem a sujeição física ou moral de pessoa humana aos procedimentos de coleta (FELICIANO, 2007, *passim*) (*ex vi* dos arts. 26, § 3º, c.c. 39 do NCPC), especialmente em sede criminal, e a produção da prova seja admissível, no Brasil, pelo órgão administrativo implicado, sem a necessária intervenção judiciária;

— as colheitas cautelares de provas em juízo (art. 30, II, NCPC): *"si et quando"* forem preparatórias de demandas judiciais que venham a ser ajuizadas e integralmente processadas no Brasil (porque, como vimos, não é juridicamente possível, em sede de auxílio direto, o reconhecimento, em solo nacional, de qualquer decisão proferida por jurisdição estrangeira; assim, somente poderão ser objeto de auxílio direto aqueles atos judiciais que, solicitados pelo Estado requerente, venham a decorrer exclusivamente de apreciação judiciária nacional).

2. No campo laboral, a utilidade do instituto — para cujo manejo o juiz do Trabalho terá de abeberar-se direta e integralmente no NCPC, à falta de qualquer regulação similar na CLT ou na legislação trabalhista extravagante (art. 769/CLT) — é indiscutível, o que permite afirmar que a sua *universalização* e *publicitação*, pelas novas regras da Lei n. 13.105/2015, abre também um novo horizonte no plexo de procedimentos da Justiça do Trabalho. Assim, p.ex., suponha-se que uma autoridade administrativa portuguesa deseje saber se determinada empresa brasileira de engenharia e construção, com interesse em licitação internacional para obras no Brasil e na Europa, possui condenação transitada em julgado, e em que termos, após a conhecida tramitação de inquérito civil público que a investigara, juntamente a várias subempreiteiras, pela exploração de trabalho análogo ao de escravo. Neste caso, a autoridade estrangeira poderá encaminhar ao Ministério da Justiça brasileiro (arts. 32 c.c. 26, § 4º, NCPC), por intermédio da autoridade diplomática central portuguesa, solicitação de informações sobre o próprio inquérito civil público — equivalente, para esse efeito, a "processo administrativo" (art. 30, I, NCPC) — e sobre subsequente processo judicial que tenha tramitado perante a Justiça do Trabalho. Uma vez processada a solicitação, estando conforme, o Ministério da Justiça, pelo seu Departamento de Recuperação de Ativos e Cooperação Jurídica Internacional, formalizará o pedido de certidão ao órgão regional do Ministério Público do Trabalho e, identificado o processo judicial consequente, ao juiz do Trabalho titular da unidade pela qual o feito tramitou (ou, se já em grau de recurso ordinário, ao respectivo Tribunal Regional do Trabalho). Vale lembrar que o Estado brasileiro e o português mantêm históricas relações de reciprocidade (como se entrevê, aliás, no próprio art. 12, § 1º, CF), inclusive para este fim.

3. Nos mesmos termos, um juiz do Trabalho brasileiro, necessitando de informações oficiais sobre processos administrativos ou judiciais tramitados em tribunais portugueses, ou ainda sobre o próprio ordenamento jurídico português — que detém legislação específica para diversos contratos de trabalho que podem ser total ou parcialmente executados no Brasil (p.ex., contratos de teletrabalho) —, poderá valer-se do mesmo art. 30, I, do NCPC, se não puder obtê-las diretamente ou por diligência das partes, para solicitar diretamente a remessa de tais informações, encaminhando ofício circunstanciado ao Ministro das Relações Exteriores, a requerimento da(s) parte(s) ou mesmo *"ex officio"*.

4. Suponha-se, enfim, que, no âmbito de um inquérito civil público, o procurador do Trabalho necessite obter informações sobre a condição civil, fiscal e societária de cidadão português que tenha sido mencionado, em diversos depoimentos, como possível sócio-gerente oculto de sociedade brasileira de responsabilidade limitada que agenciou irregularmente força de trabalho em território brasileiro, praticando tráfico interno de pessoas, exploração de trabalho infantil e manutenção de trabalhadores em condições degradantes. Não havendo ainda ação civil pública ajuizada, descabe a expedição de carta rogatória. Assim, restará ao órgão do *Parquet* fundar-se no art. 30, II, do NCPC para oficializar uma solicitação de auxílio direto ativo, a ser encaminhado às correspondentes autoridades administrativas portuguesas, via Ministério da Justiça brasileiro. O mesmo valerá, em todo caso, para todos os demais Estados estrangeiros, sempre sob as condições do art. 26 (i.e., sob convenção ou tratado internacional a prever a cooperação jurídica; ou, alternativamente, sob compromisso de reciprocidade). Na esfera criminal, a propósito, o auxílio direto ativo tem sido largamente utilizado por órgãos do Ministério Público Federal e estaduais, notadamente em sede de crimes econômicos, financeiros e de evasão de divisas (vide, mais recentemente, os episódios envolvendo as gestões do Ministério Público junto às

autoridades suíças, nos escândalos das contas do HSBC e do "mensalão").

5. A fim de conferir mínima *uniformidade e racionalidade* aos procedimentos de auxílio direto, seria útil que o Conselho Nacional de Justiça expedisse *regulamentação geral*, ut art. 103-B, § 4º, I, CF, a respeito dos modos, dos trâmites e dos canais regulares de solicitação do auxílio direto ativo no trecho judiciário da chamada *fase interna* (i.e., naquele trecho que vai da provocação judicial até a remessa do pedido ao Ministério da Justiça, ou a outra autoridade central específica). Da mesma forma, para o trecho judiciário da fase interna nas solicitações estrangeiras (auxílio direto passivo); i.e., no trecho que vai do recebimento do pedido no âmbito do Poder Judiciário até a comunicação, ao Ministério da Justiça (ou a outra autoridade central específica), das providências judiciárias tomadas e de seus resultados. Conquanto não nos pareça imprescindível, tal regulamentação preveniria eventuais conflitos de atribuições e esclareceria, p.ex., quais os possíveis papeis de controle e registro dos tribunais, quando o auxílio direto tiver de ser prestado por juízes de primeiro grau. Essas regulamentações também poderiam ser setoriais, onde haja conselhos aptos a emiti-las (na Justiça Federal, por meio de resolução do Conselho da Justiça Federal; na Justiça do Trabalho, por meio de resolução do Conselho Superior da Justiça do Trabalho). E para a atuação do Ministério Público, como apontado pouco acima, interessaria igualmente a expedição de uma regulamentação geral por parte do Conselho Nacional do Ministério Público.

Acompanhando MONTEIRO e VERÇOSA, *"[o] auxílio direto divide-se em duas fases: fase internacional e fase nacional. A fase internacional nasce com o pedido de cooperação do Estado requerente ao Estado requerido. Essa fase se resume, então, à comunicação entre os Estados soberanos. O Estado requerido, então, por meio de sua autoridade central, buscará atender a esse pedido, seja ele referente a ato de natureza administrativa, seja ele relativo a ato de natureza jurisdicional [...]. Neste momento, inicia-se a segunda fase, chamada de fase nacional, em que a autoridade central do Estado requerido atuará para obter, internamente, os resultados que atendem ao pedido do auxílio direto, comunicando-se com entes públicos e privados, bem como, no caso brasileiro, com a Advocacia-Geral da União, tudo a depender do objeto do pedido de cooperação"* (MONTEIRO; VERÇOSA, 2015, p. 122).

6. Por fim, convém entabular uma breve reflexão sobre a hipótese do art. 30, II, NCPC. Uma vez que qualquer decisão de natureza jurisdicional, para surtir efeitos no território brasileiro, haveria de ser previamente submetida à delibação do Superior Tribunal de Justiça, à vista da interpretação corrente do art. 105, I, "i", da CF, há quem lhe questione a constitucionalidade. Entendemos, porém, que a colheita de provas em auxílio direto passivo é possível (como, aliás, exemplificamos acima). De fato, também neste ponto estamos com MONTEIRO e VERÇOSA, para quem

> o auxílio direto pode ser utilizado para colheita de provas quando tal decorra de decisão de juiz estrangeiro que, pela lei brasileira, não possua natureza jurisdicional (e, portanto, independa de juízo de delibação) ou, ainda, quando decorra de decisão administrativa que, segundo a lei brasileira, não exija intervenção judicial (e, portanto, novamente independa de juízo de delibação). Também é possível o auxílio direto para colheita de provas quando cidadão estrangeiro ou domiciliado no exterior, por meio da autoridade central do Estado estrangeiro, pretenda propor no Brasil alguma medida probatória, como, por exemplo, a ação cautelar de produção antecipada de provas (arts. 378 a 380 do CPC/2015). Nesse caso, não se tratará de extensão de efeitos de decisão estrangeira de natureza jurisdicional ao território brasileiro, mas sim de ajuizamento de demanda originariamente no Brasil, perante o juiz brasileiro, para que ele exerça a cognição e examine integralmente o mérito pelas razões que entender adequadas. Também aqui, o auxílio direto pode ser utilizado para colheita de provas sem nenhuma pecha de inconstitucionalidade. Respeitados esses limites, o instituto do auxílio direto prevista no CPC de 2015 está conforme a Constituição da República (MONTEIRO; VERÇOSA, 2015, p. 128-129).

Subscrevemos. Perceberá o leitor, aliás, que os exemplos desenhados acima cuidavam justamente de colheita de provas em sede administrativa (em auxílio direto ativo, no item n. 1, *supra*) e de produção cautelar antecipada de provas em matéria de competência da Justiça do Trabalho (em auxílio direto passivo, no tópico anterior), preparatória de ação indenitária que viesse a ser aqui ajuizada.

7. Tal colheita de provas jamais será admissível, a teor do art. 30, II, NCPC, *"in fine"*, se a medida requerida disser respeito a processo, em curso no estrangeiro, de competência exclusiva da autoridade judiciária brasileira. Nem poderia ser diferente: se, à luz do ordenamento pátrio, entende-se que a demanda não poderia tramitar perante juízo estrangeiro, seria no mínimo contraditório admitir-se a cooperação internacional em procedimento que agride, em tese, nossa soberania, e de que redundaria decisão que jamais seria reconhecida no Brasil. Tais são, a propósito, as hipóteses do art. 23/NCPC: ações relativas a imóveis situados no Brasil, matéria sucessória relacionada a bens situados no Brasil e partilha de bens, situados no Brasil, decorrente de divórcio, separação judicial ou dissolução de união estável. Nada que diga respeito à competência da Justiça do Trabalho.

Seção III
Da Carta Rogatória

Art. 35.

(VETADO).

Art. 36.

O procedimento da carta rogatória perante o Superior Tribunal de Justiça é de jurisdição contenciosa e deve assegurar às partes as garantias do devido processo legal.

§ 1º A defesa restringir-se-á à discussão quanto ao atendimento dos requisitos para que o pronunciamento judicial estrangeiro produza efeitos no Brasil.

§ 2º Em qualquer hipótese, é vedada a revisão do mérito do pronunciamento judicial estrangeiro pela autoridade judiciária brasileira.

Comentário de *Guilherme Guimarães Feliciano*

O QUE HÁ DE NOVO?

1. O art. 36 não traz grandes novidades ao regime de rogatórias no sistema jurídico processual brasileiro. A ele corresponde o atual art. 211 do CPC/1973. Adapta-lhe, obviamente, a regra de competência, uma vez que a concessão de exequibilidade às rogatórias já não cabe constitucionalmente ao STF, mas ao STJ, desde a EC n. 45/2004. Reconhece a natureza contenciosa dos procedimentos de rogatórias (como já vinha de reconhecer a doutrina), subordinando-os às garantias do *"due processo flaw"* (na inexorável esteira do art. 5º, LIV, CF, e também do próprio art. 26, I, do NCPC).

2. Ao mais, positivando o que também já estava relativamente assente em boa doutrina e jurisprudência, o art. 36 articula dois **limites** no bojo de tais procedimentos: **(a)** um *limite formal*, consistente no objeto possível do contraditório (= *contraditório mitigado*): a contraparte interessada limitar-se-á, em sua defesa, à questão do atendimento aos requisitos necessários para que a decisão estrangeira surta efeitos no Brasil; e **(b)** um *limite substantivo*, consistente na vedação de *"revisão do mérito do pronunciamento judicial estrangeiro pela autoridade judiciária brasileira"*.

3. No primeiro caso (= limite formal), interessa identificar quais são os *"requisitos para que o pronunciamento judicial estrangeiro produza efeitos no Brasil"*, na intelecção do Superior Tribunal de Justiça, que é o juízo constitucionalmente competente para o *"exequatur"* das rogatórias. A teor do art. 216-Q, § 2º, do Regimento Interno do STJ (*ut* ER n. 18/2014), tais requisitos — que circunscreverem os objetos possíveis de defesa no procedimento de rogatória — dizem com a *autenticação dos documentos* (frequentemente dispensável à luz do art. 41/NCPC, como se dirá), com a *inteligência da decisão* (o que se relaciona com a regra do art. 216-F do RI-STJ, a obstar delibação positiva em caso de ofensa à soberania nacional, à dignidade da pessoa humana e/ou à ordem pública) e, por fim, com *"a observância dos [demais] requisitos previstos neste Regimento"*.

4. No último caso (= limite substantivo), impende buscar uma compreensão sistematicamente adequada, para além da literalidade do texto. Como adverte TABOSA PESSOA,

[a] previsão do § 2º deve ser entendida com cautela, já que mal ou bem, no âmbito do juízo de delibação exercido em cartas rogatórias ou homologação de sentenças estrangeiras, há, em certa medida, uma apreciação crítica da decisão judicial a ser cumprida.

Ao vedar a *revisão* do mérito desse pronunciamento, o legislador apenas pretende impedir que a autoridade judiciária brasileira de alguma forma profira uma nova decisão, reapreciando esse mérito de modo a compatibilizá-lo com a ordem pública nacional. Assim sendo, se do juízo de deliberação [*rectius*: delibação] resultar conclusão no sentido da incompatibilidade, **caberá ao STJ simplesmente negar o *exequatur* e restituir a carta rogatória sem cumprimento** (PESSOA, 2015, p. 144-145 — *g.n.*).

É precisamente isto. Se há necessária delibação superior, é porque há, por óbvio, aferição crítica do conteúdo da decisão jurisdicional estrangeira, pelos critérios que examinaremos adiante. Mas, concluindo pela incompatibilidade, o STJ simplesmente *negará o "exequatur"*. Nada mais, nada menos.

O VETO PRESIDENCIAL

1. Já o art. 35 dispunha, na redação finalmente aprovada pelo Congresso Nacional, que *"[d]ar-se-á* *por meio de carta rogatória o pedido de cooperação entre órgão jurisdicional brasileiro e órgão jurisdicional estrangeiro para prática de ato de citação, intimação, notificação judicial, colheita de prova, obtenção de informações e cumprimento de decisão interlocutória, sempre que o ato estrangeiro constituir decisão a ser executada no Brasil".* Foi integralmente vetado pela Presidência da República porque, ante a amplitude do texto, poderia alegadamente conduzir a um juízo de necessidade quanto à carta rogatória para a prática de certos atos que, sob o novo *Codex*, poderiam perfeitamente ser praticados pela via do auxílio direto. Daí que a manutenção do texto seria politicamente inconveniente, por ensejar previsíveis prejuízos para a celeridade e a efetividade na cooperação judiciária internacional. O maior temor residiu, possivelmente, na questão das *colheitas de provas*, ante as suas muitas implicações e possibilidades, como já problematizamos acima.

2. Segundo a Mensagem de Veto da Presidência da República (Mensagem n. 56, de 16.3.2015), tal veto teria se baseado em prévia consulta ao Ministério Público Federal e ao próprio Superior Tribunal de Justiça. Abonaram-no, por isto, o Ministério da Justiça e a Advocacia-Geral da União. Ante o veto, *"[c]aberá ao STJ definir quais os atos que efetivamente reclamam o exequatur e quais aqueles que poderão ser encaminhados para cumprimento diretamente às autoridades judiciárias de Primeiro Grau"* (PESSOA, 2015, p. 139).

O PROCEDIMENTO DE CARTA ROGATÓRIA. AINDA A GARANTIA DO CONTRADITÓRIO

1. Para o exercício do contraditório no procedimento de rogatória (art. 36, § 1º), devem ser intimadas todas as partes do processo originário — i.e., o processo que está tramitando perante órgão jurisdicional estrangeiro e de que proveio a carta — que tenham domicílio ou residência conhecida em território brasileiro. O prazo atualmente em vigor para a resposta do interessado, no âmbito do Superior Tribunal de Justiça, é de 15 (quinze) dias, *ut* art. 216-P do seu Regimento Interno (*ex vi da Emenda Regimental n. 18/2014*, que revogou a Resolução STJ n. 9/2005, mas praticamente lhe reproduziu os principais termos). Se revel ou incapaz o requerido, dar-se-á curador especial, a ser pessoalmente notificado (antes, art. 9º, § 3º, da Resolução STJ n. 9/2005; agora, art. 216-I do RI-STJ, na redação da ER n. 18/2014).

2. Nos termos do art. 962, § 2º, do NCPC, excetuam-se das regras anteriores as *tutelas de urgência*, *"si et quando"* concedidas, na origem, sem audiência prévia do réu; nesse caso, admite-se o *contraditório diferido*, com a oportunidade de manifestação do réu, no processo originário (estrangeiro), somente após realizado o ato. É que, se a autoridade judiciária estrangeira entendeu por bem excluir a ciência prévia do réu para não inviabilizar a medida a ser executada — e tal juízo havia de ser originariamente seu —, parece sensato e razoável, *"a fortiori"*, que o réu tampouco seja previamente ouvido no procedimento de concessão do *"exequatur"*, sob pena de se comprometer a utilidade que o juízo de origem quis preservar.

3. A *intervenção do Ministério Público* não consta do procedimento descrito no NCPC, mas será adequado mantê-lo, como já previsto na Resolução STJ n. 9/2005 (art. 10) e agora previsto pelo art. 216-L do RI-STJ (ER n. 18/2014), até mesmo em função do que dispõe o art. 127, *caput*, e 129, II, da CF. Poderá inclusive impugnar a carta rogatória, se entendê-la incompatível com a ordem pública, os direitos humanos fundamentais ou os princípios constitucionais sensíveis (v. art. 216-P do RI-STJ, na redação da ER n. 18/2014). O prazo previsto na Res. STJ n. 9/2005 era o de 10 (dez) dias para vista dos autos, mantido pela Emenda Regimental n. 18/2014.

4. Concedido o *"exequatur"* por ato do Presidente do STJ, caberá agravo regimental. Prevalecendo, exsurge a questão: de que órgão jurisdicional será a competência para cumprir a rogatória? Reza o art. 109, X, CF ser da competência dos juízes federais (1º grau) processar e julgar *"a execução de carta rogatória, após o 'exequatur', e de sentença estrangeira, após a homologação"*. Diversamente do que examinamos para o caso do auxílio direto (quanto aos incisos I e III do art. 109/CF), neste caso há *regra expressa* acometendo a competência à Justiça Federal comum, sem quaisquer ressalvas (diversamente do que há, p.ex., no art. 109, I, *"in fine"*). *Não há hipótese*, portanto, de *o cumprimento de cartas rogatórias ocorrer perante órgão da Justiça do Trabalho*, ainda quando a matéria originária revelar conteúdo essencialmente trabalhista (art. 114/CF). Já no juízo federal, se surgirem dúvidas quaisquer quanto aos atos mesmos de cumprimento da rogatória, serão admitidos *embargos declaratórios* — seja pelo que já previa o art. 13, § 1º, da Resolução STJ n. 9/2005, seja pelo que agora preveem o art. 216-V, § 1º, do RI-STJ (*ut* ER n. 18/2014) e o próprio art. 1022 do NCPC, admitindo a declaração de decisões interlocutórias —, no prazo de 10 (dez) dias; seu julgamento caberá ao Presidente do STJ, em decisão igualmente passível de agravo regimental (antes, art. 13, § 2º, Res. STJ n. 9/2005; agora, art. 216-W do RI-STJ, *ut* ER n. 18/2014). Com o advento da Emenda Regimental n. 18/2014, operou-se uma *delimitação mais clara* do que pode ser objeto dos embargos declaratórios opostos contra atos do juízo federal competente: quaisquer atos referentes ao cumprimento da carta rogatória, *"exceto [...] a própria concessão da medida ou o seu mérito"*, que são temas afetos à competência superior (STJ) e, de mais a mais, preclusos à altura.

5. Cumprida a carta rogatória, será devolvida pelo juízo federal ao Presidente do STJ, para então ser remetida por este, logo em seguida, à autoridade judiciária estrangeira, por intermédio dos

Ministérios da Justiça e das Relações Exteriores. A Resolução STJ n. 9/2005 previra, para a devolução e depois para a remessa, prazos iguais de 10 (dez) dias; é o que segue prevendo o art. 216-X do RI-STJ, *ut* ER n. 18/2014, que apenas estendeu o mesmo procedimento para o caso de se verificar, no juízo federal competente, a *impossibilidade* de se dar cumprimento à rogatória com *"exequatur"*.

Seção IV
Disposições Comuns às Seções Anteriores

Art. 37.

O pedido de cooperação jurídica internacional oriundo de autoridade brasileira competente será encaminhado à autoridade central para posterior envio ao Estado requerido para lhe dar andamento.

Art. 38.

O pedido de cooperação oriundo de autoridade brasileira competente e os documentos anexos que o instruem serão encaminhados à autoridade central, acompanhados de tradução para a língua oficial do Estado requerido.

Art. 39.

O pedido passivo de cooperação jurídica internacional será recusado se configurar manifesta ofensa à ordem pública.

Art. 40.

A cooperação jurídica internacional para execução de decisão estrangeira dar-se-á por meio de carta rogatória ou de ação de homologação de sentença estrangeira, de acordo com o art. 960.

Art. 41.

Considera-se autêntico o documento que instruir pedido de cooperação jurídica internacional, inclusive tradução para a língua portuguesa, quando encaminhado ao Estado brasileiro por meio de autoridade central ou por via diplomática, dispensando-se ajuramentação, autenticação ou qualquer procedimento de legalização.

Parágrafo único. O disposto no caput não impede, quando necessária, a aplicação pelo Estado brasileiro do princípio da reciprocidade de tratamento.

Comentário de *Guilherme Guimarães Feliciano*

O QUE HÁ DE NOVO?

1. Os arts. 37 e 38 do NCPC têm correspondência nos arts. 201 e 210 do CPC/1973, sem grandes novidades. Já os arts. 39, 40 e 41 da Lei n. 13.105/2015 não têm qualquer correspondência no Código Buzaid. Merecerá especial atenção o art. 39, quando ao requisito material da "ordem pública" para efeito de autorizar a cooperação jurídica internacional (a complementar, nessa parte, a regra do art. 26, § 3º, do NCPC, já vista *supra*), e o art. 41, quanto ao requisito formal da autenticidade. Como apenas este traz uma genuína novidade, fiquemos, por ora, apenas com ele.

2. Particularmente importante é a novidade introduzida pelo art. 41/NCPC, na contramão do que dispõe o art. 15, *"d"*, da Lei de Introdução às Normas do Direito Brasileiro (a exigir a necessária tradução dos documentos em idioma diverso do português por intérprete autorizado), e do que dispôs a própria Resolução STJ n. 9/2005 (a exigir, para além da tradução oficial ou juramentada, também a autenticação dos documentos estrangeiros por cônsul brasileiro). Agora, passa-se a *considerar autêntico, "per se"*, todo documento que, instruindo pedido de cooperação jurídica internacional, tenha sido encaminhado *por meio da autoridade central estrangeira* (quando houver tratado ou convenção internacional a designá-la) ou *pela via diplomática* (quando não houver); e aí se incluem até mesmo as *traduções* para a língua portuguesa, quando providenciadas pelo Estado requerente. Nesses casos — a rigor, a *maioria* dos casos —, a autenticidade será *presuntiva, "dispensando-se ajuramentação, autenticação ou qualquer procedimento de legalização"*, perante quaisquer órgãos oficiais, diplomáticos ou consulares. Dá-se um passo poderoso na direção da celeridade e da efetividade dos procedimentos de cooperação judiciária internacional, potencializando o princípio da confiança nas relações jurídicas internacionais e eliminando meandros burocráticos anacrônicos que ainda resistiam aos ventos da globalização cultural e da comunidade internacional cooperativa.

3. Abre-se exceção, todavia, para os casos em que igual solicitude não seja reservada ao Estado brasileiro, nos pedidos de cooperação internacional ativa. Assim é que as autoridades brasileiras, administrativas e judiciárias, poderão ser mais rigorosas na aferição do requisito da autenticidade, se o pedido de cooperação envolver Estado que seja igualmente rigoroso com o exame de regularidade dos documentos brasileiros. Trata-se, mais uma vez, de jungir às relações processuais o princípio da reciprocidade de tratamento (art. 42, parágrafo único).

COOPERAÇÃO INTERNACIONAL E EXECUÇÃO DE DECISÕES JURISDICIONAIS ESTRANGEIRAS

1. De acordo com o que dispõe o art. 40/NCPC, a cooperação judiciária internacional, no que toca à execução de decisões jurisdicionais estrangeiras, dar-se-á por meio de **carta rogatória** (*supra*) ou por meio de **ação de homologação de sentença estrangeira**, de acordo com o art. 960/NCPC. Reza o *caput* do art. 960, por sua vez, que "[a] homologação de decisão estrangeira será requerida por ação de homologação de decisão estrangeira, salvo disposição especial em sentido contrário prevista em tratado"; e, em seguida, diz o seu § 1º que "[a] *decisão interlocutória estrangeira poderá ser executada no Brasil por meio de carta rogatória"*. Por esse corte legislativo, já se percebe o seguinte:

(a) para se dar efeitos internos a *sentenças estrangeiras definitivas* (aproveitando-se, para o conceito, a acepção do art. 203, § 1º, do NCPC), caberá manejar a *ação de homologação de sentença estrangeira*, para a qual é competente o STJ; e

(b) para se dar efeitos internos a *decisões interlocutórias estrangeiras* (aproveitando-se, para o conceito, a acepção do art. 203, § 2º, do NCPC) — ou, por extensão, às *sentenças estrangeiras não definitivas* — interessará manejar, com maior grau de simplicidade, o instrumento da *carta rogatória*, que examinamos há pouco, e para cujo *"exequatur"* também é competente o STJ (art. 109/CF). Não por outra razão, aliás, reputa-se *título executivo judicial*, a teor do art. 515, IX, NCPC, a decisão interlocutória estrangeira, após a concessão de *"exequatur"* à respectiva carta rogatória.

2. Di-lo melhor TABOSA PESSOA:

A distinção entre as duas hipóteses (rogatória ou homologação de sentença) se dá [...] em dois planos, primeiro no que diz respeito à natureza da decisão a ser cumprida, e, depois, relativamente ao tratamento a ela dispensado pela ordem jurídica brasileira.

Fundamentalmente, o pedido de homologação se reserva a decisões judiciais definitivas (ou ainda a decisões não judiciais que, pela lei brasileira, teriam natureza jurisdicional, cf. art. 961, § 1º, do CPC/2015), ao passo que as demais se cumprem por carta rogatória. **A expressão *definitiva*, no dispositivo mencionado, está posta não em simples contraposição a provimentos *provisórios*, mas no sentido de decisão transitada em julgado**; poderia ter sido mais claro o novo Código a esse respeito, mas tratou desse pressuposto separadamente de outros requisitos da homologação, inseridos no art. 963, abstendo-se por outro lado da referência, que certamente eliminaria qualquer incerteza, à figura do trânsito em julgado (a ele fizeram expressa alusão, por seu turno, o art. 15, *c*, da LINDB, bem como o art. 5º, III, da Res. STJ 9/2005).

Não se vislumbra, de todo modo, tenha havido qualquer intenção de modificação do tratamento por parte do legislador do novo CPC, nem tampouco faria sentido permitir a homologação de decisão estrangeira ainda sujeita a recurso e, portanto, passível de modificação no Estado de origem. Por força disso, segundo entendemos, **a sentença nessas condições, mas eventualmente passível de cumprimento provisório, reclama a expedição de carta rogatória,** não de pedido de homologação (PESSOA, 2015, p. 148 — *g.n.*).

3. De relevante para esta matéria, outrossim, extraem-se do art. 961/NCPC, bem adiante, as seguintes premissas (algumas já antecipadas acima):

- a decisão jurisdicional estrangeira somente terá eficácia no Brasil após a homologação de sentença estrangeira ou a concessão do *"exequatur"* às cartas rogatórias, conforme o caso, salvo disposição em sentido contrário de lei ou tratado internacional;

- tanto é passível de homologação e *"exequatur"* a decisão jurisdicional estrangeira, como também a decisão não-judicial que, pela lei brasileira, teria natureza jurisdicional;

- a decisão estrangeira poderá ser homologada parcialmente (o que, entendemos, aplica-se também às cartas rogatórias *complexas,* que envolvam a prática de dois ou mais atos de natureza jurisdicional); e

- a autoridade judiciária brasileira poderá deferir pedidos de urgência e realizar atos de execução provisória no processo de homologação de decisão estrangeira (o que, entendemos, pode-se aplicar às cartas rogatórias, relativamente às medidas de urgência).

LIMITES MATERIAIS DA COOPERAÇÃO INTERNACIONAL. CONTRARIEDADE OU INCOMPATIBILIDADE COM NORMAS FUNDAMENTAIS *VS.* OFENSA À ORDEM PÚBLICA

1. O leitor mais atento terá percebido que, ao dispor sobre os limites materiais da cooperação jurídica internacional no art. 39/NCPC, o legislador valeu-se da expressão *"ofensa à ordem pública"*. Já no § 3º do art. 26, para esse mesmo efeito, inadmitia a cooperação em se tratando de atos que *"contrariem ou [...] produzam resultados incompatíveis com as normas fundamentais que regem o Estado brasileiro"*. A rigor, essas locuções jurídicas não são sinônimas. Então, *"quid iuris"*?

2. MONTEIRO e VERÇOSA compreendem, em resumo, que realmente andou mal o legislador de 2015. Na verdade,

[o] art. 26, § 3º, do CPC/2015 inova ao não referir-se sequer à ordem pública, nem à soberania nacional e tampouco aos bons costumes, ao estabelecer os obstáculos à prática de atos de cooperação jurídica internacional. O legislador de 2015 optou pela expressão "normas fundamentais que regem o Estado brasileiro". Para fins de registro, aduza-se que, na Alemanha, a doutrina afirma que a ordem pública corresponde aos princípios fundamentais (e não, "normas fundamentais") do Direito Alemão. [...] Tal inovação, a nosso sentir, está a merecer profunda reflexão. Não nos afigura clara a razão pela qual o legislador do CPC de 2015 decidiu afastar conceitos já amplamente consagrados por nosso Direito desde tempos imemoriais (quais sejam a ordem pública, a soberania nacional e os bons costumes — entre os quais destaca-se a ordem pública), para privilegiar um conceito nunca antes empregado em nenhum diploma pátrio, seja ela voltado ao Direito Internacional Privado ou ao Direito Processual. Não é difícil vaticinar que de tal modificação advirão perplexidades e incertezas. Apesar de "ordem pública", "soberania nacional" e "bons costumes" terem, reconhecidamente, conteúdo vago e fluido, de nebulosa determinação, os tribunais já vêm reiteradamente lidando com esses três conceitos e firmando sobre eles entendimento — mesmo que ainda impreciso. Mas, e "normas fundamentais que regem o Estado Brasileiro"? Em que consistem, afinal? De que se trata? Apenas o tempo revelará qual o manejo que a jurisprudência fará deste novo termo. Espera-se que **nossos tribunais, em especial o STJ, não alterem, nem para ampliar e nem para reduzir, o alcance que até então já entendiam por ordem pública, bons costumes e soberania nacional**. E almeja-se que os tribunais os empreguem com toda parcimônia e cautela. [...] Curiosamente, o CPC de 2015 repete essa previsão no art. 39, segundo o qual "o pedido passivo de cooperação jurídica internacional será recusado se configurar manifesta ofensa à ordem pública", o que já seria suficiente e, assim, torna ainda mais enigmática essa menção a "normas fundamentais que regem o Estado brasileiro" neste § 3º do art. 26 (MONTEIRO; VERÇOSA, 2015, p. 118-119).

3. É quase como compreendemos a questão. Cabem, no entanto, alguns reparos e acréscimos. Na verdade, a opção do legislador pela expressão *"normas fundamentais que regem o Estado brasileiro"* fia-se no espírito que animou a Lei n. 13.105/2015, nos termos da própria exposição de motivos da Comissão de Juristas instituída pelo Ato n. 379/2009 (nota n. 9):

Hoje, costuma-se dizer que o processo civil constitucionalizou-se. Fala-se em modelo constitucional do processo, expressão inspirada na obra de Italo Andolina e Giuseppe Vignera [...]. **O processo há de ser examinado, estudado e compreendido à luz da Constituição** e de forma a dar o **maior rendimento possível aos seus princípios fundamentais**. (*g.n.*)

4. Isto significa, portanto, que toda a jurisprudência consolidada anteriormente, no que diz respeito às restrições materiais à cooperação jurídica internacional, *pode* e *deve* ser assimilada sob o Novo Código de Processo Civil. A referência às *normas fundamentais* — entre as quais, notadamente, os chamados *princípios estruturantes* (Cf., por todos, CANOTILHO, 1999, p. 35). Para CANOTILHO, são *princípios estruturantes*, entre outros, o princípio democrático, o princípio republicano, o princípio da separação e interdependência entre os órgãos de soberania e o princípio pluralista. Todos eles se encontram, de alguma forma, prescritos entre os arts. 1º e 4º da CRFB) e as *normas definidoras de direitos e garantias*

fundamentais (arts. 5º a 17), inclusive por derivação da *dignidade da pessoa humana* (fundamento maior da ordem jurídica brasileira, *ut* art. 1º, III, CRFB) — encarece apenas a necessidade de que os parâmetros vigentes sejam *lidos* com o filtro da ordem constitucional instaurada em 5.10.1988. A locução "normas fundamentais" explicita e preordena, portanto, o padrão hermenêutico a guiar a releitura dos paradigmas jurisprudenciais construídos para o tema das restrições em sede de cooperação jurídica internacional; ou, o que é o mesmo, preordena, na matéria, a necessária *interpretação conforme a Constituição* (*"verfassungskonformenAuslegung"*). Logo, a mudança não tencionou *excluir*, do rol impeditivo, a ordem pública, a soberania nacional ou sequer os aspectos mais relevantes dos chamados "bons costumes", como parecem supor MONTEIRO e VERÇOSA. Ao revés, incorpora-os.

5. Se não, vejamos. A **ordem pública** segue obstando atos de cooperação jurídica internacional, inclusive por força do art. 39/NCPC, como lembram os próprios autores (desafiando-se, aqui, a *interpretação sistemática*); ademais, hoje bem reconhecem os civilistas que as questões relacionadas a *direitos humanos fundamentais* dizem necessariamente com a ordem pública nacional (TEPEDINO observa que a crescente necessidade de proteção da pessoa na atividade econômica privada promoveu, no âmbito das relações intersubjetivas, uma distensão do conceito de ordem pública, que passa a se expandir para os domínios do Direito Civil. Cf. TEPEDINO, 2004, p. 65). A **soberania nacional** está entre os princípios estruturantes (art. 1º, I, CRFB); logo, entre as "normas fundamentais" referidas pelo art. 26. E os **bons costumes** — se forem compreendidos, com MOTA PINTO (PINTO, 1996), como o complexo de regras éticas dotadas de *"peso social relevante"*, *"aceites pelas pessoas honestas, correctas, de boa fé, num dado ambiente e num certo momento"*, reconduzível à ideia geral de *"moral social dominante"* — podem ser identificados, no que é mais fundamental (p. ex., a liberdade de agir a igualdade essencial entre as pessoas), entre os arts. 1º e 17 da Constituição.

6. Digamos algo mais. No Brasil, já se entenderam *ilícitas*, por violar os "bons costumes", condições negociais como a de viver em concubinato impuro para receber recompensa (RT 122:206), a de dispensar os deveres de coabitação e fidelidade se houver casamento, a de entregar-se à prostituição, a de mudar de religião, a de não se casar etc. (Cf., por todos, DINIZ, 2005, p.158-171). Filtro semelhante pode-se estabelecer, p. ex., nos pedidos de auxílio direto ou nas concessões de *"exequatur"*, quando deles redundarem atos contrários ou resultados incompatíveis com o "bons costumes", no que se plasmarem em normas fundamentais do Estado brasileiro. O caso típico é o de cobrança de *dívidas de jogo* contraídas no exterior (pela possibilidade do *"exequatur"*, v., antes da EC n. 45/2004, STF, CR n. 10.415, rel. Min. MARCO AURÉLIO, J. 11.12.2002, *in* DJU 3.2.2003, p.42; depois da EC n. 45/2004, STJ, AgRg na CR n. 3.198/US, rel. Min. HUMBERTO BARROS, j. 30.6.2008, *in* DJe 11.9.2008; e, *contra* a possibilidade de *"exequatur"*, v. STF, CR n. 10.416 AgR, rel. Min. MAURÍCIO CORRÊA, j. 21.11.2003, *in* DJ 28.11.2003, p.03). Mas é necessário ter cautela. Não resistem à Constituição de 1988 quaisquer restrições que se queiram impor com exclusivo fundamento em princípios morais de fundo estritamente religioso ou cultural (porque, afinal, o Estado é laico, proscreve a discriminação etc.) (Assim como, p. ex., não caberá impor óbices à cooperação jurídica internacional em função de um conceito de "soberania nacional" que seja tributário da "doutrina da segurança nacional" que animou forças políticas brasileiras no pós-1964, sob o contexto da Guerra Fria. V. Decreto-lei n. 314, de 13.3.1967). A "moral social dominante", em suma, só pode ser descoberta a partir do texto constitucional, lá onde — para resgatar MÜLLER (MÜLLER, 2000, p. 51 e ss) — o âmbito normativo(i.e., o recorte da realidade social sobre o qual o programa normativo incide) já reproduzir, por assimilação social, conteúdos ínsitos ao *programa normativo* (o comando jurídico que deriva do texto da fonte formal), antes mesmo da formulação de qualquer norma de decisão (*"Entscheidungsnorm"*).

TÍTULO III
DA COMPETÊNCIA INTERNA

CAPÍTULO I
DA COMPETÊNCIA
Seção I
Disposições Gerais

Art. 42.

As causas cíveis serão processadas e decididas pelo juiz nos limites de sua competência, ressalvado às partes o direito de instituir juízo arbitral, na forma da lei.

Comentário de José Antônio Ribeiro de Oliveira Silva

COMPETÊNCIA

O capítulo I do Título III do Livro II do novo Código de Processo Civil trata das regras que disciplinam a *competência interna*, uma vez definidos os limites da jurisdição nacional. Toda a disciplina sobre a competência vem agora no contexto dos arts. 42 a 66, que praticamente repetem as regras dos arts. 86 e 87 e dos arts. 91 a 124 do CPC de 1973, com algumas supressões e importantes inovações, as quais serão apreciadas na sequência destes comentários.

Antes, mister recordar as noções clássicas deste fundamental instituto jurídico. Na concepção da doutrina tradicional, a competência é a *medida da jurisdição*, de modo que ela define o naco de jurisdição que cada juiz pode e deve exercer, observando-se os *critérios clássicos* de distribuição de competência: a) a matéria objeto de discussão; b) a função dos órgãos judiciários; c) as pessoas envolvidas no litígio; d) o espaço territorial; e) o valor da causa.

Athos Gusmão Carneiro, em sua conceituada obra sobre o tema, traz o aporte de vários conceitos da doutrina tradicional que merecem ser sempre lembrados. Para Mário Guimarães: "A jurisdição é um *todo*. A competência uma *fração*. Pode um juiz ter jurisdição sem competência. Não poderá ter competência sem jurisdição" (destaques no original). Segundo Liebman, "a competência é a quantidade de jurisdição cujo exercício é atribuído a cada órgão, ou seja, a 'medida da jurisdição'". De acordo com Humberto Theodoro Júnior, "a competência é justamente o critério de distribuir entre os vários órgãos judiciários as atribuições relativas ao desempenho da jurisdição" (*Apud* CARNEIRO, 2004, p. 61-62).

Contudo, não se pode distribuir a competência entre os órgãos judiciários de modo arbitrário, devendo haver regras prévias para tanto. Inspirado na doutrina clássica de Chiovenda, Celso Agrícola Barbi vaticina que "a doutrina moderna mais aceita considera que a competência interna é fixada segundo três critérios: o *objetivo*, o *funcional* e o *territorial*" (destaques no original). O critério objetivo é relacionado à *natureza da causa*, surgindo a competência fixada em razão da matéria, ou do valor da causa, ou, ainda, da qualidade das pessoas envolvidas na causa. Já o critério funcional "é extraído da natureza especial e das exigências especiais das funções que o juiz é chamado a exercer num processo". Por fim, o critério territorial "relaciona-se com a circunstância territorial designada à atividade de cada órgão jurisdicional" (*Apud* CARNEIRO, 2004, p. 62).

Como é sabido, a aplicação do critério territorial decorre da necessidade de se *delimitar* uma determinada área geográfica para que o juiz possa prestar a tutela jurisdicional de modo a atender aos ditames da justiça. Não seria lógico que ele o fizesse numa vasta região, ou mesmo numa área menor, mas com intenso volume processual. Assim, entre os juízes (ou juízos) que possuem *igual competência* em razão da matéria, aplica-se o *critério territorial* para se definir, previamente, qual deles poderá processar e julgar determinada causa.

Daí porque a norma do novel art. 42, ora comentado — e que corresponde à do art. 86 do CPC de 1973 —, disciplina que as causas "cíveis" estarão submetidas ao juiz — órgão investido de jurisdição —, para que as processe e decida, mas nos *"limites de sua competência"*. Com efeito, todos os juízes brasileiros têm competência para as causas propostas no universo da jurisdição nacional, mas sempre observadas as regras que lhes atribuem um "pedaço" desta, inclusive para que se observe o *princípio do juiz natural*, uma das garantias do devido processo legal, como já comentado anteriormente.

Na subdivisão das competências em razão da matéria, de se observar as "jurisdições" especializadas, porque há matérias que são de competência exclusiva da Justiça do Trabalho, da Justiça Federal (comum) e da Justiça Militar; e mesmo na vasta gama de competências residuais da Justiça Estadual, há também especializações que levam à repartição da competência material, por exemplo, à justiça criminal, à justiça eleitoral e um largo etcétera.

As regras do novo Código de Processo Civil se aplicam, por óbvio e como o texto do art. 42 enuncia, às causas "cíveis", excluindo-se, portanto, de sua vasta abrangência, as causas "penais". De modo que os processos de todas as justiças especializadas podem ser regidos pela normativa do novo Código, inclusive pela dicção expressa do seu art. 15, que determina a aplicação *supletiva* e *subsidiária* das normas do novo Código de Processo Civil aos processos eleitorais, trabalhistas e administrativos.

A ressalva fica por conta da instituição de juízo arbitral, mediante uma convenção de arbitragem (cláusula compromissória ou compromisso arbitral), como já vimos nos comentários ao art. 3º, § 1º, do novo Código. Nessa hipótese, a causa deve ser solucionada por meio da arbitragem, não se aplicando o regramento da jurisdição "civil", mas o da Lei n. 9.307/96, com as alterações promovidas pela Lei n. 13.129/2015.

Enfim, para se descobrir *qual o órgão judiciário competente*, dentro da estrutura judiciária brasileira, convém observar a sequência de análise ou *iter* que segue:

1º) *competência de "jurisdição"* — qual é a Justiça competente?;

2º) *competência originária* — é competente, originariamente, o órgão superior (tribunal) ou o inferior?;

3º) *competência de foro* — qual comarca, ou subseção judiciária (na Justiça Federal, inclusive a especializada do trabalho), é a competente?;

4º) *competência de juízo* — qual vara é a competente, havendo varas especializadas na comarca ou subseção judiciária (Justiça Federal)?;

5º) *competência interna* — qual câmara, turma, seção especializada, desembargador ou ministro é o competente, nos órgãos colegiados?;

6º) *competência recursal* — é competente o mesmo órgão judiciário ou um superior, para apreciar o recurso interposto? (DINAMARCO *et al.*, 1994, p. 228-229).

PROCESSO DO TRABALHO

Sem dúvida que todas essas noções clássicas de competência, como medida ou distribuição da função jurisdicional entre os órgãos judiciários, aplicam-se à Justiça do Trabalho. Tanto é assim que boa parte dos arts. 42 a 66 do novo Código de Processo Civil é plenamente compatível com o processo do trabalho e, por isso mesmo, a este aplicáveis, nos termos do art. 769 da CLT, c/c o art. 15 do novo Código.

Contudo, uma primeira observação já se faz necessária, pois, dentre os critérios clássicos de distribuição de competência, não temos, na Justiça do Trabalho, *nenhuma competência* fixada em razão das pessoas ou do valor da causa.

No processo do trabalho o valor da causa serve apenas para definição do procedimento a ser seguido, se o ordinário, se o sumaríssimo (arts. 852-A e ss. da CLT) ou se o sumário (este, em verdade, sumaríssimo), previsto na Lei n. 5.584/70.

Quanto ao critério pessoas envolvidas no litígio, há doutrinadores que viam, na redação original do *caput* do art. 114 da Constituição da República Federativa do Brasil, uma definição de competências em *razão das pessoas* — trabalhador e empregador —; contudo, não era — e não é — qualquer relação jurídica havida entre estas duas "pessoas" que definia a competência da Justiça especializada, e sim a *relação de emprego*.

Agora, após a Emenda Constitucional n. 45/2004, que ampliou significativamente o rol de competências materiais da Justiça do Trabalho, além de definir que todas as "relações de trabalho" (e são tantas) — não somente as de emprego —, são de competência desta Justiça, pensamos não haver mais qualquer sombra de dúvida de que a competência, pelo prisma *objetivo*, somente pode ser definida pelo critério "matéria", neste segmento especializado da jurisdição nacional.

De modo que no processo do trabalho temos a incidência apenas dos seguintes critérios: a) matéria — art. 114 da CF/88 e legislação trabalhista; b) função do órgão judiciário — CLT e regimentos internos dos tribunais do trabalho (TRTs e TST); c) território — art. 651 e §§ da CLT.

Daí já se vê que as competências dos juízes do trabalho, em sentido lato, são definidas pela *legislação trabalhista* — incluindo as normas "trabalhistas" insculpidas na Constituição —, não pelo novo Código de Processo Civil, ainda que normas deste, sobre outros parâmetros da competência, apliquem-se ao processo do trabalho, supletiva e subsidiariamente.

Sobre os arts. 3º, § 1º e 15 do novo Código e sua aplicação ao processo do trabalho já discorremos anteriormente.

> **Art. 43.**
>
> Determina-se a competência no momento do registro ou da distribuição da petição inicial, sendo irrelevantes as modificações do estado de fato ou de direito ocorridas posteriormente, salvo quando suprimirem órgão judiciário ou alterarem a competência absoluta.

Comentário de José Antônio Ribeiro de Oliveira Silva

PERPETUATIO JURISDICTIONIS

Este dispositivo legal, que corresponde ao art. 87 do CPC de 1973, trata do instituto jurídico conhecido por *perpetuatio jurisdictionis*, segundo o qual a competência é determinada no momento do *ajuizamento* da ação, sendo irrelevantes as modificações posteriores no estado de fato ou de direito, salvo se houver supressão da unidade judiciária, ou alteração da competência *absoluta*, em razão da matéria, da função ou das pessoas envolvidas, *por lei*, em conformidade com o art. 62 do novo Código de Processo Civil.

Houve menção ao registro (comarca com vara única) ou distribuição da petição inicial (comarca com mais de uma vara), como marco definidor da perpetuação da competência, de acordo com o art. 284 do novo Código. Ainda que essa menção não tenha sido votada nas duas Casas do Congresso Nacional, não vemos pertinência em se declarar a inconstitucionalidade formal da locução, como defende Cassio Scarpinella Bueno (BUENO, 2015, p. 70), porque houve apenas uma explicitação do momento que define a referida perpetuação.

Segundo a doutrina clássica, é necessário conferir *estabilidade* ao processo, não sendo justificável que alterações no estado de fato ou de direito relacionado à demanda — por exemplo, a mudança de domicílio por parte do réu — alterem também a competência do juízo, até porque, em última análise, isso seria uma forma de fugir às regras que dão concretude ao princípio do juiz natural, possibilitando a uma das partes "escolher" o juízo (ou juiz) que julgaria a causa.

Sendo assim, somente nessas *duas hipóteses* se justifica a alteração da competência pré-definida quando da propositura da demanda: 1ª) modificação da matéria que cabia ao órgão judiciário conhecer, das regras de competência funcional ou em razão das pessoas; 2ª) supressão, ainda que parcial, da unidade judiciária.

A respeito da segunda hipótese, temos como relevante o caso de *subdivisão da circunscrição territorial* do juízo. Segundo Humberto Theodoro Júnior deve haver a remessa dos autos dos processos pendentes de solução à unidade judiciária que passou a ser a competente, em razão do território (THEODORO JÚNIOR, 2007, V. I, p. 191).

Por outro lado, Athos Gusmão Carneiro adverte que, em conformidade com a doutrina clássica (Arruda Alvim, Celso Agrícola Barbi, Moacyr Amaral Santos), ainda que o réu tenha domicílio na área da nova circunscrição, ou que nesta esteja situado o imóvel objeto do litígio, não deveria haver o "deslocamento" da competência e, por assim dizer, a remessa dos processos em andamento à nova comarca. No caso, haveria uma simples alteração no "estado de direito", ou seja, das regras jurídicas de determinação de competência, não se aplicando a ressalva do final do dispositivo em comento. Portanto, a nova comarca receberia apenas os processos novos, iniciados após a sua criação e instalação (CARNEIRO, 2004, p. 85).

Contudo, este autor pondera que não tem sido essa a posição tomada pelos tribunais, no plano administrativo, por um imperativo de *distribuição (justa) do serviço forense*; os tribunais têm orientado que, se houve a criação de uma nova comarca, com o consequente desmembramento da comarca preexistente, os processos em andamento *devem ser* remetidos à nova unidade (*Idem, ibidem*).

PROCESSO DO TRABALHO

Nenhuma dúvida pode haver sobre a *plena compatibilidade* da norma do art. 43 do novo Código de Processo Civil com o processo do trabalho e, portanto, sobre sua aplicabilidade no segmento juslaboral.

Temos, inclusive, bons exemplos de modificação da competência preestabelecida, portanto, de exceção ao princípio da perpetuação, por *alteração legal* das regras de competência absoluta: 1º) a matéria "acidente do trabalho", que antes era atribuição da Justiça estadual, passou à competência da Justiça do Trabalho, por ocasião da Emenda Constitucional n. 45/2004; 2º) o mandado de segurança, que antes da referida Emenda era de competência originária dos tribunais regionais do trabalho, com o elasticimento da competência justrabalhista, se impetrado contra ato de autoridade administrativa (por exemplo, diante de ato do Gerente Regional do Trabalho e Emprego), conduz à competência do juízo de primeiro grau, a despeito da regra do art. 678, I, "b", 3, da CLT. Como já afirmamos, não há competência fixada em razão das pessoas, na Justiça do Trabalho.

No tocante à supressão do órgão judiciário, pela criação e instalação de uma nova vara do trabalho, pensamos que há no caso uma *supressão parcial da unidade judiciária*, ou seja, de parte de sua competência territorial, devendo haver a remessa dos autos dos processos pendentes para a nova unidade, porque esta foi criada justamente para o desentrave da unidade mais antiga.

Ora, não seria lógico, tampouco razoável, que instalada uma nova vara do trabalho — mediante desmembramento da área territorial de uma vara preexistente —, os autos dos processos em andamento não fossem remetidos para a nova unidade judiciária. Em regra, o "deslocamento" da competência nesse caso *facilita o acesso* ao Judiciário, pois como a competência territorial é fixada, na maioria das vezes, pelo critério do local da prestação de serviços, nos moldes do *caput* do art. 651 da CLT, boa parte das vezes a sede da empresa — onde se darão os atos executórios, se necessários — e a residência do trabalhador estarão na área territorial da nova vara do trabalho.

Pelos mesmos fundamentos, pensamos que, criada mais uma vara do trabalho em fóruns trabalhistas, o tribunal pode determinar que, durante certo período, os novos processos sejam todos distribuídos à nova unidade, até se atingir um equilíbrio de serviço entre as unidades do fórum, pois essa prática atende aos *ditames da justiça*, em última análise o escopo a ser alcançado com todas as regras de definição ou modificação de competência.

Art. 44.

Obedecidos os limites estabelecidos pela Constituição Federal, a competência é determinada pelas normas previstas neste Código ou em legislação especial, pelas normas de organização judiciária e, ainda, no que couber, pelas constituições dos Estados.

Comentário de *José Antônio Ribeiro de Oliveira Silva*

NORMAS DEFINIDORAS DA COMPETÊNCIA

Ainda que se afirme que esta norma não tem correspondência no CPC de 1973, sendo, portanto, uma inovação do novo Código de Processo Civil, pensamos, como Cassio Scarpinella Bueno (BUENO, 2015, p. 71), que, em linhas gerais, o art. 44 corresponde aos arts. 91 e 93 do CPC/1973.

Se estamos falando de um processo que deve obedecer todas as normas constitucionais a seu respeito fixadas, deveras pertinente este comando — na esteira do quanto disciplinado nas normas fundamentais processuais (arts. 1º a 12 do novo Código) — porque há na Constituição da República Federativa do Brasil várias normas sobre competência. Daí que, como não poderia ser diferente, *primeiramente*, há de se observar as *normas constitucionais* definidoras de regras de competência — e também as Constituições dos Estados, quando for o caso, nas Justiças correspondentes, nos termos do art. 125 e §§ da CF/88 —, e somente após essa verificação é que se deve analisar as normas previstas no novo Código de Processo Civil, bem como na legislação especial extravagante (inclusive estadual, conforme o caso), e, por fim, as normas de organização judiciária disciplinadas pelos tribunais, que não podem, por óbvio, afrontar quaisquer daquelas normas anteriores.

PROCESSO DO TRABALHO

Com essa dimensão, obviamente que esta regra se aplica ao processo do trabalho, inclusive porque a competência material trabalhista está definida, com "foro privilegiado", nas tantas normas do art. 114 e §§ da Constituição da República Federativa do Brasil. Ademais, as regras de definição ou modificação de competência instituídas no novo Código de Processo, bem com nas leis federais especiais, na medida de seu cabimento, são aplicáveis ao processo do trabalho.

Na Justiça do Trabalho só não há falar em aplicação de regras de competência definidas em constituições ou legislação dos Estados, tendo em vista que aquela Justiça especializada é de nível federal. Enfim, os tribunais do trabalho — TRTs e TST — também fixam normas de organização judiciária definidoras de competência interna, como o fazem todos os tribunais do país.

Art. 45.

Tramitando o processo perante outro juízo, os autos serão remetidos ao juízo federal competente se nele intervier a União, suas empresas públicas, entidades autárquicas e fundações, ou conselho de fiscalização de atividade profissional, na qualidade de parte ou de terceiro interveniente, exceto as ações:

I – de recuperação judicial, falência, insolvência civil e acidente de trabalho;

II – sujeitas à justiça eleitoral e à justiça do trabalho.

§ 1º Os autos não serão remetidos se houver pedido cuja apreciação seja de competência do juízo perante o qual foi proposta a ação.

§ 2º Na hipótese do § 1º, o juiz, ao não admitir a cumulação de pedidos em razão da incompetência para apreciar qualquer deles, não examinará o mérito daquele em que exista interesse da União, de suas entidades autárquicas ou de suas empresas públicas.

§ 3º O juízo federal restituirá os autos ao juízo estadual sem suscitar conflito se o ente federal cuja presença ensejou a remessa for excluído do processo.

Comentário de *José Antônio Ribeiro de Oliveira Silva*

INTERVENÇÃO DA UNIÃO E MODIFICAÇÃO DA COMPETÊNCIA

As normas do art. 45 e §§ do novo Código de Processo Civil não encontram precedente no CPC de 1973. Correspondem, sim, à norma do art. 109, inciso I, da Constituição da República Federativa do Brasil, que trouxe diretriz completamente distinta das previstas no art. 99 e parágrafo único do CPC de 1973, as quais, portanto, *não foram recepcionadas* pela ordem constitucional que se instalou em 1988.

Desde 5.10.88, havendo *intervenção da União*, autarquia, fundação ou empresa pública federal, na condição de autoras, rés ou de terceiros intervenientes, a *competência* para o processamento e o julgamento do feito é cometida à *Justiça Federal* comum. Por isso, o comando de imediata remessa dos autos do processo, pelo juízo estadual, ao juízo federal. Trata-se de uma hipótese de modificação da competência *em razão da pessoa* envolvida no litígio, porquanto a União e quaisquer das entidades federais mencionadas nesta normativa têm "foro privilegiado" para a decisão sobre os litígios nos quais possuem interesse jurídico, tendo em vista que a Justiça Federal está mais bem preparada para aferir a pertinência desse interesse.

Bem se vê, portanto, que não se trata de regra de competência territorial, mas de *competência absoluta*, na definição de qual é a Justiça competente para o processamento da causa. A definição de qual juízo federal será o competente, em razão do território, observará o quanto disposto no art. 51 e parágrafo único do novo Código de Processo Civil, que corresponde às normas dos §§ 1º e 2º do art. 109 da CF/88.

Somente não haverá "deslocamento" da competência para a Justiça Federal quando se tratar das seguintes ações: 1º) de recuperação judicial, de falência, de insolvência civil e daquelas sujeitas à justiça eleitoral, todas de competência da Justiça dos Estados; 2º) das ações sujeitas à Justiça do Trabalho, nos moldes do art. 114 e §§ da CF/88, inclusive das que envolverem a matéria "acidente do trabalho" (inciso VI do referido art. 114).

Injustificável, assim, a separação da matéria acidente laboral (inciso I) do inciso II, que excepciona as causas de competência da Justiça especializada trabalhista, pois desde 2005 o E. STF já pacificou a jurisprudência no sentido de que compete à Justiça do Trabalho o conhecimento das ações indenizatórias de danos decorrentes de acidente do trabalho. Essa referência ao acidente laboral no inciso I, destarte, somente se justifica para as ações nas quais se postula benefícios previdenciários relacionados a esse triste fato jurídico, porquanto a jurisprudência, inclusive do STF, ainda tem se posicionado no sentido de que essa competência remanesce com a Justiça dos Estados — o que é uma lástima, pois fere o princípio da unidade de convicção e gera tantos problemas por causa de decisões conflitantes sobre o mesmo tema. Contudo, tratando-se de um código tão didático como o novo Código de Processo Civil, essa ressalva quanto aos benefícios previdenciários decorrentes de *acidente do trabalho* deveria ter sido expressa, para não parecer descuido do legislador.

Agora, se houver cumulação de pedidos, e nessa cumulação o juiz estadual verificar que há pedido cuja competência é sua, não terá ele de remeter os autos do processo à Justiça Federal (§ 1º do art. 45).

Nesse caso, o juiz deverá extinguir o processo sem resolução do mérito em relação ao pedido cuja competência para apreciação seja do juízo federal, por envolver interesse da União ou das entidades federais mencionadas nessa normativa, atendendo aos ditames do § 2º do art. 45. Isso porque somente se admite a *cumulação objetiva*, de pedidos, se o mesmo juízo for *competente* para conhecer todos os pedidos cumulados, na dicção do art. 327, § 1º, inciso II, do novo Código de Processo Civil (art. 292, § 1º, II, do CPC de 1973).

Interessante a regra do § 3º do art. 45, pois ela, implicitamente, estatui que é o juízo federal quem possui competência para decidir sobre a existência ou não de interesse jurídico a justificar a presença da União ou daquelas entidades federais no processo (Súmula n. 150 do STJ). E praticamente repete o teor da Súmula n. 224 do Superior Tribunal de Justiça, segundo a qual *"Excluído do feito o ente federal, cuja presença levara o Juiz Estadual a declinar da competência, deve o Juiz Federal restituir os autos e não suscitar conflito"*. A simples restituição dos autos atende aos *princípios da economia e celeridade processuais*, não havendo a menor necessidade de suscitação de um conflito de competência para esse ato processual.

PROCESSO DO TRABALHO

Basta uma leitura atenta do teor das normas encartadas neste art. 45 e §§ do novo Código de Processo Civil para se verificar que *não há* a menor possibilidade de aplicação delas no âmbito do processo do trabalho.

A competência da Justiça do Trabalho é extremamente *especializada*, abrangendo todas as matérias e causas relacionadas no art. 114 e §§ da Constituição da República Federativa do Brasil, ainda que o E. STF tenha conferido interpretação restritiva ao inciso I deste artigo — com a redação atribuída pela Emenda Constitucional n. 45/2004 —, para excluir da competência juslaboral as causas que envolvem os servidores estatutários e os vinculados aos entes públicos por uma relação de caráter jurídico-administrativo, conforme os fundamentos expostos no julgamento da ADI n. 3.395-6, proposta pela AJUFE — Associação dos Juízes Federais.

De qualquer maneira, sendo a relação de trabalho (ou de emprego) mantida pelo servidor com a União, suas autarquias ou fundações públicas, ou mesmo com as empresas públicas e sociedades de economia mista que compõem sua administração indireta, submetida ao *regime celetista*, a competência para qualquer causa trabalhista entre eles será, indubitavelmente, da Justiça do Trabalho. De modo que a mera participação da União ou dessas entidades no processo, como parte ou terceiro interveniente, *jamais* "deslocará" a competência para a Justiça Federal. Por isso mesmo, a ressalva expressa no inciso II do art. 45 do novo Código, às causas sujeitas à *competência* da Justiça do Trabalho.

Art. 46.

A ação fundada em direito pessoal ou em direito real sobre bens móveis será proposta, em regra, no foro de domicílio do réu.

§ 1º Tendo mais de um domicílio, o réu será demandado no foro de qualquer deles.

§ 2º Sendo incerto ou desconhecido o domicílio do réu, ele poderá ser demandado onde for encontrado ou no foro de domicílio do autor.

§ 3º Quando o réu não tiver domicílio ou residência no Brasil, a ação será proposta no foro de domicílio do autor, e, se este também residir fora do Brasil, a ação será proposta em qualquer foro.

§ 4º Havendo 2 (dois) ou mais réus com diferentes domicílios, serão demandados no foro de qualquer deles, à escolha do autor.

§ 5º A execução fiscal será proposta no foro de domicílio do réu, no de sua residência ou no do lugar onde for encontrado.

Comentário de *José Antônio Ribeiro de Oliveira Silva*

A normativa do art. 46 e §§ encontra correspondência nos arts. 94 e §§ e 578 do CPC de 1973. Aqui se disciplinam situações variadas em ações que tenham como fundamento direito pessoal ou direito real sobre *bens móveis*, as quais deverão ser propostas, em regra, no foro do domicílio do réu. Estas ações envolvem, assim, questões de direito obrigacional relativas a bens móveis.

Pois bem, da simples leitura destas normas já se pode concluir pela *total inaplicabilidade* delas no processo do trabalho, porque a Justiça do Trabalho *não tem* competência material para processar e julgar ações pessoais ou reais, relacionadas a bens móveis, diante das normas do art. 114 e §§ da Constituição da República Federativa do Brasil.

Poder-se-ia cogitar da aplicação da regra do § 5º deste dispositivo em comento às *execuções fiscais de contribuições sociais* (previdenciárias) na Justiça do Trabalho. Contudo, em regra, essa execução é "paralela" com a execução dos créditos trabalhistas, realizando-se nos mesmos autos, nos moldes do quanto disciplinado nos arts. 876 e seguintes da CLT. Ademais, tratando-se de execução de título executivo extrajudicial, é competente para tal execução *"o juiz que teria competência para o processo de conhecimento relativo à matéria"*, em conformidade com o art. 877-A da CLT. De se aplicar, portanto, as regras do art. 651 e §§ da CLT, sendo competente, em regra, o juízo trabalhista do *local da prestação dos serviços*, para essa execução fiscal.

Art. 47.

Para as ações fundadas em direito real sobre imóveis é competente o foro de situação da coisa.

§ 1º O autor pode optar pelo foro de domicílio do réu ou pelo foro de eleição se o litígio não recair sobre direito de propriedade, vizinhança, servidão, divisão e demarcação de terras e de nunciação de obra nova.

§ 2º A ação possessória imobiliária será proposta no foro de situação da coisa, cujo juízo tem competência absoluta.

Comentário de *José Antônio Ribeiro de Oliveira Silva*

As normas do art. 47 e §§ correspondem às do art. 95 do CPC de 1973, havendo novidade apenas no tocante à regra do § 2º, segundo a qual, tratando-se de ação possessória sobre imóveis, o juízo do foro em que situado o imóvel tem competência absoluta para o processamento da causa, não se admitido, portanto, eleição de foro para essas questões.

Somente pela leitura destas normas se verifica que elas tratam de ações fundadas em direito real sobre *bens imóveis*, as quais deverão ser ajuizadas, em regra, no foro de situação da coisa. Por isso mesmo não há outra conclusão possível que não seja a da *total inaplicabilidade* delas no processo do trabalho, pelos mesmos fundamentos expostos nos comentários ao artigo anterior.

Art. 48.

O foro de domicílio do autor da herança, no Brasil, é o competente para o inventário, a partilha, a arrecadação, o cumprimento de disposições de última vontade, a impugnação ou anulação de partilha extrajudicial e para todas as ações em que o espólio for réu, ainda que o óbito tenha ocorrido no estrangeiro.

Parágrafo único. Se o autor da herança não possuía domicílio certo, é competente:

I – o foro de situação dos bens imóveis;

II – havendo bens imóveis em foros diferentes, qualquer destes;

III – não havendo bens imóveis, o foro do local de qualquer dos bens do espólio.

Comentário de *José Antônio Ribeiro de Oliveira Silva*

Este art. 48 e seu parágrafo único encontram correspondência, em linhas gerais, no art. 96 e seu único parágrafo do CPC de 1973, referindo-se a ações relacionadas ao *direito das sucessões*. Por isso a menção a inventário, partilha (judicial e extrajudicial), arrecadação de bens e ações correspondentes. Define-se como competente o foro do domicílio do autor da herança (do falecido) para todas essas ações, em regra, a menos que ele não tivesse domicílio certo, hipótese em que se aplicam as regras do parágrafo único.

Para não nos tornarmos repetitivos, reportamo-nos aos comentários dos artigos imediatamente anteriores, para fundamentar a *total inaplicabilidade* destas normas no âmbito do processo do trabalho (art. 114 e §§ da CF/88).

Art. 49.

A ação em que o ausente for réu será proposta no foro de seu último domicílio, também competente para a arrecadação, o inventário, a partilha e o cumprimento de disposições testamentárias.

Comentário de *José Antônio Ribeiro de Oliveira Silva*

A norma do art. 49 é praticamente idêntica à do art. 97 do CPC de 1973, disciplinando a competência para as ações relacionadas ao *direito das sucessões*, quando se tratar de pessoa "ausente" o chamado autor da herança, e que esteja na condição de réu. Nesse caso, a competência se define pelo foro do seu último domicílio, para todas aquelas ações.

Aqui também não se pode cogitar de qualquer competência da Justiça do Trabalho para a matéria, *ex vi* do art. 114 e §§ da Constituição da República Federativa do Brasil. *Nenhuma aplicação* deste artigo, portanto, no processo do trabalho.

Art. 50.

A ação em que o incapaz for réu será proposta no foro de domicílio de seu representante ou assistente.

Comentário de *José Antônio Ribeiro de Oliveira Silva*

A regra é tão clara que dispensa comentários, sendo praticamente uma repetição do art. 98 do CPC anterior. Acrescentou-se, apenas, ao final, que, sendo o réu relativamente incapaz, a ação proposta em face dele terá de observar o foro do domicílio de seu assistente. Sendo ele absolutamente incapaz, o foro competente será o do domicílio do seu representante.

Porém, na Justiça do Trabalho, ainda que o empregado ou o empregador sejam incapazes — de forma absoluta ou relativa —, a ação trabalhista deverá ser proposta no foro do *local da prestação dos serviços*, exceto nas hipóteses previstas nos §§ do art. 651 da Consolidação, multicitado nestes comentários. É dizer, destarte, que a norma do art. 50 do novo Código de Processo Civil *não se aplica* no processo do trabalho, porque temos regras próprias e também porque incompatível com as normas que imperam neste ramo processual.

Art. 51.

É competente o foro de domicílio do réu para as causas em que seja autora a União.

Parágrafo único. Se a União for a demandada, a ação poderá ser proposta no foro de domicílio do autor, no de ocorrência do ato ou fato que originou a demanda, no de situação da coisa ou no Distrito Federal.

Comentário de *José Antônio Ribeiro de Oliveira Silva*

As normas do art. 51 e parágrafo único do novo Código de Processo Civil aperfeiçoam e atualizam a regra do art. 99 do CPC de 1973, que, como estava redigida, não encontrava ressonância no art. 109, inciso I, da Constituição da República Federativa do Brasil.

Como já comentamos, uma vez definida a competência da Justiça Federal, pela participação da União, ou de autarquia, fundação ou empresa pública federal, na condição de autoras ou rés (art. 45 e §§ do novo Código), há de se definir a *competência territorial* para o processamento da causa. Pois bem, a definição de qual juízo federal será o competente, pelo critério territorial, deverá pautar-se pelo quanto previsto neste art. 51 e parágrafo único do novo CPC, que correspondem — com melhor redação — às normas dos §§ 1º e 2º do art. 109 da CF/88.

Assim, depende da *posição tomada pela União* (ou qualquer daquelas entidades federais), num dos polos da relação jurídica processual, para se saber qual a regra aplicável: 1º) se ela for a autora da demanda, a causa deverá *necessariamente* ser proposta no foro do domicílio do réu; 2º) se ela, pelo contrário, for a demandada, o autor tem a seu favor um leque de possibilidades, podendo ajuizar sua demanda: a) no foro do seu próprio domicílio; b) no foro do local em que praticado o ato ou no qual tenha ocorrido o fato que deu origem à demanda; c) no foro do local em que situada a coisa, nas ações pessoais ou reais relacionadas ao direito obrigacional; d) no Distrito Federal.

Não obstante, *não há* a menor possibilidade de aplicação das normas deste dispositivo legal no processo do trabalho. Como já comentamos anteriormente, a competência da Justiça do Trabalho é *especial*, cingindo-se às matérias e causas descritas no art. 114 e §§ da CF/88 — e na legislação trabalhista que os complementa. Ora, a Justiça do Trabalho tem competência para todas as causas trabalhistas entre servidores *celetistas* e quaisquer dos entes da Federação (inciso I do art. 114). Destarte, ainda que a União ou qualquer dessas entidades federais atue no processo do trabalho, como parte, a competência continuará sendo da Justiça especializada.

Daí que, sendo a União (ou uma daquelas entidades) autora ou demandada, pouco importa, haja vista que a *competência territorial* será definida pelas regras do art. 651 e §§ da CLT, não por este art. 51 e parágrafo único do novo Código de Processo Civil, que, portanto, não é aplicável no processo do trabalho.

Art. 52.

É competente o foro de domicílio do réu para as causas em que seja autor Estado ou o Distrito Federal.

Parágrafo único. Se Estado ou o Distrito Federal for o demandado, a ação poderá ser proposta no foro de domicílio do autor, no de ocorrência do ato ou fato que originou a demanda, no de situação da coisa ou na capital do respectivo ente federado.

Comentário de *José Antônio Ribeiro de Oliveira Silva*

Como sustenta a doutrina, o art. 52 e seu parágrafo único — que não encontram correspondência no Código de 1973 — apenas *reproduzem*, para os Estados e o Distrito Federal, o mesmo regramento que o art. 51 e seu único parágrafo reservam para a União.

Daí que os comentários ao artigo anterior aqui são reproduzidos, inclusive no tocante à *inaplicabilidade* destas regras no processo do trabalho. Ora, ainda que os Estados ou o Distrito Federal sejam parte numa demanda trabalhista, em regra por uma ação ajuizada por um servidor *celetista*, a competência será, sempre, da Justiça especializada. Não importa, portanto, se o Estado ou o Distrito Federal atuam na condição de autor ou réu, pois a competência territorial, na Justiça do Trabalho, é definida pelas regras do art. 651 e §§ da CLT.

Art. 53.

É competente o foro:

I – para a ação de divórcio, separação, anulação de casamento e reconhecimento ou dissolução de união estável:

a) de domicílio do guardião de filho incapaz;

b) do último domicílio do casal, caso não haja filho incapaz;

c) de domicílio do réu, se nenhuma das partes residir no antigo domicílio do casal;

II – de domicílio ou residência do alimentando, para a ação em que se pedem alimentos;

III – do lugar:

a) onde está a sede, para a ação em que for ré pessoa jurídica;

b) onde se acha agência ou sucursal, quanto às obrigações que a pessoa jurídica contraiu;

c) onde exerce suas atividades, para a ação em que for ré sociedade ou associação sem personalidade jurídica;

d) onde a obrigação deve ser satisfeita, para a ação em que se lhe exigir o cumprimento;

e) de residência do idoso, para a causa que verse sobre direito previsto no respectivo estatuto;

f) da sede da serventia notarial ou de registro, para a ação de reparação de dano por ato praticado em razão do ofício;

IV – do lugar do ato ou fato para a ação:

a) de reparação de dano;

b) em que for réu administrador ou gestor de negócios alheios;

V – de domicílio do autor ou do local do fato, para a ação de reparação de dano sofrido em razão de delito ou acidente de veículos, inclusive aeronaves.

Comentário de *José Antônio Ribeiro de Oliveira Silva*

Este longo dispositivo corresponde ao art. 100 do CPC de 1973, trazendo inovações e melhorando a redação do regramento antigo. Como se vê, ele disciplina a *competência territorial* para várias situações jurídicas ou ações específicas: a) ações do *direito de família*, como divórcio, separação, anulação de casamento e reconhecimento ou dissolução de união estável; b) *ação de alimentos*; c) ação relacionada ao *direito obrigacional "civil"*, tendo como réu (ou parte) pessoa jurídica, agência ou sucursal de pessoa jurídica, sociedade ou associação sem personalidade jurídica, pessoa idosa — veja-se o teor do art. 80 da Lei n. 10.741/2003, Estatuto do Idoso — e serventia notarial; d) *ação de reparação de danos* de natureza "civil", inclusive quando provocados por administrador ou gestor de negócios alheios; e) ação de reparação de danos sofridos em razão de *delito* ou de *acidente de veículos*, inclusive aeronaves.

Pois bem, da simples leitura deste extenso rol normativo e das breves considerações do parágrafo anterior já se pode perceber, sem qualquer sombra de dúvida, a *total inaplicabilidade* deste regramento no processo do trabalho, pela simples razão de não ter a Justiça do Trabalho competência material para processar e julgar essas ações, diante do quanto disposto no art. 114 e §§ da Constituição da República Federativa do Brasil.

Seção II
Da Modificação da Competência

Art. 54.

A competência relativa poderá modificar-se pela conexão ou pela continência, observado o disposto nesta Seção.

Comentário de *José Antônio Ribeiro de Oliveira Silva*

COMPETÊNCIA RELATIVA

De sabença geral que as regras definidoras da competência podem ter caráter absoluto ou relativo. Daí a doutrina sempre classificar a competência, como medida do naco de jurisdição que cabe a cada órgão judiciário, em absoluta e relativa. A *competência absoluta* não comporta prorrogação ou modificação, exceto *por lei* e nos casos muito restritos do art. 43 do novo Código de Processo Civil, já comentados anteriormente. Por sua vez, a *competência relativa*, como deixa claro esta regra do art. 54, correspondente à do art. 102 do CPC de 1973, poderá ser *modificada* pela ocorrência dos fenômenos da *conexão* e da *continência*.

A doutrina clássica, quando discorre sobre essa temática, alude à prorrogação ou modificação da competência, que pode ser legal ou voluntária. A *prorrogação (modificação) legal* ocorre justamente nos casos de conexão e de continência, figuras que eram disciplinadas nos arts. 103 e 104 do CPC de 1973, estando agora melhor disciplinadas nos arts. 55 e 56 do novo Código de Processo Civil. A sua vez, a *prorrogação voluntária* dá-se nas hipóteses de foro de eleição e de falta de arguição da incompetência relativa — agora em preliminar da contestação, nos moldes dos arts. 64 e 65 do novo Código.

No processo do trabalho, como sempre se admitiu, *aplicam-se* sem maiores problemas os institutos da conexão e da continência, motivo pelo qual esta norma do art. 54 nele se aplica, como se poderá verificar nos comentários aos dispositivos seguintes, que explicam cada um destes institutos.

Art. 55.

Reputam-se conexas 2 (duas) ou mais ações quando lhes for comum o pedido ou a causa de pedir.

§ 1º Os processos de ações conexas serão reunidos para decisão conjunta, salvo se um deles já houver sido sentenciado.

§ 2º Aplica-se o disposto no *caput*:

I – à execução de título extrajudicial e à ação de conhecimento relativa ao mesmo ato jurídico;

II – às execuções fundadas no mesmo título executivo.

§ 3º Serão reunidos para julgamento conjunto os processos que possam gerar risco de prolação de decisões conflitantes ou contraditórias caso decididos separadamente, mesmo sem conexão entre eles.

Comentário de *José Antônio Ribeiro de Oliveira Silva*

CONEXÃO E REUNIÃO DE PROCESSOS

O instituto da conexão é de fácil compreensão, pois a *conexão* ocorre quando duas ou mais ações têm em comum o objeto (pedido) ou a causa de pedir, ainda que uma das partes seja distinta. Exemplo: num acidente de trânsito que atinge três vítimas, cada uma delas ajuíza ação indenizatória de danos em face do causador do acidente, que é a *causa de pedir comum* a todas as ações referidas, podendo, inclusive, haver nessa hipótese pedidos comuns (ex.: indenização por danos materiais, morais e estéticos). E a regra do art. 55 deixa bem claro que a conexão se dá pela *identidade* de causa de pedir ou de pedido, quando o Código de 1973 se referia ao objeto do processo, no seu art. 103.

Não obstante, o novo Código de Processo Civil parece resolver uma intrincada questão processual, que contava com duas fortes e antagônicas teorias, quando da interpretação ao art. 105 do CPC de 1973, segundo o qual o juiz, de ofício ou a requerimento de qualquer das partes, "pode" determinar a reunião de ações ajuizadas em separado, presentes a conexão ou a continência, para que sejam decididas simultaneamente.

Como a expressão utilizada pelo legislador da década de 1970 é "pode", uma corrente doutrinária — à qual nos filiamos — entendia que era mera *faculdade* do juiz determinar o apensamento dos autos de processos com causas conexas. É certo que essa reunião tem como finalidade evitar que o Judiciário profira decisões conflitantes em casos semelhantes, o que pode, em certa medida, afetar a segurança jurídica e provocar descrédito no sistema, estando legitimada pelo *princípio da unidade de convicção*. Contudo, essa reunião não pode descurar de outros princípios processuais, com os quais aquele deve conviver de modo harmonioso, dentre eles os *princípios da celeridade e da efetividade*. Com efeito, se a reunião de várias ações torna o procedimento deveras burocrático, especialmente em matéria de provas, não é equânime que uma ou algumas das partes tenham que esperar o percurso lento do processo somente para se atingir aquele escopo. Daí que o juiz, em decisão devidamente fundamentada, poderia ponderar os princípios com base no *postulado da proporcionalidade* e verificar o que seria mais pertinente, no caso concreto: reunir ou não as ações por conexão ou continência.

De outra banda se levantava a corrente doutrinária que entendia tratar-se de *dever legal* (funcional) do magistrado, sempre que se encontrasse diante de causas conexas ou abrangidas pela continência, de determinar o apensamento dos autos dos processos. Um dos autores de nomeada que defendiam essa tese é Nelson Nery Júnior, para quem se trata de norma cogente, por ser "a conexão matéria de ordem pública", motivo pelo qual "o juiz é obrigado a determinar a reunião de ações conexas para julgamento, nada obstante esteja consignado na norma ora comentada que o juiz 'pode ordenar'". Daí se extrai que o magistrado "não pode examinar a conveniência ou oportunidade da reunião", que é, portanto, obrigatória (NERY JUNIOR, 1996, p. 528).

Pois bem, parece que a segunda teoria foi a que prevaleceu no novo Código de Processo Civil, porquanto a regra do § 1º deste art. 55 é enfática: os processos que envolvem ações conexas *serão* reunidos para decisão conjunta. A única exceção permitida pelo legislador atual é a relativa ao fato de um dos processos já contar com sentença prolatada, em consonância com a Súmula n. 235 do STJ. Nesse caso, por óbvio, não há exigibilidade de reunião dos processos, porque se a decisão de fundo já foi proferida, não há mais como evitar conflito ou contradição entre as decisões dos processos cujas causas são conexas, a menos que no julgamento posterior se adote a mesma solução já anunciada.

Não somente a expressão imperativa utilizada ("serão") conduz a essa interpretação. Procedendo-se a uma interpretação sistemática das novas diretrizes, verifica-se que a intenção do legislador foi inclusive de tornar *obrigatória* a reunião de processos em outras situações jurídicas, a saber:

1ª) se houver um processo de execução de título extrajudicial e outro processo versando uma ação de conhecimento relativa ao mesmo ato jurídico, ambos os processos, mesmo em fases processuais completamente distintas, devem ser reunidos, para que primeiramente se decida a ação de conhecimento, como questão prejudicial (§ 2º, I);

2ª) havendo duas ou mais execuções fundadas no mesmo título executivo, também devem ser reunidos os processos, para tramitação conjunta (§ 2º, II);

3ª) enfim, ainda que não haja conexão entre determinados processos, mas desde que haja *risco de prolação de decisões conflitantes ou contraditórias* se forem decididos separadamente, também devem todos esses processos ser reunidos para julgamento conjunto (§ 3º), diretriz que se aplica aos casos de interesses individuais homogêneos, segundo Cassio Scarpinella Bueno (BUENO, 2015, p. 78).

Daí que prevaleceu a atenção ao *princípio da unidade de convicção*, que, aliás, é uma tônica constante no novo Código de Processo Civil, que tenta a todo custo evitar decisões distintas para casos semelhantes, buscando uma uniformidade na jurisdição, difícil de ser alcançada a prevalecerem as regras atuais de distribuição de ações e recursos, tema a ser discutido quando tratarmos do sistema recursal.

Perdeu, contudo, o novo Código de Processo Civil uma grande oportunidade de disciplinar a *reunião de processos no PJe* — processo judicial eletrônico —, dadas as especificidades deste. Como seria essa reunião? De se ter em mente que muito em breve não teremos mais processos "físicos", sendo a dinâmica de tramitação no processo virtual completamente distinta.

PROCESSO DO TRABALHO

Quanto ao *caput* do art. 55 do novo Código de Processo Civil não há a menor dúvida de que *plenamente aplicável* no âmbito do processo do trabalho, pois também neste temos conexão entre duas ou mais ações quando lhes for comum o pedido ou a causa de pedir. Exemplificando: num acidente do trabalho que vitima quatro trabalhadores, cada um deles ajuíza ação indenizatória de danos em face do empregador e/ou tomador dos serviços, surgindo o referido acidente como *causa de pedir comum* a essas ações, podendo, inclusive, como no exemplo anterior, haver aí pedidos comuns (ex.: indenização por danos materiais, morais e estéticos); se o trabalhador se ativa das 4h às 20h, com 30min de intervalo intrajornada, de segunda-feira a sábado e em dois domingos por mês, e ajuíza uma ação postulando horas extraordinárias e noutra pedindo adicional noturno e horas extras pela redução do intervalo, exsurge a conexão pela causa de pedir.

Sem embargo, no processo do trabalho, dadas as verbas que normalmente são postuladas pelo trabalhador, via de regra em situação de desemprego, há de ter primazia, sempre, *a celeridade e a efetividade* diante da unidade de convicção ou da economia processual. Vale dizer, ainda que haja risco de decisões conflitantes ou contraditórias, *não há obrigatoriedade de reunião de processos que correm em separado*, sobretudo se de reclamantes (autores) distintos. A celeridade/efetividade é uma meta que pode ser considerada a principal do *microssistema processual trabalhista*, tanto que a norma do art. 765 da CLT municia o juiz do trabalho de amplos poderes para o seu atingimento.

Sendo assim, a reunião de processos que contém ações conexas, em quaisquer das situações jurídicas tratadas nos §§ 1º, 2º e 3º do art. 55 do novo Código de Processo Civil, *não será obrigatória* para o juiz do trabalho, que, em decisão fundamentada, poderá rejeitar requerimento de qualquer das partes nesse sentido. Evidente que, não havendo risco para a celeridade/efetividade, é dizer, se esse binômio não sofre riscos, de se atender à salutar preocupação de se evitar decisões conflitantes ou contraditórias e, nesse caso, o juiz deverá determinar a reunião de processos, por conexão, principalmente se as partes forem as mesmas.

Art. 56.

Dá-se a continência entre 2 (duas) ou mais ações quando houver identidade quanto às partes e à causa de pedir, mas o pedido de uma, por ser mais amplo, abrange o das demais.

Comentário de *José Antônio Ribeiro de Oliveira Silva*

CONTINÊNCIA

A sua vez, o instituto da continência tem abrangência formal mais ampla do que o da conexão, conquanto na prática se revele de tímida incidência. Como disciplina o art. 104 do CPC de 1973, ocorre a *continência* entre duas ou mais ações sempre que nelas se verificar a identidade de partes *e* de causa de pedir, mas o objeto (pedido) de uma, por ser mais amplo, abranger o pedido das outras. Essa dicção ficou agora ainda mais clara no texto do art. 56 do novo Código de Processo Civil, inclusive pela menção a *pedido* no lugar de objeto do processo.

Contudo, a continência *não corresponde* à litispendência, pois nesta há de haver *absoluta identidade* dos chamados três "elementos" da ação: partes, causa de pedir e pedido, *ex vi* do art. 337, §§ 1º ao 3º, do novo Código, correspondentes ao art. 301, §§ 1º ao 3º, do CPC de 1973. Um pouco menos abrangente, a continência se contenta com a identidade de partes e *causa petendi*, exigindo, no entanto, que um pedido seja *mais amplo* do que o das demais ações, englobando-o. Já na litispendência, os pedidos deverão ser *absolutamente* idênticos para que se configure a hipótese processual.

No tocante ao *processo do trabalho*, sem sombra de dúvida que esta diretriz técnica de definição da continência a ele se aplica, surgindo questionamento apenas sobre a obrigatoriedade de reunião de processos com ações contidas em outras, o que será objeto de comentários ao art. 57, que trata justamente desta questão.

Um exemplo de continência que se poderia dar: um trabalhador que sofre acidente do trabalho ajuíza uma demanda postulando somente indenização por dano moral, e posteriormente outra ação na qual postula todas as indenizações cabíveis pelo infortúnio, por danos materiais, estéticos e inclusive de ordem pessoal (moral), sendo esta última a ação continente, na qual aquela primeira está contida. Outro exemplo: o trabalhador postula apenas horas extras pela extrapolação da jornada de trabalho e posteriormente, noutra ação, todas as horas extraordinárias cabíveis, inclusive pela supressão do intervalo intrajornada e pelo labor em domingos e feriados.

Art. 57.

Quando houver continência e a ação continente tiver sido proposta anteriormente, no processo relativo à ação contida será proferida sentença sem resolução de mérito, caso contrário, as ações serão necessariamente reunidas.

Comentário de *José Antônio Ribeiro de Oliveira Silva*

CONTINÊNCIA E REUNIÃO DE PROCESSOS

Diferentemente do CPC de 1973, o novo Código de Processo Civil tem regras distintas para a necessidade de reunião de processos, a depender do instituto em análise. Para a conexão as regras do art. 55 e §§, já examinadas. Tratando-se de *continência*, a regra é esta, do art. 57, que contém disciplina *inovadora* em relação à diretriz dada pelo art. 105 do CPC de 1973.

Agora, temos *duas situações jurídicas*:

1ª) se a *ação continente* — a mais abrangente — tiver sido ajuizada *anteriormente*, o processo relativo à ação contida deverá ser extinto sem resolução do mérito, desde logo o juiz proferindo sentença terminativa nesse sentido, porque não tem sentido prosseguir num processo cuja demanda está toda abarcada por processo anterior;

2ª) se a ação continente tiver sido proposta *posteriormente*, ambas as ações deverão ser *necessariamente* reunidas, para que o juiz decida conjuntamente a continente e a contida. Nesse último caso não será conveniente a extinção do processo cuja demanda é menos ampla por causa da *interrupção da prescrição* e principalmente da *prevenção*, pois a reunião dos processos eventualmente distribuídos a juízos distintos se fará no juízo prevento, como disciplina o art. 58, a seguir examinado.

Nenhuma objeção à *aplicação integral* dessa disciplina ao *processo do trabalho* porque, ao contrário do quanto se afirmou em relação à conexão, a continência se dá quanto a ações que possuem as *mesmas partes*, de modo que o trabalhador que tenha ajuizado duas ações em face do empregador, com a mesma causa de pedir — por exemplo um acidente do trabalho e suas consequências —, sabe que o deslinde de qualquer das causas depende do exame de toda a extensão das questões suscitadas. Aqui deve prevalecer a *unidade de convicção* em detrimento da celeridade, porque as causas dizem respeito aos mesmos fatos e também às mesmas partes.

Art. 58.

A reunião das ações propostas em separado far-se-á no juízo prevento, onde serão decididas simultaneamente.

Comentário de *José Antônio Ribeiro de Oliveira Silva*

PREVENÇÃO

Para que haja a modificação da competência por conexão ou continência, mister uma regra que defina, de forma clara, qual dos juízos igualmente competentes processará as causas conexas ou continentes. Exsurge, portanto, o instituto jurídico da *prevenção*, utilizado também em outras situações jurídicas, como na distribuição de ação posterior por prevenção do juízo primevo. A prevenção é, assim, a *prefixação da competência*, diante de causas que podem tramitar em juízos distintos, por serem igualmente competentes pelos critérios matéria, pessoa ou função.

O Código de 1973, em *aparente contradição*, disciplina a questão em dois dispositivos, os arts. 106 e 219. Pelo primeiro destes artigos, a diretriz para a definição do juízo competente, segundo a prevenção, era a de verificar em qual deles houve primeiramente o *despacho da petição inicial*, em se tratando de juízos com a mesma competência territorial, ou seja, dentro da mesma comarca ou subseção judiciária. Contudo, o art. 219 disciplina que a *citação válida* torna prevento o juízo, além das outras diretrizes ali apontadas quanto aos efeitos da referida citação.

Diante dessa possível antinomia, a doutrina resolve a questão da seguinte forma: a) a norma do art. 106 é aplicada quando os juízos têm a mesma competência territorial, como aliás resulta da própria dicção da regra; b) a do art. 219 é aplicada somente nos casos de os juízos igualmente competentes não pertencerem à mesma comarca ou subseção judiciária, regra muito utilizada em matéria de ações coletivas, sobretudo para a definição da prevenção em relação à ação civil pública.

Agora, com o novo Código de Processo Civil, a diretriz passa a ser uma só, a do art. 59, que será comentado na sequência. A norma do art. 240, correspondente à do art. 219 do CPC de 1973, não mais faz menção à prevenção dentre os efeitos da citação válida, sepultando a celeuma que há em torno da questão, sob a égide do CPC/1973.

De sorte que esta regra do art. 58 não define o critério de prevenção, apenas apontando que a reunião das ações propostas em separado ocorrerá no juízo prevento, no qual devem ser decididas de modo simultâneo, em conjunto, para se evitar decisões conflitantes ou contraditórias.

Por certo que o art. 58 do novo Código de Processo Civil *se aplica* ao *processo do trabalho*, que não tem norma própria a respeito do instituto da prevenção, o qual é imprescindível para se definir qual juízo prosseguirá na condução das causas conexas ou nas quais se verifica o instituto da continência. Outra questão é a atinente ao critério de definição da prevenção, tema a ser enfrentado nos comentários ao próximo artigo.

Art. 59.

O registro ou a distribuição da petição inicial torna prevento o juízo.

Comentário de *José Antônio Ribeiro de Oliveira Silva*

PREVENÇÃO DO JUÍZO

Como já explanado, agora resta bastante nítida a diretriz para a definição de qual o juízo prevento, dentre os igualmente competentes pelos critérios absolutos anteriormente examinados. A citação não mais interfere nessa prefixação da competência. Abandona-se também o critério despacho da petição inicial. Ambos os critérios eram objeto de crítica por parte da doutrina, pois bastante incertos. Dito de outra maneira, nem sempre se mostra evidente o momento no qual se tem por concretizado o despacho precedente ou a efetivação da citação válida, sendo difícil verificar qual ato ocorreu em primeiro lugar, quando do cotejo dos atos processuais praticados em processos distintos, por vezes em comarcas ou subseções distintas.

Por isso, o critério de mais fácil verificação sempre foi o relativo ao *momento do ajuizamento da ação* — tal como se aplica o instituto no processo do trabalho, como se verá logo em seguida —, critério utilizado para definição da prevenção em sede de ação civil pública, consoante o art. 2º, parágrafo único, da Lei da Ação Civil Pública — Lei n. 7.347/1985 — a seguir transcrito:

> Art. 2º As ações previstas nesta Lei serão propostas no foro do local onde ocorrer o dano, cujo juízo terá competência funcional para processar e julgar a causa.
>
> Parágrafo único. A propositura da ação prevenirá a jurisdição do juízo para todas as ações posteriormente intentadas que possuam a mesma causa de pedir ou o mesmo objeto. (Incluído pela Medida provisória n. 2.180-35, de 2001).

Assim, *o registro* da petição inicial — nas comarcas ou seções judiciárias com vara única, portanto, sem setor de distribuição — ou *a distribuição* da exordial — nos locais em que há cartório ou setor de distribuição, por contar o fórum com mais de uma vara — é o ato processual que define o juízo prevento, tal como sempre ocorreu no processo do trabalho. A regra está, inclusive, em conformidade com a diretriz do art. 43 do novo Código de Processo Civil.

O critério passa a ser único, não deixando margem a dúvidas, simplificando o processo e conferindo segurança jurídica aos atores que nele atuam.

PROCESSO DO TRABALHO

No processo do trabalho, como já afirmado, sempre se aplicou o instituto da prevenção, mas com a criação de uma *nova diretriz*, porque naquele não há despacho da petição inicial e a citação é um ato que independe de determinação judicial, por ser tão óbvia a sua necessidade. Por isso, sempre se afirmou que na Justiça do Trabalho a citação é um ato de secretaria, *ex vi* do art. 841 da CLT.

Com efeito, dada a simplicidade e informalidade que sempre predominaram no processo do trabalho, a prevenção sempre foi definida pelo *recebimento da ação* (ajuizamento ou distribuição), segundo a doutrina. Nem se poderia adotar o entendimento de que a prevenção, no processo do trabalho, deveria levar em conta a citação, porque o momento de aperfeiçoamento desta é ainda mais incerto no processo do trabalho, no qual, em regra quase absoluta, presume-se que ela tenha ocorrido 48 horas após a expedição da notificação citatória, nos moldes da Súmula 16 do C. TST.

Agora, como o critério amplamente utilizado na Justiça do Trabalho passa a ser o seguido nos domínios do processo comum, pensamos que não haverá dúvida sobre a *aplicação da norma* do art. 59 do novo Código de Processo Civil no processo do trabalho, bem como sobre qual a diretriz definidora da prevenção, qual seja, *o registro ou a distribuição* da petição inicial, esta nos fóruns com mais de uma vara trabalhista. De modo que, definitivamente, o despacho da petição de ingresso — que não há na Justiça especializada — e a citação válida não surtem qualquer efeito para o escopo de determinação de qual o juízo prevento, na Justiça do Trabalho.

Art. 60.

Se o imóvel se achar situado em mais de um Estado, comarca, seção ou subseção judiciária, a competência territorial do juízo prevento estender-se-á sobre a totalidade do imóvel.

Comentário de *José Antônio Ribeiro de Oliveira Silva*

Esta regra corresponde à do art. 107 do CPC de 1973, sendo agora melhor explicitada no novo Código de Processo Civil. Trata, ainda, de prevenção, mas especificamente relacionada a litígios que envolvem *imóveis*. Daí a norma dizer que estando o imóvel situado em mais de um Estado, comarca, seção ou subseção judiciária, ainda que o juízo para o qual tenha sido distribuída — ou no qual tenha sido ajuizada — a ação não tenha competência territorial sobre toda a área do imóvel, haverá uma extensão de sua competência, para se evitar decisões conflitantes ou contraditórias sobre o mesmo imóvel. Justifica-se, assim, a norma de prevenção.

Agora a regra deixa a questão bem clara, pois se refere não somente a comarca para os fins da prevenção, mas também a seção ou subseção judiciária. A subdivisão da competência da Justiça estadual se faz por comarcas (que abrangem a área de um ou mais municípios), enquanto a da Justiça Federal se dá por seção (em cada Estado da Federação) ou subseção (subdivisão dentro de cada Estado, à semelhança das comarcas) judiciária.

Como é bem intuitivo notar, esta norma *não se aplica* ao *processo do trabalho*, pois a Justiça do Trabalho não tem competência material para lides que envolvam imóveis, nas ações de direito real ou de matérias correlatas.

Art. 61.

A ação acessória será proposta no juízo competente para a ação principal.

Comentário de *José Antônio Ribeiro de Oliveira Silva*

AÇÃO ACESSÓRIA E PREVENÇÃO

A norma deste artigo é praticamente idêntica à do art. 108 do CPC de 1973, tendo havido apenas a utilização da expressão "juízo" competente, no lugar de juiz, por ser aquela mais técnica e, portanto, correta, acompanhando a tendência do novo Código de seguir a melhor técnica processual.

Derivada da *regra de hermenêutica* segundo a qual o acessório segue o principal, este art. 61 dita a diretriz lógica de que, ao propor uma ação acessória, o autor deve sempre fazê-lo perante o juízo que detém competência para o processamento da ação principal. O exemplo mais nítido dessa "acessoriedade" sob a égide do CPC de 1973 é o relativo às *ações cautelares*, que sempre devem ser ajuizadas ou distribuídas perante o juízo competente para a ação principal, em se tratando de cautelar preparatória ou antecedente, nos moldes do art. 800, *caput*, do CPC/73. Isso porque a cautelar incidental ou intercorrente, em conformidade com este mesmo dispositivo, por óbvio, deve ser distribuída ao juízo que já processa a causa principal. Contudo, o novo Código de Processo Civil, em discutível acerto metodológico, extirpou do sistema processual a tradicional figura da ação cautelar, o que será objeto de comentários quando da análise das normas que cuidam da tutela provisória.

Não obstante, a mesma diretriz se aplica para a demanda em que se postula uma *tutela provisória de urgência*, de natureza cautelar ou antecipada, *antecedente* (art. 294, parágrafo único, do novo Código), porquanto o mesmo regramento do art. 800 agora está consubstanciado expressamente no art. 299, *caput*, do novo Código de Processo Civil.

Outro exemplo que pode ser citado é o da *ação de embargos de terceiro*, que deve ser ajuizada ou distribuída por dependência, sendo processada em autos distintos, mas perante o mesmo juízo que ordenou a apreensão ou qualquer ato de constrição do bem que o terceiro quer defender, por estar em sua posse e não poder ser atingido pela execução em curso, em conformidade com o art. 1.049 do CPC de 1973, correspondente ao art. 676 do novo Código de Processo Civil.

Quanto ao *processo do trabalho*, por serem admissíveis nele todas estas ações ou tutelas de natureza civil, como se verá oportunamente, por certo que essa diretriz — aliás, vinda dos primórdios do regramento processual — do art. 61 a ele se ajusta perfeitamente, *não havendo óbices* para sua aplicação *subsidiária*.

Art. 62.

A competência determinada em razão da matéria, da pessoa ou da função é inderrogável por convenção das partes.

Comentário de *José Antônio Ribeiro de Oliveira Silva*

COMPETÊNCIA ABSOLUTA

A única novidade neste art. 62 e no que lhe segue é que o novo Código de Processo Civil dividiu o regramento que havia no art. 111, *caput*, do CPC de 1973 em dois dispositivos, para facilitar a compreensão dos institutos. Agora, o art. 62 trata de *competência absoluta*, ao passo que o art. 63 disciplina a *competência relativa*.

Como é de sabença geral, as normas que fixam competência absoluta são *de ordem pública*, pelo alto interesse do Estado em seu disciplinamento. Por isso, a doutrina sempre enfatizou que as regras que encerram competência absoluta não comportam prorrogação por vontade das partes; nem mesmo a avença destas pode modificar a disciplina da matéria. Ademais, sempre se difundiu a tese de que a competência absoluta envolve o regramento em torno dos critérios *matéria* discutida na demanda, *pessoas* envolvidas na lide e ainda o critério *funcional*, que o CPC de 1973 chama de "hierarquia". De modo que, assim, o novo Código de Processo Civil corrige o defeito de redação do art. 111, estipulando que a competência fixada em razão *da matéria, da pessoa ou da função* não pode ser alterada por convenção das partes, enquanto o referido art. 111 faz menção apenas aos critérios matéria e hierarquia.

PROCESSO DO TRABALHO

No processo do trabalho, conquanto o rol de matérias seja bem reduzido e específico — daí porque a Justiça do Trabalho se insere como um ramo especializado no Judiciário brasileiro —, a disciplina não poderia ser diferente, *não se admitindo* qualquer convenção ou requerimento isolado das partes no sentido de prorrogar as regras de competência que levam em conta a matéria — por mais forte razão, no processo do trabalho — e a função do órgão judiciário. Relativamente ao critério "pessoa", pensamos que o processo do trabalho não tem nenhuma regra de competência que considere esse critério.

É bem verdade que uma corrente doutrinária, especialmente no período anterior à Emenda Constitucional n. 45/2004, que ampliou sobremaneira o rol de competências justrabalhistas, preconizava que a competência da Justiça do Trabalho era fixada em razão das pessoas envolvidas no litígio, e não da matéria.

O mestre Wagner Giglio asseverava, em 2002, que o texto constitucional (art. 114) "não estabelece a competência da Justiça do Trabalho em razão da *matéria*, mas se refere apenas aos litígios entre empregados e empregadores, isto é, invoca a competência em razão *das pessoas*", apontando, no entanto, o equívoco dessa escolha, "pois nem todos os conflitos entre empregados e empregadores constituem objeto de relações trabalhistas" (GIGLIO, 2002, p. 38).

Sem embargo, pensamos que há um equívoco nessa tese, haja vista que a Justiça do Trabalho, mesmo quando da redação anterior do art. 114 da Constituição da República Federativa do Brasil, sempre teve sua competência definida pelo critério *matéria*, ou seja, levando em conta a pretensão em torno de uma *relação de emprego* — reconhecida ou a ser declarada —, ainda que num dos polos da relação jurídica processual estivesse um ente público, ademais de outras competências claramente fixadas em torno de determinadas matérias, como o dissídio coletivo e outras. É dizer, não eram as pessoas do trabalhador e do empregador que definiam a competência da Justiça especializada, mas a *matéria* estampada na causa de pedir e no pedido da demanda levada a juízo.

Tanto é assim que várias ações, ainda que tivessem nos polos essas pessoas, não poderiam ser apreciadas por um juiz do trabalho, citando-se, como exemplo, as derivadas da relação de locação — o próprio jurista Wagner Giglio (*Idem, ibidem*) menciona a ação de despejo, como exceção — havida entre essas partes, questão que era — e continua sendo — de competência da Justiça comum. Alguma questão em torno da relação de emprego é que deveria ser submetida ao juízo trabalhista.

Com efeito, a partir da Emenda Constitucional n. 45 a tese por nós defendida, amplamente majoritária, restou ainda mais convincente, diante das várias matérias que foram cometidas à apreciação da Justiça do Trabalho, tendo como centro gravitacional a "relação de trabalho", matéria cujo rol é bem mais amplo do que o da "relação de emprego". Basta conferir o extenso rol de matérias do art. 114 da Constituição da República Federativa do Brasil para se verificar o acerto dessa tese.

De modo que competência fixada em razão da pessoa podemos encontrar no art. 109 da Constituição da República Federativa do Brasil, considerando-se que a presença da União — e suas autarquias —, como pessoa específica, desloca a competência para a Justiça Federal, melhor preparada para conhecer e resolver as demandas em que se denota interesse dos entes federais. Agora, se o regime jurídico adotado por qualquer desses entes federais for o celetista e a matéria versada na causa for decorrente de uma *relação de trabalho*, a competência se desloca para a Justiça do Trabalho, uma Justiça especializada em *causas trabalhistas*. Daí se vê que é a matéria "relação de trabalho" o critério utilizado pelo legislador, não a pessoa.

Enfim, no processo do trabalho não se admite prorrogação da competência fixada em razão da matéria ou da função, exatamente como previsto no art. 62 do novo Código de Processo Civil, que é, portanto, *aplicável* no processo do trabalho.

No tocante ao critério *funcional*, importante questão surge quanto à impetração de mandado de segurança, diante da norma do art. 678, I, "b", 3, da CLT. Ocorre que esse regramento é muito anterior à Emenda Constitucional n. 45/2004, que ampliou o rol de competências da Justiça do Trabalho e lhe deu atribuição para processar e julgar também os mandados de segurança relativos a atos de autoridade administrativa, como os praticados pelo Gerente Regional do Trabalho, numa interpretação sistemática dos incisos IV e VII do art. 114 da Constituição da República Federativa do Brasil.

De modo que os Tribunais Regionais do Trabalho têm competência originária para conhecer apenas ações mandamentais relativas a atos de órgãos jurisdicionais e servidores da Justiça do Trabalho, sendo da competência do juízo de primeiro grau o mandado de segurança impetrado contra atos de autoridade administrativa.

Art. 63.

As partes podem modificar a competência em razão do valor e do território, elegendo foro onde será proposta ação oriunda de direitos e obrigações.

§ 1º A eleição de foro só produz efeito quando constar de instrumento escrito e aludir expressamente a determinado negócio jurídico.

§ 2º O foro contratual obriga os herdeiros e sucessores das partes.

§ 3º Antes da citação, a cláusula de eleição de foro, se abusiva, pode ser reputada ineficaz de ofício pelo juiz, que determinará a remessa dos autos ao juízo do foro de domicílio do réu.

§ 4º Citado, incumbe ao réu alegar a abusividade da cláusula de eleição de foro na contestação, sob pena de preclusão.

Comentário de *José Antônio Ribeiro de Oliveira Silva*

MODIFICAÇÃO DA COMPETÊNCIA RELATIVA

Como já anunciado, o art. 63, *caput*, do novo Código de Processo Civil trata da *competência relativa*, em disposição correspondente à do art. 111, *caput*, segunda parte, do CPC de 1973.

Diferentemente das normas que fixam competência absoluta, as que disciplinam a competência relativa podem ser modificadas ou prorrogadas por vontade das partes. Cediço que apenas as competências definidas em razão do *território* ou do *valor da causa* — critérios de definição de competência relativa — podem ser alteradas por consenso ou por falta da arguição da incompetência pelo réu.

Surgem, então, as duas hipóteses de *prorrogação da competência* (relativa): a eleição de foro e a concordância do réu, fazendo com que um juízo que não era inicialmente competente para a causa — embora o seja em razão da matéria (ou pessoa) e da função — passe a sê-lo. É dizer, ainda que determinada comarca ou subseção judiciária não fosse o local apropriado — no sentido de competente — para a propositura da demanda, com a escolha em comum ou a concordância tácita do réu, ali se torna o local adequado (competente).

O critério territorial é largamente utilizado para circunscrever a área de jurisdição de cada juízo, em sua comarca, seção ou subseção judiciária. De outro lado, o critério valor da causa já não tem grande utilidade, mesmo no processo comum, porquanto há um limite de valor da causa para que a demanda seja proposta perante o juizado especial cível. Daí que a única aplicação prática dessa *relativização* das regras de competência, pelo critério valor da causa, tem sido a escolha, pelo autor, do juizado especial ou da vara tradicional da Justiça estadual, conforme lição de Luiz Dellore (DELLORE, 2015, p. 212).

PROCESSO DO TRABALHO

No processo do trabalho *se aplica* esta regra a respeito da possibilidade de modificação da competência relativa. Contudo, de não olvidar-se que na seara trabalhista não há o menor espaço para utilização do critério valor da causa, tendo em vista que o processo do trabalho não tem regra de fixação de competência que leve em conta esse critério.

Na Justiça do Trabalho o valor da causa tem como serventia apenas a definição do rito processual a ser seguido, pois se a causa for de até dois salários mínimos, trata-se de dissídio de alçada, atraindo o regramento da Lei n. 5.584/70, que deve seguir o rito sumário — em verdade, sumaríssimo, como se pode perceber da leitura dos dispositivos que regulam a espécie, tanto que a recorribilidade nesse dissídio é praticamente inexistente, exceto na demonstração de violação direta da Constituição Federal. Tendo a causa valor de até quarenta salários mínimos — de 2,01 a 40, em verdade —, e não envolvendo ente público, seguirá o rito sumaríssimo — ou sumário —, em conformidade com os arts. 852-A e seguintes da CLT. De modo que somente as causas com expectativa autoral de mais de 40 salários mínimos é que são processadas pelo rito ordinário, no processo do trabalho.

FORO DE ELEIÇÃO

A norma do § 1º do art. 63 é similar à do art. 25 do novo Código de Processo Civil, na medida em que também admite a eleição de foro pelas partes. Sem embargo, é menos abrangente, porque, como já afirmado, a regra do art. 25 admite a validade de cláusula de eleição de foro exclusivo no estrangeiro, desde que pactuada em contrato internacional, cláusula por meio da qual as partes simplesmente excluem a possibilidade de submissão da demanda à jurisdição brasileira. .

Aqui, pelo contrário, dentro dos limites da nossa jurisdição, as partes modificam a competência originariamente definida por lei, em razão dos critérios valor da causa e território, escolhendo outra comarca, seção ou subseção judiciária para o processamento de eventuais litígios que venham a surgir no cumprimento do contrato entre elas celebrado, fazendo-o por meio de uma *cláusula de eleição de foro*.

Daí se infere que a cláusula de eleição de foro exige *forma especial*, devendo constar de instrumento escrito, e, ainda, referir-se *"expressamente a determinado negócio jurídico"* (§ 1º do art. 63). Se válida e observadas essas diretrizes, a eleição de foro obrigará *"os herdeiros e sucessores das partes"* (§ 2º). Até aqui nada de novidade, porquanto os §§ 1º e 2º do art. 111 do CPC de 1973 já trazem a mesma disciplina.

Entrementes, não se pode admitir, jamais, a *abusividade* nessa eleição de foro, de modo a beneficiar uma das partes e praticamente inviabilizar o acesso à justiça pela outra parte. Daí que, sendo nula — ou ineficaz, na dicção do novo Código de Processo Civil — essa cláusula, poderá haver controle judicial sobre ela, de ofício e já no limiar do processo. Por isso a norma do § 3º do art. 63, correspondente à do parágrafo único do art. 112 do CPC de 1973, autoriza o juiz a declarar *ineficaz* essa cláusula, quando constatar sua *abusividade*, de ofício, desde que o faça *antes da citação* do réu, caso em que o juiz deverá determinar a remessa dos autos do processo ao juízo do foro do domicílio do réu.

Realizada a citação, embora o juiz não possa mais agir de ofício, se o réu alegar a abusividade da cláusula de eleição de foro na contestação, em sede de preliminar, o juiz poderá declarar a ineficácia da cláusula e determinar o envio dos autos ao juízo competente, ou seja, para o foro do domicílio do réu. Agora, se o réu isso não alegar no prazo da contestação, haverá *preclusão*, e o foro eleito pelas partes passará a ser observado, nos moldes do § 4º do art. 63.

De se notar, ademais, que essa *limitação da autonomia da vontade* não está mais restrita às relações consumeristas, nas quais predominam os contratos de adesão. Diferentemente da regra do parágrafo único do art. 112 do CPC de 1973, que alude expressamente ao *contrato de adesão*, a nova regra — § 3º — exige apenas e *tão somente* que a cláusula de eleição seja *abusiva*.

Destarte, em qualquer espécie de contrato, desde que o juiz verifique a *abusividade da cláusula*, que dificulta o acesso à jurisdição por parte do réu, poderá haver pronúncia dessa abusividade e, por consequência, a declaração de sua nulidade ou ineficácia, inadmitindo-se a prorrogação da competência, pois, em regra, nos domínios do processo civil a ação deve ser aforada no domicílio do réu. De se prestigiar, portanto, o *princípio do acesso à justiça*, no caso, por parte do demandado, por ser esse princípio um dos pilares do processo constitucional e justo.

PROCESSO DO TRABALHO

Ao comentarmos sobre a norma do art. 25 do novo Código, já asseveramos ser *inadmissível* no processo do trabalho qualquer cláusula de eleição de foro, seja de foro no estrangeiro, seja nos limites da jurisdição brasileira. Daí que tanto aquela norma quanto as do art. 63, parte final, e §§ do novo Código de Processo Civil *não têm* a menor aplicabilidade na seara trabalhista.

Quando muito se poderia admitir que, tendo sido celebrado contrato de emprego com cláusula de eleição de foro, e verificando o juiz do trabalho que ela macula a garantia do acesso à justiça por parte do trabalhador — numa ação ajuizada por seu empregador, hipotética, de tão rara sua ocorrência —, poderá ele, de ofício ou a requerimento do réu-trabalhador, declarar a ineficácia da cláusula e determinar a remessa dos autos do processo ao juízo do foro do domicílio deste.

Sendo o contrato de trabalho uma modalidade de *contrato de adesão*, conforme já explanado nos comentários ao art. 25 do novo Código de Processo Civil, todas as cláusulas de eleição de foro que pudessem nele ser pactuadas por óbvio que beneficiariam somente o empregador, em detrimento das regras protetivas do art. 651 e §§ da Consolidação.

Nem mesmo os chamados "altos empregados" estariam imunes a essa abusividade, porque sua autonomia da vontade quando da admissão é apenas *relativa*, diante da necessidade do emprego. Ora, quando da celebração do contrato de trabalho o candidato ao emprego, em regra, não tem poder de discussão quando da negociação das cláusulas que o vincularão ao empregador. É dizer, não há margem para discussão, inclusive porque algumas condições de trabalho já estão definidas previamente por negociação coletiva ou regulamento de empresa. De duas uma: ou o candidato ao emprego — ainda que profissional muito qualificado — aceita de modo global as cláusulas postas à mesa, ou não terá a vaga.

De tal modo que, não tendo o trabalhador ampla liberdade para discutir o teor das cláusulas contratuais a ele apresentadas, a eleição de foro no âmbito do contrato de trabalho estaria sempre eivada de vício de vontade, sendo, portanto, fruto de uma cláusula abusiva.

Talvez fossem desnecessárias todas essas considerações, diante da clareza das *regras próprias* da CLT — o que por si só já afastaria a aplicação do regramento do art. 63 e §§ —, porquanto, como já afirmado nessa obra, as regras de competência, no processo do trabalho, são todas fixadas para a devida proteção ao trabalhador, o hipossuficiente da relação jurídica trabalhista, em conformidade com o art. 651 e §§ da CLT. Em suma e de modo definitivo, *não se admite*, na Justiça do Trabalho, *nenhuma cláusula de eleição de foro*, diante da total incompatibilidade desse instituto com as normas de ordem pública desse art. 651.

Sem embargo, a se admitir essa possibilidade, como já afirmado, o juiz do trabalho poderá declarar, *de ofício*, a ineficácia da cláusula de eleição de foro, a qualquer momento, mesmo após a citação do réu, diante do *princípio inquisitivo* que impera no âmbito do processo do trabalho, não se podendo invocar a regra de preclusão *pro judicata* constante do § 3º do art. 63 do novo Código de Processo Civil, até porque não há despacho da petição inicial no processo laboral.

No mais, reportamo-nos ao quanto já explicitado quando dos comentários ao art. 25 deste Código.

Seção III
Da Incompetência

Art. 64.

A incompetência, absoluta ou relativa, será alegada como questão preliminar de contestação

§ 1º A incompetência absoluta pode ser alegada em qualquer tempo e grau de jurisdição e deve ser declarada de ofício.

§ 2º Após manifestação da parte contrária, o juiz decidirá imediatamente a alegação de incompetência.

§ 3º Caso a alegação de incompetência seja acolhida, os autos serão remetidos ao juízo competente.

§ 4º Salvo decisão judicial em sentido contrário, conservar-se-ão os efeitos de decisão proferida pelo juízo incompetente até que outra seja proferida, se for o caso, pelo juízo competente.

Comentário de José Antônio Ribeiro de Oliveira Silva

ALEGAÇÃO DE INCOMPETÊNCIA

No tocante à *arguição da incompetência* o novo Código de Processo Civil altera substancialmente o regime do CPC de 1973. Neste, como sabido, há uma acentuada diferença procedimental conforme a espécie de incompetência a ser submetida à apreciação judicial. A se tratar de incompetência relativa — em razão do território ou do valor da causa —, o modo correto de proceder a sua arguição é por meio de exceção, nos moldes do art. 112 do CPC/1973. Já a incompetência absoluta — tendo como critérios a matéria, a pessoa ou a função — pode ser alegada como preliminar na contestação, ou, posteriormente a esse momento, em qualquer tempo e grau de jurisdição, em conformidade com o art. 113 do CPC de 1973.

Agora, com o novo Código de Processo Civil, *ambas as incompetências* — relativa e absoluta — deverão ser alegadas como *questão preliminar*, na contestação ofertada pelo réu, de acordo com o *caput* deste art. 64. Desaparecerá, assim, a figura da exceção de incompetência relativa, que provoca a suspensão do processo até a decisão respectiva (art. 306 do CPC/1973). Ela é oferecida em petição apartada — petição inicial (art. 310) — e o juiz determina seu processamento nos próprios autos — diante da suspensão do processo —, observando o rígido procedimento dos arts. 307 a 311 do CPC/1973. Todo esse formalismo para a decisão de uma simples arguição de incompetência territorial não faz sentido, motivo pelo qual o novo Código de Processo Civil — talvez inspirado na prática do processo do trabalho, como se verá mais adiante — abandona a figura da exceção e seu rito burocrático, *não repetindo* as normas dos arts. 307 a 311, *supra* referidos.

O efeito prático dessa mudança é que a arguição de incompetência pelo réu, em preliminar da contestação, *não mais* suspenderá o processo. O juiz simplesmente facultará a manifestação da parte contrária, no prazo que entender razoável, ante o silêncio da norma (§ 2º deste art. 64), e, na sequência, salvo absoluta necessidade de produção de prova oral, decidirá *imediatamente* a alegação de incompetência. Se acolhida, determinará prontamente a remessa dos autos ao juízo competente (§ 3º).

Daí que somente o réu tem legitimidade para arguir a incompetência relativa, mas deve fazê-lo impreterivelmente no prazo peremptório de contestação — e como preliminar desta —, sob pena de preclusão, ou seja, de *prorrogação da competência, ex vi* do art. 65 do novo Código de Processo Civil.

Quanto à arguição da *incompetência absoluta*, conquanto obedeça ao mesmo ritual de alegação, no momento específico de defesa — arguição como preliminar da contestação —, por se referir a questão de ordem pública, como já visto anteriormente, tanto o Código de 1973 quanto o novo Código preconizam a possibilidade de arguição, pelo réu, *após esse momento*, em petição inominada. Daí que nenhuma alteração houve nesse tema: a alegação da incompetência absoluta pode se dar "em qualquer tempo e grau de jurisdição", pelo réu. Ademais, diante da natureza jurídica do instituto, *deve* ser declarada de ofício, pelo juiz, desembargador ou ministro — em qualquer grau de jurisdição —, ou seja, em qualquer fase do processo, tendo em vista que a competência absoluta está atrelada ao *princípio do juiz natural*, imanente ao devido processo legal, não podendo haver prorrogação dessa competência.

Contudo, importante *alteração ritual* provém do novo Código de Processo Civil quanto à incompetência absoluta, porquanto o § 2º deste art. 64, ainda que de modo indireto, preconiza a oferta do *contraditório* para que o juiz possa decidir sobre a arguição dessa incompetência. Como ambas as espécies de incompetência foram tratadas no mesmo dispositivo e praticamente com o mesmo procedimento, também para decidir sobre a incompetência absoluta, quando arguida pelo réu, deve o juiz, antes de fazê-lo, oportunizar ao autor sua *manifestação* em prazo razoável.

Questiona-se sobre a possibilidade de o juiz, verificando sua *manifesta* incompetência absoluta — por exemplo, uma causa trabalhista ajuizada na Justiça comum estadual —, decidir de plano a questão, até porque a norma é muito clara no sentido de que ele *deve* declarar, de ofício, essa incompetência. A resposta poderia ser positiva, ante a imperatividade da norma e a clareza da situação. Não obstante, a norma fundamental do art. 10 do novo Código de Processo Civil disciplina que o juiz não pode decidir *nenhuma questão de ofício* sem oportunizar às partes sua manifestação em contraditório. Sendo assim, numa interpretação *sistemática* do novo Código, a conclusão, conquanto pareça ilógica no que toca a essa matéria específica — incompetência absoluta manifesta —, é a de que o juiz *deverá intimar* o autor para dizer se pretende insistir no aforamento da ação naquele juízo, diante de norma de ordem pública em sentido contrário — por exemplo: o rol do art. 114 da Constituição da República Federativa do Brasil.

Aqui também, em sendo acolhida a preliminar ou no caso de decisão de ofício pela incompetência absoluta, o juiz determinará *imediatamente* a remessa dos autos ao juízo competente, nos moldes do § 3º deste art. 64.

Enfim, importante inovação se deu com o novo Código de Processo Civil no tocante aos *efeitos da decisão* que declara a incompetência. No regime do CPC de 1973, se declarada a incompetência absoluta, aproveitar-se-ão todos os atos praticados, salvo os decisórios, que serão declarados nulos. Agora, com o novo Código, "conservar-se-ão os efeitos de decisão proferida pelo juízo incompetente" (§ 4º) — e como não se fez distinção, inclusive pelo juízo incompetente em razão do lugar, por exemplo, numa concessão de tutela provisória antecipada *inaudita altera parte* — "até que outra seja proferida", em sentido contrário, pelo juízo competente.

Dito de outra maneira, a decisão proferida pelo juízo incompetente — em questão absoluta ou relativa — continuará produzindo normalmente seus efeitos no juízo competente, exceto em duas situações: 1ª) o próprio juízo, ao declarar sua incompetência, revoga os efeitos de sua decisão anterior; 2ª) o juízo competente, recebendo os autos do processo, profere outra decisão, revogando ou alterando os efeitos daquela decisão.

Essa *conservação dos efeitos* é muito salutar, porquanto em muitos casos, a par da incompetência do juízo, a decisão por ele proferida era a mais acertada para a situação fática, não tendo sentido lógico exigir-se de outro juízo que profira a mesma decisão, inclusive com a necessidade de extensão dos seus efeitos ao período passado, para se evitar questionamentos sobre o período de aplicação da norma concreta: a decisão judicial.

PROCESSO DO TRABALHO

À primeira vista não se pode questionar sobre a aplicabilidade desta normativa acerca da alegação de incompetência nos domínios do processo do trabalho. Contudo, de não se olvidar de que a CLT tem regras próprias a respeito da matéria, pelo menos no que pertine ao *ritual* da incompetência relativa.

Pois bem, a boa e velha CLT, de 1943, continuará contendo normas sobre a *exceção de incompetência relativa*, em conformidade com os arts. 799, *caput*, e 800, cuja transcrição se faz necessária, para facilitar a compreensão da matéria.

> Art. 799. Nas causas da jurisdição da Justiça do Trabalho, somente podem ser opostas, com suspensão do feito, as exceções de suspeição ou incompetência.
>
> (...)
>
> Art. 800. Apresentada a exceção de incompetência, abrir-se-á vista dos autos ao exceto, por 24 (vinte e quatro) horas improrrogáveis, devendo a decisão ser proferida na primeira audiência ou sessão que se seguir.

De modo que, numa *interpretação literal* destes dispositivos, as seguintes conclusões devem ser tiradas: 1ª) a incompetência relativa — em razão do território — será alegada mediante exceção; 2ª) essa arguição suspende o processo; 3ª) o excepto terá vista dos autos para poder se manifestar, pelo prazo improrrogável de 24 horas; 4ª) o juiz tem de designar uma audiência em prosseguimento, ainda que deva inserir o processo em pauta com a maior brevidade possível (primeira sessão na sequência ao término do prazo do autor), na qual deve proferir sua decisão.

Bem se vê que, conquanto menos burocrático do que o procedimento dos arts. 307 a 311 do CPC/1973, este rito, partindo da *figura ultrapassada* da exceção de incompetência, provoca, se seguido, um retardamento no curso do processo, contrariando todo o espírito de celeridade que se quis imprimir ao processo do trabalho, desde sempre.

Sem embargo, na prática os juízes do trabalho nunca se apegaram ao tecnicismo processual e, diante da premência de satisfação do crédito trabalhista na maioria dos casos — ao que se soma o aumento descomunal de ações ajuizadas na Justiça do Trabalho, alongando em demasia a existência de vagas na pauta de audiências —, criaram um *procedimento específico*, atendendo aos princípios da simplicidade, celeridade e efetividade, como segue:

a) a jurisprudência majoritária não exigia exceção de incompetência, em petição apartada, admitindo sem rebuços a mera arguição em *preliminar* da contestação;

b) os juízes, salvo absoluta necessidade, devidamente demonstrada, já oportunizavam a manifestação do autor na mesma audiência em que apresentada a defesa com a preliminar de incompetência, já instruíam a questão e decidiam na mesma assentada, sem adiamento para uma sessão seguinte;

c) muito raramente se constatou nulidade por conta dessa prática, porque as questões relativas à preliminar são bastante simples (art. 651 e §§ da CLT), não havendo manifesto prejuízo às partes na prática de se instruir na própria audiência, inclusive porque as testemunhas conduzidas à audiência já deveriam saber, em regra, sobre o foro de prestação de serviços e de contratação.

Com efeito, *na prática*, o processo do trabalho já convivia com a nova sistemática agora adotada para o processo civil, insculpida no art. 64 e §§ do novo Código de Processo Civil. De duas uma: 1ª) ou se reconhece a lacuna ontológica e axiológica do regramento dos arts. 799 e 800 da CLT, para, numa aplicação *supletiva* do art. 64 e §§ do novo Código de Processo Civil, entender-se que agora a incompetência relativa, no processo do trabalho, deve ser arguida como *preliminar* na contestação e o juiz, salvo absoluta necessidade de adiamento, deve deferir logo prazo de 5 ou 10 minutos ao autor para se manifestar, instruir a questão — se necessário — e já decidir na sequência; 2ª) ou se entende que temos regras próprias a esse respeito, mas que isso não impeça a continuidade da prática processual trabalhista já exposta, por atender aos princípios mais caros ao processo do trabalho.

Art. 65

Relativamente à *incompetência absoluta* — basicamente a ofertada em razão da matéria —, que sempre foi ofertada como preliminar da defesa (§ 1º do art. 799 da CLT), cuja decisão somente é recorrível de imediato se implicar em terminação do feito na Justiça do Trabalho (§ 2º) — remessa a outra Justiça —, não temos previsão de exigência de manifestação da parte contrária. Por outro lado, conquanto prevista na seção que trata das nulidades (arts. 794 a 798 da CLT), a decisão que pronuncia a incompetência absoluta da Justiça do Trabalho tem seus *efeitos* previstos no § 1º do art. 795 da Consolidação. Importante transcrever esta norma, para a correta interpretação da questão:

> Art. 795. (...)
>
> § 1º *Deverá, entretanto, ser declarada ex officio a nulidade fundada em incompetência de foro. Nesse caso, serão considerados nulos os atos decisórios.*

Pois bem, da exegese *literal* desta norma se verifica que, no processo do trabalho, o juiz não somente deve declarar de ofício a incompetência de foro — vale dizer, do foro trabalhista, ou seja, da Justiça do Trabalho —, mas também declarar a nulidade de *todos os atos decisórios*, determinando, *incontinenti*, a remessa dos autos do processo ao juízo competente, fundamentando sua decisão, nos moldes do § 2º do referido art. 795.

Uma vez mais, duas saídas: 1ª) ou se reconhece a lacuna ontológica e axiológica desse regramento, aplicando-se *supletivamente* os §§ do art. 64 do novo Código de Processo Civil, exigindo-se manifestação prévia da parte contrária — ainda que o juízo trabalhista, em qualquer grau de jurisdição, possa declarar a incompetência absoluta da Justiça do Trabalho de ofício —, sem, contudo, pronunciar a nulidade das decisões já proferidas, em prestígio à nova dinâmica que proclama a conservação dos efeitos dessas decisões; 2ª) ou se adota a tese de que temos regras próprias no processo do trabalho, para tornar desnecessário o contraditório — não exigido na CLT — e sempre se exigir que o juiz do trabalho anule suas decisões, quando decidir pela incompetência absoluta.

Art. 65.

Prorrogar-se-á a competência relativa se o réu não alegar a incompetência em preliminar de contestação.

Parágrafo único. A incompetência relativa pode ser alegada pelo Ministério Público nas causas em que atuar.

Comentário de *José Antônio Ribeiro de Oliveira Silva*

PRORROGAÇÃO DA COMPETÊNCIA

Esta norma confere à *prorrogação da competência* uma redação melhor do que a estampada no art. 114 do CPC de 1973. Como já visto, a prorrogação voluntária da competência pode ocorrer nos casos de eleição de foro ou de falta de arguição da incompetência relativa.

Agora, com o novo Código de Processo Civil a matéria foi melhor disciplinada, pois a prorrogação atinente à primeira hipótese foi tratada minuciosamente no art. 63 e §§, cujo § 3º trata da hipótese de controle oficial da abusividade da cláusula de eleição de foro e de suas consequências, ao passo que a segunda hipótese recebe disciplina específica neste art. 65, com uma redação bastante clara: se o réu não arguir a incompetência em preliminar de contestação haverá *preclusão temporal* e, de efeito, "prorrogar-se-á a competência relativa", ou seja, o juízo que não era competente em razão das regras postas — basicamente em razão do território — passará a sê-lo, tendo em vista que o juiz não pode declarar, de ofício, a incompetência relativa.

A grande novidade neste passo fica por conta do parágrafo único deste artigo, resolvendo-se uma tormentosa questão processual, enfrentada pela doutrina e pela jurisprudência, a respeito da possibilidade ou não de o Ministério Público arguir a incompetência relativa, quando atuar como *custos legis*. Havia forte corrente doutrinária no sentido de que o Ministério Público somente pode fazer tal arguição se figurar como réu em determinado processo, haja vista que somente ao réu é dada a oportunidade de fazê-lo (legitimidade), além do que, intervindo posteriormente, como fiscal da ordem jurídica, já teria havido preclusão diante da falta de arguição pelo réu. Veja-se: "Tendo sido prorrogada a competência pela inércia do réu, o MP, agindo no processo como *custos legis*, não tem legitimidade para opor exceção de incompetência" (NERY JUNIOR, 1996, p. 540.)

Doravante, a celeuma perde sentido, pois a opção do novo Código foi pela *plena legitimidade* do Ministério Público para arguir a incompetência relativa, "nas causas em que atuar" como fiscal da ordem jurídica (BUENO, 2015, p. 83).

Comentários ao Novo CPC

PROCESSO DO TRABALHO

Nunca houve dúvida séria no processo do trabalho sobre a *plena aplicabilidade* da regra sobre prorrogação da competência, de modo que a norma do *caput* do art. 65 do novo Código de Processo Civil será tranquilamente aplicada, diante da lacuna e compatibilidade multimencionadas nestes Comentários.

Quanto à norma do parágrafo único deste artigo, também não pode haver óbice à sua aplicação no âmbito do processo do trabalho. Sobre essa matéria, como não há regramento próprio no microssistema processual trabalhista, não há como deixar de aplicar a inovação, porque o Ministério Público do Trabalho poderá, na inércia do trabalhador, arguir em seu proveito eventual incompetência relativa que lhe dificulte o acesso à jurisdição, inclusive no caso de eleição de foro, que nem pode ser admitida nos domínios trabalhistas, como já amplamente demonstrado nesta obra.

De modo que, o Ministério Público do Trabalho, atuando como *custos legis*, poderá alegar a incompetência relativa, tendo *legitimidade* para tanto e não se podendo invocar a preclusão para a arguição, exatamente como ocorrerá no processo civil.

Art. 66.

Há conflito de competência quando:

I – 2 (dois) ou mais juízes se declaram competentes;

II – 2 (dois) ou mais juízes se consideram incompetentes, atribuindo um ao outro a competência;

III – entre 2 (dois) ou mais juízes surge controvérsia acerca da reunião ou separação de processos.

Parágrafo único. O juiz que não acolher a competência declinada deverá suscitar o conflito, salvo se a atribuir a outro juízo.

Comentário de *José Antônio Ribeiro de Oliveira Silva*

CONFLITO DE COMPETÊNCIA

Encerrando as normas que disciplinam o capítulo da competência, o novo Código de Processo Civil traz *grande novidade*, não tanto no aspecto técnico do procedimento, mas quanto à *localização topográfica* do instituto. Como se trata de matéria relativa à competência, não poderia o novo Código deixar de abordar o tema neste capítulo.

Contudo, o *procedimento* para o processamento do conflito de competência foi deslocado para o Livro III da Parte Especial, que trata "Dos processos nos tribunais e dos meios de impugnação das decisões judiciais", tendo em vista que referido conflito é sempre decidido por um tribunal. Assim, todo o procedimento do conflito de competência passou a ser disciplinado no Capítulo V do Título I daquele Livro, nos arts. 951 a 959 do novo Código de Processo Civil. Quando tratarmos das normas que disciplinam sobre os processos no âmbito dos tribunais, comentaremos sobre esse rito.

Quanto à normativa do art. 66, ora em comento, nenhuma novidade digna de destaque em relação ao que já se encontra no art. 115 do CPC de 1973, até porque trata das *espécies de conflito de competência*: a) *positivo* — quando dois ou mais juízes se declaram competentes para o processamento da causa, situação muito rara no cotidiano forense; b) *negativo* — na situação inversa, que ocorre quando dois ou mais juízes se consideram incompetentes, isto é, "atribuindo um ao outro a competência", locução nova no regramento, que deixa mais clara a norma, pois o conflito de competência negativo ocorre justamente quando um juízo afirma que o outro é o competente, determinando a remessa dos autos a este; c) quando surge, entre dois ou mais juízes "controvérsia acerca da reunião ou separação de processos", o que se dá nos casos de *conexão*.

Perdeu o legislador grande oportunidade de corrigir defeito de redação do Código anterior, pois não há conflito de competência entre juízes, mas sim entre juízos, como adverte Nelson Nery: "O conflito se dá entre juízos, que são os órgãos com competência para exercer a atividade jurisdicional. Não pode haver conflito de competência entre juízes" (NERY JUNIOR, 2015, p. 362).

De outra mirada, a norma do parágrafo único deste art. 66 é uma *inovação* que não encontra precedente no CPC de 1973. Conquanto não fosse tecnicamente correto, o juiz que recebia os autos do processo e entendia que não era competente para processar a causa, no lugar de suscitar o conflito de competência, por vezes *devolvia* os autos ao juízo que houvera declinado de sua competência, para que este, caso entendesse necessário, suscitasse o conflito. E não havia regramento a respeito de quem deveria promover o incidente processual.

Agora, a regra é bem incisiva: se o juiz "não acolher a competência declinada", considerando-se, portanto, incompetente para a causa, deverá (ele) *suscitar o conflito*, não devolver os autos do processo ao juízo primígeno. O juízo para o qual foi declinada a causa, por mais equivocada que tenha sido a declinação, somente não terá de suscitar o conflito de competência "se a atribuir a outro juízo". Simples assim: o juízo A declina para o juízo B; ou este suscita o conflito ou declina para o juízo C; este suscita ou faz nova declinação.

Enfim, se houver conflito entre magistrados, por desentendimento quanto à vinculação ao julgamento da causa (art. 132 do CPC/1973, não repetido no novo Código de Processo Civil), Nelson Nery entende que não se trata de conflito de competência, mas de "conflito de jurisdição", o qual, no entanto, "deve seguir o procedimento do conflito de competência (CPC 66 *et seq.*), à falta de regramento processual específico" (NERY JUNIOR, 2015, p. 362).

PROCESSO DO TRABALHO

No processo do trabalho temos *regras próprias* a respeito da temática. Os arts. 803 a 811 da CLT tratam do chamados "conflitos de jurisdição". Por certo que há nessa normativa uma evidente atecnia, porquanto o conflito de jurisdição é uma locução mais apropriada para os casos de conflito de competência entre juízos de justiças distintas. Daí haver correção da nomenclatura quando se refere ao conflito de competência entre um juízo trabalhista e outro cível, em razão da matéria discutida no processo. Contudo, não é essa a hipótese disciplinada pelo art. 803, "a", da CLT, que se refere ao conflito entre varas do trabalho e juízes de direito investidos de jurisdição trabalhista.

Quanto às espécies de conflito de competência, o art. 804 da CLT menciona os conflitos de competência positivo e negativo, não disciplinando a terceira hipótese do art. 66 do novo Código de Processo Civil, a respeito da conexão. Assim, se houver "controvérsia acerca da reunião ou separação de processos", por conexão, entre juízes do trabalho, de se aplicar a norma do inciso III do referido art. 66.

No tocante à norma do parágrafo único do art. 66 há *total lacuna* no processo do trabalho e *plena compatibilidade* para sua aplicação subsidiária. De sorte que, se o juízo trabalhista "não acolher a competência declinada", por se considerar incompetente para a causa, não poderá determinar a devolução dos autos, cabendo-lhe suscitar o conflito, a menos que entenda ser um terceiro juízo o competente, caso em que estará autorizado a remeter a este os autos do processo.

Ademais, se os juízes do trabalho se desentenderem sobre qual deles está vinculado ao julgamento da causa, o que receber os autos deverá suscitar, perante o tribunal ao qual ambos estejam vinculados, por analogia, conflito de competência. De se notar, contudo, que a regra do art. 132 do CPC de 1973 não foi repetida no novo Código de Processo Civil, motivo pelo qual devem ser revistos atos normativos dos tribunais do trabalho que disciplinam sobre o *princípio da identidade física do juiz*, a despeito da Súmula n. 136 do C. TST, que foi cancelada.

Enfim, comentaremos sobre a normativa do art. 803 e seguintes da CLT quando formos comentar sobre os arts. 951 a 959 do novo Código de Processo Civil, que disciplinam o *procedimento* do conflito de competência.

CAPÍTULO II
DA COOPERAÇÃO NACIONAL

Art. 67.

Aos órgãos do Poder Judiciário, estadual ou federal, especializado ou comum, em todas as instâncias e graus de jurisdição, inclusive aos tribunais superiores, incumbe o dever de recíproca cooperação, por meio de seus magistrados e servidores.

Art. 68.

Os juízos poderão formular entre si pedido de cooperação para prática de qualquer ato processual.

Art. 69.

O pedido de cooperação jurisdicional deve ser prontamente atendido, prescinde de forma específica e pode ser executado como:

> I – auxílio direto;
>
> II – reunião ou apensamento de processos;
>
> III – prestação de informações;
>
> IV – atos concertados entre os juízes cooperantes.
>
> § 1º As cartas de ordem, precatória e arbitral seguirão o regime previsto neste Código.
>
> § 2º Os atos concertados entre os juízes cooperantes poderão consistir, além de outros, no estabelecimento de procedimento para:
>
> I – a prática de citação, intimação ou notificação de ato;
>
> II – a obtenção e apresentação de provas e a coleta de depoimentos;
>
> III – a efetivação de tutela provisória;
>
> IV – a efetivação de medidas e providências para recuperação e preservação de empresas;
>
> V – a facilitação de habilitação de créditos na falência e na recuperação judicial;
>
> VI – a centralização de processos repetitivos;
>
> VII – a execução de decisão jurisdicional.
>
> § 3º O pedido de cooperação judiciária pode ser realizado entre órgãos jurisdicionais de diferentes ramos do Poder Judiciário.

Comentário de *Guilherme Guimarães Feliciano*

O QUE HÁ DE NOVO?

1. Mais uma vez, o NCPC trata da *cooperação externa* (logo, entre órgãos judiciários com diversas jurisdições ou competências), não da *cooperação interna* (que se dá entre juízes, partes e terceiros no âmbito de uma mesma relação processual, e que é objeto do art. 6º do NCPC, comentado *supra*). A cooperação externa compreende, como vimos, tanto a cooperação internacional como a nacional. Os arts. 67 a 69 não têm correspondência no Código Buzaid.

2. Nada obstante, os institutos da cooperação externa já era bem conhecido entre nós (como, aliás, constatou se acima, nas considerações em torno da cooperação internacional). Mais recentemente, a cooperação jurídica nacional foi objeto de intenso interesse pelo Conselho Nacional de Justiça, que em 2012 criou a *Rede Nacional de Cooperação Judiciária*, desdobrada em comitês executivos estaduais, com a finalidade básica de facilitar a comunicação e a colaboração entre autoridades judiciárias de diversos ramos judiciários. De acordo com os "*consideranda*" da Recomendação CNJ n. 38, de 3.11.2011, "*a cooperação judiciária constitui mecanismo contemporâneo, desburocratizado e ágil para o cumprimento de atos judiciais fora da esfera de competência do juízo requerente ou em intersecção com ele*". E, na esteira dessas razões, o Conselho recomendou aos tribunais que

I – adotem mecanismos de cooperação, tais como os Núcleos de Cooperação Judiciária e a figura do Juiz de Cooperação, com a finalidade de institucionalizar meios para dar maior fluidez e agilidade à comunicação entre os órgãos judiciários e outros operadores sujeitos do processo, não só para cumprimento de atos judiciais, mas também para harmonização e agilização de rotinas e procedimentos forenses, fomentando a participação dos magistrados de todas as instâncias na gestão judiciária;

II – observem, ao promover a cooperação judiciária, as diretrizes gerais e mecanismos previstos no regulamento constante do Anexo desta Recomendação, para viabilizar a implantação da Rede Nacional de Cooperação Judiciária.

3. Acompanhou a Recomendação CNJ n. 38/2011 um *anexo* a prever "princípios" de regência do processamento dos pedidos de cooperação (agilidade, concisão, instrumentalidade das formas, unidade da jurisdição nacional, prioridade ao uso de meios eletrônicos), as suas modalidades (auxílio direto, reunião ou apensamento de processos, prestação de informações, cartas de ordem ou precatória, atos concertados entre juízes cooperantes) e a estrutura geral da Rede Nacional de Cooperação Judiciária. Muito do que lá se positivou foi incorporado pela Lei n. 13.105/2015.

CARACTERÍSTICAS E MODALIDADES DE COOPERAÇÃO JURÍDICA NACIONAL

1. Nos termos dos arts. 68 e 69, os pedidos de cooperação poderão ser formulados por quaisquer

Art. 69

juízos (ou tribunais) entre si, inclusive se pertencentes a diferentes ramos do Poder Judiciário (art. 69, § 3º), visando à prática de qualquer ato processual. São **características** da cooperação jurídica nacional:

(a) o dever universal de pronto atendimento (como antes previra o art. 2º do Anexo da Recomendação CNJ n. 38/2011), conferindo-se certo regime de prioridade aos pedidos de cooperação nacional;

(b) a prescindibilidade de formas especiais para o pedido (como antes previra o art. 4º, *caput*, do Anexo da Recomendação CNJ n. 38/2011), desburocratizando-se os procedimentos de cooperação nacional e concretizando-se, na espécie, o princípio da instrumentalidade das formas;

(c) a plasticidade do objeto ("[...] *para prática de qualquer ato processual*"), ainda mais explícita no Anexo da Recomendação CNJ n. 38/2011 (art. 3º: "[...] *prática de todos os tipos de atos, providências, medidas, incidentes, procedimentos e ritos processuais*").

2. A esta plasticidade, porém, SCHENK contrapõe a da *previsibilidade* do processo/procedimento, ponderando que "*a autorização para que os diversos órgãos jurisdicionais pratiquem, em cooperação, todos os tipos de atos processuais não lhes faculta a criação de normas procedimentos próprias ao arrepio daquelas ditadas pela lei processual*" (SCHENCK, 2015, p. 244). O próprio STF já considerou írritos os atos de cooperação que secundarizam ou negligenciam formalidades essenciais à validade dos atos processuais realizados (STF, HC n. 85.588, 1ª T., rel. Min. MARCO AURÉLIO, j. 4.4.2006, *in* DJ 15.12.2006 — acerca da cooperação jurídica internacional). Com efeito, impende buscar-se um ponto de equilíbrio entre a utilidade dos procedimentos de cooperação e a legalidade dos atos processuais. A nosso ver, porém, tampouco essa legalidade é inflexível; poderá o juiz infletir o procedimento, aplicando o *princípio da adequação formal* — que, vimos, revela-se, p.ex., no art. 139, VI, NCPC (v., *supra*, os comentários ao art. 6º e o *poder-dever de inflexão formal*) —, quando isto for estritamente necessário para se atingir a finalidade do ato e/ou quando não houver prejuízo para as partes (v. arts. 276 a 283 do NCPC). Assim será, *inclusive*, nos procedimentos de cooperação (nacional ou internacional). E isto é tanto mais verdadeiro nos procedimentos de cooperação perante a Justiça do Trabalho, à vista do que dispõe o art. 765 da CLT.

3. Para além dessas características, o Anexo da Recomendação CNJ n. 38/2011 ainda refere a *agilidade*, a *concisão*, a *unidade da jurisdição nacional* e a *prioridade dos meios eletrônicos*. Refere-os todos como "princípios". Aqui cabem certos reparos conceituais. De todo modo, parece certo que todos esses elementos seguem informando a cooperação jurídica nacional, conquanto esquecidos pelo NCPC. Se não, vejamos.

4. A *unidade da jurisdição nacional* não é princípio ou característica específica da cooperação

Comentários ao Novo CPC

jurídica nacional. É, antes, um seu *fundamento jurídico*(conquanto seja, também, um princípio geral da *jurisdição*). Como observa SCHENCK (SCHENCK, 2015, p. 243, g. n.).

[o] dever de recíproca cooperação entre os órgãos do Poder Judiciário nacional, independentemente da instância, da especialização ou do enquadramento funcional dos seus servidores, **decorre do princípio da unidade da jurisdição** e da responsabilidade do Estado brasileiro pela entrega de uma tutela jurisdicional efetiva e em tempo razoável (art. 5º, XXXV e LXXVIII, da CF/1988).

5. Já a *agilidade* — e, por ela, a *prioridade para o uso dos meios eletrônicos* — e a *concisão* parecem decorrer naturalmente da característica do pronto atendimento. Pedidos de cooperação jurídica nacional não serão prontamente atendidos, a menos que as autoridades judiciárias provocadas sejam ágeis em seu processamento; e tenderão a tardar, se no ato de sua emissão, no de recepção ou nos de processamento, as autoridades judiciárias não forem *concisas* (na linguagem e nos atos).

6. São **modalidades** de cooperação jurídica nacional, nos termos do art. 69/NCPC:

— o **auxílio direto**, pelo qual se dispensam, para os atos de cooperação entre os juízos, a formalidade das cartas (como se dessume, por interpretação lógica, do art. 377/NCPC; reportamo-nos, aqui, às linhas gerais do auxílio direto internacional, examinada acima);

— a **reunião ou apensamento de processos**, notadamente nas hipóteses de conexão e continência (arts. 55 e 56 do NCPC; no processo do trabalho, v. art. 842 da CLT), mas também para outras finalidades, como p. ex., na Justiça do Trabalho, a reunião de autos para a otimização das execuções em face de uma mesma empresa ou de empresas do mesmo grupo econômico (respeitadas, em todo caso, as garantias do *"procedural due process"*, como p. ex. a garantia do juiz natural

Exemplo interessante de como podem funcionar núcleos de execução trabalhista sem malferimento à garantia do juiz natural pode-se encontrar no Tribunal Regional do Trabalho da 3ª Região (Minas Gerais), com o seu Núcleo de Pesquisa Patrimonial, em atividade desde 2011. Na prática, o juiz coordenador do Núcleo de Pesquisa Patrimonial, substituto, é designado para funcionar como juiz auxiliar em *todas* as Varas do Trabalho do Estado de Minas Gerais, concomitantemente, mas apenas na fase de execução; há, ademais, um elemento *consensual* na remessa dos processos ao núcleo, no que diz respeito ao juiz originariamente afetado, o que aproxima a espécie da modalidade dos *atos concertados*. A esse respeito, MARINONI *et al*. sustentam que os atos concertados não podem implicar delegações de atividades que possuam caráter decisional, sob pena de violação do princípio do juiz natural (MARINONI; ARENHART; MITIDIERO, 2015, p. 149). Há que ver, todavia, que, não se tratando de "delegação", mas de *designação* de um juiz substituto — ainda que concomitantemente para todas as unidades de primeiro grau —, não haverá inconstitucionalidades, desde que a afetação de processos a esse juiz observe critérios objetivos.

Reuniões dessa natureza não são incomuns no direito comparado. Nos Estados Unidos da América, essa possibilidade decorre das *Federal Rules of Civil Procedure* (*Rule 42*), mesmo se os processos tramitarem perante juízes de diversas competências; assim como delas decorre, também, a possibilidade de se *particionar* demandas, por conveniência, para evitar prejuízos ou para tornar o procedimento mais expedito e econômico. *In verbis*; *"(a)* Consolidation. *If actions before the court involve a common question of law or fact, the court may: (1) join for hearing or trial any or all matters at issue in the actions; (2) consolidate the actions; or (3) issue any other orders to avoid unnecessary cost or delay. (b)* Separate Trials. *For convenience, to avoid prejudice, or to expedite and economize, the court may order a separate trial of one or more separate issues, claims, crossclaims, counterclaims, or third-party claims. When ordering a separate trial, the court must preserve any federal right to a jury trial"*.

— a **prestação de informações,** pela qual juízes cooperantes trocam dados processuais relevantes para respaldar providências de caráter isolado ou concertado (assim, *e.g.*, na prestação de informações sobre os elementos identificadores das demandas, nos processos em que se vejam alegadas a conexão ou a continência, para o convencimento do juiz solicitante; ou a solicitação de informações sobre novo endereço do réu ou da testemunha, pelo juízo deprecante, para evitar a devolução da precatória sem a citação do primeiro ou a intimação da segunda);

— os **atos concertados** entre juízes cooperantes, pelos quais se estabelecem, *dialogicamente*, procedimentos comuns para a realização de atos ou providências de interesse de um dos juízos cooperantes, ou de ambos (assim, p.ex., o estabelecimento de procedimentos comuns consensuados, em fase de execução, entre os diversos juízes do Trabalho de um determinado fórum ou de uma determinada circunscrição, respeitado o *"procedural due process"*).

O rol, a nosso ver, é exemplificativo. De todo modo, quase todos os atos possíveis de cooperação jurídica nacional terminarão se subsumindo a uma ou outra modalidade.

7. As **cartas de ordem,** as **cartas precatórias** e as **cartas arbitrais,** referidas o § 2º do art. 69/NCPC, não são propriamente modalidades de cooperação jurídica nacional, mas *instrumentos de sua comunicação*. São tratadas no art. 237 e nos arts. 260 a 268, adiante comentados. Não nos parece, porém, que *esgotem* as possibilidades de comunicação dos pedidos de cooperação jurídica nacional, como parece supor SCHENK (SCHENCK, 2015, p. 247). Mas trataremos disso adiante.

8. Entre os **atos concertados,** o NCPC prevê, *"além de outros"* (= rol exemplificativo), os seguintes *procedimentos* (a serem devidamente *concertados* entre as autoridades judiciárias):

— a prática de citação, intimação ou notificação de ato (= procedimentos de comunicação);

— a obtenção e apresentação de provas e a coleta de depoimento (= procedimentos de instrução);

— a efetivação da tutela antecipada (= procedimentos de satisfação)

— a efetivação de medidas e providências para recuperação e preservação de empresas (procedimentos gerais: comunicação, instrução, satisfação etc.);

— a facilitação de habilitação de créditos na falência e na recuperação judicial (= *procedimentos de otimização*, que pela primeira vez são autonomizados na legislação processual);

— a centralização de processos repetitivos (= procedimentos de otimização); e

— a execução de decisão jurisdicional (= procedimentos de satisfação).

9. Todas essas modalidades de cooperação jurídica nacional têm cabida no processo do trabalho, assim como, em tese, as três modalidades de cartas, por força do art. 769/CLT c.c. art. 15/NCPC. Em termos de *novidades*, podem-se imaginar, p. ex., as seguintes hipóteses:

(a) a solicitação de informações complementares, por *e-mail* ou telefone (com certificação nos autos), ao juízo deprecante, para efeito de efetivo cumprimento da carta precatória (art. 69, I, NCPC, c.c. art. 769/CLT);

(b) o procedimento concertado entre o juiz do Trabalho e o juiz falimentar, para efeito de expedita habilitação e satisfação dos créditos trabalhistas privilegiados reconhecidos pelo primeiro (art. 69, IV, § 2º, V, do NCPC, c.c. art. 83, I, da Lei n. 11.101/2005 e art. 769 da CLT); ou, ainda,

(c) o procedimento concertado de centralização de processos repetitivos em uma das unidades do fórum trabalhista (*e.g.*, reclamações trabalhistas individuais baseadas, todas, em uma questão jurídica comum — como p. ex. a validade de determinada cláusula convencional em vigor na respectiva base territorial —, sem maiores variações de pedidos), com a devida compensação na distribuição (art. 69, IV, § 2º, VI, do NCPC, c.c. art. 769 da CLT).

Convirá que os atos concertados entre juízes cooperantes fundem-se sempre em diretrizes claras, reduzidas a termo e baixadas por meio de portarias, resoluções ou atos administrativos similares. Se necessário, as designações deverão ser plúrimas, alcançando todas as unidades envolvidas no procedimento de cooperação, para que a atuação do magistrado "centralizador" não viole a garantia do juiz natural.

LIVRO III

DOS SUJEITOS DO PROCESSO

TÍTULO I
DAS PARTES E DOS PROCURADORES

CAPÍTULO I
DA CAPACIDADE PROCESSUAL

Art. 70.

Toda pessoa que se encontre no exercício de seus direitos tem capacidade para estar em juízo.

Comentário de *José Antônio Ribeiro de Oliveira Silva*

CAPACIDADE PROCESSUAL

A norma deste artigo corresponde à do art. 7º do CPC de 1973, enunciando a regra geral da capacidade de ser parte ou interveniente em processo judicial. Como é sabido, a capacidade processual leva em conta a capacidade para os efeitos civis, motivo pelo qual a doutrina sempre fez menção à *tríplice capacidade*:

a) *capacidade de ser parte* — dada a todos, mesmo ao incapaz, porque todas as pessoas, a partir do nascimento com vida, são dotadas de personalidade e, portanto, capazes de serem titulares de direitos, deveres e obrigações (art. 1º do CC), razão pela qual podem figurar num dos polos da relação jurídica processual na defesa de seus interesses; fala-se, então, em *capacidade de direito*, pois "todo aquele que tiver aptidão para adquirir direitos e contrair obrigações tem capacidade de direito" (NERY JUNIOR, 2015, p. 371);

b) *capacidade processual* — conferida apenas e tão somente à "pessoa que se encontre no exercício de seus direitos", ou seja, à pessoa plenamente capaz, que não precisa de representação ou de assistência para estar em juízo; aí, a *capacidade de fato*, de exercer, por si, os atos da vida civil;

c) *capacidade postulatória* — tendo em vista que, mesmo plenamente capaz, a pessoa não pode, por si, formular qualquer *postulação em juízo* — salvo exceções normalmente relacionadas às hipóteses em que se admite a postulação em causa própria, o famoso *ius postulandi* —, necessitando de um profissional qualificado para peticionar e praticar atos processuais em seu nome, em regra, o advogado (art. 103 do novo CPC), podendo fazê-lo também o Ministério Público ou a Defensoria Pública.

Daí se percebe com nitidez que este art. 70 do novo Código de Processo Civil disciplina a segunda espécie de capacidade, a *capacidade processual*, de estar em juízo. Assim, de acordo com os arts. 3º, 4º e 5º do Código Civil, são plenamente capazes de exercer seus direitos e deveres, sem o auxílio de outrem, as pessoas com 18 anos completos — ou, antes disso, desde que emancipadas — e que não se encontrem numa das situações de incapacidade descritas naqueles dispositivos legais.

Com efeito, sendo plenamente capaz de exercer pessoalmente todos os atos da vida civil, pode qualquer pessoa natural figurar no processo como parte ou interveniente, conquanto necessite de auxílio técnico para suas postulações.

PROCESSO DO TRABALHO

No processo do trabalho não há questionamento sobre a *plena aplicabilidade* desta norma, de modo subsidiário, porquanto os arts. 792 e 793 da CLT tratam de situações de incapacidade absoluta ou relativa para estar em juízo, correspondendo às regras dos arts. 71 e seguintes do novo Código de Processo Civil, matéria que será examinada na sequência destes Comentários.

Destarte, a regra geral sobre a capacidade processual, enunciando que "toda pessoa que se encontre no exercício de seus direitos tem capacidade para estar em juízo", por certo que se aplica *subsidiariamente* ao processo do trabalho.

Art. 71.

> O incapaz será representado ou assistido por seus pais, por tutor ou por curador, na forma da lei.

Comentário de José Antônio Ribeiro de Oliveira Silva

REPRESENTAÇÃO OU ASSISTÊNCIA

Dado que a qualquer pessoa natural é conferida a possibilidade de ser titular de direitos, deveres e obrigações, não seria lícito impedi-la de figurar no processo, na condição de autor, réu ou interveniente. Sendo assim, tal como na esfera extraprocessual, no âmbito endoprocessual se exige apenas que a pessoa que não seja plenamente capaz — casos de incapacidade absoluta ou relativa — esteja, em juízo, representada ou assistida, conforme o *grau de sua incapacidade*, "por seus pais, por tutor ou por curador, na forma da lei", ou seja, de acordo com as diretrizes do Código Civil.

De modo que os *absolutamente incapazes* — por exemplo, os menores de 16 anos — deverão ser *representados* pelos pais, ou, em situações especiais, por um tutor. Agora, se a incapacidade do sujeito for apenas *relativa* — por exemplo, a pessoa com idade entre 16 e 18 anos (menos um dia), a não ser que emancipada —, basta-lhe a *assistência* pelos pais ou por um curador especial, nos moldes dos arts. 3º a 5º do Código Civil.

A diferença, como sabido, advém do direito material, porquanto os absolutamente incapazes não podem de modo algum expressar sua vontade, que é manifestada *apenas* por seu representante. De outra mirada, os relativamente incapazes podem manifestar sua vontade, mas necessitam de uma *assistência* — conjugação de vontades — para fazê-lo de maneira plena. Essa distinção repercute no âmbito processual, porque o relativamente incapaz será ouvido, podendo surgir situações de desencontro entre sua vontade e a de seu assistente, por exemplo, quanto à celebração de acordo para colocar fim ao processo. Nessa hipótese, o juiz deverá verificar, casuisticamente, qual vontade deve prevalecer, observando o direito material em jogo e os princípios que regem a matéria.

PROCESSO DO TRABALHO

No processo do trabalho os *maiores de 18 anos* — e menores de 21 anos, lembrando-se de que a CLT é de 1943, quando vigorava o CC de 1916 — sempre tiveram capacidade processual plena, assim como as *mulheres casadas* — de não se olvidar de que o Estatuto da Mulher Casada, de 1962, é que conferiu a essas mulheres a plena capacidade processual —, os quais sempre puderam "pleitear perante a Justiça do Trabalho sem a assistência de seus pais, tutores ou maridos", *ex vi* do art. 792 da Consolidação.

De modo que muito antes do Código Civil de 2002 os maiores de 18 anos, no *processo do trabalho*, sempre tiveram capacidade de exercício de seus direitos e a plena possibilidade de reivindicá-los em juízo, é dizer, sempre tiveram *capacidade processual*.

Quanto à incapacidade do *menor de 18 anos*, a CLT também sempre teve *regra própria*, consubstanciada em seu art. 793. De acordo com a redação atual deste dispositivo, dada pela Lei n. 10.288/2001, na Justiça do Trabalho, a reclamação trabalhista do menor de 18 anos "será feita por seus representantes legais"; na falta destes, pelo Ministério Público do Trabalho, pelo sindicato, pelo Ministério Público estadual ou por curador nomeado em juízo. O que se extrai desta norma é que o trabalhador menor de 18 anos *não tem* capacidade processual, devendo sua postulação em juízo contar com a *representação ou assistência* das pessoas ali nomeadas, conforme o caso.

De sorte que, diante da *incompletude* da norma, há de se buscar as normas do CPC e também do CC, para completar o regramento, de modo *supletivo*. Com efeito, algumas *hipóteses* podem ser colocadas:

1ª) o trabalhador que tenha menos de 16 anos — embora possa atuar somente como aprendiz nessa faixa etária, *ex vi* do art. 7º, XXXIII, da CF/88 — deve ser *representado* em juízo;

2ª) se ele tiver menos de 18 anos, a partir de 16 anos completos, necessitará de *assistência*;

3ª) seja a representação, seja a assistência, deve ser prestada *prioritariamente* por um de seus pais ou, sendo o caso, pelo tutor;

4ª) apenas *na falta* dos pais ou do tutor, é que a representação ou a assistência para estar em juízo poderá ser prestada pelo Ministério Público do Trabalho, por um dirigente do sindicato que representa a categoria profissional do menor, pelo Ministério Público estadual ou, em último caso, por um *curador nomeado* pelo juiz da causa, podendo — somente neste caso — a curatela recair sobre algum familiar do menor, como tio, irmão, sobrinho etc.;

5ª) se o menor for *o empregador* — conquanto se trate de uma hipótese puramente acadêmica —, não se aplica a norma do art. 793 da CLT, sendo que, no caso, sua representação ou assistência será prestada nos termos dos arts. 71 e 72, I, do novo CPC, c/c os arts. 3º e 4º do Código Civil, a menos que emancipado, especialmente na hipótese do inciso V do parágrafo único do art. 5º do CC/2002;

6ª) como trabalhador ou empregador, sendo o caso de se verificar uma das *incapacidades não relacionadas à idade* — demais hipóteses dos arts. 3º e 4º do CC —, surge a necessidade de representação ou assistência, pelos pais, pelo tutor ou por curador especial, não se aplicando a parte final do art. 793 da CLT, que se refere apenas à idade.

Daí se percebe que, em certa medida, ainda que a CLT tenha regramento próprio, *aplica-se* o quanto disposto no art. 71 do novo Código de Processo Civil ao processo do trabalho. O que muda por completo na Justiça do Trabalho é a diretriz relacionada à capacidade postulatória, diante da norma do art. 791 da CLT, que consagra o *ius postulandi* laboral, questão que será analisada mais adiante.

Art. 72.

O juiz nomeará curador especial ao:

I – incapaz, se não tiver representante legal ou se os interesses deste colidirem com os daquele, enquanto durar a incapacidade;

II – réu preso revel, bem como ao réu revel citado por edital ou com hora certa, enquanto não for constituído advogado.

Parágrafo único. A curatela especial será exercida pela Defensoria Pública, nos termos da lei.

Comentário de *José Antônio Ribeiro de Oliveira Silva*

CURATELA ESPECIAL

Com melhor redação e atento ao fator tempo (duração da incapacidade), este dispositivo corresponde ao art. 9º e parágrafo único do CPC de 1973. *Inova*, contudo, ao não apenas tratar das hipóteses de curatela especial, mas definir quem deve exercer essa curatela, em seu parágrafo único.

Assim, o juiz deve nomear *curador especial* nas seguintes situações:

1ª) quando constatar que o incapaz — incapacidade absoluta ou relativa — não tem representante legal — pais ou tutor — ou que os interesses deste colidem com os do incapaz, mas somente "enquanto durar a incapacidade"; cessada esta, por exemplo, pela maioridade, *desaparece* a necessidade da curatela especial;

2ª) quando verificar que o réu preso não se defendeu (revel), ou que o réu citado por edital ou com hora certa também não apresentou defesa (revel), mas apenas "enquanto não for constituído advogado" pelo réu revel; daí se vê que tão somente nos casos de *revelia*, e nessas circunstâncias especiais — réu preso ou citado de forma presumida —, é que se faz obrigatória, *no processo civil*, a nomeação de curador especial.

Discussão havia sobre quem poderia exercer essa curatela especial. Agora a regra é bem clara, incumbindo-se à *Defensoria Pública*, nos termos da lei de regência, o *munus* de prestar a representação ou assistência naquelas hipóteses taxativas dos incisos I e II deste art. 72. No entanto, a doutrina adverte que "não há estrutura, atualmente, para que todas as situações em que necessário curador especial haja a nomeação de um defensor público". Destarte, "não sendo possível a atuação da Defensoria, o juiz nomeará como curador algum advogado, de forma *ad hoc*, ou então existirá convênio com a OAB local" (DELLORE, 2015, p. 233).

PROCESSO DO TRABALHO

Como vimos nos comentários ao art. 71, no processo do trabalho há *regra própria* para a representação ou assistência ao menor de 18 anos, quando, na condição de reclamante, ajuíza uma reclamação trabalhista, pois na falta de seus representantes legais — ou mesmo quando houver colisão de interesses entre o menor e seus representantes — a *capacidade processual* do menor será "completada" pelo Ministério Público do Trabalho, pelo dirigente sindical, pelo Ministério Público estadual ou por curador especial nomeado em juízo.

De outra mirada, tratando-se de outra situação de incapacidade, como já explanado, surge a possibilidade de se aplicar, de modo *supletivo*, o quanto disposto no inciso I do art. 72 do novo CPC.

Comentários ao Novo CPC

Art. 73

Outra questão é saber quem poderá exercer a *curatela especial* na Justiça do Trabalho. De todos sabido que a Defensoria Pública ainda não está equipada e "capilarizada" para atender nomeação de juízes do trabalho nas mais variadas cidades onde há instalação de Vara do Trabalho. Sendo assim, não tendo a Defensoria Pública condições de cumprir o encargo que lhe incumbir o juiz trabalhista, poderá ser nomeado como curador especial parente próximo do trabalhador ou *advogado* da confiança do juiz, que milite no foro onde se dará a nomeação.

De outra mirada, a doutrina trabalhista majoritariamente sempre entendeu que o inciso II do art. 9º do CPC de 1973 era incompatível com o processo do trabalho. Pensamos que a mesma diretriz deve ser seguida em relação ao art. 72, inciso II, do novo Código de Processo Civil, de modo que o réu revel — preso, citado por edital ou com hora certa — *não tem direito* à nomeação de curador especial na Justiça do Trabalho.

Art. 73.

O cônjuge necessitará do consentimento do outro para propor ação que verse sobre direito real imobiliário, salvo quando casados sob o regime de separação absoluta de bens.

§ 1º Ambos os cônjuges serão necessariamente citados para a ação:

I – que verse sobre direito real imobiliário, salvo quando casados sob o regime de separação absoluta de bens;

II – resultante de fato que diga respeito a ambos os cônjuges ou de ato praticado por eles;

III – fundada em dívida contraída por um dos cônjuges a bem da família;

IV – que tenha por objeto o reconhecimento, a constituição ou a extinção de ônus sobre imóvel de um ou de ambos os cônjuges.

§ 2º Nas ações possessórias, a participação do cônjuge do autor ou do réu somente é indispensável nas hipóteses de composse ou de ato por ambos praticado.

§ 3º Aplica-se o disposto neste artigo à união estável comprovada nos autos.

Comentário de *José Antônio Ribeiro de Oliveira Silva*

OUTORGA UXÓRIA OU MARITAL

As regras deste art. 73 e §§ correspondem às do art. 10 e §§ do CPC de 1973, com exceção da inserida no § 3º, que não tem correspondência no referido Código. Aqui se disciplinam situações que evocam a necessidade da chamada *outorga uxória* ou *outorga marital*, prestada pelo marido à esposa —, para a propositura de ação que verse sobre *direito real imobiliário*, tratando, ainda, de situações de *litisconsórcio passivo necessário* nesse tipo de ação e em outras ações em que se denota interesse comum de ambos os cônjuges, disciplinando regra própria para as *ações possessórias* e, agora, estendo os efeitos da normatização à *união estável* devidamente comprovada nos autos do processo (§ 3º).

Da simples leitura destas normas já se pode perceber a *total inaplicabilidade* delas no processo do trabalho, porque a Justiça do Trabalho *não tem competência material* para processar e julgar ações reais, relacionadas a imóveis, tampouco para ações possessórias típicas, não cuidando de interesses relacionados à união estável ou ao direito de família, diante do quanto disposto no art. 114 e §§ da Constituição da República Federativa do Brasil, como já fundamentado quando comentamos sobre as normas do art. 23 do novo Código de Processo Civil.

Art. 74.

O consentimento previsto no art. 73 pode ser suprido judicialmente quando for negado por um dos cônjuges sem justo motivo, ou quando lhe seja impossível concedê-lo.

Parágrafo único. A falta de consentimento, quando necessário e não suprido pelo juiz, invalida o processo.

Comentário de *José Antônio Ribeiro de Oliveira Silva*

SUPRESSÃO DE CONSENTIMENTO

Como estas normas estão umbilicalmente relacionadas às do art. 73 e §§, tratando da hipótese de *falta de consentimento* — de outorga marital ou uxória — para aquelas ações nas quais se torna exigível, com a possibilidade de supressão de consentimento pelo juiz, nos próprios autos, de modo incidental, sob pena de extinção do processo por falta de capacidade processual plena (DELLORE, 2015, p. 240), bastam os fundamentos já expendidos para se concluir, sem margem a erro, pela *total inaplicabilidade* do art. 74 e parágrafo único nos domínios do processo do trabalho.

Art. 75.

Serão representados em juízo, ativa e passivamente:

I – a União, pela Advocacia-Geral da União, diretamente ou mediante órgão vinculado;

II – o Estado e o Distrito Federal, por seus procuradores;

III – o Município, por seu prefeito ou procurador;

IV – a autarquia e a fundação de direito público, por quem a lei do ente federado designar;

V – a massa falida, pelo administrador judicial;

VI – a herança jacente ou vacante, por seu curador;

VII – o espólio, pelo inventariante;

VIII – a pessoa jurídica, por quem os respectivos atos constitutivos designarem ou, não havendo essa designação, por seus diretores;

IX – a sociedade e a associação irregulares e outros entes organizados sem personalidade jurídica, pela pessoa a quem couber a administração de seus bens;

X – a pessoa jurídica estrangeira, pelo gerente, representante ou administrador de sua filial, agência ou sucursal aberta ou instalada no Brasil;

XI – o condomínio, pelo administrador ou síndico.

§ 1º Quando o inventariante for dativo, os sucessores do falecido serão intimados no processo no qual o espólio seja parte.

§ 2º A sociedade ou associação sem personalidade jurídica não poderá opor a irregularidade de sua constituição quando demandada.

§ 3º O gerente de filial ou agência presume-se autorizado pela pessoa jurídica estrangeira a receber citação para qualquer processo.

§ 4º Os Estados e o Distrito Federal poderão ajustar compromisso recíproco para prática de ato processual por seus procuradores em favor de outro ente federado, mediante convênio firmado pelas respectivas procuradorias.

Comentários ao Novo CPC

Art. 75

Comentário de *José Antônio Ribeiro de Oliveira Silva*

REPRESENTAÇÃO EM JUÍZO

A norma deste art. 75 corresponde, sem muitas novidades, à do art. 12 do CPC de 1973. Diante da clareza da norma, que enuncia várias hipóteses de *representação em juízo*, nos polos ativo e passivo da relação jurídica processual, de pessoas jurídicas de direito público e privado, bem com de universalidades de direito, não há muito o que comentar.

Os destaques ficam por conta de que haverá um regramento próprio para a União, disciplinando a regra que a representação dela em juízo será feita pela *AGU* — Advocacia-Geral da União, "diretamente ou mediante órgão vinculado"; ademais, surge regra específica para as autarquias e fundações públicas, que serão representadas "por quem a lei do ente federado designar". No mais, são basicamente as *mesmas regras* que ainda estão em vigor no art. 12 do CPC/1973, com atualizações de terminologia. Igualmente, as normas dos §§ 1º a 3º deste art. 75 não apresentam nenhuma novidade em relação aos §§ 1º a 3º do referido art. 12.

Outra *novidade* é a constante do § 4º, sem correspondente no CPC de 1973, possibilitando a celebração de *compromisso recíproco* entre Estados e o Distrito Federal, "para prática de ato processual por seus procuradores em favor de outro ente federado, mediante convênio firmado pelas respectivas procuradorias". A doutrina observa que esses convênios já têm sido firmados e que a prática será apenas reforçada, doravante, diante da previsão expressa no novo Código de Processo Civil.

PROCESSO DO TRABALHO

No processo do trabalho se aplicará a normativa do art. 75 do novo Código de Processo Civil, como se aplica a do art. 12 do CPC/1973, naquilo que é cabível na seara trabalhista. De sorte que a *representação do empregador*, pessoa jurídica de direito público ou de direito privado, bem como das chamadas universalidades de direito, deve observar as normas de representação do processo civil.

De se ter em mente que o Advogado da União, bem como os procuradores dos Estados, Distrito Federal e Municípios, e de suas autarquias e fundações públicas, *não precisam* exibir procuração (Súmula n. 436 do TST), tendo em vista que, em regra, suas nomeações se dão por publicação no Diário Oficial. Apenas quando se tratar de procurador contratado, sem concurso público, terá este de exibir o instrumento de mandato.

Quanto ao administrador da massa falida, assim como o inventariante, terão eles de exibir sua *certidão de nomeação* pelo juízo cível. A pessoa jurídica de direito privado terá que apresentar em juízo cópia da ata de assembleia, do contrato social ou declaração de empresa individual, conforme se tratar de sociedade anônima, sociedade limitada (por quotas) ou sociedade unipessoal (empresa individual de responsabilidade limitada), respectivamente. Quando se tratar de condomínio, o seu representante — em regra, o síndico — deverá exibir cópia da *ata de eleição e posse* da diretoria do condomínio.

Contudo, no processo do trabalho é muito comum que o empregador se faça representar por *preposto*, que deve apresentar a *carta de preposição* para comprovar essa representação. Aqui, de se observar que o processo do trabalho tem regra própria a respeito da matéria, tendo em vista que o art. 843, § 1º, da CLT faculta ao empregador fazer-se substituir pelo gerente ou *qualquer outro preposto* que tenha conhecimento dos fatos, não havendo exigência legal de que o preposto seja empregado.

No entanto, o E. TST firmou o entendimento de que o preposto deve ser empregado do preponente, exceto quando se tratar de ação de empregado doméstico ou ajuizada em face de micro ou pequena empresa, em conformidade com a Súmula n. 377, a seguir transcrita:

PREPOSTO. EXIGÊNCIA DA CONDIÇÃO DE EMPREGADO (nova redação) — Res. 146/2008, DJ 28.4.2008, 2 e 5.5.2008

Exceto quanto à reclamação de empregado doméstico, ou contra micro ou pequeno empresário, o preposto deve ser necessariamente empregado do reclamado. Inteligência do art. 843, § 1º, da CLT e do art. 54 da Lei Complementar n. 123, de 14 de dezembro de 2006.

Também há disciplina de "representação" do empregado, por outro empregado da mesma categoria profissional ou pelo seu sindicato, no art. 843, § 2º, da CLT, mas *exclusivamente* para se evitar o arquivamento da ação. Portanto, não se trata de representação em sentido estrito. De se notar que essa "representação" pelo sindicato da categoria profissional também ocorre nas ações plúrimas (litisconsórcio ativo) ou nas ações de cumprimento (art. 843, *caput*, da CLT), mas com o *mesmo objetivo*.

Enfim, o *espólio do trabalhador falecido* terá de apresentar a certidão de dependentes habilitados junto à Previdência Social, de acordo com a Lei n. 6.858/80, porque os herdeiros do crédito trabalhista em sentido estrito serão definidos em conformidade com os critérios da referida lei.

Art. 76.

Verificada a incapacidade processual ou a irregularidade da representação da parte, o juiz suspenderá o processo e designará prazo razoável para que seja sanado o vício.

§ 1º Descumprida a determinação, caso o processo esteja na instância originária:

I – o processo será extinto, se a providência couber ao autor;

II – o réu será considerado revel, se a providência lhe couber;

III – o terceiro será considerado revel ou excluído do processo, dependendo do polo em que se encontre.

§ 2º Descumprida a determinação em fase recursal perante tribunal de justiça, tribunal regional federal ou tribunal superior, o relator:

I – não conhecerá do recurso, se a providência couber ao recorrente;

II – determinará o desentranhamento das contrarrazões, se a providência couber ao recorrido.

Comentário de *José Antônio Ribeiro de Oliveira Silva*

PRAZO PARA REGULARIZAÇÃO

A norma deste artigo corresponde à do art. 13 do CPC de 1973, mas apresenta *significativas* mudanças quanto à sistemática da *regularização* da incapacidade processual e da representação da parte, porque doravante haverá regramento específico de acordo com a *fase processual*. Se o processo estiver na instância originária, o procedimento é o do § 1º do novel art. 76; se ele se encontrar na instância recursal, o rito a ser seguido será o do § 2º deste dispositivo legal.

Pois bem, de saída, mantém-se a diretriz segundo a qual o juiz *não pode* extinguir o processo ou julgar à revelia sem oportunizar à parte, num *prazo razoável*, a regularização de sua (in)capacidade para estar em juízo, ou de defeito de representação (e de assistência). Contudo, uma vez mais o legislador não fixou qual seria esse prazo para regularização, deixando ao prudente arbítrio do juiz, diante das peculiaridades do caso concreto. De sorte que, em regra, um prazo de cinco ou dez dias se mostra suficiente. Há, no entanto, casos em que a regularização depende de providências de outro juízo ou de autoridade administrativa, não podendo a parte ou o terceiro interveniente ser penalizados por retardamento ao qual não deram causa.

Assinado prazo razoável, que pode ser dilatado nos casos em que se isso se mostrar necessário, mas não tendo sido cumprida a determinação de regularização, estando o processo na *instância originária*, o juiz — ou relator, nos processos de competência originária dos tribunais — tomará decisão conforme a *posição da pessoa* na relação jurídica processual: 1º) se a providência cabia ao *autor* e este não promoveu a regularização, o processo será *extinto* sem resolução do mérito; 2º) agora, se a providência cabia ao *réu*, o juiz irá declarar sua *revelia*, desconsiderando eventual defesa apresentada; 3º) enfim, quanto ao *terceiro interveniente*, depende do *polo* em que se encontre na relação jurídica processual: se no polo *ativo*, o processo será *extinto* em relação a ele, não sendo técnica a locução "excluído do processo"; se no polo *passivo*, o terceiro será considerado *revel*.

Distinta é a solução, se o processo se encontra na *fase recursal*, porque aqui o processo já foi processado regularmente em primeiro grau de jurisdição. Bem se vê que a regra do § 2º deste art. 76 não encontra correspondência no CPC/1973. Com efeito, quando já houve decisão em primeiro grau — inclusive nos processos de competência originária dos tribunais — e a posterior *interposição de recurso* contra a decisão, não há mais falar em extinção do processo sem resolução do mérito, tampouco em revelia — que já pode ter sido declarada, mas em 1º grau, não em sede recursal —, e sim em *conhecimento ou não* das razões recursais ou das contrarrazões ao recurso apresentado. Daí que, "descumprida a determinação em fase recursal perante tribunal de justiça, tribunal regional federal ou tribunal superior", compete ao relator tomar decisão em conformidade com a *posição da parte ou terceiro interessado*: 1º) se a providência cabia ao recorrente, o relator não conhecerá do recurso; 2º) se, do contrário, a providência cabia ao recorrido, diz a regra que o relator "determinará o desentranhamento das contrarrazões".

Melhor seria que a norma tivesse dito: o relator *não conhecerá* das contrarrazões apresentadas, como sói ocorrer na prática, expediente muito mais célere e eficiente. Imagine-se a situação em que o relator determina o imediato desentranhamento das contrarrazões e, em agravo interno (art. 1.021 e §§ do novo Código), o órgão colegiado entende que não havia incapacidade processual ou irregularidade de representação da parte, ou que houve a devida regularização. Seria necessário determinar ao recorrido que apresentasse novamente sua peça, a fim de que as contrarrazões pudessem ser apreciadas pelo órgão colegiado do tribunal.

Enfim, os advogados têm comemorado bastante essa regra do § 2º, que pretende sepultar a chamada "jurisprudência defensiva", tratando-se de "ótima inovação que busca afastar aspecto nocivo da jurisprudência do STJ", principalmente do entendimento consubstanciado em sua Súmula n. 115, segundo a qual "Na instância especial é inexistente recurso interposto por advogado sem procuração nos autos" (DELLORE, 2015, p. 249).

PROCESSO DO TRABALHO

No processo do trabalho sempre se aplicou a norma do art. 13 do CPC de 1973, por falta de regramento próprio e diante da *compatibilidade* daquela com os princípios do processo laboral. Como será, diante da normativa do art. 76 e §§ do novo Código de Processo Civil, a qual faz distinção — para a regularização da incapacidade processual e da representação (e assistência) da parte —, entre as fases do processo?

Pensamos que essa normativa continuará sendo *aplicável* no processo do trabalho, porque apenas deixa claro que são distintas as consequências caso não haja a regularização, no prazo razoável que o juiz do trabalho assinar, levando-se em conta a *fase processual* e a *posição da pessoa* na relação jurídica processual. Assim, também no processo do trabalho, estando o processo na instância originária e não tendo sido cumprida a determinação de regularização, o juiz ou relator tomará uma das seguintes decisões: 1ª) determinará a extinção do processo sem resolução do mérito, se a providência cabia ao autor e este não promoveu a regularização; 2ª) considerará o réu revel, se a providência lhe cabia; 3ª) determinará a extinção do processo sem resolução do mérito em relação ao terceiro que está no polo ativo, ou declarará sua revelia, se ele se encontrar no polo passivo.

Agora, na *fase recursal*, ainda que o § 2º do art. 76 não mencione tribunal regional do trabalho ou o Tribunal Superior do Trabalho, não há como ser distinta a tomada de posição. Se não for cumprida a determinação de regularização na fase recursal, o relator tomará uma das seguintes decisões: 1ª) não conhecerá do recurso, se a providência cabia ao recorrente; 2ª) não tomará conhecimento das contrarrazões ou, embora não adequado, determinará seu desentranhamento, se a providência cabia ao recorrido.

Questão interessante: como ficará a *Súmula n. 383 do TST*, diante deste § 2º do art. 76 do novo Código de Processo Civil? Eis o teor da referida súmula:

MANDATO. ARTS. 13 E 37 DO CPC. FASE RECURSAL. INAPLICABILIDADE (conversão das Orientações Jurisprudenciais n.s 149 e 311 da SBDI-1) — Res. 129/2005, DJ 20, 22 e 25.4.2005

I — É inadmissível, em instância recursal, o oferecimento tardio de procuração, nos termos do art. 37 do CPC, ainda que mediante protesto por posterior juntada, já que a interposição de recurso não pode ser reputada ato urgente. (ex-OJ n. 311 da SBDI-1 — DJ 11.8.2003)

II — Inadmissível na fase recursal a regularização da representação processual, na forma do art. 13 do CPC, cuja aplicação se restringe ao Juízo de 1º grau. (ex-OJ n. 149 da SBDI-1 — inserida em 27.11.1998)

Pensamos que, diante da *lacuna normativa* do processo do trabalho e da aparente compatibilidade do referido § 2º com a principiologia deste — inclusive porque a efetividade, sempre buscada com profundidade na seara trabalhista, tem como premissa ontológica que o juiz busque conhecer o mérito do processo (e do recurso) —, a Súmula n. 383 deve ser *cancelada*. Nesse diapasão, a preferência deve ser pelo *conhecimento* do mérito do recurso, não por sutilezas processuais que conduzam ao seu não conhecimento. Daí que, doravante, o relator terá que assinar prazo razoável para a *regularização da representação* por advogado, ainda que isso retarde um pouco a prestação jurisdicional, evitando-se a chamada "jurisprudência defensiva".

Voltaremos a comentar sobre essa temática quando da apreciação das normas sobre o sistema recursal.

CAPÍTULO II
DOS DEVERES DAS PARTES E DE SEUS PROCURADORES

Seção I
Dos Deveres

Art. 77.

Além de outros previstos neste Código, são deveres das partes, de seus procuradores e de todos aqueles que de qualquer forma participem do processo:

I – expor os fatos em juízo conforme a verdade;

II – não formular pretensão ou de apresentar defesa quando cientes de que são destituídas de fundamento;

III – não produzir provas e não praticar atos inúteis ou desnecessários à declaração ou à defesa do direito;

IV – cumprir com exatidão as decisões jurisdicionais, de natureza provisória ou final, e não criar embaraços à sua efetivação;

V – declinar, no primeiro momento que lhes couber falar nos autos, o endereço residencial ou profissional onde receberão intimações, atualizando essa informação sempre que ocorrer qualquer modificação temporária ou definitiva;

VI – não praticar inovação ilegal no estado de fato de bem ou direito litigioso.

§ 1º Nas hipóteses dos incisos IV e VI, o juiz advertirá qualquer das pessoas mencionadas no *caput* de que sua conduta poderá ser punida como ato atentatório à dignidade da justiça.

§ 2º A violação ao disposto nos incisos IV e VI constitui ato atentatório à dignidade da justiça, devendo o juiz, sem prejuízo das sanções criminais, civis e processuais cabíveis, aplicar ao responsável multa de até vinte por cento do valor da causa, de acordo com a gravidade da conduta.

§ 3º Não sendo paga no prazo a ser fixado pelo juiz, a multa prevista no § 2º será inscrita como dívida ativa da União ou do Estado após o trânsito em julgado da decisão que a fixou, e sua execução observará o procedimento da execução fiscal, revertendo-se aos fundos previstos no art. 97.

§ 4º A multa estabelecida no § 2º poderá ser fixada independentemente da incidência das previstas nos arts. 523, § 1º, e 536, § 1º.

§ 5º Quando o valor da causa for irrisório ou inestimável, a multa prevista no § 2º poderá ser fixada em até 10 (dez) vezes o valor do salário-mínimo.

§ 6º Aos advogados públicos ou privados e aos membros da Defensoria Pública e do Ministério Público não se aplica o disposto nos §§ 2º a 5º, devendo eventual responsabilidade disciplinar ser apurada pelo respectivo órgão de classe ou corregedoria, ao qual o juiz oficiará.

§ 7º Reconhecida violação ao disposto no inciso VI, o juiz determinará o restabelecimento do estado anterior, podendo, ainda, proibir a parte de falar nos autos até a purgação do atentado, sem prejuízo da aplicação do § 2º.

§ 8º O representante judicial da parte não pode ser compelido a cumprir decisão em seu lugar.

Comentários ao Novo CPC

Art. 77

Comentário de Carlos Eduardo Oliveira Dias

O **segundo capítulo** do **Título I** assinala os deveres das partes e de seus procuradores, consignando, ainda, sua responsabilidade por dano processual, reprisando o trato conferido pelo Código de 1973. O art. 77 inaugura esse capítulo e as deliberações ali consignadas instrumentalizam o princípio da boa-fé processual, que vem estatuído no art. 5º do Código, já analisado, e cujo significado sintetiza *"o dever de manter comportamentos condizentes com os mandamentos éticos"*. Essas diretrizes são *"normas explícitas quanto aos limites de combatividade permitida"*, que impõem sanções severas à deslealdade (DINAMARCO, 1999, p. 259). O *caput* do art. 77 dedica-se a descrever as condutas que devem ser respeitadas pelas partes, seus procuradores e todos os partícipes do processo, explicitando, além das que já vinham inscritas no art. 14 do CPC-1973, duas outras que estavam esparsamente tratadas (incisos V do art. 39, do CPC-1973 e VI do art. 879, III, do CPC-1973). Curiosamente, o inc. II do citado art. 14 (*"Proceder com lealdade e boa-fé"*) não foi repetido na versão atual, mas cremos que isso não decorreu de outro intento senão o de considerar, o legislador, que seria desnecessário reprisar o conceito genérico já insculpido no art. 5º. A nosso ver, ao afirmar esses deveres no contexto das Normas Fundamentais do Processo, o legislador já deixou claro o teor principiológico do tema, tornando despicienda a reprodução específica, nesse particular.

Já os parágrafos do dispositivo em análise são dedicados a disciplinar os efeitos do descumprimento desses deveres processuais, mais especificamente quanto àqueles constantes dos incisos IV e VI do *caput*. Isso não significa que as demais condutas não contenham sanções processuais: na realidade, as cominações para o seu descumprimento, exceto quanto ao inc. V, estão expostas no art. 81, que comentaremos a seguir.

Nesse sentido, o NCPC preconiza uma inovação, já no § 1º do art. 77: a determinação para que haja a advertência judicial sobre a possibilidade de a conduta vir a ser considerada como atentatória à dignidade da justiça, sujeitando o responsável à sanção preconizada no § 2º. Da leitura do texto, subsume-se que a advertência judicial é requisito para que se possa impingir ao responsável pelo descumprimento do dever processual correspondente o pagamento da multa ali cominada, o que não havia no texto anterior. Dessa maneira, havemos que interpretar que a caracterização do ato atentatório à dignidade da justiça, à luz do NCPC, dependerá da prévia advertência de seu possível enquadramento, com a aplicação da sanção pecuniária se houver insistência na conduta, no montante de até 20% do valor da causa, de acordo com a gravidade da conduta. Assinala-se que, em se tratando de ação com valor irrisório ou inestimável, o § 5º do art. 77 autoriza que seja fixada em até 10 vezes o salário-mínimo, e ela não exclui a multa por não cumprimento espontâneo da decisão (art. 523, § 1º), nem as de cunho cominatório, para obrigações de fazer ou não-fazer (art. 536, § 1º).

Aplicada a multa do § 2º do art. 77, o juiz deve fixar prazo para seu pagamento, sendo certo que, no inadimplemento, ela deve ser inscrita na dívida ativa do Estado ou da União (a depender, naturalmente, do órgão jurisdicional que a aplicou), após o trânsito em julgado da decisão que a fixou, devendo ser revertida aos fundos de modernização do Poder Judiciário, a serem criados na forma do art. 97, do NCPC (o não-pagamento da multa implicará a execução fiscal do valor correspondente, nos termos do § 3º do art. 77). Tem-se, aqui, mais uma inovação relevante, pois o texto anterior apenas estabelecia o destinatário da multa (art. 14, parágrafo único, do CPC-1973), sem vinculação de seus fins.

Além da sanção pecuniária, o § 7º do art. 77 estipula que, sem se tratando de situação de inovação ilegal no estado de fato de bem ou direito litigioso, o juiz deve determinar o restabelecimento do estado anterior, podendo estabelecer, como sanção adicional, a proibição de que a parte que a cometeu fale nos autos até a devida regularização. Evidencia-se, no caso, a substituição da Ação Cautelar de Atentado, do CPC-1973 (arts. 879-881, do CPC-1973), por um simples incidente, sem as formalidades exigidas na norma anterior, mas com efeitos equivalentes.

A disciplina temática traz, ainda, duas relevantes excludentes, uma delas já prevista, em termos, na lei anterior, e outra que constitui inovação normativa. Esta última está consagrada no § 8º do art. 77, que exime o representante judicial da parte de ser responsabilizado pelo cumprimento da decisão em lugar dela, o que está em plena consonância com as limitações de efeitos subjetivos da coisa julgada. A primeira está lavrada no § 6º do art. 77, similar ao parágrafo único do art. 14 do CPC-1973, mas de forma ampliada: estipula o NCPC que os advogados, públicos e privados, e os Defensores Públicos, não estão sujeitos às sanções ali previstas, ficando sujeitos às sanções disciplinares previstas nas respectivas leis orgânicas, pela instituição competente (Ordem dos Advogados do Brasil ou Corregedorias respectivas). É de se notar que tais agentes não estão isentos de cumprir os deveres indicados, dado que o *caput* do dispositivo lhes é expressamente dirigido; apenas não estão passíveis de sanção jurisdicional, nos termos do texto legal. Isso não impede, todavia, a responsabilidade regressiva do Advogado Público (art. 184, do NCPC), do Defensor (art. 187, do NCPC), ou do advogado privado, caso sua conduta tenha resultado dano à parte.

Como é sabido, a CLT é completamente omissa quanto a tais preceitos, o que permite a incidência desses dispositivos ao processo do trabalho, como já se fazia no CPC-1973, mas com uma única ressalva: em razão da irrecorribilidade interlocutória, que tem matriz principiológica no processo laboral, a decisão que fixa multa em desfavor da parte ou de terceiro (§ 3º) não comporta recurso imediato, sendo apenas passível de questionamento por ocasião do recurso principal. Logo, o trânsito em julgado ali referido só se consumará quando do julgamento do apelo decorrente da prolação da sentença ou do acórdão.

Art. 78.

É vedado às partes, a seus procuradores, aos juízes, aos membros do Ministério Público e da Defensoria Pública e a qualquer pessoa que participe do processo empregar expressões ofensivas nos escritos apresentados.

§ 1º Quando expressões ou condutas ofensivas forem manifestadas oral ou presencialmente, o juiz advertirá o ofensor de que não as deve usar ou repetir, sob pena de lhe ser cassada a palavra.

§ 2º De ofício ou a requerimento do ofendido, o juiz determinará que as expressões ofensivas sejam riscadas e, a requerimento do ofendido, determinará a expedição de certidão com inteiro teor das expressões ofensivas e a colocará à disposição da parte interessada.

Comentário de *Carlos Eduardo Oliveira Dias*

Na sequência da disciplina dos deveres dos sujeitos e demais intervenientes do processo, o art. 78 reproduz, em linhas gerais, o comando já estabelecido no art. 15 do CPC-1973. Trata-se da vedação expressa a que se utilize, em registros escritos ou manifestações orais, expressões de conteúdo ofensivo. A distinção começa no alcance subjetivo da regra, que antes era destinada apenas às partes e seus advogados, mas na atual redação atinge, identicamente, os juízes, os membros do Ministério Público, a Defensoria Pública e quaisquer outras pessoas que participem do processo, em qualquer condição. Embora parte significativa da doutrina admitisse que o texto anterior tivesse uma interpretação mais extensiva (Nesse sentido, diz Pontes de Miranda: *"A ofensa pode partir de qualquer figurante, quer se trate de partes, quer de terceiro que interveio, ou de presentante ou representante. O pressuposto único é estar no processo, pois a expressão 'partes', no art. 15, está em lugar de figurantes."* (MIRANDA, 1999, Tomo I, p. 347), também assinalava que, se o ato fosse praticado por auxiliar da justiça, isso estaria sob outra esfera de apreciação (*Idem*, p. 348), o mesmo ocorrendo com testemunhas ou pessoas que respondessem a pedido de informações (*Idem*, p. 347). O novo texto sepulta de vez essa cizânia, pois assinala, de forma inconteste, que a proibição ali tipificada abrange todos os que, a qualquer título, atuam no processo. É uma medida mais do que justificada, dado que o processo é um conjunto de atos solene e formal, e faz parte de um contexto que demanda decoro e urbanidade, se não por outros motivos, ao menos para que se assegure o respeito às pessoas que a ele se relacionam. Portanto, não existe fundamento para que esse dever ficasse restrito a alguns dos intervenientes no processo, sendo muito mais lógica a sua extensão a todos aqueles que ali praticam seus atos.

Merecem comentários adicionais as inserções expressas e específicas do juiz e do membro do Ministério Público no rol de vedações ao uso de expressões ofensivas no processo. A despeito do silêncio anterior da norma, não parece legítimo supor-se que esses agentes políticos do Estado pudessem agir em desconformidade com esse dever geral, a todos destinado, mormente porque a urbanidade constitui um dos mais relevantes atributos do exercício de ambas as funções. Não por outro motivo, assim preconizam os arts. 35, IV da LC 35 (Lei Orgânica da Magistratura Nacional) e 236, VIII — LC 75 (Estatuto do Ministério Público da União). Por certo, a ausência de previsão específica da norma processual antecedente pressupunha que, verificado o descumprimento do dever de urbanidade por juízes ou integrantes do Ministério Público no decorrer do processo, isso poderia ser suscitado, pela parte interessada, junto ao órgão correicional competente (a Corregedoria do Tribunal ou Procuradoria correspondente ou, ainda, após a Emenda Constitucional n. 45, o Conselho Nacional de Justiça (CNJ) ou o Conselho Nacional do Ministério Público (CNMP)). Todavia, entendemos que tal medida não torna despicienda a tipificação processual, mormente porque ela terá consequências específicas no processo (§ 1º do art. 78), sem contar que, com relação a outros sujeitos ou intervenientes, isso não elimina ou substitui eventuais sanções civis ou penais que possam decorrer do ato praticado.

Outra inovação que exsurge do texto se dá com relação à substituição da locução "expressões injuriosas" por "expressões ofensivas". Trata-se de uma mudança pontual mas que se mostra precisa e necessária, pois a referência anterior poderia ensejar a interpretação de que a restrição somente se aplicaria a situações de ofensas a dignidade ou o decoro de alguém, no plano estritamente subjetivo. No entanto, Pontes de Miranda já sinalizava para o fato de que a disposição legal assentava a expressão *"'Injuriosa', com o conteúdo que tem no art. 15 e parágrafo único, está em senso larguíssimo, de modo que compreende a injúria, a ofensa com palavras aviltantes, insultos e calúnias."* (MIRANDA, 1999, Tomo I, p. 347). A par disso, temos que a alteração se mostra pertinente, justamente para não ensejar quaisquer dúvidas a respeito das dimensões da proibição, notadamente lavrada no texto. Por fim, é oportuno destacar que, mesmo não estando expresso no texto, é de se compreender que a vedação não almeja preservar somente as partes e advogados, mas abrange toda e qualquer pessoa, vinculada ou não ao processo. Como ensina Pontes de Miranda, *"a ofensa pode ser à parte, a seu cônjuge ou descendente ou ascendente, ao advogado ou a quem a ela esteja ligado"* (Idem, ibidem). Cabe acrescentar ao rol exposto pelo notável doutrinador o magistrado, o membro do Ministério Público e o Defensor Público que, além de estarem mencionados como destinatários da proibição, naturalmente são por ela preservados.

O § 2º do art. 78 dispõe sobre a consequência do emprego de expressões ofensivas, na forma descrita pelo *caput*. O resultado é o mesmo já cominado no texto anterior, que desta feita, foi desdobrado (O CPC-1973 contemplava a tipificação e a consequência no mesmo dispositivo; o NCPC aponta a descrição da conduta vedada no *caput* e a consequência em seu parágrafo), ou seja, a determinação judicial de que o texto respectivo seja riscado dos autos, de ofício ou a requerimento do ofendido. A *ratio* do texto é notória: uma vez praticada a ofensa, cabe ao magistrado determinar que seja retirada dos autos, a fim de não perpetuar a manifestação em desacordo com a lei. A expressão "riscar" é utilizada para que o ato processual não seja, de todo, eliminado: o juiz poderia determinar que somente as expressões com conteúdo ofensivo fossem excluídas, sem retirar todo o documento dos autos. Todavia, isso pode trazer um problema de ordem prática, em se tratando de Processo Judicial Eletrônico: a impossibilidade material de o juiz promover a alteração do ato eletronicamente praticado pela parte. Ao menos nas versões até então existentes, o juiz tem apenas o poder de excluir o documento por completo, o que, naturalmente, contraria não só a determinação legal como a própria racionalidade ora declarada. Lamentavelmente, o Código já nasce com uma disposição que tende a ser adaptada ou adequada para que possa efetivamente produzir efeitos, dado que a realidade, em um futuro próximo, é a substituição completa dos atos analógicos por atos eletrônicos.

Outro aspecto que, por certo, tende a provocar algum embate jurisprudencial diz respeito a situações nas quais, porventura, o próprio juiz use expressões ofensivas. Com efeito, ao juiz pertence, de forma exclusiva, o poder de direção do processo, o que o legitima para determinar a eliminação dessas expressões quando usadas pela parte, por advogados, por terceiros, pelo Ministério Público ou pela Defensoria. Mas, e no caso de serem usadas pelo próprio juiz? Não parece lógico que ele mesmo determine a eliminação das expressões, o que, naturalmente, pode ser estabelecido pelas instâncias superiores. Nesse caso, cabe ao interessado suscitar, na primeira oportunidade que tiver para dirigir-se ao órgão jurisdicional de revisão, a necessidade de ser adotada a providência preconizada na primeira parte do § 2º do art. 78.

A parte final desse dispositivo traz uma inovação normativa, que já estava assimilada pela *práxis*. Desta feita, o Código expressamente autoriza que o juiz, a pedido do interessado, determine a expedição de certidão com o teor integral das expressões injuriosas riscadas, a fim de que o ofendido possa adotar as medidas pertinentes. Nesse sentido, cumpre assinalar que, à parte de eventual responsabilidade administrativa (que pode ser requerida, como dito, em razão de atos dos agentes políticos, como o juiz ou o membro do Ministério Público, ou mesmo com relação aos Defensores ou auxiliares da justiça), aquele que usa expressões ofensivas no processo sujeita-se às sanções penais — quando o ato configurar crime — e civis — que resulta na reparação causada pelos danos ali cometidos. Naturalmente, salvo se se tratar de prática que possa configurar crime de ação pública (como, p. ex., os casos de crime de injúria racial, tipificado no § 3º do art. 140, do Código Penal) — ocasião em que o juiz deve adotar as medidas próprias para dar ciência à autoridade responsável pelo oferecimento da denúncia —, nas demais situações, à pessoa ofendida compete tomar as medidas reparatórias e sancionatórias pertinentes.

Neste contexto, cabem algumas considerações específicas a respeito da chamada "imunidade profissional" dos advogados. É fato que o § 2º do art. 7º, da Lei n. 8.904/94 estabelece que *"O advogado tem imunidade profissional, não constituindo injúria, difamação ou desacato puníveis qualquer manifestação de sua parte, no exercício de sua atividade, em juízo ou fora dele, sem prejuízo das sanções disciplinares perante a OAB, pelos excessos que cometer."* No entanto, há que se destacar que o crime de calúnia (art. 138, do CP), foi excluído dessa imunidade.

Excluem-se da imunidade profissional as ofensas que possam configurar crime de calúnia (...). A tanto não poderia chegar a inviolabilidade, sob pena de esmaecer sua justificação ética, legalizando os excessos, que, mesmo em situações de tensão, o advogado nunca deve atingir. Nestes casos, responde não apenas disciplinarmente mas também no plano criminal. Contudo, mesmo na hipótese de calúnia, é admissível a exceptio veritas (LOBO, 2007, p. 63).

Além disso, eventuais excessos praticados pelo advogado podem ser objeto de pretensão indenizatória, inclusive por parte do magistrado eventualmente ofendido, pois para a incidência da referida imunidade, as afirmações e manifestações devem guardar estrita relação com a matéria objeto da discussão judicial. Nesse sentido: (...) Precedentes do STJ no sentido de que tal imunidade não é absoluta, não alcançando os excessos desnecessários ao debate da causa cometidos contra a honra de quaisquer das pessoas envolvidas no processo, seja o magistrado, a parte, o membro do Ministério Público, o serventuário ou o advogado da parte contrária." (REsp n. 919.656). Ou, ainda, "(...) Sobressai, de forma cristalina, que o causídico, a pretexto de acoimar de imparcial o julgamento proferido pelo magistrado na causa em que atuara como causídico da parte sucumbente, desbordou de seu direito de denunciar suposta má-conduta do magistrado, vilipendiando, por conseguinte, a honra e dignidade daquele". (REsp n. 1065397).

Portanto, o advogado não pode se valer da imunidade profissional para praticar atos ofensivos no processo, sujeitando-se à providência prevista no § 2º do art. 78, podendo, ainda, ser alvo de ação penal para apuração de crime de calúnia e, ainda, ser responsabilizado por eventuais excessos de linguagem cometidos em suas manifestações judiciais, inclusive na esfera civil. Além de, naturalmente, estar sujeito a representação perante a OAB, por descumprimento de deveres próprios da atividade.

O § 1º do art. 78 reproduz o comando do parágrafo único do art. 15, do CPC-1973, disciplinando as consequências das ofensas proferidas de forma oral. Com efeito, muitos atos do processo podem ser praticados dessa forma, o que não autoriza que sejam, por esse contexto, desprezados os preceitos constantes do *caput* do dispositivo. Nesse caso, no entanto, diante da materialidade da conduta, e da impossibilidade de sua supressão do mundo dos fatos, o legislador determina ao juiz que advirta o ofensor para que não repita sua conduta, permitindo-se ao magistrado que casse sua palavra caso o comando não seja obedecido. Vale lembrar, a propósito, que a concessão do direito de se manifestar nos atos praticados oralmente — como é o caso das audiências, p. ex. — é uma prerrogativa que decorre do poder diretivo do processo, e que pertence exclusivamente ao magistrado. Portanto, a ele cabe conceder e cassar a palavra das partes e seus advogados, inclusive nas situações como a descrita. Por fim, consigna-se que a advertência judicial para que a declaração não se repita não elimina a possibilidade de se buscar as medidas sancionadoras ou reparatórias já citadas. Nesse caso, o ofendido pode requerer ao juiz o registro físico da ofensa perpetrada e sua circunstanciação, a fim de que tome as medidas que entender pertinentes.

O processo do trabalho é igualmente omisso a respeito dessa temática, e como ocorre com o artigo antecedente, suas disposições são amplamente compatíveis com as suas diretrizes. Fazemos uma única objeção no que diz respeito ao comando do § 2º do art. 78: em razão do princípio típico da inquisitoriedade que vigora no processo laboral, a determinação para eliminação das expressões ofensivas pode ser sempre realizada de ofício pelo juiz, sem necessidade de requerimento da parte.

Seção II
Da Responsabilidade das Partes por Dano Processual

Art. 79.

Responde por perdas e danos aquele que litigar de má-fé como autor, réu ou interveniente.

Art. 80.

Considera-se litigante de má-fé aquele que:

I – deduzir pretensão ou defesa contra texto expresso de lei ou fato incontroverso;

II – alterar a verdade dos fatos;

III – usar do processo para conseguir objetivo ilegal;

IV – opuser resistência injustificada ao andamento do processo;

V – proceder de modo temerário em qualquer incidente ou ato do processo;

VI – provocar incidente manifestamente infundado;

VII – interpuser recurso com intuito manifestamente protelatório.

Art. 81.

De ofício ou a requerimento, o juiz condenará o litigante de má-fé a pagar multa, que deverá ser superior a um por cento e inferior a dez por cento do valor corrigido da causa, a indenizar a parte contrária pelos prejuízos que esta sofreu e a arcar com os honorários advocatícios e com todas as despesas que efetuou.

§ 1º Quando forem 2 (dois) ou mais os litigantes de má-fé, o juiz condenará cada um na proporção de seu respectivo interesse na causa ou solidariamente aqueles que se coligaram para lesar a parte contrária.

§ 2º Quando o valor da causa for irrisório ou inestimável, a multa poderá ser fixada em até 10 (dez) vezes o valor do salário-mínimo.

§ 3º O valor da indenização será fixado pelo juiz ou, caso não seja possível mensurá-lo, liquidado por arbitramento ou pelo procedimento comum, nos próprios autos.

Comentário de Carlos Eduardo Oliveira Dias

O art. 79 do NCPC não inova, reproduzindo texto similar do Código de 1973 (art. 16, com redação análoga), e é o corolário direto do que consta do já aludido art. 77, consagrador dos deveres das partes e de seus procuradores. Assinala, assim, a responsabilidade das partes ou do interveniente no processo, pelas atitudes contrárias ao princípio da boa-fé processual. No entanto, cumpre registrar que a determinação aqui lavrada não tem o caráter principiológico exposto no art. 5º, mas contém verdadeira regra definidora das práticas de má-fé, suscetíveis da imputação da responsabilidade. Dessa sorte, o art. 80 do NCPC complementa o comando do seu antecedente, descrevendo as condutas que, se porventura praticadas pelas partes ou intervenientes, podem ocasionar a responsabilidade pecuniária. Nesse sentido, o CPC-2015 não traz qualquer inovação, dado que o texto reproduz, de forma literal, o que já constava do texto revogado (art. 17, do CPC-1973). Pontes de Miranda já falava, nos comentários ao Código, que essa redação seria bem melhor que a do Código anterior, de 1939. No entanto, esse mesmo texto foi aperfeiçoado pela Lei n. 6.771/80, que ajustou alguns conceitos, tornando-os mais pertinentes ao tema (MIRANDA, 1999, Tomo I, p. 351). Provavelmente assim também foi considerado pelo legislador de 2015, ao preservar o texto na sua integralidade, com apenas algumas adequações nos montantes condenatórios, como veremos a seguir.

As situações elencadas nos incisos I, II e III refletem práticas desleais, notoriamente contrárias ao direito. Assim, é litigante de má-fé aquele que deduz pretensão ou defesa contra texto expresso de lei ou fato incontroverso; aquele que altera a verdade dos fatos; e o que usa do processo para conseguir objetivo ilegal. Parece-nos inequívoca a antijuridicidade da conduta tipificada no inciso III, dado que não se pode conceber como legítima a conduta de alguém que faz uso de um importante instrumento de garantia para alcançar finalidade ilícitas. Logo, o enquadramento jurídico dado pelo código não demanda maiores considerações. Todavia, um pouco distinta é a situação dos incisos I e II. A princípio, o comando normativo poderia ser exposto a críticas, por suposto rigor metódico, já que, em tese, limitaria o direito de defesa dos litigantes. A bem da verdade, parece um tanto teratológico, pois se ambas as partes se apresentassem a juízo narrando exatamente os fatos como se deram e postulando a estrita aplicação inconteste da lei, o papel do juiz seria inócuo. No entanto, não se pode descurar que o intento do legislador foi o de estabelecer parâmetros de atuação regular na defesa dos interesses das partes. O direito de defesa tem índole constitucional, mas não é ilimitado, como de regra, não é qualquer direito. Como diz Pontes de Miranda, *"os exercícios dos direitos topam uns nos outros. Cruzam-se. Modestam-se. Têm crises de lutas e de hostilidades. Exercendo o meu direito, posso lesar a outro, ainda se não saio do meio direito, isto é, da linha imaginária do que é o meu direito."* (MIRANDA, 1999, Tomo I, p. 351). Dessa maneira, a preocupação substancial do legislador processual tem sido a de disciplinar o exercício abusivo do direito de litigar: conquanto se reconheça substancial o direito das partes de fazer uso dos instrumentos processuais para a defesa de seus interesses, essa prática pode denotar uma conduta negativa quando feita de maneira abusiva. A isso se reserva o qualificativo jurídico do texto legal e a respectiva sanção patrimonial. Mais uma vez, quem nos socorre é o magistério de Pontes de Miranda: *"Quando o legislador percebe que o contorno de um direito é demasiado, ou que a força, ou intensidade, com que se exerce, é nociva, ou perigosa a extensão em que se lança, concebe as regras jurídicas que o limitem, que lhe ponham menos avançados os marcos, que lhe tirem um pouco da violência ou do espaço que conquista."* (Idem, ibidem).

De outro lado, aquelas explicitadas nos incisos IV, V, VI e VII traduzem condutas próprias de procrastinação, consubstanciadas no uso de expedientes — ainda que legalmente previstos — para que o processo tenha um curso anormal, com delongas desnecessárias. Essa é uma prática extremamente conhecida, e que é favorecida pela tradicional morosidade no fluxo dos processos judiciais. Aqueles que, porventura, têm interesse de alongar ainda mais esse percurso, valem-se dos expedientes procrastinatórios buscando retardar ainda mais a prestação jurisdicional. Modernamente, isso adquiriu até mesmo uma designação própria — assédio processual —, como forma de identificação de práticas realizadas dentro do processo, por vezes com amparo no sistema processual, mas apenas com o fito de impedir um julgamento mais rápido e efetivo. Normalmente, isso se faz com a intenção de constranger ou castigar a parte adversa, que muitas vezes acaba por perder qualquer expectativa quanto ao resultado da lide, o que pode acarretar a desistência da ação ou mesmo a aceitação de uma proposta de transação pouco vantajosa. Poderia ser definido o assédio processual como sendo "*a procrastinação do andamento do processo, por uma das partes, em qualquer uma das suas fases, negando-se ou retardando o cumprimento de decisões judiciais, respaldando-se ou não em norma processual, provocando incidentes manifestamente infundados, interpondo recursos, agravos, embargos, requerimentos de provas, contraditas desproposital de testemunhas, petições inócuas, ou quaisquer outros expedientes com fito protelatório, inclusive no decorrer da fase executória, procedendo de modo temerário e provocando reiteradas apreciações estéreis pelo juiz condutor do processo, tudo objetivando obstacularizar a entrega da prestação jurisdicional à parte contrária.*" (PAIM; HILLESHEIN, 2006, p. 1112-1118).

Mais uma vez, denota-se que o fundamento do legislador ao tipificar essas condutas é a contenção do abuso de direito: apesar de reconhecer que existe o direito de postular e de defender seus interesses no processo, com o uso dos recursos e meios inerentes a ele, são postos limites subjetivos que malferem a conduta, quando se denota abusiva. Com relação à subjetividade desse enquadramento, trataremos a seguir, nos comentários ao art. 81.

É certo que, em regra, pode-se imaginar que o réu é quem teria interesse absoluto em provocar o retardamento na solução da lide, justamente para provocar efeitos deletérios sobre o autor. Todavia, não se pode olvidar que existem situações processuais que podem levar a práticas protelatórias efetivadas pelo autor da ação, igualmente para se ver dispensado de cumprir determinadas obrigações. Pode-se imaginar uma hipótese em que determinado sujeito maneje Ação Declaratória visando o reconhecimento de inexistência de certa obrigação, e obtém tutela vedatória da prática de atos de exigibilidade dessa obrigação. Enquanto vigente a medida, pode ser-lhe interessante a postergação da decisão final, justamente para não ver-se eventualmente compelido a cumprir a obrigação. Daí porque a previsão normativa não distingue entre autor e réu e nem tampouco o terceiro interveniente, qualificando-os, todos, como passíveis de cometer atos que podem ser considerados de má-fé.

Complementando o quadro, o art. 81 consigna a possibilidade de, configurando-se a litigância de má-fé preconizada no artigo anterior, o juiz impor ao praticante do ato a sanção pecuniária composta de três elementos distintos: uma multa, pela conduta lesiva ao comando legal; uma indenização à parte contrária pelos danos a ela causados e os honorários advocatícios e despesas realizadas com o processo. As consequências são as mesmas preconizadas no sistema anterior, mas houve mudança no critério de fixação dessas sanções.

Antes de nos referirmos a tais sanções, todavia, rendemo-nos a algumas digressões sobre a configuração da má-fé e a postura do magistrado. Nesse sentido, é inequívoco que o juiz é o diretor do processo, e tem, dentre suas incumbências, a de velar pela duração razoável do processo, prevenir e reprimir atos contrários à dignidade da justiça e práticas protelatórias (art. 139, do CPC). Portanto, a ele é reservado o poder-dever de identificar as práticas de má-fé discriminadas no texto normativo e aplicar as sanções pertinentes, inclusive de ofício, como explicita o **art. 81 do NCPC**, da mesma forma como previa o ordenamento pretérito (art. 18, do CPC-1973). Não necessita, com isso, de provocação, podendo qualificar o ato a partir de sua própria percepção. Cabe notar, todavia, que há uma notável dimensão subjetiva nessa qualificação, porquanto, como visto, as situações explicitadas na tipificação legal das práticas de má-fé se inserem no mais das vezes, no limiar entre o uso regular e o uso abusivo do direito. Assim, somente no caso concreto é possível aferir-se quando uma conduta praticada no processo está dentro dos limites regulares de atuação da parte e quando ela desborda para a prática abusiva, sendo inevitável que a dose de subjetividade do magistrado seja mais intensa.

Nessa linha, tome-se, p. ex., o seguinte julgado:

Cumprimento de sentença. Penhora no rosto dos autos. Boa-fé. Litigância má-fé. 1 — A penhora no rosto dos autos incide sobre o direito postulado pelo devedor em outra ação. Será averbada no rosto dos autos em que o devedor esteja buscando crédito, a fim de que, logrando êxito, o valor seja revertido para o credor na outra execução, onde se deu a constrição. 2 — Não se exige intimação prévia do devedor de penhora nos rosto dos autos, pena de infrutífera a penhora. 3 — Não se qualifica como litigante de má-fé aquele que, sem intenção deliberada de prejudicar, utiliza os meios judiciais adequados para satisfazer o seu direito. 4 — Agravo não provido." (TJ-DF — AGI: 20150020161438, Relator: JAIR SOARES, Data de Julgamento: 12.8.2015, 6ª Turma Cível, Data de Publicação: Publicado no DJE: 18.8.2015. P. 200).

A despeito da impertinência da pretensão deduzida pela parte, o Juízo entendeu inexistir má-fé se não presente o intento deliberado de prejudicar a outra parte, senão somente o uso dos meios adequados para a defesa do direito. Já em outro caso, com o manejo de embargos declaratórios (que é uma medida recursal pertinente), entendeu-se de modo diverso, inclusive de modo a permitir a cumulação de sanções pecuniárias:

EMBARGOS DE DECLARAÇÃO. AUSÊNCIA DE CONTRADIÇÃO, OMISSÃO E OBSCURIDADE. REAPRECIAÇÃO DA MATÉRIA. MULTA DO ART. 538 DO CPC. CUMULAÇÃO. MULTA LITIGÂNCIA MÁ FÉ. POSSIBILIDADE. Os embargos de declaração não se prestam à reapreciação da matéria discutida, devendo a parte inconformada recorrer à instância superior. Não existe óbice para a cumulação da aplicação das multas do art. 538 com a do art. 18 do CPC, em razão do caráter diverso das penalidades. (TJ-MG — ED: 10549050027537006 MG, Relator: Wagner Wilson, Data de Julgamento: 22.7.2015, Câmaras Cíveis / 16ª CÂMARA CÍVEL, Data de Publicação: 31.7.2015).

No que toca às sanções pecuniárias pela prática de atos de má-fé processual, tem-se que a multa teve seus limites majorados pelo legislador de 2015, denotando uma preocupação substancial com o conteúdo ético do processo. Se no regime anterior não era possível que a multa ultrapassasse 1% do valor da causa, o novo modelo preconiza a necessidade de que ela seja fixada entre 1% e 10% sobre o valor da causa corrigido, inequivocamente elevando sobremaneira a incidência da sanção. Embora o texto do CPC-1973 não fizesse referência à correção monetária sobre o valor da causa para fins de imposição da multa, já havia decisões nesse sentido colhidas na jurisprudência, como decidido, exemplificativamente, pelo Superior Tribunal de Justiça (Agravo 1333466 Relator Ministro LUIS FELIPE SALOMÃO, 8.9.2010) e pelo Tribunal Superior do Trabalho (RR 147300-18.2007.5.02.0073, Relator Desembargador Convocado Tarcísio Regis Valente, 18.3.2015). A redação atual do texto torna essa providência indiscutível.

Como dito, nesse aspecto o legislador enuncia a precedência do caráter deontológico do processo, reafirmando a impropriedade de ser utilizado de maneira escusa. Daí porque o agravamento severo da sanção pecuniária, evidenciando uma sobrecarga econômica contra o que litiga de má-fé. Registre-se que o parágrafo segundo do art. 81 estipula que, sendo o valor da causa irrisório ou inestimável, a fixação da multa será nominal, e terá como limite máximo o montante de dez vezes o valor do salário-mínimo. O Código ainda preconiza outras situações que permitem a imposição de multa pecuniária à parte que age de forma contrária à lealdade processual, como é o caso do par. único do seu art. 774, destinado aos processos em fase executiva, e que será objeto de análise futura.

Assim, ao contrário da multa, que deve ser fixada apenas e tão-somente pela conduta qualificada pelo juiz, a indenização pressupõe o prejuízo, que deve ser configurado autonomamente. Dessa forma, inclusive, se se tratar de prejuízo material este deve ser comprovado, ainda que em procedimento posterior: nesse sentido, o código reproduz regra do texto anterior que permitia que a apuração desse prejuízo fosse feita por arbitramento (art. 81, § 3º), acrescentando a possibilidade de se fazer também pelo "procedimento comum". Caso o dano alegado seja de ordem moral, essa prova fica dispensada, por se configurar *in re ipsa*.

Nesse sentido, p. ex.:

COBRANÇA — APELAÇÃO — TEMPESTIVIDADE — INADIMPLEMENTO DO ADQUIRENTE — ÔNUS DA PROVA — VÍCIOS REDIBITÓRIOS — DECADÊNCIA — LITIGÂNCIA MÁ-FÉ. Embora intempestivos os embargos de declaração, não se configura intempestividade da apelação, interposta no prazo legal contado da decisão proferida naquele recurso. De conformidade com o disposto no art. 333, do CPC, cabe ao réu o ônus da prova quanto aos fatos extintivos, impeditivos e modificativos do direito do autor. O adquirente decai do seu direito de reclamar pelo vício, ou do abatimento do preço, um ano após a transferência do bem imóvel. Para que ocorra a condenação por litigância de má-fé, é necessário que se faça prova da instauração de litígio infundado ou temerário, bem como da ocorrência de dano processual em desfavor da parte contrária. (TJ-MG — AC: 10024101043933001 MG, Relator: Evangelina Castilho Duarte, Data de Julgamento: 29.5.2014, Câmaras Cíveis / 14ª CÂMARA CÍVEL, Data de Publicação: 17.6.2014).

Assim, ao contrário da multa, que deve ser fixada apenas e tão somente pela conduta qualificada pelo juiz, a indenização pressupõe o prejuízo, e este deve ser comprovado, ainda que em procedimento posterior: nesse sentido, o código reproduz regra do texto anterior que permitia que a apuração desse prejuízo fosse feita por arbitramento (art. 81, § 3º), acrescentando a possibilidade de se fazer também pelo "procedimento comum". Conforme iremos explicitar mais adiante, o NCPC substituiu a antiga "liquidação por artigos" pela figura da "liquidação pelo procedimento comum", conforme reza o seu art. 509. A novidade, na mesma esteira do endurecimento das sanções pecuniárias já explicitado, situa-se no fato de que o texto atual não mais limita essa indenização, o que pressupõe a possibilidade de ser fixada em qualquer montante, desde que se revele justificada. O texto similar do CPC-1973 estipulava o limite a 20% do valor da causa.

Por fim, a terceira sanção pecuniária é representada pela imposição do pagamento dos honorários advocatícios e das despesas efetuadas pela parte. Sobre esse tema, trataremos mais adiante (arts. 82 e seguintes), mas salientamos que o sentido da regra ora analisada é o de definir previamente que a prática da litigância de má-fé, quando implica a sucumbência da parte adversa, impõe a ela o ônus de pagar essas despesas do processo. Embora pareça evidente, é oportuno destacar-se que a prática de atos de má-fé não implica, necessariamente, a sucumbência da parte, podendo haver casos em que, apesar de vencedora na demanda, ela tem contra si imposta a condenação por litigância de má-fé.

Assim como é igualmente falacioso afirmar-se que a simples sucumbência denota litigância de má-fé, como se evidencia da seguinte decisão:

RECURSO DE REVISTA — PROCESSO ELETRÔNICO — MULTA POR LITIGÂNCIA DE MÁ-FÉ. RECURSO ORDINÁRIO PROTELATÓRIO. A circunstância de não terem sido acolhidas as razões recursais, seja por que infundados, seja por não atacarem os fundamentos da decisão recorrida, não autoriza a aplicação de penalidade por litigância de má-fé, sobretudo extensível ao advogado da recorrente. Recurso de Revista conhecido e provido. (TST — RR: 1883-25.2010.5.02.0042, Relator Márcio Eurico Vitral Amaro, Data de Julgamento: 15.4.2015, 8ª Turma, Data de Publicação: DEJT 17.4.2015)

Outrossim, caso ocorram as duas situações, de forma cumulativa — sucumbência e prática de litigância de má-fé — incide a hipótese ora analisada.

É de se consignar que o § 3º do art. 81 fixa que, quando forem dois ou mais os litigantes de má-fé, o juiz condenará cada um na proporção de seu respectivo interesse na causa ou solidariamente aqueles que se coligaram para lesar a parte contrária.

A CLT é completamente omissa quanto ao instituto da litigância de má-fé, e por ser a lealdade processual um princípio geral, aplicável ao processo laboral, temos como inquestionável o fato de os artigos em comento nele incidirem. A única ressalva que fazemos diz respeito aos honorários advocatícios que, como iremos tratar adiante, possuem sistemática própria no processo do trabalho, o que inviabiliza, ao menos por ora, sua aplicação incondicional. No mais, todavia, temos que todas as disposições são pertinentes, como atesta a decisão abaixo transcrita, reveladora da jurisprudência pacífica do TST:

RECURSO DE REVISTA. LITIGÂNCIA DE MÁ-FÉ. INDENIZAÇÃO 1. É cediço que não há incompatibilidade entre as normas do Direito Processual Civil que regem a aplicação de multa por litigância de má-fé e o Processo do Trabalho, tão cioso quanto aquele na preservação da probidade processual. Daí por que não há quaisquer óbices à imposição de multa por litigância de má-fé no âmbito do processo trabalhista. 2. A imposição de tal sanção, todavia, pressupõe não só que a conduta da parte esteja prevista no art. 17 do CPC, mas, igualmente, a existência de dolo, isto é, do deliberado propósito de desvirtuar-se a finalidade do processo e impor prejuízo a outrem. 3. A mera intenção de emprestar aos embargos de declaração caráter infringente, sem que esteja caracterizada a conduta processual intencionalmente maliciosa e temerária da parte, não configura a litigância de má-fé a que alude o art. 17 do CPC. Para essa hipótese, a lei já prevê a multa do art. 538, parágrafo único, do CPC. 4. Agravo de instrumento do Reclamado conhecido e provido. Recurso de revista do Reclamado de que se conhece e a que se dá provimento. (TST — RR: 4600-33.2008.5.07.0012, Relator: João Oreste Dalazen, Data de Julgamento: 21.10.2015, 4ª Turma, Data de Publicação: DEJT 23.10.2015)

Há, no entanto, uma ressalva específica feita pela jurisprudência do TST, nos termos da Orientação Jurisprudencial n. 409, da SBDI-I, do TST, da qual trataremos quando analisarmos o art. 96, do NCPC.

Seção III
Das Despesas, dos Honorários Advocatícios e das Multas

Art. 82.

Salvo as disposições concernentes à gratuidade da justiça, incumbe às partes prover as despesas dos atos que realizarem ou requererem no processo, antecipando-lhes o pagamento, desde o início até a sentença final ou, na execução, até a plena satisfação do direito reconhecido no título.

§ 1º Incumbe ao autor adiantar as despesas relativas a ato cuja realização o juiz determinar de ofício ou a requerimento do Ministério Público, quando sua intervenção ocorrer como fiscal da ordem jurídica.

§ 2º A sentença condenará o vencido a pagar ao vencedor as despesas que antecipou.

Art. 83.

O autor, brasileiro ou estrangeiro, que residir fora do Brasil ou deixar de residir no país ao longo da tramitação de processo prestará caução suficiente ao pagamento das custas e dos honorários de advogado da parte contrária nas ações que propuser, se não tiver no Brasil bens imóveis que lhes assegurem o pagamento.

§ 1º Não se exigirá a caução de que trata o *caput*:

I — quando houver dispensa prevista em acordo ou tratado internacional de que o Brasil faz parte;

II – na execução fundada em título extrajudicial e no cumprimento de sentença;

III – na reconvenção.

§ 2º Verificando-se no trâmite do processo que se desfalcou a garantia, poderá o interessado exigir reforço da caução, justificando seu pedido com a indicação da depreciação do bem dado em garantia e a importância do reforço que pretende obter.

Art. 84.

As despesas abrangem as custas dos atos do processo, a indenização de viagem, a remuneração do assistente técnico e a diária de testemunha.

Comentário de *Carlos Eduardo Oliveira Dias*

Os arts. 82, 83 e 84 do NCPC reproduzem o teor de comandos já constantes do texto revogado, com apenas algumas adaptações pontuais, mas sem mudança de conteúdo. As disposições do art. 82 do NCPC se encontravam nos arts. 19 e 20 do CPC-1973; as do art. 83 estavam nos de número 835, 836 e 837 do CPC-1973; já o 84 constava do § 2º do art. 20, do CPC-1973

Em linhas gerais esses dispositivos regulamentam as despesas processuais, que *"são todos os gastos que se fazem em juízo, durante algum processo (...), quer se paguem pelos atos processuais, quer por outra causa, inclusive por falta de alguma das partes."* (MIRANDA, 1999, Tomo I, 384). Nesse conceito não se podem incluir, conceitualmente, os honorários dos advogados, mas somente as multas aplicadas às partes, os valores desembolsados para a realização das perícias, além daqueles expressamente citados no art. 84, do NCPC: as custas dos atos do processo, a indenização de viagem, a remuneração do assistente técnico (arts. 95 e 465, II, do NCPC) e a diária de testemunha (art. 462, do NCPC).

No magistério de Dinamarco, *"despesas processuais não é uma locução de amplitude total, no sistema do Código de Processo Civil. Abrange todos os itens do custo do processo que de algum modo e em algum momento serão devidos aos agentes estatais, mas não abrange os honorários advocatícios."* (DINAMARCO, 1999, p. 630). Os honorários terão outro enquadramento conceitual, conforme trataremos mais adiante.

A doutrina clássica chegava a admitir a inclusão, nesse contexto, das *despesas extraprocessuais*, como, p. ex., *"pareceres de jurisconsultos de que lançou mão a parte para seu esclarecimento ou efeito de melhor tratamento em público da matéria".* (MIRANDA, 1999, Tomo I, 385). No entanto, entendemos que essa interpretação resta superada, dado que não se pode pretender que haja a imposição de despesas a uma das partes que não envolvam atos essenciais ou necessários à consecução das obrigações definidas no processo. Note-se que o próprio Código Civil de 2002, em seu art. 404, prevê a possibilidade de inclusão de juros, custas e honorários de advogado no pleito de reparação de danos, situando essa reparabilidade no plano extraprocessual. Tais valores, portanto, juntamente com os demais atributos inseridos no art. 402, são devidos em decorrência do dever de indenizar, sem se confundir com as obrigações processuais decorrentes da exigência jurisdicional de satisfação da obrigação (art. 403, do CC). Logo, entendemos que, somente se houvesse previsão legal seria pertinente a inclusão dos pareceres contratados por uma das partes para subsidiar sua pretensão, não sendo possível presumir-se seu cabimento diante do sistema normativo em vigor.

O contexto temático das despesas processuais pressupõe que todas elas ficam a cargo da parte vencida no processo, cuja responsabilidade decorre do fato de ter sucumbido na demanda. É o que se denomina, em sentido amplo de *princípio da sucumbência*, o qual determina que os custos financeiros do processo devem ficar a cargo de quem a ele deu causa. Como explicita Dinamarco, isso decorre de uma premissa ética e econômica de grande valia, *"que é a de que a necessidade de servir-se do processo para obter razão não deve reverter em dano a quem tem razão (Chiovenda)".* (Apud DINAMARCO, 1999, p. 635). É o que expõe, na essência, o § 2º do art. 82, ao estipular que o vencido deve ressarcir o vencedor das despesas que ele antecipou. Evidencia-se, assim, que o sentido substancial do dispositivo em comento é a fixação dos ônus processuais das partes litigantes, no que toca ao adiantamento das despesas do processo, cuja lógica não perpassa pela gratuidade. Desse modo, o princípio fundamental nesse tema estipula que cada uma das partes deve prover as despesas dos atos que realizarem ou requererem no processo, promovendo a antecipação do pagamento até a plena satisfação do direito reconhecido no título. O fato curioso é que o código não explicita essa regra, fazendo apenas referência indireta quanto trata do ressarcimento. Essa característica já existia no código anterior, como assinala Pontes de Miranda: *"A regra fundamental, em matéria de despesa, é a de que o litigante vencido as paga, ainda mesmo na execução força-*

da da sentença. O Código não a explicitou, porém os arts. 20-23 a supõem como princípio geral de direito judiciário material." (MIRANDA, 1999, Tomo I, 387).

Essa regra só é relativizada em se tratando de beneficiários da Justiça Gratuita (do que trataremos mais adiante) ou quando se tratar de providência determinada pelo juiz, oriunda de obrigação legal ou requerida pelo Ministério Público nos casos em que ele oficia compulsoriamente, na condição de fiscal da lei. No primeiro caso, poderá haver a isenção ou diferimento da obrigação de pagar as despesas e no segundo ficam a cargo do autor, que é o responsável pela iniciativa da demanda. Naturalmente que, a exemplo dos demais casos, se o autor adiantar tais despesas e vier a se tornar vencedor na causa, o réu terá acrescido à sua condenação o correspondente ressarcimento.

Cabe registrar que, embora silente o código, a falta de depósito da antecipação das despesas processuais implica a não realização do ato respectivo, com evidente ônus, no plano processual, para a parte interessada.

O art. 83 reproduz regra do ordenamento anterior, de maneira mais adequada sistematicamente, e obriga o estrangeiro ou o brasileiro que resida no exterior que preste caução suficiente ao pagamento das custas e dos honorários de advogado da parte contrária nas ações que propuser, se não tiver no Brasil bens imóveis que lhes assegurem o pagamento, caso venha a mover ação judicial no Brasil. Denota-se uma preocupação substancial do legislador no sentido de assegurar materialmente a satisfação das despesas do processo, antes mesmo de se identificar eventual situação de sucumbência. Assim, caso resida no exterior, aquele que vier a demandar no Brasil terá que oferecer meio real ou fidejussório de garantia (como o código não faz restrições ou distinções, entendemos que podem ser admitidas cauções reais ou fidejussórias, com a mesma eficácia) de satisfação das despesas do processo caso não tenha imóvel em território nacional, evitando, assim, possíveis prejuízos ao réu caso se mostre infrutífera a demanda. Cabe notar que o código não menciona outras despesas processuais, mas entendemos que, a depender da dimensão da causa ou das potencialidades de crescimento dessas despesas, é possível invocar-se o disposto no § 2º para ser postulada e determinada a sua ampliação.

Nos termos do § 1º deste dispositivo, não se exigirá a caução se houver dispensa expressa em acordo ou tratado internacional de que o Brasil faz parte, e que seja aplicável aos sujeitos da relação processual correspondente. Isso, naturalmente, decorre do prestígio constitucional aos instrumentos internacionais firmados pelo país, que podem regular o tema de maneira diversa. Da mesma sorte, não será exigível se o residente no exterior houver manejado reconvenção — dado que, nessa situação, embora autor dessa demanda, também é réu em outra, a esta conexa — e, ainda, na execução fundada em título extrajudicial e no cumprimento de sentença;

Por fim, o § 2º disciplina os casos em que a garantia originariamente oferecida tenha se desfalcado, ou seja, em situações nas quais houve depreciação do bem garantidor ou aumento das expectativas de despesas do processo. Nesse caso, o réu, como interessado na providência, poderá exigir o reforço da caução, que deverá ser cumprida pelo autor.

Apesar de não haver previsão explícita, entendemos que a ausência da providência prevista no art. 83 faz incidir a hipótese do art. 321, do NCPC. Assim, verificando o juiz que não está cumprindo tal requisito legal, deverá conceder ao autor o prazo de 15 dias para o suprimento do defeito processual enunciado e, se não cumprida essa determinação, promoverá o indeferimento da petição inicial (art. 321, par. único), com extinção do processo.

A legislação processual trabalhista é silente quanto a todos esses temas, mas isso não atrai, de forma automática, a aplicação dos institutos ao processo laboral. Com efeito, dentre os princípios que o regem está o da gratuidade, segundo o qual não são cobradas custas ou despesas processuais antecipadamente. Assim, embora entendamos aplicável o preceito segundo o qual a parte vencida deva ressarcir à outra pelas despesas que foram causadas pela demanda — inclusive o art. 84 — o princípio invocado não permite que se adote o instituto da antecipação das despesas, de forma impositiva. Nesse sentido, aliás, a jurisprudência trabalhista já se assentou no sentido da rejeição da antecipação de honorários periciais, p. ex. (Tema que trataremos mais adiante). Isso não significa que a parte não possa antecipar as despesas: significa, apenas que essa antecipação, como preconizada no art. 82 e seu § 1º não é obrigatória, nem impede a realização do ato. Porém, se houver efetivamente a antecipação das despesas, a parte vencedora tem o direito de ser ressarcida pela vencida, na forma do art. 82, § 2º, do NCPC, que guarda compatibilidade com o processo laboral.

Pelas razões já expostas, e pelo fato de entender a jurisprudência majoritária pelo cabimento relativo dos honorários advocatícios em sede trabalhista, a aplicação do art. 83 também deve ser ponderada, e incidente somente nos casos em que se mostre efetivamente necessária.

Registra-se, por fim, que a CLT tem regramento próprio sobre o cabimento das custas processuais, que são devidas apenas por ocasião da interposição de recurso ou após o trânsito em julgado da decisão (art. 789, § 1º, da CLT), não havendo previsão para pagamento antecipado. Se, todavia, a parte que fizer o pagamento por ocasião do recurso tiver êxito em sua postulação, revertendo a sucumbência, terá direito ao ressarcimento das custas já pagas.

Nesse sentido, a Súmula n. 25, do TST:

CUSTAS PROCESSUAIS. INVERSÃO DO ÔNUS DA SUCUMBÊNCIA. I — A parte vencedora na primeira instância, se vencida na segunda, está obrigada, independentemente de intimação, a pagar as custas fixadas na sentença originária, das quais ficara isenta a parte então vencida; II — No caso de inversão do ônus da sucumbência em segundo grau, sem acréscimo ou atualização do valor das custas e se estas já foram devidamente recolhidas, descabe um novo pagamento pela parte vencida, ao recorrer. Deverá ao final, se sucumbente, reembolsar a quantia; (ex-OJ nº 186 da SBDI-I) III — Não caracteriza deserção a hipótese em que, acrescido o valor da condenação, não houve fixação ou cálculo do valor devido a título de custas e tampouco intimação da parte para o preparo do recurso, devendo ser as custas pagas ao final; (ex-OJ nº 104 da SBDI-I) IV — O reembolso das custas à parte vencedora faz-se necessário mesmo na hipótese em que a parte vencida for pessoa isenta do seu pagamento, nos termos do art. 790-A, parágrafo único, da CLT.

Nesse mesmo contexto, a CLT também estipula o cabimento de custas em execução (art. 789-A), de acordo com os atos nela praticados, e sempre a cargo do executado e ainda fixa os emolumentos, devidos em função de procedimentos praticados pelas Secretarias das Varas (art. 789-B), figuras que também são enquadradas no conceito de *despesas processuais*.

Art. 85.

A sentença condenará o vencido a pagar honorários ao advogado do vencedor.

§ 1º São devidos honorários advocatícios na reconvenção, no cumprimento de sentença, provisório ou definitivo, na execução, resistida ou não, e nos recursos interpostos, cumulativamente.

§ 2º Os honorários serão fixados entre o mínimo de dez e o máximo de vinte por cento sobre o valor da condenação, do proveito econômico obtido ou, não sendo possível mensurá-lo, sobre o valor atualizado da causa, atendidos:

I — o grau de zelo do profissional;

II — o lugar de prestação do serviço;

III — a natureza e a importância da causa;

IV — o trabalho realizado pelo advogado e o tempo exigido para o seu serviço.

§ 3º Nas causas em que a Fazenda Pública for parte, a fixação dos honorários observará os critérios estabelecidos nos incisos I a IV do § 2º e os seguintes percentuais:

I — mínimo de dez e máximo de vinte por cento sobre o valor da condenação ou do proveito econômico obtido até 200 (duzentos) salários-mínimos;

II — mínimo de oito e máximo de dez por cento sobre o valor da condenação ou do proveito econômico obtido acima de 200 (duzentos) salários-mínimos até 2.000 (dois mil) salários-mínimos;

III — mínimo de cinco e máximo de oito por cento sobre o valor da condenação ou do proveito econômico obtido acima de 2.000 (dois mil) salários-mínimos até 20.000 (vinte mil) salários-mínimos;

IV — mínimo de três e máximo de cinco por cento sobre o valor da condenação ou do proveito econômico obtido acima de 20.000 (vinte mil) salários-mínimos até 100.000 (cem mil) salários-mínimos;

V — mínimo de um e máximo de três por cento sobre o valor da condenação ou do proveito econômico obtido acima de 100.000 (cem mil) salários-mínimos.

§ 4º Em qualquer das hipóteses do § 3º:

I — os percentuais previstos nos incisos I a V devem ser aplicados desde logo, quando for líquida a sentença;

II — não sendo líquida a sentença, a definição do percentual, nos termos previstos nos incisos I a V, somente ocorrerá quando liquidado o julgado;

III – não havendo condenação principal ou não sendo possível mensurar o proveito econômico obtido, a condenação em honorários dar-se-á sobre o valor atualizado da causa;

IV – será considerado o salário-mínimo vigente quando prolatada sentença líquida ou o que estiver em vigor na data da decisão de liquidação.

§ 5º Quando, conforme o caso, a condenação contra a Fazenda Pública ou o benefício econômico obtido pelo vencedor ou o valor da causa for superior ao valor previsto no inciso I do § 3º, a fixação do percentual de honorários deve observar a faixa inicial e, naquilo que a exceder, a faixa subsequente, e assim sucessivamente.

§ 6º Os limites e critérios previstos nos §§ 2º e 3º aplicam-se independentemente de qual seja o conteúdo da decisão, inclusive aos casos de improcedência ou de sentença sem resolução de mérito.

§ 7º Não serão devidos honorários no cumprimento de sentença contra a Fazenda Pública que enseje expedição de precatório, desde que não tenha sido impugnada.

§ 8º Nas causas em que for inestimável ou irrisório o proveito econômico ou, ainda, quando o valor da causa for muito baixo, o juiz fixará o valor dos honorários por apreciação equitativa, observando o disposto nos incisos do § 2º.

§ 9º Na ação de indenização por ato ilícito contra pessoa, o percentual de honorários incidirá sobre a soma das prestações vencidas acrescida de 12 (doze) prestações vincendas.

§ 10. Nos casos de perda do objeto, os honorários serão devidos por quem deu causa ao processo.

§ 11. O tribunal, ao julgar recurso, majorará os honorários fixados anteriormente levando em conta o trabalho adicional realizado em grau recursal, observando, conforme o caso, o disposto nos §§ 2º a 6º, sendo vedado ao tribunal, no cômputo geral da fixação de honorários devidos ao advogado do vencedor, ultrapassar os respectivos limites estabelecidos nos §§ 2º e 3º para a fase de conhecimento.

§ 12. Os honorários referidos no § 11 são cumuláveis com multas e outras sanções processuais, inclusive as previstas no art. 77.

§ 13. As verbas de sucumbência arbitradas em embargos à execução rejeitados ou julgados improcedentes e em fase de cumprimento de sentença serão acrescidas no valor do débito principal, para todos os efeitos legais.

§ 14. Os honorários constituem direito do advogado e têm natureza alimentar, com os mesmos privilégios dos créditos oriundos da legislação do trabalho, sendo vedada a compensação em caso de sucumbência parcial.

§ 15. O advogado pode requerer que o pagamento dos honorários que lhe caibam seja efetuado em favor da sociedade de advogados que integra na qualidade de sócio, aplicando-se à hipótese o disposto no § 14.

§ 16. Quando os honorários forem fixados em quantia certa, os juros moratórios incidirão a partir da data do trânsito em julgado da decisão.

§ 17. Os honorários serão devidos quando o advogado atuar em causa própria.

§ 18. Caso a decisão transitada em julgado seja omissa quanto ao direito aos honorários ou ao seu valor, é cabível ação autônoma para sua definição e cobrança.

§ 19. Os advogados públicos perceberão honorários de sucumbência, nos termos da lei.

Comentários ao Novo CPC

Art. 85

Comentário de *Carlos Eduardo Oliveira Dias*

O art. 85 do NCPC é um dos mais extensos do código, e vem a suprir a disciplina a respeito da verba honorária, em favor dos profissionais de advocacia que atuam nos processos. A regulamentação anterior vinha no art. 20, mas o código ampliou significativamente o tratamento normativo antes dado pelo texto. Preservou os limites de fixação e os parâmetros para a estipulação nos casos nos quais não há valor estimado, mas o § 1º estabeleceu, inequivocamente, o seu cabimento em cada ato do processo ali nominado. Assim, é devida a fixação dos honorários sucumbenciais na reconvenção, no cumprimento de sentença, provisório ou definitivo, na execução, resistida ou não, e nos recursos interpostos, cumulativamente. Também foi estabelecido que, no julgamento dos recursos, os honorários fixados anteriormente serão majorados, levando em conta o trabalho adicional realizado em grau recursal. No entanto, para isso deve ser observado o constante nos §§ 2º a 6º, sendo vedado ao tribunal, no cômputo geral da fixação de honorários devidos ao advogado do vencedor, ultrapassar os respectivos limites estabelecidos nos §§ 2º e 3º para a fase de conhecimento.

O texto ainda cuidou de estipular que honorários são atribuídos do advogado — e não à parte — e têm natureza alimentar, com os mesmos privilégios dos créditos oriundos da legislação trabalhista, e serão devidos quando o advogado atuar em causa própria. Caso não sejam fixados em sentença, o advogado poderá requerer que sejam definidos em ação autônoma de cobrança.

O Código ainda procurou fixar limites para a imposição de honorários contra a Fazenda Pública, naturalmente dotado de uma preocupação com as finanças do Estado, e para evitar qualquer tipo de ato ilícito, em prejuízo do Erário. Em contrapartida, garantiu aos advogados públicos a percepção da verba de sucumbência, de forma a ser devidamente regulada por lei própria. Ao lado disso, e tratando especificamente de advogado que participa de sociedade de profissionais, autorizou que requeira o pagamento dos honorários em favor da sociedade. Por fim, estabeleceu o termo inicial dos juros moratórios sobre os honorários, quando fixados em quantia certa (a partir da data do trânsito em julgado da decisão).

Conforme iremos abordar na análise do art. 103, na Justiça do Trabalho ainda vigora, ainda que de forma mitigada, o *jus postulandi* das partes. Em razão disso, o entendimento majoritário da jurisprudência laboral tem sido pelo descabimento da condenação em honorários advocatícios, salvo em casos pontualmente tratados na legislação. É a dicção expressa da Súmula n. 219, ratificada pela Súmula n. 329, do TST:

Súmula n. 219 do TST — HONORÁRIOS ADVOCATÍCIOS. CABIMENTO (incorporada a Orientação Jurisprudencial n. 305 da SBDI-1 ao item I) — Res. 197/2015, DEJT divulgado em 14, 15 e 18.5.2015 —

I — Na Justiça do Trabalho, a condenação ao pagamento de honorários advocatícios, nunca superiores a 15% (quinze por cento), não decorre pura e simplesmente da sucumbência, devendo a parte, concomitantemente: a) estar assistida por sindicato da categoria profissional; b) comprovar a percepção de salário inferior ao dobro do salário mínimo ou encontrar-se em situação econômica que não lhe permita demandar sem prejuízo do próprio sustento ou da respectiva família. (art.14, § 1º, da Lei n. 5.584/1970). (ex-OJ n. 305 da SBDI-I).

II — É cabível a condenação ao pagamento de honorários advocatícios em ação rescisória no processo trabalhista.

III — São devidos os honorários advocatícios nas causas em que o ente sindical figure como substituto processual e nas lides que não derivem da relação de emprego.

Dessa maneira, só reconhece o cabimento da condenação em honorários sucumbenciais nas situações de assistência sindical, na forma do art. 14 da Lei n. 5.584/70; para o manejo de ação rescisória e naquelas que não derivem da relação de emprego, incluídas aquelas em que o sindicato atua como substituto processual.

Essa determinação consta da Instrução Normativa n. 27/2005, do Tribunal Superior do Trabalho. Com efeito, quando promulgada a Emenda Constitucional n. 45, ampliando a competência da Justiça do Trabalho, o TST editou referida instrução pretendendo disciplinar as *"normas procedimentais aplicáveis ao processo do trabalho em decorrência da ampliação da competência"*. Ainda que se possa afirmar que essa proposição estaria invadindo a competência legislativa e ainda interferindo na liberdade de julgamento dos magistrados, o certo é que o texto vem regulando o tema, estabelecendo no caso do tema em análise, que *"exceto nas lides decorrentes da relação de emprego, os honorários advocatícios são devidos pela mera sucumbência."* (art. 5º).

Em sentido similar, a Orientação Jurisprudencial n. 421, da SDI-I, do TST diz respeito a ações acidentárias ajuizadas na Justiça Comum e depois remetidas à Justiça do Trabalho:

OJ N. 421 — HONORÁRIOS ADVOCATÍCIOS. AÇÃO DE INDENIZAÇÃO POR DANOS MORAIS E MATERIAIS DECORRENTES DE ACIDENTE DE TRABALHO OU DE DOENÇA PROFISSIONAL. AJUIZAMENTO PERANTE A JUSTIÇA COMUM ANTES DA PROMULGAÇÃO DA EMENDA CONSTITUCIONAL N. 45/2004. POSTERIOR REMESSA DOS AUTOS À JUSTIÇA DO TRABALHO. ART. 20 DO CPC. INCIDÊNCIA. A condenação em honorários advocatícios nos autos de ação de indenização por danos morais e materiais decorrentes de acidente de trabalho ou de doença profissional, remetida à Justiça do Trabalho após ajuizamento na Justiça comum, antes da vigência da Emenda Constitucional n. 45/2004, decorre da mera sucumbência, nos termos do art. 20 do CPC, não se sujeitando aos requisitos da Lei n. 5.584/1970.

Logo, por razões naturais, a aplicação desse dispositivo é deveras restrita no processo do trabalho. A incidência do *caput* do art. 85 encontra óbice no trato jurisprudencial dominante, limitando os casos de fixação de honorários de sucumbência. Particularmente, divergimos desse entendimento, pois consideramos plenamente compatível com o processo do trabalho o princípio da sucumbência No entanto, já é pacífica a interpretação restritiva antes enunciada, o que tolhe, naturalmente a adoção do dispositivo indicado.

No que se refere ao cálculo dos honorários, devemos observar que, em se tratando de situação de assistência sindical, já está estipulado o limite no próprio texto que a regula (art. 14, da Lei n. 5.584/70). Portanto, não poderá ser maior do que 15% do valor da condenação. Nas demais situações, aplica-se a interpretação vazada na OJ n. 348, da SDI:

> HONORÁRIOS ADVOCATÍCIOS. BASE DE CÁLCULO. VALOR LÍQUIDO. LEI N. 1.060, DE 5.2.1950 (DJ 25.4.2007). *Os honorários advocatícios, arbitrados nos termos do art. 11, § 1º, da Lei n. 1.060, de 5.2.1950, devem incidir sobre o valor líquido da condenação, apurado na fase de liquidação de sentença, sem a dedução dos descontos fiscais e previdenciários.*

Logo, só serão compatíveis com o processo do trabalho os parágrafos do art. 85, nos casos casos admitidos na Súmula n. 219, II e III e na OJ 421 da SDI-I, do TST.

Art. 86.

Se cada litigante for, em parte, vencedor e vencido, serão proporcionalmente distribuídas entre eles as despesas.

Parágrafo único. Se um litigante sucumbir em parte mínima do pedido, o outro responderá, por inteiro, pelas despesas e pelos honorários.

Comentário de *Carlos Eduardo Oliveira Dias*

Na sequência do tratamento normativo das despesas do processo, o **art. 86** consagra a regra da proporcionalidade na atribuição dos custos processuais, em situações nas quais exista a *sucumbência recíproca*. A hipótese descrita refere-se a casos em que a pretensão do autor é parcialmente procedente, vale dizer, naqueles em que apenas uma parte de seu pedido foi acolhido, sendo o restante rejeitado. É esse o sentido da expressão legal, quando atribuiu as litigantes a condição de "vencedor e vencido", denotando que parte das pretensões de cada um foi acolhida pelo Juízo. Ou seja, parte dos pedidos formulados pelo autor foi acolhida e parte foi rejeitada, como corolário do acolhimento dos pedidos do réu, de improcedência da pretensão do autor. É relevante afirmarmos que isso não se aplica aos casos nos quais há reconvenção, dado que, nesse caso, pode haver sucumbência de uma das partes em ambas as demandas e, mesmo que as duas pretensões sejam procedentes, incide a regra do § 1º do art. 85, que pressupõe condenação autônoma.

O novel texto reproduz o comando já existente no art. 21 e seu parágrafo único, do CPC-1973, e contém duas disposições bastante singelas: a) nos casos de sucumbência recíproca, a atribuição das despesas processuais será proporcional à pretensão de cada litigante que foi acolhida; b) se, no entanto, uma parte sucumbir em parcela mínima do pedido, a outra responderá integralmente por essas despesas. Embora o Código não faça referência expressa ao significado de "parte mínima", cabe ao juiz, no momento de impor a condenação, definir se o grau de sucumbência seria enquadrável nessa hipótese, a fim de atribuir os ônus da sucumbência somente a um dos litigantes. Nessa linha, Pontes de Miranda: *"O juiz é que tem de apurar se a parte do pedido era mínima. Aí, a minimidade é em relação ao valor do pedido; portanto, se o pedido é de alto de importe econômico, não se há considerar parte mínima do pedido o que seria parte mínima em pedido de pequeno valor."* (MIRANDA, 1999, Tomo I, 400).

É oportuno frisar-se que, no sistema do processo comum, há despesas tanto do autor como feitas pelo réu. Por isso, se aplicável a hipótese do *caput* do art. 86, entendemos que devem ser consolidadas as despesas realizadas por ambas as partes, acrescidas custas e outras despesas do processo e feito o rateio proporcional, segundo o grau de sucumbência de cada um. Naturalmente, desse montante cabe a compensação daquilo que cada um adiantou, e os honorários advocatícios são fixados de forma proporcional, como já exposto. Como se nota, a decisão judicial tem que ser precisa e determinada, a fim de evitar problemas em eventual liquidação.

Consoante já expusemos na análise do artigo antecedente, esse dispositivo tem sua aplicação relativa no processo do trabalho. Além das limitações quanto ao cabimento dos honorários assistenciais, não existe no processo do trabalho a regra da atribuição proporcional de despesas do processo. O debate jurisprudencial a respeito é muito antigo, como explica Wilson de Souza Campos Batalha:

Assaz discutida tem sido a hipótese de condenações parciais. Entendem alguns, entre os quais nos alinhamos em nossas 'Instituições de Direito Processual do Trabalho', que, nas condenações parciais, as custas devem ser pagas proporcionalmente pelas partes; entendem outros que, nessas hipóteses, as custas ficam exclusivamente a cargo do empregador, calculando-se sobre o valor da condenação (BATALHA, 1995, p. 714-715).

Dentre os defensores da segunda tese (não cabimento da proporcionalidade), ele cita Délio Maranhão e Mozart Russomano, que a sustentam no fato de que o texto da CLT fazer referência apenas ao valor da condenação como base de cálculo das custas.

Todavia, a jurisprudência há muito tempo se firmou no sentido do descabimento da proporcionalidade das custas, como revela decisão proferida em 1953 pelo TST:

Na Justiça do Trabalho só pode haver um vencido: aquele cuja reclamação é julgada improcedente ou que é condenado. Assim, ressalvada a hipótese de acordo, em que o pagamento das custas pode ser feito em partes iguais pelos litigantes, nos termos do art. 769, § 4º in fine, da CLT, não se admite a condenação a pagamento de custas proporcionais (BATALHA, 1995, p. 715).

Nessa mesma linha decisões bem mais recentes, como a seguir destacada, que sintetiza o pensamento dominante em sede jurisprudencial trabalhista:

CUSTAS PROPORCIONAIS. ART. 21 DO CPC. INAPLICABILIDADE. Inaplicável ao processo do trabalho o disposto no art. 21 do CPC, uma vez que o art. 789, caput e inciso I, da CLT, estabelecem que as custas serão de 2% sobre o valor da condenação. Assim, havendo condenação, ainda que os pedidos sejam acolhidos parcialmente, as custas serão pagas integralmente pelo Réu. Destaque-se que não vigora no processo do trabalho a regra de sucumbência recíproca prevista no processo civil. Ademais, o art. 769 da CLT prevê que o direito processual comum será aplicado de forma subsidiária ao processo do trabalho, "exceto naquilo que for incompatível". No caso das custas, a CLT possui regramento próprio e incompatível com a norma do CPC, razão pela qual não se aplica o disposto no art. 21 do CPC. (TRT-2 — RO: 00017574420135020373 SP 0001757-44.2013.5.02.0373 A28, Relator: FRANCISCO FERREIRA JORGE NETO, Data de Julgamento: 21.8.2014, 14ª TURMA, Data de Publicação: 29.8.2014)

Com isso, tem-se que, a rigor, o reclamado sempre paga as custas, ainda que parcialmente procedente o pedido, salvo nos casos de processos trabalhistas que não versem sobre relação de emprego. Essa interpretação decorre do que consta do § 3º do art. 3º da Instrução Normativa n. 27/2005, do TST, já mencionada, que assinala que, *"salvo nas lides decorrentes da relação de emprego, é aplicável o princípio da sucumbência recíproca, relativamente às custas"*.

Art. 87.

Concorrendo diversos autores ou diversos réus, os vencidos respondem proporcionalmente pelas despesas e pelos honorários.

§ 1º A sentença deverá distribuir entre os litisconsortes, de forma expressa, a responsabilidade proporcional pelo pagamento das verbas previstas no *caput*.

§ 2º Se a distribuição de que trata o § 1º não for feita, os vencidos responderão solidariamente pelas despesas e pelos honorários.

Comentário de *Carlos Eduardo Oliveira Dias*

Ainda na esteira da proporcionalidade, o art. 87 tem regra dirigida aos casos nos quais existe litisconsórcio ativo e/ou passivo, e aqui não há, igualmente, novidade na estipulação genérica, que já constava do art. 23, em termos, do CPC-1973. Nesse contexto, a norma cria uma obrigação solidária entre os litisconsortes, independentemente da natureza do litisconsórcio, pois se qualifica apenas pelo fato de ocuparem o polo vencido da relação processual. Assim, se autores ou réus em um processo são sucumbentes, eles respondem proporcionalmente pelas despesas processuais e honorários advocatícios decorrentes dessa sucumbência.

O CPC-2015 inova ao disciplinar, em seus parágrafos, a necessidade de fixação sentencial da distribuição dessa responsabilidade e a consequência para os casos nos quais isso não é feito. De fato, o texto original mostrava-se insuficiente porque simplesmente atribuía a responsabilidade de todos os litisconsortes sucumbentes, sem precisar a regra da proporcionalidade, assimilada pelo novo texto. Assim, para dar eficácia ao comando do *caput*, o § 1º determina ao magistrado que, ao sentenciar, fixe qual a parcela de responsabilidade cabível a cada qual dos sucumbentes, de forma expressa, denotando a necessidade de que isso guarde proporcionalidade com a sucumbência sofrida. Outrossim, caso isso não seja fixado pelo juiz na sentença, todos os vencidos responderão solidariamente pelos honorários advocatícios e despesas processuais, consoante o que determina o § 2º do mesmo artigo. Com isso, se não houver estipulação sentencial, todos os sucumbentes responderão pela totalidade dessas despesas, como decorre da solidariedade estabelecida no dispositivo. Nota-se, nesse caso, que o comando normativo adverte aos vencidos a necessidade de observar essa discriminação sentencial, a fim de que não sejam obrigados a arcar com a totalidade das despesas. Logo, se o juiz não fizer essa estipulação, o interessado deve manejar os embargos declaratórios visando suprir a omissão (art. 1022, II, do NCPC).

Feitas as devidas ponderações — já realizadas — sobre o cabimento da condenação em honorários advocatícios e sobre a incidência da gratuidade no processo do trabalho, devemos observar que esse dispositivo pode ser aplicado, em termos, às lides laborais. Com efeito, é razoavelmente comum haver litisconsórcio passivo ou ativo no processo do trabalho, sendo certo que, no caso deste último, ele é até incentivado pelo texto consolidado (art. 842, da CLT). Assim, em uma ação com vários reclamantes, p. ex., que resulte improcedente, o juiz poderá condená-los no pagamento das custas (art. 789, II, da CLT); ocorre que, a despeito da identidade de matéria, pode haver valores diferenciados para a pretensão de cada um, o que pode afetar a distribuição do valor atribuído à causa. Dessa sorte, a fim de não onerar excessivamente determinados reclamantes, cujas pretensões tinham valores reduzidos, é conveniente atribuir-se-lhes proporcionalmente o encargo das custas. Da mesma maneira, em um caso em que há a condenação principal de uma empresa e a condenação subsidiária de outras três ou quatro, em situação de interposição de mão de obra com tomadores distintos, em períodos sucessivos. Nessas hipóteses, é comum que o juiz defina os períodos de responsabilidade subsidiária de cada co-reclamada, parecendo coerente que também o faça quanto às custas processuais, a fim de não permitir distorções na condenação. Por fim, registra-se que o § 4º do art. 789, da CLT, contém disposição própria — e no mesmo sentido —, aplicável aos dissídios coletivos, determinando que os vencidos respondem solidariamente pelas custas arbitradas na decisão.

Art. 88.

Nos procedimentos de jurisdição voluntária, as despesas serão adiantadas pelo requerente e rateadas entre os interessados.

Art. 89.

Nos juízos divisórios, não havendo litígio, os interessados pagarão as despesas proporcionalmente a seus quinhões.

Comentário de *Carlos Eduardo Oliveira Dias*

Ambos os dispositivos são meras reproduções do texto anterior (arts. 24 e 25, respectivamente), e dizem respeito a situações nas quais não há lide mas existe mais de um interessado no comando jurisdicional. No primeiro caso, temos as ações de *jurisdição voluntária*, que é aquela na qual *"o juiz não é chamado a dirimir diretamente o conflito mas a criar situações novas capazes de dar a desejada proteção a um dos sujeitos ou a ambos, como que administrando os interesses de um ou de todos."* (DINAMARCO, 2001, V. I, p. 315). São exemplos de ações de jurisdição voluntária a separação consensual, a habilitação de herdeiro, a nomeação de tutor ou curador, a adoção ou retificação do registro civil. No segundo caso, tem-se o exercício do juízo divisório, que têm natureza discriminativa, ou seja, nele se procura transformar a relação jurídica existente entre os interessados, como nos casos de ações em que se postula a divisão ou demarcação de terras.

Nesses casos, como sobredito, não existe litígio, ainda que possam existir diversos interessados. Logo, a fixação das despesas processuais nesses casos ficará a cargo de todos os que irão ser afetados pela decisão judicial, sendo elas rateadas no primeiro caso e divididas proporcionalmente na hipótese do segundo. Registra-se que, em se tratando de ação de divisão ou de demarcação, caso se torne litigiosa, devem ser aplicadas as regras próprias dos litígios ordinários (MIRANDA, 1999, Tomo I, 405).

A incidência deste dispositivo no processo do trabalho encontra limitações ontológicas. Com efeito, ainda que se admita a competência juslaboral para processar e julgar ações possessórias, não parece pertinente imaginarmos o exercício de juízos divisórios em sede trabalhista, o que tornaria inócuo o art. 89 para o processo do trabalho. Já o art. 88 poderia ser, em tese, aplicado ao processo do trabalho. Com efeito, há limitadíssimos casos de jurisdição voluntária no processo do trabalho. Na vigência da Lei n. 5.107/66, os §§ 3º e 4º do art. 1º previam a possibilidade de exercício da opção e da retratação — respectivamente — pelo regime do FGTS, perante a Justiça do Trabalho, que exercia um ato tipicamente homologatório. Tratava-se, naturalmente, de ação de jurisdição voluntária, já que tanto um como outro não dependiam de anuência do empregador.

Esse dispositivo, no entanto, não foi recepcionado pela Constituição e nem teve figura similar prevista na Lei n. 8.036/90. Isso se deve à universalização do regime do FGTS, estabelecida pela Constituição de 1988. Outrossim, a lei atual, embora preveja a opção retroativa dos trabalhadores que não eram antes da Carta, integrantes do FGTS, não mais exige a intervenção judicial para tanto (art. 14, § 4º).

Da mesma sorte, o art. 500, da CLT prevê que o pedido de demissão de empregado estável só seria válido com assistência do respectivo sindicato ou, se não houver, da autoridade local do Ministério do Trabalho ou da Justiça do Trabalho. Todavia, esse dispositivo — embora tenha sua redação atribuída pela Lei n. 5.584/70 — remete a atribuições próprias do período histórico em que a Justiça do Trabalho tinha caráter administrativo, sendo totalmente inconsonante com seu papel jurisdicional assumido após 1988. Em nosso entender, da mesma sorte, esse dispositivo não mais contempla hipótese de jurisdição voluntária.

Em nossa análise, há três casos que se evidenciam como permissíveis dessa hipótese. A primeira diz respeito a situações nas quais o empregador, em razão do falecimento do empregado, deposita total ou parcialmente verbas decorrentes da rescisão contratual em conta poupança, seguindo o comando do art. 1º, § 1º, da Lei n. 6.858/80. O dispositivo ressalva a possibilidade de autorização judicial visando a liberação de montante *"para aquisição de imóvel destinado à residência do menor e de sua família ou para dispêndio necessário à subsistência e educação do menor."* Diante das novas regras de competência justrabalhista, preconizadas no art. 114, da Constituição Federal, e segundo as diretrizes interpretativas lavradas pelo Supremo Tribunal Federal, entendemos que a competência para tal decisão é da Justiça do Trabalho, configurando-se a primeira hipótese de jurisdição voluntária.

O segundo caso também diz respeito ao FGTS, mais especificamente situações nas quais há apenas pedido de sua liberação, assim como autorização para pagamento do Seguro-Desemprego. Há casos em que, mesmo havendo depósitos e sendo o empregado dispensado (ou ainda, em casos de conversão de regime de servidor público estatutário), ele não recebe as guias para movimentação do FGTS na conta vinculada nem tampouco para requerimento do Seguro-Desemprego. Da mesma sorte, isso se dá em casos nos quais o empregado é falecido, e seus herdeiros ou sucessores pretendem obter tais direitos. Pelas razões já expostas, entendemos que a competência é da Justiça do Trabalho, parecendo-nos evidente a inexistência de litígio — desde que não existam outras pretensões conexas ou decorrentes — de modo que seria outra hipótese enquadrável nesse dispositivo.

Nesse mesmo sentido, o Enunciado 63 da 1ª Jornada de Direito Material e Processual na Justiça do Trabalho:

COMPETÊNCIA DA JUSTIÇA DO TRABALHO. PROCEDIMENTO DE JURISDIÇÃO VOLUNTÁRIA. LIBERAÇÃO DO FGTS E PAGAMENTO DO SEGURO-DESEMPREGO. Compete à Justiça do Trabalho, em procedimento de jurisdição voluntária, apreciar pedido de expedição de alvará para liberação do FGTS e de ordem judicial para pagamento do seguro-desemprego, ainda que figurem como interessados os dependentes de ex-empregado falecido.

O assunto, no entanto, não é pacífico, pois a interpretação mais corrente no STJ é de que a competência para tanto seria da Justiça Comum, seja Federal (como no caso do CC: 59088 SP, Relatora Ministra ELIANA CALMON), seja Estadual (em caso de falecimento do empregado, como atesta a Súmula 161, do STJ: *"É da competência da Justiça Estadual autorizar o levantamento dos valores relativos ao PIS/PASEP/FGTS, em decorrência do falecimento do titular da conta."*).

Por fim, entendemos se tratar de processo de jurisdição voluntária o pedido de autorização de trabalho para jovens e adolescentes, referido no art. 149 do Estatuto da Criança e do Adolescente. Este tema não é exatamente pacífico, dado que há interpretações que atribuem a competência para a apreciação desses pedidos aos Juízos da Infância e da Adolescência. No entanto, filiamo-nos à corrente que defende que a competência para tais ações seria da Justiça do Trabalho. Em amparo dessa tese, vide o trabalho de CORRÊA, 2015, p. 101-130.

Porém, cabe registrar que, por força do decidido na ADI n. 5326, foi expressamente excluída da competência trabalhista a apreciação dos pedidos de autorização para trabalho artístico, restando apenas as demais situações para apreciação da jurisdição trabalhista. De uma forma ou de outra, temos que se trata de processo de jurisdição voluntária.

A ADI referida foi proposta pela Associação Brasileira de Emissoras de Rádio e Televisão (Abert) contra um ato conjunto praticado pelo Tribunal de Justiça de São Paulo e pelos TRTs da 2ª e da 15ª Região. Em tal ato, recomendava-se aos magistrados que todos os pedidos de autorização para trabalho fossem encaminhados à Justiça do Trabalho, dada a sua competência para apreciação desse tipo de postulação. A decisão, em caráter liminar, foi proferida pelo Ministro Marco Aurélio, que suspendeu, até o exame definitivo da ADI, a eficácia da expressão "inclusive artístico", constante do inciso II da Recomendação Conjunta 1/14-SP, e do art. 1º, inciso II, da Recomendação Conjunta 1/14-MT, afastando a atribuição, definida no Ato GP 19/2013 e no Provimento GP/CR 07/2014, quanto à apreciação de pedidos de alvará visando à participação de crianças e adolescentes em representações artísticas e à criação do Juizado Especial na Justiça do Trabalho. O relator ainda assinalou que, em um exame preliminar, entendia ser da Justiça Comum a competência para analisar os pedidos.

Em qualquer dos casos, se houver mais de um interessado, a fixação de despesas respeitará o critério exposto no art. 88, do NCPC. No entanto, vale

Art. 90   **Comentários ao Novo CPC**

lembrar que, pelo princípio da gratuidade, próprio do processo do trabalho, não se pode cobrar custas iniciais. Caberia ao juiz arbitrá-las por ocasião da prolação da decisão correspondente. De outro lado, entendemos que a particularidade das situações recomenda que o magistrado sempre procure isentar os reclamantes desse encargo, nos termos do que autoriza o art. 790, § 3º, da CLT.

Art. 90.

Proferida sentença com fundamento em desistência, em renúncia ou em reconhecimento do pedido, as despesas e os honorários serão pagos pela parte que desistiu, renunciou ou reconheceu.

§ 1º Sendo parcial a desistência, a renúncia ou o reconhecimento, a responsabilidade pelas despesas e pelos honorários será proporcional à parcela reconhecida, à qual se renunciou ou da qual se desistiu.

§ 2º Havendo transação e nada tendo as partes disposto quanto às despesas, estas serão divididas igualmente.

§ 3º Se a transação ocorrer antes da sentença, as partes ficam dispensadas do pagamento das custas processuais remanescentes, se houver.

§ 4º Se o réu reconhecer a procedência do pedido e, simultaneamente, cumprir integralmente a prestação reconhecida, os honorários serão reduzidos pela metade.

Comentário de *Carlos Eduardo Oliveira Dias*

O **art. 90 do NCPC** reproduz regra do art. 26 do código anterior, e destina-se a disciplinar a obrigação pelas despesas processuais e honorários advocatícios em casos de desistência, renúncia ou reconhecimento do pedido, inclusive parcial. A determinação do código é de que a parte responsável pela desistência, renúncia ou reconhecimento é responsável pelo pagamento desses títulos, ao menos de forma proporcional, caso o ato atinja apenas parcialmente a pretensão (§ 1º). A única novidade nesse dispositivo é a inclusão da renúncia como modalidade ensejadora de sua aplicação.

O § 2º igualmente replica regra anterior, atribuindo a divisão equitativa das despesas entre as partes, em casos de transação, salvo se houver estipulação expressa a respeito. A novidade vem no § 3º, que dispensa as partes do pagamento das custas remanescentes, se houver, se a transação ocorrer antes da sentença, em claro incentivo à autocomposição do conflito.

Por fim, uma grande novidade: o § 4º assinala que, se o réu reconhecer a procedência do pedido e, simultaneamente, cumprir integralmente a obrigação reconhecida, terá os honorários advocatícios reduzidos à metade. Vemos com grande entusiasmo essa inovação, pois estimula o réu a não resistir indevidamente à demanda, oferecendo-lhe a "vantagem" de pagar apenas metade dos honorários devidos, caso cumpra imediatamente a obrigação. Trata-se, sem dúvida, de um importante instrumento motivacional, que pode reduzir sensivelmente a demora dos processos como também a própria litigiosidade indevida.

Já afirmamos, em diversas oportunidades, que o processo do trabalho tem situações limitadas de cabimento dos honorários advocatícios, e o princípio da gratuidade determina que não há pagamento antecipado de custas ou despesas processuais. Portanto, a incidência desse dispositivo é reduzidíssima, sendo aplicável ao processo laboral somente nas hipóteses em que se compreende cabíveis os honorários advocatícios, como nas hipóteses previstas na Instrução Normativa n. 27, do TST, ou nos casos do art. 14, da Lei n. 5.584/70. Uma vez que o dispositivo somente trata do cabimento de honorários advocatícios em favor de empregado assistido por sindicato, esta última hipótese, naturalmente incidirá apenas nos casos de reconhecimento de pedido pelo reclamado ou, nas situações de desistência ou de renúncia, quando o empregado for o demandado, como ocorre, p. ex., em ações de consignação em pagamento.

No caso específico do § 2º, há que se observar que o § 3º, do art. 789 da CLT contempla idêntico comando, mas aplicável somente às custas processuais, que não são dispensadas automaticamente, ainda que o acordo seja feito antes da sentença. Logo, o § 3º não se aplica ao processo laboral. Já no que tange aos honorários advocatícios, seguir-se-á o preceito geral já defendido, ou seja, com cabimento apenas excepcional em sua condenação, o que pode ser objeto de composição entre as partes ou será atribuído proporcionalmente entre os litigantes, se ambos fizerem jus à parcela, segundo entendimento dominante.

Por fim, o § 4º, justamente pelos seus objetivos já dantes enunciados, parece-nos de aplicação pertinente ao processo laboral — observando-se, naturalmente, os casos em que entende-se devidos honorários advocatícios. Não observamos incompatibilidade com o processo do trabalho; do contrário, como medida de incentivo ao cumprimento imediato da obrigação, vemos que se coaduna com os fins daquele processo.

Art. 91.

As despesas dos atos processuais praticados a requerimento da Fazenda Pública, do Ministério Público ou da Defensoria Pública serão pagas ao final pelo vencido.

§ 1º As perícias requeridas pela Fazenda Pública, pelo Ministério Público ou pela Defensoria Pública poderão ser realizadas por entidade pública ou, havendo previsão orçamentária, ter os valores adiantados por aquele que requerer a prova.

§ 2º Não havendo previsão orçamentária no exercício financeiro para adiantamento dos honorários periciais, eles serão pagos no exercício seguinte ou ao final, pelo vencido, caso o processo se encerre antes do adiantamento a ser feito pelo ente público.

Comentário de *Carlos Eduardo Oliveira Dias*

Reproduzindo a regra do art. 27 do CPC-1973, o dispositivo difere o pagamento das despesas relativas aos atos praticados a pedido da Fazenda Pública, do Ministério Público ou da Defensoria Pública, sendo esta figura corretamente acrescida na redação atual — em mais uma demonstração de que o Código valoriza sobremaneira o papel das Defensorias, como determina a Constituição Federal de 1988. A diretriz normativa é justificável, diante do fato de que tais instituições exercem funções de interesse público, e o próprio manejo de recursos sofre severas — e naturais — restrições. Assim, a fim de não inviabilizar o fluxo do processo, o CPC autoriza que os atos sejam realizados com pagamento ao final pelo vencido. Por óbvio que, se a sucumbência for do litigante assistido pela Defensoria ou do Ministério Público — nos casos em que age como parte — ou, ainda, nos casos em que este requereu a prova na condição de *custos legis*, as despesas do processo ficarão a cargo do órgão federativo ao qual estão relacionados (Estado-Membro ou União). Caso a outra parte seja vencida, ela arcará com as despesas correspondentes.

Os dois parágrafos deste artigo trazem regras não existentes no ordenamento anterior, e dirigem-se especificamente às provas periciais. Como será exposto logo adiante, os honorários devidos ao perito deverão ser depositados pela parte que requereu a prova, a fim de permitir sua liberação ao profissional que vier a fazer o trabalho. No caso dos requerimentos feitos pela Fazenda Pública, pelo Ministério Público ou pela Defensoria Pública, pelas mesmas razões já expostas, nem sempre possuem os recursos financeiros disponíveis para esse fim. Nesse caso, o legislador autoriza que seja feita a prova por entidade pública — o que, naturalmente, não ensejará custos ao processo — ou que os valores sejam adiantados se houver dotação orçamentária para tanto. Caso não haja uma ou outra possibilidade, o código autoriza que sejam pagos os honorários periciais no exercício seguinte — inferindo-se que o administrador responsável deva cuidar de formular proposta orçamentária levando em conta essas despesas — ou pelo vencido, caso a decisão venha a ser proferida antes disso.

Nota-se, com isso, um trato diferenciado para as despesas decorrentes especificamente com as perícias, devido ao fato de os profissionais que as realizam serem particulares, e que têm nos honorários profissionais seu meio de subsistência. Daí porque a preocupação do legislador de buscar formas de percepção imediata dessa parcela por parte dos peritos, quando a prova não se puder realizar por entidade pública.

Esse dispositivo é totalmente incompatível com o processo do trabalho, dado que, como já fora afirmado, o princípio da gratuidade dispensa o pagamento antecipado de qualquer despesa processual. Logo, independentemente da condição do autor ou do réu, ou ainda do assistente de qualquer das partes, as despesas processuais só serão pagas ao final — e as custas, por ocasião do recurso. Cabe apenas o registro de que, no que tange às custas processuais, a União, os Estados, o Distrito Federal e os Municípios e respectivas autarquias e fundações que não exercem atividade econômica e ainda o Ministério Público são isentos do pagamento das custas, nos

Arts. 92 e 93

termos do art. 790-A, da CLT (essa regra não se aplica às sociedades de economia mista, consoante disposto na Súmula n. 170, do Tribunal Superior do Trabalho). Logo, somente serão atribuídas, ao final, as demais despesas do processo, se houver.

Quanto aos parágrafos, além de inaplicáveis pelas razões genéricas já expostas, também não incidem conforme comando próprio da interpretação jurisprudencial, como analisaremos em tópico adiante.

Art. 92.

Quando, a requerimento do réu, o juiz proferir sentença sem resolver o mérito, o autor não poderá propor novamente a ação sem pagar ou depositar em cartório as despesas e os honorários a que foi condenado.

Comentário de *Carlos Eduardo Oliveira Dias*

A extinção do processo sem resolução do mérito, a requerimento do réu, pode ensejar a imposição das obrigações de pagar honorários advocatícios e despesas processuais decorrentes dessa ação. O **art. 92** estabelece um pressuposto processual específico para casos dessa natureza, nos quais o autor pretenda repropor a ação (as situações que permitem a reproposição da ação serão por nós analisadas quando comentarmos o art. 486, do CPC): para tanto, terá que pagar as ditas despesas — inclusive honorários — da ação anterior, caso contrário pode também ter extinto o outro processo, nos termos do art. 485, IV, do CPC. Este artigo reprisa o contigo no art. 28 do CPC-1973, fundado nos mesmos pressupostos e com redação praticamente idêntica.

Esse dispositivo é totalmente incompatível com o processo do trabalho. Com efeito, a CLT preconiza duas situações nas quais o direito de propor nova ação é obstaculizado, após a extinção de ação anterior. A primeira está no art. 731, que é dirigida ao trabalhador que apresenta demanda verbal perante a Justiça do Trabalho (art. 840, § 2º, da CLT) e que deixa de comparecer à sede do Juízo para assinar o termo de reclamação (art. 786, da CLT). Esse dispositivo está em claro desuso. Com efeito, a preocupação original do legislador residia no fato de que, quando o trabalhador comparecia à Justiça do Trabalho para apresentar sua reclamação verbal, era atendido por servidor que teria que obter as informações da postulação e reduzi-las a termo, de forma manuscrita ou, no máximo, datilografada. A finalidade desse dispositivo, portanto, era assegurar um mínimo de prazo às Secretarias a fim de promover a redução a termo, determinando-se o comparecimento do trabalhador após cinco dias a fim de apor sua assinatura do termo de reclamação. Atualmente, com os meios tecnológicos existentes, não parece fazer nenhum sentido nessa disposição, já que as localidades que fazem esse atendimento reduzem a reclamação a termo e colhem a assinatura imediatamente.

A segunda, do art. 732, aplica-se ao trabalhador que deixa que sua reclamação seja arquivada duas vezes, na forma do art. 844, da CLT, ou seja, pela ausência na audiência. Em ambos os casos, o legislador estabeleceu uma espécie de perempção parcial, impedindo novo ajuizamento antes de seis meses.

Trata-se da única restrição imposta pela legislação trabalhista, o que afasta por completo a incidência do dispositivo ora analisado. Observe-se que a CLT contém capítulo específico disciplinando as custas no processo laboral, mas em nenhum momento apresenta esse condicionamento.

Art. 93.

As despesas de atos adiados ou cuja repetição for necessária ficarão a cargo da parte, do auxiliar da justiça, do órgão do Ministério Público ou da Defensoria Pública ou do juiz que, sem justo motivo, houver dado causa ao adiamento ou à repetição.

Comentário de *Carlos Eduardo Oliveira Dias*

O art. 93 do NCPC contempla uma modalidade de sanção processual, destinada àquele que, de alguma maneira, tenha provocado o adiamento ou a repetição de atos processuais que ensejam o pagamento de despesas. Nesse caso, o dispositivo atribuiu a responsabilidade pelo pagamento dessas despesas a quem deu causa à repetição ou ao adiamento, seja ele parte, auxiliar da justiça, órgão do Ministério Público ou da Defensoria Pública ou juiz. A regra é a simples repetição do art. 29 do texto anterior, apenas com o acréscimo da Defensoria Pública dentre os destinatários da norma.

Em essência, o texto procura sancionar quaisquer condutas tendentes ao retardamento processual, mas nesse caso, não trata de imputar consequências apenas decorrentes da conduta, em si, mas sobretudo cria a obrigação pecuniária de arcar com as despesas processuais para quem deu causa ao ato. Note-se que essa responsabilização não se confunde com aquela definida no art. 79 — nem tampouco a elimina. Na realidade, a prática do ato tipificado no art. 93 pode não decorrer da má-fé, de maneira que pode ser sancionado mesmo sem que haja esse elemento subjetivo. Em contrapartida, se também houver má-fé, as sanções podem ser acumuladas, pois derivam de fatos diversos. De uma ou de outra maneira, essas disposições estão relacionadas à boa-fé processual — ainda que em sentido genérico — visto que é dever de todos os que atuam no processo conduzir-se de forma a promover um resultado útil, eficiente e o mais célere possível.

Cabe ressaltar que o próprio texto excepta essa responsabilidade no caso de justo motivo para a conduta que promoveu o adiamento ou a repetição dos atos processuais. Tal excludente não deve ser entendida com o rigor técnico das situações que exigem ocorrência de *caso fortuito* ou de *força maior*, havendo maior liberdade ao juiz de analisar, no caso concreto, se há justificativa suficiente para afastar a sanção pecuniária. Uma vez apresentada a justificativa e aceita pelo juiz, afasta-se a responsabilidade prevista no dispositivo.

Alguma crítica pode-se fazer à inclusão do juiz dentre aqueles que podem ser responsabilizados pelo retardo processual. Por certo que o magistrado tem tantos deveres — senão muitos mais — quanto todos os envolvidos no processo. Todavia, a previsão normativa, que já existia no texto anterior, padece de um conflito lógico e outro de índole formal. Formalmente, vemos alguma contradição entre essa disposição e o que consta no art. 143, do mesmo CPC, que atribuiu a responsabilidade regressiva ao magistrado nos casos ali constantes. Note-se que o inciso I exige dolo ou fraude na conduta do juiz e o inciso II evidencia a redundância do art. 93. Afinal, não apenas por esse, mas em qualquer caso o magistrado pode ser responsabilizado por perdas e danos, desde que observados os pressupostos ali constantes. Porém, resta evidente que essa responsabilização só pode ocorrer em ação própria, contra o Estado, que terá, se for o caso ação regressiva contra o juiz.

Da forma como redigido o dispositivo em análise, aponta-se até mesmo uma dificuldade lógica, como já dito: se o juiz é o diretor do processo e incumbido de aplicar as sanções processuais correspondentes, como poderia estar sujeito à mesma disciplina dos demais intervenientes no processo? A situação geraria uma hipótese tautológica segundo a qual o juiz aplicaria a sanção processual a si mesmo, o que parece ser uma contradição. Logo, a nosso sentir, esse dispositivo não deveria incluir o magistrado, mesmo porque sua conduta já está devidamente disciplinada pelo art. 143, já mencionado.

Com essa ressalva, entendemos que o dispositivo pode ser aplicado ao processo do trabalho, pois inexiste incompatibilidade que assim impeça, como ocorre, em geral, com as diretrizes definidoras das condutas das partes no processo. O que se deve salientar, todavia, é que essas despesas, ante o princípio da gratuidade, só são exigíveis ao final.

Art. 94.

Se o assistido for vencido, o assistente será condenado ao pagamento das custas em proporção à atividade que houver exercido no processo.

Comentário de *Carlos Eduardo Oliveira Dias*

Repetindo a regra do art. 32 do CPC-1973, o art. 94 atribui ao assistente a responsabilidade pelas custas proporcionalmente à atividade que este tiver exercido no processo, quando seu assistido for vencido.

A CLT, como já dito, é completamente omissa a respeito da assistência, embora se lhe admita o instituto. Assim, dentro das hipóteses de atribuição de custas processuais, cominadas no art. 789, da CLT, poderá ser fixada pelo juiz a responsabilidade parcial pelas custas, a cargo do assistente, de modo que esse dispositivo é compatível com o processo do trabalho.

Art. 95.

Cada parte adiantará a remuneração do assistente técnico que houver indicado, sendo a do perito adiantada pela parte que houver requerido a perícia ou rateada quando a perícia for determinada de ofício ou requerida por ambas as partes.

§ 1º O juiz poderá determinar que a parte responsável pelo pagamento dos honorários do perito deposite em juízo o valor correspondente.

§ 2º A quantia recolhida em depósito bancário à ordem do juízo será corrigida monetariamente e paga de acordo com o art. 465, § 4º.

§ 3º Quando o pagamento da perícia for de responsabilidade de beneficiário de gratuidade da justiça, ela poderá ser:

I – custeada com recursos alocados no orçamento do ente público e realizada por servidor do Poder Judiciário ou por órgão público conveniado;

II – paga com recursos alocados no orçamento da União, do Estado ou do Distrito Federal, no caso de ser realizada por particular, hipótese em que o valor será fixado conforme tabela do tribunal respectivo ou, em caso de sua omissão, do Conselho Nacional de Justiça.

§ 4º Na hipótese do § 3º, o juiz, após o trânsito em julgado da decisão final, oficiará a Fazenda Pública para que promova, contra quem tiver sido condenado ao pagamento das despesas processuais, a execução dos valores gastos com a perícia particular ou com a utilização de servidor público ou da estrutura de órgão público, observando-se, caso o responsável pelo pagamento das despesas seja beneficiário de gratuidade da justiça, o disposto no art. 98, § 2º.

§ 5º Para fins de aplicação do § 3º, é vedada a utilização de recursos do fundo de custeio da Defensoria Pública.

Comentário de *Carlos Eduardo Oliveira Dias*

O art. 95 do NCPC traz uma regra bem típica do processo comum: a estipulação da responsabilidade da própria parte pelas despesas iniciais da prova pericial de seu interesse. Observe-se que o código repete a fórmula adotada pelo CPC-1973, no sentido de que a prova pericial se faz por perito único, nomeado pelo juiz, podendo as partes indicar seus assistentes técnicos. O assunto está regulado no art. 464 e seguintes do CPC-2015. No CPC-1939, a prova pericial era feita por três peritos, um nomeado pelo juiz e um indicado por cada uma das partes. Assim, reproduzindo o comando do art. 33 do CPC anterior, é definido que a remuneração dos assistentes será adiantada pela parte que o indicar — podendo o montante gasto com tal finalidade ser inserida como despesa processual a ser paga pela parte vencida — sendo que a do perito é de responsabilidade da parte que requerer a perícia. A novidade trazida pelo texto é a determinação de rateio dessa antecipação pelos litigantes, no caso de perícia determinada de ofício pelo juiz ou requerida por ambas as partes. No regime anterior, em caso de determinação judicial ou requerimento de ambas as partes, a antecipação dos honorários ficava a cargo do autor. Assegura-se, assim, que haja o prévio pagamento das despesas para realização da perícia, considerando-se o já mencionado fato de ser o perito um particular que presta serviço público, e que tem em seus honorários o meio de subsistência. Denota-se, com isso, um regime específico de disciplina dessa despesa processual, em razão de sua natureza.

Na mesma linha do sistema anterior, o texto permite que o juiz determine à parte responsável pelo pagamento dos honorários do perito mediante depósito em juízo (§ 1º), que ficará em conta sujeita à atualização monetária, e será liberada na forma do art. 465, § 4º do código, ou seja, até 50% no início dos trabalhos e o restante após a entrega do laudo e prestação dos esclarecimentos necessários (§ 2º). A inovação do texto está na permissão de liberação da metade dos honorários no início dos trabalhos, o que não era admitido no sistema anterior.

Os §§ 3º a 5º não tinham similar no texto anterior, e estão destinados a situações em que o responsável pelo pagamento dos honorários periciais seria beneficiário da Justiça Gratuita. Nesse caso, naturalmente em função da impossibilidade de satisfação por parte do trabalhador, o CPC determina que seja realizada por servidor do Poder Judiciário ou por órgão público conveniado, sendo a despesa custeada com recursos alocados no orçamento do ente público respectivo; ou, caso seja realizada por particular, seja ela paga com recursos alocados no orçamento da União, do Estado ou do Distrito Federal — de acordo com o segmento do Poder Judiciário correspondente. Nesse caso, o valor dos honorários será fixado conforme tabela do tribunal respectivo ou, em caso de sua omissão, pelo Conselho Nacional de Justiça. A única restrição existente está no par. 5º, que veda o uso de recursos destinados ao fundo de custeio da Defensoria Pública para este fim.

Em tais casos, após o trânsito em julgado da decisão final o juiz oficiará a Fazenda Pública para que promova, contra quem tiver sido condenado ao pagamento das despesas processuais, a execução dos valores gastos com a perícia particular ou com a utilização de servidor público ou da estrutura de órgão público, ainda que o responsável pelo pagamento das despesas seja beneficiário de gratuidade da justiça, conforme o disposto no art. 98, § 2º, do CPC.

O princípio da gratuidade, vigente no processo do trabalho, não permite que se faça a cobrança de despesas processuais de forma antecipada nas lides trabalhistas, conforme já explicado. Bem por isso, a jurisprudência trabalhista tem se posicionado no sentido de que não é aplicável ao processo do trabalho a regra da antecipação dos honorários, sendo ilegal a decisão que assim determina. A posição majoritária do TST está consolidada na OJ n. 98 na SBDI-2: "MANDADO DE SEGURANÇA. CABÍVEL PARA ATACAR EXIGÊNCIA DE DEPÓSITO PRÉVIO DE HONORÁRIOS PERICIAIS. É ilegal a exigência de depósito prévio para custeio dos honorários periciais, dada a incompatibilidade com o processo do trabalho, sendo cabível o mandado de segurança visando à realização da perícia, independentemente do depósito." De tal maneira, o pagamento dos honorários do perito segue a regra do art. 790-B, da CLT, que os atribui à parte sucumbente no objeto da perícia. É certo que ambas as partes podem indicar assistentes técnicos, mas o ajuste a respeito das despesas desse trabalho fica a cargo do próprio interessado, fora do plano processual. Nesse sentido, a Súmula n. 341, do TST: "HONORÁRIOS DO ASSISTENTE TÉCNICO. A indicação do perito assistente é faculdade da parte, a qual deve responder pelos respectivos honorários, ainda que vencedora no objeto da perícia." Portanto, as disposições do caput e dos §§ 1º e 2º não são aplicáveis ao processo do trabalho.

Já os demais parágrafos têm aplicação relativa ao processo laboral. De fato, há incontáveis casos nos quais a perícia deve ser feita a requerimento do autor ou é decorrente de determinação legal (como é o caso das perícias para apuração de insalubridade e periculosidade no local de trabalho, conforme previsão do art. 195, § 2º, da CLT), mas o interessado é um potencial beneficiário da Justiça Gratuita. Nesses casos, um dos problemas cruciais que se assoma no processo do trabalho é justamente a responsabilidade pelo custeio dessas despesas, já que o trabalho foi devidamente realizado pelo perito. Destaca-se que, como dito, essa questão somente surge após realizado o labor pericial, já que não é possível a estipulação antecipada dessa obrigação. Portanto, o problema concreto se dá quando o laudo pericial é desfavorável a uma das partes — o que ensejaria a responsabilidade pelos honorários — mas ela é beneficiária da Justiça Gratuita. A solução determinada no CPC, com a devida adequação, pode ser aplicada ao processo laboral, não para a antecipação dos honorários, senão para imputação da responsabilidade final, em casos dessa natureza.

Naturalmente, o juiz poderá determinar a produção da prova por órgão ou servidor público, caso haja disponibilidade para tanto. Porém, se for realizada por particular — como, em regra, sói ocorrer —, caber-lhe-á imputar a responsabilidade pelos honorários periciais à União, a fim de não deixar que o perito permaneça sem receber pelo seu trabalho. De certa maneira, isso já vem sendo praticado pelo Judiciário Trabalhista há alguns anos. De um lado, o Conselho Superior da Justiça do Trabalho editou a Resolução n. 66, disciplinando exatamente a transferência da responsabilidade pelos custos das perícias à União, quando o seu pagamento ficasse a cargo de beneficiário da Justiça Gratuita (arts. 1º, 2º e 5º, da Resolução). Nessa esteira, em 2014, o TST aprovou a súmula 457 (a súmula foi aprovada pela Resolução 194/2014, mas resulta da conversão da Orientação Jurisprudencial n. 387 da SBDI-1, com nova redação), no mesmo sentido:

SÚMULA N. 457 HONORÁRIOS PERICIAIS. BENEFICIÁRIO DA JUSTIÇA GRATUITA. RESPONSABILIDADE DA UNIÃO PELO PAGAMENTO. RESOLUÇÃO N. 66/2010 DO CSJT. OBSERVÂNCIA. A União é responsável pelo pagamento dos honorários de perito quando a parte sucumbente no objeto da perícia for beneficiária da assistência judiciária gratuita, observado o procedimento disposto nos arts. 1º, 2º e 5º da Resolução n. 66/2010 do Conselho Superior da Justiça do Trabalho — CSJT.

Logo, com as devidas adequações, entendemos que o § 3º é compatível com o processo do trabalho. Por outro lado, os §§ 4º e 5º encontram óbices lógicos na aplicação ao processo do trabalho. Afinal, são disposições destinadas a casos nos quais existe antecipação de depósitos de honorários, o que não ocorre no processo laboral. Portanto, não haveria sentido no uso de recursos da Defensoria nem tampouco na determinação constante do § 4º quando se faz um provimento definitivo, em sentença, sobre a responsabilidade pelos honorários. Por fim, cabe salientar que a parte final do § 4º é totalmente incompatível com o processo do trabalho porque o já citado art. 790-B expressamente isenta do pagamento de honorários periciais os beneficiários da Justiça Gratuita.

> **Art. 96.**
>
> O valor das sanções impostas ao litigante de má-fé reverterá em benefício da parte contrária, e o valor das sanções impostas aos serventuários pertencerá ao Estado ou à União.

> **Art. 97.**
>
> A União e os Estados podem criar fundos de modernização do Poder Judiciário, aos quais serão revertidos os valores das sanções pecuniárias processuais destinadas à União e aos Estados, e outras verbas previstas em lei.

Comentário de *Carlos Eduardo Oliveira Dias*

O art. 96 do NCPC reproduz integralmente o que preconizava o art. 35 do CPC-1973, estipulando que as sanções pecuniárias impostas a um dos litigantes por prática de atos de má-fé reverterão à parte contrária, independentemente da modalidade da sanção que, como visto, tem várias dimensões. Por outro lado, se a imposição tiver como destinatário algum serventuário da Justiça, essas sanções reverterão à União — se o órgão do Poder Judiciário no qual o ato foi praticado for federal — ou ao Estado Membro — quando se tratar de ato praticado no plano da Justiça Estadual.

Esse dispositivo comete a mesma omissão de seu antecessor: não existe previsão alguma para os casos em que a litigância de má-fé for praticada por interveniente, nos termos do art. 79, do NCPC. Nesse caso, entendemos que, havendo prejuízo a uma ou ambas as partes, elas devem ser indenizadas de forma equivalente e proporcional, sendo que a multa aplicada ao terceiro deverá ser dividida equitativamente entre os litigantes.

Por fim, tem-se que o art. 97 traz uma importante inovação: a possibilidade de as sanções serem revertidas à criação de um fundo de modernização do Poder Judiciário, revertidas à União ou aos Estados, e que arrecadará também outras verbas previstas em lei. Há vários Estados da federação nos quais já existem leis instituidoras desses fundos, cujos recursos são destinados a prover o Judiciário de meios materiais para a consecução de seu mister institucional. Lamentavelmente, a União ainda não possui iniciativa similar.

À falta de estipulações específicas, e em razão da sua compatibilidade, essas regras podem ser aplicadas ao processo do trabalho, inclusive o disposto no art. 97, que igualmente pode ser adotado na Justiça do Trabalho, mediante legislação específica. Há, no entanto, que se fazer um destaque relevante, obtido da jurisprudência consolidada do TST. A Orientação Jurisprudencial n. 409, da SBDI-I, ao dispensar o depósito da multa imposta por litigância de má-fé como pressuposto recursal, afirma a inaplicabilidade do art. 35, do CPC, por entender que as custas estão reguladas de maneira própria pela CLT (*"OJ-SDI1-409 MULTA POR LITIGÂNCIA DE MÁ-FÉ. RECOLHIMENTO. PRESSUPOSTO RECURSAL. INEXIGIBILIDADE. O recolhimento do valor da multa imposta por litigância de má-fé, nos termos do art. 18 do CPC, não é pressuposto objetivo para interposição dos recursos de natureza trabalhista. Assim, resta inaplicável o art. 35 do CPC como fonte subsidiária, uma vez que, na Justiça do Trabalho, as custas estão reguladas pelo art. 789 da CLT."*). Ocorre que a redação dada pelo art. 96, sucedâneo daquele citado no verbete, não mais equipara a multa por litigância de má-fé às custas processuais, limitando-se a disciplinar o destinatário dessa parcela. Dessa maneira, entendemos que existe compatibilidade do dispositivo em comento com o processo do trabalho, a despeito da redação da OJ 409, que, com a devida vênia, deverá ser adequada ao novo texto.

Seção IV
Da Gratuidade da Justiça

Art. 98.

A pessoa natural ou jurídica, brasileira ou estrangeira, com insuficiência de recursos para pagar as custas, as despesas processuais e os honorários advocatícios tem direito à gratuidade da justiça, na forma da lei.

§ 1º A gratuidade da justiça compreende:

I – as taxas ou as custas judiciais;

II – os selos postais;

III – as despesas com publicação na imprensa oficial, dispensando-se a publicação em outros meios;

IV – a indenização devida à testemunha que, quando empregada, receberá do empregador salário integral, como se em serviço estivesse;

V – as despesas com a realização de exame de código genético – DNA e de outros exames considerados essenciais;

VI – os honorários do advogado e do perito e a remuneração do intérprete ou do tradutor nomeado para apresentação de versão em português de documento redigido em língua estrangeira;

VII – o custo com a elaboração de memória de cálculo, quando exigida para instauração da execução;

VIII – os depósitos previstos em lei para interposição de recurso, para propositura de ação e para a prática de outros atos processuais inerentes ao exercício da ampla defesa e do contraditório;

IX – os emolumentos devidos a notários ou registradores em decorrência da prática de registro, averbação ou qualquer outro ato notarial necessário à efetivação de decisão judicial ou à continuidade de processo judicial no qual o benefício tenha sido concedido.

§ 2º A concessão de gratuidade não afasta a responsabilidade do beneficiário pelas despesas processuais e pelos honorários advocatícios decorrentes de sua sucumbência.

§ 3º Vencido o beneficiário, as obrigações decorrentes de sua sucumbência ficarão sob condição suspensiva de exigibilidade e somente poderão ser executadas se, nos 5 (cinco) anos subsequentes ao trânsito em julgado da decisão que as certificou, o credor demonstrar que deixou de existir a situação de insuficiência de recursos que justificou a concessão de gratuidade, extinguindo-se, passado esse prazo, tais obrigações do beneficiário.

§ 4º A concessão de gratuidade não afasta o dever de o beneficiário pagar, ao final, as multas processuais que lhe sejam impostas.

§ 5º A gratuidade poderá ser concedida em relação a algum ou a todos os atos processuais, ou consistir na redução percentual de despesas processuais que o beneficiário tiver de adiantar no curso do procedimento.

> § 6º Conforme o caso, o juiz poderá conceder direito ao parcelamento de despesas processuais que o beneficiário tiver de adiantar no curso do procedimento.
>
> § 7º Aplica-se o disposto no art. 95, §§ 3º a 5º, ao custeio dos emolumentos previstos no § 1º, inciso IX, do presente artigo, observada a tabela e as condições da lei estadual ou distrital respectiva.
>
> § 8º Na hipótese do § 1º, inciso IX, havendo dúvida fundada quanto ao preenchimento atual dos pressupostos para a concessão de gratuidade, o notário ou registrador, após praticar o ato, pode requerer, ao juízo competente para decidir questões notariais ou registrais, a revogação total ou parcial do benefício ou a sua substituição pelo parcelamento de que trata o § 6º deste artigo, caso em que o beneficiário será citado para, em 15 (quinze) dias, manifestar-se sobre esse requerimento.

Comentário de *Carlos Eduardo Oliveira Dias*

O instituto da gratuidade da justiça consiste no direito daqueles que, quando se mostrarem necessitados, poderem demandar sem ter o ônus financeiro de pagar as despesas do processo. Os **arts. 98 a 102 do NCPC** disciplinam esse instituto no âmbito do processo comum, sendo o primeiro voltado à consagração do direito e seus atributos e os demais ao procedimento relacionado à postulação e ao deferimento dela. Trata-se de verdadeira inovação normativa, eis que o Código de 1973 não se ocupou de regulamentar o assunto, que era integralmente regulado pela Lei n. 1.060/50. Por isso, embora houvesse remissões pontuais no texto anterior a respeito do instituto, não há nele qualquer símile aos dispositivos ora analisados.

Inicialmente, é oportuno salientar-se que a gratuidade no acesso à justiça é um direito fundamental, cravado no inciso LXXIV do art. 5º, da Constituição (*"o Estado prestará assistência jurídica integral e gratuita aos que comprovarem insuficiência de recursos"*), e garantido aos que não possuem condições econômicas de arcar com os custos do processo. No entanto, a forma traçada no texto constitucional não abrange toda a dimensão da gratuidade necessária para dar cumprimento efetivo a essa garantia. Como afirma Dinamarco, *"a assistência judiciária é instituto destinado a favorecer o ingresso em juízo, sem o qual não é possível o acesso à justiça, a pessoas desprovidas de recursos financeiros suficientes à defesa judicial de direitos e interesses."* (DINAMARCO, 1999, V. II, p. 671). Logo, para que se assegure ao cidadão o efetivo direito de defender seus interesses em juízo, é necessário que lhe seja garantida a gratuidade para a postulação, seja com a dispensa de pagamento dos custos financeiros do processo, seja contando com patrocínio profissional, dado que, como visto, no processo comum, há necessidade de assistência de advogado para se demandar. Em nosso entender, o comando constitucional estabelece um direito amplo, capaz de abranger as duas modalidades de gratuidade, em que pese o texto não seja tão claro nesse sentido. É que não se pode compreender o instituto sem que seja analisado em todas as suas dimensões, já que o propósito nítido da norma é permitir aos cidadãos necessitados que possam fazer uso do Poder Judiciário para defesa de seus interesses e direitos. E, para tanto, precisam tanto da assistência profissional quanto a isenção do pagamento das despesas do processo.

A bem da verdade, entendemos que o tema não tem sido bem desenvolvido na doutrina — o que, naturalmente, acaba por afetar a jurisprudência. Sob o ponto de vista conceitual, entendemos que gratuidade deve ser compreendida de forma distinta, em suas duas dimensões. Em primeiro lugar, no que se denomina *assistência judiciária*, que é um instituto de direito administrativo, colocado à disposição do hipossuficiente, para que possa ter a indispensável assistência de um profissional do direito na sua demanda. Isso, a rigor, deveria ser feita pelos defensores públicos, mas também pode ser exercida por advogados particulares mediante convênios. Apesar de determinado pela Constituição, a instalação das Defensorias Públicas ainda não foi cumprida em diversas localidades, e mesmo quando ela existe, normalmente tem recursos materiais insuficientes para a demanda. Por isso, costuma haver convênios entre a OAB e entidades estatais para prover essa assistência aos necessitados. Por outro lado, no processo do trabalho a assistência judiciária é determinada aos sindicatos pela Lei n. 5.584/70.

A assistência judiciária pode ser definida, portanto, como um *direito ao patrocínio profissional* nas demais judiciais, sem que o cidadão tenha que arcar com os honorários profissionais. Já a *justiça gratuita* é *"direito à dispensa provisória de despesas, exercível em relação jurídica processual, perante o juiz que promete a prestação jurisdicional."* (MIRANDA, 1999, Tomo I, p. 383). Como visto, Cândido Dinamarco não faz essa distinção. Trata-se, portanto, do direito de demandar ser pagar as despesas processuais decorrentes da demanda.

Sendo institutos distintos, ainda que análogos, eles podem incidir de forma independente: por vezes, a parte não tem suficiência de recursos, mas contrata advogado privado para defender seus interesses, muitas vezes ajustando honorários percentuais sobre o êxito da demanda. Nem por isso, poderá ter, sob tal fundamento, indeferida a justiça gratuita. Já que a utilização da assistência judiciária gratuita não é requisito para o exercício do direito de justiça gratuita. A propósito do tema, o Tribunal de Justiça de São Paulo proferiu decisão interessante que, a par de enfrentar o assunto, notabilizou-se pelo sentido poético e humanista do acórdão:

> *Ementa: Agravo de instrumento — acidente de veículo — ação de indenização decisão que nega os benefícios de gratuidade ao autor, por não ter provado que menino pobre é e por não ter peticionado por intermédio de advogado integrante do convênio OAB/PGE inconformismo do demandante — faz jus aos benefícios da gratuidade de Justiça menino filho de marceneiro morto depois de atropelado na volta a pé do trabalho e que habitava castelo só de nome na periferia, sinais de evidente pobreza reforçados pelo fato de estar pedindo aquele u'a pensão de comer, de apenas um salário mínimo, assim demonstrando, para quem quer e consegue ver nas aplainadas entrelinhas da sua vida, que o que nela tem de sobra é a fome não saciada dos pobres — **a circunstância de estar a parte pobre contando com defensor particular, longe de constituir um sinal de riqueza capaz de abalar os de evidente pobreza, antes revela um gesto de pureza do causídico**; ademais, onde está escrito que pobre que se preza deve procurar somente os advogados dos pobres para defendê-lo? Quiçá no livro grosso dos preconceitos... — recurso provido.* (Agravo de instrumento 1.001.412-0/0, TJ-SP, Seção de Direito Privado, 36ª Câmara, Relator Palma Bisson, julgamento em 19.1.2006).

O NCPC não disciplina a assistência judiciária — que continua a ser tratada pela Lei n. 1.060/50, que não foi integralmente revogada por ele (conforme estabelece o art. 1.072, III do novo CPC, ficam revogados *"os arts. 2º, 3º, 4º, §§ 1º a 3º, 6º, 7º, 11, 12 e 17 da Lei n. 1.060, de 5 de fevereiro de 1950"*), limitando-se a discorrer sobre a justiça gratuita — embora, tanto em seu *caput* como no § 1º, inc VI, expressamente dispense o pagamento de honorários profissionais, denotando que o patrocínio, nesse caso, é gratuito. Dessa maneira, o NCPC apenas reforça o caráter da assistência profissional, mas não a regula. Ao fazê-lo, repete o comando constitucional destinando o benefício a toda *pessoa natural ou jurídica, brasileira ou estrangeira, com insuficiência de recursos*. Divorcia-se, dessa forma, ao impreciso e restritivo conceito de "pobreza, na acepção jurídica do termo", que era a tônica da legislação anterior, e elimina de vez a polêmica sobre a possibilidade de concessão ou não a pessoas jurídicas. A partir da vigência da Lei n. 13.105, torna-se inquestionável que a justiça gratuita pode ser concedida tanto a pessoas naturais como jurídicas, bastando-lhes que sejam qualificadas como dotadas de *recursos insuficientes*.

Com relação às despesas abrangidas pela justiça gratuita, tem-se que o *caput* assinala que estariam nessas condições as custas, as despesas processuais e os honorários advocatícios, presumindo-se que são os honorários do causídico que defende os interesses da parte que obtém o benefício (já que os honorários de sucumbência estão ressalvados pelo § 2º do mesmo artigo). Ratificando esse conceito, o § 1º explicita que a gratuidade abrange as taxas ou as custas judiciais; os selos postais; as despesas com publicação na imprensa oficial; a indenização devida à testemunha que comparece a juízo (cujo salário do dia deverá ser pago pelo empregador, como determina o art. 473, VIII, da CLT); as despesas com a realização de exame de código genético — DNA e de outros exames considerados essenciais; os honorários do advogado e do perito e a remuneração do intérprete ou do tradutor; o custo com a elaboração de memória de cálculo; os depósitos previstos em lei para interposição de recurso, para propositura de ação e para a prática de outros atos processuais inerentes ao exercício da ampla defesa e do contraditório e os emolumentos devidos a notários ou registradores em decorrência da prática de registro, averbação ou qualquer outro ato notarial necessário à efetivação de decisão judicial.

É de se notar que os §§ 2º e 4º deste artigo, de forma expressa, excluem da gratuidade a responsabilidade do beneficiário pelas despesas processuais e pelos honorários advocatícios decorrentes de sua sucumbência, além das multas que lhe forem impostas no processo, de modo que tais verbas podem ser oportunamente cobradas daquele que obteve o benefício.

De outra parte, o novo Código também inova ao permitir a concessão do benefício apenas parcial, com delimitação de atos processuais que serão por ele abrangidos ou redução do percentual das despesas (§ 5º) ou ainda o parcelamento das despesas que tiverem de ser adiantadas (§ 6º). Repete, outrossim, regra da legislação anterior, estipulando condição suspensiva da exigibilidade das despesas pelo prazo de cinco anos, a fim de que possa, dentro desse prazo, ser cobradas pelo interessado caso demonstre a mudança nas condições econômicas do beneficiário (§ 3º).

Por fim, as disposições dos §§ 7º e 8º são dirigidas aos emolumentos devidos a notários e registradores, em razão da prática de qualquer ato notarial por decorrência de comando judicial. No primeiro está expressamente feita a remissão da aplicação dos mesmos preceitos dos §§ 3º a 5º do art. 95, do CPC, já objeto de comentário anterior. O segundo cria uma situação *sui generis*, que autoriza o notário ou registrador, após a prática do ato, questionar a gratuidade concedida, por não ter convicção dos requisitos para sua concessão. Nesse caso, deve requerer ao juiz a revogação total ou parcial do benefício ou o parcelamento das despesas, sendo o interessando citado para se manifestar, em 15 dias. Vemos tal disposição com reservas, dado que permite-se, de forma singular, que seja questionada uma decisão judicial por um prestador de serviços, prerrogativa não conferida sequer aos auxiliares da justiça. Considerando-se a natureza dos serviços notariais, não vemos nenhuma razoabilidade de que possa ter um tratamento privilegiado em relação ao perito, p.ex., que igualmente é um profissional externo aos quadros do Poder Judiciário, que lhe presta serviços. Por outro lado, o Código peca em não apresentar qualquer procedimento se houver refutação do requerimento por parte do beneficiário, salientando-se que o uso da expressão "será citado" denota um procedimento incidental autônomo para tal requerimento.

O instituto da justiça gratuita também existe no processo do trabalho, mas nem por isso todos os dispositivos em comento são a ele aplicáveis, notadamente por haver regras próprias na CLT e por serem, alguns deles, de notória incompatibilidade. Nesse sentido, o § 3º do art. 790, da CLT explicita que *"é facultado aos juízes, órgãos julgadores e presidentes dos tribunais do trabalho de qualquer instância conceder, a requerimento ou de ofício, o benefício da justiça gratuita, inclusive quanto a traslados e instrumentos, àqueles que perceberem salário igual ou inferior ao dobro do mínimo legal, ou declararem, sob as penas da lei, que não estão em condições de pagar as custas do processo sem prejuízo do sustento próprio ou de sua família."* De nossa parte, temos críticas ao uso da expressão "faculdade" do magistrado do trabalho, pois entendemos que a concessão da gratuidade não deriva de uma "escolha" do magistrado, mas sim constitui um direito do cidadão, quando preenche os requisitos para tanto. É a mesma opinião de Cândido Dinamarco, para quem *"a ordem jurídico-processual não outorga faculdades nem ônus ao juiz. Aquelas têm por premissa a disponibilidade de bens ou de situações jurídicas e, daí, serem conceituadas como liberdade de conduta: cada qual age ou omite-se segundo sua vontade e sua própria escolha, tendo em vista o resultado que mais lhe agrade. Mas o juiz não está no processo para a gestão de seus próprios interesses, senão para regular os de outrem, ou seja, das partes. (...) Todos os poderes que a lei lhe outorga são acompanhados do dever de exercê-los."* (DINAMARCO, 1999, V. II, p. 208).

Portanto, as hipóteses e condições para a concessão da Justiça Gratuita, em matéria laboral, são aquelas vazadas nesse dispositivo. Salienta-se, por oportuno, que embora a Lei n. 5.584/70, em seu art. 14, faça menção à aplicação da Lei n. 1.060/50 ao processo trabalhista, o que é tratado nesse dispositivo é instituto análogo, mas não o mesmo, como já destacado. Em que pese a Lei n. 1.060 fazer referência à assistência judiciária, o que ela regula é a gratuidade da justiça. A Lei n. 5.584 foi mais precisa nesse aspecto, pois ao tratar do tema, fixou especificamente as situações nas quais o trabalhador pode ser assistido por advogado indicado pelo seu sindicato, podendo postular, com advogado, sem ter de pagar os honorários respectivos.

Diante dessa expressa manifestação consolidada, somente pode-se admitir alguma suplementação normativa oriunda do NCPC como, p. ex., a descrição das parcelas que seriam abrangidas pela gratuidade, descritas **no § 1º do art. 98**. Isso, no entanto, excepciona o inc. VIII do referido parágrafo, eis que entendimento sedimentado na jurisprudência trabalhista vai no sentido da inaplicabilidade desse preceito em se tratando do depósito recursal a que alude o art. 899, da CLT.

Nesse sentido:

AGRAVO DE INSTRUMENTO. RECURSO DE REVISTA. DESERÇÃO DO RECURSO ORDINÁRIO. REQUERIMENTO DE CONCESSÃO DA JUSTIÇA GRATUITA. DEPÓSITO RECURSAL E CUSTAS. 1. Hipótese em que a reclamada não efetuou o preparo do recurso ordinário, ao argumento de que passa por dificuldades financeiras e que houve requerimento de gratuidade da justiça. 2. Esta Corte já pacificou o entendimento de que, mesmo nas hipóteses em que admitida a concessão do benefício da justiça gratuita, previsto no art. 3º da Lei n. 1.060/1950, às pessoas jurídicas, quando haja prova cabal e inequívoca da sua insuficiência econômica, tal consentimento não abrange o depósito recursal, pois está limitado, tão somente, ao pagamento das custas processuais. Assim, constatado que a reclamada não comprovou o recolhimento do depósito recursal, encontra-se deserto o seu recurso ordinário. Precedentes. Agravo de instrumento conhecido e não provido. Processo: AIRR-TST 1229.97.2012-5.05.0102. Relator: Hugo Carlos Scheuermann, 1ª Turma, DEJT 29.8.2014.

Vale, ainda, a ressalva relativamente ao § 2º do dispositivo, aplicável somente quando houver situação que permita a imposição de honorários sucumbenciais, situação de excepcionalidade no processo do trabalho. Por outro lado, a aplicação dos §§ 5º, 6º, 7º e 8º é imprópria no processo laboral, dado que, como já exposto, nele vigora o princípio da gratuidade, segundo o qual não devem ser cobradas quaisquer despesas processuais de forma antecipada.

Por fim — mas não menos importante —, deve-se destacar que a CLT permite a concessão da gratuidade mesmo sem requerimento da parte, o que permite inferir que, verificando o juiz que estão presentes as condições objetivas para o deferimento do benefício, deverá fazê-lo de ofício, dando efetividade à regra constitucional de amplo acesso ao Poder Judiciário.

Art. 99.

O pedido de gratuidade da justiça pode ser formulado na petição inicial, na contestação, na petição para ingresso de terceiro no processo ou em recurso.

§ 1º Se superveniente à primeira manifestação da parte na instância, o pedido poderá ser formulado por petição simples, nos autos do próprio processo, e não suspenderá seu curso.

§ 2º O juiz somente poderá indeferir o pedido se houver nos autos elementos que evidenciem a falta dos pressupostos legais para a concessão de gratuidade, devendo, antes de indeferir o pedido, determinar à parte a comprovação do preenchimento dos referidos pressupostos.

§ 3º Presume-se verdadeira a alegação de insuficiência deduzida exclusivamente por pessoa natural.

§ 4º A assistência do requerente por advogado particular não impede a concessão de gratuidade da justiça.

§ 5º Na hipótese do § 4º, o recurso que verse exclusivamente sobre valor de honorários de sucumbência fixados em favor do advogado de beneficiário estará sujeito a preparo, salvo se o próprio advogado demonstrar que tem direito à gratuidade.

§ 6º O direito à gratuidade da justiça é pessoal, não se estendendo a litisconsorte ou a sucessor do beneficiário, salvo requerimento e deferimento expressos.

§ 7º Requerida a concessão de gratuidade da justiça em recurso, o recorrente estará dispensado de comprovar o recolhimento do preparo, incumbindo ao relator, neste caso, apreciar o requerimento e, se indeferi-lo, fixar prazo para realização do recolhimento.

Comentário de *Carlos Eduardo Oliveira Dias*

O **art. 99 do NCPC** consagra a regra da universalidade temporal no que tange ao requerimento da gratuidade da justiça. Com efeito, a falta de expressa previsão na Lei n. 1.060/50 dava margem a interpretações equivocadas — a nosso ver —, que estabeleciam a obrigatoriedade de ser o benefício em questão requerido somente na petição inicial. Entendemos que esse entendimento tinha como fundamento uma leitura simplista do art. 4º da lei, mas que seria superado pelo texto do art. 6º. De qualquer sorte, essa interpretação foi sendo paulatinamente superada e, desta feita, resta sepultada de vez.

Pelo novo texto, é inconteste que ela pode ser requerida em diversos momentos do processo, a uma para atender a situações em que o pedido é feito pelo réu ou pelo terceiro interessado, a duas porque a situação ensejadora do direito pode surgir após a primeira intervenção da parte no feito, o que legitimaria seu pedido. Cabe assinalar que, embora o *caput* faça referências específicas a determinados atos processuais, o § 1º o completa, de forma coerente, permitindo que o pedido de gratuidade seja apresentado por petição simples. Dessa sorte, resta consagrada a ideia segundo a qual a gratuidade pode ser requerida na peça de ingresso da parte no feito — ou seja, petição inicial, contestação ou requerimento de ingresso do terceiro —; por ocasião do recurso apresentado por todos os legitimados a recorrer (art. 996, do NCPC) ou, então, a qualquer tempo, por simples petição nos autos. Como dito, o texto sepulta de vez qualquer ilação sobre os limites temporais do requerimento, o que se faz em plena consonância com a natureza do direito já analisada no artigo antecedente. De outra maneira, também evidencia que a gratuidade é um direito não apenas do autor ou do réu mas de todos os que intervém no processo.

Na mesma linha, o § 2º reconhece a incondicionalidade do direito à gratuidade, permitindo que seu indeferimento somente ocorra se algum dos pressupostos legais deixar de ser preenchido. Elimina, com isso, qualquer conformação subjetiva capaz de inviabilizar o direito, fundando-se somente nos elementos objetivamente expostos pelo texto legal. Ainda assim, o dispositivo estabelece a necessidade de se determinar, quando necessário, que o requerente do benefício comprove o preenchimento dos requisitos, antes de o pedido ser-lhe indeferido. A persistência normativa evidencia o já destacado caráter de fundamentalidade desse direito, que não é outra coisa senão uma decorrência do próprio direito de ação. Nesse sentido, destaca-se que o novo texto é ainda mais rigoroso, em favor do requerente, que seu similar na legislação anterior. O art. 5º da Lei n. 1.060 era mais permissivo quanto ao indeferimento da gratuidade, outorgando certo grau de subjetividade à decisão judicial.

O § 3º do art. 99 também reafirmar o caráter de fundamentalidade da gratuidade judiciária, preservando o que já constava do art. 4º, *caput*, e seu § 1º da Lei n. 1.060/50. Pelo o texto, a simples declaração de insuficiência financeira apresentada por pessoa natural é presumidamente verdadeira. Como se nota, a principal novidade está no fato de a presunção ser dirigida apenas às pessoas naturais, o que permite diversas conclusões: a) basta a declaração da condição econômica para fundamentar o pedido de gratuidade; b) salvo se houver fundada controvérsia, não há necessidade de se comprovar a condição econômica como pressuposto para a concessão do benefício (esse tema será retomado na análise do art. 100, logo adiante); c) pessoas jurídicas ou entes despersonalizados (como o espólio, o nascituro, o condomínio, dentre outros) precisam comprovar sua condição de insuficiência econômica para obtenção da gratuidade.

A regra constante no § 4º ratifica o afirmado anteriormente: a gratuidade da justiça não se confunde com a assistência judiciária gratuita. Dessa forma, mesmo que a parte esteja assistida por advogado particular — ou seja, sem fazer uso da assistência judiciária gratuita — ela poderá requerer e obter o benefício, já que essa situação não o impede. Apesar de entendermos que essa distinção é nítida, deparamo-nos com muitas decisões judiciais que, equivocadamente, indeferiam a gratuidade da justiça sob o fundamento de que o litigante estaria assistido por advogado particular, o que tornaria inverossímil sua alegação de incapacidade econômica para arcar com os custos do processo.

Há, nos anais da jurisprudência, um célebre caso que retrata bem essa equivocada interpretação. Trata-se do processo Processo 25124/05, oriundo da 2ª Vara Cível da Comarca de Marília/SP, em que um litigante, que apresentara uma ação de indenização contra o motociclista que atropelou o pai, nela teve negado o pedido de gratuidade, com base na Lei n. 1.060. Como justificativa para negar o benefício, o juiz disse que o autor não teria apresentado prova de pobreza e que, no processo, ele era representado por um advogado particular. Em sede de Agravo de Instrumento, o Desembargador Palma Bisson, da 36ª Câmara de Direito Privado do Tribunal de Justiça de São Paulo, modificou a decisão originária, em aresto de matiz poético:

Agravo de instrumento — acidente de veículo — ação de indenização decisão que nega os benefícios de gratuidade ao autor, por não ter provado que menino pobre é e por não ter peticionado por intermédio de advogado integrante do convênio OAB/PGE inconformismo do demandante — faz jus aos benefícios da gratuidade de Justiça menino filho de marceneiro morto depois de atropelado na volta a pé do trabalho e que habitava castelo só de nome na periferia, sinais de evidente pobreza reforçados pelo fato de estar pedindo aquele u'a pensão de comer, de apenas um salário mínimo, assim demonstrando, para quem quer e consegue ver nas aplainadas entrelinhas da sua vida, que o que nela tem de sobra é a fome não saciada dos pobres — a circunstância de estar a parte pobre contando com defensor particular, longe de constituir um sinal de riqueza capaz de abalar os de evidente pobreza, antes revela um gesto de pureza do causídico; ademais, onde está escrito que pobre que se preza deve procurar somente os advogados dos pobres para defendê-lo? Quiçá no livro grosso dos preconceitos... — recurso provido. (AGRAVO DE INSTRUMENTO No.1001412- 0/0, 36ª Câmara de Direito Privado do TJSP. Relator Palma Bisson, julgamento em 19.1.2006).

Além da confusão conceitual, esse tipo de solução também ignora que, em muitos casos, o patrocínio profissional é oferecido *ad exitum*, ou seja, sem a cobrança prévia dos honorários, com contratos prevendo um percentual do resultado econômico obtido pela parte. Logo, ainda que legítima a presunção em questão seria destituída de fundamento fático. De qualquer sorte, esse tipo de assertiva resta completamente superada pelo texto legal, que inova a respeito do tema, mas de forma bastante oportuna e sensata. Ainda sobre esse dispositivo, cabe notar que, se a parte beneficiária da gratuidade estiver assistida por advogado particular e for vencedora na ação, com fixação de honorários sucumbenciais, a interposição de recurso pelo profissional — caso não se satisfaça com o valor fixado — estará sujeita a preparo, salvo se o patrono em comentotambém for beneficiário da gratuidade. Isso é o que consta do par. 5º do art. 99, que inaugura uma nova modalidade de gratuidade: aquela dirigida ao advogado da parte, cuja condição socioeconômica não se confunde com a de seu constituinte.

Na esteira do que já afirmava o art. 10 da Lei n. 1.060, o **§ 6º do art. 99 do NCPC** estabelece que a gratuidade de justiça é um direito de caráter pessoal, de maneira que só produz efeitos específicos àquele ao qual foi concedido. Dessa maneira, não é extensível ao litisconsorte, se houver, que deve postular o benefício de forma individual, sujeitando-se ao deferimento judicial, na forma já exposta. O mesmo se aplica ao sucessor do beneficiário: a ocorrência da sucessão processual não transfere ao sucessor o benefício da gratuidade, se concedida ao sucedido. Cabe ao sucessor, se preenchidos os pressupostos legais, no momento em que requerer a sucessão, também postular a gratuidade, sujeitando-se ao deferimento judicial.

Por fim, o § 7º é dirigido especificamente à gratuidade requerida em recurso, modalidade expressamente admitida no *caput*. Neste caso, o texto

Comentários ao Novo CPC

confere ao relator a competência para a apreciação do pedido, do que resulta que o juízo *a quo* não pode fazê-lo. Em seu juízo de admissibilidade recursal, a análise dos pressupostos exclui a apreciação do preparo, que fica dispensado expressamente quando há tal requerimento. Somente se o relator indeferir o pedido é que deverá ser feito o preparo, em prazo oportunamente concedido pelo magistrado. Essa disposição também resolve um problema muito recorrente na matéria, pois não inviabiliza o direito de recorrer da parte que está a sustentar seu pedido de gratuidade, dando-se, se for o caso, nova oportunidade para regularização do recurso.

Na esteira do que já afirmado na análise do artigo antecedente, embora a CLT regule a gratuidade, em seu art. 790, § 3º, o faz de maneira incompleta. Por isso, vemos oportuna a aplicação heterointegrativa das disposições do art. 99, de forma a suplementar o que consta do texto consolidado, mormente porque o dispositivo citado expressamente contempla a possibilidade de se conceder a gratuidade em qualquer instância, em plena sintonia com o que foi estipulado pelo NCPC. Por isso, entendemos aplicável, em sua integralidade, ao processo laboral, com apenas uma ressalva procedimental: diante do princípio da gratuidade, não se exige pagamento de despesas processuais prévias. Com isso, a apreciação do pedido de justiça gratuita não precisa ser feito em caráter preliminar, sobretudo porque inexistente, no processo do trabalho, a figura do despacho inicial (art. 334, do NCPC), a apreciar o pedido feito pelo reclamante. Em regra, somente será apreciado por ocasião da sentença ou em decisões interlocutórias a respeito de provas ou diligências requeridas que possam ensejar adiantamento de despesas. É o caso, p. ex., da decisão que determina a realização de prova pericial e que, pelas razões já expostas, dispensa o recolhimento prévio dos honorários do perito.

Art. 100.

Deferido o pedido, a parte contrária poderá oferecer impugnação na contestação, na réplica, nas contrarrazões de recurso ou, nos casos de pedido superveniente ou formulado por terceiro, por meio de petição simples, a ser apresentada no prazo de 15 (quinze) dias, nos autos do próprio processo, sem suspensão de seu curso.

Parágrafo único. Revogado o benefício, a parte arcará com as despesas processuais que tiver deixado de adiantar e pagará, em caso de má-fé, até o décuplo de seu valor a título de multa, que será revertida em benefício da Fazenda Pública estadual ou federal e poderá ser inscrita em dívida ativa.

Comentário de *Carlos Eduardo Oliveira Dias*

Conforme já mencionado, não existem formalidades procedimentais para o requerimento de gratuidade, que pode ser formulado, a qualquer tempo, por simples petição, além de poder ser dirigido nos atos processuais específicos tratados no *caput* do art. 99. Da mesma sorte, a apreciação judicial ocorre imediatamente, sem maiores delongas, sobretudo porque, em regra, não demanda instrução ou cognição específica. De forma diversa, no entanto, o CPC vem tratar, no art. 100, do procedimento necessário a eventual impugnação ao deferimento do pedido. Note-se que, pelo rito declinado, não existe previsão para o contraditório prévio, de maneira que a decisão de deferimento da gratuidade já é sucedâneo do pedido feito pela parte, sem se submeter à manifestação da parte contrária. Assim, somente depois de deferida a justiça gratuita a um dos litigantes é que a outra parte tem a oportunidade de se insurgir contra o ato — e não exatamente contra o pedido, mas especificamente contra a decisão que a defere. Por isso, o objetivo dessa impugnação é a revogação da gratuidade deferida pelo juízo.

Com isso, ao contrário do que ocorria na legislação anterior (art. 7º, da Lei n. 1.060, que era mais genérico, fazendo referência apenas a "qualquer fase da lide"), o art. 100 define momentos específicos para o exercício dessa impugnação, a saber: a) na contestação (art. 337, XIII, do NCPC, inciso não existente no código revogado), se o deferimento decorreu de pedido feito na petição inicial; b) na manifestação sobre a contestação, se nela foi requerido o benefício deferido; c) nas contrarrazões de recurso, quando em seu manejo o pedido foi formulado; e d) por petição simples nos casos de pedido superveniente ou formulado por terceiro. As três primeiras hipóteses devem ser exercidas no momento processual próprio de cada ato e a última tem seu prazo fixado em 15 dias, todos eles peremptórios, em nosso entender.

Quanto à manifestação sobre a contestação, o texto legal fala em "réplica", mas creditamos esse registro a uma impropriedade conceitual. Com efeito, a figura da réplica, existente no CPC-1939, não foi preservada pelo CPC-1973, que a substituiu pela "manifestação sobre a contestação" envolvendo a alegação de fatos impeditivos, modificativos ou extintivos do direito do autor (art. 326 do Código revogado) ou a invocação das preliminares de contestação (art. 327, CPC-1973). O CPC-2015 preservou a fórmula de seu antecessor, de modo que, no art. 351, outorga ao autor o direito de se manifestar sobre a contestação, quando esta invoca matérias preliminares, dentre elas a *"indevida concessão do benefício da justiça gratuita"* (art. 337, XIII, do CPC-2015). Por isso, preferimos não utilizar a expressão adotada pelo código.

A nova regra não preconiza, ao contrário da que foi revogada, os motivos que poderiam fundamentar o pedido de revogação da gratuidade. No entanto, parece lógico supor, diante dos termos em que o pedido pode ser deduzido, que isso se justifica quando os requisitos objetivos inexistirem ou tiverem desaparecido. Da mesma sorte, o texto legal não explicita o *iter* processual advindo dessa impugnação, mas o senso comum leva à compreensão de que deve-se adotar o caráter incidental para tal manifestação: sem suspensão do processo — o que é expressamente descartado pelo dispositivo —, entendemos que o juiz deve estabelecer o contraditório, dando oportunidade para a parte que sofreu a impugnação se manifestar. Havendo necessidade, deve conceder a oportunidade à produção de provas para, em seguida, decidir sobre a permanência do benefício ou sua revogação.

Surge, nesse momento, a incidência do parágrafo único do art. 100: uma vez revogado o benefício, a parte que o havia obtido deverá pagar as despesas processuais que tiver deixado de adiantar, sem prejuízo de ser condenada a pagar multa equivalente ao décuplo de seu valor, caso seja evidenciada sua má-fé (esta regra também não é nova, pois reproduz o que já constava do § 1º do art. 4º da Lei n. 1.060). Essa multa será revertida em benefício da Fazenda Pública estadual ou federal e poderá ser inscrita em dívida ativa, seguindo a mesma sorte dos dispositivos que regulam o tema, já objeto de comentários próprios (art. 82 e seguintes).

Destaca-se, por oportuno, que a revogação da gratuidade pode ser também determinada de ofício pelo juiz, dado que isso é previsto no art. 8º da Lei n. 1.060, que não restou revogado pelo NCPC (art. 1072, III). A aplicação desse dispositivo ao processo do trabalho encontra, inicialmente, um óbice procedimental, já tratado de modo superficial anteriormente: como não existe a figura da antecipação de despesas nas lides laborais, em regra o pedido de gratuidade somente é apreciado por ocasião da sentença, salvo em raros casos. Mesmo em processos que não envolvem relação de emprego, não se faz a cobrança antecipada de custas, o que torna impraticável o deferimento da gratuidade desde a petição inicial ou da contestação. Portanto, normalmente o pedido de revogação da gratuidade concedida deve ser aviado em contrarrazões recursais, na forma do *caput* do art. 100. Tirante essa hipótese — de maior incidência nas lides justrabalhistas — somente vemos a possibilidade de ocorrer o deferimento da gratuidade em situações que poderiam, em tese, ensejar a necessidade de alguma despesa, o que igualmente seria incompatível com o processo do trabalho, pelas razões já declinadas.

Por outro lado, o parágrafo único do art. 100 é totalmente incompatível com o processo do trabalho, em face do princípio da gratuidade, já objeto de comentários próprios. Não havendo despesas a antecipar, não há cominação a se fazer, nem sequer imposição de multa, justamente por não haver o principal.

Art. 101.

Contra a decisão que indeferir a gratuidade ou a que acolher pedido de sua revogação caberá agravo de instrumento, exceto quando a questão for resolvida na sentença, contra a qual caberá apelação.

§ 1º O recorrente estará dispensado do recolhimento de custas até decisão do relator sobre a questão, preliminarmente ao julgamento do recurso.

§ 2º Confirmada a denegação ou a revogação da gratuidade, o relator ou o órgão colegiado determinará ao recorrente o recolhimento das custas processuais, no prazo de 5 (cinco) dias, sob pena de não conhecimento do recurso.

Comentário de *Carlos Eduardo Oliveira Dias*

O art. 101 do NCPC é dirigido a duas situações: aquela em que o pedido de gratuidade é indeferido e aquela na qual ele é deferido mas, posteriormente, revogado, nos termos dos comentários feitos ao dispositivo anterior. O dispositivo ora em análise cuida de disciplinar o recurso destinado à insurgência do que teve o benefício negado ou revogado. Nesse sentido, a regra geral estabelece o cabimento do

Comentários ao Novo CPC

Art. 102

agravo de instrumento — por se tratar de evidente decisão interlocutória — ou da apelação, se a questão for enfrentada por ocasião da sentença. Assim, se ao enfrentar o pedido de gratuidade, formulado nos termos do *caput* do art. 99, o juiz vier a indeferi-lo, o interessado pode levar o feito à instância superior pela via do agravo de instrumento, o mesmo procedendo em caso de revogação. Se, no entanto, essa decisão for proferida por ocasião da prolação de sentença, o tema poderá ser objeto de irresignação por uma apelação.

É significativa a disposição do § 1º do art. 101, que dispensa o recolhimento das custas até a decisão do relator a respeito da questão. Evidencia-se, com isso, que o recurso que versa sobre esse tema — seja de agravo, seja de apelação — sempre tem efeito suspensivo. Isso impede que se possa tornar irrecorrível uma decisão pelo seu próprio conteúdo, o que representaria uma injustificada tautologia. Em contrapartida, caso seja mantida a decisão originária, deve ser oferecido à parte recorrente o prazo de cinco dias para recolhimento das custas, sob pena de não conhecimento do seu recurso (par. 2º). Igualmente, trata-se de medida razoável, que não tolhe do litigante o direito de ver sua irresignação apreciada por razões de caráter econômico.

Cabe observar que essa hipótese não se confunde com aquela já analisada, sob o prisma do § 7º do art. 99, pois naquele caso temos o pedido de justiça gratuita formulado em grau recursal. Na situação ora analisada, o pedido já foi feito em outro momento do processo mas foi indeferido ou revogado, configurando uma hipótese de cognição secundária, e não primária como naquele outro caso.

A exemplo de outras disposições sobre este tema, entendemos que a aplicação do dispositivo ao processo do trabalho é relativa. Por primeiro, temos como pressuposto que a gratuidade, no processo laboral, é apreciada sempre em sentença, salvo raríssimos e hipotéticos casos. Assim, sempre seria sujeita a decisão — seja pelo deferimento ou pelo indeferimento — ao recurso ordinário (art. 895, da CLT), equivalente à apelação do processo comum. Se, no entanto, por hipótese, houver o indeferimento ou revogação por decisão interlocutória, não é cabível o agravo, visto que este tem função específica no processo do trabalho (art. 897, da CLT), que também consagra o princípio da irrecorribilidade interlocutória (art. 893, § 1º, da CLT).

Já as disposições dos parágrafos do art. 101 são totalmente assimiláveis ao processo do trabalho, pois visam assegurar, como dito, o direito da parte de ter seu pedido de gratuidade revisto pela instância superior, sem prejuízo do mérito recursal, quando for pertinente. Assim, p.ex., se houver decreto de improcedência de uma reclamação trabalhista, e for indeferida a gratuidade, poderá o reclamante recorrer ordinariamente sem o recolhimento das custas (§ 1º), inclusive pedindo a reforma da decisão, nesse particular. Caso seja afastada a reforma com relação à gratuidade, o relator deverá conceder o prazo de cinco dias ao reclamante para realizar o recolhimento das custas, sob pena de deserção recursal (§ 2º).

Art. 102.

Sobrevindo o trânsito em julgado de decisão que revoga a gratuidade, a parte deverá efetuar o recolhimento de todas as despesas de cujo adiantamento foi dispensada, inclusive as relativas ao recurso interposto, se houver, no prazo fixado pelo juiz, sem prejuízo de aplicação das sanções previstas em lei.

Parágrafo único. Não efetuado o recolhimento, o processo será extinto sem resolução de mérito, tratando-se do autor, e, nos demais casos, não poderá ser deferida a realização de nenhum ato ou diligência requerida pela parte enquanto não efetuado o depósito.

Comentário de *Carlos Eduardo Oliveira Dias*

O art. 102 conclui as diretrizes procedimentais a respeito do incidente relacionado à concessão da gratuidade, estipulando as consequências do trânsito em julgado da decisão revocatória dela. Como se desenvolve dentro da lógica da antecipação de despesas, o código estipula que, uma vez afastada a gratuidade, a parte requerente deve recolher as despesas devidas até aquele momento — sendo que, naturalmente, as que sobrevierem deverão ser recolhidas oportunamente. Se a obrigação não for cumprida, e o requerente for o autor, o processo será extinto sem resolução do mérito, sendo que, no caso do réu, nenhum ato ou diligência por ele requeridos será deferido até que realize o pagamento. Trata-se nitidamente de ônus processual atribuído aos litigantes em função das características do processo comum.

Pelas razões já apresentadas, de forma exaustiva, temos que esse dispositivo é incompatível com o processo do trabalho, visto não haver adiantamento de despesas nos feitos perante a Justiça Laboral. As despesas processuais que incidirem sobre aqueles que tiverem negado o benefício da gratuidade incidirão no momento executivo próprio.

CAPÍTULO III
DOS PROCURADORES

Art. 103.

A parte será representada em juízo por advogado regularmente inscrito na Ordem dos Advogados do Brasil.

Parágrafo único. É lícito à parte postular em causa própria quando tiver habilitação legal.

Comentário de Carlos Eduardo Oliveira Dias

A capacidade postulatória consiste no permissivo legal de que determinada pessoa se dirija diretamente ao Juízo, com suas petições, defesas, impugnações e recursos, p. ex. Conceitualmente, *"é a capacidade reconhecida pelo ordenamento jurídico para a pessoa praticar, pessoalmente, atos processuais."* (LEITE, 2010, p. 386). No plano do processo comum, ela é exclusiva dos advogados, que são os únicos profissionais habilitados a atuar na defesa dos interesses em Juízo. Esse preceito já vinha inscrito no texto anterior, mas desta feita o Código explicitou que o requisito de habilitação profissional é a inscrição regular na Ordem dos Advogados do Brasil, enquanto o texto anterior fazia apenas uma referência genérica à habilitação. Essa diretriz encontra ressonância na Lei n. 8.906/94, cujo art. 1º estipula que a postulação perante órgãos do Poder Judiciário e Juizados Especiais é ato privativo de advogado. Não se pode olvidar, ao mesmo tempo, que o art. 133 da Constituição qualifica o advogado como indispensável à administração da Justiça, disposição reprisada pelo art. 2º da citada Lei n. 8.906/94, o que se pode entender como uma assertiva institucional que estabelece a plena inserção dos profissionais da advocacia — conquanto possam exercer ofício privado — no cânones do sistema judiciário. Nos sempre oportunos dizeres de Dinamarco, *"tem duas importantes razões de ser a indispensabilidade do advogado"*:

> A primeira delas é a conveniência técnica de confiar a defesa a pessoas com capacitação profissional adequada e sujeitas a um regime organizacional e disciplinar imposto por entidade de categoria estruturada para tanto (a Ordem dos Advogados do Brasil). A segunda é a conveniência psíquica de evitar as atitudes passionais da parte em defesa própria; como puro profissional, que não é o titular dos interesses em conflito, ele não fica tão envolvido como a parte nas angústias e acirramento de ânimos a que esta está sujeita (DINAMARCO, 1999, V. II, p. 285).

É inquestionável que o papel exercido pelos advogados é essencial para assegurar a plenitude do direito de defesa dos cidadãos, o que lhes é capaz de assegurar, ao menos em tese, manifestações técnicas de preservação dos seus interesses em juízo. Todavia, isso não afasta a possibilidade de existirem situações nas quais a atuação profissional não é exigida, como nos casos dos Juizados Especiais e da Justiça do Trabalho. Esse tema foi, inclusive, objeto de apreciação pelo Supremo Tribunal Federal na Ação Direta de Inconstitucionalidade 1.127-8, que considerou alguns dispositivos da Lei n. 8.906 inconstitucionais. A ação foi proposta pela Associação dos Magistrados Brasileiros e nela o STF decidiu que a capacidade postulatória do advogado não é obrigatória nos Juizados Especiais de Pequenas Causas (hoje apenas nominados Juizados Especiais), na Justiça do trabalho e na Justiça de Paz.

Dessa sorte, segundo o entendimento dominante, o *jus postulandi* também é concedido às partes no processo do trabalho, conforme outorga expressa do art. 791, da CLT, ainda que, atualmente, ele seja limitado.

> Súmula n. 425 do TST: *JUS POSTULANDI* NA JUSTIÇA DO TRABALHO. ALCANCE. O *jus postulandi* das partes, estabelecido no art. 791 da CLT, limita-se às Varas do Trabalho e aos Tribunais Regionais do Trabalho, não alcançando a ação rescisória, a ação cautelar, o mandado de segurança e os recursos de competência do Tribunal Superior do Trabalho.

Isso afasta, de maneira imperativa, a exigência do **art. 103**, do NCPC no processo laboral. Porém, nada obsta que o advogado, regularmente habilitado, atue em causa própria, como autoriza o parágrafo único do art. 103, do NCPC.

Art. 104.

O advogado não será admitido a postular em juízo sem procuração, salvo para evitar preclusão, decadência ou prescrição, ou para praticar ato considerado urgente.

§ 1º Nas hipóteses previstas no caput, o advogado deverá, independentemente de caução, exibir a procuração no prazo de 15 (quinze) dias, prorrogável por igual período por despacho do juiz.

§ 2º O ato não ratificado será considerado ineficaz relativamente àquele em cujo nome foi praticado, respondendo o advogado pelas despesas e por perdas e danos.

Comentário de *Carlos Eduardo Oliveira Dias*

O art. 104, do NCPC reproduz a regra do art. 37 do CPC-1973, trazendo apenas uma novidade significativa. A exemplo do seu símile anterior, exige-se, para que o advogado possa exercer o direito de postular em nome da parte, que apresente ao Juízo o instrumento procuratório correspondente, conforme definido pelo art. 105. Da mesma sorte, permite-se, em caráter excepcional, que o advogado postule sem procuração para praticar ato considerado urgente, para evitar a prescrição, a decadência ou a preclusão. Aqui, particularmente, é que reside a grande novidade desse dispositivo, não contemplada no texto anterior. Diferentemente da prescrição e da decadência, que representam modalidades de perda do direito de ação ou do próprio direito, que ocorrem extraprocessualmente (é que o fluxo dos prazos prescricional e decadencial ocorre, respectivamente, a partir da (ciência da) lesão ou do fato, de modo que, ainda que seu reconhecimento se dê no processo, eles se situam antes da fase processual), a preclusão é a eficácia processual decorrente da falta de prática de um ato em seu prazo. (Naturalmente estamos nos referindo apenas a uma das modalidades de preclusão, qual seja, a temporal, que é a que se ajusta à hipótese ora lançada. A esse respeito, vide (ALVIM, 1986, p. 314 e seguintes). Com a nova disposição, além de promover as correspondentes medidas processuais para preservar o direito de ação, também se confere ao advogado a prerrogativa de postular sem procuração para evitar que se consume a preclusão, em ato ocorrido no curso processual. O dispositivo vai na mesma esteira do art. 5º § 1º da Lei n. 8.906/94, que diz: *"O advogado, afirmando urgência, pode atuar sem procuração, obrigando-se a apresentá-la no prazo de quinze dias, prorrogável por igual período."* No entanto, como revela a comparação entre as duas redações, o texto do CPC é mais completo e abrangente.

Para tanto, é importante assinalar que a validade dos atos praticados nessa circunstância é condicionada à apresentação tempestiva da procuração, oportunidade fixada pelo § 1º — em quinze dias, prorrogáveis por mais quinze. O consectário da não regularização do processo no prazo indicado é a ineficácia dos atos processuais com relação à parte em nome de quem teria sido realizado, sendo que o advogado responde por perdas e danos (§ 2º). Uma pequena mudança conceitual ocorreu justamente nesse dispositivo. O texto atual fala em ineficácia do ato processual, enquanto o anterior falava em inexistência. Parece-nos que a denominação atual é a mais adequada, porquanto o ato, em si foi praticado, de modo que não se pode simplesmente eliminá-lo do mundo dos fatos. O resultado mais apropriado seria o da ineficácia, como assimilado pelo novo texto, justamente enunciando que, embora existente, o ato não produz efeitos.

Dois aspectos merecem alguma reflexão, no que diz respeito a esse dispositivo. Por primeiro, a indagação sobre a intensidade do rigor jurisdicional com relação à admissibilidade de se postular sem a procuração. Se é certo que o texto legal confere à situação um caráter de estrita excepcionalidade, entendemos que há grande discricionariedade judicial para admitir essa prática ainda que o caso concreto não se ajuste estritamente às hipóteses legais. Considerando-se que a efetividade processual demanda um menor apego ao formalismo em favor de maior eficiência nos atos do processo, entendemos pertinente reconhecer-se a possibilidade de haver a postulação sem procuração mesmo fora dos estritos casos preconizado no dispositivo.

Outra indagação diz respeito à peremptoriedade ou não do prazo assinalado. Como visto, o CPC já confere a possibilidade de uma prorrogação, sendo discutível se poderiam ocorrer outras dilações, caso necessárias. Nesse contexto, entendemos que a descrição normativa evidencia que trata-se de um prazo dilatório e que, portanto, não se sujeita aos rigores da peremptoriedade. Assim, entendemos que, sendo apresentada ao magistrado justificativa plausível, poderá o juiz renovar o prazo, a fim de que o ato seja aproveitado, exatamente a partir do mesmo pressuposto da efetividade processual. A única ressalva que fazemos, nesse contexto, diz respeito à razoabilidade dessa prorrogação, que não pode ser indefinida.

Em que pese o *jus postulandi* seja extensível às partes no processo do trabalho, caso haja patrocínio profissional, o dispositivo em comento deve ser estritamente observado, pois não se pode admitir a postulação de advogado sem a correspondente procuração. Por isso, entendemos que o artigo em questão, assim como seus parágrafos, são plenamente aplicáveis ao processo laboral.

Art. 105.

A procuração geral para o foro, outorgada por instrumento público ou particular assinado pela parte, habilita o advogado a praticar todos os atos do processo, exceto receber citação, confessar, reconhecer a procedência do pedido, transigir, desistir, renunciar ao direito sobre o qual se funda a ação, receber, dar quitação, firmar compromisso e assinar declaração de hipossuficiência econômica, que devem constar de cláusula específica.

§ 1º A procuração pode ser assinada digitalmente, na forma da lei.

§ 2º A procuração deverá conter o nome do advogado, seu número de inscrição na Ordem dos Advogados do Brasil e endereço completo.

§ 3º Se o outorgado integrar sociedade de advogados, a procuração também deverá conter o nome dessa, seu número de registro na Ordem dos Advogados do Brasil e endereço completo.

§ 4º Salvo disposição expressa em sentido contrário constante do próprio instrumento, a procuração outorgada na fase de conhecimento é eficaz para todas as fases do processo, inclusive para o cumprimento de sentença.

Comentário de *Carlos Eduardo Oliveira Dias*

O disposto no art. 105, do novo CPC traz a regulação objetiva a respeito do instrumento procuratório, documento que autoriza que o advogado represente a parte em Juízo e pratique atos em seu nome. Trata-se de comando complementar ao que consta do artigo antecedente, e que disporá sobre os requisitos e conteúdo desse documento que, como se viu, é indispensável para a regularidade da postulação profissional. O texto reprisa o conteúdo do artigo revogado, à exceção da inscrição da parte final do *caput* e dos §§ 2º a 4º, que representam inovações legislativas do código.

A procuração é o instrumento escrito que assinala a concessão de poderes aos profissionais da advocacia para representar os interesses da parte, praticando atos em nome do outorgante, na mesma esteira do que determina o *caput* do art. 5º da Lei n. 8.906/94 (*"O advogado postula, em juízo ou fora dele, fazendo prova do mandato"*). Nesse sentido, a disposição legal em comento explicita que a representação legal da parte se aperfeiçoa com a outorga de poderes por instrumento público — firmado perante o tabelião — ou particular, assinado pela parte. Assinala-se que, desde a vigência da Lei n. 8.952/94, que alterou o art. 38 do CPC-1973, não mais se exige reconhecimento de firma no instrumento de procuração, que tem validade presumida com a simples assinatura da parte.

De outra parte, a concessão de poderes gerais para atuação do advogado, pela via do instrumento procuratório, garante ao profissional a prerrogativa de exercer todos os atos inerentes a essa representação. É o que diz a parte inicial do art. 105, reproduzida pelo § 2º do art. 5º da Lei n. 8.906/94 (*"A procuração para o foro em geral habilita o advogado a praticar todos os atos judiciais, em qualquer juízo ou instância, salvo os que exijam poderes especiais"*). A ressalva legal assinala, no entanto, que alguns atos do processo só podem ser praticados com cláusula específica. São eles o recebimento da citação; a confissão; o reconhecimento da procedência do pedido; atos de transação, desistência ou renúncia ao direito sobre o qual se funda a ação; o recebimento e a concessão de quitação; a celebração de compromisso e, por fim — essa a novidade inserida no NCPC —, a assinatura de declaração de hipossuficiência econômica. Em outras palavras, isso significa que, ante a ausência de poderes específicos para a prática desses atos, o advogado não pode praticá-los validamente. Se o fizer, o ato será ineficaz, pela falta de poderes expressos. Parece-nos evidente que o intento do legislador é o de não permitir que sejam presumidos poderes ao profissional, quando estes consistem atos que podem representar a abdicação de direitos ou de prerrogativas da parte. Por isso, a exigência de manifestação expressa de vontade do outorgante, inclusive para assegurar a legitimidade da prática porventura realizada.

O § 1º do art. 105 reproduz a regra do parágrafo único do art. 38 do CPC-1973, autorizando o uso de procuração assinada digitalmente, na forma disciplinada por lei, prática muito bem vinda em tempos de processo eletrônico. Já os §§ 2º e 3º trazem requisitos específicos para o instrumento procuratório, que não constavam da legislação anterior. Dessa sorte, a procuração deve conter o nome do advogado, seu número de inscrição na Ordem dos Advogados do Brasil e seu endereço completo e, se ele integrar sociedade de advogados (a disciplina normativa a respeito da sociedade de advogados se encontra no art. 15 da Lei n. 8.906/94, sendo certo que seu § 3º já exigia a inclusão do nome da sociedade no instrumento de procuração), o documento também deverá apontar a denominação da sociedade, com seu número de registro na OAB e o endereço completo de sua sede.

Por fim, o § 4º do art. 105 traz uma regra que, a princípio, parece ser inócua e redundante: assinala o texto que, salvo se houve disposição em sentido contrário inscrita no próprio documento, a procuração outorgada para atuação na fase de conhecimento da ação é eficaz para todas as fases do processo, inclusive na fase de cumprimento sentencial. Nossa crítica ao dispositivo se dá em razão de que, sendo sincrético o processo, conforme modelo adotado desde 2005, e reproduzido pelo NCPC, não há qualquer sentido em se supor — naturalmente, salvo limitações expressas no próprio documento — que os poderes concedidos pelo outorgante ficariam restritos a determinada fase do processo.

Tirante os efeitos já disciplinados no § 2º do art. 104, a falta de procuração enseja os efeitos constantes do art. 76 do Código, já objeto de comentários. Não há, no entanto, qualquer disciplina normativa para eventuais efeitos quando a procuração não contém os requisitos dos §§ 2º e 3º, mas entendemos que essa irregularidade poderia ser sanada nos termos do § 1º do art. 106, aplicado analogicamente, consoante exporemos a seguir. Todavia, cumpre registrar que a exigência de que conste na procuração a indicação de eventual sociedade de advogados da qual faz parte o causídico visa, sobretudo, a preservação da proibição do § 6º do art. 15 da Lei n. 8.906/94 (*"Os advogados sócios de uma mesma sociedade profissional não podem representar em juízo clientes de interesses opostos"*) que, se violada, pode ensejar responsabilidade criminal e administrativa ao profissional.

A despeito de não ser obrigatório o patrocínio profissional para demandar na Justiça do Trabalho, caso a parte esteja assistida por advogado, devem ser observadas as disposições do artigo em comento, de modo que é totalmente compatível com o processo laboral, considerando-se, ainda, a completa omissão da CLT. Vale assinalar, a propósito, que o fato de ser admitido o *jus postulandi* das partes no processo do trabalho não permite que o advogado pratique atos em nome delas sem o devido instrumento procuratório. Dessa sorte, em que pese o disposto no art. 791, da CLT, caso o advogado pratique o ato processual sem a procuração, e não observe as condições desse dispositivo, este ato poderá ser desconsiderado. Nesse sentido, a Súmula n. 164, do TST: *"PROCURAÇÃO. JUNTADA. O não-cumprimento das determinações dos §§ 1º e 2º do art. 5º da Lei n. 8.906, de 4.7.1994 e do art. 37, parágrafo único, do Código de Processo Civil importa o não-conhecimento de recurso, por inexistente, exceto na hipótese de mandato tácito."*

Ressalva-se, outrossim, que o processo do trabalho tem admitido, jurisprudencialmente, a concessão do mandato tácito ou aquele concedido de forma verbal, como aponta a Orientação Jurisprudencial n. 286, da SBDI-I, do TST:

OJ-SDI1-286 — AGRAVO DE INSTRUMENTO. TRASLADO. MANDATO TÁCITO. ATA DE AUDIÊNCIA. CONFIGURAÇÃO.

I — A juntada da ata de audiência, em que consignada a presença do advogado, desde que não estivesse atuando com mandato expresso, torna dispensável a procuração deste, porque demonstrada a existência de mandato tácito.

II — Configurada a existência de mandato tácito fica suprida a irregularidade detectada no mandato expresso.

Todavia, o mesmo TST considera que a investidura de mandato tácito não permite ao advogado que outorgue substabelecimento, conforme a OJ 200, da SBDI-I: *"MANDATO TÁCITO. SUBSTABELECIMENTO INVÁLIDO. É inválido o substabelecimento de advogado investido de mandato tácito."*

> **Art. 106.**
>
> Quando postular em causa própria, incumbe ao advogado:
>
> I – declarar, na petição inicial ou na contestação, o endereço, seu número de inscrição na Ordem dos Advogados do Brasil e o nome da sociedade de advogados da qual participa, para o recebimento de intimações;
>
> II – comunicar ao juízo qualquer mudança de endereço.
>
> § 1º Se o advogado descumprir o disposto no inciso I, o juiz ordenará que se supra a omissão, no prazo de 5 (cinco) dias, antes de determinar a citação do réu, sob pena de indeferimento da petição.
>
> § 2º Se o advogado infringir o previsto no inciso II, serão consideradas válidas as intimações enviadas por carta registrada ou meio eletrônico ao endereço constante dos autos.

Comentário de *Carlos Eduardo Oliveira Dias*

O **art. 106 do NCPC** também não traz novidades significativas com relação ao texto anterior. A exemplo do antecessor (art. 39 do CPC-1973), estipula as condições para o exercício da advocacia em causa própria, autorizada pelo art. 103, parágrafo único, do NCPC, exigindo o cumprimento de requisitos necessários à regularidade de sua atuação visto que, por óbvio, não existe instrumento procuratório neste caso. Assim, as mesmas exigências que constam dos §§ 2º e 3º do art. 105 também se aplicam à advocacia em causa própria. Nesse caso, todavia, basta que haja a declaração do profissional na própria peça processual em que ingressa em Juízo (petição inicial ou contestação).

De outra parte — e ao contrário do que ocorre com o art. 105 —, os parágrafos do art. 106 cominam expressamente os efeitos do descumprimento dos requisitos lançados no *caput*: a ausência dos dados do profissional que postula em causa própria pode ensejar o indeferimento de sua petição caso não haja suprimento no prazo de cinco dias e a falta de comunicação da mudança de endereço gera a presunção de validade da intimação feita no endereço originário.

No plano sistemático, vê-se que o NCPC padece de certa contradição ao estipular efeitos processuais específicos para situações em que há postulação em causa própria mas não disciplina efeitos análogos para casos em que há patrocínio profissional, o que não deixa de ser curioso dado que, como vimos, a representação processual por advogado é um pressuposto de constituição válida e regular do processo. Por esse motivo, conforme já assinalamos, entendemos que as diretrizes dos §§ 1º e 2º do art. 106 podem ser aplicadas no caso de descumprimento dos §§ 2º e 3º do art. 105.

Outrossim, não podemos deixar de tecer críticas de ordem metodológica ao constante do § 1º do dispositivo ora analisado. Conquanto o inc. I do art. 105 faça remissão aos deveres do advogado que atua em causa própria, seja na condição de autor ou de réu, a cominação é voltada exclusivamente àquele que postula no polo passivo da ação. O texto é silente para casos em que o réu atua em causa própria, sendo certo que, por paralelismo normativo, seria prudente que houvesse idêntica disposição para tais casos. De qualquer sorte, entendemos que, caso isso ocorra, deve ser aplicado o disposto no art. 76, II, do CPC.

Conforme já foi exposto, o processo do trabalho confere o *jus postulandi* às partes, de modo que é possível a defesa pessoal dos interesses processuais do litigante mesmo sem a devida habilitação profissional. Dessa sorte, quando reclamante ou reclamado, por serem advogados, atuam em causa própria na Justiça do Trabalho, estão dispensados de cumprir o disposto no inciso I do art. 106, dada à sua desnecessidade, à exceção da indicação do endereço para eventuais intimações (Registra-se, por oportuno, que a disseminação do processo eletrônico deverá tornar despicienda a exigência de informação de endereço físico para intimação dos advogados, eis que os meios digitais deverão ser utilizados, de maneira generalizada; no entanto, prudente a disciplina normativa, visto que existem segmentos da Justiça ainda incipientes nessa área), prevalecendo, pelo mesmo motivo, a necessidade de se cumprir o inc. II. Isso não significa que a parte, nessas condições, não possa prestar as declarações se assim o desejar. No entanto, cabe observar que, se se tratar de ação rescisória, ação cautelar ou mandado de segurança, a jurisprudência consolidada do TST não admite o exercício do *jus postulandi* pelas partes (Súmula n. 425). Em tais ações, portanto, caso a parte atue em causa própria, deverá se sujeitar às disposições previstas nesse dispositivo. De outra maneira, nas demais ações tipicamente trabalhistas, caso venham a desafiar recursos de competência do Tribunal Superior do Trabalho, é igualmente prudente a observância desse preceito; caso contrário, por força do mesmo verbete sumular, o apelo tende a não ser conhecido pela ausência de pressuposto recursal.

> **Art. 107.**
>
> O advogado tem direito a:
>
> I – examinar, em cartório de fórum e secretaria de tribunal, mesmo sem procuração, autos de qualquer processo, independentemente da fase de tramitação, assegurados a obtenção de cópias e o registro de anotações, salvo na hipótese de segredo de justiça, nas quais apenas o advogado constituído terá acesso aos autos;
>
> II – requerer, como procurador, vista dos autos de qualquer processo, pelo prazo de 5 (cinco) dias;
>
> III – retirar os autos do cartório ou da secretaria, pelo prazo legal, sempre que neles lhe couber falar por determinação do juiz, nos casos previstos em lei.
>
> § 1º Ao receber os autos, o advogado assinará carga em livro ou documento próprio.
>
> § 2º Sendo o prazo comum às partes, os procuradores poderão retirar os autos somente em conjunto ou mediante prévio ajuste, por petição nos autos.
>
> § 3º Na hipótese do § 2º, é lícito ao procurador retirar os autos para obtenção de cópias, pelo prazo de 2 (duas) a 6 (seis) horas, independentemente de ajuste e sem prejuízo da continuidade do prazo.
>
> § 4º O procurador perderá no mesmo processo o direito a que se refere o § 3º se não devolver os autos tempestivamente, salvo se o prazo for prorrogado pelo juiz.

Comentário de *Carlos Eduardo Oliveira Dias*

O **art. 107 do NCPC** cumpre a mesma função do art. 40 do CPC-1973, disciplinando as prerrogativas dos advogados no âmbito do processo. Destaca-se que a Lei n. 8.906 também cuida de apontar tais prerrogativas, mas sua abrangência é mais ampla, envolvendo questões de cunho extraprocessual. A preocupação do legislador, no aspecto ora analisado, é exclusivamente voltada à atuação no plano do processo.

Em linhas gerais, o novo dispositivo repete o comando do antecessor, com algumas alterações pontuais. No primeiro inciso, ratifica-se o direito de o profissional da advocacia examinar os autos de qualquer processo nos cartórios e secretarias, mesmo sem ter instrumento de procuração de qualquer das partes. O acréscimo feito pelo dispositivo autoriza que isso se faça independentemente da fase de tramitação do feito e assegura aos advogados a obtenção de cópias e o registro de anotações, temas que não estavam antes previstos. Permanece restrito o acesso aos processos que tramitam sob segredo de justiça, a cujos autos apenas os advogados devidamente constituídos terão acesso. Já o inciso II assegura o pedido de vista dos autos de qualquer processo, pelo prazo de cinco dias, e o inciso III a retirada dos autos do cartório ou da secretaria, pelo prazo legal, sempre que neles lhe couber falar por determinação do juiz. Observe-se que, neste caso, o comando normativo se dirige especificamente àquele que detém procuração nos autos, não se confundindo com a estipulação genérica estabelecida no inciso I, inclusive aos que não detêm tais poderes. No caso daquele, como visto, o exame dos autos é limitado aos cartórios e secretarias, não se aplicando o inciso III. A rigor, alguns tribunais admitem que os advogados, mesmo sem procuração, retirem os autos em "carga rápida" para extração de cópias, nos moldes do que consta do § 3º do art 107, aplicável a outras hipóteses. Trata-se de concessão prevista em normas regimentais e que se compatibilizam com o devido processo legal.

Ressalva-se que as hipóteses dos incisos I e II não podem incidir quando os autos do processo, por razões de gestão processual, se encontrarem indisponíveis. É sabido que o fluxo processual exige que determinados atos sejam praticados pelo juiz ou por seus auxiliares e, nesse momento, não cabe a exigência do cumprimento dessas prerrogativas, que são relativizadas em favor do andamento regular do feito. É o caso, p. ex., das situações em que os autos estão conclusos ao juiz para deliberação sobre algum requerimento feito pelas partes, de maneira que a exibição ou a vista dos autos pode comprometer a efetividade de eventual decisão a ser proferida.

Os parágrafos deste dispositivo dedicam-se a disciplinar o procedimento de retirada dos autos das secretarias e cartórios pelos profissionais da advocacia, de modo a regular especificamente o que consta do inciso III do art. 107. Assim, o texto obriga que o profissional assine livro ou documento próprio atestador da carga dos autos, de modo que fique registrado esse procedimento, o que é de extrema relevância para garantir a preservação dos autos. Assinale-se que é comum que as normas internas dos tribunais também exijam que as cargas fiquem registradas nos próprios autos, com identificação da data da retirada e da devolução, bem como do profissional que assim procedeu.

Por outro lado, o § 2º do art. 107 veda que haja a retirada exclusiva por uma das partes quando o prazo lhes for comum, regra que, naturalmente visa assegurar idêntico direito a ambos os litigantes, como medida de isonomia processual. Ressalva o dispositivo as situações em que ambas as partes procedem à retirada comum dos autos, permitindo-se, ainda, aos contendores, que ajustem previamente a divisão do prazo, mediante petição apresentada aos autos. Caso não ocorra uma ou outra hipótese, é permitido, mesmo sem ajuste prévio, a retirada dos autos por uma das partes para obtenção de cópias por um período de duas a seis horas, sem prejuízo da continuidade do prazo. Diante do silêncio da norma legal, entendemos que a fixação desse prazo deverá ser feita por norma regulamentar emitida pelos tribunais ou, à sua falta, deverá ser estabelecido pelo juiz, em cada caso, sempre de modo a preservar o contraditório e a isonomia. Note-se que a parte final do § 4º indica que o prazo pode ser prorrogado pelo magistrado, o que legitima a interpretação de que a fixação também pode ser feita dessa maneira. Essas disposições já tinham trato similar na legislação anterior (art. 40, § 2º, do CPC-1973), mas o texto atual amplia significativamente o prazo de carga rápida dos autos (a previsão anterior era de uma hora). Vale ressaltar que o § 4º estipula que, em caso de descumprimento desse prazo, o advogado que assim procedeu ficará impedido de usar a mesma prerrogativa, no mesmo prazo, exceto se o prazo for prorrogado pelo juiz. Também existe previsão legal a respeito dos efeitos no caso de descumprimento do prazo para a devolução da carga dos autos, feita na forma do inc. III do art. 107, mas ela está no art. 234 do NCPC, e será objeto de comentários mais adiante.

Conquanto seja compreensível a preocupação do legislador em manter o regramento sobre essa temática, pensamos que há uma tendência natural no esvaziamento de tais disposições. É que a disseminação do processo eletrônico tende a eliminar do mundo jurídico figuras como "vista dos autos em cartório" ou "carga de autos", dado que os atos do processo ficarão disponíveis para consulta vinte e quatro horas por dia — à exceção, naturalmente, daqueles protegidos pelo sigilo. A própria extração de cópias mostra-se prejudicada pois isso pode ser obtido no próprio sistema, sem necessidade de preocupação com os rigores estabelecidos pela norma. No entanto, como ainda existem processos físicos em tramitação, e nem todos os juízos operam integralmente com processos eletrônicos, é oportuna a permanência dessas disposições, ainda que fadadas à inutilidade, o que representará um incomensurável ganho para as instituições judiciárias e para a tramitação processual.

A legislação processual trabalhista é completamente silente a respeito dessas prerrogativas dos advogados no processo, e seu exercício se mostra compatível com o processo laboral, porquanto não atenta contra a sua ontologia. Apenas um aspecto merece análise mais acurada. Como é conferido às partes o *jus postulandi*, entendemos — ao menos enquanto não universalizado o processo eletrônico — que deve ser estendido aos litigantes que estão nessa condição processual o direito de retirada dos autos das secretarias, nas hipóteses do inc. III, do art. 107, com observância, naturalmente, das diretrizes constantes dos parágrafos correspondentes.

CAPÍTULO IV
DA SUCESSÃO DAS PARTES E DOS PROCURADORES

Art. 108.

No curso do processo, somente é lícita a sucessão voluntária das partes nos casos expressos em lei.

Comentário de *Carlos Eduardo Oliveira Dias*

O **último capítulo** do **Título I** é dedicado ao tema da Sucessão Processual. Em linhas gerais, o novo regramento (**arts. 108 a 112**) repete as disposições do texto anterior, com uma correção significativa: a

Comentários ao Novo CPC

substituição da denominação do capítulo, antes tratada, de forma equivocada, como "Substituição das Partes e dos Procuradores". É sabido que o instituto da Substituição Processual tem outra conotação, mas a forma como o texto tratava induzia a uma possível confusão conceitual, como explica Dinamarco:

> Substituto processual é a pessoa que recebe da lei legitimidade para atuar em juízo no interesse alheio, como parte principal não figurando na relação jurídico-material controvertida. (...) A locução substituição processual, muito usual em doutrina, não indica a sucessão de partes nem traz em si qualquer ideia de um movimento consistente em pessoa que sai e pessoa que entra na relação processual: substituto processual é o legitimado (DINAMARCO, 1999, V. II, p. 308).

O novo texto faz esse ajuste, na esteira do que já ensinava a melhor doutrina, qualificando o instituto como "sucessão processual" já que a hipótese versada no dispositivo denota situação em que, voluntariamente, um dos integrantes originários da relação processual dá lugar a outra pessoa, em hipótese idêntica à versada no art. 41 do CPC-1973, que mereceu apenas a adequação conceitual. Trata-se de uma regra restritiva que tem como objetivo resguardar a segurança das relações processuais bem como preceitos fundamentais como o do contraditório e o da ampla defesa. Caso não houvesse essas restrições, correr-se-ia o risco de haver modificações sequenciais dos polos da demanda, que mesmo que não tivessem objetivos escusos, comprometeriam a linearidade pretendida no fluxo processual.

Nesse sentido, cumpre observar, de início, que a restrição normativa situa-se em dois planos: o primeiro, que limita seus efeitos ao curso processual, e o segundo que restringe apenas as alterações voluntárias. Quanto ao momento processual, o texto exprime que a sucessão não é amplamente admitida durante o curso do processo, o que significa que o legislador não se preocupou com as situações pré-processuais, que estão albergadas exclusivamente no plano do direito material. A propósito disso, se o titular de um direito falece antes do ingresso da ação, não se cogita em sucessão processual, senão apenas nos direitos decorrentes da transmissão *causa mortis* da titularidade para demandar. O mesmo ocorre se o réu a ser demandado perece antes do ajuizamento: a composição do polo passivo levará em conta a cadeia de responsabilidade sucessória, nos termos da lei civil, que definirá, inclusive a legitimidade passiva da ação. Diversa seria a hipótese de falecimento do autor ou do réu após o início da ação, o que, efetivamente, poderia se enquadrar nos casos sob exame. Embora, neste caso, não se fale em restrição, como veremos a seguir, por se tratar de sucessão legal.

Quanto à modalidade de sucessão, naturalmente o código somente restringe as que forem voluntárias, ou seja, que decorram apenas da vontade dos litigantes, não albergando aquelas que se realizam por imposição legal. Dessa sorte, a sucessão voluntária somente poderá ocorrer nos casos que a lei expressamente autoriza, providência que se ajusta de maneira apropriada com os fundamentos da restrição legal, anteriormente enunciados.

A CLT é completamente omissa quanto ao tema, e esse dispositivo encontra ressonância com o processo laboral, de modo que continua a ser-lhe aplicável, como era seu antecessor.

Art. 109.

A alienação da coisa ou do direito litigioso por ato entre vivos, a título particular, não altera a legitimidade das partes.

§ 1º O adquirente ou cessionário não poderá ingressar em juízo, sucedendo o alienante ou cedente, sem que o consinta a parte contrária.

§ 2º O adquirente ou cessionário poderá intervir no processo como assistente litisconsorcial do alienante ou cedente.

§ 3º Estendem-se os efeitos da sentença proferida entre as partes originárias ao adquirente ou cessionário.

Comentário de *Carlos Eduardo Oliveira Dias*

Neste dispositivo, há uma preocupação específica quanto a situações nas quais existe, no curso do processo, alienação da coisa ou do direito que se se situa como objeto do litígio. O texto, inclusive seus parágrafos, repete o comando do art. 42 do CPC-1973, apenas com alguns ajustes conceituais. (De maneira específica, o § 1º fez uso da expressão "sucedendo" em lugar do "substituindo" do texto anterior e o § 2º qualificou o adquirente ou cessionário como assistente litisconsorcial, adaptando a redação ao CPC/1973.) Dessa forma, o código expressa que, havendo alienação da coisa ou direito litigioso, isso não afeta a legitimidade das partes no processo, que permanecem aquelas originariamente fixadas quando do ajuizamento. Em decorrência disso, proíbe que o adquirente ou cessionário suceda o alienante ou cedente do bem, salvo se houver anuência da parte contrária. Assegura-se, no entanto, ao cessionário ou adquirente, caso queira, assuma a condição de assistente litisconsorcional, na forma disposta no art. 124, do NCPC, mormente porque será afetado pelos efeitos da sentença, consoante estipula o § 3º deste artigo. Como iremos tratar mais adiante, a fixação da condição de assistente litisconsorcial se justifica porque, inequivocamente, a sentença proferida no processo entre autor e réu irá influir diretamente nos interesses do adquirente ou cessionário.

Até a promulgação da Emenda Constituição n. 45, de 2004, a competência da Justiça do Trabalho era limitada aos litígios envolvendo empregados e empregadores, e ainda decorrentes do contrato de emprego por eles mantido. A partir de então, com a nova redação do art. 114, a competência juslaboral foi severamente ampliada, mormente porque desapareceu o originário critério subjetivo retro mencionado. Com isso, a competência trabalhista abrange um número infinito de ações, assim qualificadas pela sua natureza (critério objetivo), independentemente dos sujeitos da relação jurídica imanente. Dessa forma, é natural que possam ocorrer, em seara trabalhista, situações que se ajustam à hipótese versada no art. 109, do NCPC, de modo que sua aplicação ao processo do trabalho é justificada, mormente pela ausência de regra própria e por guardar compatibilidade com ele.

Art. 110.

Ocorrendo a morte de qualquer das partes, dar-se-á a sucessão pelo seu espólio ou pelos seus sucessores, observado o disposto no art. 313, §§ 1º e 2º.

Comentário de *Carlos Eduardo Oliveira Dias*

Consoante já fora assinalado, a morte de qualquer das partes enseja a sucessão processual que, neste caso, não sofre restrições por se tratar de modalidade impositiva prevista em lei. O primeiro efeito da constatação da morte de um dos litigantes é a suspensão do processo, conforme previsto no inc. I, do art. 313, do NCPC, devendo ser procedida a habilitação incidente do processo, regulada pelos arts. 687 a 692 do mesmo código. Ultimada a habilitação, com o trânsito em julgado da sentença que a julgou, o processo retoma seu curso, com a nova composição (art. 692, do NCPC).

Embora o processo do trabalho não contenha qualquer regra sobre a sucessão processual em caso de morte dos litigantes, há que se observar que existe a Lei n. 6.858/80, que dispõe sobre o pagamento de valores não recebidos em vida pelos trabalhadores. Essa norma tem sido usada não somente para permitir a satisfação direta desses créditos mas também para definir a legitimação processual para demandar por eventuais direitos trabalhistas do *de cujus* porventura desrespeitados. Assim, pode-se entender que, se ocorrer a morte do trabalhador após o ajuizamento, deverá haver a habilitação incidente de seus herdeiros, respeitando-se o que consta na norma em questão, que dispensa, inclusive, a realização de inventário.

Nesse sentido:

> *"ILEGITIMIDADE ATIVA AD CAUSAM. REPRESENTAÇÃO DO ESPÓLIO. ART. 12, V, e § 1º DO CPC. SUCESSORES LEGAIS TRABALHISTAS. PREVISÃO LEGAL. LEI N. 6.858/80. LEGITIMIDADE. Na falta de prova de que tenha sido aberto arrolamento ou inventário, não há de se aplicar a norma do art. 12, V, do CPC, e sim, por analogia, a do § 1º daquele artigo. Estão legitimados como autores ou réus, nas ações em que o espólio for parte, todos os herdeiros e sucessores do falecido (art. 1º, da Lei n. 6.858/80 e art. 985/986, do CPC)."* (TRT-15 — RO: 5901 SP 005901/2010, Relator: Maria Cecília Fernandes Alvares Leite, Data de Publicação: 12.2.2010).

Logo, o instituto da sucessão, com algumas adequações, é aplicável ao processo do trabalho. A adaptação mais significativa deve ocorrer no procedimento de habilitação incidente que, em respeito à simplicidade do processo, deverá ocorrer de maneira mais racional e célere. Sobre isso trataremos em nossos comentários sobre os artigos correspondentes.

Comentários ao Novo CPC

Art. 111.

A parte que revogar o mandato outorgado a seu advogado constituirá, no mesmo ato, outro que assuma o patrocínio da causa.

Parágrafo único. Não sendo constituído novo procurador no prazo de 15 (quinze) dias, observar-se-á o disposto no art. 76.

Comentário de *Carlos Eduardo Oliveira Dias*

Dado que o processo comum, como visto, exige patrocínio profissional para a defesa dos interesses da parte em Juízo (art. 105, do NCPC) e que, para tal fim, é indispensável a outorga de mandato (art. 104, do NCPC), caso a parte venha a revogar os poderes de seu advogado, deverá, no mesmo ato, constituir novo procurador. Embora seja um direito que decorre da manifestação de vontade da parte, a revogação dos poderes deve ser sucedida de nova concessão, a outro profissional. Isso se mostra essencial para que possa permanecer com sua representação processual regular; caso contrário, estará inabilitada a praticar atos do processo, aplicando-se-lhe as consequências do art. 76, do NCPC, anteriormente já exploradas, caso não seja constituído um novo procurador no prazo de quinze dias. Esse dispositivo tem o mesmo conteúdo do art. 44 do CPC-1973, apenas acrescentando, em seu parágrafo único, a cominação para o descumprimento da obrigação. Registre-se, por oportuno, que o código não exige qualquer forma para essa revogação, bastando que ela esteja expressa por qualquer meio, dentro ou fora do processo.

No caso do processo do trabalho, a existência do *jus postulandi* das partes torna dispensável a outorga imediata de procuração, pois o reclamante ou o reclamado podem prosseguir no feito sem a assistência profissional, ao menos até as instâncias ordinárias. (Como vimos, a jurisprudência consolidada do TST não admite o *jus postulandi* das partes para a interposição de recursos perante aquela corte, nem para ações especiais, como descrito na Súmula n. 425). Dessa forma, o dispositivo não tem aplicação ao processo laboral — ressalvados os casos já citados — porque incompatível com a regra do art. 791, da CLT, mormente porque a parte, desconstituindo seu procurador, pode pretender prosseguir no feito sem a assistência profissional, não havendo qualquer irregularidade no procedimento. Com isso, não há obrigatoriedade de juntada imediata de procuração, senão somente se a parte pretender constituir novo patrono.

Art. 112.

O advogado poderá renunciar ao mandato a qualquer tempo, provando, na forma prevista neste Código, que comunicou a renúncia ao mandante, a fim de que este nomeie sucessor.

§ 1º Durante os 10 (dez) dias seguintes, o advogado continuará a representar o mandante, desde que necessário para lhe evitar prejuízo.

§ 2º Dispensa-se a comunicação referida no *caput* quando a procuração tiver sido outorgada a vários advogados e a parte continuar representada por outro, apesar da renúncia.

Comentário de *Carlos Eduardo Oliveira Dias*

Na esteira da previsão do art. 45 do CPC-1973, o **art. 112 do NCPC** autoriza que o advogado, a qualquer tempo, renuncie aos poderes que lhe foram conferidos para a defesa de seu constituinte no processo. Do mesmo modo que é direito do outorgante a revogação do mandato, o mandatário também pode renunciar aos poderes assim outorgados, como ato potestativo que lhe é inerente. Para tanto, basta expressar essa vontade ao outorgante, preferencialmente de forma escrita, a fim de que possa servir de prova, inclusive quanto ao prazo previsto no § 1º. (Naturalmente que, quando mencionamos a forma escrita, subentende-se a possibilidade de ser feita a comunicação eletrônica; a preocupação, nesse caso, é de que haja registro formal da renúncia, para que seja certificada a ciência do mandante — em razão dos efeitos jurídicos da ausência de patrocínio profissional). Feito isto, ao advogado compete apenas informar este fato ao Juízo para que, ao cabo dos dez dias subsequentes, deixe de ter responsabilidade profissional pelo processo. Como expressa o § 1º do art. 112, nesse período o advogado permanece representando o mandante, mormente para evitar qualquer prejuízo, salvo se houve mais advogados na procuração (§ 2º) ou se, antes mesmo do termo final desse prazo, a parte houver constituído outro profissional. É o que exprime o art. 5º, § 3º da Lei n. 8.906/94 — *"O advogado que renunciar ao mandato continuará, durante os dez dias seguintes à notificação da renúncia, a representar o mandante, salvo se for substituído antes do término desse prazo."*

O texto legal não estipula nenhuma consequência para a inércia da parte quando, findos os dez dias supra indicados, não nomeia outro procurador. Entendemos que, por analogia, deve ser aplicado o parágrafo único do art. 111, que remete, como visto, às consequências do art. 76, do NCPC.

O processo do trabalho não contém qualquer norma reguladora desse tema, mas a aplicação do dispositivo é apenas relativa. Se a parte estiver sendo assistida por advogado, naturalmente este deve, no caso de renúncia, cumprir o dever de informar este fato à parte, comunicando-o ao Juízo e, além disso, deve responder pelo feito nos dez dias que se seguem, salvo as exceções mencionadas. O que muda, no caso, são os efeitos de eventual inércia da parte. Como detém, feitas as ressalvas já expostas na Súmula 425, o *jus postulandi*, a parte pode prosseguir sem o patrocínio profissional, caso assim deseje, sem consequências processuais. Se, no entanto, incidir em alguma das hipóteses declaradas no verbete sumular, os efeitos são os mesmos já declinados.

TÍTULO II
DO LITISCONSÓRCIO

Art. 113.

Duas ou mais pessoas podem litigar, no mesmo processo, em conjunto, ativa ou passivamente, quando:

I – entre elas houver comunhão de direitos ou de obrigações relativamente à lide;

II – entre as causas houver conexão pelo pedido ou pela causa de pedir;

III – ocorrer afinidade de questões por ponto comum de fato ou de direito.

§ 1º O juiz poderá limitar o litisconsórcio facultativo quanto ao número de litigantes na fase de conhecimento, na liquidação de sentença ou na execução, quando este comprometer a rápida solução do litígio ou dificultar a defesa ou o cumprimento da sentença.

§ 2º O requerimento de limitação interrompe o prazo para manifestação ou resposta, que recomeçará da intimação da decisão que o solucionar.

Comentário de *José Antônio Ribeiro de Oliveira Silva*

LITISCONSÓRCIO

A partir do art. 113, o novo Código de Processo Civil disciplina o instituto do *litisconsórcio*, principiando, como o faz o CPC de 1973 em seu art. 46, pelo litisconsórcio *facultativo*. Contudo, antes de se verificar o sentido e o alcance desta norma — bem assim as inovações que se deram quanto ao litisconsórcio facultativo —, convém recordar as noções básicas do instituto jurídico, inclusive para facilitar a compreensão dos artigos que seguem, quando tratam das outras espécies de litisconsórcio.

Pois bem, conquanto normalmente haja apenas um autor e um réu litigando em cada processo, por vezes há exigência jurídica ou mesmo conveniência de que duas ou mais pessoas — naturais ou jurídicas — se consorciem (se associem) para conduzir a demanda a juízo, ou para se defender em demanda proposta por outrem. Daí a doutrina afirmar que o litisconsórcio ocorre quando se dá a *aglutinação de pessoas* em um dos polos da relação jurídica processual, havendo uma *cumulação subjetiva* de partes — dado que o litisconsorte é parte —, no mesmo processo.

O litisconsórcio se dá com a pluralidade de partes, ou seja, com a presença simultânea de pessoas, com a qualidade de autor ou réu, num ou em ambos os polos da relação jurídica processual.

Ainda segundo essa doutrina, existem *dois fundamentos* para a admissão do litisconsórcio em juízo: 1º) a economia dos atos processuais — princípio da economia processual; 2º) a harmonia dos julgados — pois se o juiz decide no mesmo processo questões conexas, por exemplo, essa decisão evitará posicionamentos contraditórios sobre tais questões.

No tocante à classificação do litisconsórcio, a melhor doutrina adota quatro critérios:

1º) *quanto à posição dos litisconsortes na relação jurídica processual* — de modo que o litisconsórcio pode ser ativo (mais de um autor), passivo (mais de um réu) e misto, este quando se verificar a presença de mais de uma pessoa em ambos os polos da relação jurídica processual; essa classificação está positivada no *caput* deste art. 113 do novo Código de Processo Civil, quando este prevê que "duas ou mais pessoas podem litigar, no mesmo processo, em conjunto, ativa ou passivamente";

2º) *quanto ao momento de formação do litisconsórcio* — nessa classificação, o litisconsórcio pode ser: a) inicial ou originário, desde o início do processo, vindo, pois, na petição inicial; e b) superveniente ou ulterior, também conhecido por incidental, que ocorre quando uma das partes demanda a intromissão de outra pessoa num dos polos da relação jurídica processual, em regra no polo passivo, como ocorre, por exemplo, no chamamento ao processo de pessoa coobrigada;

3º) *quanto à exigibilidade de sua formação* — a mais importante das classificações, segundo a qual o litisconsórcio pode ser: a) *facultativo* — em que não há obrigatoriedade de sua formação, surgindo por vontade dos que pretendem propor uma demanda — por ex., por duas ou mais vítimas de acidente de trânsito que acionam, em litisconsórcio, o causador do acidente (litisconsórcio ativo) — ou de uma pessoa em face de duas ou mais — por ex., pelo credor diante do devedor e do responsável pela dívida (litisconsórcio passivo); b) *necessário* — em que a lei ou a natureza da relação jurídica exige que mais de uma pessoa esteja no polo ativo ou passivo da relação jurídica processual, sendo a doutrina cita como exemplos clássicos a ação de usucapião de imóvel e a ação de anulação de casamento, como veremos mais adiante, nos comentários ao art. 114;

4º) *quanto aos efeitos (ou resultado) da prestação jurisdicional* — a mais complexa das classificações, gerando muitas dúvidas e cisões na doutrina e na jurisprudência; por essa classificação, o litisconsórcio pode ser: a) comum ou simples — em que os efeitos da decisão podem ser distintos para os litisconsortes; e b) unitário — no qual não há como os efeitos da decisão judicial serem distintos, especialmente no tocante à natureza da relação jurídica havida entre as partes, daí porque os efeitos serão uniformes, em relação a todos, dada a indivisibilidade da relação jurídica, por ex.: na ação anulatória de casamento ou de contrato (DINAMARCO, 1997, p. 66-70).

LITISCONSÓRCIO FACULTATIVO

Como já fundamentado, o litisconsórcio facultativo surge quando não há obrigatoriedade de sua formação, por falta de disposição legal que o exija ou porque a relação jurídica havida entre as partes é distinta ou, sendo única, não é incindível. Com efeito, o litisconsórcio facultativo surge por iniciativa da pessoa ou das pessoas que irão a juízo propor sua demanda (litisconsórcio inicial ou originário). De modo que o réu não tem legitimidade para pretender a formação de um litisconsórcio ativo, a menos que este seja necessário. Contudo, ele pode demandar a inclusão de outras pessoas no polo passivo (litisconsórcio superveniente ou ulterior), como ocorre no chamamento ao processo.

No CPC de 1973, a regra que trata do litisconsórcio facultativo é a do art. 46, ao passo que o novo Código de Processo Civil disciplina a matéria em seu art. 113, ora em comento. A doutrina sempre criticou a hipótese de cabimento da espécie de litisconsórcio prevista no inciso II do art. 46, por se referir à mesma situação do inciso III, que é mais abrangente. Explicamos: "se os direitos ou as obrigações derivarem do mesmo fundamento de fato ou de direito" (inciso II), é porque as demandas dos litisconsortes têm a mesma causa de pedir, daí resultando sua conexão (inciso III), que também pode se dar pela identidade de pedido. Por isso, o novo Código de Processo Civil *não repete* a hipótese do referido inciso II.

Sendo assim, *três* são as possibilidades de formação de litisconsórcio por vontade do autor ou dos autores da demanda (incisos I a III do art. 113):

1ª) se entre duas ou mais pessoas "houver comunhão de direitos ou de obrigações relativamente à lide" — nesse caso, o conflito de interesses pode abranger mais de um interessado na satisfação do direito ou mais de uma pessoa obrigada — ou responsável — pelo cumprimento da obrigação, por ex.: o autor ajuíza ação em face de vários devedores solidários; o sujeito prejudicado por ato ilícito de um condômino propõe ação em face do condomínio e do condômino, sendo que a mesma situação pode ocorrer quando sócio pratica ato em nome da sociedade;

2ª) quando houver entre as causas "conexão pelo pedido ou pela causa de pedir" — se as causas são conexas por terem o mesmo pedido ou a mesma causa de pedir, esse fato justifica a formação de litisconsórcio, para que no mesmo processo se possa deliberar sobre todas elas, evitando-se decisões contraditórias, por ex.: acidente de veículo (fato — causa de pedir remota) com várias vítimas, facultando-se a estas a propositura, em conjunto, de ação indenizatória de danos em face do causador do acidente;

3ª) quando houver "afinidade de questões por ponto comum de fato ou de direito" — aqui não se verifica a conexão entre as causas, mas justifica-se o litisconsórcio pela afinidade de questões, diante de um ponto *comum* de fato ou de direito; por ex.: um laboratório coloca no mercado medicamento que causa danos a várias pessoas (ponto comum de fato — não se trata do mesmo fato), facultando-se-lhes, em litisconsórcio ativo, a propositura de ação em face do fabricante do remédio.

De se notar que em todas essas situações, ainda que haja responsabilidade solidária ou subsidiária de determinadas pessoas, não há exigência legal ou derivada da própria relação jurídica a tornar necessária a formação do litisconsórcio. Por isso, ele é meramente *facultativo*, seja no polo ativo, seja no polo passivo da relação jurídica processual.

LIMITAÇÃO DO LITISCONSÓRCIO FACULTATIVO

A norma do parágrafo único do art. 46 do CPC de 1973 já autoriza o juiz a limitar o litisconsórcio facultativo, tratando da interrupção do prazo para a resposta do réu. Agora, em melhor redação e separando as distintas situações jurídicas, os §§ 1º e 2º do art. 113 do novo Código de Processo Civil disciplinam essas questões.

Como é sabido, os sujeitos que pretendem demandar o mesmo réu — ou os mesmos — podem fazê-lo, desde que consigam demonstrar uma das hipóteses de cabimento do litisconsórcio facultativo, constantes dos incisos I a III do art. 113, examinadas anteriormente. Contudo, essa formação do litisconsórcio não se trata de direito potestativo dos autores, mormente no chamado *litisconsórcio multitudinário* — no qual há a presença de muitos demandantes, por isso mesmo também referido por *litisconsórcio plúrimo* —, inclusive porque a presença de muitos autores no polo ativo pode comprometer seriamente o princípio da celeridade e, por consequência, o princípio da efetividade. Imagine-se quantas intimações, manifestações e atos relacionados à prova poderão ocorrer num processo com vasto número de postulantes. Daí que a doutrina passou a preconizar a possibilidade de *limitação* do litisconsórcio facultativo, e posteriormente o legislador disciplinou duas hipóteses em que isso seria pertinente:

1ª) quando o litisconsórcio *comprometer a rápida solução do litígio* — se a formação do litisconsórcio dificultar ou retardar a entrega da prestação judicial, o juiz poderá, de ofício, limitar essa formação, com fundamento nos princípios da celeridade e da efetividade processual, pelos quais o juiz deve zelar; segundo parte da doutrina, o réu não tem interesse nessa provocação, porquanto é o juiz quem possui condições técnicas de aferir a ameaça à celeridade decorrente do grande número de litigantes no polo ativo da demanda;

2ª) quando o litisconsórcio *dificultar a defesa* — de não se olvidar de que a ampla defesa é inerente ao postulado do devido processo legal, motivo pelo qual o litisconsórcio dos autores, ainda que encontre sustentação nas hipóteses de cabimento já examinadas, não pode comprometer aquele direito fundamental, por ex.: ação de inúmeros servidores públicos postulando direitos previstos em estatuto dos servidores ou em lei específica, recordando-se que há uma certa burocracia para acesso à documentação desses servidores, além do que o prazo de defesa é peremptório, ainda que dilargado em relação à Fazenda Pública; de outra mirada, afirma parte da doutrina que o juiz não pode promover essa limitação de ofício, pois é o réu a única pessoa capaz de verificar se a formação do litisconsórcio compromete ou não a sua defesa, no momento próprio e durante o andamento processual.

As inovações quanto a essa limitação ficam por conta de que, doravante, a limitação quanto ao número de litigantes poderá ocorrer *em qualquer fase* do processo, tendo em vista que o § 1º do art. 113 faz menção expressa à fase de conhecimento, à liquidação de sentença e à execução. Ademais, quando a formação do litisconsórcio facultativo causar embaraços ao cumprimento da sentença, nesta fase processual poderá haver a limitação pelo juiz, de ofício, ou a requerimento do réu ou devedor.

Enfim, agora resta claro que basta ao réu um *requerimento* de limitação do litisconsórcio facultativo, o qual "interrompe o prazo para manifestação ou resposta", prazo que terá sua contagem, por inteiro — caso de interrupção —, a partir "da intimação da decisão" que solucionar o requerimento formulado ao juiz da causa.

Agora, deferida a limitação do litisconsórcio facultativo — ou determinada de ofício —, qual o efeito prático para o processo? Vale dizer, o processo será extinto em relação aos litisconsortes "não admitidos", ou o juiz determina a formação de outros processos para acomodá-los? Na prática, o mais comum é que o juiz limite o litisconsórcio a um determinado número de demandantes, por ex.: os cinco primeiros, extinguindo o processo sem resolução do mérito em relação aos demais — a partir do sexto autor, no exemplo citado —, com a determinação de desentranhamento dos documentos a eles relacionados, para que promovam o ajuizamento de outras ações, observando o limite imposto no primeiro processo. Contudo, haverá *prevenção* deste juízo para conhecer as outras ações, preservando-se, assim, o *princípio do juiz natural*.

E essa decisão não tem natureza jurídica de sentença, mas de *decisão interlocutória*, que pode ser tomada pelo juiz a qualquer tempo, não havendo, para ele, preclusão. Veja-se: "(...) pode o juiz a qualquer tempo (antes de proferida a sentença) e até mesmo *ex officio*, mandar que o processo se desdobre sempre que isso seja considerado *essencial para o exercício da jurisdição*. Tratar-se-á sempre de uma *decisão interlocutória*, sujeita ao recurso de agravo" (destaques no original) (DINAMARCO, 1997, p. 352).

PROCESSO DO TRABALHO

No processo do trabalho não tem havido maiores objeções quando à aplicabilidade da norma que trata do litisconsórcio facultativo, de modo que certamente se propugnará pela plena compatibilidade deste art. 113 e §§ com a dinâmica processual trabalhista.

Contudo, de não se olvidar de que o processo do trabalho tem *regra própria* a respeito de litisconsórcio. A CLT contém norma sobre cumulação subjetiva e objetiva de demandas, mais precisamente a do art. 842, cujo teor é o seguinte:

Art. 842. Sendo várias as reclamações e havendo identidade de matéria, poderão ser acumuladas num só processo, se se tratar de empregados da mesma empresa ou estabelecimento.

Assim, basta que haja *identidade de matéria* e se trate do *mesmo empregador*, pessoa jurídica ou natural, para que seja possível a formação do litisconsórcio *ativo* no processo do trabalho. Dois são, portanto, os requisitos desse litisconsórcio *facultativo* no processo do trabalho, a saber: 1º) a identidade de matéria; 2º) a identidade de empregador, ou seja, que o empregador seja o mesmo para todos os litisconsortes.

Agora, se vários trabalhadores tiverem o mesmo empregador, mas este se tratar de uma empresa terceirizada e, assim, tiverem aqueles prestado serviços a vários tomadores, questiona-se: para a formação do litisconsórcio passivo, o tomador de serviços

Art. 113

deve ser o mesmo? Pensamos que sim, porquanto a regra em relação à obrigação e responsabilidade principal — do (mesmo) empregador — não pode ser ignorada quanto à responsabilidade secundária (subsidiária), do (mesmo) tomador de serviços. De modo que, na hipótese, teremos um *litisconsórcio facultativo misto*, com vários trabalhadores demandando o empregador (comum) e o tomador (comum). A se admitir que os tomadores pudessem ser distintos em relação a cada trabalhador, isso sem dúvida comprometeria a celeridade e a efetividade processuais, além de possivelmente dificultar a defesa dos litisconsortes passivos.

Exceto a regra do art. 842 da CLT, constata-se uma extensa lacuna da CLT e a compatibilidade das normas do art. 113 e §§ do novo Código de Processo Civil com as do processo do trabalho, aplicando-se, neste, as regras pertinentes ao litisconsórcio facultativo — assim como as relativas aos litisconsórcios necessário, comum e unitário, atendidas as peculiaridades deste ramo especializado do processo brasileiro, como se verá na sequência.

Podemos citar os seguintes exemplos de litisconsórcio *facultativo*, no âmbito da Justiça do Trabalho:

1º) herdeiros do trabalhador podem ajuizar ou não, em litisconsórcio ativo, demanda em face do empregador do *de cujus*, pois há comunhão de direitos entre eles, por serem credores solidários do crédito trabalhista que era devido ao empregado falecido;

2º) o trabalhador pode propor uma demanda em face de seu empregador e de empresas que integrem o mesmo grupo econômico, em litisconsórcio passivo, por haver uma comunhão de obrigações entre os integrantes do grupo econômico — o empregador tem obrigação e todos os integrantes do grupo econômico têm responsabilidade solidária (art. 2º da CLT);

3º) dois trabalhadores, vítimas do mesmo acidente do trabalho, demandam do empregador indenização por danos material e moral decorrentes do infortúnio, havendo aí uma conexidade de causas;

4º) o litisconsórcio mais corriqueiro na Justiça do Trabalho: ação ajuizada pelo trabalhador em face do seu empregador e do tomador de serviços, diante da conexão relativa à responsabilidade do tomador pelas obrigações trabalhistas do empregador.

Outrossim, o juiz do trabalho pode promover a *limitação* do litisconsórcio ativo facultativo, de ofício, quando verificar que o número excessivo de autores certamente irá comprometer a rápida entrega da prestação jurisdicional, porque a matéria de fato não é exatamente a mesma, havendo diversidade quanto à datas de admissão e dispensa, salários, jornadas de trabalho, por exemplo, ou porque a quantidade de pleitos de cada litigante é excessiva e, com o tempo necessário para a análise de cada ação (em verdade há uma cumulação objetiva de demandas neste litisconsórcio ativo), muito provavelmente a solução do processo iria demorar mais do que se cada autor tivesse ajuizado a ação individualmente.

Ademais, conquanto a limitação do litisconsórcio facultativo sempre seja pensada quanto ao polo ativo, pensamos que os mesmos fundamentos se aplicam à limitação do litisconsórcio *passivo*. Imagine-se a situação de um trabalhador que tenha prestado serviços, ainda que indiretamente, a inúmeros tomadores, por exemplo, no caso de líder de vigilantes que faz inspeção do trabalho em várias empresas que tenham contratado os serviços de sua empregadora, a empresa terceirizada. Seria caótico o trâmite processual com 40 ou mais tomadores de serviço no polo passivo, o que pode comprometer todo o ideal de celeridade e efetividade do processo do trabalho.

Em suma, tanto nas hipóteses do art. 842 da CLT — falta de identidade de matéria e ausência de identidade de empregador ou tomador de serviços —, quanto nas hipóteses dos incisos I a III do art. 113 do novo Código de Processo Civil poderá o juiz do trabalho, de ofício, limitar o litisconsórcio facultativo, inclusive com amparo no *princípio inquisitivo* (art. 765 da CLT).

De outra mirada, Manoel Antonio Teixeira Filho afirma que o juiz não pode promover essa limitação de ofício por dificultar a defesa do réu, pois é este quem tem condições de verificar se a formação do litisconsórcio realmente compromete sua defesa em juízo, no prazo específico e no correr do trâmite processual. Veja-se o escólio deste grande doutrinador: "(...) o juiz está impedido de efetuar essa redução ao argumento de que o número elevado de litisconsortes dificultará a defesa do réu. Se o juiz agir *ex officio* neste caso estará praticando ato arbitrário e declinando de seu ontológico dever de neutralidade. Afinal, quem possui interesse em dizer se o número de litisconsortes acarretará embaraços à elaboração da resposta é o réu, não o juiz" (TEIXEIRA FILHO, 2009, V. I, p. 284).

Aplicam-se, também, no processo do trabalho as inovações dos §§ 1º e 2º do art. 113, de modo que a limitação quanto ao número de demandantes poderá ocorrer tanto na fase de conhecimento quanto nas fases de liquidação e de cumprimento da sentença, assim como no processo de execução de título extrajudicial. Ademais, pela *simplicidade* do processo do trabalho, basta que o réu faça um requerimento de limitação do litisconsórcio para que haja interrupção do prazo para manifestação ou resposta. Contudo, como na Justiça do Trabalho a resposta é apresentada na primeira audiência (art. 847 da CLT), para o que basta a observância do prazo de cinco dias anteriormente à data respectiva — exceto nas ações em face de ente público, que tem prazo em quádruplo —, convém que o requerente vá despachar com o juiz para a concretização desse efeito. A partir da decisão do juiz, de se observar novamente o prazo de resposta (5 ou 20 dias).

Comentários ao Novo CPC

Art. 114

Determinada de ofício ou deferida a limitação do litisconsórcio facultativo, também no processo do trabalho o juiz deverá reduzir o litisconsórcio a certo número de demandantes e extinguir o processo sem resolução do mérito em relação aos que ultrapassarem esse número, bem assim determinar o desentranhamento dos documentos a estes relacionados, para que possam ajuizar suas ações, se em litisconsórcio observando o limite já imposto no primeiro processo, inclusive porque o mesmo juízo estará prevento para processar as outras demandas, como observado anteriormente.

> **Art. 114.**
>
> O litisconsórcio será necessário por disposição de lei ou quando, pela natureza da relação jurídica controvertida, a eficácia da sentença depender da citação de todos que devam ser litisconsortes.

Comentário de José Antônio Ribeiro de Oliveira Silva

LITISCONSÓRCIO NECESSÁRIO

A doutrina faz severa crítica à norma do art. 47 do CPC de 1973, porquanto, pretendendo disciplinar o litisconsórcio necessário, em verdade criava confusão entre as espécies de litisconsórcio, porquanto, na definição daquele, acusava a similitude de eficácia, própria do litisconsórcio unitário. É dizer, quando o art. 47 diz que o litisconsórcio necessário ocorre quando "o juiz tiver de decidir a lide de modo uniforme para todas as partes", está a disciplinar o litisconsórcio unitário, tratando dos efeitos da prestação jurisdicional, o que não é correto, inclusive porque, embora excepcionalmente, o litisconsórcio necessário pode ser comum ou simples, como já visto.

Agora resta claro, com o novel art. 114, que o *litisconsórcio necessário* somente poderá ocorrer em duas situações: 1ª) quando houver exigência legal; 2ª) quando a natureza da relação jurídica controvertida exigir que mais de uma pessoa esteja em um dos polos da relação jurídica processual, sendo que, neste caso, a eficácia da sentença ficará condicionada à citação de todas as pessoas que se encaixam na figura de litisconsortes (necessários).

Poucos são os exemplos de litisconsórcio necessário *por disposição legal*. A doutrina sempre cita as seguintes hipóteses: a) na ação de usucapião de imóvel, o autor deve propor sua demanda em face de todos os confinantes do imóvel (art. 246, § 3º, do novo Código; art. 942 do CPC de 1973); b) na ação de divisão de terras, devem ser citados todos os condôminos (art. 569, II, do CPC/2015; art. 946, II, do CPC/1973); c) na ação de demarcação de terras, devem ser citados os confinantes (art. 569, I, do CPC/2015; art. 946, I, do CPC/1973).

De outra mirada, há várias hipóteses doutrinárias e jurisprudenciais de litisconsórcio necessário diante da *natureza da relação jurídica*, por exemplo: a) a ação de anulação de casamento promovida pelo Ministério Público, na qual, por óbvio, devem figurar no polo passivo o marido e a mulher; b) na ação de partilha de bens devem figurar todos os herdeiros; c) na ação de dissolução de sociedade com mais de dois sócios, deve haver a citação de todos os sócios; d) na ação pauliana ou anulatória de negócio jurídico (fraude contra credores, simulação, coação etc.), todos os participantes do negócio devem ser citados.

PROCESSO DO TRABALHO

No processo do trabalho não temos regra específica de litisconsórcio necessário. E não vemos nenhuma possibilidade de se exigir essa espécie de litisconsórcio pela natureza da relação jurídica, porquanto cada trabalhador tem uma relação de emprego ou de trabalho única com seu empregador ou tomador de serviços. Nem mesmo os herdeiros do trabalhador falecido estão obrigados a litigar em conjunto para demandar o ex-empregador, tendo em vista que são credores solidários e é próprio do regime da solidariedade que cada credor possa exigir ao devedor comum o adimplemento de toda a obrigação ou de sua quota-parte.

Outrossim, os garantes que o direito do trabalho coloca à disposição do trabalhador são responsáveis solidários ou subsidiários pelo cumprimento das obrigações trabalhistas inadimplidas, motivo pelo qual é mera *faculdade* do trabalhador ajuizar a ação trabalhista já em face do empregador e das empresas do mesmo grupo econômico, ou daquele e do tomador de serviços em litisconsórcio passivo. Outra coisa é poder executar tais pessoas se não tiverem participado da relação jurídica processual, sabendo-se que a resposta é positiva quanto ao grupo econômico e negativa quanto ao tomador.

Com efeito, as hipóteses de litisconsórcio necessário no processo do trabalho se dão praticamente nas *ações de natureza civil* que nele são admissíveis, como o mandado de segurança e a ação rescisória. Naquele, são litisconsortes passivos necessários todos os

Art. 115   **Comentários ao Novo CPC**

beneficiários do ato ilegal ou abusivo de autoridade que fere direito líquido e certo do impetrante (art. 24 da Lei n. 12.016/2012 — Lei do Mandado de Segurança — c/c o art. 47 do CPC/1973). Na ação rescisória, podemos ter ocasião de litisconsórcio necessário quando o Ministério Público do Trabalho, por exemplo, ajuizar ação por simulação ou colusão entre as partes, com o objetivo ilícito de fraudar a lei (art. 966, III, do novo CPC; art. 485, III, do CPC/1973), caso em que as partes são litisconsortes necessárias, pois não há como rescindir a coisa julgada apenas em relação a uma delas. A doutrina cita, ainda, o caso de *ação anulatória de cláusula convencional*, "em que devem figurar como litisconsortes necessários os sindicatos que firmaram o instrumento normativo coletivo" (SCHIAVI, 2008, p. 248).

Art. 115.

A sentença de mérito, quando proferida sem a integração do contraditório, será:

I – nula, se a decisão deveria ser uniforme em relação a todos que deveriam ter integrado o processo;

II – ineficaz, nos outros casos, apenas para os que não foram citados.

Parágrafo único. Nos casos de litisconsórcio passivo necessário, o juiz determinará ao autor que requeira a citação de todos que devam ser litisconsortes, dentro do prazo que assinar, sob pena de extinção do processo.

Comentário de *José Antônio Ribeiro de Oliveira Silva*

LITISCONSÓRCIO COMUM E UNITÁRIO

O regramento dos incisos I e II deste art. 115 não encontra correspondência no CPC de 1973. Louváveis as inovações, que tratam da eficácia da sentença de mérito nos casos de *litisconsórcio comum ou simples*, no qual não necessariamente os efeitos materiais devem ser os mesmos em relação aos litisconsortes, bem como nos casos de *litisconsórcio unitário*, em que situação diametralmente oposta se verifica, como já visto.

Em verdade, a disposição dos artigos ficou invertida. Como adverte Luiz Dellore (DELLORE, 2015, p. 386), o novo Código de Processo Civil deveria ter tratado primeiramente do litisconsórcio unitário, para depois disciplinar sobre a eficácia da sentença em ambas as espécies (unitário e comum). Assim, devemos, de saída, examinar a norma do art. 116 e depois volver ao art. 115, porque sabendo a distinção entre o litisconsórcio unitário e o comum fica mais fácil compreender a diferença dos efeitos em conformidade com as hipóteses dos incisos I e II *supra*.

Como já afirmado, o litisconsórcio será *unitário* quando se verificar a indivisibilidade da relação jurídica. Por isso, o art. 116 diz que essa espécie de litisconsórcio ocorre "quando, pela natureza da relação jurídica, o juiz tiver de decidir o mérito de modo uniforme para todos os litisconsortes". Os exemplos deixam a regra muito clara, bastando recordar que não há como anular um casamento ou um contrato apenas em relação a um dos cônjuges ou um dos contratantes.

Pois bem, se assim é, necessariamente estas pessoas deveriam figurar como litisconsortes no processo. Daí a disciplina deste art. 115, que trata das consequências da *falta da formação do litisconsórcio*: 1ª) *se unitário*, ou seja, se a decisão deve ser uniforme "em relação a todos que deveriam ter integrado o processo", a sentença será *nula em relação a todos*, ou seja, tanto as pessoas que não integraram a relação jurídica processual na condição de parte, quanto as que o fizeram (inciso I); 2ª) *se comum ou simples*, a sentença será apenas *ineficaz* em relação aos que não foram citados para o processo, sendo, portanto, válida quanto a todos os que participaram, porque nesse caso os efeitos poderiam ser distintos para cada um dos litisconsortes (inciso II).

Agora, em se tratando de *litisconsórcio passivo necessário*, o juiz deverá determinar ao autor "que requeira a citação de todos que devam ser litisconsortes", num prazo razoável que assinar, "sob pena de extinção do processo", especialmente no litisconsórcio necessário unitário, para se evitar a nulidade do processo, como preconiza o parágrafo único deste art. 115, que corresponde ao parágrafo único do art. 47 do CPC de 1973.

A propósito, convém reforçar a ideia de que nem todo litisconsórcio necessário é unitário, ao passo que nem todo litisconsórcio facultativo é simples. Cândido Rangel Dinamarco bem desmistificou esse equívoco, demonstrando que, ainda que excepcional, o litisconsórcio facultativo pode ser unitário, ao passo que o litisconsórcio necessário pode ser simples, ou seja, necessário na sua formação, mas com resultados distintos para os litisconsortes. De modo que *outra classificação* do regime litisconsorcial pode surgir, então:

1º) *litisconsórcio facultativo comum* — não há obrigatoriedade em sua formação e os resultados podem ser distintos para os litisconsortes;

2º) *litisconsórcio facultativo unitário* — conquanto não seja necessária a aglutinação de partes, os efeitos da prestação jurisdicional só podem ser os mesmos para os litisconsortes, diante da natureza indivisível da relação jurídica, como ocorre, por ex., na ação em que dois ou mais sócios postulam a anulação de deliberação tomada em assembleia da sociedade, ou na ação popular ajuizada por dois ou mais cidadãos;

3º) *litisconsórcio necessário comum* — aqui, por determinação legal ou pela natureza da relação jurídica havida entre as partes, o litisconsórcio é obrigatório, o que não significa dizer que os efeitos serão idênticos para os litisconsortes; aliás, Dinamarco (DINAMARCO, 1997, p. 196) ensina que "na maior parte das vezes o litisconsórcio necessário imposto pela lei não é unitário", tendo em vista que não se trata de relações jurídicas incindíveis, "que não comportam soluções heterogêneas", como ocorre, por ex., na ação de usucapião, porque embora todos os confinantes devam ser citados como réus, o resultado do processo poderá ser distinto em relação a eles, dependendo da defesa que opuserem;

4º) *litisconsórcio necessário unitário* — enfim, em regra o litisconsórcio necessário é também unitário, ou seja, obrigatório quanto a sua formação e com resultados idênticos para os litisconsortes, quanto ao plano material da lide, porquanto, no aspecto processual, pode haver efeitos diversos, como, por ex., a condenação de um dos litisconsortes por litigância de má-fé (DINAMARCO, 1997, *passim*).

PROCESSO DO TRABALHO

Como não temos no processo do trabalho a figura do litisconsórcio necessário, pelo menos nas "lides" trabalhistas em sentido estrito, é praticamente inócuo falar da aplicabilidade ou não do parágrafo único do art. 115 do novo Código de Processo Civil em seu âmbito.

De outra mirada, como temos muitas hipóteses de litisconsórcio facultativo, já exemplificadas, precisamos analisar a carga de eficácia da sentença trabalhista em relação ao litisconsorte que não participa da relação jurídica processual. Assim, também no processo do trabalho precisamos analisar se é o caso de litisconsórcio unitário ou comum. Em regra quase absoluta ele será *comum ou simples*, de modo que a sentença será apenas ineficaz em relação a quem não tenha participado do processo, embora pudesse fazê-lo. Por exemplo, o litisconsórcio será comum sempre que no processo haja a presença de dois trabalhadores no polo ativo ou de dois responsáveis no polo passivo, haja vista que o sucesso destes personagens pode ser completamente distinto, quando do julgamento das demandas cumuladas no mesmo processo. E se um deles não participa do processo, por ex., o tomador de serviços, a sentença apenas não surtirá efeito em relação a ele, conforme jurisprudência consolidada a esse respeito.

Difícil imaginar uma situação de litisconsórcio unitário nas ações trabalhistas típicas, porque a sorte dos herdeiros pode ser distinta, tanto no polo ativo quanto no passivo da relação jurídica processual. São tantas as peculiaridades da relação empregatícia que num dado processo pode ocorrer de os herdeiros não terem a mesma eficácia da sentença. Imagine-se uma ação em que se postulam verbas trabalhistas típicas e indenização de danos decorrentes de acidente do trabalho; em relação àquelas, a relação pode ser tida como indivisível — não em relação aos herdeiros, mas porque não há como o juiz decidir que houve prestação de horas extras para beneficiar um herdeiro e decidir de modo diverso em relação ao outro —; contudo, no que toca às indenizações referidas, a ex-esposa pode receber pensão pelo tempo provável de vida do trabalhador falecido, ao passo que os filhos receberão até os 25 anos, em regra, além de o juiz poder arbitrar valores distintos para cada um deles, proporcionalmente ao dano moral sentido; assim, o que é incindível é a constatação do nexo causal e da culpabilidade da empresa (a se adotar a teoria da responsabilidade subjetiva).

Agora, constatando-se uma hipótese de *litisconsórcio unitário*, como numa ação anulatória de cláusula convencional, todos os litisconsortes devem figurar no polo passivo, sob pena de nulidade da sentença. Por isso, nesse e nos casos de mandado de segurança e ação rescisória, já citados, o juiz do trabalho deve, de ofício, determinar a integração dos litisconsortes, sob pena de extinção do processo sem resolução do mérito, como preconizam o art. 115 e parágrafo único do novo Código de Processo Civil.

> **Art. 116.**
>
> O litisconsórcio será unitário quando, pela natureza da relação jurídica, o juiz tiver de decidir o mérito de modo uniforme para todos os litisconsortes.

Comentário de *José Antônio Ribeiro de Oliveira Silva*

LITISCONSÓRCIO UNITÁRIO

A regra é por demais clara e tem por mérito retirar, da norma que disciplina o litisconsórcio necessário, a diretriz quando ao *litisconsórcio unitário*, melhorando o tratamento da matéria, que é objeto de severas críticas no art. 47 do CPC de 1973, que disciplina as duas espécies ao mesmo tempo.

Como já tivemos ocasião de discorrer sobre o litisconsórcio unitário nos comentários ao art. 115 — por imperativo lógico, já explicado —, reportamo-nos àquelas considerações, inclusive no que toca ao processo do trabalho, para evitar repetições.

> **Art. 117.**
>
> Os litisconsortes serão considerados, em suas relações com a parte adversa, como litigantes distintos, exceto no litisconsórcio unitário, caso em que os atos e as omissões de um não prejudicarão os outros, mas os poderão beneficiar.

Comentário de *José Antônio Ribeiro de Oliveira Silva*

APROVEITAMENTO DOS ATOS PROCESSUAIS

Também aqui houve significativa melhora no trato do regime litisconsorcial, considerando-se que o art. 48 do CPC de 1973 não faz essa distinção quanto às espécies. De modo que, a partir da vigência no novo Código de Processo Civil teremos as seguintes situações:

a) em regra, os litisconsortes devem ser considerados como litigantes distintos, tendo direito à ciência de todos os atos processuais, bem como a praticá-los independentemente da vontade do outro litisconsorte;

b) como os litisconsortes são partes distintas, tendo cada qual uma relação com o ex-adverso, "os atos e as omissões de um não prejudicarão os outros", tampouco os beneficiarão, no litisconsórcio *comum ou simples*, em que a decisão pode ser distinta em relação a cada litisconsorte;

c) entretanto, em mudança significativa quanto ao regramento anterior, este art. 117 disciplina que, no litisconsórcio *unitário*, embora os atos e omissões de um não prejudiquem os outros, os atos processuais de um "poderão beneficiar" os outros, dada a *indivisibilidade* da relação jurídica, que não pode ser objeto de decisões contraditórias.

Agora fica mais fácil compreender, portanto, as regras dos arts. 345, I e 1.005 e parágrafo único do novo Código de Processo Civil — correspondentes às dos arts. 320, I e 509 e parágrafo único do CPC de 1973 —, segundo as quais a *revelia* não produz os efeitos que lhe são imanentes se um dos réus contestar a ação, e o recurso interposto por um dos litisconsortes aproveita aos demais, "salvo se distintos ou opostos os seus interesses".

Destarte, teremos duas situações: 1ª) em se tratando de *litisconsórcio comum ou simples*, no qual as sortes podem ser distintas no curso do processo, a defesa do corréu não beneficiará o que não se defendeu, tampouco seu recurso aproveita ao que não interpôs seu recurso a tempo, salvo se o fato for absolutamente comum a ambos (defesas comuns); 2ª) de outra mirada, se o litisconsórcio for *unitário*, dada a incindibilidade da relação jurídica, merecendo os corréus a mesma sorte, por óbvio que a defesa e o recurso de um aproveita aos demais, por imperativo lógico.

PROCESSO DO TRABALHO

No processo do trabalho, dada a lacuna da CLT e a total compatibilidade desta norma com os princípios específicos daquele, de se aplicar de forma subsidiária o quanto disposto no art. 117 do novo Código de Processo Civil, inclusive porque agora temos significativa melhora no trato do regime litisconsorcial, distinguindo-se a comunicabilidade dos atos e omissões de um aos outros litisconsortes conforme a espécie de litisconsórcio.

Como, em regra quase absoluta, no processo do trabalho o litisconsórcio é meramente *comum ou sim-*

ples, temos de atentar para a diretriz segundo a qual a defesa de um dos réus não pode beneficiar o corréu que não se defendeu, extensiva à fase recursal: o recurso interposto por um não aproveita ao que não recorreu, salvo em situações especiais, em que o fato diz mais respeito ao que não foi omisso (fato comum a ambos), por exemplo, jornada de trabalho praticada no estabelecimento do tomador, que se defende e depois recorre, situação que evoca a eficácia própria do litisconsórcio unitário, por analogia.

Destarte, como não temos litisconsórcio unitário nas "lides" trabalhistas típicas, o aproveitamento da defesa, do recurso e do atendimento dos pressupostos específicos pelo réu diligente, ao litisconsorte omisso, não ocorrerá. Urge, pois, o cancelamento do item III da Súmula n. 128 do C. TST, que trata do aproveitamento do preparo recursal aos demais litisconsortes condenados de forma solidária, porque não faz essa diferenciação agora promovida pelo art. 117 do novo Código de Processo Civil. Ora, em regra, os interesses dos corréus no processo do trabalho são absolutamente distintos, ainda que se trate de responsáveis solidários, por ex., as empresas integrantes do mesmo grupo econômico. Por óbvio, o texto desta súmula jamais aproveitará ao empregador, quando o depósito recursal tiver sido feito pelo tomador de serviços, pois em regra absoluta este recorre postulando a exclusão de sua responsabilidade. É dizer, não sendo caso de litisconsórcio unitário, o preparo realizado pelo tomador jamais poderá aproveitar ao empregador.

A este tema retornaremos quando dos comentários às normas que disciplinam a fase recursal.

Art. 118.

Cada litisconsorte tem o direito de promover o andamento do processo, e todos devem ser intimados dos respectivos atos.

Comentário de *José Antônio Ribeiro de Oliveira Silva*

Como decorrência lógica da consideração de serem os litisconsortes "litigantes distintos", na relação jurídica processual com a parte adversa, em conformidade com o art. 118 do novo Código de Processo Civil, cada um dos litisconsortes tem direito à ciência de todos os atos processuais praticados ou a serem realizados, bem assim a praticar atos de seu interesse, ainda que a vontade do outro litisconsorte seja em sentido diverso, como já afirmado.

Daí a admoestação desta norma, no sentido de que "todos devem ser intimados" de todos os atos processuais levados a efeito. Aqui não importa a espécie de regime litisconsorcial, pois no litisconsórcio comum ou simples cada um luta pelo seu sucesso e os resultados podem ser distintos, e no litisconsórcio unitário, ainda que a sorte de um esteja atrelada à dos outros litisconsortes, nem mesmo no caso de revelia de um dos corréus o outro estará inibido de formular sua contestação e defender-se até o final do processo, assegurando-se-lhe os princípios do contraditório e da ampla defesa.

No processo do trabalho não temos regra própria e esta se mostra compatível com as diretrizes da área justrabalhista, motivo pelo qual não vemos óbice à aplicação deste art. 118 no segmento especializado do processo brasileiro.

TÍTULO III
DA INTERVENÇÃO DE TERCEIROS

CAPÍTULO I
DA ASSISTÊNCIA

Seção I
Disposições Comuns

Art. 119.

Pendendo causa entre 2 (duas) ou mais pessoas, o terceiro juridicamente interessado em que a sentença seja favorável a uma delas poderá intervir no processo para assisti-la.

Parágrafo único. A assistência será admitida em qualquer procedimento e em todos os graus de jurisdição, recebendo o assistente o processo no estado em que se encontre.

Comentário de *José Antônio Ribeiro de Oliveira Silva*

INTERVENÇÃO DE TERCEIROS

A intervenção de terceiros se trata de um instituto burocrático e que em regra atrasa a prestação jurisdicional, mas que no processo civil se justifica por *economia processual* e para se evitar decisões contraditórias. De modo que, permitida a intervenção de terceiros, num só processo será possível resolver duas ou mais demandas, por exemplo, entre as partes principais e entre o réu (primário) e os chamados ao processo, definindo-se a quota de responsabilidade de cada um; entre as partes originárias e entre denunciante e denunciado, na ação incidental de garantia. Sem dúvida que essa permissão gera economia processual e evita decisões contraditórias sobre a mesma relação jurídica ou sobre relação jurídica conexa. Por exemplo: num contrato de locação, há uma relação jurídica entre locador e locatário, e uma relação jurídica de garantia envolvendo o fiador; as relações jurídicas são extremamente conexas, motivo pelo qual seria preferível decidir todas as questões que podem ser suscitadas por estas pessoas num só processo.

De outra mirada, a intervenção de terceiros é *danosa* para o processo, porque *compromete* seriamente o princípio da celeridade e, de algum modo, o princípio da efetividade, não raro provocando certo tumulto no andamento processual. Com efeito, praticamente todas as modalidades de intervenção de terceiros provocam a suspensão do processo para que o juiz tenha de processar as demandas dos intervenientes, pois, ainda que não expresso no regramento que disciplina essas figuras, o juiz tem de "paralisar" o curso do procedimento para a integração do terceiro, por exemplo, para a citação do denunciado. Ademais, ela provoca uma *ampliação do objeto do processo*, porque a partir de sua admissão o juiz terá de instruir e julgar a "lide" secundária entre a parte principal e o terceiro interveniente, por exemplo, entre litisdenunciante e litisdenunciado.

Agora, quem são estes terceiros? Segundo Moacyr Amaral Santos, terceiros "são pessoas estranhas à relação de direito material deduzida em juízo e estranhas à relação processual já constituída, mas que, sujeitos de uma relação de direito material que àquela se liga intimamente, intervêm no processo sobre a mesma relação, a fim de defender interesse próprio" (SANTOS, 1989-1990, V. 2, p. 18).

Desse conceito já se pode extrair que os embargos de terceiro *não são* modalidade de intervenção de terceiros, porque a intervenção ocorre no processo em curso, não dando ocasião a um novo processo, sendo de todos sabido que os embargos de terceiro dão ensejo a *outro processo*, que será apenas distribuído por dependência ao juízo que ordenou a constrição, mas que será autuado em apartado (art. 676 do novo Código de Processo Civil; art. 1.049 do CPC/1973). Daí porque a oposição autônoma — que ocorre quando o sujeito apresenta a oposição depois de iniciada a audiência de instrução — também não é autêntica intervenção de terceiros, porque dá margem a um novo processo, no regime do CPC de 1973 (art. 60).

Ademais, é necessário possuir *interesse jurídico* e não meramente econômico para intervir no processo que envolve outras pessoas. Com efeito, o interveniente precisa ter relação de direito material com uma das partes, exceto na oposição, que é oferecida em face de ambos, autor e réu (art. 682 do CPC/2015). Por todas essas singularidades, no regime do novo Código de Processo Civil a oposição deixa de ser uma figura de intervenção de terceiros, passando a ser disciplinada nos arts. 682 a 686, como um *procedimento especial*, logo em seguida aos embargos de terceiro.

Daí que o terceiro torna-se *parte*, também formulando pretensões processuais e materiais em seu favor, exceto o assistente simples, que é parte secundária e não tem os mesmos poderes de disposição do direito que a parte principal, embora tenha os mesmos poderes (e ônus) processuais.

Destacadas essas premissas, já se torna possível constatar que houve *profunda modificação* no regime da intervenção de terceiros pelo novo Código de Processo Civil, a principiar pelas espécies de cabimento. Sob a égide do CPC de 1973, a assistência não é figura de intervenção de terceiros, tanto que, topograficamente, está localizada na Seção II do Capítulo que cuida "Do Litisconsórcio e Da Assistência", mais precisamente nos arts. 50 a 55 do CPC/1973, cujo capítulo que disciplina a intervenção de terceiros é inaugurado com a figura da oposição.

No novo Código, além de a *assistência finalmente* figurar no pórtico do Título que normatiza a intervenção de terceiros (art. 119 e seguintes) — atendendo às críticas da doutrina mais abalizada, que sempre considerou a assistência como uma espécie dessa intervenção —, a oposição, como já afirmado, deixou de ser uma dessas espécies, sendo agora um procedimento especial.

Também foi extirpada do novo CPC a figura da nomeação à autoria (arts. 62 a 69 do CPC/1973), porque doravante, quando o réu alegar sua ilegitimidade, incumbe-lhe "indicar o sujeito passivo da relação jurídica discutida sempre que tiver conhecimento, sob pena de arcar com as despesas processuais e de indenizar o autor pelos prejuízos decorrentes da falta de indicação", nos moldes do art. 339 do novo Código de Processo Civil. Assim, a matéria da *correção da legitimação passiva* não mais comporta um incidente que suspende o processo, passando a ser — como sempre foi, em tese — *matéria de defesa*, tanto que inserida nos arts. 338 e 339 do novo Código, no capítulo que cuida da contestação.

As novidades não param por aí. Além de melhor regramento da denunciação da lide e do chamamento ao processo — figuras que permanecem, portanto —, o novo Código de Processo Civil disciplina *duas novas modalidades* de intervenção de terceiros que darão ensejo a muita controvérsia, pelo menos no processo do trabalho: o incidente de desconsideração da personalidade jurídica e a figura do *amicus curiae*.

Em suma: a) a assistência passa a ser modalidade de intervenção de terceiros; b) a oposição e a nomeação à autoria desaparecem do rol de figuras desse instituto; c) surgem espécies novas, o incidente de desconsideração da personalidade jurídica e o *amicus curiae*.

Nessa trilha, a *classificação* das espécies de intervenção de terceiros em voluntárias — que ocorrem quando o terceiro comparece espontaneamente ao processo — e provocadas — quando alguma das partes provoca a intervenção do terceiro — também precisa ser atualizada. Antes, a doutrina preconizava as seguintes espécies: a) voluntária ou espontânea: a assistência e a oposição; b) provocada ou coacta: a nomeação à autoria, a denunciação da lide e o chamamento ao processo.

Doravante, as espécies de intervenção de terceiros serão classificadas do seguinte modo: a) *voluntária ou espontânea*: a assistência e o *amicus curiae*; b) *provocada ou coacta*: a denunciação da lide, o chamamento ao processo, o incidente de desconsideração da personalidade jurídica e o *amicus curiae*. "Como se percebe, o *amicus curiae* é uma intervenção que tanto pode ser voluntária quanto provocada" (DELLORE, 2015, p. 398). É dizer, a intervenção do *amicus curiae* pode ocorrer de forma espontânea ou por determinação do juiz ou relator, nos moldes do art. 138 e §§ do novo Código de Processo Civil, matéria que será analisada mais adiante.

ASSISTÊNCIA

Fredie Didier assevera que a *assistência* "é modalidade de intervenção de terceiro *ad coadjuvandum*, pela qual um terceiro ingressa em processo alheio para auxiliar uma das partes em litígio", o que é permitido "porque esse terceiro pode vir a sofrer prejuízos jurídicos com a prolação de decisão contra o assistido; esses prejuízos podem ser diretos/imediatos ou reflexos/mediatos. Àqueles corresponde a figura do assistente litisconsorcial; a esses, a do simples" (DIDIER Jr., 2008, V.1, p. 329).

Como já afirmado, com o novo Código de Processo Civil não há mais dúvida: a assistência é uma *modalidade de intervenção de terceiros*. Com efeito, a assistência ocorre quando um terceiro, possuindo *interesse jurídico* em que uma das partes saia vitoriosa no processo em curso, demonstrando esse interesse, intervém a fim de coadjuvá-la, desejando somar esforços para influir no convencimento do juiz quando da tomada da decisão de fundo. De se considerar que essa mesma *noção* de assistência se aplica tanto à assistência *simples* quanto à *litisconsorcial*.

Daí porque, numa melhor disciplina da matéria, o novo Código de Processo Civil contém *três seções* no capítulo da assistência, a primeira com disposições comuns às duas espécies, os arts. 119 e 120, a segunda com diretrizes sobre a assistência simples (arts. 121 a 123) e a última com apenas um dispositivo acerca da assistência litisconsorcial (art. 124).

Além da noção comum a ambas as espécies, constante do *caput* do art. 119, o parágrafo único deste artigo dá conta de que a assistência, simples ou litisconsorcial, "será admitida em qualquer procedimento e em todos os graus de jurisdição"; contudo, o assistente não pode se insurgir contra situações jurídicas passadas, recebendo "o processo no estado em que se encontre", de modo que se já houve revelia ou confissão do assistido, por exemplo, o assistente terá de conviver com os efeitos daí resultantes.

A disciplina é a mesma do art. 50 e parágrafo único do CPC de 1973, não havendo grande novidade nesse passo.

PROCESSO DO TRABALHO

No processo do trabalho temos uma imensa lacuna a respeito do instituto intervenção de terceiros. A CLT de 1943, dentre todas as figuras existentes no CPC de 1939, admitiu tão somente o *chamamento à autoria*, em seu art. 486 e § 1º, nos seguintes moldes:

> Art. 486. *No caso de paralisação temporária ou definitiva do trabalho, motivada por ato de autoridade municipal, estadual ou federal, ou pela promulgação de lei ou resolução que impossibilite a continuação da atividade, prevalecerá o pagamento da indenização, que ficará a cargo do governo responsável. (Redação dada pela Lei n. 1.530, de 26.12.1951)*
>
> § 1º *Sempre que o empregador invocar em sua defesa o preceito do presente artigo, o tribunal do trabalho competente notificará a pessoa de direito público apontada como responsável pela paralisação do trabalho, para que, no prazo de 30 (trinta) dias, alegue o que entender devido, passando a figurar no processo como chamada à autoria. (Incluído pelo Decreto-lei n. 6.110, de 16.12.1943)*

Daí se vê que o art. 486 e §§ da CLT prevê a figura do *factum principis*, quando se verifica que a Administração Pública foi a causadora da paralisação das atividades da empresa, com a ideia de não ser justo que a empresa responda pelas obrigações trabalhistas, as quais deveriam ser cobradas do ente público. Por ex.: o Município interdita por completo uma rua, impedindo o acesso de trabalhadores e clientes, fazendo com que o estabelecimento seja fechado; em tese, não seria justo que a empresa respondesse, ainda assim, pelas obrigações trabalhistas. No caso, a se admitir o *chamamento à autoria*, essa intervenção provocaria a retirada da empresa do polo passivo, a assunção da (eventual) responsabilidade pelo ente público e a remessa dos autos do processo a uma das Varas da Fazenda Pública (§ 3º do citado art. 486), com clara situação de modificação de competência.

Sem embargo, a jurisprudência trabalhista, com apoio na doutrina, há muito tempo deixou de aplicar esses dispositivos, primeiro, porque a competência material da Justiça do Trabalho para todas as questões trabalhistas é inafastável, ainda que num dos polos da relação jurídica processual esteja um ente público, não tendo sido recepcionada a regra que determinava a remessa dos autos à Vara da Fazenda Pública (art. 114 da CF/88); segundo, porque a responsabilidade pelo cumprimento das obrigações trabalhistas é do empregador, pois é ele quem assume os riscos da atividade econômica (art. 2º da CLT), ainda que o ente público tenha dado causa à paralisação das atividades, cabendo ao empregador ajuizar, na Justiça comum, ação de regresso em face do Poder Público.

Assim, se a única figura de intervenção de terceiros que tínhamos não mais se aplica, é possível falarmos em intervenção de terceiros no processo do trabalho? Com efeito, o legislador, ao criar o processo do trabalho com um rito expedito, célere, simples e por vezes informal, entendeu que alguns institutos do processo civil eram manifestamente incompatíveis com o processo da Justiça especializada, com o seu regramento e com a sua dinâmica, deixando propositalmente de disciplinar esses institutos, silenciando sobre eles, o que a doutrina clássica tem chamado de *silêncio eloquente*, ou seja, a vontade era mesmo a de que determinado instituto não fosse aplicado no processo do trabalho.

Com efeito, havendo *silêncio eloquente*, não é o caso de se aplicar de modo subsidiário ou supletivo regramento do processo comum, por não haver compatibilidade com os princípios do processo do trabalho, nos moldes do art. 769 da CLT. Assim, há uma doutrina muito abalizada — conquanto minoritária — no sentido de que não cabe intervenção de terceiros no processo do trabalho, porque houve um silêncio eloquente do legislador.

Jorge Luiz Souto Maior afirma que a intervenção de terceiros, no processo do trabalho, "serve apenas para inserir complicadores no litígio, que impedem a efetivação do procedimento oral e seus objetivos, sem trazer qualquer vantagem processual para as partes, intervenientes e Justiça". Assim, este grande doutrinador admite, no processo do trabalho, apenas a assistência e o recurso de terceiro prejudicado, além da autêntica figura do *factum principis*, que propiciaria, excepcionalmente, a denunciação da lide do ente público, mas com a continuidade do processo na Justiça do Trabalho, por não ter o § 3º do art. 486 da CLT sido recepcionado pela nova ordem constitucional (MAIOR, 1998, p. 296-302).

Com efeito, numa interpretação sistemática do ordenamento processual, de se ter em mente que na ação de alimentos, por ex., não cabe intervenção de terceiros — embora a Lei n. 5.478/68 não contenha proibição expressa —, dada a urgência da prestação alimentícia que se almeja. Ora, no processo do trabalho, na maior parte das vezes os trabalhadores estão a postular verbas de caráter alimentar. Além disso, o art. 10 da Lei n. 9.099/95, Lei do Juizado Especial Cível, que disciplina um procedimento rápido, sumaríssimo, para causas de menor complexidade, dispõe que não cabe intervenção de terceiros e nem assistência nos processos submetidos ao rito do juizado. Enfim, o art. 280 do CPC de 1973 dá conta de que no processo de rito sumário não cabe intervenção de terceiros, salvo a assistência, a intervenção fundada em contrato de seguro e o recurso de terceiro prejudicado.

Por certo que sob a égide do novo Código de Processo Civil não haverá mais o rito sumário, por-

Comentários ao Novo CPC

que haverá apenas o *procedimento comum*. Contudo, o art. 1.063 do novo Código disciplina que deverá ser editada uma lei específica para regulamentar o (novo) procedimento sumário. Até que isso ocorra, os juizados especiais cíveis continuarão competentes para o processamento e julgamento das causas previstas no art. 275, II, do CPC de 1973, de modo que a mesma disciplina quanto ao não cabimento da maioria das espécies de intervenção de terceiros continuará valendo para estas causas. A novidade é que o art. 1.062 do novo Código expressamente determina a aplicação do incidente de desconsideração da personalidade jurídica aos processos de competência dos juizados especiais cíveis.

Destarte, nos processos cujas causas demandam solução mais urgente não há falar em aplicação de todas as modalidades de intervenção de terceiros, admitindo-se, sem maiores questionamentos, apenas a assistência e a intervenção fundada em contrato de seguro.

Seguindo essa diretriz, a **única modalidade** de intervenção de terceiros que seria aplicável no processo do trabalho é a *assistência*. De se observar que, embora a Súmula n. 82 do TST mencione somente a assistência simples ou adesiva, a doutrina tem admitido sem objeções, no processo do trabalho, também a assistência litisconsorcial.

Daí que, também no processo do trabalho a *assistência*, simples ou litisconsorcial, pode ser admitida em qualquer tipo de procedimento e em quaisquer dos graus de jurisdição. Porém, à semelhança do que ocorre no processo civil, o assistente não poderá se insurgir contra situações jurídicas definidas, recebendo o processo em seu estado atual, não havendo qualquer espaço para a repetição de atos processuais, tampouco para a prática de atos incompatíveis com aquelas situações jurídicas consolidadas. Sendo revel o assistido, não se autoriza a produção de outras provas além das que já existem nos autos, por exemplo.

Em suma, a diretriz do art. 119 e parágrafo único do novo Código de Processo Civil se aplica plenamente ao processo do trabalho.

Art. 120.

Não havendo impugnação no prazo de 15 (quinze) dias, o pedido do assistente será deferido, salvo se for caso de rejeição liminar.

Parágrafo único. Se qualquer parte alegar que falta ao requerente interesse jurídico para intervir, o juiz decidirá o incidente, sem suspensão do processo.

Comentário de José Antônio Ribeiro de Oliveira Silva

IMPUGNAÇÃO À ASSISTÊNCIA

Quanto ao *procedimento* para a admissão da intervenção do assistente houve significativa alteração do rito imposto pelo art. 51 do CPC de 1973. Por este dispositivo, o juiz determina a intimação das partes para se manifestarem sobre o pedido de intervenção, no prazo de cinco dias, após o que duas hipóteses podem ocorrer: 1ª) não havendo objeção das partes, o juiz defere a intervenção do terceiro, sem suspensão do processo; 2ª) se qualquer das partes impugnar o pedido — e deverá fazê-lo demonstrando que ao assistente falta interesse jurídico na intervenção — o juiz, *suspendendo* o processo, determina a autuação em apartado da petição do assistente e da impugnação, faculta a produção de provas às partes e tem o prazo de cinco dias para decidir o incidente.

Na *nova sistemática*, advinda do art. 120 e parágrafo único do novo Código de Processo Civil, o prazo para manifestação das partes é *triplicado*, passando a ser de 15 dias, podendo haver rejeição liminar quando manifestamente incabível a assistência. A partir daí, as mesmas hipóteses podem vir à tona, mas em nenhuma delas haverá suspensão do processo, tampouco atuação em apartado para o processamento da impugnação. Não obstante, ainda que o Código determine a *não suspensão* do processo, em havendo necessidade de produção de prova para demonstrar o interesse jurídico — ou a falta dele —, por certo que o juiz terá que permitir a prova e, conforme o caso, inclusive designar audiência de instrução para somente após a colheita da prova decidir com segurança o incidente. No entanto, se desnecessária a atividade probatória — e pensamos que essa será a hipótese mais frequente —, à vista do que já consta dos autos o juiz decidirá *imediatamente* o incidente, após o contraditório.

Repita-se, a impugnação deverá estar alicerçada na *falta de interesse jurídico* na intervenção do assistente. Isso porque não basta ao assistente mero interesse econômico para essa intervenção, que ocorre, por exemplo, no interesse do credor em ver seu devedor vitorioso em ação de cobrança ou indenizatória por este ajuizada em face de outrem.

Não obstante, o sistema jurídico permite pelo menos uma exceção a essa regra: a *intervenção anômala* prevista no art. 5º e parágrafo único da Lei n. 9.469/97.

Art. 121

É anômala porque se trata de uma assistência que *não depende* de interesse jurídico, de modo que a Fazenda Pública pode intervir em alguns processos demonstrando interesse meramente econômico, não necessitando possuir relação jurídica com nenhuma das partes. A União, por exemplo, pode intervir em processos de sociedade de economia mista, empresa pública federal ou autarquia federal, para a defesa de interesses econômicos. E pode praticar os seguintes atos: 1º) juntar documentos; 2º) juntar memoriais ou manifestações específicas sobre questões de fato ou de direito; e 3º) recorrer.

PROCESSO DO TRABALHO

Plenamente admitida no processo do trabalho a assistência, de se questionar sobre o rito para sua admissão. Quanto a este, de se lamentar a extensão do prazo para impugnação das partes, que foi triplicado, passando a ser de 15 dias. De outra mirada, louvável a determinação de que o incidente não mais suspende o curso do processo, autorizando-se a rejeição liminar e a decisão imediata após o contraditório, caso não haja absoluta necessidade de produção de prova.

Daí que, no geral, o rito estabelecido pelo art. 120 e parágrafo único do novo Código de Processo Civil — já comentado — se aplica ao processo do trabalho, conquanto pensamos estar o juiz do trabalho autorizado a deferir prazo menor — por exemplo, de 5 dias — para manifestação das partes. Se não houver prejuízo manifesto nessa redução do prazo, não haverá nulidade, nos moldes do art. 794 da CLT.

Seção II
Da Assistência Simples

Art. 121.

O assistente simples atuará como auxiliar da parte principal, exercerá os mesmos poderes e sujeitar-se-á aos mesmos ônus processuais que o assistido.

Parágrafo único. Sendo revel ou, de qualquer outro modo, omisso o assistido, o assistente será considerado seu substituto processual.

Comentário de *José Antônio Ribeiro de Oliveira Silva*

ASSISTÊNCIA SIMPLES E PODERES DO ASSISTENTE

Na *assistência simples*, também chamada de *adesiva*, existe uma relação jurídica de direito material entre o assistente e o assistido, motivo pelo qual aquele possui interesse jurídico de que a sentença seja favorável a este. Daí que seus poderes se limitarão a coadjuvar o assistido, porque não tem uma relação jurídica substancial com o adversário deste, encontrada apenas na assistência litisconsorcial ou qualificada, disciplinada no art. 124.

Não obstante, o assistente simples, embora seja parte secundária, atua como coadjuvante pleno e por isso, no contexto da esfera processual, "exercerá os mesmos poderes e sujeitar-se-á aos mesmos ônus processuais que o assistido". Esta regra agora deixa evidente que a do art. 52 do CPC de 1973 se aplica ao caso de assistência simples.

A extensão dos poderes *processuais* é tão ampla que, tendo havido revelia do assistido, ou se este, "de qualquer outro modo", tiver sido omisso no curso do processo — por exemplo, não indicando provas a serem produzidas —, o assistente, ao intervir no processo, "será considerado seu substituto processual". Atendendo à melhor técnica processual, o novo Código de Processo Civil deixa claro, portanto, que o caso é de *substituição processual*, não de gestão de negócios, como preconiza o parágrafo único do art. 52 do CPC/1973. Com efeito, o assistente passará a defender, no processo, interesse alheio — do assistido —, mas o fará em nome próprio (art. 18 do novo CPC), ou seja, todas as suas manifestações serão em seu nome, mas sempre defendendo direito ou interesse do omisso, porque tem interesse jurídico a ser preservado, na relação jurídica que mantém com o próprio assistido.

Os exemplos de assistência simples evidenciam o quanto acabamos de expor: 1º) o sublocatário tem relação jurídica com o locatário, não tendo nenhuma relação de direito material com o locador; no entanto, intervém no processo para assistir o locatário, numa ação de despejo, porque quem poderá ser despejado, em verdade, é ele (assistente); 2º) tendo havido acidente de veículos e tendo sido proposta a demanda indenizatória apenas em face do causador do dano, isso autoriza a seguradora — que não foi denunciada da existência da lide — a intervir como assistente do réu, porque com este mantém um contrato de seguro e, no caso, teria de indenizá-lo, em eventual ação regressiva.

PROCESSO DO TRABALHO

Admitida no processo do trabalho a assistência simples, nele se aplicam tanto a norma do *caput* quanto a do parágrafo único do art. 121 do novo Código de Processo Civil, por se referirem aos poderes e ônus *processuais* do assistente, bem como à possibilidade de *substituição processual* do assistido, em caso de revelia ou omissão deste. Também no processo do trabalho, contudo, o assistente somente demonstrará interesse jurídico em que a sentença seja favorável ao assistido se comprovar a existência de uma relação jurídica entre ambos.

Exemplos de assistência simples no processo do trabalho: 1º) o trabalhador ganha a demanda, mas não apresenta planilha de cálculos para apurar o montante de seu crédito, a fim de que o juiz determine o pagamento ao devedor; nesse caso, o credor do trabalhador — que tem relação jurídica com este — poderá assisti-lo, na fase de liquidação — porque em verdade a assistência pode ocorrer em qualquer fase do processo —, apresentando os cálculos; 2º) a empresa contrata seguro de acidente do trabalho, é demandada em juízo e não promove a denunciação da lide à seguradora; esta intervém no processo como assistente porque terá de, em ação regressiva, indenizar a empresa, com a qual mantém relação de direito material.

Art. 122.

A assistência simples não obsta a que a parte principal reconheça a procedência do pedido, desista da ação, renuncie ao direito sobre o que se funda a ação ou transija sobre direitos controvertidos.

Comentário de *José Antônio Ribeiro de Oliveira Silva*

PODERES DO ASSISTIDO

Embora os poderes *processuais* do assistente sejam amplos, podendo atuar inclusive como substituto processual do assistido, no que toca ao direito material a assistência não surte nenhum efeito, tendo em vista que o assistente, repita-se, não mantém nenhuma relação jurídica substancial com o adversário do assistido. Ademais, a vontade (processual) do assistente não pode contrariar a do assistido.

Com efeito, na assistência simples os poderes processuais do assistente são de certa forma limitados. Em geral, pode manifestar-se, produzir provas, recorrer etc., mas o assistente simples não pode contrariar a vontade do assistido. Daí que, em verdade, os poderes processuais do assistente são amplos basicamente em relação às *omissões* do assistido. De modo que boa parte das ações do assistido implicará numa certa preclusão lógica para o assistente, porque sua ação de mero coadjuvante da parte principal não terá sentido quando contrariar o interesse manifesto da própria parte. Por exemplo: se o assistido desiste da produção de provas, o assistente não poderá insistir nessa questão; se o assistido desiste ou renuncia à possibilidade de interpor recurso, o assistente não poderá recorrer.

Em contrapartida, os poderes *processuais e de disposição* do assistido são plenos. Daí porque a norma deste art. 122 deixa muito evidente que a parte principal — o assistido — pode, *no plano processual*, desistir da ação e até mesmo reconhecer a procedência do pedido, sem que o assistente possa oferecer qualquer objeção a esses atos processuais. E pode mais, *no plano material* ele pode renunciar ao direito sobre o qual se funda a ação, tendo amplos poderes para transigir sobre direitos controvertidos, transação que é negócio jurídico (de direito material), embora tenha que ser homologada em juízo para que surta efeitos processuais, por ex., a possibilidade de execução.

Em suma: o direito material objeto de discussão em juízo pertence à esfera do assistido, pois é ele quem mantém relação jurídica com a parte contrária, motivo pelo qual o assistente não pode questionar nenhum ato de disposição do direito por parte daquele. A regra é correspondente à do art. 53 do CPC de 1973, não tendo havido novidade nessa disciplina, exceto quanto à possibilidade de renúncia ao direito por parte do assistido, situação que, embora admitida pela doutrina, não constava do referido art. 53.

Não vemos óbice para a aplicação integral deste dispositivo — art. 122 — no processo do trabalho, porque os poderes processuais e de disposição do direito pelo assistido são plenos, por ser ele a parte (principal) e também o titular do direito objeto de controvérsia.

> **Art. 123.**
>
> Transitada em julgado a sentença no processo em que interveio o assistente, este não poderá, em processo posterior, discutir a justiça da decisão, salvo se alegar e provar que:
>
> I – pelo estado em que recebeu o processo ou pelas declarações e pelos atos do assistido, foi impedido de produzir provas suscetíveis de influir na sentença;
>
> II – desconhecia a existência de alegações ou de provas das quais o assistido, por dolo ou culpa, não se valeu.

Comentário de *José Antônio Ribeiro de Oliveira Silva*

EFEITOS DA SENTENÇA

A normativa deste art. 123 corresponde à do art. 55 do CPC de 1973, uma das normas de mais difícil compreensão deste Código. Ela diz respeito à eficácia da sentença em relação ao assistente, que não é parte principal e, em regra, não seria atingido pelo fenômeno da coisa julgada, *ex vi* do art. 506 do novo Código de Processo Civil, correspondente ao art. 472 do CPC/1973.

Se a coisa julgada não pode prejudicar terceiros — nova diretriz do citado art. 506, que não menciona a hipótese de o terceiro ser beneficiado por ela, motivo pelo qual se pode concluir que doravante a coisa julgada que seja favorável ao terceiro poderá por ele ser invocada —, e se o assistente é um terceiro que intervém no processo, por que a sentença o atingiria? De outra mirada, se ele interveio na relação jurídica processual e pode influenciar na decisão judicial com seus atos, por que não se sujeitaria à eficácia dessa decisão, dada em respeito ao contraditório e à defesa de seus interesses?

Essa é a difícil equação que esta normativa procura solucionar. De largada, convém destacar que há apenas uma *aparente antinomia* entre esses dispositivos legais, porque a coisa julgada (material) — como qualidade da sentença, que implica na imutabilidade dos seus efeitos substanciais — pode ser objetiva e subjetiva. De modo que, reconhecida a existência ou inexistência de uma relação jurídica ou de uma obrigação em determinado processo, não seria concebível que em outro processo o Judiciário se pronunciasse de modo oposto, o que levaria a descrédito em sua atividade jurisdicional. Nesse contexto, os fundamentos fáticos e jurídicos que são o alicerce do dispositivo da sentença, que lhe dão sustentação, terão de ser preservados em outro processo — *coisa julgada objetiva ou eficácia preclusiva da coisa julgada* —, ainda que as partes não sejam as mesmas.

Como ensina Dinamarco:

É notório que os efeitos da sentença, conquanto assim em princípio limitados às partes, poderão atingir com maior ou menor intensidade a esfera de direitos de quem não foi sujeito da relação processual. Surgem então os efeitos reflexos da sentença, como consequência natural da vida em sociedade e dos intrincados modos como as pessoas e as próprias relações jurídicas interagem e reciprocamente interferem umas nas outras (destaques no original) (DINAMARCO, 2002a, p. 15).

A doutrina tem falado em efeitos reflexivos da coisa julgada, mas Dinamarco observa que há, na verdade, em relação a terceiros, efeitos reflexos da sentença, com a estabilização dos motivos exarados em sua prolação, derivada da *eficácia preclusiva da coisa julgada* (DINAMARCO, 2002a, p. 15-18 e 34-36).

Com efeito, não há autêntica coisa julgada nessa situação porque o assistente não é parte, mas ele não pode discutir o acerto da decisão em processo posterior por causa da eficácia preclusiva da coisa julgada, que irradia efeitos, ainda que práticos, para outras relações jurídicas. No exemplo da sublocação, se o locatário perdeu a demanda de despejo com a intervenção do sublocatário, ainda que a sentença não tenha eficácia jurídica em relação a este, pois a coisa julgada não lhe diz respeito, o efeito prático em relação a ele é drástico: irá ser despejado, sem poder "discutir a justiça da decisão", nem mesmo em ação indenizatória que venha a instaurar em face do locatário.

Enfim, o assistente somente poderá rediscutir as questões já decididas em outro processo em *duas situações*: 1º) se provar que no estado em que recebeu o processo quando da intervenção, principalmente pelas declarações e pelos atos já praticados pelo assistido, *não pode* mais produzir provas para influir no convencimento do juiz; 2º) se desconhecia alegações ou provas de que o assistido não se valeu por dolo ou culpa, portanto, com a arguição de *fato novo*, "descoberto" depois da sentença que foi desfavorável aos seus interesses.

Como essa normativa diz respeito à *eficácia da sentença* em relação ao assistente, que não é parte principal, em processo posterior, com as duas exceções bem delimitadas nos incisos I e II deste art. 123, não vemos incompatibilidade dela com o processo do trabalho, motivo pelo qual a sua *aplicação subsidiária* poderá ocorrer sem maiores questionamentos.

Seção III
Da Assistência Litisconsorcial

Art. 124.

Considera-se litisconsorte da parte principal o assistente sempre que a sentença influir na relação jurídica entre ele e o adversário do assistido.

Comentário de *José Antônio Ribeiro de Oliveira Silva*

ASSISTÊNCIA LITISCONSORCIAL

Conquanto o novo Código de Processo Civil tenha tido a qualidade de dedicar uma sessão específica à assistência litisconsorcial, pensamos que o novo Código foi deveras lacunoso ao apenas fornecer uma *noção de assistência litisconsorcial*, praticamente repetindo a regra do art. 54 do CPC de 1973.

A concepção de ser ela uma espécie de intervenção de terceiros, com o procedimento respectivo, advém das disposições comuns — arts. 119 e 120 —, como já mencionado. Agora, quais serão os poderes do assistente litisconsorcial? E do assistido? Quais serão os efeitos da sentença para o assistente litisconsorcial? Se não há divergência em relação à assistência simples, então a norma do art. 124 deveria estar antes da normativa dos arts. 121 a 123. Se forem distintos os poderes e efeitos, faltou essa disciplina, conduzindo à conclusão de que a regra do art. 124 é insuficiente.

De partida, a assistência *litisconsorcial* ou *qualificada* é aquela em que há uma relação jurídica de direito material do assistente com o adversário do assistido, constatando-se que a sentença a ser prolatada irá produzir efeitos sobre essa relação jurídica. São dois os *requisitos mínimos* para sua configuração: 1º) uma relação de direito material entre o assistente e o adversário do assistido; e 2º) a possibilidade de produção de efeitos da sentença sobre essa relação material.

Exemplos: 1º) o fiador tem uma relação jurídica com o locatário (o afiançado), mas também com a outra parte (o locador), pois na constituição da obrigação ele assumiu a garantia; ele tem, portanto, uma relação jurídica de garantia contratual e, sendo responsável pelo adimplemento dos aluguéres, intervém no processo para assistir o locatário; 2º) numa ação anulatória de contrato de compra e venda por vício da escritura, o tabelião intervém no processo como assistente litisconsorcial do comprador, porque foi ele quem confeccionou a escritura (DINAMARCO, 1997, p. 51).

Agora, quais são os *poderes* do assistente litisconsorcial? Nesse tipo de assistência, por ter o assistente uma relação jurídica de direito material com o adversário do assistido — em boa parte dos casos é um garante deste —, seus poderes processuais são ainda mais amplos, podendo, em certa medida, contrariar a vontade do assistido, porque os efeitos da sentença irão atingir sua relação jurídica, ou seja, sua "esfera material". Destarte, ainda que o assistido tenha desistido da produção de provas, o assistente pode requerer essa produção; ainda que o assistido tenha renunciado ao recurso, o assistente litisconsorcial pode recorrer. Em suma, os poderes *processuais* desse assistente são ainda mais amplos do que os conferidos ao assistente simples. Nas hipóteses das relações jurídicas de garantia, o assistente pode inclusive contrariar a vontade do assistido, porque no fundo é ele — garante — quem vai responder pela obrigação a ser adimplida.

Ademais, o assistente também poderá atuar no processo como *substituto processual* do assistido, defendendo direito ou interesse do revel ou omisso, porque tem ainda maior interesse jurídico a ser preservado no processo em curso, na relação jurídica que mantém com o próprio adversário do assistido.

De outra mirada, ainda que os poderes processuais e de disposição do assistido possam ser praticados, a vontade do assistido não subordina o assistente, especialmente no *regime litisconsorcial unitário*, em que há uma indivisibilidade da relação jurídica — por exemplo, na intervenção do coproprietário na ação reivindicatória ajuizada por outro coproprietário (art. 1.314 do CC). Nesse caso, como a lide envolve também o assistente litisconsorcial, "seus poderes são de verdadeiro litisconsorte, podendo agir com total independência e autonomia relativamente à parte assistida". Assim, mesmo "que o assistido renuncie, confesse, transija, reconheça o pedido, desista de recurso, pode o assistente litisconsorcial discordar dessas atitudes e defender outros pontos de vista no processo, agindo de forma contrária". Ademais, no *regime litisconsorcial unitário* (ulterior), "os atos de disposição de direito praticados pelo assistido somente terão eficácia se não contrariados pelo assistente". Isso significa dizer que, se o assistente se manifestar "contra a renúncia, reconhecimento do pedido, transação, novação etc., estes atos não produzirão efeitos no processo" (NERY JUNIOR, 2015, p. 543).

Daí que a diretriz do art. 122 *não se aplica* à assistência litisconsorcial, porque nesta o assistente tem uma relação jurídica "forte" a ser atingida pela decisão judicial. Por isso, ele pode contrariar até mesmo atos de disposição do direito pelo assistido, pelo menos no regime litisconsorcial unitário, quando a sentença terá de produzir a mesma eficácia em relação a assistente e assistido, diante da *natureza incindível* da relação jurídica.

Há, ainda, uma situação em que os *poderes* do interveniente são ainda mais amplos. Trata-se da figura que Dinamarco tem chamado de *intervenção litisconsorcial voluntária* (DINAMARCO, 1997, p. 54-56). Não se trata de típica assistência, na qual os poderes do assistente, conquanto mais amplos na assistência litisconsorcial, não abrangem poderes de disposição do direito por parte do assistente, que não é a parte principal. Com efeito, em algumas situações os poderes do interveniente são tão amplos que ele tem *poder de disposição* do próprio direito material objeto de controvérsia entre as partes (originárias), como ocorre na *substituição processual*, em que o direito reivindicado, em verdade, é do terceiro, que é o titular do direito postulado em juízo pelo substituto processual. Nesse caso, o autor da ação (substituto) tem plenos poderes processuais — exceto a confissão, porque ele não tem poderes de disposição do direito —, inclusive de transigir, mas *não pode renunciar* ao direito sobre o qual se funda a ação, dado ser a renúncia um ato de direito material.

De outro lado, o *substituído* — que é quem, em verdade, possui a relação jurídica de direito material discutida em juízo — pode intervir e praticar todos os atos referidos no art. 122 do novo Código de Processo Civil.

A mesma diretriz se aplica à *intervenção litisconsorcial de cotitular do direito ou de coobrigado*. Portanto, esse interveniente — que poderia ter atuado como litisconsorte desde o início, e por isso a doutrina prefere a denominação de assistência litisconsorcial para essas hipóteses — pode renunciar ao direito, celebrar transação, reconhecer o pedido, desistir da ação ou de recurso, e inclusive confessar ou proceder à remissão da dívida, ainda que o substituto processual, o cotitular do direito ou o coobrigado, não concorde com essas atitudes.

No caso de cotitularidade de direitos e obrigações, na verdade o direito é de todos e a obrigação é de todos: *obrigação solidária*. Assim, quando o devedor solidário intervém no processo para assistir o outro, a demanda que poderia haver em face dele é a mesma, ou seja, o codevedor poderia estar no processo desde o início como litisconsorte mesmo, porque o autor poderia ter proposto a mesma demanda em face dos codevedores (litisconsórcio facultativo). Nesse caso, *a relação jurídica é uma só*, a mesma que será atingida pela sentença a ser proferida, motivo pelo qual a hipótese seria mais do que de simples assistência litisconsorcial, sendo o caso de *intervenção litisconsorcial voluntária*.

Diferentemente, na assistência litisconsorcial há *duas relações jurídicas distintas* — uma de obrigação e outra de garantia — e, portanto, duas demandas: a demanda de pagamento da dívida em face do devedor e a demanda em face do fiador, que é o responsável. Aqui, o fiador intervém para defender os interesses do assistido, mas porque a sentença produzirá efeitos sobre sua relação de garantia, mantida com o autor da ação, o locador. Portanto, é nessa hipótese que se dá a típica *assistência litisconsorcial*.

É dizer, toda vez que há débito e responsabilidade o que se tem é a assistência litisconsorcial típica; no entanto, no caso de coobrigação a relação obrigacional e a demanda são as mesmas, pois todos são devedores e responsáveis primários pela mesma dívida. A hipótese é mais ampla do que a de mera assistência litisconsorcial.

A tese fica mais nítida na *substituição processual*: alguém propõe a demanda em nome próprio, para a satisfação de direito alheio — o direito material é do substituído; é o substituído que tem relação de direito material com a parte contrária –; quando o substituído intervém no processo, o faz com poderes mais amplos do que os da própria parte principal, porque ele é o titular do direito. Por isso, nesses casos o que ocorre é uma *intervenção litisconsorcial voluntária*.

De qualquer sorte, seja caso de assistência litisconsorcial, seja de intervenção litisconsorcial voluntária, a eficácia da sentença será plena em relação ao assistente (interveniente), tanto que o próprio art. 124 exige, como um dos requisitos para o cabimento dessa assistência, que, de algum modo, a sentença a ser proferida haja de influir *diretamente* em sua relação jurídica mantida com o adversário do assistido. Daí, inclusive, serem mais amplos seus poderes no curso do processo.

PROCESSO DO TRABALHO

Não há óbice à aplicação integral deste art. 124 do novo Código de Processo Civil no processo do trabalho, porque temos muito mais exemplos práticos de assistência litisconsorcial do que de assistência simples na Justiça do Trabalho, especialmente nas ações ajuizadas pelos sindicatos como substitutos processuais dos trabalhadores.

Exemplos de *assistência litisconsorcial* no processo do trabalho: 1º) sendo a empresa integrante do grupo econômico garante dos trabalhadores (art. 2º da CLT), pode intervir como assistente litisconsorcial da empregadora, até porque a Súmula 205 do TST foi cancelada e qualquer integrante do grupo pode ser chamado a responder na execução do julgado; 2º) se há uma querela entre os sócios e um percebe que quem está administrando a empresa não a está defendendo a contento, pode (aquele) intervir como assistente litisconsorcial, pois tem relação jurídica de garantia (responsabilidade subsidiária) para com o trabalhador; 3º) *a mais clássica assistência no processo do trabalho*: o sindicato ajuíza ação como substituto processual postulando adicional de insalubridade ou de periculosidade, e o trabalhador intervém como assistente litisconsorcial, celebrando acordo individual com o empregador — embora pensemos que, nesse caso, tecnicamente não se trate de assistência litisconsorcial e sim de *intervenção litisconsorcial voluntária*, como já exposto.

Relativamente aos poderes do assistente litisconsorcial, no processo do trabalho se aplica toda a extensão já comentada, quanto à possibilidade de ele inclusive contrariar a vontade do assistido, porque os efeitos da sentença irão atingir *diretamente* sua relação jurídica com a parte contrária, podendo insistir na produção de provas, recorrer etc., especialmente nas hipóteses de relações jurídicas de garantia, por exemplo, na intervenção da empresa integrante do grupo econômico ou de sócio. E se revel ou omisso o assistido, o assistente atuará como seu substituto processual, dado seu alto interesse atinente à relação jurídica que mantém com o próprio adversário do assistido.

Contudo, por *não termos* regime litisconsorcial unitário nas típicas ações trabalhistas, havendo, pelo contrário, *duas relações jurídicas* e, portanto, duas demandas, pelo menos nas relações de garantia — grupo econômico e integração de sócio —, ao que se soma a regra de que o assistente recebe o processo no estado em que se encontre, tendo havido revelia ou confissão do assistido — no caso, da empresa empregadora —, não há como o assistente litisconsorcial elidir os efeitos dessa declaração, motivo pelo qual dificilmente haverá uma situação em que ele poderá insistir na produção de prova posterior.

Ademais, no processo do trabalho, nos casos de *substituição processual* pelo sindicato ou mesmo pelo Ministério Público do Trabalho em ação civil coletiva ajuizada para a tutela de interesses individuais homogêneos dos trabalhadores, os poderes do interveniente são ainda mais amplos e por isso preferimos nominar essa hipótese de *intervenção litisconsorcial voluntária*. Como já assinalado, na substituição processual o *direito material* reivindicado, em verdade, é do terceiro que intervém, e somente ele tem *poder de disposição* do próprio direito. Assim, o trabalhador, quando intervém no processo, pode praticar todos os atos referidos no art. 122 do novo Código de Processo Civil, podendo renunciar ao direito, celebrar acordo, transigir, desistir da ação ou de recurso, confessar etc., porque ele é o titular do direito objeto da controvérsia. Neste sentido era o item VI da Súmula n. 310 do TST, cancelada em 2003.

De outro lado, o sindicato ou o Ministério Público do Trabalho não podem dispor do direito, tampouco confessar, motivo pelo qual sua ausência na audiência de instrução em prosseguimento não surte nenhum efeito processual (não se aplicando o teor da Súmula n. 74, I, do C. TST), implicando apenas na desnecessidade da produção de provas, se o ônus da prova for da parte contrária.

Enfim, também no processo do trabalho, como não poderia ser diferente, na assistência litisconsorcial — ou intervenção litisconsorcial voluntária — a *eficácia da sentença* será plena em relação ao assistente (interveniente), porque esta assistência somente estará autorizada se a sentença a ser proferida tiver a aptidão de influir *diretamente* — e não de modo reflexo — na relação jurídica que ele mantém com o adversário do assistido. Diversa é a situação se existirem duas ações, uma do trabalhador e outra do substituto processual, mas o tema refoge aos limites destes Comentários.

CAPÍTULO II
DA DENUNCIAÇÃO DA LIDE

Art. 125.

É admissível a denunciação da lide, promovida por qualquer das partes:

I — ao alienante imediato, no processo relativo à coisa cujo domínio foi transferido ao denunciante, a fim de que possa exercer os direitos que da evicção lhe resultam;

II — àquele que estiver obrigado, por lei ou pelo contrato, a indenizar, em ação regressiva, o prejuízo de quem for vencido no processo.

§ 1º O direito regressivo será exercido por ação autônoma quando a denunciação da lide for indeferida, deixar de ser promovida ou não for permitida.

§ 2º Admite-se uma única denunciação sucessiva, promovida pelo denunciado, contra seu antecessor imediato na cadeia dominial ou quem seja responsável por indenizá-lo, não podendo o denunciado sucessivo promover nova denunciação, hipótese em que eventual direito de regresso será exercido por ação autônoma.

Comentário de José Antônio Ribeiro de Oliveira Silva

DENUNCIAÇÃO DA LIDE

Na lição de Moacyr Amaral Santos, *denunciação da lide* "é o ato pelo qual o autor ou o réu chamam a juízo terceira pessoa, que seja garante do seu direito, a fim de resguardá-lo no caso de ser vencido na demanda em que se encontram" (SANTOS, 1989-1990, V. 2, p. 27).

Bem se vê que a denunciação da lide é uma espécie de *intervenção de terceiros* que, a despeito de poder atingir a economia processual — para se resolver num só processo duas lides —, torna o processo extremamente burocrático, comprometendo a celeridade e, de certo modo, a efetividade processual. Passa a haver, num só processo, *duas ações*, a ação principal e a "lide paralela", secundária, do denunciante em face do denunciado, que deverá merecer toda a atenção do julgador, pois na mesma sentença terá de resolver ambas as demandas, caso o denunciante seja vencido, no mérito da ação principal. Daí que, desde a instrução, os fatos de ambas as demandas deverão ser objeto de atividade probatória.

"De fato, a denunciação da lide é uma demanda, exercício do direito de ação. Desta forma, ao promover a denunciação da lide, o denunciante agrega ao processo pedido novo, ampliando o seu objeto litigioso. O processo terá duas demandas: a principal e a incidental" (DIDIER Jr., 2008, V. 1, p. 341).

Com efeito, a denunciação da lide provoca o surgimento de uma *ação incidental de indenização ou de garantia*, dentro do mesmo processo. Em regra, ela visa dar ciência da existência da ação ao garante, para resguardar o direito de ação regressiva. Por isso, a nomenclatura correta é denunciação *da* lide e não denunciação *à* lide. Ninguém faz denunciação de algo à lide porque a lide é simplesmente o conflito de interesses levado a juízo. O que se faz é a denunciação da existência da "lide", ou seja, do processo em curso, a uma pessoa que, em ação regressiva, teria de indenizar ao denunciante os prejuízos que este porventura venha a sofrer com a solução judicial do referido processo.

No CPC de 1973 há três hipóteses, previstas em seu art. 70, em que a denunciação da lide seria *obrigatória*: 1º) ao alienante, para que o denunciante possa se resguardar dos efeitos da evicção (perda da coisa em juízo, por força de decisão judicial); 2º) ao proprietário ou possuidor indireto, nas ações reivindicatórias ou possessórias; e 3º) ao garante que, por lei ou contrato, obrigou-se a ressarcir os prejuízos do que perder a demanda, em ação regressiva.

Contudo, sempre houve severas críticas doutrinárias a essa obrigatoriedade de denunciação, sendo que a corrente majoritária era no sentido de que na 2ª e na 3ª hipóteses *supra* não havia obrigatoriedade de denunciação da lide, porque plenamente assegurada a possibilidade de ajuizamento da ação de regresso em face do garante e do proprietário ou possuidor, para o ressarcimento dos prejuízos a quem saiu vencido no processo anterior. De modo que apenas nos casos de *evicção* é que havia animada celeuma sobre essa obrigatoriedade, sendo que parte da doutrina a afirmava, com fundamento no art. 456 do Código Civil, segundo o qual a denunciação da lide no caso de evicção é obrigatória, e outra parte sustentava que nem mesmo nesse caso seria obrigatória, recorrendo ao 449 do mesmo CC.

Agora, com o novo Código de Processo Civil a polêmica perde sentido, tendo em vista que o art. 125, ora em comento, deixa claro como a luz do dia que a denunciação da lide é meramente *facultativa*, utilizando-se a expressão "admissível". Assim, a denunciação da lide *pode* ser "promovida por qualquer das partes", caso queiram assim proceder, tendo em vista que a falta de denunciação *não inibe* a possibilidade de ação regressiva, como deixa patente o § 1º deste art. 125.

Outrossim, a segunda hipótese de denunciação do art. 70 do CPC de 1973 desaparece, não sendo repetida neste dispositivo que inaugura a disciplina da denunciação da lide no CPC de 2015. De modo que não mais se admite a denunciação ao proprietário ou possuidor indireto, nas ações reivindicatórias ou possessórias. E houve melhora na redação das regras que permitem a denunciação da lide, que agora é *facultada* a qualquer das partes nas *seguintes hipóteses*: 1ª) ao alienante *imediato* — portanto, não cabe denunciação a alienantes anteriores na cadeia dominial —, "no processo relativo à coisa cujo domínio foi transferido ao denunciante", caso queira "exercer os direitos que da evicção lhe resultam" naquele mesmo processo, evitando-se, assim, a necessidade de outra ação; 2ª) à pessoa que estiver obrigada, por disposição legal ou contratual, "a indenizar, em ação regressiva, o prejuízo de quem for vencido no processo", a hipótese mais frequente no foro.

Contudo, o § 1º deste art. 125, que não tem correspondência no CPC de 1973, resolve um problema prático. Ainda que o antigo art. 70 do CPC/1973 determine a denunciação da lide para o exercício dos direitos resultantes da evicção e para a ação regressiva em face do garante, o juiz poderia indeferir essa denunciação, por entender incabível ou não demonstrada a situação permissiva. Doravante, resguarda-se o direito de ajuizamento de *ação autônoma* para o exercício do direito de regresso, quando a denunciação da lide for indeferida pelo juiz ou não for permitida pelo sistema jurídico. Além do mais, como ela é facultativa mesmo nos casos de cabimento, ainda que não promovida pelo interessado, não estará este inibido de propor sua *ação regressiva*, que é autônoma e não guarda relação direta com o resultado do processo anterior, exigindo-se apenas, por óbvio, que o autor da ação de regresso tenha sido vencido no mérito daquele processo, porque aí reside seu interesse na referida ação.

Outra novidade é a do § 2º deste art. 125, que proíbe a denunciação sucessiva *a partir da segunda* e inclusive a chamada denunciação *per saltum* — de qualquer alienante na cadeia dominial —, tendo sido revogado o art. 456 do CC/2002 (NERY JUNIOR, 2015, p. 547). No regime anterior era possível que se fizesse a denunciação da lide de maneira sucessiva *ad infinitum* (art. 73 do CPC/1973). Imagine-se uma cadeia dominial em que vários foram os vendedores até que se chegasse à última compra e venda, quanta procrastinação haveria no andamento do processo com as sucessivas denunciações da lide a todos dessa cadeia. Em boa hora, pois, este § 2º permite "uma única denunciação sucessiva, promovida pelo denunciado, contra seu antecessor imediato na cadeia dominial ou quem seja responsável por indenizá-lo".

De modo que a limitação se aplica a ambas as hipóteses de cabimento de denunciação da lide. Sendo assim, o denunciado sucessivo — o segundo denunciado — terá que ajuizar *ação autônoma* para exercer seu direito de regresso, não lhe sendo permitido fazer outra denunciação da lide.

PROCESSO DO TRABALHO

Temos que o instituto da denunciação da lide é *manifestamente incompatível* com o processo do trabalho, por uma série de *fundamentos* que passamos a elencar:

1º) a denunciação da lide torna o processo extremamente *burocrático* e *retarda* a entrega da prestação jurisdicional, pois o juiz, ainda que não suspenda o processo — não repetida a regra do art. 72 do CPC/1973 no novo Código —, terá que paralisar o procedimento para a citação do denunciado; no processo do trabalho, como a resposta é apresentada em audiência (art. 847 da CLT), isso provocará o adiamento da audiência para a integração do denunciado; ademais, como o juiz terá de resolver as duas demandas num só processo — lide principal e secundária —, todos os fatos controvertidos terão de ser objeto de prova, motivo pelo qual o juiz do trabalho passaria a se ocupar de questões de responsabilidade (garantia) de natureza civil ou comercial, perdendo o foco trabalhista que é o cerne de sua competência (art. 114 da Constituição da República Federativa do Brasil); em suma, a denunciação da lide *compromete seriamente* a celeridade e a efetividade processual — princípios norteadores do processo do trabalho, agora insculpidos em garantia constitucional (art. 5º, inciso LXXVIII, acrescido pela EC n. 45/2004), principalmente se admitida a denunciação sucessiva;

2º) a denunciação da lide é incompatível com o *princípio da solidariedade*, segundo o qual o credor pode demandar de qualquer devedor solidário o pagamento do seu crédito, de modo que o ajuizamento da ação trabalhista em face do sucessor — de se recordar que a hipótese mais frequente de tentativa de denunciação da lide no processo do trabalho é a relacionada à cláusula de garantia inserta em contrato de compra e venda de empresas, estabelecimentos, fazendas etc. —, é uma *faculdade* (e uma garantia — arts. 10 e 448 da CLT) do trabalhador; o comprador, se condenado na Justiça do Trabalho, que ajuíze ação autônoma de regresso em face do vendedor, na Justiça comum, melhor preparada para a solução de lides de natureza contratual ou empresarial;

3º) a Justiça do Trabalho, por todos os fundamentos anteriores, *não tem* competência material para julgar a lide entre litisdenunciante e litisdenunciado, o que seria necessário caso admitida a intervenção de terceiro, nos termos do art. 129 do novo Código de Processo Civil, correspondente ao 76 do CPC de 1973.

Como se não bastasse, é de todo evidente que não caberia nenhuma denunciação da lide com fundamento no inciso I do art. 125 do novo Código, dado não ter a Justiça do Trabalho competência para resolver lides que envolvam alienação de domínio, como, por exemplo, em ações reivindicatórias ou possessórias em sentido estrito. E mesmo as denunciações feitas com base na outra hipótese, de previsão contratual de indenização de prejuízos em ação regressiva, o que vemos no processo do trabalho são *falsas denunciações*, por meio das quais o réu (reclamado) pretende, em verdade, eximir-se de sua obrigação ou responsabilidade, como se dá, por exemplo, com o sucessor fazendo denunciação da lide ao sucedido na propriedade do imóvel ou estabelecimento, afirmando que quem deve responder pelas obrigações trabalhistas é o vendedor. A denunciação da lide *não serve* para corrigir o polo passivo da ação principal, pois seu objetivo é resguardar o exercício do direito de ação regressiva no mesmo processo, não podendo ser formulada para isentar o denunciante de responsabilidade.

A conclusão só pode ser uma: a denunciação da lide é mesmo *manifestamente incabível* na Justiça do Trabalho e, por isso, inaplicável no processo do trabalho este art. 125 do novo Código de Processo Civil. Tanto é assim que o E. TST tinha inclusive fixado jurisprudência nesse sentido, por meio da OJ n. 227.

É bem verdade que essa orientação jurisprudencial foi cancelada por causa das novas competências atribuídas à Justiça do Trabalho quando do advento da Emenda Constitucional n. 45/2004. Talvez se tenha pensado no cabimento de denunciação da lide nas ações indenizatórias de danos decorrentes de acidente do trabalho, em que seria possível a denunciação da seguradora, o que, em alguns casos, até seria recomendável, por aumentar a garantia de recebimento das indenizações.

Sem embargo, não vemos como mudar a acertada diretriz anterior por casos isolados como esse aqui citado. Ora, *a questão é de rito*, não de competência. Assim, mesmo nos processos em que um dos polos da relação jurídica processual não seja ocupado por trabalhador — por exemplo, numa "lide" sindical — a preocupação com a celeridade e a efetividade não deve ser distinta, ao que se soma os princípios da simplicidade e informalidade do processo do trabalho. Daí que, mesmo cancelada a orientação jurisprudencial referida, continua incompatível com os princípios e o procedimento do processo do trabalho a denunciação da lide. Com efeito, a Instrução Normativa n. 27/2005, do TST, orienta que deve ser aplicado o ritual da CLT, ou seja, do processo do trabalho, às demandas oriundas das novas competências da Justiça do Trabalho, "excepcionando-se, apenas, as que, por disciplina legal expressa, estejam sujeitas a rito especial, tais como o Mandado de Segurança, *Habeas Corpus, Habeas Data*, Ação Rescisória, Ação Cautelar e Ação de Consignação em Pagamento" (art. 1º).

Em sendo absolutamente pertinente o ingresso de um garante na relação jurídica processual — como no caso de seguradora que mantém contrato com empresa de pequeno porte —, o juiz do trabalho pode promover a *integração à lide* do terceiro, sem autorizar a típica denunciação da lide, como veremos em seguida, nos comentários aos artigos que tratam do chamamento ao processo.

Art. 126.

A citação do denunciado será requerida na petição inicial, se o denunciante for autor, ou na contestação, se o denunciante for réu, devendo ser realizada na forma e nos prazos previstos no art. 131.

Comentário de *José Antônio Ribeiro de Oliveira Silva*

CITAÇÃO DO DENUNCIADO

Quanto ao procedimento da denunciação da lide, está disciplinado nos arts. 126 e seguintes do novo Código de Processo Civil. Já no art. 126, que tem melhor redação do que a do art. 71 do CPC de 1973, mantém-se a doutrina de que a denunciação da lide pode ser feita tanto pelo autor quanto pelo réu, mas se evidencia que aquele deve fazê-lo na petição inicial e este em sua contestação. No tocante à forma e aos prazos para a citação do denunciado, o novo Código remete ao art. 131, de modo que se o denunciado residir na mesma comarca, o denunciante terá o prazo de 30 dias para promover a citação daquele, "sob pena de ficar sem efeito" a denunciação da lide.

Agora, se o denunciado "residir em outra comarca, seção ou subseção judiciárias, ou em lugar incerto, o prazo será de 2 (dois) meses" para essa citação, inclusive para a citação por edital, se necessária.

Conquanto se trate de uma hipótese praticamente acadêmica, cita-se o exemplo de denunciação da lide pelo próprio autor em *ação reivindicatória*, porque, como o vendedor responde pela evicção, já em sua petição inicial o autor faz a denunciação da lide ao vendedor, para exercer os direitos que da evicção lhe resultam, no mesmo processo (NERY JUNIOR, 2015, p. 554).

Sendo a denunciação da lide manifestamente incabível na Justiça do Trabalho, não se cogita de aplicação deste art. 126 no processo laboral.

Art. 127.

Feita a denunciação pelo autor, o denunciado poderá assumir a posição de litisconsorte do denunciante e acrescentar novos argumentos à petição inicial, procedendo-se em seguida à citação do réu.

Comentário de *José Antônio Ribeiro de Oliveira Silva*

DENUNCIAÇÃO DA LIDE PELO AUTOR

Se promovida pelo autor a denunciação da lide, o denunciado, comparecendo, poderá tornar-se *litisconsorte do autor*, não do réu, com o qual não tem nenhuma relação jurídica. Tanto é assim que este art. 127 permite ao denunciado — como já o permitia o art. 74 do CPC de 1973 — o acréscimo de novos argumentos à petição inicial, de modo que não lhe é dado aditar essa petição para formular novos pedidos, podendo apenas "aditar" a causa de pedir. Somente após o prazo para a manifestação do denunciado — que deve ser de 15 dias após sua citação —, com ou sem ela, é que se procede à citação do réu.

Em verdade, não se trata de hipótese de litisconsórcio, mas de *assistência*, porque o denunciado, nesse caso, não tem relação jurídica com o adversário do assistido — o réu —, mas apenas com o próprio assistido, relação essa que não será objeto de análise na ação principal, e sim na ação secundária — relação de garantia —, e se o assistido — no caso, o autor — perder sua demanda em face do réu. Por isso, Nelson Nery afirma que se trata de assistência simples (NERY JUNIOR, 2015, p. 557).

Dinamarco entende que se trata de assistência litisconsorcial: "Aquele que é inserido no processo com o objetivo de *ajudar* o denunciante a ter melhor sucesso em relação à causa pendente é *assistente* deste: se nada pede para si e nada foi pedido em relação a ele, esse terceiro não é autor e não é réu. Não é litisconsorte, portanto, senão mero assistente — ainda que assistente *litisconsorcial*, ou seja, *qualificado*" (DINAMARCO, 2002a, p. 145-146).

Se a denunciação da lide é incompatível com o processo do trabalho, neste não se pode cogitar de aplicação deste art. 127.

Art. 128.

Feita a denunciação pelo réu:

I — se o denunciado contestar o pedido formulado pelo autor, o processo prosseguirá tendo, na ação principal, em litisconsórcio, denunciante e denunciado;

II — se o denunciado for revel, o denunciante pode deixar de prosseguir com sua defesa, eventualmente oferecida, e abster-se de recorrer, restringindo sua atuação à ação regressiva;

III — se o denunciado confessar os fatos alegados pelo autor na ação principal, o denunciante poderá prosseguir com sua defesa ou, aderindo a tal reconhecimento, pedir apenas a procedência da ação de regresso.

Parágrafo único. Procedente o pedido da ação principal, pode o autor, se for o caso, requerer o cumprimento da sentença também contra o denunciado, nos limites da condenação deste na ação regressiva.

Comentário de *José Antônio Ribeiro de Oliveira Silva*

DENUNCIAÇÃO DA LIDE PELO RÉU

Se a denunciação da lide for requerida pelo réu, temos *três hipóteses*, em conformidade com o art. 128 do novo Código de Processo Civil, que corresponde ao art. 75 do CPC de 1973:

1ª) se o denunciado comparece e não se insurge contra a denunciação, antes, apresenta *contestação* à petição inicial, a partir daí o processo prossegue, "tendo, na ação principal, em litisconsórcio, denunciante e denunciado"; resta bem claro, portanto, que neste processo haverá duas ações, a principal e a secundária (de garantia); naquela, o denunciado se tornará *assistente simples* — ou litisconsorcial, conforme a tese adotada — do réu, não seu litisconsorte, porque, a princípio, não tem relação jurídica com o autor; de outra mirada, na ação secundária — a chamada "lide" paralela —, na demanda de garantia incidental apresentada pelo réu da ação principal (que é autor naquela), *o denunciado será réu*;

2ª) sendo o denunciado revel, há uma profunda mudança com o novo Código, pois no CPC de 1973 o denunciante, nessa hipótese, deveria prosseguir na defesa até o final do processo; agora, diante da revelia do denunciado — que implica no reconhecimento implícito dos fatos afirmados na demanda secundária de garantia —, ao denunciante é facultado "deixar de prosseguir com sua defesa, eventualmente oferecida, e abster-se de recorrer, restringindo sua atuação à ação regressiva", já proposta incidentalmente quando da denunciação; por isso, não basta formular requerimento genérico de denunciação da lide, competindo ao denunciante formular pedido de indenização regressiva, em seu favor;

3ª) se houver *confissão do denunciado* quanto aos fatos arguidos pelo autor, na exordial da ação principal, essa confissão não atinge o denunciante, que poderá, então, "prosseguir com sua defesa" até o final do processo, inclusive requerendo a produção de provas; agora, trata-se de mera *faculdade*, porque aquela confissão certamente beneficiará o réu, em sua demanda secundária de garantia, motivo pelo qual o denunciante pode "aderir" a tal reconhecimento e postular apenas a *procedência de seu pedido*, formulado na ação incidental de regresso.

Ainda com o objetivo de economia processual que permeia o instituto da denunciação da lide, o parágrafo único deste art. 128 permite ao autor, caso seja julgado procedente o seu pedido, constante da ação principal, e conforme o caso, "requerer o cumprimento da sentença também contra o denunciado, nos limites da condenação deste na ação regressiva".

É uma *inovação*, porque o CPC de 1973 não contém disposição nesse sentido. Pelo contrário, o art. 76 deste Código disciplina que, no caso, a sentença terá força de título executivo, sendo que, então, o autor teria que promover uma ação de execução, "paralela", para receber a indenização que já havia sido objeto de condenação no processo em curso, se pretendesse receber do denunciado — nos limites da sua condenação — e não do réu.

Para não ficar repetitivo, pelos mesmos fundamentos já expendidos, este longo dispositivo e seu parágrafo único não se aplicam ao processo do trabalho.

Art. 129.

Se o denunciante for vencido na ação principal, o juiz passará ao julgamento da denunciação da lide.

Parágrafo único. Se o denunciante for vencedor, a ação de denunciação não terá o seu pedido examinado, sem prejuízo da condenação do denunciante ao pagamento das verbas de sucumbência em favor do denunciado.

Comentário de *José Antônio Ribeiro de Oliveira Silva*

JULGAMENTO DA "LIDE PARALELA"

Este art. 129 e parágrafo único — que disciplina a situação tratada no art. 76 do CPC/1973, mas o faz de modo bem mais didático e completo — deixa bem claro que não é sempre que o juiz tem de examinar a ação regressiva incidental — a chamada "lide paralela" —, pois podem surgir duas situações jurídicas completamente distintas quando do julgamento do feito, refletindo na eficácia da sentença.

Como não havia essa disciplina, a melhor doutrina fazia distinção dos *efeitos da sentença* em conformidade com a *posição do litigante* que promovia a denunciação da lide:

a) se a denunciação fosse feita pelo autor, a procedência do seu pedido prejudicava a apreciação da demanda secundária (da denunciação); por outro lado, a improcedência do seu pedido tornava necessária a apreciação da demanda de garantia e, se procedente esta, o denunciado seria condenado a ressarcir o prejuízo suportado pelo denunciante;

b) na denunciação por iniciativa do réu ocorreria exatamente a situação inversa: a procedência do pedido do autor da ação principal importaria na apreciação da demanda de garantia e possivelmente na condenação do denunciado, pois se o denunciante perdeu o bem ou teve que pagar uma indenização, o denunciado seria condenado como seu garante, conforme o caso; já a improcedência do pedido do autor tornaria prejudicada a apreciação da demanda de garantia.

Agora as regras são definidas de acordo com o *resultado da ação principal*, de modo mais simples — ainda que permaneçam aqueles mesmos efeitos tratados anteriormente. Assim:

a) somente se o denunciante (autor ou réu) for *vencido na ação principal* é que o juiz terá de passar, na mesma sentença, ao julgamento da ação regressiva, ou seja, da denunciação da lide, caso em que poderá julgar procedente ou improcedente o pedido do denunciante, pois a procedência do pedido da ação principal não implica, necessariamente, na condenação do denunciado como garante;

b) contudo, se o denunciante (autor ou réu) for *vencedor na ação principal*, "a ação de denunciação não terá o seu pedido examinado", ou seja, perde o seu objeto, restando prejudicada sua análise; não obstante, o denunciante poderá, em capítulo "secundário" da sentença, ser condenado ao "pagamento das verbas de sucumbência em favor do denunciado", ainda que não apreciada a ação de garantia ou de regresso, por economia processual.

Para finalizar, se o denunciante for vencido na ação principal e, de outra banda, obtiver êxito em sua ação regressiva incidental, com a condenação do denunciado como garante da indenização à qual faz jus, terá de promover outro processo? Como não repetida a locução "título executivo" do art. 76 do CPC/1973, numa aplicação lógica e analógica do quanto disposto no art. 128, parágrafo único, do novo Código de Processo Civil, o denunciante também pode requerer o cumprimento da sentença em face do denunciado, *no mesmo processo*, no qual foram cumuladas as ações principal e regressiva.

Mais uma vez, pelos mesmos motivos, este art. 129 e parágrafo único do novo Código não se aplicam ao processo do trabalho.

CAPÍTULO III
DO CHAMAMENTO AO PROCESSO

Art. 130.

É admissível o chamamento ao processo, requerido pelo réu:

I – do afiançado, na ação em que o fiador for réu;

II – dos demais fiadores, na ação proposta contra um ou alguns deles;

III – dos demais devedores solidários, quando o credor exigir de um ou de alguns o pagamento da dívida comum.

Comentário de José Antônio Ribeiro de Oliveira Silva

CHAMAMENTO AO PROCESSO

O *chamamento ao processo* trata-se de modalidade de "intervenção de terceiro provocada pelo réu, cabível apenas no processo de conhecimento, que se funda na existência de um vínculo de solidariedade entre o chamante e o chamado. É instituto criado em benefício do réu" (DIDIER Jr., 2008, V. I, p. 367).

Doutrinariamente, o chamamento ao processo aparenta ser uma figura mais simpática de *intervenção de terceiros*, porque com ela o réu não pretende trazer ao processo uma ação secundária, de regresso, mas tão somente chamar ao processo codevedores ou responsáveis em decorrência de garantia prestada ao cumprimento de determinada obrigação (fiança). Não haverá uma "lide paralela", complexa, a ser resolvida, mas apenas a necessidade de, eventualmente, definir-se qual a quota de responsabilidade de cada réu. Daí que o chamamento ao processo atende muito bem ao princípio da economia processual e não chamusca tanto os princípios da celeridade e efetividade.

Outra singularidade: o chamamento ao processo pode ser requerido *apenas pelo réu*, em sua contestação, e sempre foi *facultativo*, tanto que já o art. 77 do CPC de 1973 o entende apenas "admissível". E as *hipóteses de cabimento* são as mesmas, agora com acertos de redação no art. 130 do novo Código de Processo Civil, a saber: a) do afiançado, na ação em que o fiador for réu; b) dos demais fiadores, na ação proposta em face de apenas um ou de alguns deles; c) dos demais devedores solidários, quando o credor exigir de um ou de apenas alguns o pagamento de toda a dívida, em obrigação solidária. Assim, não há maiores dificuldades para se compreender o sentido e o alcance desta normativa.

Com efeito, o escopo do chamamento ao processo é trazer à relação jurídica processual pessoas que já poderiam ter figurado como litisconsortes passivos desde o início, a fim de que auxiliem o réu demandado de modo exclusivo, possibilitando-se a este, caso venha a adimplir toda a dívida comum, que possa exigir, no mesmo processo, o cumprimento da quota de cada um dos codevedores, sendo que o mesmo desiderato pode ser alcançado no caso de fiança, nos moldes do art. 132 do novo Código de Processo Civil.

Não obstante, o chamamento ao processo fere de morte o *regime da solidariedade*, porque se o credor, mesmo sabendo que se trata de obrigação solidária, resolve demandar apenas um dos devedores — como lhe faculta o direito material (arts. 264 e 275 do CC) —, por que teria que suportar, no mesmo processo, a integração à relação jurídica processual de pessoas que ele, deliberadamente, não quis provocar? De não se olvidar que o chamamento ao processo propiciará a paralisação das atividades para a citação dos litisconsortes, que poderão, nessa condição, comparecer e exercer todos os poderes processuais atinentes a manifestações, provas, recursos etc., o que pode culminar no *retardamento da prestação jurisdicional*, principalmente se houver séria controvérsia sobre a quota de responsabilidade de cada codevedor, questão estranha à lide principal, que pode ser resolvida independentemente da querela secundária.

PROCESSO DO TRABALHO

Ainda que o chamamento ao processo seja uma figura mais simpática do que a da denunciação da lide, pensamos que está equivocada a corrente doutrinária que a entende cabível no processo do trabalho, esforçando-se para criar exemplos de rara utilização prática.

O grande processualista Wagner Giglio, em posição clássica, passou a admitir o chamamento ao processo, na seara trabalhista, "nos casos de o empregador ser uma sociedade de fato ou um condomínio irregular, ainda inexistente síndico ou administrador, a fim de que venham a integrar a lide todos os sócios e condôminos, se apenas um deles for citado, ou se somente alguns o foram" (GIGLIO, 2002, p. 138-139).

O jovem — e muito competente — processualista Mauro Schiavi também o admite, com os seguintes argumentos: "O chamamento ao processo, a nosso ver, é compatível com o Processo do Trabalho e, muitas vezes, pode ser útil ao reclamante, pois haverá o ingresso de outro réu que irá garantir, juntamente com o outro devedor, o crédito do reclamante" (SCHIAVI, 2008, p. 287).

Perfilhamos, no entanto, a tese sempre encampada por Manoel Antonio Teixeira Filho, para o qual o chamamento ao processo é *incompatível* com o processo do trabalho. Veja-se a lição:

> O chamamento ao processo — convém advertir — violenta o próprio princípio informativo da solidariedade passiva, segundo o qual o credor tem o *direito* de exigir *de um ou de alguns* dos devedores, parcial ou totalmente, a dívida comum (...)

> Por todos os ângulos que se aprecie o instituto do chamamento ao processo sobressai, portanto: a) a sua finalidade de atender ao interesse *do réu*, que poderá trazer ao processo as demais pessoas solidariamente responsáveis pela satisfação do direito do autor, permitindo, ao que saldar a dívida, cobrá-la dos outros, no mesmo processo, com base na sentença passada em julgado; b) a incompetência da Justiça do Trabalho para ingressar na investigação na natureza do vínculo de direito material que há entre os réus litisconsorciados (TEIXEIRA FILHO, 1995, p. 265-266).

Este doutrinador admite o chamamento ao processo apenas nos casos de empresas integrantes do mesmo grupo econômico (art. 2º, § 2º, da CLT). Contudo, pensamos que os mesmos argumentos utilizados para a rejeição do instituto se aplicam à hipótese por ele admitida, porque é o caso mais típico de *responsabilidade solidária* no âmbito das relações trabalhistas.

Destarte, os *fundamentos* para essa rejeição da figura do processo civil são basicamente os mesmos já alinhavados quando do rechaço da denunciação da lide, a saber:

1º) o chamamento ao processo, conquanto seja menos burocrático que a denunciação da lide, pode *retardar a entrega da prestação jurisdicional*, pois o juiz do trabalho, ao admiti-lo, terá que adiar a audiência para que o chamado seja citado e possa, caso queira, integrar a relação jurídica processual, além do que podem surgir questões de direito material entre chamante e chamado — parte da doutrina entende que há, inclusive, uma ação secundária entre ambos, tendo o juiz de solucionar também a demanda do chamante; dessa forma, o juiz do trabalho passaria a se ocupar de questões de responsabilidade solidária, quando sua atenção deve estar voltada à rápida solução da lide trabalhista (art. 765 da CLT; art. 5º, inciso LXXVIII, da CF/88); *em suma*, também o chamamento ao processo pode comprometer a celeridade e a efetividade processual, princípios ontológicos do processo laboral;

2º) o chamamento ao processo é ainda mais incompatível com o *regime da solidariedade*, porque o trabalhador — assim como qualquer credor de obrigação comum — pode demandar de qualquer um dos devedores solidários a satisfação de seus créditos trabalhistas; assim, a figura do grupo econômico (art. 2º da CLT) é uma garantia colocada a seu dispor, não podendo obrigar o trabalhador a demandar o responsável solidário, que pode ser chamado a cumprir a dívida em sua integralidade na fase de execução ou cumprimento da sentença; ora, se o trabalhador não está obrigado a trazer no polo passivo da relação jurídica processual o devedor solidário, por que teria que suportar o chamamento ao processo dele?;

3º) se houver qualquer controvérsia entre chamante e chamado, relacionada à existência da obrigação solidária ou à fixação da quota-parte de cada um dos codevedores, essa é uma questão que foge por completo à *competência material* da Justiça do Trabalho.

Ademais, ainda que se admita o chamamento ao processo no segmento laboral, ele somente seria cabível na terceira hipótese do art. 130 do novo Código de Processo Civil — chamamento dos demais devedores solidários, como das empresas integrantes do mesmo grupo econômico, dos demais condôminos no condomínio de fato, ou dos demais sócios na sociedade irregular —, porque, a toda evidência, essa figura não seria cabível nos casos de fiança, porque a Justiça do Trabalho *não tem* competência para questões de natureza civil a ela relacionadas.

Em suma, pensamos que o chamamento ao processo é *incompatível* com o processo do trabalho, motivo pelo qual não há falar em aplicação subsidiária ou supletiva do art. 130 do novo Código de Processo Civil.

De outra mirada, a jurisprudência trabalhista, rica em soluções práticas para os problemas processuais, criou a figura da *integração à lide*. Tecnicamente, trata-se de uma *integração à relação jurídica processual*. Dada a simplicidade e a informalidade do processo do trabalho — com as quais se torna incompatível todo o ritual formalístico das figuras da denunciação da lide e do chamamento ao processo —, quando o juiz verifica que é recomendável trazer ao processo uma pessoa que poderia ser responsabilizada pelo cumprimento das obrigações trabalhistas sonegadas ao trabalhador, faculta a este *aditar a petição inicial*, para incluir, como *litisconsorte* do réu originário — portanto, como corréu —, essa pessoa denunciada ou chamada, por vezes oralmente em audiência. Neste sentido, admitindo, no processo do trabalho, a "figura anômala de integração da lide", Souto Maior (MAIOR, 1998, p. 298).

Aditado o pedido, com postulação expressa de *responsabilização do litisconsorte passivo*, promove-se a citação deste para comparecer na audiência em prosseguimento e, caso queira, defenda-se. Contudo, sua resposta estará limitada às obrigações cuja responsabilidade o autor lhe quer impingir. De modo que assim *não haverá* nenhuma pretensão em ação regressiva ou "lide paralela" a ser resolvida, tampouco quota de responsabilidade entre codevedores, simplificando-se por demais o trâmite processual, sem comprometer a ação (principal) do trabalhador.

Art. 131.

A citação daqueles que devam figurar em litisconsórcio passivo será requerida pelo réu na contestação e deve ser promovida no prazo de 30 (trinta) dias, sob pena de ficar sem efeito o chamamento.

Parágrafo único. Se o chamado residir em outra comarca, seção ou subseção judiciárias, ou em lugar incerto, o prazo será de 2 (dois) meses.

Comentário de José Antônio Ribeiro de Oliveira Silva

CITAÇÃO DOS CORRÉUS

No tocante ao *procedimento* do chamamento ao processo, dele não cuidou o novo Código de Processo Civil, que se preocupou apenas com a citação dos corréus, ou seja, daqueles que poderiam ter figurado em litisconsórcio passivo desde o início, e que passarão à condição de litisconsortes do réu a partir da citação. As regras deste art. 131 e parágrafo único correspondem em parte mínima à do art. 78 do CPC de 1973, que apenas alude ao requerimento de citação do chamado, que deve ser formulado no prazo de contestação.

Em conformidade com o art. 131, somente o réu pode promover o chamamento ao processo, e deverá fazê-lo *na contestação*, sob pena de preclusão. Em seguida, sem necessidade de suspensão do processo, incumbe ao réu promover a citação do chamado, no prazo de 30 dias, caso este resida na mesma comarca, "sob pena de ficar sem efeito o chamamento" (*caput*). Esse prazo é ampliado para dois meses, "se o chamado residir em outra comarca, seção ou subseção judiciárias, ou em lugar incerto" (parágrafo único). Reportamo-nos aos comentários ao art. 60 do novo Código de Processo Civil, onde explicamos a distinção entre essas unidades judiciárias.

Se pensamos que o chamamento ao processo é incabível na Justiça do Trabalho, não cogitamos da aplicação deste art. 131 no processo laboral.

Art. 132.

A sentença de procedência valerá como título executivo em favor do réu que satisfizer a dívida, a fim de que possa exigi-la, por inteiro, do devedor principal, ou, de cada um dos codevedores, a sua quota, na proporção que lhes tocar.

Comentário de José Antônio Ribeiro de Oliveira Silva

DEFINIÇÃO DAS QUOTAS DE RESPONSABILIDADE

A norma deste art. 132 corresponde de modo praticamente integral à do art. 80 do CPC/1973.

Nenhuma novidade, portanto. Segundo a corrente doutrinária que seguimos, não há uma ação secundária entre chamante e chamado, a ser solucionada na mesma sentença. O que temos no chamamento ao processo é a possibilidade de o juiz definir, em caso de procedência do pedido formulado na ação (principal) pelo autor, a *quota-parte de responsabilidade* dos codevedores, ou do devedor principal, nos casos de fiança.

Assim, se o autor sair vencido, não haverá qualquer obrigação a ser adimplida pelo réu — fiador ou codevedor —, motivo pelo qual, logicamente, não haverá qualquer necessidade de se definir responsabilidades.

De outra mirada, a sentença que concluir pela *procedência* do pedido do autor também deverá, conforme o caso, *definir a quota de responsabilidade* dos fiadores ou codevedores, para a execução de regresso. É dizer, se um dos fiadores paga a dívida toda, poderá exigi-la por inteiro do devedor principal, *nos próprios autos* do processo em curso, sem necessidade de valer-se de ação regressiva para tanto. A mesma sorte tem o codevedor que paga a integralidade da dívida, podendo executar os codevedores, sem necessidade de ação autônoma, pela quota-parte de sua responsabilidade.

Uma vez mais e pelos mesmos fundamentos, de se sustentar a inaplicabilidade deste art. 132 nos domínios do processo do trabalho.

CAPÍTULO IV
DO INCIDENTE DE DESCONSIDERAÇÃO DA PERSONALIDADE JURÍDICA

Art. 133.

O incidente de desconsideração da personalidade jurídica será instaurado a pedido da parte ou do Ministério Público, quando lhe couber intervir no processo.

§ 1º O pedido de desconsideração da personalidade jurídica observará os pressupostos previstos em lei.

§ 2º Aplica-se o disposto neste Capítulo à hipótese de desconsideração inversa da personalidade jurídica.

Comentário de José Antônio Ribeiro de Oliveira Silva

DESCONSIDERAÇÃO DA PERSONALIDADE JURÍDICA

O novo Código de Processo Civil traz uma grande inovação no art. 133 e seguintes, criando o *incidente de desconsideração da personalidade jurídica*, regulamentando um procedimento *específico* ao referido incidente. Conquanto haja disciplina do instituto sob o prisma do direito material e robusto aporte doutrinário sobre o tema, não havia, no sistema processual, tratamento da matéria. Boa parte das considerações que seguem, sobre o instituto, foram lançadas por um dos autores destes Comentários em artigo publicado em revistas especializadas (SILVA, 2015, p. 815-828).

O *procedimento burocrático* criado pelo legislador tem recebido aplausos por parte da doutrina do processo civil, porque proporcionará o contraditório pleno no exame da questão, bem como evitará os chamados abusos judiciais na desconsideração de ofício, com a penhora de bens de sócios que já não mais faziam parte da sociedade ou que não a administravam, proporcionando-lhes a ampla defesa antes de ver seu patrimônio constrito.

Veja-se o escólio de José Rogério Cruz e Tucci:

Este era mesmo um tema que reclamava tratamento legislativo. A existência de duas categorias bem nítidas de 'terceiros' impõe diferente solução na aferição da respectiva responsabilidade patrimonial. A situação na qual o sócio continua na administração da pessoa jurídica executada não é análoga àquela em que o sócio há muito tempo retirou-se do quadro social. A surpresa da desconsideração da personalidade jurídica para este último, supostamente responsável, recomenda a amplitude da defesa, centrada na sua participação efetiva no mencionado incidente processual (TUCCI, 2015, *on line*).

Sem embargo, parece-nos que, na prática, *o resultado será nefasto*. Se a preocupação era com o sócio retirante, por que esse procedimento burocrático não foi reservado para essa situação, de retirada do sócio bem antes da desconsideração da personalidade jurídica? Em regra, quando o juiz toma essa medida, ele tem diante de si cópia do contrato social e de todas as alterações societárias da sociedade, inclusive porque as pesquisas feitas mediante convênios celebrados — cuja utilização é estimulada pelo Conselho Nacional de Justiça — lhe permite acesso a toda a documentação. Seria, portanto, mais salutar que esse procedimento fosse reservado para os casos em que se busque atingir sócios que não mais figuram no contrato social.

A se aplicar rigidamente o ritual previsto para a desconsideração da personalidade jurídica da sociedade, a efetividade da medida processual, que por vezes se faz tão necessária à satisfação do crédito — também garantida no art. 4º do CPC de 2015 —, será próxima de zero. Nem se objete que o juiz poderá determinar medida cautelar (tutela provisória cautelar de urgência) de ofício, como o arresto (arts. 9º, parágrafo único, inciso I e 301 do novo Código), porque ela não tem o mesmo resultado prático.

Verifica-se, portanto, que o legislador criou um *incidente de cognição* — uma verdadeira ação incidental, a depender de "pedido" —, que deve ser instaurado *inclusive na execução*, nos moldes do art. 795, § 4º, do novo CPC. Mais que isso, trata-se de uma nova hipótese de *intervenção de terceiros* — e que conduz à suspensão do processo (art. 134, § 3º) —, prevista no Capítulo IV do Título III do Livro III do novo Código, exatamente o Título que disciplina o *burocrático e procrastinatório* instituto da intervenção de terceiros. Ademais, a instauração do incidente não poderá ser determinada de ofício, pois passa a depender de *pedido* da parte ou do Ministério Público, quando atue na condição de *custos legis*. E este pedido deve ser devidamente *fundamentado*, colacionando fatos e fundamentos jurídicos que revelem a presença de uma das hipóteses legais, sobretudo das previstas no art. 50 do Código Civil, tendo em vista que o § 1º deste art. 133 exige a observância dos "pressupostos previstos em lei" para a desconsideração da personalidade jurídica.

Veja-se o *procedimento* deste incidente, conforme os arts. 133 a 137 do novo Código de Processo Civil:

1º) exigência de um *pedido expresso* da parte ou do Ministério Público (art. 133, *caput*), que dá ensejo, em verdade, a uma ação incidental, tanto que deverá haver comunicação imediata de sua instauração ao distribuidor, "para as anotações devidas" (§ 1º do art. 134);

2º) o incidente provoca a *suspensão do processo*, salvo se a desconsideração da personalidade jurídica for requerida na petição inicial (§§ 2º e 3º do art. 134);

3º) na sequência, dá-se a *citação* do sócio ou da pessoa jurídica — desta na desconsideração inversa —, os quais poderão apresentar *defesa*, tanto que o prazo fixado em seu favor é de 15 dias, o mesmo prazo de contestação (arts. 135 e 335);

4º) se houver requerimento de provas, será designada *audiência de instrução* (arts. 135 e 136);

5º) apenas após todo esse longo expediente é que o juiz ou o relator poderá proferir a *decisão interlocutória* sobre o incidente (art. 136 e parágrafo único);

6º) desta decisão cabe *agravo de instrumento* (art. 1.015, IV) ou *agravo interno* (parágrafo único do art. 136).

7º) embora o art. 137 não o exija, na prática, o juiz será levado a determinar o arresto ou a penhora de bens do sócio ou da pessoa jurídica somente *após o trânsito em julgado* daquela decisão.

Já é de se imaginar a *absoluta ineficácia* dessa medida, quando se tratar de arresto ou penhora de dinheiro, porque após a citação, ainda no prazo de defesa, não sobrará nada na conta bancária do terceiro (sócio) que, *por lei* (art. 795 e §§ do novo Código), é *responsável subsidiário* pelo adimplemento das obrigações da sociedade.

No entanto, nos domínios do processo civil, assim será o procedimento para toda e qualquer desconsideração da personalidade jurídica, a partir da vigência do novo Código de Processo Civil.

Enfim, de acordo com o § 2º deste art. 133, todo esse ritual deve ser aplicado também "à hipótese de desconsideração inversa da personalidade jurídica", em que parte-se da pessoa do sócio para se atingir a sociedade da qual ele seja integrante. A *desconsideração inversa* consiste "em imputar à pessoa jurídica a responsabilidade por obrigações de seus sócios. O pressuposto é de que tenha havido desvio de bens de uma pessoa física para uma pessoa jurídica, sobre a qual aquela detenha controle. Pressupõe-se que o desvio ocorra por abuso de direito ou fraude" (NERY JUNIOR, 2015, p. 572).

Nesse caso, apresentado o pedido, pela parte ou pelo Ministério Público, com a indicação de uma das hipóteses de cabimento previstas em lei (§ 1º), promover-se-á a citação da pessoa jurídica para a apresentação de sua defesa, no prazo de 15 dias, seguindo-se o procedimento já comentado.

PROCESSO DO TRABALHO

Esse procedimento *burocrático* se aplica ao processo do trabalho? *Duas teses* podem surgir a respeito dessa questão: 1ª) não há norma sobre a desconsideração da personalidade jurídica no processo do trabalho e, diante dessa *lacuna*, há de se exigir esse procedimento; 2ª) ainda que a CLT seja omissa quanto ao tema, esse regramento todo é *absolutamente incompatível* com o processo do trabalho.

Pensamos que não se fazem necessárias maiores explicações para se concluir pelo acerto da segunda tese e pela total impertinência de se forjar argumentos (forçados) para a conclusão em sentido oposto, somente pelo gosto de se adotar a novidade.

Várias razões poderiam aqui ser alinhadas para fundamentar a tese que ora se sustenta, mas três bastam a esse desiderato:

1ª) no processo do trabalho *não se exige* a demonstração inequívoca dos pressupostos previstos em lei, como os do art. 50 do Código Civil, porque podem ser utilizados os do art. 28 e §§ do CDC (Lei n. 8.078/90), além do que a jurisprudência trabalhista está solidificada no sentido de que *basta a insolvência* da sociedade devedora para que se promova a desconsideração da sua personalidade jurídica, tendo em vista que todos os sócios que participaram da sociedade *ao tempo* da constituição da obrigação trabalhista por ela respondem, por se tratar da satisfação de *crédito de natureza alimentar;*

2ª) o incidente de desconsideração da personalidade jurídica, como uma figura de *intervenção de terceiros*, é *manifestamente incompatível* com o processo do trabalho, no qual não se admite figura de intervenção que provoque a suspensão do processo — tanto que a hipótese de "chamamento à autoria" (denunciação da lide) pela ocorrência do *factum principis*, única intervenção prevista na CLT, em seu art. 486 e §§, praticamente não é mais aplicada na Justiça do Trabalho, como já exposto —, haja vista o direito material ao qual o processo do trabalho serve de mero instrumento;

3ª) no processo do trabalho predomina o *princípio inquisitivo* — que assim se torna um princípio *específico* e que dá *identidade* a este ramo processual —, não somente com fulcro no art. 765 da CLT, mas, nesse caso, com fundamento no art. 878 da Consolidação, segundo o qual o juiz do trabalho ou o tribunal pode iniciar a própria execução (ou cumprimento da sentença) *de ofício*.

Ora, é regra secular de hermenêutica a de que *"quem pode o mais, pode o menos"*. Com efeito, se o juiz do trabalho pode dar início à própria execução de ofício, pode determinar, *de ofício*, a desconsideração da personalidade jurídica, ao verificar a insolvência da sociedade devedora; e o fará para a satisfação do crédito *alimentar* trabalhista, inclusive porque a responsabilidade do sócio é *ope legis*, restando escancarada no art. 795 e §§ do novo Código de Processo Civil, correspondentes ao art. 596 e §§ do CPC/1973.

Nem se objete que estes dispositivos preconizam que a responsabilidade dos sócios esteja *prevista em lei* e que o art. 50 do CC/2002 exige a demonstração do abuso da personalidade jurídica, por desvio de finalidade ou confusão patrimonial. Como já explanado, este art. 50 — que já exigia requerimento da parte ou do Ministério Público para a desconsideração da personalidade jurídica — é *incompatível* com o processo do trabalho e com o próprio direito material trabalhista, o *fundamento último* de haver um processo especial e uma Justiça especializada.

Ademais, a quase integralidade dos casos de desconsideração da personalidade jurídica, no processo do trabalho, ocorre em *execução definitiva*. Difícil imaginar um caso de necessidade de desconsideração na fase de conhecimento — a não ser em casos de cumprimento de medida de antecipação de tutela —, sendo raros os casos em execução provisória. Outrossim, a constrição de bens não implica em alienação. E a penhora em dinheiro — o bem preferencial (art. 835, I, do novo Código de Processo Civil; art. 655, I, do CPC/1973) —, normalmente se dá em execução definitiva, sendo absolutamente regular e recomendável, em conformidade com a Súmula n. 417, I, do TST: "Não fere direito líquido e certo do impetrante o ato judicial que determina penhora em dinheiro do executado, em execução definitiva, para garantir crédito exequendo, uma vez que obedece à gradação prevista no art. 655 do CPC".

Enfim, o procedimento de se determinar primeiramente a constrição de bens, que jamais serão liberados em pagamento ou alienados sem o contraditório, que é apenas *diferido* para um momento posterior à constrição — no processo do trabalho, em sede de embargos à execução —, *não viola* nenhuma das garantias fundamentais do processo. Repita-se: *o contraditório será pleno*, com possibilidade de defesa, suspensão do processo em relação ao terceiro, produção de provas, decisão, recurso etc., mas num momento ulterior ou subsequente (*contraditório diferido*), pois, na prática, sabe-se há muito tempo que, na situação inversa — de contraditório antecipado —, a eficácia da medida é seriamente comprometida.

Uma advertência: se a jurisprudência trabalhista firmar entendimento no sentido de que o incidente de desconsideração da personalidade jurídica é compatível com o processo do trabalho, isso provocará uma mudança de atitude por parte dos trabalhadores, que colocarão no polo passivo da demanda todos os atuais e ex-sócios da sociedade empregadora, *tumultuando* de tal modo o processo em sua fase de conhecimento, que isso ocasionará um *retardamento* inaceitável na entrega da prestação jurisdicional. Não convém, portanto, adotar essa medida.

Art. 134.

O incidente de desconsideração é cabível em todas as fases do processo de conhecimento, no cumprimento de sentença e na execução fundada em título executivo extrajudicial.

§ 1º A instauração do incidente será imediatamente comunicada ao distribuidor para as anotações devidas.

§ 2º Dispensa-se a instauração do incidente se a desconsideração da personalidade jurídica for requerida na petição inicial, hipótese em que será citado o sócio ou a pessoa jurídica.

§ 3º A instauração do incidente suspenderá o processo, salvo na hipótese do § 2º.

§ 4º O requerimento deve demonstrar o preenchimento dos pressupostos legais específicos para desconsideração da personalidade jurídica.

Comentário de *José Antônio Ribeiro de Oliveira Silva*

CABIMENTO DO INCIDENTE

Na linha de preocupação do legislador, que proibiu a desconsideração da personalidade jurídica de ofício, este art. 134, que não tem qualquer precedente, determina que não se fará mais essa desconsideração em processo algum sem a observância do rígido procedimento já esmiuçado. Assim, o incidente é mais do que cabível, é *exigível em qualquer fase do processo* em que apresentado o pedido, seja na fase de conhecimento, seja na de cumprimento de sentença. E mais, inclusive no *processo de execução* fundado em título executivo extrajudicial passa a ser exigível a instauração do incidente, para que se possa promover a desconsideração da personalidade jurídica da sociedade devedora. Para reforçar, o art. 795, § 4º, do novo CPC determina que somente com a observância desse incidente é que se pode atingir bens particulares dos sócios, na execução.

Instaurado o incidente, a pedido da parte ou do Ministério Público, o juiz determinará a comunicação imediata ao distribuidor, para as devidas anotações que, além de propiciar o controle estatístico, identificam as partes da relação jurídica processual e permitem verificações como litispendência, além de possibilitar a ciência por parte de outros credores da empresa (NERY JUNIOR, 2015, p. 574). Surge, assim, em nossa concepção, uma verdadeira *ação incidental de responsabilização do sócio ou da sociedade*, desta na desconsideração inversa, que ocorre mais nas questões relacionadas ao direito de família, quando o sócio oculta bens, colocando-os em nome da sociedade, antecipando-se a futura divisão de bens em ações de separação ou divórcio (*Idem*, p. 572).

Como já afirmado, o incidente provoca a imediata *suspensão do processo* (§ 3º), para a citação do sócio ou da pessoa jurídica, salvo se a desconsideração da personalidade jurídica "for requerida na petição inicial" (§ 2º). Trata-se de uma hipótese esdrúxula, pois nesse caso o que se tem é a formação de um *litisconsórcio passivo facultativo*, desde o início, não uma figura de intervenção de terceiros. A situação não é idêntica à da denunciação da lide pelo autor, porque essa se justifica em razão da ação regressiva do autor em face do denunciado, como já explicado anteriormente. Em absoluto isso se dá no caso de pedido de desconsideração feito pelo autor.

De se ter em mente, ainda, a advertência que fizemos logo acima: se os autores de demandas em face de sociedade começarem a colocar no polo passivo os atuais e ex-sócios da empresa, isso provocará um tumulto que certamente resultará em atraso considerável na entrega da prestação jurisdicional.

Ademais, no requerimento, deve o autor ou o Ministério Público "demonstrar o preenchimento dos pressupostos legais específicos para desconsideração da personalidade jurídica", ou seja, uma das hipóteses de cabimento, sendo que a doutrina recorre sempre ao quanto disposto no art. 50 do CC/2002: *demonstração do abuso da personalidade jurídica*, que deve ser consubstanciado numa situação concreta de desvio de finalidade do objeto social ou de confusão patrimonial entre os bens da sociedade e dos sócios.

Por essas e outras considerações já apresentadas, de se sustentar a total incompatibilidade deste art. 134 e §§ do novo Código de Processo Civil com o processo do trabalho.

Art. 135.

Instaurado o incidente, o sócio ou a pessoa jurídica será citado para manifestar-se e requerer as provas cabíveis no prazo de 15 (quinze) dias.

Comentário de José Antônio Ribeiro de Oliveira Silva

CITAÇÃO E DEFESA

Feitas as devidas anotações e determinada a suspensão do processo, promove-se em seguida a *citação do sócio ou da pessoa jurídica* — desta na desconsideração inversa —, na forma disciplinada para este ato processual. Como nessa espécie de intervenção de terceiros não se repetiu a regra do art. 131 e parágrafo único do novo Código de Processo Civil, mesmo que ultrapassados os prazos ali previstos, não pode ficar sem efeito o incidente, principalmente quando requerido pelo autor, que tem, portanto, interesse em sua solução.

Citados, tanto o sócio quanto a pessoa jurídica poderá apresentar sua *manifestação*, na qual deve alegar todos os fatos e fundamentos jurídicos que inibam a consideração de se encontrar presente uma das hipóteses legais de desconsideração da personalidade jurídica (art. 50 do CC). Portanto, trata-se de *autêntica contestação*, tanto que o prazo fixado para essa manifestação e o requerimento de provas é de 15 dias (art. 335 do novo Código de Processo Civil).

Na linha do quanto já exposto, inaplicável no processo do trabalho este art. 135.

Art. 136.

Concluída a instrução, se necessária, o incidente será resolvido por decisão interlocutória.

Parágrafo único. Se a decisão for proferida pelo relator, cabe agravo interno.

Comentário de José Antônio Ribeiro de Oliveira Silva

DECISÃO INTERLOCUTÓRIA

Como já afirmado, se houver requerimento de provas pelo sócio ou pela pessoa jurídica, o juiz as permitirá, em sendo necessário com a designação de audiência de instrução. Obviamente, também permitirá prova e contraprova ao autor ou ao membro do Ministério Público.

Encerrada a instrução probatória quanto ao incidente — estando o processo ainda suspenso, o que implica dizer que nem a instrução da demanda principal se deu ainda, quando requerida a desconsideração da personalidade jurídica na fase de conhecimento —, o juiz, ou o relator — estando o processo no tribunal ou em se tratando de ação de competência originária — irá resolver o incidente, por meio de *decisão interlocutória*, contra a qual ainda caberá agravo de instrumento (art. 1.015, IV) ou agravo interno (parágrafo único do art. 136), conforme a hipótese.

Inaplicáveis no processo do trabalho o art. 135 e parágrafo único do novo Código de Processo Civil, inclusive porque, se proferida em primeiro grau, essa decisão interlocutória seria irrecorrível de imediato no processo do trabalho (art. 893, § 1º, da CLT).

Art. 137.

Acolhido o pedido de desconsideração, a alienação ou a oneração de bens, havida em fraude de execução, será ineficaz em relação ao requerente.

Comentário de José Antônio Ribeiro de Oliveira Silva

FRAUDE DE EXECUÇÃO

Se depois de toda a atividade probatória o juiz decidir acolher o pedido de desconsideração da personalidade jurídica, essa decisão provocará a *ineficácia* de qualquer alienação ou oneração de bens que porventura o sócio ou a pessoa jurídica tenham feito no curso do processo. É dizer, esses atos serão *ineficazes* em relação ao requerente, ou seja, ao autor da demanda, inclusive se for o Ministério Público, como autor. Logicamente, se atuar como *custos legis*, o negócio jurídico será ineficaz em relação à parte assistida pelo Ministério Público. Trata-se, portanto, de *ineficácia*, não de nulidade, motivo pelo qual o negócio jurídico produzirá efeitos entre os negociantes.

De se exigir, no entanto, *a citação* do sócio ou da pessoa jurídica, para que se estabeleça o marco a partir do qual a alienação ou oneração de bens possa ser considerada ineficaz. Apenas a partir da citação estas pessoas ficam cientes da demanda e, portanto, da admoestação da norma deste art. 137.

Como já dissemos, na prática, o juiz será levado a determinar o arresto ou a penhora de bens do sócio ou da pessoa jurídica somente após o trânsito em julgado de sua decisão, porque somente aí haverá *segurança jurídica* sobre a ineficácia da alienação ou oneração de bens, pois restará escancarada a *fraude de execução* preconizada neste dispositivo legal.

Por todas as considerações já apresentadas, pensamos não haver qualquer compatibilidade deste art. 137 do novo Código de Processo Civil com o processo do trabalho.

CAPÍTULO V
DO *AMICUS CURIAE*

Art. 138.

O juiz ou o relator, considerando a relevância da matéria, a especificidade do tema objeto da demanda ou a repercussão social da controvérsia, poderá, por decisão irrecorrível, de ofício ou a requerimento das partes ou de quem pretenda manifestar-se, solicitar ou admitir a participação de pessoa natural ou jurídica, órgão ou entidade especializada, com representatividade adequada, no prazo de 15 (quinze) dias de sua intimação.

§ 1º A intervenção de que trata o *caput* não implica alteração de competência nem autoriza a interposição de recursos, ressalvadas a oposição de embargos de declaração e a hipótese do § 3º.

§ 2º Caberá ao juiz ou ao relator, na decisão que solicitar ou admitir a intervenção, definir os poderes do *amicus curiae*.

§ 3º O *amicus curiae* pode recorrer da decisão que julgar o incidente de resolução de demandas repetitivas.

Comentário de *Carlos Eduardo Oliveira Dias*

O **art. 138** do CPC-2015, juntamente com seus parágrafos, disciplina a figura do *amicus curiae*, não tratada no texto anterior do código. *Amicus curiae* é a pessoa (natural ou jurídica) que, mesmo sem ser parte, é admitida para intervir em processo relevante com o objetivo de apresentar ao Juízo ou Tribunal a sua manifestação sobre o debate que está sendo travado nos autos, permitindo que a discussão seja ampliada, de modo a oferecer mais elementos ao órgão julgador para produzir sua decisão. Trata-se de figura já presente no sistema processual brasileiro. A rigor, os textos legais não fazem referência específica ao *amicus curiae*, senão somente disciplinam a atuação de terceiros no processo, em circunstâncias que permitem, doutrinariamente, que assim se enquadrem. Nesse sentido, cita-se, p. ex.: a) o art. 7º, § 2º, da Lei n. 9.868/99, que regula a Ação Direta de Inconstitucionalidade (ADI) e a Ação Declaratória de Constitucionalidade (ADC) no processo de controle de constitucionalidade; b) o art. 14, § 7º, da Lei n. 10.259/2001 (Lei dos Juizados Especiais Federais), no que concerne ao incidente de uniformização de Jurisprudência; e c) art. 3º, § 2º, da Lei n. 11.417/2006, que trata da edição, revisão e cancelamento das súmulas vinculantes do STF.

O instituto tem como objetivo a proteção de"*direitos sociais lato sensu, sustentando teses fáticas ou jurídicas em defesa de interesses públicos ou privados, que serão reflexamente atingidos com o desfecho do processo.*" (BECKER, 2015, *on line*). Bem por isso, Cássio Scarpinella Bueno designa que "*o amicus curiae faz as vezes de um 'fiscal da lei' — e não do fiscal da lei que o direito brasileiro conhece, que é o Ministério Público*

— *em uma sociedade incrivelmente complexa em todos os sentidos; como se ele fosse o portador dos diversos interesses existentes na sociedade civil e no próprio Estado, colidentes ou não entre si, e que, de alguma forma, tendem a ser atingidos, mesmo que em graus variáveis, pelas decisões jurisdicionais."* (BUENO, 2008, p. 133). No entanto, o sistema processual vigente só admite a figura no âmbito dos tribunais, como explicitam, p. ex., os arts. 482, § 3º; 543-A, § 6º e 543-C, § 4º, todos do CPC-1973, voltando o cabimento do instituto, precipuamente, para as situações de controle concentrado de constitucionalidade.

No entanto, há que se reconhecer que, a despeito das previsões legais serem voltadas a situações dessa natureza, a jurisprudência já admitiu a participação de *amicus curiae* em situações não contempladas expressamente pela lei, como no caso do Habeas Corpus 82424 (Relator Min. Moreira Alves, Relator p/ Acórdão: Min. Maurício Corrêa, Tribunal Pleno, julgado em 17.9.2003). Todavia, como trataremos a seguir, a admissão do *amicus curiae* tem que observar, inclusive, a presença do chamado "efeito multiplicador" a justificar a participação de pessoa estranha no feito.

Com a nova redação, o CPC-2015 universaliza a possibilidade de atuação de um "amigo da corte" (a tradução apresentada representa a transposição literal da expressa em latim, com a qual o instituto se celebrizou; no entanto, essa definição encarcera o sentido do instituto que, como visto, é mais abrangente, e almeja fins muito mais relevantes do que a designação nominativa poderia induzir) sempre que a relevância ou a especificidade da matéria versada no conflito ou a repercussão social da controvérsia assim justificarem, admitindo-se, dessa forma, que esse terceiro atue em ações das mais diversas e, inclusive, em Juízos de primeira instância do Poder Judiciário. Com isso, admite-se a intervenção do *amicus curiae* em qualquer tipo de processo, desde que a causa tenha relevância e a pessoa a ser admitida como tal tenha capacidade de dar contribuição ao processo. Assim, se não representar potencial para gerar efeito multiplicador e se envolver apenas direitos individuais, será possível negar a intervenção do *amicus curiae*, como já decidiu o STJ.

Não estando o presente recurso submetido ao rito dos recursos repetitivos e nem se incluindo na hipótese de multiplicidade de demandas similares a demonstrar a generalização da decisão, não há previsão legal para a inclusão do Conselho Federal da Ordem dos Advogados do Brasil — CFOAB na condição de amicus curiae, notadamente porquanto em discussão direito individual ao recebimento de verba advocatícia. (AgRg no AREsp 151.885/PR, Rel. Min. Maria Isabel Gallotti, Quarta Turma, julgado em 11.9.2012)

Naturalmente, a utilização concreta desse dispositivo deve ser submetida a uma análise criteriosa e utilitária por parte do magistrado, no sentido de se identificar a efetiva necessidade dessa intervenção, e o quanto ela poderia colaborar para uma solução apropriada para o conflito, não no sentido técnico, mas sim com o de oferecer contribuições capazes de subsidiar a decisão judicial de modo mais abrangente e relacionada com os escopos do processo. E, nesse sentido, bem agiu o legislador, outorgando completos poderes ao magistrado para acatar ou não a pretensão, tornando essa decisão irrecorrível. Na análise, o juiz deverá observar, basicamente, três aspectos: a) a relevância da matéria tratada na ação; b) a especificidade do tema objeto da demanda ou a repercussão social da controvérsia; e c) a representatividade da pessoa ou entidade que pretende ingressar no feito com relação à temática nele versada. Assinala-se, por fim, que o terceiro pode ingressar nessa condição no processo por iniciativa do próprio juiz ou a requerimento das partes ou do próprio interessado, cabendo ao juiz definir os poderes de sua atuação, caso a admita (**art. 138, § 2º**).

Não nos é desconhecido o fato de que há incontáveis demandas trabalhistas, que se enquadram nas hipóteses preconizadas pelo texto legal, como aquelas que envolvem, p. ex., meio ambiente de trabalho, e que podem suscitar o interesse do próprio Judiciário na participação ativa de uma pessoa natural ou jurídica. Por isso, temos como inquestionável a pertinência desse instituto com o processo laboral, mormente porque o texto legal é expresso ao assinalar que a admissibilidade do *amicus curiae* não altera a competência do juízo (**art. 138, § 1º**).

TÍTULO IV
DO JUIZ E DOS AUXILIARES DA JUSTIÇA

CAPÍTULO I
DOS PODERES, DOS DEVERES E DA RESPONSABILIDADE DO JUIZ

Art. 139.

O juiz dirigirá o processo conforme as disposições deste Código, incumbindo-lhe:

I – assegurar às partes igualdade de tratamento;

II – velar pela duração razoável do processo;

III – prevenir ou reprimir qualquer ato contrário à dignidade da justiça e indeferir postulações meramente protelatórias;

IV – determinar todas as medidas indutivas, coercitivas, mandamentais ou sub-rogatórias necessárias para assegurar o cumprimento de ordem judicial, inclusive nas ações que tenham por objeto prestação pecuniária;

V – promover, a qualquer tempo, a autocomposição, preferencialmente com auxílio de conciliadores e mediadores judiciais;

VI – dilatar os prazos processuais e alterar a ordem de produção dos meios de prova, adequando-os às necessidades do conflito de modo a conferir maior efetividade à tutela do direito;

VII – exercer o poder de polícia, requisitando, quando necessário, força policial, além da segurança interna dos fóruns e tribunais;

VIII – determinar, a qualquer tempo, o comparecimento pessoal das partes, para inquiri-las sobre os fatos da causa, hipótese em que não incidirá a pena de confesso;

IX – determinar o suprimento de pressupostos processuais e o saneamento de outros vícios processuais;

X – quando se deparar com diversas demandas individuais repetitivas, oficiar o Ministério Público, a Defensoria Pública e, na medida do possível, outros legitimados a que se referem o art. 5º da Lei n. 7.347, de 24 de julho de 1985, e o art. 82 da Lei n. 8.078, de 11 de setembro de 1990, para, se for o caso, promover a propositura da ação coletiva respectiva.

Parágrafo único. A dilação de prazos prevista no inciso VI somente pode ser determinada antes de encerrado o prazo regular.

Comentário de *Manoel Carlos Toledo Filho*

O artigo em exame disciplina o âmbito institucional de atuação do Juiz, enquanto *presidente natural* da *relação processual*. O primeiro ponto a observar-se é que, ao revés do art. 765 da CLT, que estabelece um *comando amplo e genérico* naquilo que às atribuições do Juiz se refere ("Os Juízos e Tribunais do Trabalho terão ampla liberdade na direção do processo e velarão pelo andamento rápido das causas, podendo determinar qualquer diligência necessária ao esclarecimento delas") o CPC confere a esta matéria um trato detalhado, buscando traçar, de forma específica e esquematizada, quais seriam as faculdades ou prerrogativas do magistrado na dimensão em análise. Aliás, o legislador de 2015 foi neste particular consideravelmente mais pródigo que o de 1973, já que o preceito ali correspondente, a saber, o art. 125, possuía somente 04 (quatro) incisos, em franco contraste com os 10 (dez) incisos do Código atual. Sem embargo, faz-se fundamental registrar que as explicitações realizadas pelo CPC — cujo caráter, de todo modo, se denota mais *ilustrativo* do que propriamente *taxativo* — apenas terão incidência no âmbito laboral quando não restrinjam direta ou indiretamente os amplos poderes inatos à judicatura especializada, os quais foram pensados e concebidos para uma *realidade própria e particular*, e não para a *generalidade de causas* a que o Juiz Civil ordinariamente está afeto. Com esta premissa em foco, passamos ao exame particularizado do conteúdo do artigo vertente.

Tratar as partes igualmente (**inciso I**) é uma condição necessária para a consecução de uma *decisão equilibrada e efetiva*. Nestes termos, não haveria porque duvidar-se da incidência supletória do preceito em foco no âmbito do processo trabalhista. Cabe, porém, precisar, e precisar muito bem, de que igualdade se está cogitando. E a única resposta possível é: uma igualdade *real, concreta* e *verdadeira*, em que os litigantes detenham condições similares quanto aos meios de produção de provas e a plena exteriorização de suas alegações. Ora, como dantes se comentou, a relação de emprego é uma *relação de poder*, em que a desigualdade verificada no campo do direito material inevitavelmente se projeta na dimensão instrumental que lhe é correspondente. Logo, em ordem a adequadamente cumprir a disposição legal em comento, o Juiz do Trabalho deve buscar, na máxima medida do possível, neutralizar a natural supremacia que o empregador desde logo assume na relação processual, sem o que não haverá um *equilíbrio mínimo* de forças e, consequentemente, não se logrará atingir um *resultado justo*. O Juiz do Trabalho funciona assim, neste contexto, como um autêntico *agente equalizador*. Sempre que o Juiz se afasta ou se omite, o *centro de gravidade* do organismo processual tende a naturalmente deslocar-se para o lado com maior força de atração, ou seja, para a órbita patronal.

> Vale reprisar: o conflito laboral possui uma *realidade específica e particular*. Sem que se aceite e assimile esta *circunstância elementar*, não haverá processo ou procedimento que atenda às suas *necessidades fundamentais*, ou seja, que consiga viabilizar a contento a função institucional que dele tanto se espera.

A Constituição Federal, no inciso LXXVIII de seu art. 5º estabelece que "a todos, no âmbito judicial e administrativo, são assegurados a razoável duração do processo e os meios que garantam a celeridade de sua tramitação". Logo, o **inciso II** somente reitera o irrenunciável dever que o magistrado possui de, sem menoscabar o direito de defesa dos contendores judiciais, igualmente zelar para que — em todo e qualquer processo, logo também no processo trabalhista — este direito não se superponha indevidamente à garantia da *célere tramitação* do litígio.

O **inciso III** se reporta à *universal necessidade* de se preservar o conteúdo ético do processo, sem destarte qualquer distinção quanto à sua natureza ou conteúdo específico.

O preceito sufragado pelo **inciso IV** pode ser considerado um adequado *desdobramento supletivo e subsidiário* do comando contido no art. 765 da CLT, na medida em que complementa e reforça a expressão "qualquer diligência" a que o dispositivo consolidado faz menção.

O teor do **inciso V** dialoga, sem maiores dificuldades, com o comando previsto pelo parágrafo primeiro do art. 764 da CLT, segundo o qual "os juízes e Tribunais do Trabalho empregarão sempre os seus bons ofícios e persuasão no sentido de uma solução conciliatória dos conflitos".

A primeira parte do **inciso VI** colide parcialmente com o conteúdo do art. 775 da CLT, para o qual os prazos processuais trabalhistas "são contínuos e irrelevatáveis, podendo, entretanto, ser prorrogados pelo tempo estritamente necessário pelo juiz ou tribunal, ou em virtude de força maior, devidamente comprovada". É que os amplos poderes que a CLT atribui ao Juiz do Trabalho são sempre no indiscutível sentido de *acelerar o resultado da demanda*, o que vai de encontro à dilatação dos prazos processuais por um juízo de *mera conveniência*, como parece sugerir o dispositivo em análise. Quanto à segunda parte do preceito, não se detecta incompatibilidade, até porque a inversão da ordem de produção dos meios de prova se amolda bem ao conceito de "amplos poderes" de que cogita o art. 765 da CLT.

Não há dificuldade alguma na assimilação do **inciso VII**, que complementa e reforça o conteúdo do art. 816 da CLT, que prescreve que o juiz "manterá a ordem nas audiências, podendo mandar retirar do recinto os assistentes que a perturbarem".

A regra do **inciso VIII** é curiosamente *contraditória*, na medida em que cria para o juiz um *poder vazio*: permite, a qualquer tempo, a convocação da parte para esclarecimento dos fatos da causa, mas o não comparecimento desta não lhe acarretará a pena de confesso prevista pelos arts. 385/386, ou seja, não possuirá nenhuma *consequência específica*. Quando muito, poderá eventualmente se cogitar da incidência da hipótese prevista no inciso IV do art. 80. O mesmo se pode concluir caso a parte, embora comparecendo, preste um *depoimento evasivo* ou *insubsistente*. Aparentemente, o legislador aqui fez uma concessão à *anódina distinção* entre interrogatório e depoimento pessoal, reservando somente ao segundo a possibilidade de aplicação da pena de confesso. Em nosso sentir, porém, sendo a parte chamada a prestar depoimento e/ou esclarecer os fatos da causa, tem ela o dever ético — tirante hipóteses excepcionais expressamente previstas — de fazê-lo, e a quebra desse dever há de ser sancionada com a presunção de confissão. A limitação desta prerrogativa afronta o *preceito estrutural* estabelecido pelo art. 765 da CLT, não se aplicando, portanto, ao processo do trabalho.

A disposição do **inciso IX** consubstancia uma indicação da preferência do legislador pelo *exame do mérito* do litígio, em detrimento das soluções de *cunho meramente burocrático* que, se bem ponham termo ao processo, não resolvem o conflito de interesses submetido ao exame do Estado. É uma *opção salutar*: um feito que se extinga sem resolução de seus temas de fundo é um processo em que, apesar de todo o tempo, energia e dinheiro que nele se tenha consumido, nada a rigor se declarou, decidiu ou resolveu. Este verdadeiro *desperdício institucional* deve ser evitado na máxima medida do possível, inclusive — e ainda com maior razão — na dimensão instrumental trabalhista.

O preceito do **inciso X** não tem um correspondente ou similar na CLT. Quiçá aquele que mais dele se aproxime seja o seu art. 631 ("Qualquer funcionário público federal, estadual ou municipal, ou representante legal de associação sindical, poderá comunicar à autoridade competente do Ministério do Trabalho, Indústria e Comercio as infrações que verificar"). Cuida-se aqui de *omissão involuntária* do texto consolidado, pelo que a cabeça do preceito complementa e auxilia o conteúdo do processo trabalhista, com este, por conseguinte, compatibilizando-se plenamente.

Quanto ao **parágrafo único**, reporta-se ao comentário concernente ao inciso VI.

Art. 140.

O juiz não se exime de decidir sob a alegação de lacuna ou obscuridade do ordenamento jurídico.

Parágrafo único. O juiz só decidirá por equidade nos casos previstos em lei.

Comentário de Manoel Carlos Toledo Filho

Esta norma reproduz, em parte, o conteúdo dos arts. 126 e 127 do CPC de 1973. A *distinção fundamental* que se verifica entre o sistema atual e o antigo está no *virtual banimento* da analogia, dos costumes e dos princípios gerais de direito enquanto *ferramentas judiciais de hermenêutica*.

Agora bem, a CLT explicitamente a todas elas faz *referência direta* em seu art. 8°, acrescentando ainda a *jurisprudência, os usos e o direito comparado*, ademais de estabelecer o julgamento por *equidade* em uma dimensão genérica, é dizer, sem a necessidade de preceito legal específico que assim o autorize.

A conclusão a inferir-se é que o regramento trabalhista regula *totalmente* a matéria prevista neste artigo, inexistindo assim espaço para sua incidência no processo laboral.

Art. 141.

O juiz decidirá o mérito nos limites propostos pelas partes, sendo-lhe vedado conhecer de questões não suscitadas a cujo respeito a lei exige iniciativa da parte.

Comentário de Manoel Carlos Toledo Filho

Consideramos incompatível o artigo em exame com o processo do trabalho.

É que o conjunto de normas substanciais trabalhistas, a quem o direito instrumental tem o dever de servir e implementar, compõe-se de preceitos de índole irrenunciável. Não faria sentido vedar-se sua disponibilidade no plano material e permiti-la no campo processual. Fora isso possível, o processo estaria prestando um *grave desserviço* ao direito de fundo que, ao fim e ao cabo, é o único que verdadeiramente importa.

Não é por acaso, destarte, que no direito estrangeiro existem múltiplos exemplos de autorização genérica de julgamento *extra* ou *ultra petita* no processo trabalhista, servindo de referência, por todos, o art. 74 do Código de Processo do Trabalho de Portugal (O juiz deve condenar em quantidade superior ao pedido ou em objecto diverso dele quando isso resulte da aplicação à matéria provada, ou aos factos de que possa servir-se, nos termos do art. 514º do Código de Processo Civil, de preceitos inderrogáveis de leis ou instrumentos de regulamentação colectiva de trabalho).

Outros exemplos que podem ser citados são a Bolívia, o Panamá, a Venezuela, a Nicarágua, El Salvador, a Colômbia e o Paraguai.

Como acima se registrou, o direito comparado é uma das ferramentas colocadas à disposição do Juiz do Trabalho para a integração do direito do trabalho, tanto na sua dimensão material quanto processual.

Logo, o mesmo paradigma pode e deve ser utilizado pela Justiça Especializada Nacional, sempre e quando daí não resulte *manifesto prejuízo* ao contraditório e ao direito de defesa.

Art. 142.

Convencendo-se, pelas circunstâncias, de que autor e réu se serviram do processo para praticar ato simulado ou conseguir fim vedado por lei, o juiz proferirá decisão que impeça os objetivos das partes, aplicando, de ofício, as penalidades da litigância de má-fé.

Comentário de *Manoel Carlos Toledo Filho*

Este artigo reproduz o conteúdo do art. 129 do CPC de 1973, adicionando a aplicação de ofício de sanção processual por litigância de má-fé. A novidade parece algo inócua, pois se a multa e a indenização previstas pelo art. 81 devem reverter para a parte prejudicada, estando todas elas envolvidas no ato ilícito não haveria, a rigor, ninguém a ser ressarcido. De toda sorte, não se vislumbra impedimento à aplicação deste dispositivo no processo do trabalho.

Art. 143.

O juiz responderá, civil e regressivamente, por perdas e danos quando:

I – no exercício de suas funções, proceder com dolo ou fraude;

II – recusar, omitir ou retardar, sem justo motivo, providência que deva ordenar de ofício ou a requerimento da parte.

Parágrafo único. As hipóteses previstas no inciso II somente serão verificadas depois que a parte requerer ao juiz que determine a providência e o requerimento não for apreciado no prazo de 10 (dez) dias.

Comentário de *Manoel Carlos Toledo Filho*

Este artigo reproduz, quase literalmente, o teor do art. 133 do CPC de 1973, sobre o qual nunca houve objeção à sua incidência no campo laboral, tampouco sendo o caso de levantá-la agora.

CAPÍTULO II
DOS IMPEDIMENTOS E DA SUSPEIÇÃO

Art. 144.

Há impedimento do juiz, sendo-lhe vedado exercer suas funções no processo:

I – em que interveio como mandatário da parte, oficiou como perito, funcionou como membro do Ministério Público ou prestou depoimento como testemunha;

II – de que conheceu em outro grau de jurisdição, tendo proferido decisão;

III – quando nele estiver postulando, como defensor público, advogado ou membro do Ministério Público, seu cônjuge ou companheiro, ou qualquer parente, consanguíneo ou afim, em linha reta ou colateral, até o terceiro grau, inclusive;

IV – quando for parte no processo ele próprio, seu cônjuge ou companheiro, ou parente, consanguíneo ou afim, em linha reta ou colateral, até o terceiro grau, inclusive;

V – quando for sócio ou membro de direção ou de administração de pessoa jurídica parte no processo;

VI – quando for herdeiro presuntivo, donatário ou empregador de qualquer das partes;

VII – em que figure como parte instituição de ensino com a qual tenha relação de emprego ou decorrente de contrato de prestação de serviços;

VIII – em que figure como parte cliente do escritório de advocacia de seu cônjuge, companheiro ou parente, consanguíneo ou afim, em linha reta ou colateral, até o terceiro grau, inclusive, mesmo que patrocinado por advogado de outro escritório;

IX – quando promover ação contra a parte ou seu advogado.

§ 1º Na hipótese do inciso III, o impedimento só se verifica quando o defensor público, o advogado ou o membro do Ministério Público já integrava o processo antes do início da atividade judicante do juiz.

§ 2º É vedada a criação de fato superveniente a fim de caracterizar impedimento do juiz.

§ 3º O impedimento previsto no inciso III também se verifica no caso de mandato conferido a membro de escritório de advocacia que tenha em seus quadros advogado que individualmente ostente a condição nele prevista, mesmo que não intervenha diretamente no processo.

Art. 145.

Há suspeição do juiz:

I – amigo íntimo ou inimigo de qualquer das partes ou de seus advogados;

II – que receber presentes de pessoas que tiverem interesse na causa antes ou depois de iniciado o processo, que aconselhar alguma das partes acerca do objeto da causa ou que subministrar meios para atender às despesas do litígio;

III – quando qualquer das partes for sua credora ou devedora, de seu cônjuge ou companheiro ou de parentes destes, em linha reta até o terceiro grau, inclusive;

IV – interessado no julgamento do processo em favor de qualquer das partes.

§ 1º Poderá o juiz declarar-se suspeito por motivo de foro íntimo, sem necessidade de declarar suas razões.

§ 2º Será ilegítima a alegação de suspeição quando:

I – houver sido provocada por quem a alega;

II – a parte que a alega houver praticado ato que signifique manifesta aceitação do arguido.

Art. 146

Comentário de *Manoel Carlos Toledo Filho*

A CLT é lacônica a respeito das hipóteses de impedimento e suspeição. Na verdade, ela sequer traça uma distinção entre as duas figuras, na medida em que não se refere a *impedimento*, mas somente a *suspeição*, como se extrai do exame de seu art. 801 ("O juiz, presidente ou vogal, é obrigado a dar-se por suspeito, e pode ser recusado, por algum dos seguintes motivos, em relação à pessoa dos litigantes: **a)** inimizade pessoal; **b)** amizade íntima; **c)** parentesco por consanguinidade ou afinidade até o terceiro grau civil; **d)** interesse particular na causa").

Diante do *minguado conteúdo* do ordenamento trabalhista neste particular, a previsão existente no CPC pode e deve funcionar como *fonte supletiva e subsidiária*, em ordem a garantir, com a máxima efetividade possível, a *imparcialidade* do órgão julgador. A doutrina e a jurisprudência, aliás, nunca externaram qualquer resistência concreta a tal ilação. E nem poderia mesmo ser diferente. Afinal, uma aplicação *literal* ou *restritiva* das hipóteses de suspeição, tal como previstas na CLT, conduziria a *situações* claramente *insustentáveis*: o juiz do trabalho poderia, por exemplo, funcionar em processos em que o advogado de uma das partes fosse seu cônjuge, em que houvesse servido ele próprio na condição de testemunha ou em que tivesse proferido sentença em primeiro grau de jurisdição.

Cabe aqui, portanto, apenas, verificar se dentre as inovações trazidas pelo CPC de 2015 haveria algum dispositivo potencialmente conflitante com o ordenamento trabalhista processual. Assim, vejamos.

Das hipóteses previstas pelo art. 144, aquelas constantes dos incisos I a VI já existiam nos arts. 134/135 do CPC de 1973, ainda que de forma menos detalhada ou com classificação distinta (ou seja, na condição de causa de suspeição ao invés de impedimento — caso do inciso VI). As novidades estão nos incisos VII a IX, nenhum dos quais se afigura incompatível com o processo do trabalho.

As hipóteses de suspeição listadas pelo art. 145 fundamentalmente reprisam aquelas constantes do art. 135 do CPC de 1973. As novidades são a inclusão do advogado no inciso I e a desnecessidade de ser declarada a razão da suspeição por foro íntimo, cujo cabimento no âmbito trabalhista não suscita dificuldade. Já as disposições contidas no parágrafo segundo irmanam-se ao conteúdo do parágrafo único do art. 801 da CLT ("Se o recusante houver praticado algum ato pelo qual haja consentido na pessoa do juiz, não mais poderá alegar exceção de suspeição, salvo sobrevindo novo motivo. A suspeição não será também admitida, se do processo constar que o recusante deixou de alegá-la anteriormente, quando já a conhecia, ou que, depois de conhecida, aceitou o juiz recusado ou, finalmente, se procurou de propósito o motivo de que ela se originou").

Uma breve observação se faz oportuna em relação ao inciso IV deste artigo, que se reporta à mesma situação tratada na letra "d" do art. 801 da CLT (interesse particular na causa): não pode tal dispositivo servir de base para recusas que, em sua essência, se denotam vinculadas ao *entendimento jurídico* ou à *postura profissional* do magistrado. Em outras palavras, não é lícito à parte utilizar-se do preceito em exame como uma *desculpa astuciosa* para tentar *escolher o juiz*, comportamento que, aliás, em tese, consubstanciaria inclusive *litigância de má-fé*, conforme hipótese prevista pelo inciso VI do art. 80 do CPC (provocação de "incidente manifestamente infundado").

Um bom exemplo de *utilização maliciosa* de um preceito legal assemelhado pode ser encontrado na experiência da província argentina de Córdoba, em que a figura da "recusação sem causa", pensada com o propósito de evitar constrangimentos desnecessários para as partes e o juiz, acabou degenerando para a mais *motivada* e *ilegítima* das recusas: a *ideológica* (TOSELLI; ULLA, 2007, p. 132-133).

Art. 146.

No prazo de 15 (quinze) dias, a contar do conhecimento do fato, a parte alegará o impedimento ou a suspeição, em petição específica dirigida ao juiz do processo, na qual indicará o fundamento da recusa, podendo instruí-la com documentos em que se fundar a alegação e com rol de testemunhas.

§ 1º Se reconhecer o impedimento ou a suspeição ao receber a petição, o juiz ordenará imediatamente a remessa dos autos a seu substituto legal, caso contrário, determinará a autuação em apartado da petição e, no prazo de 15 (quinze) dias, apresentará suas razões, acompanhadas de documentos e de rol de testemunhas, se houver, ordenando a remessa do incidente ao tribunal.

§ 2º Distribuído o incidente, o relator deverá declarar os seus efeitos, sendo que, se o incidente for recebido:

I – sem efeito suspensivo, o processo voltará a correr;

II – com efeito suspensivo, o processo permanecerá suspenso até o julgamento do incidente.

§ 3º Enquanto não for declarado o efeito em que é recebido o incidente ou quando este for recebido com efeito suspensivo, a tutela de urgência será requerida ao substituto legal.

§ 4º Verificando que a alegação de impedimento ou de suspeição é improcedente, o tribunal rejeitá-la-á.

§ 5º Acolhida a alegação, tratando-se de impedimento ou de manifesta suspeição, o tribunal condenará o juiz nas custas e remeterá os autos ao seu substituto legal, podendo o juiz recorrer da decisão.

§ 6º Reconhecido o impedimento ou a suspeição, o tribunal fixará o momento a partir do qual o juiz não poderia ter atuado.

§ 7º O tribunal decretará a nulidade dos atos do juiz, se praticados quando já presente o motivo de impedimento ou de suspeição.

Comentário de *Manoel Carlos Toledo Filho*

O procedimento previsto pela CLT para o julgamento da exceção de suspeição (ou impedimento) restringe-se ao seu art. 802 ("Apresentada a exceção de suspeição, o juiz ou Tribunal designará audiência dentro de 48 (quarenta e oito) horas, para instrução e julgamento da exceção. § 1º — Nas Juntas de Conciliação e Julgamento e nos Tribunais Regionais, julgada procedente a exceção de suspeição, será logo convocado para a mesma audiência ou sessão, ou para a seguinte, o suplente do membro suspeito, o qual continuará a funcionar no feito até decisão final. Proceder-se-á da mesma maneira quando algum dos membros se declarar suspeito. § 2º — Se se tratar de suspeição de Juiz de Direito, será este substituído na forma da organização judiciária local").

O *problema fundamental* com o rito da CLT é que ele permite ao próprio juiz inquinado de suspeito (ou impedido) instruir e julgar o incidente, é dizer, transfere ao magistrado *virtualmente parcial* a prerrogativa dele mesmo avaliar sua *eventual imparcialidade*. Não é necessário demasiado esforço para concluir que o procedimento consolidado, conquanto compreensível desde a perspectiva da simplicidade, concentração e celeridade, acaba por vulnerar o direito da parte a um juiz equidistante dos interesses envolvidos no litígio (*rectius*: imparcial), ou seja, agride a garantia constitucional do *devido processo*. Logo, deve ser afastado, no que, como corolário, abre-se espaço para a *adoção integral* do procedimento previsto pelo CPC a tal respeito.

Art. 147.

Quando 2 (dois) ou mais juízes forem parentes, consanguíneos ou afins, em linha reta ou colateral, até o terceiro grau, inclusive, o primeiro que conhecer do processo impede que o outro nele atue, caso em que o segundo se escusará, remetendo os autos ao seu substituto legal.

Comentário de *Manoel Carlos Toledo Filho*

Este preceito é praticamente idêntico ao constante do art. 136 do CPC de 1973. A única diferença está em que a impossibilidade de participação de juízes parentes estende-se, agora, à tramitação da causa em primeiro grau de jurisdição, não se restringindo assim somente ao âmbito dos Tribunais. A vedação também se aplica ao processo do trabalho.

Art. 148.

Aplicam-se os motivos de impedimento e de suspeição:

I – ao membro do Ministério Público;

II – aos auxiliares da justiça;

III – aos demais sujeitos imparciais do processo.

§ 1º A parte interessada deverá arguir o impedimento ou a suspeição, em petição fundamentada e devidamente instruída, na primeira oportunidade em que lhe couber falar nos autos.

§ 2º O juiz mandará processar o incidente em separado e sem suspensão do processo, ouvindo o arguido no prazo de 15 (quinze) dias e facultando a produção de prova, quando necessária.

§ 3º Nos tribunais, a arguição a que se refere o § 1º será disciplinada pelo regimento interno.

§ 4º O disposto nos §§ 1º e 2º não se aplica à arguição de impedimento ou de suspeição de testemunha.

Comentário de *Manoel Carlos Toledo Filho*

Esta disposição essencialmente reproduz aquela constante do art. 138 do CPC de 1973, sendo compatível com o processo do trabalho.

CAPÍTULO III
DOS AUXILIARES DA JUSTIÇA

Art. 149.

São auxiliares da Justiça, além de outros cujas atribuições sejam determinadas pelas normas de organização judiciária, o escrivão, o chefe de secretaria, o oficial de justiça, o perito, o depositário, o administrador, o intérprete, o tradutor, o mediador, o conciliador judicial, o partidor, o distribuidor, o contabilista e o regulador de avarias.

Seção I
Do Escrivão, do Chefe de Secretaria e do Oficial de Justiça

Art. 150.

Em cada juízo haverá um ou mais ofícios de justiça, cujas atribuições serão determinadas pelas normas de organização judiciária.

Art. 151.

Em cada comarca, seção ou subseção judiciária haverá, no mínimo, tantos oficiais de justiça quantos sejam os juízos.

Comentário de *Carlos Eduardo Oliveira Dias*

O art. 149 do NCPC inaugura o capítulo III do Título IV, que irá disciplinar, em sua totalidade, os auxiliares da justiça. Nos dizeres da doutrina, estes são os que *"participam do processo como agentes do Estado, desenvolvendo atividades que o juiz não seria capaz de realizar por si próprio e destinadas a dar apoio* às deste — *daí serem complementares os seus serviços."*. Não exercem atividade jurisdicional, pois esta é exclusiva dos magistrados, mas cumprem funções judiciárias, motivo pelo qual são, igualmente, sujeitos processuais. Nessas condições, *"têm deveres como todo agente público e seus poderes são dimensionados a partir da complementariedade dos serviços que prestam e da subordinação de todos à autoridade do juiz."* (DINAMARCO, 1999, V. II, p. 240).

O rol de auxiliares descrito no art. 149 não é taxativo, pois ele próprio estabelece a possibilidade de haver outras figuras, ali não elencadas, que exerçam o mesmo tipo de incumbência, segundo as normas de organização judiciária. Cabe observar que o sistema judiciário brasileiro é estruturado em dois níveis federativos: estadual e federal. O Poder Judiciário Federal é composto pelos órgãos da Justiça do Trabalho, da Justiça Federal, da Justiça Militar da União e dos Territórios. Os Estados-membros e o Distrito Federal podem organizar a Justiça Comum respectiva e a Militar estadual. Dessa sorte, além das leis de organização judiciária da União, em cada qual de seus segmentos, podem existir leis próprias de cada Estado-membro, ocasionando múltiplas possibilidades de figuras de auxiliares da justiça.

Pela natureza das atribuições, os auxiliares podem ser classificados como *internos* ou *externos*, de acordo com sua vinculação institucional ou não com o órgão judiciário. Assim, o escrivão, o chefe de secretaria, o oficial de justiça e o distribuidor devem ser, invariavelmente, auxiliares internos, pois integrantes do sistema judicial. Já o perito, o depositário, o administrador, o intérprete, o tradutor, o partidor, e o regulador de avarias, em regra, devem ser considerados auxiliares externos, pois são profissionais especializados em suas áreas de atuação, sem vínculo formal com o Poder Judiciário, que recebem a incumbência de prestar os serviços auxiliares. Por fim, há as categorias mistas, que podem ser compostas tanto por servidores do Poder Judiciário como por agentes externos, que é o caso do contabilista (existem tribunais que dispõem de setores específicos, dentro de sua estrutura orgânica, destinada à elaboração e conferência de cálculos; nesse caso, trata-se de auxiliar externo), do mediador e do conciliador judicial. tal classificação não altera os deveres e a responsabilidade dos auxiliares que, como dito, ao exercerem função pública, ainda que temporária, estão sujeitos à disciplina administrativa e penal aplicável aos servidores públicos. A distinção substancial reside no fato de que os auxiliares externos, salvo situações excepcionais, devem ser remunerados especificamente pelo seu trabalho, enquanto os internos já os realizam dentro do contexto de sua atividade remunerada. Em contrapartida, nesse caso, são proibidos de receber quaisquer vantagens ou dádivas em razão do exercício funcional, pela qual recebem os vencimentos próprios do cargo e/ou da função.

O texto do art. 149 praticamente não inova na redação, apenas acrescentando algumas figuras que não estavam contempladas no dispositivo anterior, com destaque aos conciliadores e mediadores, sobre os quais trataremos em tópico próprio.

Os arts. 150 e 151 são destinados a disciplinar a existência da estrutura orgânica das unidades judiciárias, sendo o primeiro dedicado a pontuar a necessidade da existência de um ou mais ofícios de justiça em cada juízo, conforme determinado pelas leis de organização judiciária. É sabido que a fixação da quantidade de unidades judiciárias em cada localidade depende de estipulação legal, sendo possível — e necessário — que, em algumas localidades, exista mais de uma unidade com a mesma competência horizontal. Em qualquer caso, o CPC estabelece a exigência de um ofício de justiça para cada unidade, podendo haver casos em que a lei estipule mais de um ofício em cada Juízo. Já o segundo dispositivo consagra a necessidade de haver tantos oficiais de justiça quantos sejam os juízes em cada Comarca, Seção ou Subseção Judiciária.

Com algumas ressalvas, o disposto no art. 149 do NCPC é aplicável ao processo do trabalho, já que as figuras de auxiliares da justiça ali previstas são adotadas na Justiça Laboral. Algumas delas têm expressa remissão na CLT; outras têm símiles. Em particular, entendemos não-incidentes as figuras do partidor e do regulador de avarias, por ausência de situações que ensejem sua atividade e, no caso dos mediadores e conciliadores judiciais, que sua aplicação é restrita à atuação de auxiliares internos, como iremos tratar logo adiante.

Já os arts. 150 e 151 são inaplicáveis, dado que existe regramento próprio na CLT sobre o tema. A propósito, aliás, o art. 710 da CLT nomina "Secretaria" o órgão auxiliar das Varas do Trabalho, que é dirigida por um "chefe de secretaria" (essa denominação foi, aliás, substituída pela designação "Diretor de Secretaria", atualmente utilizada). Embora a CLT não faça referência a nenhuma qualificação específica para os serventuários da Justiça, também não é aplicável a expressão "escrivão" ou "escrevente", comumente usada nos ofícios da Justiça Comum. No caso dos oficiais de justiça, a regulação se dá pelo art. 721, que, inclusive, os qualifica como "avaliadores", já que possuem, geneticamente, também a função de avaliar bens apresados. E esse dispositivo também cuida de disciplinar a forma de distribuição dos oficiais nas unidades judiciárias trabalhistas.

Art. 152.

Incumbe ao escrivão ou ao chefe de secretaria:

I – redigir, na forma legal, os ofícios, os mandados, as cartas precatórias e os demais atos que pertençam ao seu ofício;

II – efetivar as ordens judiciais, realizar citações e intimações, bem como praticar todos os demais atos que lhe forem atribuídos pelas normas de organização judiciária;

III – comparecer às audiências ou, não podendo fazê-lo, designar servidor para substituí-lo;

IV – manter sob sua guarda e responsabilidade os autos, não permitindo que saiam do cartório, exceto:

a) quando tenham de seguir à conclusão do juiz;

b) com vista a procurador, à Defensoria Pública, ao Ministério Público ou à Fazenda Pública;

c) quando devam ser remetidos ao contabilista ou ao partidor;

d) quando forem remetidos a outro juízo em razão da modificação da competência;

V – fornecer certidão de qualquer ato ou termo do processo, independentemente de despacho, observadas as disposições referentes ao segredo de justiça;

VI – praticar, de ofício, os atos meramente ordinatórios.

§ 1º O juiz titular editará ato a fim de regulamentar a atribuição prevista no inciso VI.

§ 2º No impedimento do escrivão ou chefe de secretaria, o juiz convocará substituto e, não o havendo, nomeará pessoa idônea para o ato.

Art. 153.

O escrivão ou chefe de secretaria atenderá, preferencialmente, à ordem cronológica de recebimento para publicação e efetivação dos pronunciamentos judiciais *(Redação dada pela Lei n. 13.256/2016)*

§ 1º A lista de processos recebidos deverá ser disponibilizada, de forma permanente, para consulta pública.

§ 2º Estão excluídos da regra do *caput*:

I – os atos urgentes, assim reconhecidos pelo juiz no pronunciamento judicial a ser efetivado;

II – as preferências legais.

§ 3º Após elaboração de lista própria, respeitar-se-ão a ordem cronológica de recebimento entre os atos urgentes e as preferências legais.

§ 4º A parte que se considerar preterida na ordem cronológica poderá reclamar, nos próprios autos, ao juiz do processo, que requisitará informações ao servidor, a serem prestadas no prazo de 2 (dois) dias.

§ 5º Constatada a preterição, o juiz determinará o imediato cumprimento do ato e a instauração de processo administrativo disciplinar contra o servidor.

Comentários ao Novo CPC

Comentário de *Carlos Eduardo Oliveira Dias*

As incumbências do escrivão e do chefe de secretaria estão descritas no art. 152, do NCPC, que reprisa, em linhas gerais, o constante do art. 149 do CPC-1973. São as atribuições regulares de gestão processual e de consecução dos atos pertinentes aos trabalhos dos auxiliares, incluindo a comunicação dos atos processuais, que ficam a seu encargo. A mudança mais significativa nesse sentido foi a inclusão do parágrafo 1º no art. 152. Com efeito, embora já houvesse previsão no CPC-1973 sobre a prática de atos ordinatórios independentemente de despacho judicial, não havia qualquer disciplina sobre quais os atos poderiam ser enquadrados nessa hipótese. Por isso, em alguns casos o próprio juiz disciplinava os atos sujeitos à incidência desse dispositivo, mas em outros casos, as corregedorias locais o faziam. Com o NCPC, essa incumbência é exclusiva do juiz titular da vara, a quem compete editar ato regulamentando a prática, de ofício, pelos serventuários, dos atos meramente ordinatórios.

De outra parte, o art. 153 constitui verdadeira inovação normativa, dado que não havia previsão assemelhada no ordenamento revogado. Trata-se de regra escudada no preceito já constante do art. 12 do NCPC, o qual estipula a necessidade preferencial de observância da ordem cronológica de recebimento para publicação e efetivação dos pronunciamentos judiciais, os quais devem figurar em lista pública (parágrafo 1º). Trata-se, sem dúvida, de medida teoricamente apropriada, que impediria o favorecimento a determinados interessados, em detrimento de outros, valorizando a impessoalidade na prestação dos serviços judiciários. No entanto, diversamente do que ocorria com o texto original, o fato de constituir mera regra de preferência apenas induz à valorização do critério cronológico, que deixa de ser obrigatório, permitindo maior liberdade na condução do fluxo processual.

Art. 154.

Incumbe ao oficial de justiça:

I – fazer pessoalmente citações, prisões, penhoras, arrestos e demais diligências próprias do seu ofício, sempre que possível na presença de 2 (duas) testemunhas, certificando no mandado o ocorrido, com menção ao lugar, ao dia e à hora;

II – executar as ordens do juiz a que estiver subordinado;

III – entregar o mandado em cartório após seu cumprimento;

IV – auxiliar o juiz na manutenção da ordem;

V – efetuar avaliações, quando for o caso;

VI – certificar, em mandado, proposta de autocomposição apresentada por qualquer das partes, na ocasião de realização de ato de comunicação que lhe couber.

Parágrafo único. Certificada a proposta de autocomposição prevista no inciso VI, o juiz ordenará a intimação da parte contrária para manifestar-se, no prazo de 5 (cinco) dias, sem prejuízo do andamento regular do processo, entendendo-se o silêncio como recusa.

Comentário de *Carlos Eduardo Oliveira Dias*

As atribuições dos oficiais de justiça estão descritas no **art. 154 do NCPC**. Como se nota, apesar de o código admitir que o modo prioritário de citação é pela via postal (art. 246, I), ainda preserva a citação feita por oficial de justiça (arts. 246, II e 249, do NCPC), que também pode realizar as intimações (art. 275). Assim, suas atribuições aparecem tanto na fase de cognição como na fase executiva do processo, como descrevem os incisos desse dispositivo. Na essência, o texto reprisa seu antecessor, contando com apenas uma novidade significativa: o inc. VI que estabelece seu dever de certificar, em mandado, proposta de autocomposição apresentada por qualquer das partes, na ocasião de realização de ato de comunicação que lhe couber. Dentro da linha de valorização dos meios autocompositivos de solução dos conflitos, o NCPC permite que a parte formule proposta diretamente ao oficial de justiça, o que ensejará a intimação da parte adversa para sobre isso se manifestar (parágrafo único). Na realidade, essa possibilidade nunca foi vedada no ordenamento, mas a ausência de tipificação como um dos deveres do oficial de justiça poderia ensejar a recusa destes em fazer o registro de eventual proposta. Com o novo ordenamento, passa a ser um dever de ofício, caso a parte assim deseje.

Conforme já explicitado, o art. 721 da CLT regulamenta a atividade do oficial de justiça no Judiciário Trabalhista, mas o texto consolidado volta-se, preponderantemente, para a fase executiva, dado que as situações que mais exigem a participação desses auxiliares é justamente essa. Assim, a realização do ato de citação, de penhora e de avaliação é incumbência própria dos oficiais de justiça trabalhistas. A citação postal para a fase de conhecimento — chamada, pela CLT, de notificação — é a regra absoluta no processo do trabalho e muito excepcionalmente exige ser substituída por aquela realizada por oficial de justiça, mormente porque não lhe é aplicável o disposto no art. 242 do CPC-2015 (o qual exige a citação pessoal como condição de validade do ato). Ainda assim, pode-se considerar que o juiz poderá determinar ao oficial de justiça a prática de qualquer outro ato processual atinente às suas atribuições, inclusive na fase de conhecimento, como, p. ex., proceder a condução coercitiva de testemunhas (art. 825, parágrafo único, da CLT). Por fim, o novel inc. VI é, igualmente, muito bem vindo, mormente porque, na Justiça do Trabalho, vigora o princípio da conciliabilidade, estando os processos sempre sujeitos à conciliação (art. 764, da CLT). Dessa forma, caso a parte, ao ser procurada pelo oficial de justiça, manifeste o intento da autocomposição, isso deve seguir as diretrizes constantes do dispositivo indicado, assim como o que está no seu parágrafo único.

Art. 155.

O escrivão, o chefe de secretaria e o oficial de justiça são responsáveis, civil e regressivamente, quando:

I — sem justo motivo, se recusarem a cumprir no prazo os atos impostos pela lei ou pelo juiz a que estão subordinados;

II — praticarem ato nulo com dolo ou culpa.

Comentário de *Carlos Eduardo Oliveira Dias*

O art. do NCPC reprisa a regra do art. 144 do Código revogado, estabelecendo que os citados serventuários da justiça são responsáveis civilmente quando se recusarem, injustificadamente, a cumprir no prazo os atos impostos pela lei ou pelo juiz a que estão subordinados ou a praticarem ato nulo com dolo ou culpa. O dispositivo enseja alguns comentários adicionais, para além do que consta no texto. Por primeiro a disposição é deveras redundante, já que todo servidor público tem, dentre seus deveres, o de obediência a hierarquia funcional e o de atuação movida pela boa-fé. A prática de ato sem a devida atenção a tais preceitos enseja uma gama de responsabilidades — não apenas a civil, enunciada no texto — mas também penal, quando configurar ilícito criminoso e também administrativa, sujeitando-se o serventuário, quando for o caso, às sanções previstas na lei respectiva. Em segundo lugar, destaca-se que essa responsabilidade é sempre regressiva, ante o que consta no art. 39, § 6º, da Constituição Federal: o Estado responde pelo ato de seus agentes, que somente serão responsabilizados de forma regressiva. Assim, cabe ao interessado, na aplicação das disposições deste artigo, processar o órgão administrativo correspondente (União ou Estado-membro) que, em caso de sucumbência, poderá agir regressivamente contra o servidor que agiu dessa maneira.

De outra parte, embora o texto faça referência apenas ao escrivão, ao chefe de secretaria e ao oficial de justiça, pode-se compreender, de forma legítima, que todos os demais auxiliares da justiça estão sujeitos à mesma obrigação. Assim, o intérprete, o perito, o avaliador, dentre outros, também responderão, de forma regressiva, diante da prática de tais atos.

Não temos dúvida sobre a aplicação desse dispositivo ao processo do trabalho, não somente pela omissão completa da CLT, mas pela compatibilidade com o processo laboral, no qual adotam-se preceitos estruturais de funcionamento da justiça, como o princípio da eficiência e o da impessoalidade. Logo, a incidência do auxiliar da justiça em algum dos comportamentos enunciados enseja sua responsabilidade regressiva, caso o interessado maneje ação judicial contra a União para ver-se devidamente indenizado.

Seção II
Do Perito

> **Art. 156.**
>
> O juiz será assistido por perito quando a prova do fato depender de conhecimento técnico ou científico.
>
> § 1º Os peritos serão nomeados entre os profissionais legalmente habilitados e os órgãos técnicos ou científicos devidamente inscritos em cadastro mantido pelo tribunal ao qual o juiz está vinculado.
>
> § 2º Para formação do cadastro, os tribunais devem realizar consulta pública, por meio de divulgação na rede mundial de computadores ou em jornais de grande circulação, além de consulta direta a universidades, a conselhos de classe, ao Ministério Público, à Defensoria Pública e à Ordem dos Advogados do Brasil, para a indicação de profissionais ou de órgãos técnicos interessados.
>
> § 3º Os tribunais realizarão avaliações e reavaliações periódicas para manutenção do cadastro, considerando a formação profissional, a atualização do conhecimento e a experiência dos peritos interessados.
>
> § 4º Para verificação de eventual impedimento ou motivo de suspeição, nos termos dos arts. 148 e 467, o órgão técnico ou científico nomeado para realização da perícia informará ao juiz os nomes e os dados de qualificação dos profissionais que participarão da atividade.
>
> § 5º Na localidade onde não houver inscrito no cadastro disponibilizado pelo tribunal, a nomeação do perito é de livre escolha pelo juiz e deverá recair sobre profissional ou órgão técnico ou científico comprovadamente detentor do conhecimento necessário à realização da perícia.

Comentário de Carlos Eduardo Oliveira Dias

O **art. 156 do NCPC** regulamenta a atuação do perito, que é uma das modalidades de auxiliar eventual da justiça, que exerce encargo judicial. Como já exposto, o perito é uma das figuras auxiliares externas, configurando-se como *"aquele que vem cooperar com o juízo, realizando exames, vistorias ou avaliações que dependem de conhecimentos técnicos que o juiz não tem."* (CINTRA et al, ano, p. 171). Nesse sentido, o texto ora analisado determina a atuação do perito quando o fato a ser provado depender de conhecimento técnico ou científico, de modo que sua participação no processo decorre da necessidade de realização da prova pericial, que é disciplinada pelo art. 464 e seguintes do NCPC. A perícia ou prova pericial é *"o exame, com operação de ordem técnica, que leve a conclusões sobre o estado de pessoa ou de coisa, ou o valor da coisa, em consequência de algum ato ou fato."* (MIRANDA, 1993, Tomo II, p. 455). Embora o autor fale em "exame", o próprio código assinala que, além dessa modalidade, a perícia também compreende avaliação e vistoria (art. 464). No entanto, pela definição que ele apresenta, observa-se que todas as modalidades foram contempladas no conceito.

Logo, envolve tema que demanda conhecimentos especializados em determinados ramos, que não estão ao alcance de atuação do magistrado, como questões relacionadas à medicina, engenharia, contabilidade, tecnologia da informação, dentre outras.

Em tese, nada impede que o juiz possa ter conhecimentos técnicos em área diversa da jurídica, visto que muitos podem ter formação multiprofissional ou mesmo estudos específicos em certos ramos. Mas a realização da prova técnica tem que ser feita, como diz o art. 465, por *"perito especializado no objeto da perícia"*, mormente porque o desenvolvimento da prova demanda o exercício do contraditório e da ampla defesa. Não bastam, assim, as impressões subjetivas do magistrado, pois a apuração pericial tem que ser fundada na observação dos fatos e enquadramento técnico dos elementos da prova, o que não recomenda que o juiz substitua o perito, ainda que detenha conhecimento suficiente. Bem por isso, o art. 465 do NCPC estipula que, diante da necessidade da realização da perícia, o perito será devidamente nomeado pelo magistrado.

A Seção II do Capítulo III do Título IV não disciplina a prova pericial — que, como dito, estará em outro segmento do Código — mas apenas a figura do perito e os seus respectivos deveres. O *caput* do art. 156 reprisa, com pequenas alterações redacionais, o art. 145 do CPC-1973. No entanto, os parágrafos desse dispositivo trazem duas importantes inovações: a primeiro é a admissão, como "peritos", de órgãos técnicos ou científicos, despersonalizando a nomeação. Por outro lado, inova ao instituir a obrigatoriedade de instituição de um cadastro de peritos por cada um dos tribunais, de onde deverão ser escolhidos, pelo magistrado competente, os profissionais que atuarão em cada caso. Essa determinação muda por completo a dinâmica da nomeação dos peritos, pois até a vigência do CPC-2015, a escolha ficava a critério do magistrado, que deveria, apenas, observar os requisitos do art. 145 do CPC revogado (ou seja, ser um profissional de nível universitário e estar devidamente inscrito no órgão de classe competente). No novo paradigma, desaparece a "exigência" do nível universitário e a inscrição no órgão competente é substituída pela *habilitação legal*, mas a nomeação, em regra, somente pode recair sobre pessoa ou órgão devidamente inscrito no cadastro citado (§ 1º). Na realidade, o § 5º do art. 156 até admite a nomeação de profissional não inscrito no cadastro, como iremos analisar a seguir, mas em caráter totalmente excepcional. Por outro lado, o art. 471 admite a realização de "perícia consensual", decorrente da nomeação de profissional de escolha comum entre as partes. No entanto, esse tema será objeto de análise própria, em momento oportuno.

Entendemos que essa medida é extremamente importante para preservar a credibilidade do Poder Judiciário. O modelo adotado pelo NCPC preserva a autonomia do juiz na escolha do profissional de sua confiança, mas estipula um critério que reduz a subjetividade nesse processo e valoriza os princípios da publicidade e da impessoalidade, imprescindíveis em qualquer prestação de serviços públicos. Isso porque o § 2º estipula que a formação do cadastro deve ser realizada mediante *consulta pública* — pela divulgação na rede mundial de computadores ou em jornais de grande circulação — e *consulta direta* a entidades da sociedade civil (tais entidades são universidades, conselhos de classe, Ministério Público, Defensoria Pública e Ordem dos Advogados do Brasil, como explicitado pelo Código; mas nada impede que outras instituições sejam igualmente ouvidas, com o mesmo fito), para a indicação de profissionais ou de órgãos técnicos interessados na realização dessa atividade. Temos que esse processo assegura o acesso democrático de profissionais aos quadros de perito, eliminando qualquer possibilidade de estipulação de indesejáveis "reservas de mercado", que são maléficas para a austeridade que se espera dos órgãos de justiça. Acresça-se a tal desígnio a determinação que está no § 2º do art. 157 (topologicamente, a nosso ver, de modo inadequado, visto que pelos objetivos do dispositivo, melhor seria se lançado como um dos parágrafos do art. 156), de se organizar em cada unidade judiciária uma lista de peritos que ali oficiam, com disponibilização dos documentos exigidos para habilitação à consulta de interessados e para que a nomeação seja distribuída de modo equitativo, observadas a capacidade técnica e a área de conhecimento. Esse comando evita, portanto, que se tenha um número excessivo de nomeações destinada apenas a um perito, gerando uma indesejável distorção nessa função auxiliar da justiça.

Por outro lado, o § 3º contempla outra exigência significativa: a determinação para que os tribunais realizem avaliações e reavaliações periódicas para manutenção do cadastro, considerando a formação profissional, a atualização do conhecimento e a experiência dos peritos interessados. Essa medida possibilitará uma permanente reciclagem nos quadros periciais, estimulando os profissionais à constante atualização de sua capacitação, em benefício de uma prestação jurisdicional mais adequada.

Por fim, o § 5º autoriza que a nomeação seja feita por livre escolha quando, na localidade onde prestar a jurisdição, não houver inscritos no cadastro disponibilizado pelo tribunal. Nesse caso, prevalece apenas a exigência de que a escolha se dê dentre profissionais legalmente habilitados ou órgão técnico ou científico que, comprovadamente, detenham o conhecimento necessário à realização da perícia. Como se nota, a medida é estritamente excepcional, e não pode ser utilizada a não ser na hipótese enunciada no próprio dispositivo.

Com relação à admissibilidade de nomeação de órgão técnico ou científico, temos como uma ampliação relevante das possibilidades de realização do trabalho pericial. Na prática, já existiam situações em que o juiz nomeava determinado órgão para realizar a prova e ele se incumbia de indicar o profissional específico que o realizaria (um dos órgãos que comumente realiza essas perícias, no Estado de São Paulo, é o IMESC — Instituto de Medicina Social e de Criminologia do Estado de São Paulo, autarquia vinculada à Secretaria Estadual da Justiça e da Defesa da Cidadania, dedicada à pesquisa científica). O texto legal normatiza essa possibilidade, institucionalizando a prática que, como dito, tende a ampliar a oferta de profissionais aptos a realizar a perícia. Destaca-se, por oportuno, que o NCPC não está a autorizar, com esse dispositivo, a prestação de serviços de perícia de forma indiscriminada por quaisquer pessoas jurídicas, notadamente as privadas. O uso da expressão "órgãos técnicos ou científicos" indica o nítido propósito do texto de que sejam nomeadas apenas instituições de caráter público, como institutos de pesquisa, de criminalística, médico-legais ou seus congêneres, não podendo ser atribuído ao código a intenção de que isso fosse praticado por entidades privadas. Em amparo dessa tese, assinala-se que, em situações nas quais o código fez a opção pelo uso de instituições privadas, assim tratou expressamente, como o fez no art. 167, p. ex., quando versou sobre as câmaras privadas de conciliação.

Conforme já exposto na análise do art. 148, os peritos — como auxiliares da justiça que são — estão sujeitos às situações de impedimento e de suspeição. Por isso, o § 4º do art. 156 estipula que, se for nomeado órgão técnico ou científico para tal mister, este deve informar ao juiz os nomes e a respectiva qualificação dos profissionais que participarão da prova, exatamente para que se possa identificar, em concreto, a ocorrência ou não de uma das hipóteses legalmente previstas.

A CLT faz poucas referências ao perito judicial e, sobretudo, para estabelecer as diretrizes relacionadas à produção probatória. Podemos citar os arts. 827, que autoriza ao juiz a arguição dos peritos e técnicos e o art. 848, § 2º, que estabelece a oportunidade de sua inquirição. Embora preveja situações em que se autoriza (como é o caso do art. 852-H, § 4º, aplicável aos processos de rito sumaríssimo e do art. 879, § 6º, que permite a nomeação de perito contábil para a elaboração dos cálculos de liquidação) ou se exige (art. 195, § 2º, da CLT, para as ações nas quais é arguida a insalubridade ou periculosidade) a nomeação de perito, não disciplina, de forma alguma, os requisitos para o exercício desse encargo. Na realidade, a única menção que faz sobre o tema está em um dispositivo derrogado no início da década de 1970. Referimo-nos ao art. 826, da CLT, que facultava a cada uma das partes apresentar um perito ou técnico, na esteira do que autorizava o CPC-1939. Esse modelo, no entanto, foi substituído pela figura do perito único, nos termos do art. 3º, da Lei n. 5.584/70, nomeado pelo juiz, o que acabou sendo universalidade pelo CPC-1973 e reproduzido no CPC-2015.

Assim, tanto pela ausência normativa como pela compatibilidade e pertinência temática, temos que o disposto no art. 156 e seus parágrafos são plenamente aplicáveis ao processo do trabalho, em sua integralidade. Fazemos uma única ressalva ao disposto no art. 471, do NCPC, que trata da "perícia consensual". A distinção socioeconômica típica do processo do trabalho, em nosso entender, inviabiliza a adoção dessa medida, o que será oportunamente analisado.

Art. 157.

O perito tem o dever de cumprir o ofício no prazo que lhe designar o juiz, empregando toda sua diligência, podendo escusar-se do encargo alegando motivo legítimo.

§ 1º A escusa será apresentada no prazo de 15 (quinze) dias, contado da intimação, da suspeição ou do impedimento supervenientes, sob pena de renúncia ao direito a alegá-la.

§ 2º Será organizada lista de peritos na vara ou na secretaria, com disponibilização dos documentos exigidos para habilitação à consulta de interessados, para que a nomeação seja distribuída de modo equitativo, observadas a capacidade técnica e a área de conhecimento.

Art. 158.

O perito que, por dolo ou culpa, prestar informações inverídicas responderá pelos prejuízos que causar à parte e ficará inabilitado para atuar em outras perícias no prazo de 2 (dois) a 5 (cinco) anos, independentemente das demais sanções previstas em lei, devendo o juiz comunicar o fato ao respectivo órgão de classe para adoção das medidas que entender cabíveis.

Comentário de *Carlos Eduardo Oliveira Dias*

O art. 157 do NCPC reproduz a regra do art. 146 do Código revogado, apenas substituindo a expressão "no prazo que lhe assina a lei" por "no prazo que lhe designar o juiz". Trata-se de um ajuste pertinente, dado que, em regra, é o juiz quem fixa o prazo para a apresentação do laudo. Mas, para além disso, o mais relevante elemento que transparece do dispositivo é a configuração do perito como um exercente de um encargo público. É certo que, em regra, o profissional se habilita para a função de perito — circunstância potencializada pela exigência de inscrição prévia em cadastro, determinada no artigo anterior. Todavia, ainda assim, uma vez nomeado tem que exercer o mister, salvo se apresentar escusa legítima. Essa escusa pode ser uma das motivações de impedimento ou de suspeição previstas na lei processual (é o que determina o art. 467, do NCPC) ou ainda algum tipo de objeção de índole pessoal, como *"o seu estado de saúde ou outro estado de necessidade"* ou, ainda, *"a necessidade de ausentar-se da comarca, ou do país, ou de atender ao que prometeu fazer."* (MIRANDA, 1993, Tomo II, p. 457). Essa escusa tem que ser alegada em 15 dias (o prazo anterior era de cinco dias — art. 146, parágrafo único, do CPC-1973) a contar da ciência da nomeação, sendo certo que, no caso de impedimento ou suspeição, isso é computado a partir do conhecimento do fato, se superveniente. Caso o perito não apresente a escusa no prazo legal, presume-se ter renunciado ao direito de alegá-la, devendo, desde então, cumprir fielmente suas obrigações. Naturalmente que, tirante as hipóteses legais de escusa (impedimento e suspeição), as demais situações deverão ser devidamente ponderadas pelo magistrado, a fim de se aferir a sua legitimidade. Embora o código não faça referência ao fato, a rigor o juiz pode indeferir a escusa, entendendo-a ilegítima. Por conseguinte, nesses casos, a nomeação é mantida. Por certo que o senso comum determina que o juiz não rejeite a escusa apresentada, já que o perito tem que ser profissional de sua confiança, e em cujo trabalho ele, magistrado, irá depositar sua confiabilidade. Mas, em tese, isso é possível.

Conforme consta do *caput* do dispositivo, o perito tem de cumprir fielmente suas obrigações dentro do prazo fixado pelo juiz, dado que a consecução dos atos do processo depende dessa conclusão. O art. 467, do CPC prevê a possibilidade de o juiz conceder-lhe uma prorrogação de prazo, pela metade daquele antes concedido, desde que justificado o pedido. O descumprimento do prazo, no entanto, pode acarretar a substituição do perito (art. 468, II, do NCPC), com determinação de devolução dos honorários já pagos.

Quanto ao § 2º do art. 157, como já mencionados, entendemos que sua inserção nesse dispositivo foi indevida, dada a temática sobre a qual versa. De qualquer sorte, já foi objeto de comentário no artigo antecedente.

Dentro de suas atribuições, o perito age como *longa manus* do juiz. Em razão disso, tem amplos poderes de investigação, como preconizado no art. 473, § 3º do NCPC. Todavia, por exercer encargo público, obriga-se igualmente a incolumidade das informações que prestar em seu laudo. Por isso, **o art. 158** estabelece que, se o perito prestar informações inverídicas na produção do laudo, por dolo ou culpa, responderá pelos prejuízos que causar à parte, em ação própria. Além disso, ficará inabilitado para atuar em outras perícias no prazo de 2 (dois) a 5 (cinco) anos, conforme fixado pelo juiz da causa, de acordo com a gravidade da conduta. Isso, naturalmente, não afasta a responsabilidade do perito por eventuais sanções previstas na lei penal, além de sujeitar o perito a sanções administrativas pelo seu órgão de classe, que deve ser comunicado do fato pelo juiz.

A exemplo do que ocorre com o art. 156, e pelos mesmos fundamentos ali utilizados, entendemos que o art. 157 e seus parágrafos, bem assim o art. 158, do NCPC são totalmente aplicáveis ao processo do trabalho.

Seção III
Do Depositário e do Administrador

Art. 159.

A guarda e a conservação de bens penhorados, arrestados, sequestrados ou arrecadados serão confiadas a depositário ou a administrador, não dispondo a lei de outro modo.

Art. 160.

Por seu trabalho o depositário ou o administrador perceberá remuneração que o juiz fixará levando em conta a situação dos bens, ao tempo do serviço e às dificuldades de sua execução.

Parágrafo único. O juiz poderá nomear um ou mais prepostos por indicação do depositário ou do administrador.

Art. 161.

O depositário ou o administrador responde pelos prejuízos que, por dolo ou culpa, causar à parte, perdendo a remuneração que lhe foi arbitrada, mas tem o direito a haver o que legitimamente despendeu no exercício do encargo.

Parágrafo único. O depositário infiel responde civilmente pelos prejuízos causados, sem prejuízo de sua responsabilidade penal e da imposição de sanção por ato atentatório à dignidade da justiça.

Comentário de *Carlos Eduardo Oliveira Dias*

Os arts. 159 a 161 do NCPC disciplinam a figura do depositário e do administrador, que são auxiliares eventuais e externos da justiça, responsáveis pela guarda e a conservação de bens que foram penhorados, arrestados, sequestrados ou arrecadados no processo. Existem incontáveis situações processuais que exigem o apresamento de bens, seja para a sua própria preservação, seja para assegurar que venham a se tornar instrumento de eficácia do cumprimento de obrigações judiciais ou extrajudiciais. Assim, o juiz poderá determinar que os bens fiquem sob o encargo e responsabilidade de alguém especialmente designado para tanto, que receberá a qualificação de depositário ou de administrador, conforme o caso. A rigor, o depositário é aquele que recebe a incumbência de guardar bens apresados (como nos casos de bens decorrentes de herança jacente (art. 739); de bens penhorados (art. 838, IV); em situações de penhora de créditos (art. 856) ou de bens imóveis cujo leilão não alcançar o limite de 80% do valor da avaliação (art. 896)) e o administrador aquele a quem foi delegada a tarefa de gerenciar empreendimentos ou recursos financeiros (o código contempla o administrador nos casos da massa falida (art. 75, V) e no caso do inventário (arts. 613 e 614)). O código também apresenta a figura do administrador-depositário, para situações em que o profissional nomeado deve cumular as duas atribuições. É o caso, p. ex., das situações de penhora da empresa, previstas no art. 862 e 863, do código; da penhora de quotas ou ações de sociedades personificadas (art. 861, § 3º); da penhora de faturamento de empresa (art. 866) e de frutos e rendimentos de coisa móvel ou imóvel (art. 867).

Diferentemente do que ocorre com os peritos, o CPC não especifica os requisitos ou pressupostos para ser nomeado administrador ou depositário. Intuitivamente, supõe-se que deve ser um profissional probo, de confiança do magistrado e que tenha qualificação técnica para o exercício das incumbências que lhe forem confiadas. Por certo que a tarefa de depositário não exige, *a priori*, nenhuma habilidade específica, salvo se se tratar de um bem dotado de algum atributo especial de conservação. Mas nesse caso, é sempre oportuno que o depositário disponha de local apropriado para a guarda e a preservação dos bens, inclusive responsabilizando-se pela manutenção periódica daqueles que assim exigem, a fim de evitar sua deterioração ou perecimento. Já no caso do administrador, as situações previstas em lei para a sua nomeação, em regra, exigem atributos especiais, pois seria inviável a outorga de poderes de gestão de empresas, de faturamento ou de quotas empresariais a pessoas que não tenham um mínimo de qualificação técnica que as habilite para o cargo. O juízo prudente do magistrado deve nortear esse processo de nomeação.

É oportuno o registro a respeito da ressalva feita pelo próprio dispositivo, no sentido de ser observado, quando o caso, o comando legal pertinente ao depósito ou administração. Isso significa que, nos casos em que há determinação legal — do próprio código ou de outra norma — para a atribuição do encargo, o magistrado não terá a liberdade de nomeação enunciada no art. 159 (é o que ocorre, p. ex., no caso das situações descritas no art. 840, do CPC). Por outro lado, o código autoriza que o depositário ou o administrador indique um ou mais prepostos, para em seu nome agir na prática dos atos processuais (art. 160, parágrafo único).

Sendo um auxiliar externo da justiça, o depositário ou o administrador têm direito a uma remuneração, fixada pelo juiz, levando em consideração a situação dos bens, o tempo da execução do serviço e as dificuldades de sua execução, além de eventuais despesas de manutenção e preservação do bem. Não existem parâmetros fixados pelo código, de maneira que o valor atribuído fica sempre a critério do magistrado da causa, sem prejuízo de haver parâmetros estabelecidos por normas internas de cada tribunal.

De outro lado, há casos em que o encargo de depositário recai sobre o executado (art. 840, § 2º) ou sobre o exequente (art. 840, § 1º); nessas situações, embora a qualificação jurídica seja a mesma, não se aplicam as disposições relativas à remuneração, dado que, no caso, não são profissionais exercendo a função, mas sim partes interessadas no desfecho da lide.

Por fim, o art. 161 estabelece que o depositário ou o administrador é responsável pelos prejuízos que causar à parte caso aja com dolo ou culpa. Sendo responsável pela guarda e conservação dos bens ou pela gestão do patrimônio, se houver perecimento, perda ou algum tipo de lesão a direitos dos litigantes que lhe seja atribuível, ele deverá indenizar a parte prejudicada, além de perder a remuneração que lhe foi arbitrada — o que faz todo sentido, pois seu encargo não foi adequadamente cumprido. Todavia, o código reserva-lhe o direito de haver o que despendeu no exercício do encargo. Por certo que isso não se aplica se houver perecimento do bem sem que haja culpa ou dolo do depositário, situação em que não será responsabilizado.

Ao lado dessas cominações, o código inova ao estabelecer, no parágrafo único do art. 161, que o depositário infiel responde civilmente pelos prejuízos causados, sem prejuízo de sua responsabilidade penal e da imposição de sanção por ato atentatório à dignidade da justiça. Essas consequências não eram previstas no texto anterior, embora pudessem ser adotadas com fundamento em outras disposições. Assim, uma vez configurada a infidelidade do depositário — situação em que, comprovadamente, a pessoa nomeada como fiel depositária vendeu, onerou ou deu em pagamento bens sob sua guarda — poderá, além de lhe ser exigida indenização pela perda do bem, responder pelo crime de estelionato, como vem decidindo a jurisprudência.

> Nesse sentido, decisão do Tribunal Regional Federal da 4ª Região. PENAL. APELAÇÃO CRIMINAL. ESTELIONATO. DEPOSITÁRIO INFIEL. SACAS DE ARROZ DESVIADAS. SENTENÇA ABSOLUTÓRIA REFORMADA. CONDENAÇÃO. SUBSTITUIÇÃO DA PENA PRIVATIVA DE LIBERDADE. RECURSO PROVIDO. 1. Se, do conjunto probatório, conclui-se que o réu era o depositário de safras de arroz vinculadas a operações de AGF e EGF, com a CONAB e com o Banco do Brasil, e desviou parte da substância estocada em seus silos, deve responder criminalmente pelo delito tipificado no art. 171, § 2º, I, c/c § 3º do mesmo artigo, ambos do Código Penal. 2. Ocorre a defraudação de penhor quando é feita alienação do objeto empenhado (inciso III, § 2º, do art. 171 do CP), sem o consentimento do credor, independentemente da espécie de depósito, se regular ou irregular (art. 1280 do CCB), porque não há confundir a esfera cível e a penal, que são autônomas e independentes entre si. Interessa ao direito penal reprimir a conduta fraudulenta. 3. O tipo das condutas dos incisos do § 2º do art. 171 se perfectibiliza com a reunião dos elementos indicados em cada inciso, presumindo-se a vantagem indevida, o prejuízo e o erro. A natural fungibilidade do arroz não desnatura o depósito sendo o produto contratualmente infungibilizado, a existência do tipo específico da disposição de coisa alheia como própria afasta o delito de apropriação indébita. Para caracterizar o dolo dos delitos de alienação de coisa alheia como própria e defraudação de penhor basta a vontade consciente de alienar o bem depositado ou apenhado. Cabe à defesa alegar e comprovar excludentes da ilicitude ou da punibilidade. 4. Sentença reformada para condenar o réu à pena de 2 anos e 8 meses de reclusão e multa. 5. Substituição da pena privativa de liberdade, Lei n. 9.714/98, por duas penas restritivas de direitos, uma consistente em pena pecuniária e a outra em prestação de serviços à comunidade. 6. Apelação criminal parcialmente provida. (TRF-4 — ACR: 8509 RS 2001.04.01.008509-2, Relator: José Luiz Borges Germano da Silva, Data de Julgamento: 4.9.2001)

Além disso, pode ser enquadrada como praticante de ato atentatório à dignidade da justiça (art. 77, VI, do CPC). Destaca-se, por oportuno, que a sanção penal declinada não resta inviabilizada pela Súmula Vinculante n. 25 do Supremo Tribunal Federal, eis que aquela veda somente a prisão civil do depositário infiel (SV 25 — *"É ilícita a prisão civil de depositário infiel, qualquer que seja a modalidade de depósito."*).

A CLT é completamente omissa sobre a disciplina do depositário ou do administrador, o que atrai a plena incidência desses dispositivos ao processo do trabalho, eis que lhe são compatíveis, nas diversas modalidades em que isso possa ser inserido na competência da Justiça Laboral.

Seção IV
Do Intérprete e do Tradutor

Art. 162.

O juiz nomeará intérprete ou tradutor quando necessário para:

I – traduzir documento redigido em língua estrangeira;

II – verter para o português as declarações das partes e das testemunhas que não conhecerem o idioma nacional;

III – realizar a interpretação simultânea dos depoimentos das partes e testemunhas com deficiência auditiva que se comuniquem por meio da Língua Brasileira de Sinais, ou equivalente, quando assim for solicitado.

Art. 163.

Não pode ser intérprete ou tradutor quem:

I – não tiver a livre administração de seus bens;

II – for arrolado como testemunha ou atuar como perito no processo;

III – estiver inabilitado para o exercício da profissão por sentença penal condenatória, enquanto durarem seus efeitos.

Art. 164.

O intérprete ou tradutor, oficial ou não, é obrigado a desempenhar seu ofício, aplicando-se-lhe o disposto nos arts. 157 e 158.

Comentário de *Carlos Eduardo Oliveira Dias*

Os arts. 162 ao 164 do NCPC são dedicados a regular outra modalidade de auxiliar externo e eventual da justiça: os intérpretes e tradutores. O texto reproduz quase a integralidade do constante na legislação anterior, com breves ajustes de redação, preservando o sistema do CPC-1973.

Na realidade, o *caput* do art. 162 faz um ajuste conceitual, ao qualificar como auxiliar da justiça tanto o intérprete quanto o tradutor. *"Intérprete é que traduz o que a parte, assistente, testemunha ou outra pessoa que tenha de exprimir-se no processo, manifestação para que, em língua portuguesa, todos os interessados no pleito entendam."* (MIRANDA, 1999, Tomo II, p. 462). Seu trabalho é o de verter para o vernáculo as manifestações feitas por qualquer pessoa que se manifeste em língua estrangeira no processo. Já o tradutor é aquele responsável pela transposição de documento produzido em língua estrangeira para o português. No texto anterior, apesar da nominação apenas do intérprete, já constavam também atribuições de tradução.

A necessidade de tradutor ou intérprete atuando no processo, além de intuitiva — para permitir a compreensão dos atos processuais por todos os que atuam no processo — decorre também de uma exigência do próprio código, em seu art. 192 ("Em todos os atos e termos do processo é obrigatório o uso da língua portuguesa"). Assim, se houver a produção de qualquer ato processual, escrito ou verbal, faz-se necessária a atuação do tradutor ou do intérprete, conforme o caso. Assim, nos estritos termos do art. 162, o juiz nomeará tradutor ou intérprete quando houver necessidade de traduzir documento redigido em língua estrangeira ou de verter para o português as declarações das partes e das testemunhas que não conhecerem o idioma nacional. Diante da exigência expressa do art. 192, entendemos que a intervenção do intérprete ou do tradutor não dependem de requerimento expresso, podendo ser determinada de ofício pelo juiz.

O inciso III traz uma modalidade um tanto distinta, mas igualmente pertinente. Havendo, no processo, partes ou testemunhas portadoras de deficiência auditiva, deverá o juiz fazer uso de profissional específico para interpretar simultaneamente suas manifestações. Esse profissional tem que possuir a habilitação específica em Língua Brasileira de Sinais, indispensável ao exercício do seu mister. Nesse sentido, o CPC-2015 promove uma adequação redacional, substituindo o ultrapassado texto do art. 151, III, do CPC-1073. A idoneidade do intérprete ou do tradutor é algo essencial no exercício do seu trabalho, pois pessoas de má-fé poderiam distorcer as manifestações feitas no processo, em desfavor de um ou de outro interessado. Por isso, embora o código não especifique os requisitos para que se possa fazer a nomeação do profissional, há que se considerar que existe norma própria reguladora do tema. O Decreto presidencial n. 13.609, de 21.10.1943, aprovou o Regulamento do ofício de Tradutor Público e Intérprete Comercial no Brasil, e desde então é o instrumento jurídico que disciplina essa atividade. Embora se trate de decreto presidencial, o dispositivo em questão tem força de lei, dado que a Constituição de 1937, em que se fundou, previa essa figura legislativa, no contexto do Estado Novo.

Dentre os requisitos para o exercício da função, consta do art. 1º do Decreto que *"o ofício de Tradutor Público e Intérprete Comercial será exercido, no país, mediante concurso de provas e nomeação concedida pelas Juntas Comerciais ou orgãos encarregados do registro do comércio."* Assim aprovado perante a Junta Comercial correspondente, o intérprete ou tradutor torna-se apto à nomeação pelo juiz, que sempre deverá fazê-la recair sobre um profissional devidamente habilitado.

O art. 163, do CPC, no entanto, estipula vedações a esse encargo, de forma que não podem ser nomeados aqueles que, por ocasião da nomeação, não tiverem a livre administração de seus bens; forem arrolado como testemunha ou atuar como perito no processo; estiverem inabilitados para o exercício da profissão por sentença penal condenatória, enquanto durarem seus efeitos. Outrossim, a exemplo do que ocorre com os peritos, os tradutores e intérpretes, ao serem nomeados judicialmente, recebem um encargo público, e não podem se recusar a cumpri-lo, ressalvada a ocorrência de uma das escusas legais aplicáveis aos peritos, que também se lhes aplicam (art. 164, do NCPC).

A despeito da existência de meios próprios para a tradução de documentos, inclusive disponíveis na rede mundial de computadores, a tradução oficial não pode ser dispensada ou substituída, nos termos do que determina o art. 18 do Decreto n. 13.609/43 (*"Nenhum livro, documento ou papel de qualquer natureza que for exarado em idioma estrangeiro, produzirá efeito em repartições da União dos Estados e dos municípios, em qualquer instância, Juízo ou Tribunal ou entidades mantidas, fiscalizadas ou orientadas pelos poderes públicos, sem ser acompanhado da respectiva tradução feita na conformidade deste regulamento"*) e do parágrafo único do art. 192, do CPC (*"O documento redigido em língua estrangeira somente poderá ser juntado aos autos quando acompanhado de versão para a língua portuguesa tramitada por via diplomática ou pela autoridade central, ou firmada por tradutor juramentado"*).

Por serem profissionais externos aos quadros da justiça, os intérpretes e tradutores devem ser remunerados pelo seu trabalho, sob a forma de emolumentos fixados pelas Juntas Comerciais ou órgãos correspondentes, nos termos do disposto no art. 35 do Decreto n. 13.609/43. Esse pagamento se dá sem prejuízo dos honorários a serem fixados pelo juiz, de acordo com a natureza e complexidade do trabalho.

Também neste particular, a ausência de normatização específica do processo laboral, e a premente necessidade de uso de profissionais para realizar tradução ou interpretação autorizam a aplicação plena desses dispositivos, em sua integralidade, ao processo do trabalho.

Seção V
Dos Conciliadores e Mediadores Judiciais

Art. 165.

Os tribunais criarão centros judiciários de solução consensual de conflitos, responsáveis pela realização de sessões e audiências de conciliação e mediação e pelo desenvolvimento de programas destinados a auxiliar, orientar e estimular a autocomposição.

§ 1º A composição e a organização dos centros serão definidas pelo respectivo tribunal, observadas as normas do Conselho Nacional de Justiça.

§ 2º O conciliador, que atuará preferencialmente nos casos em que não houver vínculo anterior entre as partes, poderá sugerir soluções para o litígio, sendo vedada a utilização de qualquer tipo de constrangimento ou intimidação para que as partes conciliem.

§ 3º O mediador, que atuará preferencialmente nos casos em que houver vínculo anterior entre as partes, auxiliará aos interessados a compreender as questões e os interesses em conflito, de modo que eles possam, pelo restabelecimento da comunicação, identificar, por si próprios, soluções consensuais que gerem benefícios mútuos.

Art. 166.

A conciliação e a mediação são informadas pelos princípios da independência, da imparcialidade, da autonomia da vontade, da confidencialidade, da oralidade, da informalidade e da decisão informada.

§ 1º A confidencialidade estende-se a todas as informações produzidas no curso do procedimento, cujo teor não poderá ser utilizado para fim diverso daquele previsto por expressa deliberação das partes.

§ 2º Em razão do dever de sigilo, inerente às suas funções, o conciliador e o mediador, assim como os membros de suas equipes, não poderão divulgar ou depor acerca de fatos ou elementos oriundos da conciliação ou da mediação.

§ 3º Admite-se a aplicação de técnicas negociais, com o objetivo de proporcionar ambiente favorável à autocomposição.

§ 4º A mediação e a conciliação serão regidas conforme a livre autonomia dos interessados, inclusive no que diz respeito à definição das regras procedimentais.

Art. 167.

Os conciliadores, os mediadores e as câmaras privadas de conciliação e mediação serão inscritos em cadastro nacional e em cadastro de tribunal de justiça ou de tribunal regional federal, que manterá registro de profissionais habilitados, com indicação de sua área profissional.

§ 1º Preenchendo o requisito da capacitação mínima, por meio de curso realizado por entidade credenciada, conforme parâmetro curricular definido pelo Conselho Nacional de Justiça em conjunto com o Ministério da Justiça, o conciliador ou o mediador, com o respectivo certificado, poderá requerer sua inscrição no cadastro nacional e no cadastro de tribunal de justiça ou de tribunal regional federal.

§ 2º Efetivado o registro, que poderá ser precedido de concurso público, o tribunal remeterá ao diretor do foro da comarca, seção ou subseção judiciária onde atuará o conciliador ou o mediador os dados necessários para que seu nome passe a constar da respectiva lista, a ser observada na distribuição alternada e aleatória, respeitado o princípio da igualdade dentro da mesma área de atuação profissional.

§ 3º Do credenciamento das câmaras e do cadastro de conciliadores e mediadores constarão todos os dados relevantes para a sua atuação, tais como o número de processos de que participou, o sucesso ou insucesso da atividade, a matéria sobre a qual versou a controvérsia, bem como outros dados que o tribunal julgar relevantes.

§ 4º Os dados colhidos na forma do § 3º serão classificados sistematicamente pelo tribunal, que os publicará, ao menos anualmente, para conhecimento da população e para fins estatísticos e de avaliação da conciliação, da mediação, das câmaras privadas de conciliação e de mediação, dos conciliadores e dos mediadores.

§ 5º Os conciliadores e mediadores judiciais cadastrados na forma do *caput*, se advogados, estarão impedidos de exercer a advocacia nos juízos em que desempenhem suas funções.

§ 6º O tribunal poderá optar pela criação de quadro próprio de conciliadores e mediadores, a ser preenchido por concurso público de provas e títulos, observadas as disposições deste Capítulo.

Art. 168.

As partes podem escolher, de comum acordo, o conciliador, o mediador ou a câmara privada de conciliação e de mediação.

§ 1º O conciliador ou mediador escolhido pelas partes poderá ou não estar cadastrado no tribunal.

§ 2º Inexistindo acordo quanto à escolha do mediador ou conciliador, haverá distribuição entre aqueles cadastrados no registro do tribunal, observada a respectiva formação.

§ 3º Sempre que recomendável, haverá a designação de mais de um mediador ou conciliador.

Art. 169.

Ressalvada a hipótese do art. 167, § 6º, o conciliador e o mediador receberão pelo seu trabalho remuneração prevista em tabela fixada pelo tribunal, conforme parâmetros estabelecidos pelo Conselho Nacional de Justiça.

§ 1º A mediação e a conciliação podem ser realizadas como trabalho voluntário, observada a legislação pertinente e a regulamentação do tribunal.

§ 2º Os tribunais determinarão o percentual de audiências não remuneradas que deverão ser suportadas pelas câmaras privadas de conciliação e mediação, com o fim de atender aos processos em que deferida gratuidade da justiça, como contrapartida de seu credenciamento.

Art. 170.

No caso de impedimento, o conciliador ou mediador o comunicará imediatamente, de preferência por meio eletrônico, e devolverá os autos ao juiz do processo ou ao coordenador do centro judiciário de solução de conflitos, devendo este realizar nova distribuição.

Parágrafo único. Se a causa de impedimento for apurada quando já iniciado o procedimento, a atividade será interrompida, lavrando-se ata com relatório do ocorrido e solicitação de distribuição para novo conciliador ou mediador.

Art. 171.

No caso de impossibilidade temporária do exercício da função, o conciliador ou mediador informará o fato ao centro, preferencialmente por meio eletrônico, para que, durante o período em que perdurar a impossibilidade, não haja novas distribuições.

Art. 172.

O conciliador e o mediador ficam impedidos, pelo prazo de 1 (um) ano, contado do término da última audiência em que atuaram, de assessorar, representar ou patrocinar qualquer das partes.

Art. 173.

Será excluído do cadastro de conciliadores e mediadores aquele que:

I – agir com dolo ou culpa na condução da conciliação ou da mediação sob sua responsabilidade ou violar qualquer dos deveres decorrentes do art. 166, §§ 1º e 2º;

II – atuar em procedimento de mediação ou conciliação, apesar de impedido ou suspeito.

§ 1º Os casos previstos neste artigo serão apurados em processo administrativo.

§ 2º O juiz do processo ou o juiz coordenador do centro de conciliação e mediação, se houver, verificando atuação inadequada do mediador ou conciliador, poderá afastá-lo de suas atividades por até 180 (cento e oitenta) dias, por decisão fundamentada, informando o fato imediatamente ao tribunal para instauração do respectivo processo administrativo.

Art. 174.

A União, os Estados, o Distrito Federal e os Municípios criarão câmaras de mediação e conciliação, com atribuições relacionadas à solução consensual de conflitos no âmbito administrativo, tais como:

I – dirimir conflitos envolvendo órgãos e entidades da administração pública;

II – avaliar a admissibilidade dos pedidos de resolução de conflitos, por meio de conciliação, no âmbito da administração pública;

III – promover, quando couber, a celebração de termo de ajustamento de conduta.

Art. 175.

As disposições desta Seção não excluem outras formas de conciliação e mediação extrajudiciais vinculadas a órgãos institucionais ou realizadas por intermédio de profissionais independentes, que poderão ser regulamentadas por lei específica.

Parágrafo único. Os dispositivos desta Seção aplicam-se, no que couber, às câmaras privadas de conciliação e mediação.

Comentário de *Carlos Eduardo Oliveira Dias*

A Seção V do Capítulo III, do Título IV, do NCPC traz uma completa inovação normativa face ao disposto no código anterior, que era completamente silente a respeito. Trata-se do regramento das funções dos *Conciliadores e Mediadores Judiciais*, qualificados igualmente como Auxiliares da Justiça. A despeito dessa designação, no entanto, o texto disciplina não somente a figura da mediação judicial mas também a realizada extrajudicialmente e, ainda, estabelece a obrigação de instituição de câmaras administrativas de mediação e conciliação, a serem instituídas por atos dos entes federativos (art. 174).

A temática da mediação, como dito, não era tratada pelo código anterior. Na realidade, o assunto só veio a ter regulação normativa com a Lei n. 13.140/2015, sancionada após a sanção do NCPC mas que entrou em vigor antes dele (a *vacatio legis* do NCPC, publicado em 17.3.2015, é de um ano, sendo que a Lei n. 13.140, publicada em 29.6.2015, teve sua *vacatio* fixada em 180 dias). Assim, são duas normas de aplicação complementar, que possuem vários pontos de convergência e algumas divergências pontuais. O amplo tratamento dado pelo Código vai na esteira de uma percepção muito comum no processo contemporâneo, que é a valorização dos meios autocompositivos de solução de conflitos e também do uso de mecanismos extrajudiciais para esse mesmo fim. No entanto, em nosso entender, o NCPC foi muito além do desejável nesse mister, criando um sistema apto à privatização da atividades jurisdicional, o que, a nosso juízo, é totalmente indesejável e inconsonante com os anseios da maior parte da população.

O espírito conciliatório e privatista do NCPC já transparece na redação do seu art. 3º, já analisado oportunamente. Ali, remete-se ao cabimento da arbitragem, consoante regulação normativa e concita-se o Estado e os operadores da justiça a estimularem os métodos de solução consensual dos conflitos. A arbitragem não é uma novidade no sistema brasileiro. Trata-se de é tipo procedimental de *solução extrajudicial de conflitos*, mediante o qual a decisão é proferida por um terceiro, estranho à relação entre os sujeitos em controvérsia e, em geral, por eles escolhido. No Brasil, o instituto é regulado pela Lei n. 9.307/96 — alterada pela Lei n. 13.129/15. Assim, quando o conflito envolver direitos patrimoniais disponíveis, seus titulares poderão convencionar a arbitragem como forma de solução da controvérsia. Esse ato representa uma renúncia à jurisdição estatal, pois, com sua celebração, as partes envolvidas estabeleceram que o conflito será resolvido por um árbitro, e não pela atividade jurisdicional estatal. Sendo assim, a existência da convenção de arbitragem se configura como um obstáculo ao exercício do direito de ação, tema que chegou a merecer considerações sobre sua constitucionalidade, mas sem sucesso.

O Supremo Tribunal Federal, por maioria de votos, julgou um recurso em processo de homologação de Sentença Estrangeira (SE 5206), considerando constitucional a Lei de Arbitragem (Lei n. 9.307/96), que permite que as partes possam escolher um árbitro para solucionar litígios sobre direitos patrimoniais, sem necessidade de o laudo arbitral resultante desse acordo ser homologado por uma autoridade judicial (decisão de 12 de dezembro de 2001). Esse caso foi considerado "piloto" sobre a matéria, pois foi a primeira decisão nesse sentido proferida pela Corte Superior, e nela observa-se apreciação incidente no sentido de que inexiste vício de inconstitucionalidade na norma, pelo fato de restringir o direito de ação, em casos em que existe a convenção de arbitragem. Trata-se do caso de uma empresa, de origem estrangeira, que pretendia homologar um laudo de sentença arbitral dada na Espanha, para que tivesse efeitos no Brasil. A princípio, o pedido havia sido indeferido, mas com a promulgação da Lei n. 9.307/96 foi suscitado que ela dispensaria a homologação desse laudo na justiça do país de origem. Durante o julgamento do recurso, o ministro Moreira Alves levantou a questão da constitucionalidade da nova lei e, apesar de todos os ministros terem votado pelo deferimento do recurso, houve discordância quanto ao incidente de inconstitucionalidade. Sepúlveda Pertence, o relator do recurso, bem como Sydney Sanches, Néri da Silveira e Moreira Alves entenderam que a lei de arbitragem, em alguns de seus dispositivos, dificulta o acesso ao Judiciário, direito fundamental previsto pelo artigo quinto, inciso XXXV, da Constituição Federal. Contudo, não foi esta a tese prevalecente, entendendo a maioria dos Ministros pela constitucionalidade da lei e, consequentemente, do instituto da arbitragem.

É por essa razão que a lei processual comum estipula que, se uma das partes ajuizar ação judicial para dirimir controvérsia derivada de contrato abrangido por convenção de arbitragem, a parte adversa poderá invocar a preliminar em comento, visando à extinção do processo, sem resolução meritória. Cabe assinalar que, a exemplo do que fazia o código anterior, o CPC-2015 estipula que a existência da convenção de arbitragem é tema que não pode ser conhecido de ofício pelo magistrado (art. 337, § 5º). Por outro lado, o § 6º do mesmo artigo estabelece que *"a ausência de alegação da existência de convenção de arbitragem, na forma prevista neste Capítulo, implica aceitação da jurisdição estatal e renúncia ao juízo arbitral."*

Tirante essa remissão do art. 3º, no entanto, o NCPC é bastante modesto ao tratar da arbitragem (além dos dispositivos já citados e do art. 359, sobre o qual comentaremos a seguir, vê-se referências à arbitragem nos arts. 189, IV e 260, § 3º, muito mais voltados à questões procedimentais), ao contrário do que faz com a mediação e a conciliação. Apesar disso, e de forma coerente com o propósito já estabelecido, estimula a procura por esse método, mesmo no curso processual, como se extrai do constante do art. 359, *verbis*: *"Art. 359. Instalada a audiência, o juiz tentará conciliar as partes, independentemente do emprego anterior de outros métodos de solução consensual de conflitos, como a mediação e a arbitragem."*

Conforme já exposto, o CPC-2015 estabelece aos tribunais a obrigatoriedade de criação dos centros judiciários de solução consensual de conflitos, também chamados de CEJUSCs, que serão órgãos responsáveis pela realização de sessões e audiências de conciliação e mediação e pelo desenvolvimento de programas destinados a auxiliar, orientar e estimular a autocomposição. A composição e a organização dos centros deve ser estabelecida por cada tribunal que o implementar, observadas as normas do Conselho Nacional de Justiça. Atualmente a regulamentação das atividades de mediação e conciliação, bem assim o funcionamento dos CEJUSCs e a estipulação de conteúdo programático dos cursos de formação de mediadores é feita pela Resolução n. 125, do Conselho Nacional de Justiça.

No mesmo art. 165 há a preocupação legislativa em se diferenciar o conciliador do mediador. Assim, a atuação do primeiro ocorrerá, preferencialmente, nos casos em que não houver vínculo anterior entre as partes, e a do segundo naqueles em que existir esse vínculo entre os litigantes. Se se tratar, portanto, de um litígio decorrente do cumprimento de um contrato, p.ex., será mais apropriado que nele atue um mediador; caso o conflito decorra de um acidente de trânsito, é recomendado que seja um conciliador. Essas disposições, que estão expressas no NCPC, não são peremptórias, mas apenas indicativos que devem ser observados, preferencialmente. Em qualquer das situações, resta evidente que o papel do mediador ou do conciliador não pode ser de proferir juízo valorativo sobre o conflito, mas sim o de propor soluções e formular orientações, voltadas à aucomposição. Ressalta-se, mais uma vez, que a atuação do mediador ou do conciliador judiciais não se transforma em arbitragem, sendo certo que eventual insucesso na tentativa de composição devolve a apreciação do conflito ao magistrado (o art. 7º da Lei n. 13.140/15 expressamente proíbe a atuação do mediador como árbitro no processo).

Cumpre ser feito o registro de que a mediação e a conciliação passam a ter *status* procedimental no processo. Nos termos do art. 334, do CPC, se a petição inicial preencher os seus requisitos formais, e não havendo razão para a improcedência liminar do pedido, o juiz deverá designar audiência de conciliação ou de mediação — de acordo com os critérios supra expostos —, o que só não será admitido se houve manifestação recíproca em sentido contrário ou se os direitos em debate não estiverem sujeitos à autocomposição. Isso define a relevância que o NCPC confere a esse instituto, na esteira do que já fora antes assinalado.

Além da estipulação da mediação judicial, realizada pelo já mencionado art. 165, o NCPC permite, também, a prática da mediação ou conciliação por câmara privada. Fala-se, nesse caso, de mediação extrajudicial, disciplinada pelo art. 168, do código. Ali se estabelece que as partes podem escolher o conciliador, o mediador ou a câmara privada de conciliação e de mediação, de comum acordo — que pode ser ou não cadastrado no tribunal — ou mediante distribuição dentre os estão no cadastro de cada corte. Trata-se de situação típica de solução extrajudicial de conflitos, que se situa estritamente no âmbito privado dos interessados, razão pela qual eles têm plena liberdade para a escolha do mediador ou do conciliador. É o que prevê, expressamente, o art. 4º da Lei n. 13.140/15 (*"O mediador será designado pelo tribunal ou escolhido pelas partes."*). No entanto, em se tratando de mediador judicial, a nomeação para atuação não depende de concordância das partes, salvo em hipóteses de suspeição ou impedimento (art. 25, da Lei n. 13.140/15 — *"Na mediação judicial, os mediadores não estarão sujeitos à prévia aceitação das partes, observado o disposto no art. 5º desta Lei."*).

Falando-se em cadastro, o **art. 167** estabelece a obrigatoriedade de inscrição dos conciliadores, dos mediadores e das câmaras privadas de conciliação e mediação em cadastro nacional e em cadastro de tribunal que adotar o sistema, que manterá registro de profissionais habilitados, com indicação de sua área profissional e todos os dados relevantes para a sua atuação, tais como o número de processos de que participou, o sucesso ou insucesso da atividade, a matéria sobre a qual versou a controvérsia, bem como outros dados que o tribunal julgar relevantes (§ 3º). Para tanto, os profissionais devem ser capacitados mediante a realização de curso promovido por entidade credenciada, conforme parâmetro curricular definido pelo Conselho Nacional de Justiça em conjunto com o Ministério da Justiça, podendo ser esse registro, precedido de concurso público (§§ 1º e 2º).

A Lei n. 13.140 é mais detalhista nesse aspecto. Nos termos do seu art. 11, *"Poderá atuar como mediador judicial a pessoa capaz, graduada há pelo menos dois anos em curso de ensino superior de instituição reconhecida pelo Ministério da Educação e que tenha obtido capacitação em escola ou instituição de formação de mediadores, reconhecida pela Escola Nacional de Formação e Aperfeiçoamento de Magistrados — ENFAM ou pelos tribunais, observados os requisitos mínimos estabelecidos pelo Conselho Nacional de Justiça em conjunto com o Ministério da Justiça."*

Assinala-se, ainda, que o tribunal poderá criar quadro próprio de conciliadores e mediadores, a ser preenchido por concurso público de provas e títulos, nos termos dos requisitos lançados no código (§ 6º).

Por exercerem função auxiliar da justiça, os mediadores e conciliadores são equiparados a servidores públicos, para fins penais (art. 8º, da Lei n. 13.140/15 — *"O mediador e todos aqueles que o assessoram no procedimento de mediação, quando no exercício de suas funções ou em razão delas, são equiparados a servidor público, para os efeitos da legislação penal."*). De outro lado, estão sujeitos às mesmas hipóteses de suspeição ou impedimento aplicáveis ao juiz (art. 5º, da Lei n. 13.140/15 — *"Aplicam-se ao mediador as mesmas hipóteses legais de impedimento e suspeição do juiz."*), e têm o dever, antes da aceitação da função, de revelar às partes qualquer fato ou circunstância que possa suscitar dúvida justificada em relação à sua imparcialidade para mediar o conflito, oportunidade em que poderá ser recusado por qualquer delas (art. 5º, parágrafo único, da Lei n. 13.140/15). Esse mesmo dever está cominado no art. 170, do CPC-2015, que estabelece a necessidade de devolução dos autos para redistribuição.

Aos mediadores e conciliadores, ainda, aplicam-se outras restrições. O art. 172 do CPC-2015 estipula seu impedimento para assessorar, representar ou patrocinar qualquer das partes, pelo prazo de um ano, contado do término da última audiência em que atuaram (mesma regra do art. 6º, da Lei n. 13.140/15) e aqueles que forem cadastrados e exercerem a advocacia, não poderão fazê-lo nos juízos em que desempenhem suas funções (§ 5º). Outrossim, jamais poderão atuar como árbitro nem funcionar como testemunha em processos judiciais ou arbitrais pertinentes a conflito nos quais tenham exercido a função (art. 7º, da Lei n. 13.140/15). Em caso de impossibilidade temporária do exercício da função, o conciliador ou mediador informará ao centro para que não receba novas atribuições (art. 171). Por fim, o art. 173 estabelece as hipóteses e procedimentos para exclusão dos mediadores e conciliadores do cadastro do tribunal.

Essa modalidade de auxiliar da justiça tanto pode ser interna quanto externa. Será interna se realizado o trabalho por servidor do próprio Poder Judiciário (art. 167, § 6º) e externa se exercido por profissional privado. O **art. 169** do CPC preconiza a possibilidade de remuneração do conciliador e do mediador externos, conforme tabela fixada pelo tribunal de acordo com referências estipuladas pelo Conselho Nacional de Justiça. Admite-se, ainda, que essa atividade seja realizada como trabalho voluntário, observada a legislação pertinente e a regulamentação que vier a ser feita por cada tribunal. Cabe observar que o § 2º prevê a possibilidade de cada tribunal determinar o percentual de audiências não remuneradas que deverão ser suportadas pelas câmaras privadas de conciliação e mediação, com o fim de atender aos processos em que deferida gratuidade da justiça, como contrapartida de seu credenciamento. (Esse tema é devidamente regulamentado pela Resolução n. 125, do CNJ).

A principiologia da conciliação e mediação está lavrada no art. 166 do CPC. São eles a independência, a imparcialidade, a autonomia da vontade, a confidencialidade, a oralidade, a informalidade e a decisão informada. Cabe notar que o art. 2º, da Lei n. 13.140 traz, além desses, também os princípios da isonomia entre as partes; da busca do consenso e da boa-fé, não contemplados pelo código, mas que se aplicam de forma idêntica. De todos esses preceitos, o que mais se destaca é o da confidencialidade, que merece regra específica no § 1º: ali consta que ela se estende a todas as informações produzidas no curso do procedimento, cujo teor não poderá ser utilizado para fim diverso daquele previsto por expressa deliberação das partes. O mesmo é reprisado no art. 30, da Lei n. 13.140, que determina, inclusive, o seu alcance, de forma similar ao que faz o § 2º do art. 166.

Art. 30. Toda e qualquer informação relativa ao procedimento de mediação será confidencial em relação a terceiros, não podendo ser revelada sequer em processo arbitral ou judicial salvo se as partes expressamente decidirem de forma diversa ou quando sua divulgação for exigida por lei ou necessária para cumprimento de acordo obtido pela mediação.

§ 1º O dever de confidencialidade aplica-se ao mediador, às partes, a seus prepostos, advogados, assessores técnicos e a outras pessoas de sua confiança que tenham, direta ou indiretamente, participado do procedimento de mediação, alcançando:

I — declaração, opinião, sugestão, promessa ou proposta formulada por uma parte à outra na busca de entendimento para o conflito;

II — reconhecimento de fato por qualquer das partes no curso do procedimento de mediação;

III — manifestação de aceitação de proposta de acordo apresentada pelo mediador;

IV — documento preparado unicamente para os fins do procedimento de mediação.

§ 2º A prova apresentada em desacordo com o disposto neste artigo não será admitida em processo arbitral ou judicial.

Outrossim, a informação recebida pelo mediador de forma reservada, por uma das partes, só pode ser revelada à outra com consentimento expresso. (art. 31, da Lei n. 13.140/15 — *"Será confidencial a informação prestada por uma parte em sessão privada, não podendo o mediador revelá-la às demais, exceto se expressamente autorizado."*). Todavia, a regra da

Art. 175

confidencialidade não abrange informação relativa à ocorrência de crime de ação pública (art. 30, § 3º da Lei n. 13.140/15), nem o dever dessas pessoas de prestarem informações à administração tributária após o termo final da mediação (art. 30, § 4º da Lei n. 13.140/15). Por fim, o § 4º do art. 166, valorizando a livre autonomia dos interessados, permite que elas disciplinem as regras procedimentais da mediação, a despeito do que consta da Seção III do Capítulo I da Lei n. 13.140/15.

O art. 174, já citado, institui uma terceira modalidade de mediação/conciliação. Trata-se daquela realizada em câmaras específicas, a serem criadas no âmbito de cada ente federativo, para solução administrativa de conflitos envolvendo órgãos e entidades da administração pública e promover, quando couber, a celebração de termo de ajustamento de conduta. Essa prática se situa no plano extrajudicial e tem como finalidade a redução da quantidade de demandas judiciais envolvendo o Estado, com inequívoca redução dos custos dos litígios e, sobretudo, a apresentação de um meio mais ágil de solução dos conflitos, em benefício do cidadão e da própria Administração. A determinação está consonante com o Capítulo II da Lei n. 13.140, que já previa essa possibilidade, oferecendo pressupostos e procedimentos a serem adotados para essa implementação.

Por fim, o código não exclui quaisquer outras modalidades de conciliação e mediação extrajudiciais vinculadas a órgãos institucionais ou realizadas por intermédio de profissionais independentes, de acordo com a lei vigente (Lei n. 13.140) ou outra que vier a disciplinar o tema (**art. 175**).

Se os institutos da arbitragem e da mediação têm sido defendidos como uma forma eficiente de solução de conflitos nos âmbitos civil, comercial e empresarial, sua incidência no campo trabalhista é muito mais restrita. No plano das relações coletivas não há dúvidas de que devem ser amplamente utilizado, como, aliás, exige o § 2º do art. 114, da Constituição, como requisito formal prévio da busca pela sua solução jurisdicional. No entanto, o uso da arbitragem nas relações individuais de trabalho é severamente criticado por quase todos os que se dedicam ao estudo dos fundamentos e das estruturas do Direito do Trabalho. Afinal, enquanto no Direito Coletivo prevalece o pressuposto da igualdade das partes envolvidas no conflito (sindicato x empresa), no plano individual a regra ainda é o da hipossuficiência do trabalhador. Logo, e pela caracterização típica do contrato de trabalho — em regra, um contrato de adesão —, a admissibilidade da arbitragem colocaria em risco a integridade do sistema protetivo do Direito do Trabalho, atingindo nitidamente o princípio da irrenunciabilidade, que lhe é peculiar. Além disso, a condição econômica desfavorável do trabalhador favorece um padrão de insegurança na integridade da atividade arbitral, eis que ela deverá sempre ser sustentada financeiramente pelo empregador, desacreditando qualquer possibilidade de exercício isento e imparcial.

É por essas razões que tanto a doutrina quanto a jurisprudência trabalhistas têm assimilado o cabimento da arbitragem apenas no âmbito das relações coletivas de trabalho, renegando sua prática no plano individual, ainda que exista previsão em norma coletiva da categoria nesse sentido.

> Nesse sentido, recente decisão da 6ª Turma do Tribunal Superior do Trabalho, a seguir transcrita: "AGRAVO DE INSTRUMENTO. RECURSO DE REVISTA. ARBITRAGEM. INAPLICABILIDADE DA LEI N. 9.307/96 NOS CONFLITOS INDIVIDUAIS DE TRABALHO. Embora o art. 31 da Lei n. 9.307/96 disponha que a sentença arbitral produz, entre as partes e seus sucessores, os mesmos efeitos da sentença proferida pelos órgãos do Poder Judiciário e, sendo condenatória, constitui título executivo, entendo-a inaplicável ao contrato individual de trabalho. Com efeito, o instituto da arbitragem, em princípio, não se coaduna com as normas imperativas do Direito Individual do Trabalho, pois parte da premissa, quase nunca identificada nas relações laborais, de que empregado e empregador negociam livremente as cláusulas que regem o contrato individual de trabalho. Nesse sentido, a posição de desigualdade (jurídica e econômica) existente entre empregado e empregador no contrato de trabalho dificulta sobremaneira que o princípio da livre manifestação da vontade das partes se faça observado. Como reforço de tese, vale destacar que o art. 114 da Constituição Federal, em seus §§ 1º e 2º, alude à possibilidade da arbitragem na esfera do Direito Coletivo do Trabalho, nada mencionando acerca do Direito Individual do Trabalho. Agravo de instrumento a que se nega provimento." (AIRR — 0415-2005-039-02-40 — 6ª T. — Rel. Min. Horácio Senna Pires — DJ — 26.6.2009)

Registra-se, por fim, que a Lei n. 13.129 previa a inserção do § 4º no art. 4º da Lei n. 9.307, justamente para abarcar algumas relações empregatícias como sujeitas à arbitragem. No entanto, o texto foi vetado pela Presidenta da República.

> As razões do veto: *"O dispositivo autorizaria a previsão de cláusula de compromisso em contrato individual de trabalho. Para tal, realizaria, ainda, restrições de sua eficácia nas relações envolvendo determinados empregados, a depender de sua ocupação. Dessa forma, acabaria por realizar uma distinção indesejada entre empregados, além de recorrer a termo não definido tecnicamente na legislação trabalhista. Com isso, colocaria em risco a generalidade de trabalhadores que poderiam se ver submetidos ao processo arbitral."*

No que tange à mediação e à conciliação, o quadro é um pouco diverso. No entanto, isso não significa que se possa assimilar incondicionalmente todas as disposições do CPC-2015 ao processo do trabalho. Com efeito, a Justiça do Trabalho é, fundamentalmente conciliatória, e tem na conciliação um dos seus princípios basilares, conforme consta expressamente do seu art. 764 (*"Os dissídios individuais ou coletivos submetidos à apreciação da Justiça do Trabalho serão sempre sujeitos à conciliação."*). Nesse contexto, o dever constante do art. 3º, par. 3º, do NCPC já constava, com outras palavras, do art. 764, § 1º, da CLT, ainda que dirigido somente aos magistrados.

Há, portanto, um manifesto protagonismo da Justiça do Trabalho na adoção de medidas de autocomposição do conflito, devidamente mediada pelo magistrado. Isso não implica a conclusão, no entanto, de que a nova disciplina possa ser amplamente assimilada pelo Judiciário Trabalhista. Por primeiro, não se pode olvidar que os direitos trabalhistas, em regra, estão gravados com a cláusula da irrenunciabilidade, o que exige uma acuidade muito maior no exame da admissibilidade das formas de composição. Há títulos notoriamente impassíveis de transação, e a própria sistemática processual trabalhista inviabiliza a adoção do procedimento estipulado pelo CPC. É que o § 2º do art. 764, da CLT, estabelece que, *"não havendo acordo, o juízo conciliatório converter-se-á obrigatoriamente em arbitral, proferindo decisão na forma prescrita neste Título."* Assim, tem-se que a CLT adota um conceito que se dissocia frontalmente daquele assimilado pelo Código, concentrando na mesma pessoa — e, particularmente, no juiz — a condição de mediador/conciliador e julgador. Isso vai de encontro à própria principiologia da mediação, definida pelo CPC e pela Lei n. 13.140, que procura afastar as duas condições, de modo que o juiz não atuará como mediador, a não ser na condução da própria audiência (art. 359). Nessa linha, aliás, a promoção da conciliação ora prevista pelo CPC, já aparecia nos arts. 846 e 850, da CLT, como exigências procedimentais, inclusive, capazes de gerar nulidade caso não ocorressem.

Logo, o fato de haver uma disciplina normativa específica sobre a atividade conciliatória na Justiça do Trabalho e o já citado princípio da irrenunciabilidade, restringem sobremaneira o uso de mediadores ou conciliadores no processo trabalhista. A rigor, essas características, em nosso entender, afastam por completo a admissibilidade ampla do uso de *mediação extrajudicial*, já que essa figura só poderia ser expressamente criada por lei, já que tem o caráter de excepcionalidade. É o que ocorre com as controvertidas Comissões de Conciliação Prévia, criadas pela Lei n. 9.958/00. A despeito de toda a controvérsia existente a respeito de sua imprescindibilidade — o que já restou resolvido pelo STF — tem-se que a sua instituição por lei específica deixa claro o intento do legislador de apenas admitir a solução privada das controvérsias trabalhistas em caráter excepcional. Não seria legítimo, portanto, o reconhecimento da possibilidade da utilização de câmaras privadas de conciliação ou mediação em sede trabalhista, pois estariam completamente fora do contexto normativo do processo do trabalho.

Nesse enfoque, a mediação no processo do trabalho só poderia, hipoteticamente, ser admitida, se realizada judicialmente, ou seja, por determinação expressa e ponderada do magistrado a quem compete conhecer do conflito. Assim, entendemos que os tribunais do trabalho podem organizar núcleos ou centros de mediação, providos por servidores devidamente capacitados, que serão responsáveis pela promoção da autocomposição dos conflitos próprios da jurisdição trabalhista, sempre sob a supervisão direta de um magistrado do trabalho. Logo, as disposições do CPC relativas a esse tema não são aplicáveis ao processo do trabalho, como, aliás, expressa o art. 42 da Lei n. 13.140/15 (*"A mediação nas relações de trabalho será regulada por lei própria."*), já que não existe lei própria a respeito do tema. A única ressalva que fazemos, na mesma linha já tratada na questão da arbitragem, diz respeito às relações coletivas de trabalho, nas quais a mediação não somente é permitida como desejável. Além da previsão constitucional (art. 114, § 2º, da CF), a mediação nos conflitos coletivos é disciplinada pelo art. 11 da Lei n. 10.192/01.

TÍTULO V
DO MINISTÉRIO PÚBLICO

Art. 176.

O Ministério Público atuará na defesa da ordem jurídica, do regime democrático e dos interesses e direitos sociais e individuais indisponíveis.

Art. 177.

O Ministério Público exercerá o direito de ação em conformidade com suas atribuições constitucionais.

Art. 178.

O Ministério Público será intimado para, no prazo de 30 (trinta) dias, intervir como fiscal da ordem jurídica nas hipóteses previstas em lei ou na Constituição Federal e nos processos que envolvam:

I – interesse público ou social;

II – interesse de incapaz;

III – litígios coletivos pela posse de terra rural ou urbana.

Parágrafo único. A participação da Fazenda Pública não configura, por si só, hipótese de intervenção do Ministério Público.

Art. 179.

Nos casos de intervenção como fiscal da ordem jurídica, o Ministério Público:

I – terá vista dos autos depois das partes, sendo intimado de todos os atos do processo;

II – poderá produzir provas, requerer as medidas processuais pertinentes e recorrer.

Art. 180.

O Ministério Público gozará de prazo em dobro para manifestar-se nos autos, que terá início a partir de sua intimação pessoal, nos termos do art. 183, § 1º.

§ 1º Findo o prazo para manifestação do Ministério Público sem o oferecimento de parecer, o juiz requisitará os autos e dará andamento ao processo.

§ 2º Não se aplica o benefício da contagem em dobro quando a lei estabelecer, de forma expressa, prazo próprio para o Ministério Público.

Art. 181.

O membro do Ministério Público será civil e regressivamente responsável quando agir com dolo ou fraude no exercício de suas funções.

Comentário de *Carlos Eduardo Oliveira Dias*

O Ministério Público é a instituição permanente, essencial à função jurisdicional do Estado, incumbindo-lhe a defesa da ordem jurídica, do regime democrático e dos interesses sociais e individuais indisponíveis (art. 127, da Constituição). Seus membros constituem o núcleo de funções essenciais à justiça, e sua atuação é regida pelos princípios da unidade, da indivisibilidade e da independência funcional (art. 127, § 1º, da Constituição). Não por outro motivo o art. 176 do NCPC faz um registro expresso a respeito da atuação do MP, na defesa daqueles direitos e interesses consagrados constitucionalmente (o que, embora inexistente no CPC-1973, vinha consignado no art. 1º da LC n. 75/93).

Para o exercício dessas missões institucionais outorgadas pela Constituição, o Ministério Público recebe duas espécies de incumbências, *"seja para promover demandas em juízo ou para intervir no processo"*, como *"técnica concebida pelo legislador para que o Estado possa tomar iniciativas vedadas aos juízes"* (DINAMARCO, 1999, V. II, p. 421). Assim, o sistema jurídico confere ao Ministério Público a legitimidade ativa para promover as ações descritas no art. 6º da Lei Complementar n. 75/93, que suplementa o constante no art. 177 do NCPC. Em tais situações, o MP figura nos autos como parte, tendo todos os direitos e deveres destinados aos litigantes, ressalvadas apenas as prerrogativas especiais de seus membros. Nessa linha, merece destaque o sempre relevante magistério de Dinamarco, sobre a atuação do MP como parte:

> *Como toda parte, o Ministério Público está em posição de sujeição ao juiz no processo e o juiz exerce sobre ele os poderes-deveres inerentes à jurisdição, deferindo ou indeferindo o que ele pede ou requer e, portanto, figurando no vértice da relação processual em sua condição típica de titular da autoridade (Idem, p. 422).*

Esse registro é oportuno porque, conquanto a Magistratura e o Ministério Público integrem carreiras correlatas, há uma distinção conceitual e funcional significativa entre ambas, de modo que, em nenhuma hipótese a independência judicial pode ficar comprometida em razão da atuação do MP — sendo certo que a recíproca é igualmente verdadeira, ainda que ao juiz caiba, exclusivamente, a direção e a condução do processo.

Ao lado disso, o MP também atua na condição de fiscal da lei nos casos explicitados no art. 178 do Código. Nessas situações ele é um *"sujeito imparcial e descomprometido com os titulares de direitos ou interesses ou com os conflitos que os envolvem."* Nesse contexto, o MP *"intervém no processo civil em causas pendentes entre outros e não assume a defesa de nenhum"*, pois sua missão é *"fiscalizar e participar com o objetivo de que o resultado final do processo seja compatível com os preceitos do direito objetivo e, por esse modo, fiel aos valores éticos, políticos, sociais e econômicos tutelados nas normas que o compõem."* (Idem, p. 425). Evidencia-se, dessa forma, uma distinção relevante com relação ao papel de *agente*, anteriormente exposto. Naquele caso, como dito, ele figura como parte, de modo que, embora o interesse que defenda não seja de cunho corporativo ou pessoal — mas sim da sociedade ou de um segmento dela nao se apresenta em uma condição de neutralidade, senão de efetivo interessado no resultado eficiente da lide. Já nesses casos, sua atuação deriva da condição de representante da sociedade para verificar da incolumidade da decisão judicial a ser proferida.

Os casos assim tratados são os disciplinados no art. 178 que, além do rol que apresenta, também remete à Constituição e à lei, aplicando-se, especialmente, a já citada LC n. 75. Focando nas situações expostas no art. 178, temos duas hipóteses específicas e uma genérica. Começando pelas específicas, tem-se os processos em que são tratados interesses de incapazes, assim entendidos como os definidos na lei civil (art. 3º, que trata dos absolutamente incapazes e art. 4º, dos relativamente incapazes, ambos do Código Civil). A segunda hipótese envolve os conflitos coletivos pela posse de terra rural ou urbana, que são potencialmente levadas a situações extremas, que demandam um acompanhamento mais próximo de uma instituição como o MP. Já o inc. I do art. 178 também determina essa participação nos processos em que haja interesse público ou social. A disposição de cunho genérico, permite ao juiz que submeta à participação do MP qualquer processo no qual avalie haver *"conveniências da sociedade como um todo, ou de grupos razoavelmente significativos, que transcendem os direitos e interesses postos pelas partes em cada processo"* (DINAMARCO, 1999, V. II, p. 425). Destaca-se que o próprio texto consigna que a simples presença da Fazenda Pública no processo não habilita a necessidade de participação do MP como *custos legis*. Assim, mesmo se não tratar de caso explicitado em lei, pode o juiz entender conveniente a participação do Ministério Público.

Em qualquer hipótese na qual isso seja exigível, deve intimar o Ministério Público para que, em trinta dias, promova a intervenção que lhe couber, participando efetivamente dos atos processuais na forma do art. 179, sob pena de nulidade processual. Nesse contexto, a partir de sua intervenção, deve ser intimado de todos os atos do processo, após a manifestação de ambas as partes, sendo-lhe permitida a produção de provas, requerer as medidas processuais cabíveis e até mesmo recorrer, como também explicita o art. 996.

Cabe ressaltar que, o Ministério Público não se manifeste no prazo que lhe foi concedido, o juiz requisitará os autos — se se tratar de autos físicos, naturalmente — e dará andamento ao processo (Art. 180, § 1º). A falta de manifestação não enseja nulidade, pois o juiz cumpriu o que lhe competia; eventual negligência só pode ser imputada ao membro do MP que eventualmente tenha descurado de seu dever funcional.

Os prazos para o Ministério Público serão contados em dobro (art. 180, *caput*), exceto quanto houve estipulação legal de prazo específico (art. 180, § 2º). No entanto, a contagem sempre ocorrerá somente após a intimação pessoal. Por fim, a exemplo do que ocorre com outros sujeitos do processo, o art. 181 estipula que o membro do Ministério Público será civil e regressivamente responsável quando agir com dolo ou fraude no exercício de suas funções, para o que prevalecem os comentários antes já aduzidos. Como se nota, a disciplina do Ministério Público praticamente não foi alterada no NCPC, à exceção de algumas deliberações relacionada aos prazos.

A CLT não é silente sobre o Ministério Público (Título IX), mas havemos de reconhecer que a disciplina ali consagrada (arts. 735 a 754) padece de insuficiência regulatória, porquanto produzida antes da reformulação dos papéis e poderes da instituição, levada a efeito com a Constituição de 1988 (arts. 128 e 129) e consolidada pela Lei Complementar 75/93. Dessa forma, e porque não se vislumbra qualquer regra no NCPC que seja incompatível com o processo do trabalho, nesse particular, entendemos que as disposições de seu Título V (arts. 178 a 181) são-lhe aplicáveis em sua totalidade.

TÍTULO VI
DA ADVOCACIA PÚBLICA

Art. 182.

Incumbe à Advocacia Pública, na forma da lei, defender e promover os interesses públicos da União, dos Estados, do Distrito Federal e dos Municípios, por meio da representação judicial, em todos os âmbitos federativos, das pessoas jurídicas de direito público que integram a administração direta e indireta.

Art. 183.

A União, os Estados, o Distrito Federal, os Municípios e suas respectivas autarquias e fundações de direito público gozarão de prazo em dobro para todas as suas manifestações processuais, cuja contagem terá início a partir da intimação pessoal.

§ 1º A intimação pessoal far-se-á por carga, remessa ou meio eletrônico.

§ 2º Não se aplica o benefício da contagem em dobro quando a lei estabelecer, de forma expressa, prazo próprio para o ente público.

Art. 184.

O membro da Advocacia Pública será civil e regressivamente responsável quando agir com dolo ou fraude no exercício de suas funções.

Comentário de *Carlos Eduardo Oliveira Dias*

A temática relacionada à Advocacia Pública (arts. 182/184) não era versada no Código anterior. Trata-se, portanto, de completa inovação, que disciplina, em síntese, a participação dos integrantes da corporação, na forma das respectivas leis regulatórias, como promotores da defesa e dos interesses da União, dos Estados, do Distrito Federal e dos Municípios. A única regra reproduzida diz respeito à fixação do prazo em dobro para todas as manifestações da Advocacia Pública e, nesse caso, a nova disciplina normativa também é diferente: foi suprimido o prazo em quádruplo que a Fazenda Pública tinha para contestar, pois a duplicidade foi universalizada (art. 183).

A ausência completa de regulação sobre o tema torna essas disposições aplicáveis ao processo do trabalho, porque com ele guardam compatibilidade. Um único aspecto merece destaque: como dito, a nova regra fixou o critério geral de prazo dobrado para a prática de atos pela Advocacia Pública, o que abrange, inclusive o prazo de contestação. Ocorre que, no processo do trabalho, há regra análoga, vazada no art. 1º, II, do Decreto-Lei n. 779/69. No entanto, a prerrogativa consagrada no texto específico não tratava propriamente do fluxo do "prazo para contestar", dado que a contestação trabalhista é apresentada em audiência (art. 847, da CLT). Assim, o dispositivo apenas ampliava o lapso temporal decorrido entre a designação da audiência e sua ocorrência, nos termos do art. 841, da CLT, o que obrigava que, em se tratando de Fazenda Pública a reclamada, esse lapso fosse de 20 dias. Não parece impróprio concluir-se que a mudança do paradigma estabelecido no CPC teve como fundamento a celeridade do processo, eliminando parcialmente um privilégio outorgado à Administração Pública, com vistas à redução do tempo de duração do litígio. Nessa esteira, e considerando que o processo do trabalho valoriza sobremaneira esse princípio, temos que a diretriz do art. 1º, II, do Decreto-Lei n. 779/69 não deve mais prevalecer. Dessa sorte, pode-se afirmar que, a partir da vigência do NCPC, o prazo mínimo entre a designação da audiência e sua realização, sendo reclamada a Fazenda Pública, será de apenas dez dias, pela aplicação combinada do dispositivo em comento com o art. 183, do NCPC.

TÍTULO VII
DA DEFENSORIA PÚBLICA

Art. 185.

A Defensoria Pública exercerá a orientação jurídica, a promoção dos direitos humanos e a defesa dos direitos individuais e coletivos dos necessitados, em todos os graus, de forma integral e gratuita.

Art. 186.

A Defensoria Pública gozará de prazo em dobro para todas as suas manifestações processuais.

§ 1º O prazo tem início com a intimação pessoal do defensor público, nos termos do art. 183, § 1º.

§ 2º A requerimento da Defensoria Pública, o juiz determinará a intimação pessoal da parte patrocinada quando o ato processual depender de providência ou informação que somente por ela possa ser realizada ou prestada.

§ 3º O disposto no *caput* aplica-se aos escritórios de prática jurídica das faculdades de Direito reconhecidas na forma da lei e às entidades que prestam assistência jurídica gratuita em razão de convênios firmados com a Defensoria Pública.

§ 4º Não se aplica o benefício da contagem em dobro quando a lei estabelecer, de forma expressa, prazo próprio para a Defensoria Pública.

Art. 187.

O membro da Defensoria Pública será civil e regressivamente responsável quando agir com dolo ou fraude no exercício de suas funções.

Comentário de *Carlos Eduardo Oliveira Dias*

O CPC-2015 também inova ao regular a **Defensoria Pública (arts. 185 a 187)**, antes tratada apenas pela Lei Complementar n. 80, de 12.1.1994 (a LC n. 80 sofreu profundas modificações com a LC n. 132, de 2009, que conferiu à lei original a redação hoje vigente). Consagrada desde a promulgação da Constituição, em seu inc. LXXIV do art. 5º, a Defensoria Pública é instituição permanente, essencial à função jurisdicional do Estado, incumbindo-lhe, como expressão e instrumento do regime democrático, fundamentalmente, a orientação jurídica, a promoção dos direitos humanos e a defesa, em todos os graus, judicial e extrajudicial, dos direitos individuais e coletivos, de forma integral e gratuita, aos necessitados (art. 1º da LC n. 80). Nessa esteira, o art. 185 do CPC-2015 assinala que a Defensoria exercerá a orientação jurídica, a promoção dos direitos humanos e a defesa dos direitos individuais e coletivos dos necessitados, em todos os graus, de forma integral e gratuita, equiparando a ela os escritórios de prática jurídica das faculdades de Direito reconhecidas e entidades que prestam assistência jurídica gratuita em razão de convênios firmados com a própria Defensoria (**§ 3º, art. 186**). Pelo texto do Código, os defensores terão prazo em dobro nos processos em que atuarem (**art. 186, *caput***), que fluirá a partir da sua intimação pessoal, nos mesmos moldes do que ocorre com os advogados públicos.

A princípio, dois elementos tenderiam a afastar a aplicação desses dispositivos ao processo do trabalho: a) a existência do jus postulandi das partes, previsto no art. 791, da CLT; e b) a regulação própria da assistência judiciária trabalhista, prevista na Lei n. 5.584/70, atribuindo de forma exclusiva esse encargo aos sindicatos. No entanto, não se pode descurar que a LC n. 80 faz expressa menção à atuação dos defensores na Justiça do Trabalho.

Art. 14, LC n. 80. *"A Defensoria Pública da União atuará nos Estados, no Distrito Federal e nos Territórios, junto às Justiças Federal, do Trabalho, Eleitoral, Militar, Tribunais Superiores e instâncias administrativas da União."*

Art. 20, LC n. 80. *"Os Defensores Públicos Federais de 2ª Categoria atuarão junto aos Juízos Federais, **aos Juízos do Trabalho**, às Juntas e aos Juízes Eleitorais, aos Juízes Militares, às Auditorias Militares, ao Tribunal Marítimo e* às *instâncias administrativas.*" (Redação dada pela Lei Complementar n. 132, de 2009).

Art. 21, LC n. 80. "*Os Defensores Públicos Federais de 1ª Categoria atuarão nos Tribunais Regionais Federais, nas Turmas dos Juizados Especiais Federais, nos Tribunais Regionais do Trabalho e nos Tribunais Regionais Eleitorais.*" (Redação dada pela Lei Complementar n. 132, de 2009).

Art. 22, LC n. 80. "*Os Defensores Públicos Federais de Categoria Especial atuarão no Superior Tribunal de Justiça, no Tribunal Superior do Trabalho, no Tribunal Superior Eleitoral, no Superior Tribunal Militar e na Turma Nacional de Uniformização dos Juizados Especiais Federais.*" (Redação dada pela Lei Complementar n. 132, de 2009).

Denota-se, assim, a pertinência de que, preenchidos os pressupostos legais, a assistência aos litigantes seja feita pela Defensoria Pública.

Nesse sentido, vemos possibilidade de que assim ocorra, p. ex., quando não houver organização sindical que preste serviços de assistência jurídica ao trabalhador na localidade onde deve reclamar ou, ainda, se se tratar de empregador, que em regra não se utiliza da assistência sindical. Por outro turno, vale considerar que o *jus postulandi* é um direito da parte que, todavia, pode optar por não exercê-lo, o que lhe confere o direito constitucional de ter uma assistência jurídica gratuita. Demais disso, como já ponderado, a percepção contemporânea do *jus postulandi* das partes limita sua incidência apenas às instâncias ordinárias da Justiça do Trabalho, de modo que, acima delas, poderá o trabalhador ou o empregador ser assistido por Defensor Público da União.

Dessa maneira, entendemos que os dispositivos em comento são compatíveis com o processo do trabalho, e por isso podem ser nele utilizados, como, aliás, já decidiu o TST (Processo TST RR 75600-46.2004.5.01.0030, 2ª Turma, Relator Min. José Roberto Freire Pimenta, DEJT 30.8.2013).

LIVRO IV

DOS ATOS PROCESSUAIS

TÍTULO I
DA FORMA, DO TEMPO E DO LUGAR DOS ATOS PROCESSUAIS

CAPÍTULO I
DA FORMA DOS ATOS PROCESSUAIS

Seção I
Dos Atos em Geral

Art. 188.

Os atos e os termos processuais independem de forma determinada, salvo quando a lei expressamente a exigir, considerando-se válidos os que, realizados de outro modo, lhe preencham a finalidade essencial.

Comentário de *Manoel Carlos Toledo Filho*

O preceito em comento busca preservar a *funcionalidade* ou *operacionalidade* do processo, prestigiando o conteúdo em detrimento da forma, o que se coaduna perfeitamente com as diretrizes fundamentais do processo trabalhista brasileiro, no qual a declaração de eventual nulidade dependerá, sempre, da prévia consumação de *manifesto prejuízo* a qualquer das partes, conforme dicção constante do art. 794 da CLT ("Nos processos sujeitos à apreciação da Justiça do Trabalho só haverá nulidade quando resultar dos atos inquinados manifesto prejuízo às partes litigantes").

Art. 189.

Os atos processuais são públicos, todavia tramitam em segredo de justiça os processos:

I – em que o exija o interesse público ou social;

II – que versem sobre casamento, separação de corpos, divórcio, separação, união estável, filiação, alimentos e guarda de crianças e adolescentes;

III – em que constem dados protegidos pelo direito constitucional à intimidade;

IV – que versem sobre arbitragem, inclusive sobre cumprimento de carta arbitral, desde que a confidencialidade estipulada na arbitragem seja comprovada perante o juízo.

§ 1º O direito de consultar os autos de processo que tramite em segredo de justiça e de pedir certidões de seus atos é restrito às partes e aos seus procuradores.

§ 2º O terceiro que demonstrar interesse jurídico pode requerer ao juiz certidão do dispositivo da sentença, bem como de inventário e de partilha resultantes de divórcio ou separação.

Comentário de *Manoel Carlos Toledo Filho*

O direito processual, em qualquer de suas vertentes, tem sido hodiernamente inserido dentro da dimensão do direito público. Isto significa que não apenas o resultado do conflito, mas igualmente a

Art. 190

maneira utilizada para a ele se chegar, interessa, a rigor, à sociedade como um todo, e não apenas àqueles cidadãos específica ou diretamente envolvidos na contenda.

A publicidade dos atos processuais tem fundamento explícito já na Constituição Federal, em seus arts. 5º, inciso LX, e 93, inciso IX. A CLT cuida do assunto em seu art. 770, admitindo a tramitação reservada quando assim o recomende o *interesse social*. Já do exame dos preceitos constitucionais, em especial daquele constante do art. 5º, infere-se que a publicidade do processo somente poderá ser restringida em atenção ao *interesse social* ou para a *defesa da intimidade*.

Não parece existir uma distinção concreta ou relevante entre interesse público e interesse social, tanto assim que o inciso I do artigo em exame os equipara. Já os incisos II e III se reportam a situações em que a publicidade dos atos processuais poderia potencialmente atentar contra a intimidade das pessoas a eles concernentes. Quanto ao inciso IV, tal disposição se nos afigura claramente *inconstitucional*, já que coloca a possibilidade de sigilo ao *alvedrio* das partes, o que, conquanto se possa admitir em sede arbitral, para nada se coaduna com a esfera pública que ao processo judicial é imanente.

De sorte que, na prática, podem se reputar compatíveis ou assimiláveis ao processo trabalhista os incisos I e III. O inciso II se descarta pela evidente incompetência material. O inciso IV, ainda quando porventura passasse pelo crivo da competência — ilação a nosso sentir inviável — padece, de qualquer forma, da *inconstitucionalidade material* acima assinalada.

Quanto aos parágrafos primeiro e a primeira parte do parágrafo segundo, não se vislumbra óbice à sua incidência, que complementa a regra estipulada pelo parágrafo único do art. 781 da CLT, segundo a qual "as certidões dos processos que correrem em segredo de justiça dependerão de despacho do juiz ou presidente". Já a segunda parte do parágrafo segundo cuida de matéria que escapa à competência material da Justiça Especializada.

Art. 190.

Versando o processo sobre direitos que admitam autocomposição, é lícito às partes plenamente capazes estipular mudanças no procedimento para ajustá-lo às especificidades da causa e convencionar sobre os seus ônus, poderes, faculdades e deveres processuais, antes ou durante o processo.

Parágrafo único. De ofício ou a requerimento, o juiz controlará a validade das convenções previstas neste artigo, recusando-lhes aplicação somente nos casos de nulidade ou de inserção abusiva em contrato de adesão ou em que alguma parte se encontre em manifesta situação de vulnerabilidade.

Comentário de *Manoel Carlos Toledo Filho*

O artigo em comento introduz a figura do *procedimento judicial autônomo*, é dizer, do procedimento que, conquanto se desenvolva em juízo, perante os órgãos e agentes do Estado, tem, todavia, seu conteúdo delineado pelas partes, ao exclusivo talante de suas conveniências, necessidades ou interesses pessoais.

Cuida-se de um preceito que, contrariando tudo o que se veio de consagrar na paulatina evolução da ciência processual — e em colisão, aliás, com preceitos outros do próprio código — coloca o processo como *coisa das partes*, privatizando seu funcionamento e deixando ao Juiz a mera e eventual possibilidade de controlar algum abuso ou nulidade evidente, sem o que estará o magistrado adstrito à formatação procedimental previamente estabelecida pelos litigantes.

A disposição em foco é, ao mesmo tempo, *inovadora* e *arcaica*. *Inovadora* porque cria uma alternativa, até então, inédita no direito processual civil brasileiro; *arcaica*, porque retrocede ao século XIX, negando o caráter publicista do processo afirmado pela ciência jurídica nacional e estrangeira ao longo do século XX.

Também se poderia rotulá-la de *ingênua* ou *ociosa*. Afinal, se as partes estão tão próximas uma da outra a ponto de definir, de comum acordo, ônus e prazos processuais, mais adequado e natural seria que desde logo se conciliassem quanto ao mérito da demanda ou, então, que aproveitassem para, ademais de fixar o procedimento, igualmente escolher o Juiz, recorrendo às disposições constantes da Lei de Arbitragem (Lei n. 9.307/96, arts. 13 e 21).

Seja como for, ao direito processual do trabalho são rigorosamente *infensas* manifestações volitivas direcionadas à derrogação ou ab-rogação de normas de fundo ou instrumentais. A relação de trabalho dependente, mercê de sua índole naturalmente desequilibrada, em que uma das partes detém poder jurídico e econômico sobre a outra, impõe ao Estado o controle perene tanto de sua dimensão material quanto processual. Aliás, a menção da norma civil a "manifesta situação de vulnerabilidade", por si mesma já denuncia sua *incompatibilidade conceitual* com as lides submetidas ao procedimento laboral.

Art. 191.

De comum acordo, o juiz e as partes podem fixar calendário para a prática dos atos processuais, quando for o caso.

§ 1º O calendário vincula as partes e o juiz, e os prazos nele previstos somente serão modificados em casos excepcionais, devidamente justificados.

§ 2º Dispensa-se a intimação das partes para a prática de ato processual ou a realização de audiência cujas datas tiverem sido designadas no calendário.

Comentário de *Manoel Carlos Toledo Filho*

O art. 191 adota, em parte, a mesma *ideologia ou tendência privatista* detectada no art. 190. A diferença é que, aqui, o juiz é chamado a participar do arreglo, convencionando com os litigantes o *calendário* a que a norma se reporta.

Na verdade, estipular previamente datas para a realização de atos processuais, notadamente as audiências, buscando, na medida do possível, atender as necessidades expostas pelas partes ou seus procuradores, não representa vulneração ao art. 765 da CLT, sendo, ao revés, exemplo prático de sua boa aplicação. O problema, no entanto, posiciona-se no *aspecto conceitual* do procedimento. O Juiz do Trabalho assim procede porque a Lei a tanto o autoriza e estimula, e não porque as partes eventualmente com ele concordem. Postas as coisas neste patamar, a conclusão que se extrai é pela incompatibilidade do artigo em exame com os ditames próprios do processo laboral.

Art. 192.

Em todos os atos e termos do processo é obrigatório o uso da língua portuguesa.

Parágrafo único. O documento redigido em língua estrangeira somente poderá ser juntado aos autos quando acompanhado de versão para a língua portuguesa tramitada por via diplomática ou pela autoridade central, ou firmada por tradutor juramentado.

Comentário de *Manoel Carlos Toledo Filho*

A CLT não possui disposição similar, referindo-se ao idioma nacional somente em seu art. 819 ("O depoimento das partes e testemunhas que não souberem falar a língua nacional será feito por meio de intérprete nomeado pelo juiz ou presidente. § 1º — Proceder-se-á da forma indicada neste artigo, quando se tratar de surdo-mudo, ou de mudo que não saiba escrever. § 2º — Em ambos os casos de que este artigo trata, as despesas correrão por conta da parte a que interessar o depoimento").

Embora, a princípio, a *plena compatibilidade* do preceito em exame ao processo laboral possa afigurar-se evidente, há que se registrar a eventual possibilidade de sua *modulação* pelo Juiz do Trabalho que, com base no art. 765 da CLT, sim pode autorizar a juntada ou utilização de documentos redigidos em língua estrangeira, sempre e quando daí não resulte *manifesto prejuízo* para as partes. É que, dependendo do texto ou idioma que se venha a encartar, sua compreensão ou tradução imediata poderá não representar qualquer óbice e, sendo assim, não faria sentido impedir-se seu encarte ou, ainda, sobremaneira encarecê-lo por conta da utilização de tradutor juramentado.

Seção II
Da Prática Eletrônica de Atos Processuais

Art. 193.

Os atos processuais podem ser total ou parcialmente digitais, de forma a permitir que sejam produzidos, comunicados, armazenados e validados por meio eletrônico, na forma da lei.

Parágrafo único. O disposto nesta Seção aplica-se, no que for cabível, à prática de atos notariais e de registro.

Art. 194.

Os sistemas de automação processual respeitarão a publicidade dos atos, o acesso e a participação das partes e de seus procuradores, inclusive nas audiências e sessões de julgamento, observadas as garantias da disponibilidade, independência da plataforma computacional, acessibilidade e interoperabilidade dos sistemas, serviços, dados e informações que o Poder Judiciário administre no exercício de suas funções.

Art. 195.

O registro de ato processual eletrônico deverá ser feito em padrões abertos, que atenderão aos requisitos de autenticidade, integridade, temporalidade, não repúdio, conservação e, nos casos que tramitem em segredo de justiça, confidencialidade, observada a infraestrutura de chaves públicas unificada nacionalmente, nos termos da lei.

Art. 196.

Compete ao Conselho Nacional de Justiça e, supletivamente, aos tribunais, regulamentar a prática e a comunicação oficial de atos processuais por meio eletrônico e velar pela compatibilidade dos sistemas, disciplinando a incorporação progressiva de novos avanços tecnológicos e editando, para esse fim, os atos que forem necessários, respeitadas as normas fundamentais deste Código.

Art. 197.

Os tribunais divulgarão as informações constantes de seu sistema de automação em página própria na rede mundial de computadores, gozando a divulgação de presunção de veracidade e confiabilidade.

Parágrafo único. Nos casos de problema técnico do sistema e de erro ou omissão do auxiliar da justiça responsável pelo registro dos andamentos, poderá ser configurada a justa causa prevista no art. 223, *caput* e § 1º.

Art. 198.

As unidades do Poder Judiciário deverão manter gratuitamente, à disposição dos interessados, equipamentos necessários à prática de atos processuais e à consulta e ao acesso ao sistema e aos documentos dele constantes.

Parágrafo único. Será admitida a prática de atos por meio não eletrônico no local onde não estiverem disponibilizados os equipamentos previstos no *caput*.

Art. 199.

As unidades do Poder Judiciário assegurarão às pessoas com deficiência acessibilidade aos seus sítios na rede mundial de computadores, ao meio eletrônico de prática de atos judiciais, à comunicação eletrônica dos atos processuais e à assinatura eletrônica.

Comentário de *Manoel Carlos Toledo Filho*

O processo judicial eletrônico teve seu desenvolvimento e utilização amplamente incrementados nos últimos anos, inclusive no âmbito da Justiça do Trabalho, máxime após o advento da Lei n. 11.419 de 19.12.2006, cujas disposições, por força de *previsão expressa*, aplicam-se *indistintamente* aos processos civil, penal e trabalhista (art. 1º, § 1º).

As normas gerais a tal respeito agora previstas pelo CPC não mudam ou desfiguram a rotina prática que já se tem gradativamente implementado por meio de preceitos administrativos emanados dos Conselhos Nacional de Justiça e dos Tribunais Regionais nos âmbitos de suas respectivas competências. Não se vislumbra, por conseguinte, óbice ou incompatibilidade da Seção vertente com o regramento especializado.

Seção III
Dos Atos das Partes

Art. 200.

Os atos das partes consistentes em declarações unilaterais ou bilaterais de vontade produzem imediatamente a constituição, modificação ou extinção de direitos processuais.

Parágrafo único. A desistência da ação só produzirá efeitos após homologação judicial.

Art. 201.

As partes poderão exigir recibo de petições, arrazoados, papéis e documentos que entregarem em cartório.

Art. 202.

É vedado lançar nos autos cotas marginais ou interlineares, as quais o juiz mandará riscar, impondo a quem as escrever multa correspondente à metade do salário-mínimo.

Comentário de *Manoel Carlos Toledo Filho*

Os três artigos acima em nada inovam os preceitos correlativos dantes previstos pelo CPC de 1973. A sua aplicação, no âmbito da Justiça do Trabalho requer, sem embargo, algumas ponderações.

Assim é que, no tocante especificamente à homologação de acordos, não se pode afirmar que a só vontade das partes seria suficiente para desde já constituir, modificar ou extinguir direitos processuais.

De fato: o direito do trabalho, porque composto de preceitos de ordem pública, não admite nenhum tipo de *relativização* que possa potencialmente implicar *defraudação* de seu conteúdo (CLT, art. 9º). Esta *característica fundamental* do direito de fundo deve, como é natural, forçosamente introjetar-se no direito processual que lhe corresponda. Logo, se a renúncia a garantias previstas pela legislação trabalhista não é admissível no plano material, tampouco se poderá tolerá-la — parcial ou totalmente — na esfera instrumental, sob pena de grave deturpação da finalidade mesma do processo enquanto mecanismo institucional de *pacificação social*, a qual, vale sempre insistir e ressaltar, não deve ser meramente aparente, mas consistente e genuína (ou seja: *real*).

Adicione-se que, quando se fala de aqui de renúncia, está se abstraindo da noção tradicional de vício de consentimento. Evidente que, em o havendo, razão ainda maior existirá para a não ratificação judicial do ato. Mas o que o ordenamento trabalhista prestigia vai mais além da *noção tradicional* de livre manifestação de vontade da parte trabalhadora. O que por meio dele — bem ou mal, não importa — se protege é um *sistema de organização social e econômico*, o qual, para sua higidez, depende do *equilíbrio mínimo* que o direito laboral lhe propicia. Se o processo judicial rompe esse equilíbrio, ele debilita a lógica da estrutura de fundo, estimulando o *colapso* do sistema.

Do acima exposto decorre que os efeitos imanentes a uma transação delineada pelas partes apenas se poderão produzir após sua chancela pelo Juiz, a quem incumbirá verificar eventual vulneração a preceitos substanciais que, caso exista, impedirá a concretização da avença, seguindo o processo seu curso ou, a depender da gravidade da situação, operando-se a decretação de sua extinção sem resolução do mérito do litígio.

Raciocínio similar pode e deve ser aplicado à hipótese de desistência da ação. Se mediante tal ato se buscar em alguma medida solapar a aplicação da legislação trabalhista, caberá ao Juiz deixar de homologá-la, ainda quando haja anuência tácita ou expressa da parte contrária.

Quanto às disposições constantes dos arts. 201/202, a tendência é que, em pouco tempo, percam as mesmas completamente sua aplicação prática, mercê do avanço da tecnologia, notadamente do processo digital. De toda sorte, não são elas incompatíveis com a sistemática processual trabalhista.

Seção IV
Dos Pronunciamentos do Juiz

Art. 203.

Os pronunciamentos do juiz consistirão em sentenças, decisões interlocutórias e despachos.

§ 1º Ressalvadas as disposições expressas dos procedimentos especiais, sentença é o pronunciamento por meio do qual o juiz, com fundamento nos arts. 485 e 487, põe fim à fase cognitiva do procedimento comum, bem como extingue a execução.

§ 2º Decisão interlocutória é todo pronunciamento judicial de natureza decisória que não se enquadre no § 1º.

§ 3º São despachos todos os demais pronunciamentos do juiz praticados no processo, de ofício ou a requerimento da parte.

§ 4º Os atos meramente ordinatórios, como a juntada e a vista obrigatória, independem de despacho, devendo ser praticados de ofício pelo servidor e revistos pelo juiz quando necessário.

Comentário de *Manoel Carlos Toledo Filho*

Previamente ao advento do Código Processual Civil de 1973, havia uma dúvida renitente sobre qual seria a definição ou o conteúdo dos atos judiciais, notadamente o mais importante deles, a sentença. O CPC de 1939 não se posicionara concretamente a tal respeito, de sorte que a doutrina rotineiramente atribuía efeitos idênticos ou similares a figuras por ela denominadas de decisões interlocutórias simples ou mistas, despachos ordinatórios ou interlocutórios, ou, ainda, sentenças interlocutórias, terminativas ou definitivas (TOLEDO FILHO, 2002, p. 138-159).

O CPC de 1973, em seu art. 162, didaticamente conceituou a sentença como o ato do juiz que poria fim ao processo e a decisão interlocutória como o ato destinado a decidir questão incidente — ou seja, a sentença foi definida pelos seus efeitos e a decisão interlocutória pelo seu conteúdo — restando aos despachos o enquadramento por exclusão: o ato do juiz que, pelo efeito ou conteúdo, não pudesse ser classificado como sentença ou decisão interlocutória, despacho seria.

O CPC de 2015 segue definindo a sentença pelos seus efeitos, estabelecendo que, excetuadas situações especiais expressamente previstas, será considerado sentença o ato do juiz que — com ou sem resolução do mérito, conforme arts. 485 e 487 — ponha fim ao procedimento cognitivo ou à execução.

A diferença agora reside na definição de decisão interlocutória, que, se bem tenha sido novamente vinculada ao conteúdo do ato, igualmente foi classificada por exclusão. O sentido da mudança se conecta à possibilidade de, como visto acima, existirem sentenças que não ocasionem a extinção do processo, vale dizer, que se revestirão, também elas, de índole interlocutória. Quanto aos despachos, seguem sendo definidos somente por exclusão.

Fixado o panorama geral do processo civil neste tema, cabe agora examinar qual poderia ser sua virtual influência no direito processual do trabalho.

O primeiro ponto a registrar é que, sendo a CLT contemporânea ao CPC de 1939, ela incorporou as mesmas imprecisões àquele concernentes, não se podendo, assim, simplesmente transportar os conceitos atuais às hipóteses ou situações que ela especifica. Saber o que objetiva referir o legislador consolidado depende, portanto, de um exame separado de cada qual dos preceitos existentes, inclusive daqueles que sejam supervenientes à redação adotada em 1943 os quais, aliás, não necessariamente

Comentários ao Novo CPC

Art. 203

modificaram o enfoque original. É o que se buscará realizar a seguir.

1) O PANORAMA DA CLT

a) Quanto ao vocábulo "sentença":

Nos arts. 39, § 1º, 137, §§ 1º e 2º, 642-A, § 1º, inciso I, 789-B, inciso IV, 832, §§ 5º e 6º, 852-G, 852-I, *caput* e § 3º, 879, *caput* e § 1º, 896, § 2º, 897, §§ 1º, 2º e 3º (segundo vocábulo), se denota que o legislador está se referindo a um ato judicial de fundo, ou seja, que decide ou define o mérito do processo;

Nos arts. 895, § 1º, inciso 4º, e § 2º, 897-A, o vocábulo pode ser entendido tanto como uma decisão de fundo quanto uma decisão meramente terminativa do processo, sem exame de seu mérito;

Nos arts. 789-A, inciso VII, 884, §§ 3º e 4º, 897, § 3º (primeiro vocábulo) o legislador está a indicar que se trata de atos judiciais relativos a questões intermediárias, verificadas pois no transcorrer do procedimento, sem representar ou necessariamente ocasionar o seu final.

b) A expressão decisão interlocutória aparece uma única vez, no § 2º do art. 893, claramente significando ali um ato judicial de cunho intermediário.

c) Quanto ao vocábulo "despacho":

Nos arts. 712, letra "c", 781, parágrafo único, 887, § 1º, 899, § 1º, o legislador se remete a atos de cunho exclusivamente ordinatório;

Nos arts. 672, § 4º, 702, inciso I, letra "d", e inciso II, letra "d", e § 2º, letra "c", 897, alínea "b" e § 2º, a atos em que se pode detectar conteúdo decisório, tanto assim que se prevê quais são os recursos cabíveis face aos mesmos.

2) ANÁLISE CRÍTICA

Parece claro que as sistemáticas estabelecidas tanto pelo CPC de 1973 quanto pelo CPC de 2015 não se ajustam ao contexto da CLT, conclusão que se reforça pela profusão de vezes em que o legislador trabalhista se vale do vocábulo "decisão", ora com ele significando um ato judicial de fundo, ora um ato de natureza interlocutória (por exemplo: arts. 659, incisos VI, IX e X, 768, 672, § 4º, 800 e 836).

Mas é no capítulo referente aos recursos que se revela o *parâmetro ou paradigma central* elegido pela CLT. Ali, ao esclarecer as respectivas hipóteses de cabimento, o legislador claramente prestigia o termo "decisão", inclusive a esta eventualmente atribuindo-o caráter de *definitiva* ou *terminativa*, como se vê no art. 895.

Neste passo, impende esmiuçar os adjetivos acima, em ordem a precisar qual seria o seu virtual alcance.

No que se refere à expressão "definitiva", não há maiores dificuldades. Deriva ela do verbo "definir" que, por sua vez, conforme esclarecem os léxicos, significa aquilo que explica, revela, determina (<http://www.dicio.com.br/definir/ e http://www.priberam.pt/dlpo/definir>, 2015). Cuida-se, por conseguinte, da *decisão de fundo*, que dirime o mérito da controvérsia, revelando ou explicando para as partes o direito material que àquele caso seja pertinente, determinando ademais as consequências de sua aplicação.

Já a expressão "terminativa" merece considerações algo mais extensas.

Terminativo ou terminativa é aquilo que faz terminar, ou seja, que põe termo, que finda, que não permite que continue, que coloca um limite (idem). A decisão que desta índole se revista, portanto, será aquela que termine o processo sem definir seu resultado, sem explicar ou precisar a norma de fundo aplicável, não determinando, como corolário, consequências ou resultados supostamente perenes. Neste diapasão, ela corresponderia, via de regra, ao ato judicial que venha a exaurir o procedimento sem resolução do mérito da demanda.

Isto não significa, contudo, que a decisão em questão não se possa revestir, eventualmente, de cunho interlocutório, é dizer, situar-se em algum ponto intermediário do processo. É o que ocorre com aqueles atos do Juiz que, se bem não o extingam formalmente, não permitem, na prática, que o feito siga adiante, como se dá, *verbi gratia*, com a decisão que acolhe o incidente de exceção de pré-executividade, impedindo que, face a um executado específico, se ultimem providências de constrição, máxime em se tratando do único potencial devedor encontrado ou daquele que, exclusivamente, possua suficiência patrimonial para garantir a efetividade real da execução.

Aliás, na redação original da CLT, o vocábulo "terminativa" aparecia uma única vez, no § 2º do art. 799, que preceituava — como de resto ainda preceitua — que não haveria recurso contra as decisões que resolvessem os incidentes de suspeição ou incompetência, salvo se fossem as mesmas "terminativas do feito". O termo só veio a ser inserido no art. 895 bem mais recentemente, por conta da **Lei n. 11.925/2009**, que assim *ratificou e amplificou* a perspectiva original assumida pelo legislador consolidado nesta matéria.

Isto tudo fixado, o que daí se pode inferir é que é inútil e/ou ocioso tentar entender os atos judiciais previstos pela CLT tomando por base as definições previstas pelo CPC. Em alguns casos haverá coincidência, em outros não. Aliás, tentar proceder a um ajuste dos dois diplomas pode ocasionar equívocos graves.

Realmente: tal como se verificara no Código de 1973, a principal utilidade da definição dos atos judiciais efetuada pelo diploma de 2015 guarda relação com a identificação do recurso que lhes seja pertinente: apelação em se tratando de sentença (art. 1009) ou agravo de instrumento em se cuidando de decisões interlocutórias (art. 1015), inexistindo recurso contra os despachos (art. 1001).

Isto para nada se reproduz no processo do trabalho. Como visto acima, os termos despacho e sentença são utilizados sem qualquer preocupação dogmática e as decisões interlocutórias, na única e isolada vez em que mencionadas, o são para classificar-se como irrecorríveis por si mesmas. Assim, para o processo do trabalho, o que existe são, fundamentalmente, *decisões* (em sentido lato), sendo passíveis de recurso aquelas que se revistam de caráter final (seja este terminativo ou definitivo) ou, ainda, cuja possibilidade de recurso esteja explicitamente prevista (como se dá com os "despachos" de recebimento de recurso, que são recorríveis mediante a interposição de agravo de instrumento). Como os sistemas detêm fundamentos díspares, aquilo que vale para um não necessariamente irá valer para o outro.

Por fim, quanto ao § 4º do art. 203, se bem tenda o mesmo a perder eficácia prática por conta do processo eletrônico, nele não se embute, a rigor, incompatibilidade com o processo laboral.

Art. 204.

Acórdão é o julgamento colegiado proferido pelos tribunais.

Art. 205.

Os despachos, as decisões, as sentenças e os acórdãos serão redigidos, datados e assinados pelos juízes.

§ 1º Quando os pronunciamentos previstos no caput forem proferidos oralmente, o servidor os documentará, submetendo-os aos juízes para revisão e assinatura.

§ 2º A assinatura dos juízes, em todos os graus de jurisdição, pode ser feita eletronicamente, na forma da lei.

§ 3º Os despachos, as decisões interlocutórias, o dispositivo das sentenças e a ementa dos acórdãos serão publicados no Diário de Justiça Eletrônico.

Comentário de *Manoel Carlos Toledo Filho*

Não há nada de polêmico ou diferenciado nos preceitos acima, os quais possuem destarte incidência tranquila no âmbito do processo trabalhista.

Seção V
Dos Atos do Escrivão ou do Chefe de Secretaria

Art. 206.

Ao receber a petição inicial de processo, o escrivão ou o chefe de secretaria a autuará, mencionando o juízo, a natureza do processo, o número de seu registro, os nomes das partes e a data de seu início, e procederá do mesmo modo em relação aos volumes em formação.

Art. 207.

O escrivão ou o chefe de secretaria numerará e rubricará todas as folhas dos autos.

Parágrafo único. À parte, ao procurador, ao membro do Ministério Público, ao defensor público e aos auxiliares da justiça é facultado rubricar as folhas correspondentes aos atos em que intervierem.

Art. 208.

Os termos de juntada, vista, conclusão e outros semelhantes constarão de notas datadas e rubricadas pelo escrivão ou pelo chefe de secretaria.

Art. 209.

Os atos e os termos do processo serão assinados pelas pessoas que neles intervierem, todavia, quando essas não puderem ou não quiserem firmá-los, o escrivão ou o chefe de secretaria certificará a ocorrência.

§ 1º Quando se tratar de processo total ou parcialmente documentado em autos eletrônicos, os atos processuais praticados na presença do juiz poderão ser produzidos e armazenados de modo integralmente digital em arquivo eletrônico inviolável, na forma da lei, mediante registro em termo, que será assinado digitalmente pelo juiz e pelo escrivão ou chefe de secretaria, bem como pelos advogados das partes.

§ 2º Na hipótese do § 1º, eventuais contradições na transcrição deverão ser suscitadas oralmente no momento de realização do ato, sob pena de preclusão, devendo o juiz decidir de plano e ordenar o registro, no termo, da alegação e da decisão.

Art. 210.

É lícito o uso da taquigrafia, da estenotipia ou de outro método idôneo em qualquer juízo ou tribunal.

Art. 211.

Não se admitem nos atos e termos processuais espaços em branco, salvo os que forem inutilizados, assim como entrelinhas, emendas ou rasuras, exceto quando expressamente ressalvadas.

Comentário de *Manoel Carlos Toledo Filho*

Os arts. 206 a 208, ademais de já incorporados à tradição forense trabalhista, guardam consonância com os arts. 773, 784 e 785 da CLT.

O *caput* do art. 209 encontra seus correspondentes nos arts. 772, 828, parágrafo único, 846, § 1º e 851, § 2º.

A aceitação do § 1º advém da autorização contida na Lei n. 11.419.

A disposição contida no § 2º se coaduna com a regra geral prevista pelo art. 795 da CLT, segundo a qual as "nulidades não serão declaradas senão mediante provocação das partes, as quais deverão argui-las à primeira vez em que tiverem de falar em audiência ou nos autos". A regra geral de manifestação imediata sob pena de preclusão, aliás, é igualmente sufragada pelo CPC, em seu art. 278, tal qual se dera no CPC de 1973 (art. 245).

Cabe advertir que no processo do trabalho não há, a rigor, obrigatoriedade da assinatura dos advogados das partes nos termos de audiência, podendo assim o magistrado dispensá-la.

Embora exista dissonância entre a forma de certificar-se a assinatura de quem não saiba fazê-lo — certidão pelo CPC, assinatura a rogo, na presença de duas testemunhas, segundo a CLT — a norma prevista no Código atinge o mesmo resultado de modo mais simples e eficiente, pelo que é assimilável pelo processo especial.

Os arts. 210 e 211 não apresentam óbices para a incidência no processo do trabalho, conquanto desde agora se vislumbre que os mesmos — particularmente o segundo deles — já nascem *velhos*, devendo assim ter pouco tempo de vida prática.

CAPÍTULO II
DO TEMPO E DO LUGAR DOS ATOS PROCESSUAIS

Seção I
Do Tempo

Art. 212.

Os atos processuais serão realizados em dias úteis, das 6 (seis) às 20 (vinte) horas.

§ 1º Serão concluídos após as 20 (vinte) horas os atos iniciados antes, quando o adiamento prejudicar a diligência ou causar grave dano.

§ 2º Independentemente de autorização judicial, as citações, intimações e penhoras poderão realizar-se no período de férias forenses, onde as houver, e nos feriados ou dias úteis fora do horário estabelecido neste artigo, observado o disposto no art. 5º, inciso XI, da Constituição Federal.

§ 3º Quando o ato tiver de ser praticado por meio de petição em autos não eletrônicos, essa deverá ser protocolada no horário de funcionamento do fórum ou tribunal, conforme o disposto na lei de organização judiciária local.

Art. 213.

A prática eletrônica de ato processual pode ocorrer em qualquer horário até as 24 (vinte e quatro) horas do último dia do prazo.

Parágrafo único. O horário vigente no juízo perante o qual o ato deve ser praticado será considerado para fins de atendimento do prazo.

Art. 214.

Durante as férias forenses e nos feriados, não se praticarão atos processuais, excetuando-se:

I – os atos previstos no art. 212, § 2º;

II – a tutela de urgência.

Art. 215.

Processam-se durante as férias forenses, onde as houver, e não se suspendem pela superveniência delas:

I – os procedimentos de jurisdição voluntária e os necessários à conservação de direitos, quando puderem ser prejudicados pelo adiamento;

II – a ação de alimentos e os processos de nomeação ou remoção de tutor e curador;

III – os processos que a lei determinar.

Art. 216.

Além dos declarados em lei, são feriados, para efeito forense, os sábados, os domingos e os dias em que não haja expediente forense.

Comentário de *Manoel Carlos Toledo Filho*

Segundo dispõe o art. 770 da CLT, os atos processuais "realizar-se-ão nos dias úteis das 6 (seis) às 20 (vinte) horas", sendo que a "penhora poderá realizar-se em domingo ou dia feriado, mediante autorização expressa do juiz ou presidente".

Como se pode observar, existe plena coincidência no tocante ao *horário geral* delineado para a prática dos atos processuais. Essa regra, porém, comporta distintas exceções, a saber:

1) Atos ou providências que se revistam de *caráter urgente*. Restringir sua concretização a um horário rígido poderia facilmente comprometer ou mesmo anular por completo sua eficácia. O ato da penhora, referido tanto pela CLT quanto pelo CPC, o é em caráter *meramente exemplificativo*, estendendo-se a dilação a ela relativa a qualquer outro ato cuja realização imediata possa considerar-se indispensável à efetividade do processo ou do próprio ato em si mesmo considerado.

2) Atos eletrônicos. Estes, pela sua própria natureza, podem ser realizados em qualquer dia ou horário, respeitando-se o prazo eventualmente assinalado (art. 213 do CPC e Lei n. 11.419, arts. 3º e 10º).

3) Audiências. No processo trabalhista, as audiências possuem um horário diferenciado para sua ultimação, devendo ocorrer "em dias úteis previamente fixados, entre 8 (oito) e 18 (dezoito) horas, não podendo ultrapassar 5 (cinco) horas seguidas, salvo quando houver matéria urgente" (art. 813).

Uma inovação trazida pelo novo CPC está na dispensa de autorização judicial para a prática dos atos considerados urgentes, respeitando-se, somente a inviolabilidade domiciliar, garantida por preceito constitucional. Como se trata de uma medida coerente e salutar, que claramente agrega eficiência ao sistema processual, entendemos ser a mesma facilmente assimilável pelo processo trabalhista.

Seção II
Do Lugar

Art. 217.

Os atos processuais realizar-se-ão ordinariamente na sede do juízo, ou, excepcionalmente, em outro lugar em razão de deferência, de interesse da justiça, da natureza do ato ou de obstáculo arguido pelo interessado e acolhido pelo juiz.

Comentário de *Manoel Carlos Toledo Filho*

A CLT, ao referir-se à sede do juízo, vincula a expressão somente ao ato das audiências (art. 813), adicionando que em "casos especiais, poderá ser designado outro local para a realização das audiências, mediante edital afixado na sede do Juízo ou Tribunal, com a antecedência mínima de 24 (vinte e quatro) horas" (§ 1º). Como se vê, a CLT firma a tal respeito uma regra geral, à qual se podem perfeitamente somar as hipóteses de exceção versadas pelo CPC, até porque as mesmas se amoldam, sem dificuldades, ao quanto dispõe o art. 765 consolidado.

CAPÍTULO III
DOS PRAZOS

Seção I
Disposições Gerais

Art. 218.

Os atos processuais serão realizados nos prazos prescritos em lei.

§ 1º Quando a lei for omissa, o juiz determinará os prazos em consideração à complexidade do ato.

§ 2º Quando a lei ou o juiz não determinar prazo, as intimações somente obrigarão a comparecimento após decorridas 48 (quarenta e oito) horas.

§ 3º Inexistindo preceito legal ou prazo determinado pelo juiz, será de 5 (cinco) dias o prazo para a prática de ato processual a cargo da parte.

§ 4º Será considerado tempestivo o ato praticado antes do termo inicial do prazo.

Comentário de *Manoel Carlos Toledo Filho*

Não parece haver dificuldades para a plena assimilação do conteúdo deste artigo ao processo do trabalho. Aliás, a inovação trazida pelo seu § 4º coaduna-se perfeitamente com o ideal de celeridade ínsito ao sistema instrumental trabalhista.

Art. 219.

Na contagem de prazo em dias, estabelecido por lei ou pelo juiz, computar-se-ão somente os dias úteis.

Parágrafo único. O disposto neste artigo aplica-se somente aos prazos processuais.

Comentário de *Manoel Carlos Toledo Filho*

O preceito ora em exame colide diretamente com a diretriz específica sufragada pelo art. 775 da CLT, segundo a qual os "prazos estabelecidos neste Título contam-se com exclusão do dia do começo e inclusão do dia do vencimento, e são contínuos e irreleváveis, podendo, entretanto, ser prorrogados pelo tempo estritamente necessário pelo juiz ou tribunal, ou em virtude de força maior, devidamente comprovada".

Consequentemente, para nada se aplica a norma vertente ao procedimento trabalhista.

Art. 220.

Suspende-se o curso do prazo processual nos dias compreendidos entre 20 de dezembro e 20 de janeiro, inclusive.

§ 1º Ressalvadas as férias individuais e os feriados instituídos por lei, os juízes, os membros do Ministério Público, da Defensoria Pública e da Advocacia Pública e os auxiliares da Justiça exercerão suas atribuições durante o período previsto no *caput*.

§ 2º Durante a suspensão do prazo, não se realizarão audiências nem sessões de julgamento.

Comentário de *Manoel Carlos Toledo Filho*

O presente artigo, a rigor, incidência alguma possui no âmbito da Justiça do Trabalho.

É que, como visto, no processo do trabalho os prazos processuais se revestem de natureza contínua e irrelevável, somente podendo assim ser prorrogados ou suspensos por motivo de comprovada força maior. Por outro lado, naquilo que se refere à cessação do trabalho dos juízes e servidores, existe norma própria, prevista no art. 62 da Lei n. 5.010, que estabelece, em seu inciso I, que o período de 20 de dezembro a 06 de janeiro inclusive deve ser considerado *feriado* no âmbito da Justiça Federal, aí incluída a Justiça do Trabalho.

Art. 221.

Suspende-se o curso do prazo por obstáculo criado em detrimento da parte ou ocorrendo qualquer das hipóteses do art. 313, devendo o prazo ser restituído por tempo igual ao que faltava para sua complementação.

Parágrafo único. Suspendem-se os prazos durante a execução de programa instituído pelo Poder Judiciário para promover a autocomposição, incumbindo aos tribunais especificar, com antecedência, a duração dos trabalhos.

Comentário de *Manoel Carlos Toledo Filho*

A pertinência da aplicação do *caput* do art. 221 depende de poder-se caracterizar o "obstáculo criado em detrimento da parte" como motivo de força maior, em consonância, portanto, com a diretriz fixada pelo art. 775 da CLT. Já as hipóteses de suspensão do processo, identificadas no art. 313, serão analisadas mais adiante.

Quanto ao parágrafo único, não nos parece existir óbice à sua aplicação, em vista daquilo que estabelecem os arts. 764, § 1º, e 765 da CLT, que fornecem — naquilo que especificamente à obtenção da conciliação se refere — uma coerente *modulação* ao parâmetro delineado pelo art. 775.

Art. 222.

Na comarca, seção ou subseção judiciária onde for difícil o transporte, o juiz poderá prorrogar os prazos por até 2 (dois) meses.

§ 1º Ao juiz é vedado reduzir prazos peremptórios sem anuência das partes.

§ 2º Havendo calamidade pública, o limite previsto no *caput* para prorrogação de prazos poderá ser excedido.

Comentário de *Manoel Carlos Toledo Filho*

O conteúdo deste artigo, em seu *caput* e § 2º, se amolda às diretrizes do art. 775 da CLT, dado que ambos os preceitos trabalham com circunstâncias de força maior. Já o § 1º necessita ser modulado, pois, entendendo o Juiz do Trabalho, mediante decisão devidamente fundamentada, que um prazo merece redução, os efeitos deste ato dispensam a concordância das partes, conforme ilação que se extrai do art. 765 da CLT.

Art. 223.

Decorrido o prazo, extingue-se o direito de praticar ou de emendar o ato processual, independentemente de declaração judicial, ficando assegurado, porém, à parte provar que não o realizou por justa causa.

§ 1º Considera-se justa causa o evento alheio à vontade da parte e que a impediu de praticar o ato por si ou por mandatário.

§ 2º Verificada a justa causa, o juiz permitirá à parte a prática do ato no prazo que lhe assinar.

Comentário de *Manoel Carlos Toledo Filho*

Como o conceito de "justa causa" pode equiparar-se, sem grandes dificuldades, ao conceito de "força maior", reputamos compatível o artigo em exame com o processo trabalhista.

Art. 224.

Salvo disposição em contrário, os prazos serão contados excluindo o dia do começo e incluindo o dia do vencimento.

§ 1º Os dias do começo e do vencimento do prazo serão protraídos para o primeiro dia útil seguinte, se coincidirem com dia em que o expediente forense for encerrado antes ou iniciado depois da hora normal ou houver indisponibilidade da comunicação eletrônica.

§ 2º Considera-se como data de publicação o primeiro dia útil seguinte ao da disponibilização da informação no Diário da Justiça eletrônico.

§ 3º A contagem do prazo terá início no primeiro dia útil que seguir ao da publicação.

Art. 225.

A parte poderá renunciar ao prazo estabelecido exclusivamente em seu favor, desde que o faça de maneira expressa.

Comentário de *Manoel Carlos Toledo Filho*

A forma de contagem dos prazos preconizada pelo *caput* do art. 224 é a mesma estipulada pelo *caput* do art. 775 da CLT.

Já quanto ao § 1º, entendemos que o mesmo se compatibiliza com a diretriz constante do parágrafo único do art. 775 da CLT, pelo qual os "prazos que se vencerem em sábado, domingo ou dia feriado, terminarão no primeiro dia útil seguinte". Embora o art. 775 consolidado não estabeleça, a rigor, restrição quanto ao momento de início do prazo, é antiga e bem consolidada a jurisprudência que equiparou as situações, como se pode constatar pelo exame das Súmulas ns. 1 e 262 do TST.

Quanto aos §§ 2º e 3º, eles estão em consonância com o disposto no art. 4º, §§ 3º e 4º da Lei n. 11.419. Por fim, nenhuma incompatibilidade se denota no tocante ao teor do art. 225.

Art. 226.

O juiz proferirá:

I – os despachos no prazo de 5 (cinco) dias;

II – as decisões interlocutórias no prazo de 10 (dez) dias;

III – as sentenças no prazo de 30 (trinta) dias.

Art. 227.

Em qualquer grau de jurisdição, havendo motivo justificado, pode o juiz exceder, por igual tempo, os prazos a que está submetido.

Comentário de *Manoel Carlos Toledo Filho*

A CLT não estipula prazos para a prática de atos pelo Juiz. Por outro lado, não se adverte qualquer inconsistência ou incompatibilidade dos preceitos acima em comparação à sistemática processual trabalhista, à qual, por conseguinte, integralmente se aplicam.

Art. 228.

Incumbirá ao serventuário remeter os autos conclusos no prazo de 1 (um) dia e executar os atos processuais no prazo de 5 (cinco) dias, contado da data em que:

I – houver concluído o ato processual anterior, se lhe foi imposto pela lei;

II – tiver ciência da ordem, quando determinada pelo juiz.

§ 1º Ao receber os autos, o serventuário certificará o dia e a hora em que teve ciência da ordem referida no inciso II.

§ 2º Nos processos em autos eletrônicos, a juntada de petições ou de manifestações em geral ocorrerá de forma automática, independentemente de ato de serventuário da justiça.

Comentário de *Manoel Carlos Toledo Filho*

Não se vislumbra incompatibilidade entre os preceitos acima e o direito processual do trabalho.

Art. 229.

Os litisconsortes que tiverem diferentes procuradores, de escritórios de advocacia distintos, terão prazos contados em dobro para todas as suas manifestações, em qualquer juízo ou tribunal, independentemente de requerimento.

§ 1º Cessa a contagem do prazo em dobro se, havendo apenas 2 (dois) réus, é oferecida defesa por apenas um deles.

§ 2º Não se aplica o disposto no *caput* aos processos em autos eletrônicos.

Comentário de *Manoel Carlos Toledo Filho*

A contagem dobrada de prazo para os litisconsortes com procuradores distintos conspira contra celeridade ínsita ao procedimento trabalhista, razão pela qual é afastada pela jurisprudência, nos termos daquilo que prescreve a Orientação Jurisprudencial n. 310 da SDI-1 do Tribunal Superior do Trabalho.

Art. 230.

O prazo para a parte, o procurador, a Advocacia Pública, a Defensoria Pública e o Ministério Público será contado da citação, da intimação ou da notificação.

Comentário de *Manoel Carlos Toledo Filho*

A norma em apreço revela-se ociosa, até pela obviedade que dela se traduz. Não fossem os prazos contados da citação, intimação ou notificação, a partir do que ou de quando tal ocorreria? Por conta disso mesmo, sua incidência ao processo do trabalho pode inclusive ser reputada rigorosamente *indiferente*.

Art. 231.

Salvo disposição em sentido diverso, considera-se dia do começo do prazo:

I – a data de juntada aos autos do aviso de recebimento, quando a citação ou a intimação for pelo correio;

II – a data de juntada aos autos do mandado cumprido, quando a citação ou a intimação for por oficial de justiça;

III – a data de ocorrência da citação ou da intimação, quando ela se der por ato do escrivão ou do chefe de secretaria;

IV – o dia útil seguinte ao fim da dilação assinada pelo juiz, quando a citação ou a intimação for por edital;

V – o dia útil seguinte à consulta ao teor da citação ou da intimação ou ao término do prazo para que a consulta se dê, quando a citação ou a intimação for eletrônica;

VI – a data de juntada do comunicado de que trata o art. 232 ou, não havendo esse, a data de juntada da carta aos autos de origem devidamente cumprida, quando a citação ou a intimação se realizar em cumprimento de carta;

VII – a data de publicação, quando a intimação se der pelo Diário da Justiça impresso ou eletrônico;

VIII – o dia da carga, quando a intimação se der por meio da retirada dos autos, em carga, do cartório ou da secretaria.

§ 1º Quando houver mais de um réu, o dia do começo do prazo para contestar corresponderá à última das datas a que se referem os incisos I a VI do *caput*.

§ 2º Havendo mais de um intimado, o prazo para cada um é contado individualmente.

§ 3º Quando o ato tiver de ser praticado diretamente pela parte ou por quem, de qualquer forma, participe do processo, sem a intermediação de representante judicial, o dia do começo do prazo para cumprimento da determinação judicial corresponderá à data em que se der a comunicação.

§ 4º Aplica-se o disposto no inciso II do *caput* à citação com hora certa.

Comentário de *Manoel Carlos Toledo Filho*

No processo do trabalho brasileiro, o momento de início da contagem dos prazos possui disciplina expressa no art. 774 da CLT, cujo conteúdo a seguir se reproduz, com destaques nossos:

> Art. 774. Salvo disposição em contrário, os prazos previstos neste Título contam-se, conforme o caso, **a partir da data em que for feita pessoalmente, ou recebida a notificação**, daquela em que for publicado o edital no jornal oficial ou no que publicar o expediente da Justiça do Trabalho, ou, ainda, daquela em que for afixado o edital na sede da Junta, Juízo ou Tribunal.
>
> Parágrafo único. Tratando-se de notificação postal, no caso de não ser encontrado o destinatário ou no de recusa de recebimento, o Correio ficará obrigado, sob pena de responsabilidade do servidor, a devolvê-la, no prazo de 48 (quarenta e oito) horas, ao Tribunal de origem.

Como se denota, o legislador trabalhista sabiamente repudiou a *burocrática e vetusta* regra que condiciona a contagem do prazo à juntada aos autos do respectivo instrumento da comunicação do ato processual (regra esta, aliás, cuja única finalidade parece mesmo ser a de *procrastinar* o andamento da causa). A contagem se dará já a partir da ciência do ato ou da publicação do edital. Assim, *incidência alguma* possuem no âmbito laboral as cominações identificadas pelos incisos **I, II e VI**. De outro lado, reputam-se compatíveis as constantes dos incisos **III, V e VII e VIII**.

Quanto ao preceito contido no inciso **IV**, na medida em que tradicionalmente se tem assimilado, ao processo do trabalho, o requisito previsto pelo inciso 232, IV, do CPC de 1973 (reproduzido pelo inciso III do art. 257 do CPC de 2015), há de se considerar aqueloutro igualmente incorporável.

Como natural corolário do acima exposto, a regra do § 1º deste artigo não se aplica ao processo do trabalho: o começo do prazo ocorrerá de modo específico para cada qual dos demandados, individualmente considerados.

A disposição do § 2º atende a um imperativo de ordem lógica, não havendo destarte óbice à sua incidência no âmbito trabalhista.

Não se detecta empecilho à incidência da regra do § 3º deste artigo ao processo laboral.

Pelos fundamentos supra expostos, consideramos que o § 4º em exame não se compatibiliza com a sistemática instrumental trabalhista.

Art. 232.

Nos atos de comunicação por carta precatória, rogatória ou de ordem, a realização da citação ou da intimação será imediatamente informada, por meio eletrônico, pelo juiz deprecado ao juiz deprecante.

Comentário de *Manoel Carlos Toledo Filho*

Não se vislumbra qualquer impedimento à adoção desta regra na esfera da Justiça do Trabalho.

Seção II
Da Verificação dos Prazos e das Penalidades

Art. 233.

Incumbe ao juiz verificar se o serventuário excedeu, sem motivo legítimo, os prazos estabelecidos em lei.

§ 1º Constatada a falta, o juiz ordenará a instauração de processo administrativo, na forma da lei.

§ 2º Qualquer das partes, o Ministério Público ou a Defensoria Pública poderá representar ao juiz contra o serventuário que injustificadamente exceder os prazos previstos em lei.

Comentário de *Manoel Carlos Toledo Filho*

Este artigo realiza uma *fusão* dos preceitos contidos nos arts. 193 e 194 do CPC de 1973. A novidade fica por conta de seu § 2º que, na realidade, apenas explicita algo que a legislação anterior já indiscutivelmente permitia.

O dever de supervisão ou fiscalização quanto ao cumprimento dos prazos pelos serventuários judiciais se insere dentre as *prerrogativas naturais* do magistrado, a quem, como corolário, incumbirá tomar as providências administrativas correspondentes em se constatando eventual falta. Logo, o preceito em exame é perfeitamente compatível com o regramento trabalhista.

Art. 234.

Os advogados públicos ou privados, o defensor público e o membro do Ministério Público devem restituir os autos no prazo do ato a ser praticado.

§ 1º É lícito a qualquer interessado exigir os autos do advogado que exceder prazo legal.

§ 2º Se, intimado, o advogado não devolver os autos no prazo de 3 (três) dias, perderá o direito à vista fora de cartório e incorrerá em multa correspondente à metade do salário-mínimo.

§ 3º Verificada a falta, o juiz comunicará o fato à seção local da Ordem dos Advogados do Brasil para procedimento disciplinar e imposição de multa.

§ 4º Se a situação envolver membro do Ministério Público, da Defensoria Pública ou da Advocacia Pública, a multa, se for o caso, será aplicada ao agente público responsável pelo ato.

§ 5º Verificada a falta, o juiz comunicará o fato ao órgão competente responsável pela instauração de procedimento disciplinar contra o membro que atuou no feito.

Comentário de Manoel Carlos Toledo Filho

O dispositivo em análise reproduz, com pequenas variações, o conteúdo dos arts. 195/197 do CPC de 1973.

Trata-se de preceitos antigos quanto aos quais não se detecta maior resistência, provavelmente por conta de sua escassa — ou mesmo nula — *aplicação prática*, notadamente naquilo que se refere à imposição de sanções pecuniárias.

Sem embargo, queremos crer que a aplicação de multas aos membros das carreiras públicas colide com a garantia geral de *intangibilidade salarial* afeta a todo e qualquer *trabalhador dependente*.

É que a noção de *trabalhador dependente*, em seu sentido amplo, não faz, a rigor, distinção entre agentes ou servidores públicos e empregados da iniciativa privada, na medida em que todos ordinariamente *dependem da remuneração* para sua sobrevivência pessoal e familiar. Esta ilação facilmente se comprova pela equiparação realizada, no plano constitucional, entre "salários, vencimentos, proventos, pensões e suas complementações", a todos eles explicitamente ali se reconhecendo "*natureza alimentícia*" (CRFB, art. 100, § 2º — vide ainda, a tal respeito, o comentário ao art. 235).

> Neste contexto, a multa eventualmente aplicada a um *advogado-empregado* teria de, a princípio, ser suportada pelo seu empregador, ficando eventual desconto sujeito à apuração de culpa ou dolo do profissional, nos termos previstos pelo art. 462 da CLT.

Feitas estas necessárias ressalvas, entendemos compatível o artigo vertente com processo do trabalho nacional.

Art. 235.

Qualquer parte, o Ministério Público ou a Defensoria Pública poderá representar ao corregedor do tribunal ou ao Conselho Nacional de Justiça contra juiz ou relator que injustificadamente exceder os prazos previstos em lei, regulamento ou regimento interno.

§ 1º Distribuída a representação ao órgão competente e ouvido previamente o juiz, não sendo caso de arquivamento liminar, será instaurado procedimento para apuração da responsabilidade, com intimação do representado por meio eletrônico para, querendo, apresentar justificativa no prazo de 15 (quinze) dias.

§ 2º Sem prejuízo das sanções administrativas cabíveis, em até 48 (quarenta e oito) horas após a apresentação ou não da justificativa de que trata o § 1º, se for o caso, o corregedor do tribunal ou o relator no Conselho Nacional de Justiça determinará a intimação do representado por meio eletrônico para que, em 10 (dez) dias, pratique o ato.

§ 3º Mantida a inércia, os autos serão remetidos ao substituto legal do juiz ou do relator contra o qual se representou para decisão em 10 (dez) dias.

Comentários ao Novo CPC

Art. 235

Comentário de Manoel Carlos Toledo Filho

As disposições contidas neste artigo ampliam e detalham o conteúdo dos arts. 198/199 do CPC de 1973.

A primeira observação a ser feita é que o *procedimento sumário* a que se refere o preceito em exame poderá ter por resultado, *exclusivamente*, a determinação para a prática do ato ou a remessa dos autos a outro magistrado, conforme o caso. É dizer, somente produzirá efeitos imediatos de *cunho estritamente processual*. Não será lícito, por seu intermédio, proceder-se à imposição de qualquer sanção disciplinar, podendo seu conteúdo, nesta dimensão, servir somente de subsídio para eventual instauração de procedimento administrativo disciplinar, no qual se garanta o *direito à ampla defesa*.

Quanto ao aspecto da *compatibilidade* com o processo do trabalho, respondemos pela *afirmativa*. E, neste passo, algumas considerações suplementares se demonstram necessárias.

A CLT tratou *expressamente* da questão do cumprimento dos prazos pelos Juízes. Assim, de acordo com o disposto no seu art. 658, "d", o atraso, pelo Juiz, na prática de ato decorrente de sua função, acarretaria o desconto de um dia de salário "para cada dia de retardamento". Disposição análoga existe em relação aos servidores (art. 712, parágrafo único).

O legislador de 1943 inspirou-se, neste aspecto, em norma existente no CPC de 1939 (art. 24), que, por sua vez, originou-se de preceitos constantes dos Códigos Estaduais de São Paulo e Minas Gerais (ARAGÃO, 1998, p. 125/126).

O art. 24 do CPC de 1939 era ainda mais rigoroso, pois determinava inclusive a perda do *dobro* dos dias de atraso para efeito da contagem do tempo de serviço. Já no caso da CLT, a possibilidade de desconto nos vencimentos sequer estava prevista em sua redação original, havendo nela sido introduzida pelo Decreto-Lei n. 8.737 de 19.1.1946.

Mas, do mesmo modo que o art. 24 do CPC de 1939 sofreu ataques desde seu nascimento — conquanto não tenha sido formalmente declarado inconstitucional (Idem, p. 127) — é antiga a percepção de que o art. 658, "d", da CLT, vai de encontro à *garantia constitucional e legal* de *irredutibilidade salarial* (GIGLIO, 1986, p. 51 — CRFB/88, art. 95, III; LC 35/79, art. 32).

E nem poderia mesmo ser diferente. Admitir a sobrevivência deste dispositivo implicaria permitir, *indireta* ou *dissimuladamente*, a aplicação de *sanção disciplinar pecuniária*, em clara vulneração ao art. 42 da LOMAN. Igual inferência se afigura cabível tanto para os integrantes do Ministério Público (CRFB, art. 128, § 5º, inciso I, letra "c"; LC n. 75/93, art. 239) quanto para os servidores em geral (Lei n. 8.112/90, arts. 41, § 3º, 45 e 127).

A *severidade* do legislador consolidado impressionou bem a ninguém menos que Russomano, para quem se a "regra fosse aplicada com rigor, assegurar-se-ia o andamento rápido dos feitos trabalhistas". Este mesmo jurista, contudo, esclarecia que a matéria deveria ser analisada em confronto com as disposições constantes da Constituição Federal e da LOMAN (RUSSOMANO, 1990, p. 754). Em que pese a admiração que devotamos a um dos maiores — senão o maior — nome do processo laboral nacional, a nosso sentir, independentemente do aspecto jurídico analisado, a *moralização* que preceitos como este produzem é mais *aparente* do que real. Seu *efeito precípuo* seria constranger juízes conscienciosos — que são a *indiscutível* e *esmagadora maioria* — a decidir de *modo açodado e sem qualidade*, sob pena de comprometerem seu orçamento pessoal e familiar. Sem falar na *inevitável*, *complexa* e *delicada* tarefa que seria verificar, caso a caso, se houvera ou não *justo motivo* para um *ocasional retardamento*.

Assim, diante da *omissão material* da CLT acerca do assunto em comento, incidem, em sua plenitude, as normas do CPC.

TÍTULO II
DA COMUNICAÇÃO DOS ATOS PROCESSUAIS

CAPÍTULO I
DISPOSIÇÕES GERAIS

Art. 236.

Os atos processuais serão cumpridos por ordem judicial.

§ 1º Será expedida carta para a prática de atos fora dos limites territoriais do tribunal, da comarca, da seção ou da subseção judiciárias, ressalvadas as hipóteses previstas em lei.

§ 2º O tribunal poderá expedir carta para juízo a ele vinculado, se o ato houver de se realizar fora dos limites territoriais do local de sua sede.

§ 3º Admite-se a prática de atos processuais por meio de videoconferência ou outro recurso tecnológico de transmissão de sons e imagens em tempo real.

Art. 237.

Será expedida carta:

I – de ordem, pelo tribunal, na hipótese do § 2º do art. 236;

II – rogatória, para que órgão jurisdicional estrangeiro pratique ato de cooperação jurídica internacional, relativo a processo em curso perante órgão jurisdicional brasileiro;

III – precatória, para que órgão jurisdicional brasileiro pratique ou determine o cumprimento, na área de sua competência territorial, de ato relativo a pedido de cooperação judiciária formulado por órgão jurisdicional de competência territorial diversa;

IV – arbitral, para que órgão do Poder Judiciário pratique ou determine o cumprimento, na área de sua competência territorial, de ato objeto de pedido de cooperação judiciária formulado por juízo arbitral, inclusive os que importem efetivação de tutela provisória.

Parágrafo único. Se o ato relativo a processo em curso na justiça federal ou em tribunal superior houver de ser praticado em local onde não haja vara federal, a carta poderá ser dirigida ao juízo estadual da respectiva comarca.

Comentário de *Guilherme Guimarães Feliciano*

O QUE HÁ DE NOVO?

1. O Código Buzaid registrava apenas que "[o]s *atos processuais serão cumpridos por ordem judicial ou requisitados por carta, conforme hajam de realizar-se dentro ou fora dos limites territoriais da comarca*" (art. 200). O art. 236/NCPC *aperfeiçoa* e *estende* esta regra processual.

2. *Aperfeiçoa* a atual regra do art. 200/CPC, na medida em que passa a definir as **cartas** (de ordem, rogatória, precatória, arbitral) como os *instrumentos processuais destinados à prática de atos processuais fora dos limites territoriais do tribunal, da comarca, da seção ou da subseção judiciárias*. Contempla, assim, a estrutura territorial da Justiça Federal comum, que não se divide em *comarcas* (única unidade territorial referida pelo CPC/1973), mas em *seções* e *subseções judiciárias*. A estrutura da Justiça do Trabalho foi originalmente pensada a partir de unidades territoriais igualmente designadas como *comarcas* (v., *e.g.*, o art. 650/CLT, originalmente e após a edição da Lei n. 5.442/1968); mas, porque pertence à Justiça da

União, e porque as coirmãs federais não se dividem em comarcas, a expressão tem sido evitada. Fala-se, mais comumente, em *jurisdição* da unidade, também para significar a sua delimitação territorial.

3. *Estende* a atual regra do art. 200/CPC, na medida em que, a uma, ressalva as hipóteses legais em que atos processuais possam ser cumpridos fora dos limites territoriais da unidade judiciária *independentemente* de carta. Tal ressalva abre muitas portas. Dá guarida, p. ex., ao instituto do **auxílio direto** em sede de cooperação jurídica nacional, cuja característica é, a nosso sentir, exatamente prescindir das cartas (vide, *supra*, os comentários ao art. 69, I, NCPC). Resguarda ainda hipóteses excepcionais de ultra-territorialidade da jurisdição, como aquela dos atos de comunicação do oficial de justiça que são praticados em *comarcas contíguas* (art. 255), fora dos limites territoriais do juízo. Resguarda, mais, as *citações postais*, que afinal podem ser expedidas para qualquer comarca do país, independentemente de carta precatória (art. 247/NCPC). Mas a ressalva também converge para aquilo que, a duas, está disposto no art. 236, § 3º: o NCPC vai além do art. 200/CPC, ao admitir textualmente a prática de atos processuais *"por meio de videoconferência ou outro recurso tecnológico de transmissão de sons e imagens em tempo real"*. O preceito abre ensanchas, portanto, à prática de atos processuais por via de **comunicação telemática**, por videoconferência ou qualquer outro sistema que permita a captação e transmissão de sons e imagens em tempo real. A disposição deve ser articulada, no que couber, com as conteúdos da Lei n. 11.419/2006 (*"Dispõe sobre a informatização do processo judicial [...]"*) e também dos arts. 193 a 199 do NCPC (*"Da Prática Eletrônica de Atos Processuais"*), notadamente o art. 194 (as *garantias do processo eletrônico*, extensíveis aos atos processuais eletrônicos: disponibilidade, independência da plataforma computacional, acessibilidade e interoperabilidade de sistemas, serviços, dados e informações). Ademais, apenas *consolida*, no novo diploma processual civil, o que já se dava nas rotinas forenses, por força da legislação extravagante. Basta ver que o art. 13, § 2º, da Lei n. 9.099/1995 já autorizava, nos Juizados Especiais, a solicitação da prática de atos de atos processuais externos à jurisdição (*"em outras comarcas"*) por *qualquer meio idôneo de comunicação*; logo, dispensam-se, neste caso, as cartas formais (Cf., por todos, ASSIS, 2015, p. 400).

4. Vale a pena aprofundar algo mais acerca das *videoconferências* (art. 236, § 3º), sobretudo em razão da sua *aguda utilidade* para otimizar feitos e abreviar prazos no âmbito da Justiça do Trabalho (em que o art. 236, § 3º, NCPC aplicar-se-á, induvidosamente, por força do art. 769/CLT). A esse propósito, ASSIS (*Idem*, p. 401) observa que

> a grande novidade trazida pela novel legislação fica por conta do § 3º, que prevê prática de atos processuais por videoconferência ou meio equivalente (previsão que é complementada nos

dispositivos sobre prova testemunhal — art. 453, § 1º, e depoimento pessoal — art. 385, § 3º). Essa previsão é uma realidade no âmbito do processo penal, tendo a Lei n. 11.900, de 8 de janeiro de 2009, alterado o Código de Processo Penal para permitir interrogatório de réu preso, bem como oitiva de testemunha através de videoconferência. No âmbito do processo penal, essa previsão visa a atender necessidades de segurança pública ou de evitar constrangimento a testemunhas, risco de fuga, economia orçamentária etc. No caso do processo civil, vislumbra-se grande benefício em termos de celeridade (por evitar idas e vindas de precatória) e de oralidade. Com efeito, um dos pilares da oralidade, que possibilita um julgamento de melhor qualidade, é a imediação (por meio da qual o juiz tem contato direto com a parte, ou testemunha, na coleta da prova oral). Esse pilar é complementado pela identidade física, segundo a qual o juiz que presidiu a instrução, coletando diretamente a prova oral, deverá julgar a causa. No caso, por exemplo, de uma testemunha ouvida por precatória, o juiz que irá julgar a causa não terá tido contato direto com ela por ocasião de seu depoimento, mitigando a oralidade. A videoconferência poderá obviar este tipo de inconveniente. O extraordinário desenvolvimento tecnológico que a área de comunicação vem experimentando pode trazer grandes benefícios para o processo. Naturalmente, da mesma forma que a videoconferência experimentou resistência no processo penal, é de se esperar que no processo civil também encontre opositores. Mesmo defendendo a sua utilização no processo civil, entende-se que as críticas serão úteis para que o dispositivo legal não seja empregado inadequadamente. Acredita-se que esse dispositivo legal deva ser objeto de regulamentação para que sua utilização não seja abusiva.

5. O art. 237/NCPC, por fim, tem por equivalente o art. 201 do Código Buzaid. Mas este último previra apenas as cartas de ordem, rogatória e precatória, deixando de reterir a chamada *carta arbitral*, definida no inciso IV do art. 237 como o ato de comunicação processual destinado a que *"o órgão do Poder Judiciário pratique ou determine o cumprimento, na área de sua competência territorial, de ato objeto de pedido de cooperação judiciária formulado por juízo arbitral, inclusive os que importem efetivação de tutela antecipada"* (g.n.).

6. A nosso ver, a Lei n. 13.105/2015 termina por *extrapolar* o conceito legal de cooperação jurídica nacional que havia formulado pouco antes (art. 67), uma vez que, por aquele texto, só pode haver *cooperação jurídica* (= judiciária) entre *"órgãos do Poder Judiciário, estadual ou federal, especializado ou comum, em todas as instâncias e graus de jurisdição, inclusive aos tribunais superiores"*. Não é essa a condição dos juízos arbitrais, que *não integram a estrutura do Poder Judiciário* e tanto

Art. 237

podem ter natureza pública quanto, mais amiúde, *privada*, regendo-se por lei própria (Lei n. 9.307/1996, com as recentes alterações da Lei n. 13.129/2015). Nada obstante, tributário da ideia de que a *arbitragem* também produz um tipo de "jurisdição"

> Nesse sentido, OSTERNACK AMARAL observa que se trata, na espécie, de *"verdadeira relação de cooperação entre a jurisdição arbitral e a jurisdição estatal, que se estabelecerá, por exemplo, na hipótese de haver renitência da parte contrária em cumprir uma ordem do árbitro. Nesse caso, o Poder Judiciário será acionado exclusivamente para implementar atos de força, que escapam aos poderes inerentes à função do árbitro. Jamais caberá ao Judiciário ingressar no mérito da demanda arbitral"* (AMARAL, 2015, p. 683 — *g.n.*).

(e, não por outra razão, a Lei n. 11.232/2005 já havia incluído a sentença arbitral como *título executivo judicial* no art. 475-N do CPC/1973), o legislador de 2015 preferiu assimilar, por metonímia, os pedidos arbitrais de cooperação aos pedidos propriamente judiciários (porque, a rigor, têm naturezas diferentes). E, já por isso, a *carta arbitral* passa a integrar o rol das cartas processuais (embora não se trate, propriamente, de cooperação *judiciária*, mas de modalidade de cooperação interinstitucional).

7. A carta arbitral é novidade no NCPC, mas agora tem previsão também fora dele. A Lei n. 13.129/2015, ao alterar substancialmente a Lei n. 9.307/1996, introduziu o art. 22-C, exatamente sobre cartas arbitrais. Pelo texto, "[o] árbitro ou o tribunal arbitral poderá expedir carta arbitral para que o órgão jurisdicional nacional pratique ou determine o cumprimento, na área de sua competência territorial, de ato solicitado pelo árbitro" (art. 22-C, *caput*); e, para mais, "[n]*o cumprimento da carta arbitral será observado o segredo de justiça, desde que comprovada a confidencialidade estipulada na arbitragem"*. O diploma calou-se, porém, quanto à cooperação interinstitucional para a prática de atos jurisdicionais por órgão jurisdicional estrangeiro. Nessa situação, se *estritamente necessário*, o juízo ou tribunal arbitral deverá requerer ao próprio Judiciário brasileiro a expedição de carta rogatória ou o pedido de auxílio direto, fixando-se a competência *"ex ratione loci celebrationis"*. A jurisprudência, porém, tende a considerá-la — a carta rogatória — despicienda, devendo o juízo arbitral desvencilhar-se das suas obrigações por meios próprios. *In verbis*:

> DIREITO INTERNACIONAL. PROCESSUAL CIVIL. SENTENÇA ARBITRAL. CONTRATO DE COMPRA E VENDA INTERNACIONAL. INADIMPLEMENTO. ALEGADO PREJUÍZO À DEFESA NA CITAÇÃO POR CARTA DE ORDEM. SANADO. OBJEÇÃO POR IRREGULARIDADE NA CITAÇÃO NO PROCEDIMENTO ARBITRAL. INEXISTENTE. APRECIAÇÃO DO MÉRITO DO DECISUM HOMOLOGANDO. INCABÍVEL. PRECEDENTES. REQUISITOS PARA HOMOLOGAÇÃO PRESENTES. [...] 4. '**A citação, no procedimento arbitral, não ocorre por carta rogatória, pois as cortes arbitrais são órgãos eminentemente privados. Exige-se**, para a validade do ato realizado via postal, apenas que haja **prova inequívoca de recebimento da correspondência**' (SEC 8.847/EX, Rel. Ministro João Otávio de Noronha, Corte Especial, DJe 28.11.2013). No caso, foi comprovado o recebimento da via postal, atendido, portanto, o ditame do parágrafo único do art. 39 da Lei n. 9.037/96. Precedente: SEC 10.658/EX, Rel. Ministro Humberto Martins, Corte Especial, DJe 16.10.2014. [...]" (STJ, Corte Especial, SEC n. 3.892/EX, Rel. Min. HUMBERTO MARTINS, j. em 19.11.2014, *in* DJe 11.12.2014 — *g.n.*).

AS CARTAS PROCESSUAIS EM ESPÉCIE

1. Ao dispor que *"os atos processuais serão cumpridos por ordem judicial"*, o art. 236/NCPC pretende ressaltar a figurada autoridade judicial, *"presidindo o processo e determinando, sempre que necessário, a prática deste ou daquele ato processual"* (ASSIS, 2015, p. 400). Há, no entanto, *exceções típicas* do processo do trabalho que, já por isso, tornam o texto do *caput* do art. 236/NCPC *incompatível* com o sistema processual laboral, *ut* art. 769/CLT, se for interpretado exaustiva e literalmente. Cite-se, como exemplo maior, a notificação citatória no processo trabalhista: de acordo com o art. 841 da CLT, "[r]*ecebida e protocolada a reclamação, o escrivão ou secretário, dentro de 48 (quarenta e oito) horas, remeterá a segunda via da petição, ou do termo, ao reclamado, notificando-o ao mesmo tempo, para comparecer à audiência de julgamento, que será a primeira desimpedida, depois de 5 (cinco) dias"*. Daí que a notificação do réu, no processo do trabalho, dá-se *automaticamente*, como necessária decorrência do protocolo da reclamação, *independentemente* de ciência ou despacho do juiz do Trabalho (que *poderá intervir*, se quiser, *ex vi* do art. 765/CLT; mas não está obrigado a despachar antes da audiência — exceto nas tutelas de urgência ou evidência —, nem prejudica ou retarda, com a sua inação, a prática do ato de citação). Logo, trata-se de ato processual que se cumpre *sem* necessária ordem judicial prévia, ao contrário do que reza o art. 236. Cumpre-se *ex vi legis*, por ato direto do serventuário.

2. Como observa ASSIS (ASSIS, 2015, p. 400-401), deve-se sobretudo ao *princípio da territorialidade da jurisdição* a necessidade dos mecanismos de cooperação judiciária, para dar consecução aos atos processuais deliberados por um juízo quando eles têm de ser praticados *fora* dos limites territoriais da sua jurisdição. Para esses casos, quando não estão legalmente admitidos outros modos de comunicação, o juiz deve se valer das cartas processuais. Se o ato tiver de ser praticado dentro do território brasileiro, e se se tratar de juízos que não guardam vinculação ou hierarquia entre si, utilizar-se-á a **carta precatória** (art. 237, inciso III). Se o ato decorrer de decisão de tribunal que pretende a cooperação de juízo a ele vinculado, utilizar-se-á a **carta de ordem** (art. 237, inciso I). Se o ato decorrer de decisão de órgão jurisdicional brasileiro e tiver de ser praticado fora do território brasileiro, mediante ato de cooperação

jurídica internacional, utilizar-se-á a *carta rogatória*. E, por fim, se o ato decorrer de decisão de juízo ou tribunal arbitral e tiver de ser praticado na área imediata de competência de determinado órgão do Poder Judiciário, utilizar-se-á a *carta arbitral*, que perfaz novidade formal da Lei n. 13.105/2015. Da carta arbitral, assim como da carta rogatória — que no CPC/1973 fora tratada entre os atos de comunicação, mas que agora é disciplinada no capítulo da cooperação internacional —, já cuidamos *supra*. Das cartas de ordem e das precatórias trataremos, com maior vagar, logo adiante (art. 260 a 268 do NCPC).

3. A decisão proferida por tribunais superiores ou por órgãos da Justiça Federal pode ser cumprida por um *juízo estadual* com competência para o exercício da jurisdição no âmbito da comarca em que aquela decisão deva surtir efeitos ou gerar atos processuais. A condição para que isso aconteça é simples: basta que não haja, na localidade, vara federal territorialmente competente. É o que dispõe o art. 237, parágrafo único, do NCPC, em estrita harmonia com o art. 109, § 3º, da Constituição e com o art. 42 da Lei n. 5.010/1966 (que organizou a Justiça Federal comum de primeira instância). Não há texto similar no CPC de 1973.

4. A nosso ver, todavia, o preceito do § 3º desafia inexorável *interpretação extensiva*, porque o legislador disse menos do que pretendia dizer. Onde se lê "justiça federal", deve-se entender "justiça da União". Assim, a regra também valerá para a prática de atos processuais dimanados por órgãos jurisdicionais federais eleitorais ou militares, por exemplo: sendo impossível praticá-lo por outro órgão de mesma jurisdição (ou de jurisdição federal), a carta precatória deverá ser dirigida ao juízo estadual da respectiva comarca. E valerá, ademais, para a própria *Justiça do Trabalho*, seja por força da aludida interpretação extensiva, seja mesmo por aplicação subsidiária (art. 769/CLT): o juiz do Trabalho poderá remeter a carta precatória *diretamente* ao juízo estadual da comarca onde o ato houver de se realizar, nas excepcionalíssimas hipóteses em que a localidade não estiver coberta por nenhuma das unidades jurisdicional pertencentes à capilarizada organização judiciária trabalhista. Trata-se, ainda uma vez, de uma decorrência inapelável do *dever de cooperação externa* que alcança todos os órgãos do Poder Judiciário brasileiro.

CAPÍTULO II
DA CITAÇÃO

Art. 238.

Citação é o ato pelo qual são convocados o réu, o executado ou o interessado para integrar a relação processual.

Comentário de *Manoel Carlos Toledo Filho*

A CLT, ao tratar do ato de *convocação* do demandado a juízo para o *oferecimento voluntário* de eventual *resposta*, preferiu utilizar o vocábulo "notificação" ao invés de "citação", como se adverte pela leitura de seu art. 841. Já no que se refere à fase executória foi utilizado o termo "citação", como se vê no art. 880.

A escolha terminológica empregada pelo legislador não traduz, a rigor, alguma sorte de *diferenciação conceitual* entre o ato de citar e o ato de notificar, tendo mais a ver com a *forma preferencial ou ordinária* para tanto escolhida, a saber: na *etapa cognitiva*, comunicação através do *serviço postal*, que, no Brasil, nesta dimensão, insere-se dentre as atribuições exercidas com exclusividade pela União Federal (CF, art. 21, X e Lei n. 6.538/79, art. 9º); na etapa de execução, comunicação por meio de *oficial de justiça* (art. 880, parágrafo segundo).

A opção pela notificação postal realizada no art. 841 da CLT, que se amolda com perfeição à ideia de um processo simples e rápido, não representou propriamente uma novidade, na medida em que já havia sido adotada por alguns códigos processuais estaduais, como o da Bahia e o de São Paulo (TOLEDO FILHO, 2006, p. 79). Curiosamente, o CPC de 1939 a aboliu, como curiosa igualmente — ademais de contraditória — fora a opção do legislador consolidado pela utilização da burocrática citação por mandado quando da fase de execução.

Art. 239.

Para a validade do processo é indispensável a citação do réu ou do executado, ressalvadas as hipóteses de indeferimento da petição inicial ou de improcedência liminar do pedido.

§ 1º O comparecimento espontâneo do réu ou do executado supre a falta ou a nulidade da citação, fluindo a partir desta data o prazo para apresentação de contestação ou de embargos à execução.

§ 2º Rejeitada a alegação de nulidade, tratando-se de processo de:

I – conhecimento, o réu será considerado revel;

II – execução, o feito terá seguimento.

Comentário de *Manoel Carlos Toledo Filho*

A CLT não cuida especificamente da matéria deste artigo, a qual se reputa compatível com o processo trabalhista.

Art. 240.

A citação válida, ainda quando ordenada por juízo incompetente, induz litispendência, torna litigiosa a coisa e constitui em mora o devedor, ressalvado o disposto nos arts. 397 e 398 da Lei n. 10.406, de 10 de janeiro de 2002 (Código Civil).

§ 1º A interrupção da prescrição, operada pelo despacho que ordena a citação, ainda que proferido por juízo incompetente, retroagirá à data de propositura da ação.

§ 2º Incumbe ao autor adotar, no prazo de 10 (dez) dias, as providências necessárias para viabilizar a citação, sob pena de não se aplicar o disposto no § 1º.

§ 3º A parte não será prejudicada pela demora imputável exclusivamente ao serviço judiciário.

§ 4º O efeito retroativo a que se refere o § 1º aplica-se à decadência e aos demais prazos extintivos previstos em lei.

Comentário de *Manoel Carlos Toledo Filho*

Os efeitos da citação válida previstos neste artigo, a saber, *indução de litispendência, consubstanciação da litigiosidade, constituição em mora e interrupção da prescrição*, se bem igualmente ocorram todos no processo do trabalho, também neste já se perfazem todos desde o *ajuizamento da ação*.

É que no processo laboral, a determinação da citação (notificação) do demandado se concretiza automaticamente por ato da Secretaria da Vara, não dependendo, por conseguinte, de exame ou autorização prévia do Juiz. Além disso, no tocante especificamente aos juros de mora, a lei trabalhista determina serem os mesmos "devidos a partir da data em que for ajuizada a reclamação inicial" (art. 883).

O CPC atual, ao revés do CPC de 1973, não mais considera a prevenção do juízo como um efeito da citação válida, na medida em que, de acordo com seu art. 59, o "registro ou a distribuição da petição inicial torna prevento o juízo". Ou seja, o processo civil, neste particular, *evoluiu* para a posição do processo trabalhista.

Art. 241.

Transitada em julgado a sentença de mérito proferida em favor do réu antes da citação, incumbe ao escrivão ou ao chefe de secretaria comunicar-lhe o resultado do julgamento.

Comentário de *Manoel Carlos Toledo Filho*

A matéria em foco não tem previsão na CLT, possui claro fundamento lógico e é compatível com o processo trabalhista.

Art. 242.

A citação será pessoal, podendo, no entanto, ser feita na pessoa do representante legal ou do procurador do réu, do executado ou do interessado.

§ 1º Na ausência do citando, a citação será feita na pessoa de seu mandatário, administrador, preposto ou gerente, quando a ação se originar de atos por eles praticados.

§ 2º O locador que se ausentar do Brasil sem cientificar o locatário de que deixou, na localidade onde estiver situado o imóvel, procurador com poderes para receber citação será citado na pessoa do administrador do imóvel encarregado do recebimento dos aluguéis, que será considerado habilitado para representar o locador em juízo.

§ 3º A citação da União, dos Estados, do Distrito Federal, dos Municípios e de suas respectivas autarquias e fundações de direito público será realizada perante o órgão de Advocacia Pública responsável por sua representação judicial.

Comentário de *Manoel Carlos Toledo Filho*

A citação no processo trabalhista não necessita ser pessoal. A CLT não estabelece essa exigência seja para a fase cognitiva seja para a etapa de execução. E não se trata aqui de omissão, mas de uma deliberada *opção institucional* pela simplicidade. Assim, basta que o conteúdo da notificação (na fase de conhecimento) ou do mandado (na etapa executória) chegue ao destinatário previsto — ou a quem faça as suas vezes — para se considerar válido, em tese, o ato em questão. Em suma, no processo trabalhista brasileiro, a forma adotada para o ato da comunicação da demanda para nada altera sua *fundamental impessoalidade* (MARTINS, 2005, p. 185 e 665; NASCIMENTO, 2012, p. 588; GARCIA, 2013, p. 719).

A impessoalidade da citação trabalhista, que se pode reputar aceita de modo *praticamente unânime* naquilo que se refere à fase cognitiva, encontra resistência quando se trata da fase de execução, quiçá pela impressão de que a utilização de mandado formal a ser cumprido por servidor judicial significaria uma intenção de maior segurança quanto ao atingimento de seu real destinatário. Esta inferência esbarra em um imperativo de ordem lógica. A notificação inicial se dirige a alguém que, presumivelmente, sequer faz ideia de que está sendo processado. A citação executória, por sua vez, via de regra foi antecedida por variados e numerosos atos processuais (defesa, audiência, sentença, recursos, liquidação), ou seja, o demandado ordinariamente já tem plena ciência de que deve e inclusive o valor líquido de quanto deve. Logo, se aquela (a notificação) é impessoal, esta (a citação) com maior razão igualmente haverá de sê-lo.

Neste diapasão, há de se considerar inassimiláveis pelo rito trabalhista o *caput* e o parágrafo primeiro do preceito em comento. O parágrafo segundo se reporta a lide infensa à competência material da Justiça do Trabalho. Quanto ao parágrafo terceiro, reporta-se ao comentário ao art. 247.

Art. 243.

A citação poderá ser feita em qualquer lugar em que se encontre o réu, o executado ou o interessado.

Parágrafo único. O militar em serviço ativo será citado na unidade em que estiver servindo, se não for conhecida sua residência ou nela não for encontrado.

Art. 244.

Não se fará a citação, salvo para evitar o perecimento do direito:

I – de quem estiver participando de ato de culto religioso;

II – de cônjuge, de companheiro ou de qualquer parente do morto, consanguíneo ou afim, em linha reta ou na linha colateral em segundo grau, no dia do falecimento e nos 7 (sete) dias seguintes;

III – de noivos, nos 3 (três) primeiros dias seguintes ao casamento;

IV – de doente, enquanto grave o seu estado.

Art. 245.

Não se fará citação quando se verificar que o citando é mentalmente incapaz ou está impossibilitado de recebê-la.

§ 1º O oficial de justiça descreverá e certificará minuciosamente a ocorrência.

§ 2º Para examinar o citando, o juiz nomeará médico, que apresentará laudo no prazo de 5 (cinco) dias.

§ 3º Dispensa-se a nomeação de que trata o § 2º se pessoa da família apresentar declaração do médico do citando que ateste a incapacidade deste.

§ 4º Reconhecida a impossibilidade, o juiz nomeará curador ao citando, observando, quanto à sua escolha, a preferência estabelecida em lei e restringindo a nomeação à causa.

§ 5º A citação será feita na pessoa do curador, a quem incumbirá a defesa dos interesses do citando.

Comentário de *Manoel Carlos Toledo Filho*

Não se detecta qualquer incompatibilidade dos artigos acima com o conteúdo do processo trabalhista nacional.

Art. 246.

A citação será feita:

I – pelo correio;

II – por oficial de justiça;

III – pelo escrivão ou chefe de secretaria, se o citando comparecer em cartório;

IV – por edital;

V – por meio eletrônico, conforme regulado em lei.

§ 1º Com exceção das microempresas e das empresas de pequeno porte, as empresas públicas e privadas são obrigadas a manter cadastro nos sistemas de processo em autos eletrônicos, para efeito de recebimento de citações e intimações, as quais serão efetuadas preferencialmente por esse meio.

§ 2º O disposto no § 1º aplica-se à União, aos Estados, ao Distrito Federal, aos Municípios e às entidades da administração indireta.

§ 3º Na ação de usucapião de imóvel, os confinantes serão citados pessoalmente, exceto quando tiver por objeto unidade autônoma de prédio em condomínio, caso em que tal citação é dispensada.

Comentários ao Novo CPC　　　　　　　　　　　　　　　　　　　　　　　　　　　　　**Art. 247**

Comentário de *Manoel Carlos Toledo Filho*

Tampouco se denota incompatibilidade do presente dispositivo com a sistemática do processo trabalhista, exceção feita ao seu § 3º, visto que a matéria nele versada escapa à área de atuação da Justiça Especializada Laboral. As disposições contidas no inciso V e no § 1º, aliás, coadunam-se perfeitamente com os paradigmas de *simplicidade* e *celeridade* preconizados pelo processo trabalhista.

Art. 247.

A citação será feita pelo correio para qualquer comarca do país, exceto:

I – nas ações de estado, observado o disposto no art. 695, § 3º;

II – quando o citando for incapaz;

III – quando o citando for pessoa de direito público;

IV – quando o citando residir em local não atendido pela entrega domiciliar de correspondência;

V – quando o autor, justificadamente, a requerer de outra forma.

Comentário de *Manoel Carlos Toledo Filho*

Das hipóteses previstas por este artigo, a do inciso I não tem pertinência no processo do trabalho. Já aquelas dos incisos II, IV e V não oferecem problemas para sua assimilação.

O inciso III merece um comentário particular.

A recorrente preocupação com a Fazenda Pública, não raro vitimada por defesas ineficientes, acabou conduzindo o legislador a interferir no âmbito processual, com a criação de prazos e prerrogativas específicas, servindo de exemplo aquelas previstas pelo Decreto-Lei n. 779/69 e pelo art. 38 da LC n. 73/93.

> Melhor seria, ao invés de *desfigurar o processo*, investir mais nas carreiras do serviço público. Mas isto implicaria gastos que o Estado brasileiro prefere — nem sempre por motivos propriamente nobres — direcionar para áreas outras.

A rigor, porém, não há porque tratar de modo distinto os entes públicos nesta matéria, já que o Estado, ao assumir a posição de empregador, naturalmente incorpora os mesmos poderes e limitações — é dizer, o mesmo *paradigma jurídico* — imanentes ao empregador privado. E se tal é a *premissa estrutural* conexa ao direito material, o direito processual há de forçosamente seguir o seu exemplo.

Assim, a quebra da regra da impessoalidade da citação trabalhista — tanto na fase cognitiva quanto na fase executória — somente pode ultimar-se mediante *regra explícita e específica* direcionada ao processo laboral, não bastando, para a tanto chegar-se, referências indiretas ou meramente de cunho geral.

A este respeito: **NULIDADE. INOCORRÊNCIA. CITAÇÃO PESSOAL NO PROCESSO DO TRABALHO. INAPLICABILIDADE.** Na Justiça Laboral há norma específica que regulamenta a matéria, qual seja, o art. 841, § 1º da CLT, que não excepciona as pessoas jurídicas de Direito Público. Dentre os privilégios da Administração Pública no processo do trabalho, nos termos do Decreto-lei n. 779/1969, não se inclui a notificação pessoal do representante do ente público. TRT-5, **Processo** 0000249-63.2014.5.05.0464, **Origem** PJe, **Relatora Desembargadora** Maria Adna Aguiar, 5ª TURMA, **DJ** 18.11.2015. Neste mesmo sentido: MARTINS, 2005, p. 184.

Logo, nossa conclusão é pela *incompatibilidade* do referido inciso III ao processo do trabalho nacional.

Cabe sem embargo registrar que existe relevante jurisprudência em sentido contrário ao nosso entendimento, como exemplificativamente se demonstra:

RECURSO DE REVISTA — NULIDADE DA CITAÇÃO. ENTE PÚBLICO. CITAÇÃO POSTAL. VALIDADE. Tratando-se de ente público municipal, a citação deve ser pessoal e não pode ser realizada por via postal, sobretudo quando fica caracterizado o prejuízo decorrente do não comparecimento do reclamado à audiência sofrendo os efeitos da revelia. Isto porque o disposto no art. 841, § 1º, da CLT, quanto às notificações na Justiça do Trabalho, não afasta a disposição específica prevista nos arts. 222 e 224 do CPC, que, expressamente, exigem a citação pessoal quando se tratar de pessoa jurídica de direito público. Recurso de revista **conhecido e provido. Processo:** RR — 51600-35.2005.5.09.0026 **Data de Julgamento:** 23.11.2011, **Redatora Ministra:** Dora Maria da Costa, 8ª Turma, **Data de Publicação:** DEJT 2.12.2011.

Art. 248.

Deferida a citação pelo correio, o escrivão ou o chefe de secretaria remeterá ao citando cópias da petição inicial e do despacho do juiz e comunicará o prazo para resposta, o endereço do juízo e o respectivo cartório.

§ 1º A carta será registrada para entrega ao citando, exigindo-lhe o carteiro, ao fazer a entrega, que assine o recibo.

§ 2º Sendo o citando pessoa jurídica, será válida a entrega do mandado a pessoa com poderes de gerência geral ou de administração ou, ainda, a funcionário responsável pelo recebimento de correspondências.

§ 3º Da carta de citação no processo de conhecimento constarão os requisitos do art. 250.

§ 4º Nos condomínios edilícios ou nos loteamentos com controle de acesso, será válida a entrega do mandado a funcionário da portaria responsável pelo recebimento de correspondência, que, entretanto, poderá recusar o recebimento, se declarar, por escrito, sob as penas da lei, que o destinatário da correspondência está ausente.

Comentário de *Manoel Carlos Toledo Filho*

A matéria prevista no *caput* e no § 1º deste artigo cede lugar às disposições específicas previstas pelo *caput* e pela primeira parte do § 1º do art. 841 da CLT: não havendo omissão na CLT, o CPC é inaplicável.

Os §§ 2º e 4º incorporaram a *impessoalidade* já existente no processo do trabalho; porém, como o fizeram de *modo restrito ou limitado* (somente para as pessoas jurídicas no primeiro caso e para os condomínios ou loteamentos no segundo caso), são incompatíveis com a abrangência mais ampla afeta ao processo especializado. Igualmente incompatível é a regra prevista pelo § 3º, reportando-se, neste particular, ao comentário do art. 250.

A segunda parte do § 4º, que cuida da possibilidade de recusa do recebimento da correspondência, apenas sufraga um imperativo de ordem lógica que, a rigor, sequer necessitaria ser mencionado, justificando-se apenas pela inexperiência do legislador civil com as nuanças cotidianas da impessoalidade da citação postal. Basta assim, para o processo do trabalho, um burocrático carimbo de "ausente" ou "recusado", dispensando-se para tal efeito a elaboração de declaração formal.

Art. 249.

A citação será feita por meio de oficial de justiça nas hipóteses previstas neste Código ou em lei, ou quando frustrada a citação pelo correio.

Comentário de *Manoel Carlos Toledo Filho*

A CLT prevê que, no caso de não ser encontrado o reclamado ou este crie embaraços ao recebimento da notificação postal, a comunicação da demanda mesma deverá proceder-se mediante a publicação de edital (art. 841, § 1º). Por outro lado, como já visto, a citação por oficial de justiça, no processo do trabalho, está prevista, como regra, somente para a fase de execução. Fora daí a hipótese de ser a notificação (*rectius*: citação) efetuada por oficial de justiça fica restrita à hipótese em que o correio não atinja o domicílio do reclamado (supra, art. 247, IV). Diante deste contexto, consideramos o preceito vertente inaplicável ao âmbito laboral.

Art. 250.

O mandado que o oficial de justiça tiver de cumprir conterá:

I – os nomes do autor e do citando e seus respectivos domicílios ou residências;

II – a finalidade da citação, com todas as especificações constantes da petição inicial, bem como a menção do prazo para contestar, sob pena de revelia, ou para embargar a execução;

III – a aplicação de sanção para o caso de descumprimento da ordem, se houver;

IV – se for o caso, a intimação do citando para comparecer, acompanhado de advogado ou de defensor público, à audiência de conciliação ou de mediação, com a menção do dia, da hora e do lugar do comparecimento;

V – a cópia da petição inicial, do despacho ou da decisão que deferir tutela provisória;

VI – a assinatura do escrivão ou do chefe de secretaria e a declaração de que o subscreve por ordem do juiz.

Comentário de *Manoel Carlos Toledo Filho*

De acordo com o disposto no parágrafo primeiro do art. 880 da CLT, "o mandado de citação deverá conter a decisão exequenda ou o termo de acordo não cumprido". Havendo assim, como há, disciplina própria prevista pela CLT, o artigo em análise não tem aplicação no processo trabalhista.

Art. 251.

Incumbe ao oficial de justiça procurar o citando e, onde o encontrar, citá-lo:

I – lendo-lhe o mandado e entregando-lhe a contrafé;

II – portando por fé se recebeu ou recusou a contrafé;

III – obtendo a nota de ciente ou certificando que o citando não a após no mandado.

Comentário de *Manoel Carlos Toledo Filho*

A CLT é omissa a respeito da matéria aqui tratada, nao se denotando ademais incompatibilidade com o processo laboral.

Art. 252.

Quando, por 2 (duas) vezes, o oficial de justiça houver procurado o citando em seu domicílio ou residência sem o encontrar, deverá, havendo suspeita de ocultação, intimar qualquer pessoa da família ou, em sua falta, qualquer vizinho de que, no dia útil imediato, voltará a fim de efetuar a citação, na hora que designar.

Parágrafo único. Nos condomínios edilícios ou nos loteamentos com controle de acesso, será válida a intimação a que se refere o *caput* feita a funcionário da portaria responsável pelo recebimento de correspondência.

Art. 253.

No dia e na hora designados, o oficial de justiça, independentemente de novo despacho, comparecerá ao domicílio ou à residência do citando a fim de realizar a diligência.

§ 1º Se o citando não estiver presente, o oficial de justiça procurará informar-se das razões da ausência, dando por feita a citação, ainda que o citando se tenha ocultado em outra comarca, seção ou subseção judiciárias.

§ 2º A citação com hora certa será efetivada mesmo que a pessoa da família ou o vizinho que houver sido intimado esteja ausente, ou se, embora presente, a pessoa da família ou o vizinho se recusar a receber o mandado.

§ 3º Da certidão da ocorrência, o oficial de justiça deixará contrafé com qualquer pessoa da família ou vizinho, conforme o caso, declarando-lhe o nome.

§ 4º O oficial de justiça fará constar do mandado a advertência de que será nomeado curador especial se houver revelia.

Art. 254.

Feita a citação com hora certa, o escrivão ou chefe de secretaria enviará ao réu, executado ou interessado, no prazo de 10 (dez) dias, contado da data da juntada do mandado aos autos, carta, telegrama ou correspondência eletrônica, dando-lhe de tudo ciência.

Comentário de *Manoel Carlos Toledo Filho*

Os preceitos em comento cuidam da figura da *citação com hora certa*, que não tem pertinência no processo do trabalho, diante do *conteúdo direto e específico* do § 3º do art. 880 da CLT ("Se o executado, procurado por 2 (duas) vezes no espaço de 48 (quarenta e oito) horas, não for encontrado, far-se-á citação por edital, publicado no jornal oficial ou, na falta deste, afixado na sede da Junta ou Juízo, durante 5 (cinco) dias). A presença de regra própria afasta a incidência do regramento civil (MARTINS, 2005, p. 186; GARCIA, 2013, p. 229).

Esta circunstância não impede, porém, que, diante de *casos ou situações especiais*, o Juiz decida pela utilização da figura em questão, valendo-se dos poderes a ele atribuídos pelo art. 765 da CLT. O que se deve aqui, portanto, marcar, é que a utilização da citação com hora certa, no processo do trabalho, será, quando muito, *meramente facultativa* (a este respeito: NASCIMENTO, 2012, p. 588).

Art. 255.

Nas comarcas contíguas de fácil comunicação e nas que se situem na mesma região metropolitana, o oficial de justiça poderá efetuar, em qualquer delas, citações, intimações, notificações, penhoras e quaisquer outros atos executivos.

Comentário de *Manoel Carlos Toledo Filho*

A CLT é omissa a respeito e o dispositivo é plenamente compatível com o processo do trabalho, na medida em que almeja dinamizar a consecução dos atos processuais realizáveis por intermédio de Oficial de Justiça.

Art. 256.

A citação por edital será feita:

I – quando desconhecido ou incerto o citando;

II – quando ignorado, incerto ou inacessível o lugar em que se encontrar o citando;

III – nos casos expressos em lei.

§ 1º Considera-se inacessível, para efeito de citação por edital, o país que recusar o cumprimento de carta rogatória.

§ 2º No caso de ser inacessível o lugar em que se encontrar o réu, a notícia de sua citação será divulgada também pelo rádio, se na comarca houver emissora de radiodifusão.

§ 3º O réu será considerado em local ignorado ou incerto se infrutíferas as tentativas de sua localização, inclusive mediante requisição pelo juízo de informações sobre seu endereço nos cadastros de órgãos públicos ou de concessionárias de serviços públicos.

Comentário de *Manoel Carlos Toledo Filho*

O presente dispositivo basicamente reproduz o teor do art. 231 do CPC de 1973, em relação ao qual não havia problema de compatibilidade com o processo do trabalho.

Mesmo a vedação estabelecida pela CLT no tocante ao rito sumaríssimo (art. 852-B, II) não elimina, a rigor, a citação por edital quando não seja possível localizar o demandado; seu efeito será a adoção para aquele caso do procedimento ordinário, é dizer, o ato processual (citação por edital) sim ocorrerá, mas dentro de um contexto distinto daquele inicialmente planejado pelo reclamante.

A novidade está em seu § 3º, cuja segunda parte reputamos *inaplicável* ao processo trabalhista. É que a matéria a ele relacionada vem inteiramente disciplinada na CLT, em seu art. 841, § 1º, que não estabelece a necessidade de requisitar informações a qualquer órgão para efeito de ser realizada a notificação editalícia, a qual, assim, poderá ser desde logo efetuada sempre e quando, postada a notificação, "o reclamado criar embaraços ao seu recebimento ou não for encontrado".

A requisição de informações até poderá ocorrer, se assim o julgar conveniente o Juiz diante das *circunstâncias particulares* do caso que esteja a examinar. Mas — tal qual se concluiu quanto à figura da citação com hora certa — essa providência não será obrigatória ou imperativa.

Art. 257.

São requisitos da citação por edital:

I – a afirmação do autor ou a certidão do oficial informando a presença das circunstâncias autorizadoras;

II – a publicação do edital na rede mundial de computadores, no sítio do respectivo tribunal e na plataforma de editais do Conselho Nacional de Justiça, que deve ser certificada nos autos;

III – a determinação, pelo juiz, do prazo, que variará entre 20 (vinte) e 60 (sessenta) dias, fluindo da data da publicação única ou, havendo mais de uma, da primeira;

IV – a advertência de que será nomeado curador especial em caso de revelia.

Parágrafo único. O juiz poderá determinar que a publicação do edital seja feita também em jornal local de ampla circulação ou por outros meios, considerando as peculiaridades da comarca, da seção ou da subseção judiciárias.

Comentário de *Manoel Carlos Toledo Filho*

O § 1º do art. 841 da CLT preceitua, de modo direto e desembaraçado, que "far-se-á a notificação por edital, inserto no jornal oficial ou no que publicar o expediente forense, ou, na falta, afixado na sede da Junta ou Juízo".

A concisão não é casual: insere-se na ideia de *simplicidade* ínsita ao processo trabalhista. Logo, afiguram-se incompatíveis as disposições constantes dos incisos I, III e IV deste artigo.

Vale recordar que, como assinalado quando do exame do inciso II do art. 72, a nomeação de curador ao revel por conta exclusiva da citação por edital não tem cabimento no processo trabalhista.

Já aquelas constantes do inciso II e do parágrafo único, entendemos assimiláveis ao processo trabalhista. A primeira porque, ademais de ter pertinência com a autorização geral prevista pelo § 1º do art. 1º da Lei n. 11.419/2006, agrega segurança ao *historicamente inseguro* ato da citação por edital, sem vulnerar a rapidez ou a eficiência do procedimento; a segunda porque, sendo facultativa, ajusta-se sem dificuldades ao conteúdo do art. 765 da CLT.

De sorte que, no processo do trabalho, o que se requer para validade da citação por edital é: **1)** não ser encontrado o reclamado, circunstância aferível mediante a recusa ou devolução da notificação pelo correio (CLT, art. 774, parágrafo único), ou, ainda, criar o reclamado embaraços para o recebimento da notificação; **2)** a publicação do edital, em prazo razoável a ser definido pelo Juiz, considerados para tanto o conteúdo e as circunstâncias da causa, em jornal oficial ou no que publicar o expediente forense, ou, na falta, sua afixação na sede do Juízo; **3)** a publicação do edital na rede mundial de computadores no sítio do respectivo tribunal e na plataforma de editais do Conselho Nacional de Justiça, certificando-se tal circunstância nos autos.

Art. 258.

A parte que requerer a citação por edital, alegando dolosamente a ocorrência das circunstâncias autorizadoras para sua realização, incorrerá em multa de 5 (cinco) vezes o salário-mínimo.

Parágrafo único. A multa reverterá em benefício do citando.

Comentário de *Manoel Carlos Toledo Filho*

Este artigo reproduz o conteúdo do art. 233 do CPC de 1973, sendo perfeitamente compatível com o processo trabalhista.

Art. 259.

Serão publicados editais:

I – na ação de usucapião de imóvel;

II – na ação de recuperação ou substituição de título ao portador;

III – em qualquer ação em que seja necessária, por determinação legal, a provocação, para participação no processo, de interessados incertos ou desconhecidos.

Comentário de *Manoel Carlos Toledo Filho*

Os incisos I e II do artigo em comento se referem a hipóteses alheias à competência material da Justiça do Trabalho. Já a situação do inciso III não apresenta óbice para sua incidência no processo laboral.

CAPÍTULO III
DAS CARTAS

Art. 260.

São requisitos das cartas de ordem, precatória e rogatória:

I – a indicação dos juízes de origem e de cumprimento do ato;

II – o inteiro teor da petição, do despacho judicial e do instrumento do mandato conferido ao advogado;

III – a menção do ato processual que lhe constitui o objeto;

IV – o encerramento com a assinatura do juiz.

§ 1º O juiz mandará trasladar para a carta quaisquer outras peças, bem como instruí-la com mapa, desenho ou gráfico, sempre que esses documentos devam ser examinados, na diligência, pelas partes, pelos peritos ou pelas testemunhas.

§ 2º Quando o objeto da carta for exame pericial sobre documento, este será remetido em original, ficando nos autos reprodução fotográfica.

§ 3º A carta arbitral atenderá, no que couber, aos requisitos a que se refere o *caput* e será instruída com a convenção de arbitragem e com as provas da nomeação do árbitro e de sua aceitação da função.

Art. 261.

Em todas as cartas o juiz fixará o prazo para cumprimento, atendendo à facilidade das comunicações e à natureza da diligência.

§ 1º As partes deverão ser intimadas pelo juiz do ato de expedição da carta.

§ 2º Expedida a carta, as partes acompanharão o cumprimento da diligência perante o juízo destinatário, ao qual compete a prática dos atos de comunicação.

§ 3º A parte a quem interessar o cumprimento da diligência cooperará para que o prazo a que se refere o *caput* seja cumprido.

Art. 262.

A carta tem caráter itinerante, podendo, antes ou depois de lhe ser ordenado o cumprimento, ser encaminhada a juízo diverso do que dela consta, a fim de se praticar o ato.

Parágrafo único. O encaminhamento da carta a outro juízo será imediatamente comunicado ao órgão expedidor, que intimará as partes.

Art. 263.

As cartas deverão, preferencialmente, ser expedidas por meio eletrônico, caso em que a assinatura do juiz deverá ser eletrônica, na forma da lei.

Art. 264.

A carta de ordem e a carta precatória por meio eletrônico, por telefone ou por telegrama conterão, em resumo substancial, os requisitos mencionados no art. 250, especialmente no que se refere à aferição da autenticidade.

Art. 265.

O secretário do tribunal, o escrivão ou o chefe de secretaria do juízo deprecante transmitirá, por telefone, a carta de ordem ou a carta precatória ao juízo em que houver de se cumprir o ato, por intermédio do escrivão do primeiro ofício da primeira vara, se houver na comarca mais de um ofício ou de uma vara, observando-se, quanto aos requisitos, o disposto no art. 264.

§ 1º O escrivão ou o chefe de secretaria, no mesmo dia ou no dia útil imediato, telefonará ou enviará mensagem eletrônica ao secretário do tribunal, ao escrivão ou ao chefe de secretaria do juízo deprecante, lendo-lhe os termos da carta e solicitando-lhe que os confirme.

§ 2º Sendo confirmada, o escrivão ou o chefe de secretaria submeterá a carta a despacho.

Art. 266.

Serão praticados de ofício os atos requisitados por meio eletrônico e de telegrama, devendo a parte depositar, contudo, na secretaria do tribunal ou no cartório do juízo deprecante, a importância correspondente às despesas que serão feitas no juízo em que houver de praticar-se o ato.

Art. 267.

O juiz recusará cumprimento a carta precatória ou arbitral, devolvendo-a com decisão motivada quando:

I – a carta não estiver revestida dos requisitos legais;

II – faltar ao juiz competência em razão da matéria ou da hierarquia;

III – o juiz tiver dúvida acerca de sua autenticidade.

Parágrafo único. No caso de incompetência em razão da matéria ou da hierarquia, o juiz deprecado, conforme o ato a ser praticado, poderá remeter a carta ao juiz ou ao tribunal competente.

Art. 268.

Cumprida a carta, será devolvida ao juízo de origem no prazo de 10 (dez) dias, independentemente de traslado, pagas as custas pela parte.

Comentário de *Guilherme Guimarães Feliciano*

O QUE HÁ DE NOVO?

1. O art. 260 do NCPC praticamente *reproduz* o art. 202 do CPC de 1973, sem maiores novidades. A rigor, há uma única "troca" a ser destacada: o texto do § 3º do art. 202 do CPC/1973 — que vinha prevendo a possibilidade de expedição de cartas de ordem, precatórias e rogatórias por *meio eletrônico* — é deslocado para o art. 263 do NCPC (evoluindo-se, porém, de uma mera possibilidade para uma clara *preferência legal* pelas cartas eletrônicas). No seu lugar, positiva-se a lógica mimética que deve reger as *cartas arbitrais*: tais cartas deverão atender, no que couber, aos requisitos formais próprios das cartas de ordem, precatória e rogatória (art. 260, Ia IV, do NCPC); e, para mais, a carta arbitral *"será instruída com [o instrumento d]a convenção de arbitragem e com as provas da nomeação do árbitro e da sua aceitação da função"* (i.e., as provas do negócio jurídico arbitral e da formação do juízo arbitral).

2. Como se sabe, *convenção de arbitragem* é o negócio jurídico pelo qual as partes interessadas comprometem-se a submeter a solução de seus litígios a um juízo arbitral (art. 3º da Lei n. 9.307/1996). Nessa expressão, tanto está compreendida a *cláusula compromissória* (convenção pela qual as partes em um contrato *comprometem-se a submeter à arbitragem* os eventuais litígios que vierem a surgir, relativamente àquele contrato — art. 4º, § 1º, da Lei n. 9.307/1996), como também o *compromisso arbitral* (convenção pela qual as partes *submetem um litígio concreto*, já configurado, à arbitragem de uma ou mais pessoas, podendo ser judicial ou extrajudicial — art. 9º, *caput*, da Lei n. 9.307/1996). Como, porém, o art. 260, § 3º, do NCPC exige não apenas a juntada do instrumento da convenção de arbitragem, mas também as *provas da nomeação do árbitro e da sua aceitação da função*, está claro que estamos a cuidar do **compromisso arbitral** (art. 9º, *caput*, da Lei n. 9.307/1996). Sequer haveria sentido em se estender o preceito às cláusulas compromissórias, se é certo que, antes da instituição do juízo arbitral (art. 19 da Lei n. 9.307/1996), nenhuma decisão juridicamente válida poderá derivar de um negócio jurídico arbitral (e, portanto, não poderá determinar, validamente, a prática de atos processuais). O § 3º do art. 260 desafia, portanto, *interpretação restritiva*.

3. As cartas arbitrais visarão geralmente à prática de *atos coercitivos*, em sede cognitiva ou executiva, *"uma vez não deter, o Juízo Arbitral, poder de coerção e execução"* (ASSIS, 2015, p. 439). A partir da Lei n. 13.129/2015, aliás, passa-se a admitir expressamente que os juízos arbitrais "defiram" medidas cautelares ou de urgência (melhor teria sido dizer "medidas de tutela de urgência ou de evidência"); é o que reza o art. 22-B, parágrafo único, da Lei n. 9.307/1996. Na prática, porque não exercem jurisdição (ou, ao menos, jurisdição estatal) e não detêm o monopólio da força legítima, os árbitros apenas deliberarão sobre o cabimento daquelas medidas; entendendo positivamente, solicitarão a prática dos atos processuais correspondentes (de constituição, restrição, constrição etc.), nos termos do art. 22-C da Lei n. 9.307/1996.

4. E as cartas arbitrais têm serventia e lugar na Justiça do Trabalho? *Podem ter*, desde que se trate de arbitragem *válida* no plano jurídico-material. E tal se dará, basicamente, no âmbito do *Direito Coletivo do Trabalho* (i.e., para dirimir **conflitos coletivos de trabalho**, mediante cláusulas compromissórias, se forem *potenciais*, ou compromissos arbitrais, se já forem *concretos*). Nada além disso. Como afirmamos alhures,

[é] absolutamente duvidoso que a arbitragem possa ser utilizada para solucionar conflitos individuais de trabalho, dada a natureza imperativa — absoluta ou relativa (mas de todo modo inatacável individualmente) — da grande maioria das normas jurídicas laborais [...] e o consequente padrão de irrenunciabilidade dos direitos sociais [...]; e, de fato, **a própria Lei da Arbitragem (Lei n. 9.307/1998) prevê, em seu art. 1º, que a arbitragem só poderá dirimir consensualmente litígios relativos a direitos patrimoniais disponíveis, o que de regra não ocorrerá no plano individual.** Nesse sentido, a par de alguma dissidência (*e.g.*,TST, AIRR 1475/2000-193-05-00.7, rel. Min. Teixeira Manus, *in* DJU 17.10.2008), o próprio TST [...] (FELICIANO, 2014, Capítulo V, tópico 5.11).

É como pensamos.

5. Os arts. 261, 262, 263, 264, 265, 266, 267 e 268 do NCPC também têm equivalentes, totais ou parciais, no texto do CPC de Buzaid. São, respectivamente, o art. 203, *caput*; o art. 204; o art. 202, § 3º; o art. 206; o art. 207 e seus §§ 1º e 2º; o art. 208; o art. 209; e o art. 212 do CPC de 1973.

CARTAS PROCESSUAIS: REQUISITOS E PROCEDIMENTOS

1. Como visto *supra*, as cartas têm por finalidade a prática de atos fora dos limites territoriais do juízo solicitante (art. 236, § 1º, do NCPC). Podem ter por objeto a mera comunicação de atos processuais, a instrução do processo de origem, a prática de atos de natureza constitutiva, restritiva, constritiva, sub-rogatória etc. Sobre as definições de *carta rogatória*, *carta de ordem*, *carta precatória* e *carta arbitral*, vejam-se os comentários ao art. 237 do NCPC.

2. São *requisitos comuns* das cartas rogatórias, precatórias, arbitrais e de ordem, essenciais à sua regularidade, os seguintes: **(a)** a indicação do juiz de origem e do juiz de cumprimento do ato; **(b)** o inteiro teor da petição inicial, do "despacho judicial" (i.e., da decisão judicial que originou a carta, sendo conveniente ainda encaminhar, quando o caso, o inteiro teor das demais decisões relevantes para a providência) e dos instrumentos de mandato conferido aos advogados; **(c)** a menção do ato processual que constitui o objeto da carta (i.e., qual a providência pretendida); e **(d)** o encerramento da carta, com a assinatura do juiz (que obviamente será *eletrônica*; i. e., basear-se-á em certificado digital emitido por Autoridade Certificadora credenciada (operacionalizando-se geralmente por meio de *token* ou cartão), ou então mediante cadastro de usuário providenciado no âmbito do próprio Poder Judiciário (operacionalizando-se geralmente por *login* e senha), para as cartas que serão preferencialmente expedidas por meio eletrônico — art. 263/NCPC).

3. Esses requisitos perfazem o conteúdo mínimo de inteligibilidade e de autoridade de uma carta processual. De acordo com COELHO GONÇAVES (GONÇALVES, 2015, p. 440),

[o]s requisitos das cartas de ordem, precatória, rogatória e arbitral devem ser integralmente observados sob pena de nulidade absoluta do ato. Trata-se de matéria de ordem pública, a qual poderá ser arguida a qualquer tempo de grau de jurisdição. Não obstante, sempre será necessário

verificar se resultou prejuízo, uma vez tratar-se de requisito para declaração da nulidade (*pas de nulitè sansgrief*).

4. Noutras palavras, prevalece o princípio da instrumentalidade ao da legalidade: ainda que inobservados quaisquer dos requisitos formais, se a carta for inteligível e não houver prejuízo a qualquer das partes envolvidas, o juízo solicitado poderá — *deverá* — cooperar, atendendo ao que se solicitou. Com maior razão, haverá de ser assim no processo do trabalho, *ex vi* do art. 794/CLT (pelo qual "[n]*os processos sujeitos à apreciação da Justiça do Trabalho só haverá nulidade quando resultar dos atos inquinados manifesto prejuízo às partes*" (*g.n.*). Trata-se do *princípio da transcendência* (ou do *prejuízo*), a condicionar o regime jurídico de nulidades no processo laboral, mais intensamente do que no próprio processo civil.

5. De acordo com o art. 261/NCPC, o juiz fixará prazo para cumprimento em todas as cartas processuais, atendendo, na mensuração do prazo, à facilidade das comunicações e à natureza da diligência. Tal prazo terá a finalidade básica de *balizar* a urgência do cumprimento, porque não há nenhum tipo de hierarquia a vincular os juízos cooperantes, *exceto* na hipótese de carta de ordem; não fosse assim, a mora poderia, p. ex., "*impedir indefinidamente o julgamento do feito, desde que condicionado à devolução da carta precatória devidamente cumprida*" (v. TJDF, 5ª T. Cível, AI n. 20000020031464/DF, Rel. Haydevalda Sampaio, j. 14.9.2000, *in* DJU 25.10.2000, p. 38). Nesse ponto, reproduziu-se meramente o art. 203/CPC. Os prazos só serão *próprios* e *peremptórios*, na acepção dos termos, quando se referirem a condutas processuais impostas às partes; entre as autoridades cooperantes, serão sempre prazos impróprios. Como pondera COELHO GONÇALVES (GONÇALVES, 2015, p. 442),

[n]ão há penalidade prevista em lei para o descumprimento do prazo da carta precatória fixado pelo Juízo Deprecado. Não obstante, é possível que, extrapolado o prazo por desídia da parte, após a diligência necessária acerca do efetivo cumprimento da deprecata junto ao juízo deprecado, sejam praticados os atos processuais subsequentes. Esse entendimento está de acordo com a previsão contida no CPC/2015, art. 313, §§ 4º e 5º, o qual limita em 1 (um) ano o prazo de suspensão do processo quando a sentença de mérito tiver de ser proferida somente após a verificação de determinado fato ou a produção de certa prova, requerida a outro juízo.

Uma vez cumprida a carta, deve ser devolvida ao juízo de origem no prazo de 10 (dez) dias, como manda o art. 268/NCPC, desde que vez pagas (ou dispensadas) as custas pelas partes.

6. Nos seus parágrafos, o art. 261/NCPC *inova* em relação ao art. 203/CPC. Eles introduzem uma série de regras que recrudescem e explicitam a aplicação do *princípio do contraditório* nos procedimentos das cartas processuais, dando concreção ao princípio insculpido no art. 5º, LV, da Constituição, e, bem assim, àquele dimanado do próprio art. 7º do NCPC. Pelo § 1º, as partes deverão ser intimadas pelo juiz do próprio ato de expedição da carta. Pelo § 2º, essas mesmas partes têm assegurado o direito de acompanhar o cumprimento de todas as diligências perante o juízo destinatário, para o que deverão ser deles previamente comunicados (desta feita, pelo juízo destinatário). Enfim, pelo § 3º, "*a parte a quem interessar o cumprimento da diligência cooperará para que o prazo a que se refere o caput seja cumprido*". Trata-se de uma explicitação da aplicabilidade do princípio da cooperação (art. 6º/NCPC) ao procedimento das cartas processuais; mas, neste caso, com certa incompletude. Evidentemente, o ônus da colaboração pesará especialmente sobre a parte a quem *interessar* o cumprimento da diligência a se realizar (em geral, a própria parte requerente). No entanto, à vista do próprio art. 6º da Lei n. 13.105/2015, é certo que *todos os sujeitos do processo* devem cooperar entre si para que se obtenha, em tempo razoável, decisão meritória, justa e efetiva; logo, *também a parte a quem "não interessar" o cumprimento da diligência* — p. ex., aquela parte cujos interesses poderão ser comprometidos, em tese, com a produção da prova deprecada — *deverá cooperar para que o prazo de cumprimento deva ser respeitado*. E, se não o fizer, poderá inclusive responder por litigância de má-fé (v., *e.g.*, os incisos IV, V e VI do art. 80 do NCPC, correspondente aos incisos IV, V e VI do art. 17 do CPC/1973).

7. As cartas processuais sempre têm **caráter itinerante**, como reza o art. 262/NCPC e, antes dele, o art. 204/NCPC. Isto significa que qualquer carta pode, "*antes ou depois de lhe ser ordenado o cumprimento, ser encaminhada a juízo diverso do que dela consta, a fim de se praticar o ato*". A decisão de reencaminhar diretamente a carta, diante de seu caráter itinerante, pertence ao juízo destinatário. Mas, para essas situações, o novel art. 262 incluiu uma providência de segurança: a *comunicação* ao órgão expedidor (inclusive ao juiz arbitral, nas cartas arbitrais); caberá a ele, expedidor, intimar as partes e dar-lhes ciência da itinerância consumada (art. 262, parágrafo único).

8. Como já visto, o art. 263/NCPC *prioriza* a expedição de cartas processuais por meios eletrônicos. Visa-se, com isso, atender melhor ao princípio da celeridade e, por ele, ao princípio da razoável duração do processo (art. 5º, LXXVIII, CRFB). Converge-se, ainda, "*para a economia processual de tempo, de insumos resultantes das fotocópias de autos e do tempo utilizado pelo serventuário para tal mister, e de dinheiro, reduzindo o gasto com despesas postais para envio ao Juízo deprecante*" (GONÇALVES, 2015, p. 443). Como prevê a Lei n. 11.419/2006 (art. 1º, § 2º, inciso II), entende-se por transmissão eletrônica *toda forma de comunicação a distância com a utilização de redes de comunicação, preferencialmente a rede mundial de computadores*. Daí que, para ser viável a comunicação por carta eletrônica, os respectivos *softwares* (que geram, emitem e leem cartas processuais eletrônicas) devem estar implantados tanto no juízo solicitante quanto no juízo solicitado.

9. Cartas precatórias e de ordem podem ser também encaminhadas por *telefone* ou por *telegrama*. Nesse caso, como no das *eletrônicas*, as cartas devem conter todos os requisitos do art. 250/NCPC — que trata dos requisitos do *mandado de citação* —, ainda que em *"resumo substancial"*; e, notadamente, os requisitos ligados à aferição da autenticidade da carta (de modo a prevenir fraudes). Para as cartas eletrônicas, as regras que disciplinam a autenticidade das informações derivam basicamente da Lei n. 11.419/2006 (processo eletrônico) e da MP n. 2.200-2/2001 (institui a Infraestrutura de Chaves Públicas — ICP — do Brasil). Já no caso das cartas transmitidas por telefone, previu-se um contramecanismo legal de aferição da autenticidade: *"O escrivão ou o chefe da secretaria, no mesmo dia ou no dia útil imediato, telefonará ou enviará mensagem eletrônica ao secretário do tribunal, ao escrivão ou ao chefe de secretaria do juízo deprecante, lendo-lhe os termos da carta e solicitando-lhe que os confirme"* (art. 265/NCPC, § 1º). Somente depois da confirmação é que a carta será submetida a despacho (§ 2º).

10. O art. 267/NCPC, sobre as hipóteses válidas de *recusa* do cumprimento das cartas, repete o art. 209/CPC. Tais hipóteses não valem para a carta de ordem, em que há vinculação assimétrica entre o juízo solicitante e o solicitado; nem tampouco para a carta rogatória, que se submete a requisitos bem diversos (vide, *supra*, os comentários ao art. 36). Nas cartas precatórias e arbitrais, porém, o juiz solicitado poderá recusar o respectivo cumprimento, devolvendo-a com decisão motivada (art. 93, IX, CRFB), **(a)** se a carta não estiver revestida dos requisitos legais (i.e., os requisitos do art. 260/NCPC); **(b)** se faltar, ao juiz destinatário, competência para a prática do ato processual solicitado, em razão da matéria ou da hierarquia (i.e., nas hipóteses de incompetência *absoluta*), caso em que, à vista do caráter itinerante das cartas (art. 262), o magistrado deprecado poderá desde logo remetê-la ao juiz ou ao tribunal competente (art. 267, parágrafo único), ou ainda **(c)** se o juiz tiver dúvidas acerca da autenticidade da própria carta. O que significa, noutros termos, que *"[o]cumprimento da carta precatória não pode ser recusado senão por vícios formais ou que obstaculizem a possibilidade de cumprimento material da carta, não sendo possível ao juízo deprecado questionar o conteúdo da decisão do juízo deprecante"* (GONÇALVES, 2015, p. 445). É algo diferente, porém, se o juiz deprecado pretender-se *esclarecer* junto ao juízo deprecante, porque, afinal, cuida-se aqui de instituto ínsito à cooperação jurídica nacional, como temos visto. É como decidiu, sob o CPC Buzaid, o Superior Tribunal de Justiça:

STJ. PROCESSUAL CIVIL. CARTA PRECATÓRIA. JUÍZO DEPRECADO. DÚVIDA SOBRE A POSSIBILIDADE DE CUMPRIMENTO DA CARTA PRECATÓRIA. **POSSIBILIDADE DE SUSPENSÃO DO CUMPRIMENTO DA CARTA ATÉ A MANIFESTAÇÃO DO JUIZ DEPRECANTE.** 1. O juízo deprecado pode recusar cumprimento à carta precatória, devolvendo-a com despacho motivado, desde que evidenciada uma das hipóteses enumeradas nos incisos do art. 209 do CPC, quais sejam: (i) quando não estiver a carta precatória revestida dos requisitos legais; (ii) quando carecer o juiz de competência, em razão da matéria ou hierarquia; (iii) quando o juiz tiver dúvida acerca de sua autenticidade. 2. Na hipótese dos autos, contudo, o juízo deprecado não recusou o cumprimento da carta precatória. Ele apenas encaminhou os autos ao juiz deprecante para aguardar a sua manifestação sobre as alegações feitas pelo Oficial de Justiça e pelo exequente acerca da possibilidade de se cumprir a determinação inserida na carta. 3. O juiz deprecado, no exercício da sua função de cooperador, pode dialogar com o juiz deprecante acerca do ato processual requerido, pois o diálogo é pressuposto da cooperação e contribui para que a atividade jurisdicional seja pautada pelos princípios constitucionais que informam o processo e exercida sem vícios, evitando-se a decretação de nulidades. 4. Recurso especial não provido" (STJ, 3ª T., REsp n. 1203840/RN 2010/0138374-6, rel. Min. Nancy Andrighi, j. 6.9.2011, *in* DJe 15.9.2011).

11. Para além disso, se houver resistência infundada ao cumprimento da providência deprecada, poderá o juiz deprecante suscitar *conflito negativo de competência* perante o tribunal competente. V., *e.g.*, no processo penal, STJ, 3ª Seção, CC n. 135834/SP 2014/0225689-2, Rel. Min. Nefi Cordeiro, j. 22.10.2014, *in* DJe 31.10.2014; e, no processo civil, STJ, 3ª Seção, CC n. 76879/PB 2006/0248428-8, rel. Min. Maria Thereza de Assis Moura, j. 13.8.2008, *in* DJe 26.8.2008. No primeiro, decidiu-se que, *"[c]onquanto recomendável seja realizada por videoconferência, não compete ao Juízo deprecado determinar forma de audiência diversa daquela delegada, recusando-se assim ao cumprimento da deprecata"*. E, em ambos, resolveu-se o conflito em favor do juízo deprecante, para determinar ao juízo deprecado a prática do ato indevidamente recusado.

12. Todo o regime jurídico-processual de cartas aplica-se, em princípio, ao processo do trabalho, que é largamente omisso acerca do tema das cartas processuais (há, a rigor, uma única referência à competência das Varas do Trabalho para expedir precatórias e cumprir as que lhes forem deprecadas — art. 653, "e", CLT —, e nada mais; absolutamente nenhum tratamento procedimental específico). Mas, é claro, o filtro da compatibilidade (art. 769/CLT) poderá funcionar concretamente, se determinado aspecto da regulação processual civil puder comprometer, na espécie, os atributos inerentes ao processo laboral.

CAPÍTULO IV
DAS INTIMAÇÕES

Art. 269.

Intimação é o ato pelo qual se dá ciência a alguém dos atos e dos termos do processo.

§ 1º É facultado aos advogados promover a intimação do advogado da outra parte por meio do correio, juntando aos autos, a seguir, cópia do ofício de intimação e do aviso de recebimento.

§ 2º O ofício de intimação deverá ser instruído com cópia do despacho, da decisão ou da sentença.

§ 3º A intimação da União, dos Estados, do Distrito Federal, dos Municípios e de suas respectivas autarquias e fundações de direito público será realizada perante o órgão de Advocacia Pública responsável por sua representação judicial.

Art. 270.

As intimações realizam-se, sempre que possível, por meio eletrônico, na forma da lei.

Parágrafo único. Aplica-se ao Ministério Público, à Defensoria Pública e à Advocacia Pública o disposto no § 1º do art. 246.

Art. 271.

O juiz determinará de ofício as intimações em processos pendentes, salvo disposição em contrário.

Art. 272.

Quando não realizadas por meio eletrônico, consideram-se feitas as intimações pela publicação dos atos no órgão oficial.

§ 1º Os advogados poderão requerer que, na intimação a eles dirigida, figure apenas o nome da sociedade a que pertençam, desde que devidamente registrada na Ordem dos Advogados do Brasil.

§ 2º Sob pena de nulidade, é indispensável que da publicação constem os nomes das partes e de seus advogados, com o respectivo número de inscrição na Ordem dos Advogados do Brasil, ou, se assim requerido, da sociedade de advogados.

§ 3º A grafia dos nomes das partes não deve conter abreviaturas.

§ 4º A grafia dos nomes dos advogados deve corresponder ao nome completo e ser a mesma que constar da procuração ou que estiver registrada na Ordem dos Advogados do Brasil.

§ 5º Constando dos autos pedido expresso para que as comunicações dos atos processuais sejam feitas em nome dos advogados indicados, o seu desatendimento implicará nulidade.

§ 6º A retirada dos autos do cartório ou da secretaria em carga pelo advogado, por pessoa credenciada a pedido do advogado ou da sociedade de advogados, pela Advocacia Pública, pela Defensoria Pública ou pelo Ministério Público implicará intimação de qualquer decisão contida no processo retirado, ainda que pendente de publicação.

§ 7º O advogado e a sociedade de advogados deverão requerer o respectivo credenciamento para a retirada de autos por preposto.

§ 8º A parte arguirá a nulidade da intimação em capítulo preliminar do próprio ato que lhe caiba praticar, o qual será tido por tempestivo se o vício for reconhecido.

§ 9º Não sendo possível a prática imediata do ato diante da necessidade de acesso prévio aos autos, a parte limitar-se-á a arguir a nulidade da intimação, caso em que o prazo será contado da intimação da decisão que a reconheça.

Art. 273.

Se inviável a intimação por meio eletrônico e não houver na localidade publicação em órgão oficial, incumbirá ao escrivão ou chefe de secretaria intimar de todos os atos do processo os advogados das partes:

I – pessoalmente, se tiverem domicílio na sede do juízo;

II – por carta registrada, com aviso de recebimento, quando forem domiciliados fora do juízo.

Art. 274.

Não dispondo a lei de outro modo, as intimações serão feitas às partes, aos seus representantes legais, aos advogados e aos demais sujeitos do processo pelo correio ou, se presentes em cartório, diretamente pelo escrivão ou chefe de secretaria.

Parágrafo único. Presumem-se válidas as intimações dirigidas ao endereço constante dos autos, ainda que não recebidas pessoalmente pelo interessado, se a modificação temporária ou definitiva não tiver sido devidamente comunicada ao juízo, fluindo os prazos a partir da juntada aos autos do comprovante de entrega da correspondência no primitivo endereço.

Art. 275.

A intimação será feita por oficial de justiça quando frustrada a realização por meio eletrônico ou pelo correio.

§ 1º A certidão de intimação deve conter:

I – a indicação do lugar e a descrição da pessoa intimada, mencionando, quando possível, o número de seu documento de identidade e o órgão que o expediu;

II – a declaração de entrega da contrafé;

III – a nota de ciente ou a certidão de que o interessado não a apôs no mandado.

§ 2º Caso necessário, a intimação poderá ser efetuada com hora certa ou por edital.

Comentário de *Guilherme Guimarães Feliciano*

O QUE HÁ DE NOVO?

1. Todos os artigos do Capítulo IV têm, a rigor, correspondências no CPC/1973. Alguns aspectos do regramento positivado no Código Buzaid foram modernizados; outros foram acrescentados, localizadamente, pelo Novo Código de Processo Civil. Mas não há inovações essenciais. Entre as novidades mais notáveis, aperfeiçoou-se a nova definição de intimação (*infra*); avançou-se quanto à modalidade eletrônica de intimação, que passa a ser privilegiada (art. 270, *caput*, NCPC — "*As intimações realizam-se,*

sempre que possível, por meio eletrônico, na forma da lei" —, c.c. Lei n. 11.419/2006); e previu-se, no art. 269, §§ 1º e 2º, a possibilidade de que a intimação seja formalizada pelo próprio advogado, ao advogado do *ex adverso, "juntando aos autos, a seguir, cópia do ofício de intimação e do aviso de recebimento"* (sendo certo que "[o] *ofício de intimação deverá ser instruído com cópia do despacho da decisão ou da sentença"*).

2. Excluído o que é absolutamente novo (e veremos adiante), aos arts. 269, 268, 269, 270, 271, 272, 273, 274 e 275 do NCPC correspondem, respectivamente, os arts. 234, 237, parágrafo único, 235, 236 e §§, 237, 238 e parágrafo, e 239 e parágrafo.

REGIME LEGAL DAS INTIMAÇÕES. APLICAÇÃO AO PROCESSO DO TRABALHO

1. Intimação, nos termos do art. 269/NCPC, é *"o ato pelo qual se dá ciência a alguém dos atos e dos termos do processo"*. O art. 234/CPC cometia o erro de referir *apenas* as determinações de conduta, e de referi-las apenas na perspectiva mandatória (*"para que faça ou deixe de fazer alguma coisa"*), quando muitas vezes partes e terceiros são intimadas para mera ciência, ou então para exercer ou não exercer faculdades processuais. Logo, o conceito era limitado e, por isso, equivocado. É certo que intimações não veiculam apenas pretensões de mera ciência, mas também — e sobretudo — *determinações de condutas comissivas ou omissivas*, a sujeitos processuais e terceiros, que não se exaurem na própria ciência decorrente da leitura do instrumento de intimação; aliás, nisso precisamente diferenciam-se, na CLT, as *intimações* das *notificações* (noções que aparecem extremadas, p.ex., no art. 825, *caput*, da CLT, embora o CPC — tanto o de 1973 quanto o de 2015 — não tenha qualquer apreço pela expressão "notificação", senão com um sentido extrajudicial — *e.g.*, no NCPC, art. 605, II e III, e art. 703, § 3º — ou como procedimento específico — NCPC, arts. 726 a 729). No entanto, intimações não são mandados; logo, como atos processuais, não *determinam* diretamente, mas *comunicam* determinações vazadas nos autos. Daí porque a nova definição está bem mais adequada ao que é, de fato e de direito, esse ato processual. Ela *dá ciência* de atos e termos processuais, ora exaurindo-se na própria ciência, ora preordenando o cumprimento de certa conduta processual, como ordenado nos autos, para além do próprio ato processual de intimação.

2. O novo conceito amolda-se perfeitamente à Consolidação das Leis do Trabalho, desde que se entenda que *a CLT geralmente designa por "notificação" todas as modalidades formais de comunicação processual que não comunicam deveres processuais* (excetuadas, claro, as cartas e os mandados). Equivocam-se, portanto, os autores que afirmam ser a notificação, no processo laboral, *gênero* de que são espécies a intimação e a citação; fosse assim, as duas primeiras expressões não estariam extremadas, lado a lado, no art. 825/CLT. Realmente, no modelo celetário, *notifica-se* para citar (art. 841), como também se *notifica* para dar ciência de certa decisão (art. 834); mas, já para se instar uma testemunha ao comparecimento, deve-se *intimá-la* (art. 825, par. único). É claro que nem sempre as expressões foram utilizadas com essa tecnicidade (v., *e.g.*, o art. 852-B, § 2º). Em sentido *estrito*, portanto, designamos por *notificação* a espécie do gênero "intimação" a que não se deve seguir, necessariamente, qualquer conduta processual (= *intimações de mera ciência*). Esse sentido aparece, p. ex., nos arts. 834, 849 e 852. Sentido que — atente-se — não corresponde àquele outrora utilizado no CPC/1939 e, mais recentemente, em certas leis processuais civis extravagantes.

Segundo MARINONI e ARENHARDT, reportando-se ao *processo civil*, há, "[n]*a forma da legislação atual,* [...] *dois meios de comunicação dos atos processuais: a citação e a intimação. A primeira é ato mais solene, inicial, em que se convoca o demandado a participar do processo. A segunda, mais informal, diz respeito a todos os demais atos do processo. Leis extravagantes (p.ex., art. 7º, I, da Lei n. 1.533/51* — [a antiga] *Lei do Mandado de Segurança) ainda aludem à notificação, como espécie distinta (assim como faz o Código de Processo Penal), em que se comunica à parte a necessidade de praticar ato futuro — reservando-se o termo 'intimação' para a comunicação de ato já praticado no passado. A distinção, todavia, foi abolida pelo direito processual civil atual, perdendo seu sentido"* (MARINONI; ARENHART, 2008, p. 105 — g.n.). No entanto, conquanto a CLT tenha sido elaborada sob a égide do CPC de 1939 — e, portanto, sofrido toda a sua influência no campo processual —, essa distinção entre intimação e notificação, que ainda subsiste no CPP (porque é de 1941), não foi assimilada. Não por outra razão, no modelo celetário a testemunha é *intimada* para comparecer em juízo (art. 825/CLT); logo, para praticar ato *futuro*. Daí propormos o sentido acima: no processo do trabalho, notificações *"lato sensu"* são atos de comunicação processual que não comunicam *deveres* (inclusive a citação, donde se falar, alhures, em *notificação citatória*); e, em sentido estrito, são as *intimações de mera ciência*.

3. São *modalidades de intimação*, segundo os arts. 270, 272, 273 e 275 do NCPC, as seguintes: **(a)** por meio eletrônico; **(b)** por oficial de justiça; **(c)** por via postal; **(d)** por publicação em órgão oficial; **(e)** com hora certa; e **(f)** por edital. A CLT ainda admite a intimação por *afixação na secretaria do juízo* (art. 774, *caput*, CLT). A nosso ver, *todas aquelas modalidades aplicam-se ao processo do trabalho*, com as peculiaridades que dimanem da legislação trabalhista em vigor. Não há incompatibilidades, *sequer na intimação com hora certa* (como amiúde afirma a doutrina trabalhista, reputando haver, na CLT, um "silêncio eloquente" a esse respeito). É que, a rigor, a citação ou intimação com hora certa atende melhor ao princípio do contraditório (art. 5º, LV, CRFB) que, p.ex., a citação editalícia, já que é mais provável que a informação chegue ao citando/intimando por meio de pessoa da família ou qualquer vizinho (art. 252/NCPC) do que por meio de publicações em jornais oficiais. Daí que, até mesmo na perspectiva do garantismo pro-

cessual a e do princípio da transcendência (art. 794/CLT), não sobrevém qualquer prejuízo juridicamente mensurável à parte ou terceiro que, podendo ser intimado por edital, venha a sê-lo com hora certa, incrementando-se as possibilidades de contradição. Nessa alheta, no processo do trabalho, veja-se, por todos, o seguinte julgado:

> CITAÇÃO INICIAL — OFICIAL DE JUSTIÇA — HORA CERTA — PROCESSO DO TRABALHO — VALIDADE — A disposição contida no § 1º, do art. 841, da CLT não afasta as demais formas previstas no processo comum, mormente se levarmos em conta que a **citação por hora certa constitui, sem dúvida, forma de comunicação de ato processual muito mais benéfica para o réu do que aquela realizada por edital**, não só em razão dos altos custos que terá que suportar com a publicação do edital, mas também porque, se realizada através de publicação na imprensa, é praticamente certo que o réu dela jamais terá conhecimento. Preliminar de nulidade que ora se rejeita. (TRT 15ª Reg., Proc. n.15766/2001-RO-9, rel. Juiz Levi Ceregato, in DJU 3.12.2001 — *g.n.*).

Sobre o procedimento na citação com hora certa, vejam-se, *supra*, os comentários ao art. 253/NCPC. Igual procedimento aplicar-se-á no âmbito trabalhista, em se admitindo a modalidade. Observe-se que a figura da intimação com hora certa não constou, expressamente, do CPC/1973; nada obstante, a jurisprudência cível já a admitia, sem maiores dificuldades (v., p.ex., STJ, REsp n, 1291808/SP, 3ª T., rel. Min. JOÃO OTÁVIO DE NORONHA, j. 28.5.2013, in DJe 7.10.2013). Agora, a previsão passa a ser expressa.

4. Os §§ 1º e 2º do art. 269 do NCPC consubstanciam o que provavelmente é a maior novidade do capítulo para o processo civil, incorporando uma prática típica dos países de tradição jurídica anglossaxônica (= *sistema da imediação*). A previsão já constava do PLS n. 166/2010 e chegou a ser suprimida no substitutivo da Câmara dos Deputados, ante o temor de fraudes e chicanas por conta da atuação de advogados inescrupulosos. Ao final da tramitação, porém, o texto foi devolvido ao projeto, "*sob a justificativa de que era absolutamente indevido o temor de se concederem tais prerrogativas aos advogados já que os atos assim praticados serão realizados sob pena de responsabilidade direta dos mesmos, sendo simples seu controle*" (Cf. AMENDOEIRA JR., 2015, p. 722 — *g.n.*). Responsabilidade, registre-se, processual, civil e criminal.

5. Ainda a esse respeito, assiste razão a AMENDOEIRA JR. (*Idem*, p. 721 — *g.n.*) quando pondera que

> [a] grande vantagem aqui será permitir que a parte acelere o curso do feito intimando a parte contrária por meio de seu advogado antes mesmo dela ser intimada do ato processual por meio de intimação via o próprio Poder Judiciário. Assim, se a intimação feita pelo advogado da parte contrária ocorrer antes daquela oficial, o prazo passará a correr daquela intimação e não desta que, alias, restaria prejudica.

Para mais, esses §§ 1º e 2º

> devem ser lidos em conjunto com o disposto no art. 231, I, do CPC/2015 que estabelece que se considera como dia do começo do prazo a juntada aos autos do aviso de recebimento. No caso, **o prazo começará a correr da juntada aos autos do aviso de recebimento da intimação feita por um advogado ao outro**. Por isso mesmo o § 1º (parte final) e o § 2º do art. 269 estabelecem que **o advogado que realizou a intimação deve juntar aos autos a cópia do ofício de intimação**, ou seja, do ato de comunicação que redigiu e endereçou ao advogado da parte contrária, bem como do comprovante de entrega desta comunicação (aviso de recebimento). Este ofício deverá ser instruído, para sua validade, com a cópia do despacho, decisão ou sentença cujo teor buscou-se comunicar à parte contrária.

É também como pensamos.

6. Os §§ 1º e 2º do NCPC são aplicáveis ao processo do trabalho? Entendemos que *sim*, pelas mesmas razões já perfilhadas quanto às intimações com hora certa (*supra*, n. 3): se regularmente implementado, o sistema de imediação abrevia o processo, garante bem — ou até melhor — o contraditório, não gera quaisquer prejuízos e, por tudo isso, tanto atende aos interesses das partes como aos do próprio Estado. Apenas não será admissível, a nosso ver, "*si et quando*" uma das partes, não sendo advogado, exercer pessoalmente o "*ius postulandi*" (art. 791/CLT), eis que, nessa hipótese, o desconhecimento do Direito e da legislação poderá tornar inútil a comunicação direta (sobretudo por quem utiliza o jargão forense). Já nas comunicações oficiais, o juiz sempre terá, perante a parte (mesmo se leiga), o *dever de esclarecimento* ("*Hinweispflicht*"/"*Fragepflicht*" — v., *supra*, os comentários ao art. 6º).

7. Quanto à intimação da Administração Pública (União, Estados, Distrito Federal, Municípios e respectivas autarquias e fundações de direito público), reza o § 3º do art. 269 que deve ser realizada perante *o órgão de Advocacia Pública responsável por sua representação judicial*; logo, não se admite, em via de regra, a intimação na pessoa de um servidor qualquer, agente público ou mandatário. A respeito, porém, bem observa FLÁVIA FORNACIARI (DÓREA, 2015, p. 449 — *g.n.*) que

> tal dispositivo deve ser interpretado de acordo com os demais objetos do capítulo, [...], sendo certo que já existe lei em vigor disciplinando **a intimação das Fazendas Públicas, nos processos eletrônicos, por meio eletrônico** (Lei n. 11.419/2006, art. 9º), o que se admite no CPC/2015, de modo que não se deve interpretar o dispositivo como se obrigatória fosse a intimação pessoal do órgão da Advocacia Pública, em todos os casos.

8. O CPC/1973 já estatuía a possibilidade de utilização da forma eletrônica para as intimações (art. 237, parágrafo único). A partir da entrada em vigor do NCPC, porém, "*o que antes era uma possibilidade transformou-se em regra, sujeita a suas exceções,*

Art. 275

acompanhando-se a evolução tecnológica das comunicações" (Idem, p. 449), *vis-à-vis* do art. 270/NCPC. A "forma da lei" referida pelo preceito fia-se no quanto predito pela Lei n. 11.419/2006, que dispõe sobre o processo judicial eletrônico. Nos termos do seu art. 2º, I, 4º e 5º, a intimação por meio eletrônico — entendendo-se por meio eletrônico *qualquer forma de armazenamento ou tráfego de documentos e arquivos digitais* —, pode ocorrer dos seguintes modos:

(a) por meio de publicação no Diário de Justiça Eletrônico (art. 4º); e

(b) por via de *portal próprio* na rede mundial de computadores, organizado e mantido pelo respectivo tribunal, acessível àqueles que nele se cadastrarem (com possibilidade de envio de correspondência eletrônica, em caráter *meramente informativo*, comunicando a existência da intimação — art. 5º).

9. No segundo caso — e é a ele que se reporta o art. 270 (porque de *"publicação dos atos no órgão oficial"* dirá, adiante, o art. 272) —, o prazo terá início no primeiro dia útil após a consulta realizada no portal (por advogado cadastrado, mediante identificação eletrônica pessoal obtida em razão do cadastro); ou, então, no primeiro dia útil após o prazo máximo de dez dias corridos contados da data da publicação no portal (art. 5º, § 3º, da Lei n. 11.419/2006). E assim será, inclusive, para o Ministério Público, a Defensoria Pública e a Advocacia Pública, inclusive porque a União, os Estados, os Municípios e o Distrito Federal, assim como as entidades das respectivas administrações indiretas, estão obrigados, pelo próprio NCPC (art. 246, §§ 1º e 2º), a manter cadastro junto aos sistemas de processo em autos eletrônicos para o recebimento de intimações. Já era, ademais, como entendia a jurisprudência:

> PROCESSUAL CIVIL. AGRAVO REGIMENTAL NO RECURSO ESPECIAL. INTIMAÇÃO PESSOAL DO PROCURADOR FEDERAL, POR VIA ELETRÔNICA. INTERPOSIÇÃO DO RECURSO ESPECIAL, APÓS O TRINTÍDIO LEGAL, SEM OBSERVÂNCIA DO PARÁGRAFO ÚNICO, PARTE FINAL, DO ART. 3º DA LEI N. 11.419/2006, E DO § 6º DO ART. 5º DA MESMA LEI. INTEMPESTIVIDADE DO RECURSO ESPECIAL. AGRAVO REGIMENTAL IMPROVIDO. [...] IV. De acordo com o § 6º do art. 5º da Lei n. 11.419/2006, as intimações feitas por meio eletrônico, em portal próprio, aos que se cadastrarem na forma do art. 2º desta Lei, **inclusive a Fazenda Pública**, serão consideradas pessoais, para todos os efeitos legais. V. Em conformidade com o § 6º do art. 5º da Lei n. 11.419/2006, a Segunda Turma do STJ, ao julgar o REsp 1.247.842/PR (Rel. Ministro Mauro Campbell Marques, DJe de 28.11.2011), deixou consignado que, **havendo intimação pessoal do Procurador Federal, por via eletrônica, não há que se falar em violação ao art. 17 da Lei n. 10.910/2004.** Também a Segunda Turma do STJ, por ocasião do julgamento do REsp 1.354.877/RS (Rel. Ministra Eliana Calmon, DJe de 14.10.2013), proclamou que 'é distinta a intimação feita por meio eletrônico em portal próprio, na forma do art. 5º da Lei n. 11.419/2006, daquela realizada mediante publicação em Diário Eletrônico'. (STJ, AgRg no REsp n. 1488739/RS, 2ª T., rel. Min. Assusete Magalhães, j. 17.3.2015, *in* DJe 25.3.2015 — *g.n.*)

Comentários ao Novo CPC

10. A "preferência" para a intimação eletrônica, como prevista no art. 270/NCPC, encontra *exceções* no próprio art. 5º, § 5º, da Lei n. 11.419/2006, que acaba indiretamente reportada pela expressão "na forma da lei". Tais exceções passam pela prudente e motivada decisão do juiz, nas hipóteses em que **(i)** a intimação eletrônica puder causar prejuízo a qualquer das partes; e **(ii)** for evidenciada qualquer tentativa de burla ao sistema eletrônica.

11. A "publicação em órgão oficial", como prevista no art. 272/NCPC, tende a ser, as mais das vezes, também um modo de intimação por meio eletrônico (art. 4º da Lei n. 11.419/2006), embora não seja aquela reportada pelo art. 270. É que a União e praticamente todos Estados da Federação já adotam o Diário da Justiça Eletrônico; e, nesse caso, aplicar-se-ão igualmente as regras do art. 272. Uma das novidades trazidas pelo NCPC é a possibilidade de os advogados requererem que, nas intimações, lance-se apenas o nome da *sociedade de advogados* registrada junto à Ordem dos Advogados do Brasil a que pertença; tal previsão ainda não se continha no ordenamento jurídico pátrio. No entanto, nem toda a doutrina recebeu bem a novidade. Para FLÁVIA FORNACIARI (DÓREA, 2015, p. 452 — *g.n.*), trata-se de

> dispositivo de **questionável utilidade** e que certamente **dificultará os trabalhos dos escassos funcionários da Justiça**. De qualquer forma, para que tal tipo de intimação se faça possível, imprescindível que os advogados declinem, na procuração acostada aos autos, o nome da sociedade de que fazem parte, e realizem o pedido expressamente quando de seu ingresso nos autos. Trata-se de uma medida para tentar facilitar a conferência das intimações em sociedades de muitos advogados, unificando os atos, mas há de se observar que não pode ser requerida a intimação dos advogados, em conjunto com da sociedade de advogados, sendo alternativo o pedido, que, se realizado em nome da sociedade, deve ser feito só em nome dela.

Não há como discordar. De outro turno, não há como negar a aplicação da "novidade" ao processo do trabalho, *ut* art. 769/CLT, já que a CLT é omissa a respeito e não há comprometimento a qualquer princípio reitor do processo laboral.

12. Para a intimação por órgão oficial ser *válida*, impende que a publicação contenha *o nome das partes e dos advogados* com os respectivos *números de inscrição na Ordem dos Advogados do Brasil*; ou, se requerido, *o nome da sociedade de advogados*, sempre sem erros e sem abreviaturas. Do contrário, poderá advir a *nulidade* da intimação — mesmo porque, como observa FLÁVIA FORNACIARI, *"atualmente, em que a grande maioria dos advogados utiliza de empresas de leitura de intimações ou faz busca eletrônica por seus nomes nos Diários de Justiça Eletrônicos, qualquer erro de grafia ou abreviatura pode macular o ato de intimação"* (Idem, ibidem — *g.n.*). De outro turno, o § 6º do art. 272 estabelece que a retirada de autos de cartório por qualquer interessado pendente de intimação *implicará automa-*

ticamente a intimação deste, o que se soma ao fato de que, diversamente do CPC/1973 — pelo qual os autos só podem ser retirados de cartório por advogado ou estagiário inscrito na Ordem dos Advogados do Brasil —, *o NCPC permite o credenciamento de prepostos para essa atividade*, havendo as mesmas consequências da retirada dos autos pelo preposto cadastrado ou pelo advogado. Isso é particularmente relevante para o processo laboral, considerando-se o papel que os *prepostos leigos* já tinham, desde 1943, no seu ato processual mais essencial e nuclear (a *audiência trabalhista* — v. art. 843, § 1º, CLT).

13. Ainda quanto às intimações por publicação em órgãos oficiais, nos termos dos §§ 2º, 5º, 8º e 9º do art. 272/NCPC, reputam-se *nulos* os atos de intimação havidos por esse meio, quando dele não constarem os nomes das partes e advogados ou da sociedade de advogados, com a grafia correta e com os corretos números de inscrição, ou quando dele não constar o nome da sociedade ou dos advogados em relação a quem se requereu expressamente a intimação. Observe-se, porém, com FLÁVIA FORNACIARI (*Idem*, p. 453), que a orientação do Superior Tribunal de Justiça, atualmente, era a de não anular por simples equívoco de grafia ou de nome:

> PROCESSO CIVIL. RECURSO ESPECIAL REPRESENTATIVO DE CONTROVÉRSIA. ART. 543-C, DO CPC. INTIMAÇÃO. NÚMERO DE INSCRIÇÃO DO ADVOGADO NA ORDEM DOS ADVOGADOS DO BRASIL — OAB. DESNECESSIDADE. SUFICIÊNCIA DOS NOMES DAS PARTES E DO ADVOGADO. ART. 236, § 1º, DO CPC. ALEGADA HOMONÍMIA NÃO CONFIRMADA PELO ACÓRDÃO REGIONAL. [...] 2. A regra é a de que **a ausência ou o equívoco quanto ao número da inscrição do advogado na Ordem dos Advogados do Brasil — OAB não gera nulidade da intimação da sentença, máxime quando corretamente publicados os nomes das partes e respectivos patronos, informações suficientes para a identificação da demanda** (Precedentes do STJ: REsp 1.113.196/SP, Rel. Ministro Benedito Gonçalves, Primeira Turma, julgado em 22.09.2009, DJe 28.09.2009; AgRg no Ag 984.266/SP, Rel. Ministro Aldir Passarinho Júnior, Quarta Turma, julgado em 27.5.2008, DJe 30.6.2008; e AgRg no REsp 1.005.971/SP, Rel. Ministro Castro Meira, Segunda Turma, julgado em 19.2.2008, DJe 5.3.2008). [...] 5. Recurso especial desprovido. Acórdão submetido ao regime do art. 543-C, do CPC, e da Resolução STJ 08/2008. (STJ, Recurso Repetitivo, Temas 285 e 286, REsp n. 1131805/SC, Corte Especial, Rel. Min. LUIZ FUX, j. 3.3.2010, *in* DJe 8.4.2010 — *g.n.*).

Supõe a autora que, a partir da entrada em vigor do NCPC, essa jurisprudência se altere, já que os termos do art. 272/NCPC não parecem abrir margem a relativizações. Se assim for, porém, no processo civil, *não será no processo do trabalho*, ante a eminência do multicitado *princípio da transcendência*, a reger as nulidades processuais laborais (art. 794/CLT). Acima das novas regras do NCPC, ademais, parece-nos estar o *princípio da instrumentalidade das formas*: se a intimação atendeu a sua finalidade, não parece haver razão para a declaração da nulidade, mesmo no processo civil.

14. Como alternativas legais para intimação por meio eletrônico **e** por meio de publicação em órgão oficial, quando tais meios revelarem-se inviáveis para o respectivo fim, o NCPC apresenta como alternativas, em seu art. 273, a *intimação pessoal*, se a pessoa a ser intimada tiver domicílio na sede do juízo (inciso I), e a *intimação postal por carta registrada*, com aviso de recebimento, quando o domicílio for fora do juízo (inciso II); ademais, se ambas se frustrarem, a intimação deverá ser feita *por oficial de justiça* (art. 275/NCPC). Estabelece-se assim, de modo simples, a *hierarquia de prioridades* quanto aos meios legais de intimação. Para mais, admitir-se-ão ainda, como visto, e quando necessárias, a intimação por edital e a intimação com hora certa (art. 275, § 2º). Como dito *supra*, todas essas modalidades aplicam-se, a nosso ver, ao processo laboral; e, por conseguinte, também aquela hierarquia legal de prioridades — ressalvando-se, em todo caso, decisão judicial específica, noutro sentido, exarada para o caso concreto (art. 765/CLT) —, à vista dos próprios princípios reitores do processo laboral (duração razoável, celeridade, simplicidade) e também da realidade corrente na Justiça do Trabalho (o *PJe-JT*, cada vez mais hegemônico). Como, porém, a Justiça do Trabalho ainda não organizou um *portal virtual* ao modo do art. 5º da Lei n. 11.419/2006, seguem como regra as *intimações postais* (v., *e.g.*, arts. 774, parágrafo único, 841, § 1º, e 867, *caput*, CLT) e, onde e quando já houver advogado(s) constituído(s), as *intimações por meio de publicação em órgão oficial*.

15. De acordo com o parágrafo único do art. 274 do NCPC, "[p]*resumem-se válidas as intimações dirigidas ao endereço constante dos autos, ainda que não recebidas pessoalmente pelo interessado, se a modificação temporária ou definitiva não tiver sido devidamente comunicada ao juízo, fluindo os prazos a partir da juntada aos autos do comprovante de entrega da correspondência no primitivo endereço*". Trata-se da chamada *intimação presumida*, consequência processual negativa atrelada ao ônus de o interessado manter atualizado seu endereço nos autos, ainda que haja mudança temporária. Para os advogados em geral, há mesmo o *dever* de informar o seu endereço correto e mantê-lo atualizado, sendo também válidas as intimações realizadas caso não cumprido esse dever (art. 106, par. único, do NCPC), a par de eventuais sanções por litigância de má fé. Como pondera FLÁVIA FORNACIARI (*Idem*, p. 454),

> [t]al presunção, já existente no CPC/1973 (art. 238, parágrafo único), evita a deslealdade processual de partes ou advogados, que, buscando retardar o andamento do processo, alteram seu endereço, frustrando intimações essenciais.

A regra, que é uma concreção específica do princípio da cooperação processual, aplica-se perfeitamente ao processo laboral (arts. 15/NCPC e 769/CLT), como, aliás, já se admitia amplamente, na jurisprudência trabalhista, mesmo antes da Lei n. 13.105/2015.

TÍTULO III
DAS NULIDADES

Art. 276.

Quando a lei prescrever determinada forma sob pena de nulidade, a decretação desta não pode ser requerida pela parte que lhe deu causa.

Comentário de *Manoel Carlos Toledo Filho*

A matéria concernente às nulidades processuais, na **CLT**, vem tratada na **Seção V** (Das Nulidades), do **Capítulo II** (Do Processo em Geral) do **Título X** (Do Processo Judiciário do Trabalho): **arts. 794 a 798**.

Neste passo, cabe efetuar uma ponderação preliminar.

Como o objetivo precípuo do legislador consolidado foi o de criar um procedimento ágil e maximamente eficiente, ele igualmente afetou esta característica à dimensão da teoria das nulidades. Assim é que, à partida, o art. 794 da CLT prescreve que nos "processos sujeitos à apreciação da Justiça do Trabalho só haverá nulidade quando resultar dos atos inquinados **manifesto prejuízo** às partes litigantes" (destacamos).

Deste contexto resulta que, se bem as regras para verificação e decretação das nulidades processuais sejam basicamente as mesmas tanto para o processo civil como quanto para o processo do trabalho, neste último a *intensidade* do prejuízo sofrido pela parte deverá igualmente ser tomada em conta, em ordem a avaliar-se a pertinência da invalidação do ato inquinado como supostamente nulo. Nas palavras de Americo Lopes "não será um simples prejuízo o que há de assumir semelhante preponderância, mas é indispensável que seja ele de meridiana clareza na apreciação do ato que fere o interesse" (LOPES, 1945, p. 71).

Logo, mesmo em se tratando de matérias que se reputem de ordem pública, poderá cogitar-se da convalidação do ato, sempre e quando não se detecte, na situação concreta examinada, a presença de *prejuízo manifesto*.

Russomano tecia uma contundente crítica a esta particularidade do processo laboral, aduzindo que a CLT teria através dela promovido um "massacre" da "teoria das nulidades" (RUSSOMANO, 1990, p. 873).

Quanto ao art. 276 ora em comento, este preceito se coaduna com aquele constante da letra "b" do art. 796 consolidado, aplicando-se, pois, ao processo do trabalho.

Art. 277.

Quando a lei prescrever determinada forma, o juiz considerará válido o ato se, realizado de outro modo, lhe alcançar a finalidade.

Comentário de *Manoel Carlos Toledo Filho*

Segundo a letra "a" do art. 796 da CLT, a nulidade não será pronunciada "quando for possível suprir-se a falta ou repetir-se o ato". É a mesma ideia que este artigo sufraga, podendo os dois dispositivos ser considerados complementares.

Art. 278.

A nulidade dos atos deve ser alegada na primeira oportunidade em que couber à parte falar nos autos, sob pena de preclusão.

Parágrafo único. Não se aplica o disposto no caput às nulidades que o juiz deva decretar de ofício, nem prevalece a preclusão provando a parte legítimo impedimento.

Comentário de *Manoel Carlos Toledo Filho*

O art. 795 da CLT consagra a mesma regra, sem mencionar a pena de preclusão, que nele está implícita. Também não há dúvida quanto à não ocorrência de preclusão no caso de "legítimo impedimento", mediante interpretação extensiva da previsão contida no art. 775 da CLT, concernente ao motivo de força maior.

A principal divergência que se pode detectar, neste passo, está relacionada à possibilidade de decretação de nulidade de ofício, é dizer, sem a provocação das partes.

O art. 795 da CLT, em seu parágrafo primeiro, admite que tal ocorra exclusivamente em se tratando de "incompetência de foro", ou seja, em havendo incompetência absoluta do juízo. Todas as demais nulidades dependem, a rigor, de manifestação expressa da parte interessada, ainda quando se classifiquem, pelos termos do CPC, como cognoscíveis de ofício.

Art. 279.

É nulo o processo quando o membro do Ministério Público não for intimado a acompanhar o feito em que deva intervir.

§ 1º Se o processo tiver tramitado sem conhecimento do membro do Ministério Público, o juiz invalidará os atos praticados a partir do momento em que ele deveria ter sido intimado.

§ 2º A nulidade só pode ser decretada após a intimação do Ministério Público, que se manifestará sobre a existência ou a inexistência de prejuízo.

Comentário de *Manoel Carlos Toledo Filho*

A CLT não cuida do tema tratado no art. 279, cujo conteúdo se nos afigura integralmente compatível com o direito processual trabalhista, máxime a previsão externada pelo parágrafo segundo, que se coaduna com perfeição à ideia de efetividade sufragada pelo ordenamento especializado.

Art. 280.

As citações e as intimações serão nulas quando feitas sem observância das prescrições legais.

Comentário de *Manoel Carlos Toledo Filho*

Este artigo deve ser interpretado em consonância com aquilo que o próprio CPC dispõe, ou seja, a nulidade poderá existir, mas será afastada quando da ausência de prejuízo, ou, no caso específico do processo trabalhista, de *manifesto prejuízo*, conforme dicção do art. 794 da CLT.

Art. 281.

Anulado o ato, consideram-se de nenhum efeito todos os subsequentes que dele dependam, todavia, a nulidade de uma parte do ato não prejudicará as outras que dela sejam independentes.

Comentário de *Manoel Carlos Toledo Filho*

O art. 798 da CLT prescreve que a "nulidade do ato não prejudicará senão os posteriores que dele dependam ou sejam consequência". Os preceitos em foco são, portanto, intuitivamente complementares.

Art. 282.

Ao pronunciar a nulidade, o juiz declarará que atos são atingidos e ordenará as providências necessárias a fim de que sejam repetidos ou retificados.

§ 1º O ato não será repetido nem sua falta será suprida quando não prejudicar a parte.

§ 2º Quando puder decidir o mérito a favor da parte a quem aproveite a decretação da nulidade, o juiz não a pronunciará nem mandará repetir o ato ou suprir-lhe a falta.

Comentário de *Manoel Carlos Toledo Filho*

Também aqui, o dispositivo processual civil se amolda complementarmente ao disposto nos arts. 797 da CLT, segundo o qual o "juiz ou Tribunal que pronunciar a nulidade declarará os atos a que ela se estende" e nos já citados arts. 794 e 796.

Art. 283.

O erro de forma do processo acarreta unicamente a anulação dos atos que não possam ser aproveitados, devendo ser praticados os que forem necessários a fim de se observarem as prescrições legais.

Parágrafo único. Dar-se-á o aproveitamento dos atos praticados desde que não resulte prejuízo à defesa de qualquer parte.

Comentário de *Manoel Carlos Toledo Filho*

A previsão do art. 283, a rigor, se nos afigura ociosa, na medida em que ela fundamentalmente apenas repete ou consolida o conteúdo dos artigos antecedentes. Sendo assim, sua compatibilidade com o processo laboral se produzirá nos mesmos parâmetros dantes assinalados.

TÍTULO IV
DA DISTRIBUIÇÃO E DO REGISTRO

Art. 284.

Todos os processos estão sujeitos a registro, devendo ser distribuídos onde houver mais de um juiz.

Art. 285.

A distribuição, que poderá ser eletrônica, será alternada e aleatória, obedecendo-se rigorosa igualdade.

Parágrafo único. A lista de distribuição deverá ser publicada no Diário de Justiça.

Comentário de *Manoel Carlos Toledo Filho*

O art. 784 da CLT prescreve que "as reclamações serão registradas em livro próprio, rubricado em todas as folhas pela autoridade a que estiver subordinado o distribuidor".

De outro lado, a CLT possui diversos preceitos que disciplinam a distribuição dos processos submetidos ao seu procedimento, inclusive naquilo que se refere à hoje superada figura do Juiz de Direito investido de jurisdição trabalhista (arts. 669, § 1º, 714, alínea "a", 716, parágrafo único, 783 e 838), preocupando-se explicitamente em garantir que a distribuição dos feitos se proceda pela "ordem rigorosa de entrada e sucessivamente a cada Junta" (art. 714, alínea "a").

Como se adverte, os dispositivos civis e trabalhistas em apreço podem interagir sem dificuldades, máxime naquilo que se refere à possibilidade de distribuição pela via eletrônica.

Art. 286.

Serão distribuídas por dependência as causas de qualquer natureza:

I – quando se relacionarem, por conexão ou continência, com outra já ajuizada;

II – quando, tendo sido extinto o processo sem resolução de mérito, for reiterado o pedido, ainda que em litisconsórcio com outros autores ou que sejam parcialmente alterados os réus da demanda;

III – quando houver ajuizamento de ações nos termos do art. 55, § 3º, ao juízo prevento.

Parágrafo único. Havendo intervenção de terceiro, reconvenção ou outra hipótese de ampliação objetiva do processo, o juiz, de ofício, mandará proceder à respectiva anotação pelo distribuidor.

Comentário de *Manoel Carlos Toledo Filho*

A CLT não prevê a figura da distribuição por dependência. Trata-se de típico caso de *omissão involuntária*, pelo que os preceitos acima incidem, de *forma supletiva e subsidiária*, no âmbito do processo trabalhista.

Art. 287.

A petição inicial deve vir acompanhada de procuração, que conterá os endereços do advogado, eletrônico e não eletrônico.

Parágrafo único. Dispensa-se a juntada da procuração:

I – no caso previsto no art. 104;

II – se a parte estiver representada pela Defensoria Pública;

III – se a representação decorrer diretamente de norma prevista na Constituição Federal ou em lei.

Art. 288.

O juiz, de ofício ou a requerimento do interessado, corrigirá o erro ou compensará a falta de distribuição.

Art. 289.

A distribuição poderá ser fiscalizada pela parte, por seu procurador, pelo Ministério Público e pela Defensoria Pública.

Art. 290.

Será cancelada a distribuição do feito se a parte, intimada na pessoa de seu advogado, não realizar o pagamento das custas e despesas de ingresso em 15 (quinze) dias.

Comentário de *Manoel Carlos Toledo Filho*

Os artigos acima se aplicam sem problemas ao processo do trabalho, com exceção do art. 290. É que, como no âmbito laboral não existe recolhimento prévio de custas ou despesas processuais, não se apresenta a possibilidade de eventual cancelamento da distribuição por conta exclusivamente desta circunstância.

TÍTULO V
DO VALOR DA CAUSA

Art. 291.

A toda causa será atribuído valor certo, ainda que não tenha conteúdo econômico imediatamente aferível.

Comentário de *Manoel Carlos Toledo Filho*

O art. 840 da CLT, que prevê os requisitos necessários à consecução da reclamação escrita, não fala em atribuição de valor à causa.

Sem embargo, a evolução legal subsequente à publicação da CLT, máxime aquela que se pode extrair da **Lei n. 5.584/70**, bem como da redação atribuída aos **arts. 789, incisos II e III** (custas processuais), **836** (ação rescisória) e **852-A e seguintes** (rito sumaríssimo), assim como a praxe forense formada e consolidada nas últimas décadas, indica que tal requisito deve sim ser atendido. Logo, a disposição em foco se aplica ao processo do trabalho.

Art. 292.

O valor da causa constará da petição inicial ou da reconvenção e será:

I – na ação de cobrança de dívida, a soma monetariamente corrigida do principal, dos juros de mora vencidos e de outras penalidades, se houver, até a data de propositura da ação;

II – na ação que tiver por objeto a existência, a validade, o cumprimento, a modificação, a resolução, a resilição ou a rescisão de ato jurídico, o valor do ato ou o de sua parte controvertida;

III – na ação de alimentos, a soma de 12 (doze) prestações mensais pedidas pelo autor;

IV – na ação de divisão, de demarcação e de reivindicação, o valor de avaliação da área ou do bem objeto do pedido;

V – na ação indenizatória, inclusive a fundada em dano moral, o valor pretendido;

VI – na ação em que há cumulação de pedidos, a quantia correspondente à soma dos valores de todos eles;

VII – na ação em que os pedidos são alternativos, o de maior valor;

VIII – na ação em que houver pedido subsidiário, o valor do pedido principal.

§ 1º Quando se pedirem prestações vencidas e vincendas, considerar-se-á o valor de umas e outras.

§ 2º O valor das prestações vincendas será igual a uma prestação anual, se a obrigação for por tempo indeterminado ou por tempo superior a 1 (um) ano, e, se por tempo inferior, será igual à soma das prestações.

§ 3º O juiz corrigirá, de ofício e por arbitramento, o valor da causa quando verificar que não corresponde ao conteúdo patrimonial em discussão ou ao proveito econômico perseguido pelo autor, caso em que se procederá ao recolhimento das custas correspondentes.

Comentário de *Manoel Carlos Toledo Filho*

Este artigo se aplica sem dificuldades ao processo do trabalho, com exceção de seus incisos III e IV, que se reportam a demandas que claramente escapam à competência material da Justiça Laboral.

O § 3º se amolda com perfeição aos *ditames gerais* preconizados pelo art. 765 da CLT, ademais de complementar o *ditame particular* constante do art. 2º da Lei n. 5.584/70, segundo o qual "o Presidente da Junta ou o Juiz, antes de passar à instrução da causa, fixar-lhe-á o valor para a determinação da alçada, se este for indeterminado no pedido". Sem embargo, deve ser desconsiderada a parte final referente às custas processuais que, como já mencionado, não incidem de modo prévio no âmbito trabalhista.

Art. 293.

O réu poderá impugnar, em preliminar da contestação, o valor atribuído à causa pelo autor, sob pena de preclusão, e o juiz decidirá a respeito, impondo, se for o caso, a complementação das custas.

Comentário de *Manoel Carlos Toledo Filho*

Não detectamos óbice ou dificuldade à incidência deste artigo no processo do trabalho, estando de resto seu conteúdo substancialmente ratificado pela praxe forense, cabendo somente reprisar a observação concernente à impropriedade de complementação das custas processuais.

LIVRO V
DA TUTELA PROVISÓRIA

TÍTULO I
DISPOSIÇÕES GERAIS

Art. 294.

A tutela provisória pode fundamentar-se em urgência ou evidência.

Parágrafo único. A tutela provisória de urgência, cautelar ou antecipada, pode ser concedida em caráter antecedente ou incidental.

Comentário de *José Antônio Ribeiro de Oliveira Silva*

TUTELA JURISDICIONAL

O novo Código de Processo Civil traz à legislação processual brasileira uma grande novidade, encampando a melhor doutrina acerca da *classificação das tutelas jurisdicionais*. E promove uma radical mudança, simplesmente extirpando um Livro inteiro do CPC de 1973, dedicado ao "Processo Cautelar" (arts. 796 a 899). Por certo que a tutela cautelar não poderá deixar de existir, mas doravante estará disciplinada neste Livro V da Parte Geral, juntamente com a tutela antecipada, as *duas espécies de tutela provisória* tão comentadas pela doutrina processual.

Os autores clássicos hão de lamentar o fim do tratamento específico e detalhado ao processo cautelar, dada a grande quantidade de ações cautelares sobre as quais a doutrina se debruçou por anos, a partir da *classificação clássica das ações*, na qual estas são subdivididas em: a) ação de conhecimento; b) ação de execução; e c) ação cautelar.

Essa classificação, como se sabe, leva em conta a *espécie de tutela jurisdicional* postulada quando do ajuizamento da ação. Quando o autor se vale do seu direito constitucional de ação (art. 5º, inciso XXXV, da CF/88), busca do Estado tutela a um seu interesse ou direito, vale dizer, procura proteção ao seu direito individual. E, provocada a jurisdição, tem o Estado o poder-dever de prestar a tutela, para a justa composição da lide, na expressão de Carnelutti, pois este é o escopo jurídico do processo (*Apud* DINAMARCO *et al*, 1994, p. 127).

Como amplamente sabido, na ação de conhecimento pretende o autor uma definição sobre o seu direito, a certificação da sua existência, a constituição desse direito, ou ainda a condenação do réu ao cumprimento de sua obrigação, isto é, à satisfação do direito vindicado. Por isso, fala-se em ação declaratória, constitutiva e condenatória. Já na ação executiva o que pretende o autor é tornar efetivo o direito certificado pela tutela cognitiva, ou seja, a satisfação em concreto do seu direito — embora essa distinção já tenha perdido sua relevância com o *processo sincrético*, em que conhecimento e execução (cumprimento) se dão no mesmo processo, a partir da Lei n. 11.232/2005, que instituiu o "Cumprimento da Sentença", incluindo no CPC de 1973 os arts. 475-I e seguintes.

Ocorre que, por vezes, torna-se necessária uma *atuação preventiva*, para assegurar o resultado útil da tutela de conhecimento ou de execução, surgindo um *tertium genus* na classificação das ações: a *ação cautelar*, por meio da qual busca o autor uma tutela de igual natureza, de modo que se possa assegurar um resultado útil ao processo, na lição de Liebman (*Apud* ZAVASCKI, 2000, p. 9). Visa o autor, portanto, na cautelar, uma tutela da prova a ser produzida no processo de conhecimento (ex.: produção antecipada de prova) ou uma tutela da execução (ex.: cautelar de arresto).

Sem embargo, como sustentou com maestria Teori Albino Zavascki — atualmente Ministro do E. Supremo Tribunal Federal —, já em 2000, em sua excelente obra intitulada *"Antecipação da tutela"*, é extremamente relativa a segmentação da tutela jurisdicional que leva em consideração as espécies clássicas já mencionadas (tutelas cognitiva, executiva e cautelar). Este conceituado autor propôs, então, uma nova concepção para que se possa classificar de forma adequada a tutela jurisdicional e, por via de consequência, as ações, apresentando uma dicotomia da tutela em *definitiva e provisória*. O argumento fundamental é o de que o inciso XXXV do art. 5º da CF/88 assegura não apenas uma tutela reparatória ou sancionatória para os casos de lesão a direito individual, mas também uma *tutela preventiva*, para que se evite a ocorrência da lesão: a tutela (proteção) contra a *ameaça ao direito* (ZAVASCKI, 2000, p. 17).

Por certo que a tutela-padrão é a definitiva, que tem *duas características básicas*: 1ª) é prestada no âmbito de um processo cuja cognição é exauriente; 2ª) assume caráter de definitividade, adquirindo a qualidade de coisa julgada material. Com efeito, a tutela definitiva é dada após cognição exauriente, no plano da profundidade do exame do conflito, seja no processo de cognição plena, seja no processo cujo objeto é limitado. Essa tutela, após o trânsito em julgado, adquire a qualidade da coisa julgada material, ou seja, seus efeitos substanciais se tornam imutáveis, exatamente porque se obteve um juízo de certeza sobre os fatos, que permitiu ao juiz tomar a decisão e conceder a tutela pretendida (*Idem*, p. 18-24).

De outra mirada, o juízo de certeza que se busca na tutela definitiva pressupõe um tempo de análise *incompatível* com certas situações de urgência, para as quais deve haver *providências preventivas* no sistema jurídico, que propiciem a antecipação dos efeitos daquela tutela. Dinamarco observa que há situações urgentes em que não se pode esperar pela realização de todo o conhecimento judicial, com a efetividade do contraditório, defesa, prova e discussão da causa, sob pena de os fatos evoluírem para a consumação de situações indesejáveis, de lesão irreparável ou comprometedora dos direitos. E acrescenta que, para remediar as situações aflitivas, é que se criaram as *medidas de urgência*: tutela jurisdicional antecipada e tutela cautelar (DINAMARCO, 2002c, V. I, p. 160-161).

Essa tutela de urgência, porque dada num tempo menor de reflexão, com base num *juízo de verossimilhança*, será por isso meramente *provisória*. A cognição para o seu deferimento deve ser *sumária*, *superficial*, como ocorre nos casos de antecipação de tutela e concessão de liminares. Teori afirma que o juízo de probabilidade, de verossimilhança, de aparência, de *fumus boni iuris*, próprio da tutela provisória, é mais apropriado à "salvaguarda da presteza necessária a garantir a *efetividade* da tutela" (destaque no original) (ZAVASCKI, 2000, p. 32).

Daí se conclui que a *tutela provisória*, embora imprescindível para assegurar a efetividade do processo: a) tem sua eficácia limitada no tempo, sendo, portanto, *temporária*, durando enquanto tramitar o processo em que é concedida, ou até que se dê o atingimento de seu objetivo (convolação do arresto em penhora, por ex.); b) e *é precária*, porque não produz coisa julgada, podendo ser modificada ou revogada a qualquer tempo, havendo mudança na situação de fato ou no estado da prova (*Idem*, p. 33-39).

TUTELA PROVISÓRIA

As *espécies de tutela provisória* são, como visto: a) a tutela cautelar; e b) a tutela antecipada. Ambas passam a ter disciplina neste Livro V, que trata da "Tutela Provisória". Embora, em regra, a tutela provisória tenha por fundamento a urgência da prestação jurisdicional, em situação de ameaça ao direito, a doutrina concebe também a tutela da evidência, que agora acabou por ganhar um título próprio, o Título III deste Livro V (art. 311 do novo Código de Processo Civil). Sobre ela comentaremos oportunamente.

Daí surge, portanto, outra classificação da tutela provisória: a) *tutela de urgência*; e b) *tutela da evidência* — exatamente como prové o *caput* do art. 294 do novo Código.

Quanto à tutela provisória de urgência, ela pode ser de natureza *cautelar* ou *antecipada*, em conformidade com o parágrafo único deste art. 294. Nesse terreno reside grande celeuma na doutrina e na jurisprudência, acerca da correta distinção entre essas duas espécies de tutela. Como distinguir com precisão uma tutela cautelar de uma tutela antecipada? Na doutrina clássica, a distinção fundamental se encontra na diretriz segundo a qual a tutela *cautelar* visa apenas acautelar uma situação de fato, resguardando o resultado útil de outro processo, não sendo satisfativa do direito material, ao passo que a tutela *antecipada* tem caráter satisfativo, antecipando os efeitos materiais que seriam concedidos apenas quando da decisão de fundo, após a cognição exauriente sobre os fatos e fundamentos jurídicos da demanda.

Bem se vê que a questão não é simples. Seria necessário definir quais situações jurídicas necessitam de proteção meramente assecuratória, sem fruição imediata do direito, daquelas em que a proteção acaba por propiciar o exercício antecipado do próprio direito ameaçado de lesão. De modo que a distinção parte da identificação das tutelas que seriam *genuinamente* cautelares.

Pois bem, Calamandrei já tinha identificado três situações de risco à efetividade da prestação jurisdicional definitiva, na análise das ações cautelares. Contudo, Galeno Lacerda propôs uma classificação que é mais consentânea com o sistema jurídico brasileiro, levando em conta a *finalidade das cautelares*, apontando *três tipos de cautelares*: 1º) cautelares para se obter segurança quanto à prova; 2º) cautelares para segurança quanto aos bens (execução); e 3º) cautelares para segurança mediante antecipação provisória da prestação jurisdicional (*Apud* LOBO, 2000, p. 141-145).

Para a primeira situação são necessárias medidas que contornem o risco à produção da prova, necessária para a futura certificação do direito, surgindo as medidas cautelares com essa finalidade (ex.: exibição de documento ou coisa, produção antecipada de provas). Para a segunda, mister cautelares que garantam a futura execução (ex.: arresto, sequestro, busca e apreensão). Na terceira situação há necessidade de medidas para a tutela da situação de perigo à fruição do próprio direito, razão pela qual se falava em *cautelares satisfativas*, na doutrina clássica (ex.: alimentos provisionais, sustação de protesto e diversas outras cautelares inominadas).

Entretanto, nessa última hipótese temos, em verdade, casos de autêntica *antecipação dos efeitos da tutela definitiva*, porquanto a medida visada tem caráter satisfativo, concedendo-se ao autor, ainda que provisoriamente, a oportunidade de satisfazer, fruir ou exercer seu afirmado direito, diante do perigo de dano ao próprio direito, principalmente pela presumível demora na entrega da prestação jurisdicional definitiva.

A ilação é a de que, tecnicamente, a tutela cautelar visa dar garantia a uma outra demanda, a assegurar o resultado útil do processo chamado "principal", ao passo que a tutela antecipatória proporciona a satisfação antecipada do direito, no curso do próprio processo em que é dada. No dizer de Pontes de Miranda, as medidas cautelares proporcionam *segurança para a execução*, enquanto as medidas antecipatórias propiciam *execução para segurança* (Apud SILVA, 1992, p. 90).

Ocorre que, na prática, essa distinção não é tão clara como pretende a doutrina, não sendo raro que os advogados — inclusive porque estão diante de uma situação de urgência — postulem para seus clientes tutela antecipada quando em verdade a situação é de perigo de desaparecimento de bens, ou tutela cautelar quando a ameaça de lesão é ao próprio direito material reivindicado. Na doutrina, Dinamarco já bem observava a *relatividade* da distinção entre as tutelas antecipatórias e cautelares (DINAMARCO, 2002c, V. I, p. 163).

Sensível a essa problemática, o legislador já havia tratado de regrar a *fungibilidade* das tutelas cautelar e antecipada, introduzindo o § 7º no art. 273 do CPC de 1973, por meio da Lei n. 10.444/2002. No novo Código de Processo Civil essa fungibilidade é mantida, no art. 305, parágrafo único, sobre o qual discorreremos mais adiante.

Enfim, *relativizando* de vez a distinção acadêmica entre a tutela cautelar e a tutela antecipada, a parte final do parágrafo único do art. 294 disciplina que *ambas as tutelas* podem ser concedidas tanto em caráter *antecedente* quanto de *modo incidental*. No regime do CPC de 1973 somente a tutela cautelar pode ser requerida em processo autônomo — ação cautelar preparatória —, como previsto em seu art. 796, que faz menção à dependência do "procedimento cautelar" em relação ao processo principal. Quanto à tutela antecipada, sempre foi requerida de forma incidental, tanto que o § 5º do art. 273 do CPC/1973 faz alusão ao prosseguimento do processo "até final julgamento", tendo sido concedida ou não a antecipação da tutela.

Doravante, portanto, poderemos ter a possibilidade de processo inaugurado *apenas* para se postular a tutela antecipada, embora posteriormente o autor tenha de aditar a petição inicial (art. 303, § 1º, I, do novo Código de Processo Civil), sobre o que comentaremos na sequência. Daí que a tutela cautelar pode ser antecedente ou incidental, e também a tutela antecipada pode ter caráter antecipado ou incidente no processo em curso. É dizer, a partir da vigência do novo Código de Processo Civil haverá *apenas um processo*, ainda que se requeira uma medida cautelar antecedente.

PROCESSO DO TRABALHO

Aplica-se no processo do trabalho o instituto da tutela provisória? A resposta somente pode ser *afirmativa*, diante da ausência de norma geral e sistemática disciplinando a concessão de medidas cautelares e a antecipação da tutela nos processos trabalhistas, ao que se soma a *plena compatibilidade* de tais instrumentos com os princípios do processo do trabalho (art. 769 da CLT).

Quanto à *tutela antecipada*, do ponto de vista *axiológico*, ela não somente se harmoniza com o processo do trabalho como nele encontra amplo espaço para desempenhar significativo papel, para tornar *efetiva* a proteção a inúmeros direitos fundamentais dos trabalhadores, mal tutelados pela demora da entrega da prestação jurisdicional no procedimento ordinário trabalhista, ainda que mais célere do que o procedimento comum do processo civil.

Poder-se-ia entender que seria desnecessária a antecipação da tutela no processo do trabalho, desde que observado o procedimento legalmente estabelecido, ou seja, desde que respeitada a unicidade da audiência trabalhista de julgamento (art. 849 da CLT), que permite a *concentração* dos atos processuais. Tal objeção, porém, não tem maior consistência, porque a prática tem demonstrado que mesmo se respeitado escrupulosamente o rito legal das ações trabalhistas, não se pode chegar à rápida solução da controvérsia, dentre outras justificativas pelo grande número de processos a serem colocados em pauta de audiências, pela necessidade de se observar o contraditório e o direito à produção de provas e contraprovas, pela necessidade de realização de perícia que por vezes se torna obrigatória etc.

Mesmo no *procedimento sumaríssimo* — que continuará a existir no processo do trabalho (art. 852-A e seguintes da CLT) —, é extremamente necessário admitir a antecipação dos efeitos da tutela, porque os juízes não têm conseguido observar os rígidos prazos para a solução dos processos cujo valor da causa não ultrapassa a quantia de 40 salários-mínimos, pelos mesmos motivos expendidos no parágrafo anterior.

Ademais, o processo do trabalho já admitia pelo menos *uma hipótese de tutela antecipada*, antes mesmo do advento da Lei n. 8.952/94, que instituiu no CPC de 1973 a possibilidade de antecipação dos efeitos da tutela postulada na petição inicial, no art. 273 e §§ daquele Código. Ainda que a simplicidade do processo do trabalho chame essa tutela antecipada de "medida liminar", nada mais é do que antecipação da tutela de fundo pretendida, a decisão do juiz do trabalho que, numa ação trabalhista, concede *liminar* — que produzirá efeito até a decisão final do processo — para "tornar sem efeito transferência disciplinada pelos parágrafos do art. 469" da Consolidação, nos moldes do art. 659, inciso IX, da CLT, acrescentado pela Lei n. 6.203/1975.

Outra hipótese de tutela antecipada prevista na CLT é a atinente à concessão de *medida liminar*, que surtirá efeito até a decisão final do processo, para "reintegrar no emprego dirigente sindical afastado, suspenso ou dispensado pelo empregador", numa ação trabalhista cuja petição inicial contenha este pedido (art. 659, inciso X, da CLT, acrescentado pela Lei n. 9.270/1996).

Enfim, a jurisprudência trabalhista é uníssona quanto ao cabimento dos dispositivos legais que cuidam da tutela antecipada no processo do trabalho, porque são várias as *situações de urgência* que demandam a antecipação da tutela, podendo ser citadas, por exemplo: a) tutela antecipada para a entrega das guias próprias ao saque do FGTS e requerimento do seguro-desemprego, ou para a expedição de alvará judicial com esse mesmo propósito, o que tem se mostrado mais ágil e eficaz; b) antecipação da tutela para o pagamento de salário e verbas rescisórias, especialmente quando o trabalhador foi dispensado sem justa causa e nada recebeu para manter-se e à sua família enquanto não consegue outra colocação no mercado de trabalho; c) tutela antecipada para restabelecimento de plano de saúde. De não se olvidar, ainda, dos dois exemplos *supra*, que tem expressa previsão legal na própria CLT. Aqui estamos tratando do *gênero tutela antecipada*, que abrange a tutela antecipada em sentido estrito e a tutela específica de obrigação (de fazer, não fazer e entregar coisa), disciplinada nos arts. 497 e 498 do novo Código de Processo Civil — correspondentes aos arts. 461 e 461-A do CPC de 1973.

Relativamente à *tutela cautelar*, também ela *sempre foi admitida* no processo do trabalho, especialmente as medidas de arresto e a cautelar inominada de indisponibilidade de bens, por serem medidas extremamente necessárias para se resguardar o resultado útil da futura execução trabalhista. Por óbvio que a maioria das ações cautelares previstas no CPC de 1973 não encontrava espaço na Justiça do Trabalho, não sendo o caso de se especificar aqui quais são cabíveis e quais não o são, principalmente porque o novo Código de Processo Civil não repete o Livro que cuida do processo cautelar, como já exposto.

Daí que no processo do trabalho continuarão sendo cabíveis as duas espécies de tutela provisória apontadas pelo art. 294 do novo Código, tanto a *tutela de urgência* quanto a *tutela da evidência*, sobre a qual discorreremos mais adiante. E, quanto à tutela provisória de urgência, tanto a de natureza *cautelar* quanto a *antecipada*, sendo que a relativização da distinção entre estas tutelas — dada sua fungibilidade — encontra amplo apoio nos *princípios da simplicidade e da informalidade* do processo laboral.

Na mesma linha, a *segunda relativização* da distinção entre a tutela cautelar e a tutela antecipada, disciplinada na parte final do parágrafo único do art. 294, dando conta de que ambas as tutelas podem ser concedidas tanto em caráter *antecedente* quanto de *modo incidental*, pelos mesmos fundamentos, também será plenamente acolhida no processo do trabalho. De modo que teremos, na Justiça do Trabalho, a possibilidade de o trabalhador ajuizar uma demanda apenas para postular a tutela antecipada, ainda que posteriormente ele tenha de aditar sua petição inicial, nos moldes do art. 303, § 1º, I, do novo Código de Processo Civil.

Art. 295.

A tutela provisória requerida em caráter incidental independe do pagamento de custas.

Comentário de *José Antônio Ribeiro de Oliveira Silva*

TUTELA PROVISÓRIA INCIDENTAL E CUSTAS

A regra deste art. 295 — que não encontra correspondência no CPC de 1973 —, é de meridiana clareza, dando conta de que não se pode exigir o recolhimento de custas, em sentido lato, vale dizer, de despesas de natureza estritamente processual, para o processamento do pedido veiculado de *modo incidental* — no curso do processo —, de concessão de tutela antecipada ou de tutela cautelar.

Discute-se, no âmbito do processo civil, se lei federal, no caso, o novo Código de Processo Civil, poderia impor à Justiça dos Estados a isenção de custas, as quais têm natureza tributária (BUENO, 2015, p. 215). É questão que refoge aos limites destes Comentários, inclusive porque no *processo do trabalho*, conquanto deveras compatível, esta norma não terá incidência, tendo em vista que neste processo *pós-moderno* não há exigência de custas para a *propositura* de qualquer demanda trabalhista, nos moldes do art. 782 da CLT. Por isso, já afirmamos que o processo do trabalho atende com mais intensidade ao princípio do acesso à justiça.

Art. 296.

A tutela provisória conserva sua eficácia na pendência do processo, mas pode, a qualquer tempo, ser revogada ou modificada.

Parágrafo único. Salvo decisão judicial em contrário, a tutela provisória conservará a eficácia durante o período de suspensão do processo.

Comentário de José Antônio Ribeiro de Oliveira Silva

EFICÁCIA DA TUTELA PROVISÓRIA

Bem se vê que a norma do *caput* do art. 296 encontra duas correspondências no CPC de 1973, quanto à tutela antecipada no art. 273, § 4º, e no tocante à tutela cautelar no art. 807, *caput*, normas que tratam da *eficácia temporária* da tutela provisória.

Há discussão acadêmica sobre a distinção da eficácia da tutela provisória, afirmando-se que a tutela antecipada é uma tutela *provisória* porque sua vocação é a de ser substituída pela sentença ou acórdão que a confirma, ao passo que a tutela cautelar se trata de tutela *temporária*, surtindo efeitos apenas enquanto em curso o processo principal. Contudo, pensamos que essa distinção perde significado com a dinâmica do novo Código de Processo Civil, que trata, a um só tempo, de ambas as tutelas, a antecipada e a cautelar, relativizando ainda mais a dicotomia preexistente, deixando bem claro este art. 296 que ambas têm caráter *temporário*, pois podem ser revogadas ou modificadas a qualquer tempo. E por isso mesmo ambas são *provisórias*.

Segundo Gajardoni, as tutelas provisórias são "além de cassáveis, modificáveis qualitativa (conversão de uma medida em outra) ou quantitativamente (redução ou ampliação do objeto da medida)" (GAJARDONI, 2015, p. 860).

Com efeito, se ambas as tutelas provisórias são concedidas mediante *decisão interlocutória*, podem ter seus efeitos retirados a qualquer tempo, sendo que a revogação da medida tem eficácia *ex tunc* (Súmula 405 do STF, por analogia) e o recurso interposto contra essa decisão não suspende os seus efeitos revocatórios (ZAVASCKI, 2000, p. 99).

Tudo isso porque a tutela provisória (de urgência) é uma *tutela precária*, concedida em cognição sumária. Por isso mesmo a decisão que a concede tem a natureza jurídica de um *título "executivo" precário* — embora exequível desde logo. A revogação da tutela provisória tem eficácia *imediata e retroativa*. Aquele que recebeu valores indevidos terá de devolvê-los, a menos que se constate a impossibilidade absoluta de fazê-lo, havendo ainda casos em que não se exige a repetição, como ocorre na ação de alimentos, salvo se demonstrada má-fé do autor para a obtenção de decisão favorável (*Idem*, p. 53).

Complementando essa diretriz, o parágrafo único deste art. 296 disciplina que mesmo durante o período de *suspensão do processo*, a tutela provisória continua a surtir seus efeitos, salvo decisão que a modifique ou revogue expressamente. Essa *eficácia temporal* era expressamente prevista para a tutela cautelar no parágrafo único do art. 807 do CPC/1973, sendo que agora valerá para ambas as tutelas provisórias, inclusive a tutela antecipada, embora não houvesse divergência doutrinária sobre essa questão, a despeito da omissão de regra similar no art. 273.

PROCESSO DO TRABALHO

No processo do trabalho não se pode questionar a plena compatibilidade deste art. 296 e parágrafo único do novo Código de Processo Civil com sua normativa, no que pertine à eficácia *temporária* da tutela provisória nele concedida — inclusive durante o período de suspensão do processo —, tanto da tutela cautelar quanto da tutela antecipada.

Daí que ambas as tutelas provisórias podem ser modificadas ou revogadas, *a qualquer tempo*, também no processo do trabalho, inclusive por não haver dúvida quanto à natureza da decisão judicial que as concede. Trata-se de *decisão interlocutória*, irrecorrível de imediato no âmbito da Justiça do Trabalho, motivo pelo qual o E. TST editou a Súmula n. 414 (itens I e II), quanto aos momentos de concessão da tutela antecipada ou de liminar, na sentença ou antes dela:

> MANDADO DE SEGURANÇA. ANTECIPAÇÃO DE TUTELA (OU LIMINAR) CONCEDIDA ANTES OU NA SENTENÇA (conversão das Orientações Jurisprudenciais ns. 50, 51, 58, 86 e 139 da SBDI-2) — Res. 137/2005, DJ 22, 23 e 24.8.2005
>
> I — A antecipação da tutela concedida na sentença não comporta impugnação pela via do mandado de segurança, por ser impugnável mediante recurso ordinário. A ação cautelar é o meio próprio para se obter efeito suspensivo a recurso. (ex-OJ n. 51 da SBDI-2 — inserida em 20.9.2000)
>
> II — No caso da tutela antecipada (ou liminar) ser concedida antes da sentença, cabe a impetração do mandado de segurança, em face da inexistência de recurso próprio. (ex-OJs ns. 50 e 58 da SBDI-2 — inseridas em 20.9.2000)

Igualmente, no processo do trabalho a revogação da tutela provisória tem eficácia *imediata e retroativa*. De modo que, se o trabalhador recebeu valores que não eram devidos, terá de devolvê-los, salvo impossibilidade absoluta de fazê-lo. Pensamos que, entretanto, essa determinação de devolução dependerá da natureza jurídica das verbas objeto de efetivação da tutela antecipada. Tal qual na ação de alimentos — na qual se entende que os valores pagos a título de prestação alimentícia são incompensáveis e irrepetíveis, tendo em vista que isso importaria em privar o alimentando dos recursos indispensáveis à própria sobrevivência —, tendo havido antecipação da tutela para o pagamento de salários ou de verbas rescisórias, verbas de natureza nitidamente alimentar, e se os valores correspondentes já foram pagos antes da revogação, não haverá devolução desses valores, salvo hipótese de *comprovada má-fé* por parte do trabalhador. De outra mirada, se os valores ainda não foram pagos, tendo sido revogada a tutela não poderá o autor exigir o pagamento, diante da *precariedade* do título e porque a revogação tem efeito *ex tunc*.

Não se trata de novidade no processo do trabalho, no qual já tínhamos uma hipótese semelhante: se, no dissídio coletivo, a sentença normativa emitida pelo tribunal regional defere reajuste salarial à categoria profissional e esse reajuste é pago, ainda que o TST dê provimento ao recurso ordinário interposto não haverá devolução das diferenças salariais pagas, em conformidade com o art. 6º, § 3º, da Lei n. 4.725/65.

Enfim, no processo do trabalho também pode haver *modificação qualitativa ou quantitativa* da tutela provisória, de natureza cautelar ou antecipada. A título de exemplo, o juiz do trabalho pode deferir uma medida cautelar de busca e apreensão e depois verificar que a medida correta seria a de arresto (modificação qualitativa); pode deferir tutela antecipada para pagamento de salários e posteriormente ampliar a tutela, para abranger também as verbas rescisórias (modificação quantitativa).

Art. 297.

O juiz poderá determinar as medidas que considerar adequadas para efetivação da tutela provisória.

Parágrafo único. A efetivação da tutela provisória observará as normas referentes ao cumprimento provisório da sentença, no que couber.

Comentário de *José Antônio Ribeiro de Oliveira Silva*

EFETIVAÇÃO DA TUTELA PROVISÓRIA

No tocante à *efetivação* da tutela provisória, o *caput* deste art. 297 encontra redação semelhante no art. 798 do CPC de 1973 apenas no tocante à possibilidade de o juiz determinar as medidas provisórias que considerar adequadas, em se tratando de tutela cautelar. Conquanto o art. 799 do CPC/1973 contenha um rol exemplificativo dos atos que podem ser praticados pelo juiz, o art. 297 do novo Código de Processo Civil preferiu a *locução geral* "medidas adequadas", deixando ao sensato arbítrio do juiz a escolha dos *atos necessários e eficazes* à efetivação de ambas as tutelas, a cautelar e a antecipada.

E, em diretriz semelhante à do § 3º do art. 273 do CPC/1973, disciplinou, no parágrafo único deste art. 297 que a efetivação da tutela provisória — tanto da antecipada quanto da cautelar — "observará as normas referentes ao cumprimento provisório da sentença", não mais se referindo a dispositivos específicos que tratam de execução provisória e mantendo a locução "no que couber".

Ainda que tenha havido melhora de redação e se tenha buscado *diretriz única* para a efetivação das tutelas provisórias, não há como dissociar a espécie de tutela concreta das medidas adequadas para seu cumprimento. Assim:

a) na *tutela cautelar*, não há falar em cumprimento provisório, porque absolutamente inviável, sob o prisma prático e lógico; ora, se o objetivo central da medida cautelar é assegurar (conservar) uma situação de fato, preservando a prova ou garantindo a futura execução, não tem sentido deixar de efetivar "até o fim" a tutela cautelar; de fato, não haveria como tomar um depoimento antecipado pela metade ou efetivar um arresto em que não se apreendesse os bens; daí que a efetivação da tutela cautelar deve ser completa, cabal, até porque ela não implica em satisfação do direito material, tendo em vista que a função da genuína cautelar é a de assegurar o resultado útil da tutela definitiva a ser prestada no processo;

b) na tutela antecipada *de obrigação de fazer, de não fazer ou de entregar coisa*, na qual, em regra, o juiz deve conceder a tutela *específica* da própria obrigação ou, quando isso não seja possível, determinar providências judiciais que assegurem um *resultado prático equivalente*, também não faz muito sentido deixar de efetivar a tutela antecipada, tal e qual deferida; com efeito, ou a obrigação é cumprida *in natura*, ou devem ser efetivadas medidas que tragam ao postulante da tutela provisória um resultado que, *na prática*, seja correspondente ao previsto na própria obrigação (arts. 461 e 461-A e §§ do CPC/1973); assim, em regra, ou se efetiva ou não se efetiva a tutela, não havendo meio termo;

c) na tutela antecipada *de obrigação de dar ou pagar* é que surge animada controvérsia sobre os limites da execução ou efetivação da tutela concedida, inclusive pelo perigo de irreversibilidade dos efeitos da decisão (§ 3º do art. 300 do novo CPC; art. 273, § 2º, do CPC de 1973); parte da doutrina entende que, por tratar-se de tutela *satisfativa*, a tutela antecipada deve ser efetivada até os últimos termos, implicando em medidas executivas que conduzam à plena satisfação do direito material que sofre ameaça de dano, pois, do contrário, não seria tutela satisfativa; de outra banda, há os que se preocupam com o alto risco dessa efetivação completa, recordando que se trata de um título executivo *precário*, o qual pode ser simplesmente revogado e a qualquer tempo, quando o juiz tiver condições de empreender uma cognição exauriente sobre o objeto do processo.

Pois bem, sob a égide do CPC de 1973, de início os adeptos da corrente *restritiva* da efetivação da tutela antecipada em sentido estrito, preconizada no seu art. 273, tinham a seu dispor um grande reforço argumentativo, tendo em conta que o § 3º deste artigo, em sua redação original, era inequívoco no sentido de que, na execução da tutela antecipada, seriam observadas as regras dos incisos II e III do art. 588 do mesmo Código, sendo que este artigo tratava exatamente da *execução provisória*. Ademais, a regra inscrita no referido inciso II era clara no sentido de que essa espécie de execução não abrangia os atos que importassem alienação de domínio, e não permitia, sem caução idônea, o levantamento de depósito em dinheiro.

Contudo, posteriormente este art. 588 foi *alterado* pela Lei n. 10.444, de 2002, ao qual se acrescentou o § 2º, justamente para permitir, em execução provisória, esses atos de alienação de propriedade — para se obter numerário bastante à satisfação do crédito — e de liberação de dinheiro ao credor, mediante caução ou inclusive com *dispensa* desta, nos processos em que se verificasse a presença *cumulativa* de *três requisitos*: 1º) que o crédito fosse de natureza alimentar; 2º) que aqueles atos não importassem liberação de valores ao exequente, superiores ao limite de sessenta vezes o valor do salário-mínimo; e 3º) que o exequente demonstrasse encontrar-se em situação de necessidade.

E mais tarde o art. 588 foi revogado pela Lei n. 11.232, de 2005, que instituiu no processo civil brasileiro o chamado *processo sincrético*, em que cognição e execução ocorrem no mesmo processo. Não obstante, a diretriz continuou a mesma, no art. 475-O e § 2º do CPC de 1973, no capítulo que cuida do "Cumprimento da Sentença". De novidade, este § 2º passou a admitir "o levantamento de depósito em dinheiro e a prática de atos que importem alienação de propriedade", *com dispensa de caução*, também nos casos de crédito "decorrente de ato ilícito" (inciso I deste § 2º, que manteve os outros três requisitos já existentes), bem como nos casos de "execução provisória em que penda agravo perante o Supremo Tribunal Federal ou o Superior Tribunal de Justiça (art. 544), salvo quando da dispensa possa manifestamente resultar risco de grave dano, de difícil ou incerta reparação" (inciso II, com a redação dada pela Lei n. 12.322, de 2010).

Destarte, *desde 2002* — e principalmente a partir da Lei n. 11.232/2005 — não se pode mais impedir, quando bem demonstrados os requisitos ou hipóteses de cabimento desta normativa, a efetivação *completa* da tutela antecipada concedida. Ora, se o demandante demonstra a presença dos requisitos indispensáveis para a concessão da tutela antecipada (art. 273 do CPC/1973; art. 300 do novo CPC), bem como os requisitos cumulativos para que se dê a *plena satisfação* do seu direito material, mormente que seu crédito tem natureza alimentar ou decorre de ato ilícito e que ele, demandante, encontra-se em estado de necessidade, por que não efetivar os efeitos substanciais da tutela? Por que não lhe dar, em concreto, o efeito satisfativo do direito?

Por certo que o juiz deve motivar o seu convencimento "de modo claro e preciso" (art. 298 do novo Código de Processo Civil) para a concessão e também para a efetivação (completa) da tutela antecipada. No entanto, não pode optar sempre pela proteção ao perigo de irreversibilidade dos efeitos da decisão, quando demonstrado o *perigo de dano ao direito material*, porque esta situação de perigo também deve encontrar proteção — concreta, efetiva —, pois amparada nos *princípios do acesso à justiça e da efetividade* (art. 5º, incisos XXXV e LXXVIII, da Constituição da República Federativa do Brasil).

E agora, como reforço substancial à argumentação dos defensores da segunda tese — dentre os quais nos incluímos —, de se observar que houve *significativo avanço* nessa temática da *execução provisória*, para a satisfação imediata do credor. A partir da vigência do novo Código de Processo Civil, em conformidade com o seu art. 520, o *cumprimento provisório da sentença*, quando esta for "impugnada por recurso desprovido de efeito suspensivo", ocorrerá "da mesma forma que o cumprimento definitivo", de acordo com o regime previsto neste dispositivo. Uma destas diretrizes se encontra no seu inciso IV, segundo o qual não somente o levantamento de depósito em dinheiro pelo credor e a prática de atos que importem alienação de propriedade serão permitidos, mas também atos que impliquem na "transferência de posse" ou na alienação "de outro direito real". Com efeito, doravante será possível, para a *efetividade* do cumprimento provisório da sentença — e de acórdão e de decisão antecipatória —, a alienação de *qualquer direito real*, como o de usufruto, por ex., e inclusive a *transferência da posse* a outra pessoa, para que, com os rendimentos daí resultantes, seja possível obter numerário suficiente ao cumprimento da decisão judicial.

Sem embargo, a maior novidade está no art. 521 do novo Código, que permite a prática de todos aqueles atos, rumo à *efetiva satisfação* do credor, independentemente de caução, *sem exigir qualquer limite* para essa satisfação. Desaparece, portanto, o limite de 60 salários-mínimos. Outrossim, este dispositivo evidencia que, uma vez demonstrado que o crédito exequendo tem natureza alimentar, *não importa sua origem*, ou seja, se se trata de pensão alimentícia, de crédito decorrente de ato ilícito ou de qualquer outra natureza. Restam mantidas as hipóteses de pendência de agravo perante o STF ou o STJ (incisos II e III do art. 1.042 do novo Código), mas acrescenta-se uma nova hipótese: *a caução também pode ser dispensada* quando "a sentença a ser provisoriamente cumprida estiver em consonância com súmula da jurisprudência do Supremo Tribunal Federal ou do Superior Tribunal de Justiça ou em conformidade com acórdão proferido no julgamento de casos repetitivos".

Em suma, a efetivação da tutela antecipada poderá ser *completa*, até a plena satisfação do direito material, quando presentes os seguintes *requisitos*:

1º) que se trate de *crédito de natureza alimentar*, "independentemente de sua origem" — de sorte que basta verificar o longo catálogo do § 1º do art. 100 da Constituição da República Federativa do Brasil para se verificar quais créditos detêm essa natureza peculiar; portanto, é a Lei Fundamental do país quem já define, com muita propriedade, o que é crédito "de natureza alimentícia", determinando que eles compreendem os créditos "decorrentes de salários, vencimentos, proventos, pensões e suas complementações, benefícios previdenciários e indenizações por morte ou por invalidez, fundadas em responsabilidade civil" (redação dada pela Emenda Constitucional n. 62, de 2009);

2º) que o credor se encontre em *situação de necessidade* e demonstre isso ao juiz, o que, aliás, poderia ser presumido, já que em questão um crédito alimentar e não satisfeito.

Além desses casos, poderá haver efetivação *completa* da tutela antecipada nas hipóteses de mera pendência de agravo perante o STF ou o STJ para o processamento de recurso extraordinário ou especial que tenham sido denegados, e de sentença que esteja em conformidade com súmula ou jurisprudência iterativa destes dois tribunais superiores.

Repita-se: com essa *importante inovação* do novo Código de Processo Civil, não vemos como sustentar a primeira tese, sendo que, assim, a efetivação da tutela provisória, inclusive da tutela antecipada, deve ser a mais completa possível, para que seja, em verdade, uma tutela *satisfativa* e não meramente acautelatória de uma situação de fato.

PROCESSO DO TRABALHO

Tudo o quanto acabamos de comentar se aplica como luva ao processo do trabalho. Aliás, dadas as peculiaridades do processo laboral, tão enfatizadas nesta obra, até parece que a tutela antecipada e sua efetivação foram pensadas para a Justiça do Trabalho.

Além de o processo do trabalho apresentar uma imensa lacuna quanto às hipóteses de concessão de tutela provisória, de se ressaltar que ele, ademais disso, *nada dispõe* sobre a efetivação dessa tutela. De modo que o juiz do trabalho terá ampla liberdade — desde que fundamente sua decisão de modo claro e preciso — para determinar as medidas provisórias que considerar *adequadas*, em se tratando de tutela cautelar, bem como para que se dê o cumprimento provisório *eficaz* da tutela antecipada, segundo as diretrizes do *caput* e do parágrafo único deste art. 297 do novo Código de Processo Civil.

Com efeito, essa liberdade que se dá ao juiz para a escolha das medidas adequadas para a efetivação da tutela provisória, ainda que tenha de observar alguma diretriz própria do regime de cumprimento provisório da sentença, "no que couber" — em relação à tutela cautelar no que se convencionou chamar de *poder geral de cautela* —, está em *plena harmonia* com o postulado inserto no art. 765 da CLT, regra-matriz que confere ao juiz do trabalho *ampla liberdade* como condutor nato do processo, para o andamento rápido das causas, a fim de que se alcance a maior efetividade possível na atuação jurisdicional. Em suma, o *princípio inquisitivo*, que é da índole do processo do trabalho, açambarca de bom grado essa diretriz, esse *poder geral de efetivação da tutela provisória*.

Destarte, ao juiz do trabalho cabe a escolha dos atos necessários e *eficientes* à plena efetivação das tutelas cautelar e antecipada, embora as partes possam indicar quais medidas seriam mais eficazes a esse desiderato. Resta, portanto, analisar, no contexto do regime de cumprimento provisório de sentença, quais medidas poderiam ser eficientes e se a efetivação pode ser completa ou apenas garantidora de uma situação fática. Igualmente, aqui se deve levar em conta a *espécie de tutela provisória* a ser cumprida ou efetivada. Assim, também no processo do trabalho:

a) na *tutela cautelar*, o cumprimento deve ser *integral*, porque não teria sentido o juiz do trabalho deferir uma medida cautelar para assegurar ou conservar uma determinada situação de fato — por ex., determinando a produção antecipada de prova ou o arresto de bens do empregador — para cumprir "em parte" a medida; e ele nem precisa se preocupar com a irreversibilidade da medida, porque a autêntica cautelar — como todas as medidas de constrição de bens: arresto, sequestro, indisponibilidade de bens etc. — não tem caráter satisfativo; é dizer, em sede cautelar não haverá alienação de propriedade, tampouco liberação de dinheiro ao credor;

b) na tutela antecipada *de obrigação de fazer, de não fazer ou de entregar coisa*, muito comum no processo do trabalho, como, por ex., na determinação de anotação e baixa da CTPS, entrega das guias TRCT para saque do FGTS e CD/SD para requerimento do seguro-desemprego, o que se almeja é exatamente o cumprimento *in natura* da obrigação, sem mais delongas, ainda que a obrigação possa se cumprida pela Secretaria da Vara do Trabalho ou mediante a expedição de alvará; de sorte que, mesmo na busca de resultado prático equivalente, trata-se de tutela concedida para ser *efetivada*, até os últimos termos, pois do contrário ela não teria funcionalidade e poderia ser inócua;

c) na tutela antecipada *de obrigação de dar ou pagar*, também no processo do trabalho, surge ferrenha controvérsia sobre os limites da efetivação da tutela concedida, digladiando-se as duas correntes doutrinárias já mencionadas, basicamente com os mesmos fundamentos.

De nossa parte, sempre adotamos a tese de que se trata de tutela *satisfativa* e que, portanto, ou se concede a tutela antecipada ou não se a defere. Deferir a antecipação dos efeitos da tutela para o pagamento imediato de salários atrasados ou de verbas rescisórias — as hipóteses mais frequentes e urgentes do foro trabalhista — porque o trabalhador necessita destas verbas, para em seguida promover uma "execução provisória" dessa tutela, é o mesmo que não concedê-la. Ora, se o direito material, num juízo de probabilidade — próprio da cognição sumária —, existe e há perigo de dano caso não satisfeito no menor tempo possível, não faz nenhum sentido deixar de tomar todas as medidas *necessárias* — inclusive alienação de bens em hasta pública — para se alcançar o numerário suficiente ao adimplemento das mais comezinhas verbas trabalhistas: *salário e verbas rescisórias*.

Não se pode descurar que o próprio cumprimento provisório de sentença foi profundamente alterado no curso dos últimos anos — como visto na evolução legislativa descrita anteriormente: art. 588 e § 2º; depois, art. 475-O e § 2º do CPC/1973 —, exatamente para se permitir que *créditos de natureza alimentícia*, por razões óbvias, mesmo que concedidos em antecipação de tutela, pudessem ser prontamente adimplidos, dada a premência de sua satisfação, tal qual ocorre nas ações de alimentos.

Imagine-se a situação recorrente nas audiências trabalhistas: o empregador, que não pagou saldo de salário e verbas rescisórias, tampouco entregou as guias para saque do FGTS e requerimento do seguro-desemprego, nem sequer comparece; o tomador de serviços, a *La Pilatos*, lava as mãos; há jurisprudência consolidada (Súmula n. 331 do TST) no sentido de que o tomador de serviços responde objetivamente — conquanto de forma subsidiária — por todos os créditos dos trabalhadores que lhes prestaram serviços; diante desses fatos, qual outro fundamento o juiz do trabalho precisaria para, com base no *princípio fundamental da dignidade humana* e no *valor fundamental social do trabalho*, deferir tutela antecipada para o adimplemento destas verbas por parte do tomador dos serviços e, caso este não cumprisse a determinação, para tomar todas as medidas *necessárias* a esse cumprimento?

Nem se objete que a efetivação da tutela antecipada deve observar o regime da "execução provisória", porque o § 2º do art. 475-O do CPC de 1973 aplica-se como luva à questão, no processo do trabalho. Os três requisitos cumulativos para a dispensa de caução estão *invariavelmente* presentes na Justiça do Trabalho: 1º) o crédito trabalhista é quase sempre de natureza alimentar; 2º) dificilmente saldo de salário e verbas rescisórias alcançam valor superior ao limite de sessenta vezes o valor do salário-mínimo; 3º) se o trabalhador foi dispensado e não recebeu seus direitos mínimos, o que mais poderia apresentar para convencer o juiz de seu estado de necessidade? De modo que a presença desses requisitos autorizaria, sem muito esforço hermenêutico, o juiz do trabalho a determinar a alienação de propriedade do devedor ou responsável, com o escopo de obter o numerário suficiente à satisfação do crédito alimentar do trabalhador, do qual não se pode exigir caução, numa situação de impossibilidade que salta aos olhos.

Outrossim, o juiz do trabalho que assim proceder nada mais está fazendo do que cumprindo sua missão, pois deve ser vocacionado — e atuar neste sentido — para a *plena satisfação* dos direitos sociais trabalhistas. Deve apenas bem fundamentar sua decisão, de modo claro, sem surpresas, mas efetivar a tutela antecipada que conceder, nessas circunstâncias aqui referenciadas, dando concretude aos princípios constitucionais do acesso à justiça e da efetividade, e tomando as medidas necessárias com fulcro no *princípio inquisitivo* (art. 765 da CLT).

E, como são *plenamente compatíveis* com o processo do trabalho os arts. 520 e 521 do novo Código de Processo Civil, cujo regime já comentamos logo acima, esperamos que a Justiça do Trabalho, principalmente por seu órgão de cúpula, mude radicalmente seu posicionamento quanto à possibilidade de "execução" *completa* no cumprimento provisório da sentença, o que implicará em mudança de paradigma também quanto à *efetivação da tutela antecipada*. Se a liberação de valores poderá ocorrer quando se tratar de crédito de natureza alimentar, *independentemente de sua origem*, o que mais será necessário para a jurisprudência trabalhista firmar posicionamento no sentido de que os salários e verbas rescisórias são créditos de natureza alimentícia que justificam a "execução provisória" completa? Ademais, ainda que de difícil verificação na prática, nesses casos nem se poderia exigir o limite de 60 salários-mínimos, que desaparecerá sob a égide do novo Código de Processo Civil. A situação de necessidade deveria ser *presumida* nos casos aqui comentados, mas seria facilmente demonstrada pelo trabalhador que não recebeu salários ou verbas rescisórias.

Enfim, a *efetivação* da tutela antecipada deverá ser *completa* no processo do trabalho, até a integral satisfação do direito material do trabalhador, quando presentes os requisitos mencionados, pelo menos nesses casos extremos — não recebimento de salário ou de verbas rescisórias —, os quais, ainda que inconcebíveis numa *sociedade justa, igualitária e fraterna*, teimam em repetir-se na seara trabalhista.

Além desses casos, poderia haver efetivação completa da tutela antecipada na hipótese de pendência de *agravo de instrumento perante o TST*, para o processamento de recurso de revista, e de sentença que esteja em conformidade com súmula ou jurisprudência iterativa do referido tribunal, mas esta é uma questão tormentosa que deverá ser mais bem apreciada oportunamente, quando dos comentários ao art. 521 do novo Código de Processo Civil.

Art. 298.

Na decisão que conceder, negar, modificar ou revogar a tutela provisória, o juiz motivará seu convencimento de modo claro e preciso.

Comentário de *José Antônio Ribeiro de Oliveira Silva*

DECISÃO FUNDAMENTADA

A norma deste art. 298 corresponde, em parte, à do art. 273, § 1º, do CPC de 1973, que exige motivação clara e precisa para a concessão de tutela antecipada. Não havia disposição semelhante quanto à tutela cautelar, ainda que essa motivação pudesse ser inferida do art. 93, inciso IX, da Constituição da República Federativa do Brasil.

Conquanto evidente, doravante a regra é bastante clara no sentido de que qualquer decisão relacionada a ambas as tutelas, seja de concessão, seja de negação, modificação ou revogação, deve ser devidamente motivada, e "de modo claro e preciso".

Ademais, ainda que se trate de *decisão interlocutória*, numa interpretação sistemática do novo Código de Processo Civil, a se entender cogente todo o extenso rol de exigências do § 1º do art. 489 deste Código, essa decisão relativa à tutela provisória somente estará devidamente fundamentada se atender a todos aqueles requisitos, à exaustão, em conformidade com o caso concreto. De modo que o juiz, ao tomar qualquer daquelas decisões — concessão, indeferimento, modificação ou revogação —, por mais simples ou evidente que o caso seja:

1º) deverá explicar a relação do ato normativo que serviu de suporte à decisão "com a causa ou a questão decidida";

2º) se recorrer a conceitos jurídicos indeterminados — como os de boa-fé, má-fé, justa causa e tantos outros — deverá "explicar o motivo concreto de sua incidência no caso";

3º) deverá formular uma decisão específica para o caso concreto, não lhe sendo permitido "invocar motivos que se prestariam a justificar qualquer outra decisão";

4º) se houver manifestação das partes com a aptidão de influir em sua decisão, especialmente quando houver impugnação em contraditório, o juiz deverá "enfrentar todos os argumentos deduzidos no processo capazes de, em tese, infirmar" a sua conclusão;

5º) se o juiz decidir com base em precedente jurisprudencial ou enunciado de súmula, deverá "identificar seus fundamentos determinantes", além de demonstrar que o caso concreto está subsumido naqueles fundamentos;

6º) se as partes invocarem a aplicação de enunciado de súmula, jurisprudência ou precedente e o juiz entender que não são inaplicáveis ao caso em exame, deverá "demonstrar a existência de distinção no caso em julgamento ou a superação do entendimento".

Bem se vê que todo esse *cheklist* é incompatível com a urgência da medida que se requer, tanto para a tomada de decisão concessiva quanto das demais, principalmente para a revogação da tutela provisória concedida. Daí que bastaria exigir-se do magistrado uma decisão *bem fundamentada*, de modo claro e específico. Nada mais seria exigível. Por isso, temos severa crítica à normativa deste § 1º do art. 489 do novo Código de Processo Civil, mas os fundamentos serão apresentados oportunamente, nos comentários correspondentes.

PROCESSO DO TRABALHO

Quanto ao processo do trabalho, por óbvio que se deve exigir que a decisão interlocutória referente à tutela cautelar e à tutela antecipada, de concessão, indeferimento, modificação ou revogação, seja *devidamente fundamentada*, de modo claro, preciso e específico, até mesmo por imperativo do comando inserto no inciso IX do art. 93 da Constituição da República Federativa do Brasil, porquanto a motivação das decisões judiciais é uma *garantia fundamental* do devido processo legal que nem mesmo o processo laboral pode ignorar. De modo que não se poderá decidir dessa maneira: "Com fundamento no art. 273 do CPC — ou do art. 300 do novo Código de Processo Civil —, presentes os requisitos, defiro a tutela antecipada".

Não obstante, não se deve exigir do juiz do trabalho uma decisão exaustiva, com aferição de todo o *checklist* do § 1º do art. 489 do novo Código de Processo Civil, porque manifestamente incompatível com as normas do processo do trabalho, cujo art. 832 exige apenas e tão somente que a decisão judicial seja *devidamente fundamentada*. Como se não bastasse, os incisos IX e X do art. 659 da CLT não exigem fundamentação exaustiva para a concessão das tutelas provisórias (liminares) ali mencionadas.

Art. 299.

A tutela provisória será requerida ao juízo da causa e, quando antecedente, ao juízo competente para conhecer do pedido principal.

Parágrafo único. Ressalvada disposição especial, na ação de competência originária de tribunal e nos recursos a tutela provisória será requerida ao órgão jurisdicional competente para apreciar o mérito.

Comentário de José Antônio Ribeiro de Oliveira Silva

COMPETÊNCIA PARA A TUTELA PROVISÓRIA

As regras deste art. 299 e parágrafo único correspondem, em parte, às do art. 800 e parágrafo único do CPC de 1973. No entanto, os dispositivos do CPC/1973 regulam apenas a competência em sede cautelar, de modo que são aplicados por analogia às hipóteses de tutela antecipada. Além de o art. 299 se referir a *ambas as espécies* de tutela provisória, houve significativa melhora da norma relativa ao requerimento dessa tutela no âmbito do tribunal.

Continua sendo necessário identificar, portanto, o momento processual e o *grau de jurisdição* em que se encontra o processo, para se aferir qual o *juízo competente* para conhecer (apreciar) o requerimento de tutela provisória. De modo que o juízo competente para conceder tutela provisória — cautelar ou antecipada — é o que processa a causa principal, se o requerimento for incidental, no curso de um processo. Agora, em se tratando de tutela provisória *antecedente* — quando, por óbvio, ainda não há um processo em curso —, ela deverá ser requerida ao *juízo* que seria competente para conhecer a ação ou o *pedido principal*. Fala-se, portanto, em *competência de juízo* — e não de determinado juiz —, explicando Dinamarco que competência de juízo é a quantidade de jurisdição cujo exercício se atribui a um órgão específico na estrutura do Judiciário ou a órgãos da mesma espécie, pertencentes à mesma Justiça, localizados no mesmo grau de jurisdição e ocupando a mesma base territorial (DINAMARCO, 2002c, V. I, p. 547).

Contudo, se já houve a *interposição de recurso*, a *competência funcional* passaria a ser do tribunal — como disciplina o parágrafo único do art. 800 do CPC/1973 em relação à medida cautelar —, diante da devolutividade recursal. Até aqui nenhuma novidade. Agora, qual órgão, no tribunal, tem competência para apreciar requerimento de concessão de tutela provisória? A doutrina afirma que, em regra, competente é o *relator do recurso*. No entanto, há casos especiais e também ações de competência originária dos tribunais.

Nessa trilha, inova o Código de Processo Civil de 2015, ao disciplinar que, "ressalvada disposição especial", em se tratando de *ação de competência originária* do tribunal — por ex., ação rescisória, alguns casos de mandado de segurança — "a tutela provisória será requerida ao órgão jurisdicional competente para apreciar o mérito" da demanda, portanto, ao relator sorteado para conduzir o processamento da causa e, ao final, proferir o voto a ser submetido ao colegiado. Quanto aos *recursos interpostos*, a regra também é a mesma: a medida deverá ser requerida ao órgão jurisdicional competente para apreciar, em primeira mão, o recurso, em regra, *o relator*. Portanto, apenas em situações especiais, com disposição especial em contrário, outro será o órgão competente para apreciar a medida, em conformidade com o regimento interno do tribunal.

Porém, nessa temática ainda restam *duas situações* que o novo Código de Processo Civil não resolveu de modo expresso: 1ª) o juiz prolatou a sentença e o processo se encontra na fase de interposição de recurso; durante o prazo respectivo, a parte necessita de uma tutela de urgência; 2ª) já houve a interposição do recurso, mas os autos ainda não subiram ao tribunal e, portanto, ainda não há relator sorteado. Quem é o órgão jurisdicional *competente* nessas duas situações? Mesmo no processo eletrônico, em que não há necessidade de envio de autos físicos ao tribunal, o lapso de tempo pode ser considerável na *tramitação interna* da Vara, principalmente em Varas assoberbadas de processos e com poucos recursos humanos. Assim, ainda que a distribuição de processos seja imediata, "em todos os graus de jurisdição", em conformidade com o inciso XV do art. 93 da CF/88, acrescido pela Emenda Constitucional n. 45/2004, não há como ser mais realista do que o Rei: algum lapso de tempo haverá até que se dê o sorteio do relator do recurso.

Para a *primeira hipótese*, numa interpretação sistemática do *caput* com o parágrafo único do art. 800 do CPC/1973 é possível concluir que, se ainda não houve a interposição de recurso, o juízo competente para conhecer o requerimento de tutela provisória é o de primeira instância, ou seja, o juízo em que tramita o feito. Isso porque a locução do dispositivo é: "interposto o recurso", a competência passa a ser do tribunal, diante da devolutividade. Pena que o parágrafo único do art. 299 do novo Código de Processo Civil não tenha repetido a locução. Contudo, pensamos que a *diretriz* deve continuar a mesma, pois se ainda não interposto o recurso, *não há falar* em competência do tribunal.

Agora, de quem é a competência na *segunda hipótese*, quando, apesar de interposto o recurso, os autos ainda não subiram ao tribunal? Há tese no sentido de que, mesmo assim, a competência seria do tribunal, porque a norma do parágrafo único do art. 800 do CPC/1973 estabeleceu uma regra de *competência funcional*, em razão da necessidade de se conformar o resultado do processo principal, sujeito à revisão pelo tribunal diante do recurso interposto, com a medida cautelar que vise garantir sua eficácia (PAULA, 2004, p. 2232).

Contudo, esse entendimento não combina com os *princípios da celeridade, da efetividade e da eficiência*, porque, a se aplicá-lo, a parte que necessita de uma tutela de urgência teria que ajuizar uma *ação cautelar* para resguardar o resultado útil daquele primeiro processo, postulando a distribuição imediata a fim de saber logo quem é o relator sorteado que vai apreciar, posteriormente, aquele recurso interposto e, por via de consequência, a tutela provisória a ser requerida imediatamente.

Por isso, Gajardoni afirma com propriedade que a competência para o exame do pedido de tutela provisória, "ao menos nos processos físicos, continua (sendo) do juízo *a quo* enquanto em processamento o respectivo recurso", quando necessária a obtenção de uma tutela provisória cautelar de urgência — como de arresto ou de sequestro — "logo no intervalo entre a prolação da sentença, processamento do recurso e remessa à instância superior". Ora, "sem acesso aos autos, impossível à superior instância deliberar a respeito". Agora, depois de "encaminhados os autos para a instância superior, a competência dela para as tutelas provisórias é evidente". Observa, ainda, referido autor que, se o recurso interposto for o de *embargos de declaração*, por óbvio, "a competência permanece no juízo *a quo*, já que é dele mesmo a competência para conhecer o mérito de tal recurso". Enfim, mesmo que o novo Código de Processo Civil *não preveja mais* o juízo de admissibilidade recursal prévio, no juízo *a quo*, nem da apelação (art. 1.010, § 3º, do CPC/2015) nem dos recursos extraordinário e especial (art. 1.030, parágrafo único, do mesmo Código), o autor citado defende que *deve prevalecer* esse entendimento, que encontra respaldo, inclusive, na interpretação das Súmulas n. 634 e 635 do STF, ainda que essas súmulas restem superadas pelo referido art. 1.030, parágrafo único (GAJARDONI, 2015, p. 870-871).

De se notar, inclusive, que o juízo de admissibilidade recursal prévio foi restaurado antes mesmo da entrada em vigor do novo Código, por meio da Lei n. 13.256, de 4 de fevereiro de 2016, que modificou substancialmente o art. 1.030 do CPC/2015. Com a modificação, vencido o prazo para contrarrazões, os autos serão conclusos ao presidente ou vice-presidente do tribunal recorrido, o qual terá várias atribuições pertinentes ao seguimento do recurso, incluindo a realização de juízo de admissibilidade dos recursos de natureza extraordinária endereçados ao STF ou ao STJ (art. 1.030, V, do CPC/2015).

O mesmo raciocínio jurídico se aplica à *tutela antecipada*, pois se refere à antecipação dos efeitos da decisão de mérito a ser tomada pelo tribunal, quando do julgamento do recurso interposto. Porém, se os autos ainda não subiram ao tribunal, tratando-se de uma *tutela de urgência*, é o juízo de primeiro grau quem deve apreciar o pedido, enquanto ocorre o processamento do recurso.

Pensamos que, mesmo durante ou na iminência de *recesso forense* — de todos sabido que a partir da Emenda Constitucional n. 45/2004 a atividade jurisdicional passou a ser ininterrupta, sendo vedadas férias coletivas nos juízos e tribunais de segundo grau (inciso XII do art. 93 da CF/88, acrescentado pela Emenda) —, o expediente aqui sugerido é o mais adequado. No caso, funcionam os *plantões judiciários*, de forma que, em conformidade com as normas de organização judiciária, sempre haverá um órgão jurisdicional de plantão para conhecer as medidas de urgência, em primeira instância ou no tribunal.

PROCESSO DO TRABALHO

Se cabível no processo do trabalho a tutela provisória e se não há regramento quanto ao procedimento a ser seguido para a apreciação dos requerimentos interligados a essa tutela, de se aplicar o novel art. 299 e seu parágrafo único, que são, portanto, *compatíveis* com o processo laboral.

Destarte, também no processo do trabalho o juízo competente para conceder tutela cautelar ou antecipada é o que processa a *causa principal*, se o requerimento for apresentado no curso do processo. De outra mirada, em se tratando de tutela provisória *antecedente*, o requerimento deverá ser apresentado ao juízo trabalhista que seria competente para conhecer a ação principal, observando-se, portanto, as regras do *art. 651 e §§ da CLT*. Aliás, o processo do trabalho já contém regra semelhante, quanto à execução de título executivo extrajudicial (art. 877-A da CLT).

Igualmente, se já houve a *interposição de recurso*, no processo do trabalho, a competência para apreciar a medida passa a ser do tribunal, por se tratar de regra de *competência funcional*. De modo que a tutela cautelar ou a tutela antecipada deverá ser requerida ao órgão jurisdicional competente para apreciar o recurso, ou seja, ao relator, em regra. Também será o relator sorteado quem poderá apreciar, nas *ações de competência originária* dos tribunais trabalhistas — dissídio coletivo, ação rescisória, mandado de segurança —, a tutela provisória requerida, salvo disposição especial em sentido contrário, de acordo com o regimento interno do tribunal.

Outrossim, também temos no processo do trabalho a problemática relacionada às *duas situações* já expostas: 1ª) o juiz do trabalho já prolatou a sentença e o processo se encontra na fase recursal, sem recurso interposto; 2ª) o recurso já foi interposto, mas os autos do processo (físicos ou eletrônicos) ainda não subiram ao tribunal.

Alvitramos as mesmas soluções. *Na primeira hipótese*, o juízo competente para apreciar o requerimento de tutela provisória — cautelar ou antecipada — é o de primeiro grau de jurisdição, isto é, o juízo da vara do trabalho que processa o feito, porque ainda não há falar em efeito devolutivo, porquanto ainda não interposto o recurso ordinário. Esta solução também se apresenta se o recurso interposto foi o de *embargos de declaração*, pelos fundamentos já expostos.

De outra mirada, na *segunda hipótese*, ainda que se trate de regra de competência funcional a inserta no parágrafo único do art. 299 do novo Código de Processo Civil, a competência (ainda) não pode ser do órgão jurisdicional incumbido de apreciar o recurso interposto (do relator, em regra). Ora, a demora no envio dos autos pode implicar em sério *perigo de dano irreparável* ao requerente da tutela provisória. Como já observamos, pensamento em sentido contrário vai de encontro aos *princípios da celeridade, da efetividade e da eficiência*, porque, no caso, o trabalhador — quem necessita dessa tutela, em regra generalíssima, no processo do trabalho — teria que ajuizar uma ação cautelar para que, após distribuição imediata do recurso, o relator sorteado pudesse apreciar seu pedido de tutela de urgência.

Daí que, em processos "físicos" ou "eletrônicos", continua sendo do juízo *a quo*, no processo do trabalho, a competência para apreciar a tutela provisória de urgência, de natureza cautelar ou antecipada, enquanto se dá o processamento do recurso interposto, inclusive com fundamento no *princípio da informalidade*, peculiar ao processo do trabalho, ainda que se entenda que não haverá mais na seara trabalhista o juízo de admissibilidade recursal prévio, o qual desaparecerá após a vigência do novo Código, no processo civil.

Nem se objete que o trabalhador deveria — interposto por ele ou pela parte contrária o recurso ordinário —, ajuizar *ação cautelar inominada* para que o relator sorteado apreciasse seu pedido de tutela provisória de urgência, por analogia ao conteúdo da Súmula n. 414, item I, do C. TST. Explicamos: se concedida a tutela antecipada na sentença, não cabe a impetração de mandado de segurança, porque o meio correto de impugnação dessa decisão é o recurso ordinário que, no processo do trabalho, não tem efeito suspensivo, em regra generalíssima, cabendo à parte, então, interpor o recurso e ajuizar *ação cautelar inominada* para obter o tal *efeito suspensivo*, nos moldes da referida súmula. Sendo assim, *por analogia*, esse seria o caminho para se postular a apreciação de uma tutela de urgência, quanto já interposto o recurso ordinário.

Refutamos essa tese porque, primeiramente, a situação jurídica é distinta, tendo em vista que *apenas* o órgão judiciário do tribunal — em regra, o relator — pode conceder efeito suspensivo ao recurso, no processo do trabalho; em segundo lugar, trata-se de tutela de urgência, com *objeto distinto* — acautelar uma situação de fato ou propiciar a fruição antecipada do direito, que corre perigo —, situação *incompatível* com a liturgia de outro processo, junto ao tribunal; terceiro, o juízo de primeiro grau *tem competência* para exame da matéria, tanto que momentos antes da interposição do recurso ele era indubitavelmente o competente, não sendo eficiente e equânime retirar-lhe a competência funcional se os autos do processo *ainda estão com ele*, na fase de *processamento* do recurso, por vezes demorada.

Em se tratando de pedido de tutela provisória de urgência *no âmbito do tribunal*, discute-se se a competência seria do relator ou do órgão colegiado, diante do teor da orientação jurisprudencial n. 68 da SDI-II do C. TST, cujo teor é o que segue:

ANTECIPAÇÃO DE TUTELA. COMPETÊNCIA (nova redação) — DJ 22.8.2005

Nos Tribunais, compete ao relator decidir sobre o pedido de antecipação de tutela, submetendo sua decisão ao Colegiado respectivo, independentemente de pauta, na sessão imediatamente subsequente.

Pois bem, numa interpretação *literal* desta orientação jurisprudencial, o órgão jurisdicional competente para apreciar o pedido de *tutela antecipada*, nos tribunais do trabalho, seria *o colegiado*, tendo em vista que o relator deve submeter sua decisão "ao Colegiado respectivo", na sessão imediatamente seguinte, independentemente de inclusão do processo em pauta.

Contudo, Elisson Miessa entende "que o TST não determinou a submissão automática da decisão monocrática ao colegiado, como pode parecer por uma interpretação literal desta orientação. Depende para tanto da interposição do agravo regimental ou interno, o qual será julgado na sessão imediatamente subsequente". Na prática, é o que ocorre no âmbito dos tribunais regionais do trabalho, nos quais a apreciação pelo órgão colegiado se dá apenas se (e quando) interposto agravo interno contra a decisão do relator. Não obstante, Elisson Miessa observa que, "no âmbito do TST, o regimento interno impõe que o relator deverá 'submeter pedido de liminar ao órgão competente, antes de despachá-lo, desde que repute de alta relevância a matéria nele tratada. Caracterizada a urgência do despacho, concederá ou denegará a liminar, que será submetida ao referendo do Colegiado na primeira sessão que se seguir' (TST-RI, art. 106, I). Nesse caso, portanto, a submissão deverá ser automática" (SANTOS, 2015, p. 714).

Sem embargo, o referido autor pensa que, *entrando em vigor* o novo Código de Processo Civil, esta orientação jurisprudencial deverá ser *cancelada* porque o Código de 2015 é enfático em conferir *competência ao relator* para apreciar pedido de tutela provisória em sede recursal (art. 932, II), além do que deverá ser oportunizada a oferta de *contrarrazões* ao agravo interno (art. 1.021, § 2º), o que impedirá a submissão imediata do agravo ao órgão colegiado (SANTOS, 6. ed. — no prelo).

TÍTULO II
DA TUTELA DE URGÊNCIA

CAPÍTULO I
DISPOSIÇÕES GERAIS

Art. 300.

A tutela de urgência será concedida quando houver elementos que evidenciem a probabilidade do direito e o perigo de dano ou o risco ao resultado útil do processo.

§ 1º Para a concessão da tutela de urgência, o juiz pode, conforme o caso, exigir caução real ou fidejussória idônea para ressarcir os danos que a outra parte possa vir a sofrer, podendo a caução ser dispensada se a parte economicamente hipossuficiente não puder oferecê-la.

§ 2º A tutela de urgência pode ser concedida liminarmente ou após justificação prévia.

§ 3º A tutela de urgência de natureza antecipada não será concedida quando houver perigo de irreversibilidade dos efeitos da decisão.

Comentário de *José Antônio Ribeiro de Oliveira Silva*

TUTELA DE URGÊNCIA

Este art. 300 e §§ do novo Código de Processo Civil é uma boa mostra de que o grande esforço do legislador por "mesclar" as tutelas provisórias deixou um pouco a desejar. Se é certo que, na prática, torna-se complicado saber com exatidão se o caso é de necessidade de uma tutela cautelar ou de uma tutela antecipada, a doutrina sempre se pautou por fixar critérios de distinção entre essas espécies de tutela, sendo que as teses mais bem elaboradas partem da diferenciação que leva em conta as hipóteses de cabimento e os pressupostos para a concessão da tutela provisória.

Destarte, o esforço do legislador em fixar *pressupostos comuns* às duas espécies de tutela, neste art. 300, se de um lado teve o mérito de retirar pressuposto inadequado, como a exigência de "prova inequívoca", de outro lado não teve como escapar da distinção clássica, referindo-se aos pressupostos "perigo de dano" e "risco ao resultado útil do processo" de *modo alternativo*, com a utilização da conjunção "ou", de modo que não se sabe se ambos os pressupostos se prestam à concessão de ambas as tutelas de urgência, ou se continuarão a existir, pelo menos em termos acadêmicos, as diferenciações clássicas que são tão importantes para a compreensão da matéria.

Em termos clássicos, sempre se ensinou que a tutela cautelar tem como função precípua prevenir contra uma situação de perigo à prova ou à futura execução, e que a tutela antecipada visa antecipar os efeitos substanciais da tutela de fundo, permitindo a fruição antecipada do direito material, diante da ameaça consubstanciada no perigo de dano irreparável ou de difícil reparação a esse direito. Daí que a *tutela cautelar* é utilizada para assegurar a produção da prova ou para preservar a futura execução, ou seja, para *resguardar o resultado útil do processo*. E a *tutela antecipada* visa proteger o próprio direito material, em situação de perigo (de dano), permitindo sua fruição antecipada, sendo, assim, uma tutela satisfativa. Destarte, a finalidade da tutela antecipada é a de *evitar lesão ao próprio direito material*, diante de fundado receio de dano.

Quanto à tutela antecipada, estamos diante do que a doutrina convencionou chamar de *tutela antecipada de urgência*, prevista no art. 273, inciso I, do CPC de 1973, em contraposição à *tutela da evidência*, preconizada no inciso II deste artigo, que pode ser concedida quando restar caracterizado o abuso do direito de defesa do réu, ou o seu manifesto intuito protelatório, em conformidade com as hipóteses de litigância de má-fé descritas no art. 17 deste Código. Agora, como se vê, houve uma *nítida separação* entre essas espécies de tutela, pois o novo Código de Processo Civil trata da tutela de urgência no art. 300 e seguintes, e da tutela da evidência no art. 311, que será objeto de comentários mais adiante. Ademais, o novo Código disciplina, a um só tempo, ambas as tutelas de urgência, *a cautelar e a antecipada*.

Contudo, pensamos que a doutrina continuará a referir-se aos pressupostos clássicos de diferenciação entre as referidas tutelas. Como é sabido, para a concessão da tutela cautelar se exige a demonstração do binômio clássico *fumus boni iuris* e *periculum in mora*. O *fumus boni iuris* é a plausibilidade do direito, a *probabilidade* de que o direito material exista. Portanto, não se exige a sua comprovação cabal. Já o *periculum in mora* concerne à situação de perigo a que está sujeito esse direito, indiretamente, diante da ameaça à sua prova ou à futura execução. E, por isso, esse perigo é o *mais importante* pressuposto da medida cautelar, sendo que essa situação de perigo deve ser demonstrada de modo convincente.

Quanto à tutela antecipada, os *pressupostos* para a sua concessão, de acordo com o art. 273 e inciso I do CPC/1973, são os seguintes: a verossimilhança da alegação e a prova inequívoca da situação de perigo de dano ao direito material. A verossimilhança da alegação corresponde ao direito material. Portanto, no regime do CPC/1973 não basta a mera plausibilidade do direito, pois em sede de tutela antecipada se exige um pouco mais, isto é, exige-se que a alegação do direito material seja parecida com a verdade, *verossímil*. E também se faz necessária uma "prova inequívoca" da situação de fato que causa perigo de dano ao direito. A doutrina sempre criticou essa exigência legal de *prova inequívoca* para a concessão de tutela antecipada, já que prova inequívoca simplesmente não existe. O documento pode ser falso, a testemunha pode mentir, ou se equivocar. Como explica Teori Albino, o que a lei exige não é, seguramente, prova de verdade absoluta, que não existe, "mas uma prova robusta, que, embora no âmbito de cognição sumária, aproxime, em segura medida, o juízo de probabilidade do juízo de verdade" (ZAVASCKI, 2000, p. 76).

Nesse ponto, andou bem o legislador atual, ao *simplificar os pressupostos* para a concessão da tutela provisória de urgência. De sorte que, a partir da vigência do novo Código de Processo Civil, tanto para a concessão da tutela cautelar quanto para o deferimento de tutela antecipada bastará que o requerente demonstre ao juiz: 1º) a *probabilidade* do direito material; 2º) o *perigo de dano* ao direito material ou o *risco* ao resultado útil do processo, dada a fungibilidade dessas tutelas. Destarte, teremos as seguintes consequências: a) não se falará mais em verossimilhança da alegação e prova inequívoca para a concessão de tutela antecipada; b) não mais se exigirá que o perigo de dano seja de uma lesão irreparável ou de difícil reparação, adjetivos que dificultam a concessão de tutela antecipada e também de tutela cautelar inominada (art. 798 do CPC/1973); c) basta que o requerente demonstre a *probabilidade de existência* do direito material, não se exigindo mais que ele seja verossímil; d) havendo demonstração convincente da situação de *perigo de dano* ao direito material ou do *risco* ao resultado útil do processo — ou, ainda, dúvida quanto a qual dessas situações de perigo é a do caso concreto —, o juiz deve conceder a tutela provisória de urgência, ainda que aplicando a técnica da fungibilidade (art. 305, parágrafo único, do novo CPC).

De outra mirada, pensamos que a doutrina deva continuar estabelecendo critérios de distinção entre a tutela cautelar e a tutela antecipada de urgência, inclusive porque o novo Código de Processo Civil definiu *procedimento distinto* para estas tutelas, quando requeridas em caráter antecedente (arts. 303 a 310 do novo Código).

Enfim, uma advertência: nem o perigo de dano ao direito material — que melhor se afeiçoa à tutela antecipada — e nem o risco ao resultado útil do processo — próprio da tutela cautelar — poderão ser entendidos como perigo de demora do processo. Há muito se ensina que o *periculum in mora* não tem exata correspondência com a demora, com a liturgia do rito comum do processo. O que se pretende acautelar é a situação de fato que se encontra sob ameaça. Há um *perigo de perda da prova ou de extravio dos bens* que compõem o patrimônio do réu, necessitando o requerente de uma providência jurisdicional de urgência para antecipar a produção da prova ou para assegurar os bens (do réu) imediatamente (tutela cautelar). E pode haver *perigo de dano ao próprio titular do direito*, caso não possa usufruir esse direito de maneira antecipada (tutela antecipada). É essa situação de perigo de dano que pode ser remediada pela concessão da tutela provisória de urgência, independentemente do tempo que ainda resta ao processo.

EXIGÊNCIA DE CAUÇÃO REAL OU FIDEJUSSÓRIA

A norma do § 1º deste art. 300 do novo Código de Processo Civil disciplina a possibilidade de exigência de *caução real ou fidejussória* para a concessão de tutela de urgência. No regime do CPC de 1973 há previsão expressa quanto a essa exigência apenas no tocante à tutela cautelar, na parte final do art. 804. Em relação à tutela antecipada, o art. 273 e §§ do CPC/1973 não trata dessa matéria, conquanto fosse permitido ao juiz, verificando perigo de dano à parte contrária, exigir caução também para essa espécie de tutela de urgência.

Assim, no *tratamento sistêmico e unificado* das tutelas de urgência no regime do novo Código de Processo Civil, este § 1º faculta ao juiz, diante das peculiaridades do caso concreto, e havendo perigo de dano à parte contra a qual irá deferir uma tutela antecipada ou uma tutela cautelar, exigir que o requerente preste caução idônea "para ressarcir os danos que a outra parte possa vir a sofrer" com a concessão da medida. Como sabido, essa caução (garantia) pode ser real — mediante a oferta de bens imóveis ou móveis em garantia — ou fidejussória — em especial, por meio de fiança.

Sem embargo, a *maior novidade* dessa norma está em sua parte final, disciplinando uma situação jurídica que é muito frequente em ações ajuizadas por consumidores e trabalhadores. Com efeito, em muitas ações o autor demonstra plenamente a presença dos requisitos autorizadores da concessão da tutela de urgência, mas não tem condições financeiras de caucionar o juízo. Diante dessa *hipossuficiência econômica*, pode o juiz dispensar a prestação de garantia de reparação de eventuais danos que da efetivação da tutela possam advir.

CONCESSÃO LIMINAR E CONTRADITÓRIO

A sua vez, a regra do § 2º deste art. 300 também encontra correspondência no CPC de 1973 apenas quanto à tutela cautelar, na primeira parte do art. 804. No tocante à tutela antecipada, igualmente, o art. 273 e §§ do CPC/1973 não trata dessa hipótese. Contudo, a doutrina e a jurisprudência sempre admitiram que o juiz pode conceder tutela antecipada liminarmente ou após justificação prévia.

Agora, portanto, o tratamento da matéria resta *unificado*, pois o juiz poderá conceder qualquer das espécies de tutela provisória de urgência *de plano*, ao apreciar o requerimento e constatar a presença dos pressupostos de concessão, ou, não tendo elementos probatórios para formar sua convicção, designar audiência de justificação prévia, na qual poderá ouvir a parte requerente e suas testemunhas, a fim de que, ainda em juízo de cognição sumária — mas melhor amparado em outros elementos probatórios —, possa deliberar pela concessão da medida.

Não obstante, a questão mais interessante sobre esta norma é a relativa ao cotejo dela com as normas dos arts. 9º e 10 do novo Código de Processo Civil, os quais, em certa medida, exacerbam a necessidade de observância do contraditório, disciplinando que o juiz não deve proferir decisão alguma "contra uma das partes sem que ela seja previamente ouvida" (art. 9º, *caput*), e que o juiz não pode decidir nem mesmo sobre questão "sobre a qual deva decidir de ofício", utilizando-se de fundamento sobre o qual a parte não tenha tido "oportunidade de se manifestar" (art. 10).

Ora, seria um disparate se, num caso que reclame medida protetiva *de urgência*, plenamente demonstradas a hipótese de cabimento e as exigências para a concessão da tutela, o juiz tivesse que citar e/ou intimar a parte contrária para lhe assegurar o contraditório, correndo inclusive o risco de perecimento do direito ou de absoluta ineficácia da medida, se não concedida sem a ciência prévia do demandado. Aliás, em muitas oportunidades, se o demandado tomar ciência da medida previamente poderá praticar atos que a tornem inviável ou inócua, como, por exemplo, na ciência da determinação de bloqueio de valores depositados em sua conta corrente bancária.

Por isso, em normatização lógica e sensata, o parágrafo único do art. 9º do novo Código de Processo Civil *excepciona* da exigência quase absoluta de contraditório prévio, justamente as medidas de *tutela provisória de urgência*, em seu inciso I. Pudera, por-

que regra em sentido contrário seria um atentado aos princípios processuais constitucionais do acesso à justiça e da efetividade, consubstanciados nos incisos XXXV e LXXVIII do art. 5º da Constituição da República Federativa do Brasil, também disciplinados, doravante, nos arts. 3º e 4º do novo Código. E, também por razões óbvias, foram excepcionadas da exigência de contraditório as "hipóteses de tutela da evidência previstas no art. 311, incisos II e III", bem como a "decisão prevista no art. 701" do novo Código de Processo Civil, no referido parágrafo único do art. 9º, como já comentado anteriormente.

PERIGO DE IRREVERSIBILIDADE DA EFICÁCIA

Em regra correspondente à do § 2º do art. 273 do CPC de 1973, o § 3º deste art. 300 disciplina que "a tutela de urgência de natureza antecipada não será concedida quando houver perigo de irreversibilidade dos efeitos da decisão". Aqui, portanto, resta bem claro que a preocupação do magistrado quanto ao perigo de irreversibilidade da eficácia de sua decisão *não deve* atormentá-lo quando se tratar de *tutela cautelar*, porque esta, em regra, não tem caráter satisfativo, mas apenas de *conservação* de uma situação de fato quanto à prova ou à futura execução, conforme doutrina clássica já exposta.

De tal sorte que *tão somente* em casos de autêntica *tutela antecipada* — que importa na satisfação antecipada do direito material ameaçado de lesão —, verificando *real perigo* de os efeitos substanciais de sua decisão, caso praticados, serem irreversíveis, e que isso possa implicar em dano *maior* do que aquele que puder ser acautelado por garantia real ou fidejussória, é que o juiz deve indeferir o requerimento de concessão da tutela.

Na dúvida — e a dúvida sempre assalta o juiz nessas ocasiões — o juiz deve verificar qual *mal menor* poderá ser causado por sua decisão: a concessão ou o indeferimento da tutela. Portanto, a opção não pode ser sempre pela não concessão, porque *não é equânime* que somente o autor suporte os riscos do processo. Embora não se perceba, o processo implica sempre em riscos para ambas as partes. É preciso analisar, nessas situações de urgência, quem possui o *melhor direito* — e numa cognição sumária, como já enfatizado —, porque o autor que tem um bom direito e necessita da antecipação de seus efeitos não pode ser penalizado por um risco menor, por vezes insignificante, de prejuízo ao réu. O risco a ser levado em conta, portanto, é o *efetivo risco* de o juiz, posteriormente, decidir em *sentido contrário* quanto à existência do direito material. De modo que, quanto menor esse risco, maior a justeza da decisão pela concessão da tutela, e vice-versa.

Vale lembrar, aqui, lição de Teori Albino:

Sempre que houver um confronto entre o risco de dano irreparável ao direito do autor e o risco de irreversibilidade da medida antecipatória, deverá o juiz formular a devida ponderação entre os bens jurídicos em confronto, para o que levará em especial consideração a relevância dos fundamentos que a cada um deles dá suporte, fazendo prevalecer a posição com maior chance de vir a ser, ao final do processo, consagrada vencedora. Assim, nos casos em que o direito afirmado pelo autor seja de manifesta verossimilhança e que seja igualmente claro o risco de seu dano iminente, não teria sentido algum sacrificá-lo em nome de uma possível, mas improvável, situação de irreversibilidade (ZAVASCKI, 2000, p. 88).

PROCESSO DO TRABALHO

Partindo do pressuposto de que a tutela provisória de urgência é instituto plenamente compatível com a principiologia e a prática do processo do trabalho, por certo que as normas deste art. 300 e §§ do novo Código de Processo Civil *devem ser aplicadas* na seara trabalhista, ainda que necessitem de algumas adaptações. Com efeito, o que se busca na Justiça do Trabalho é, na grande maioria das vezes, o recebimento de verbas de natureza alimentar, sonegadas no curso de uma relação de emprego. E não raro se verifica a situação periclitante do negócio empreendido pelo empregador, de modo que a necessidade de acautelar bens em seu patrimônio é uma constante no processo do trabalho.

Destarte, também no processo do trabalho os *pressupostos* para a concessão da tutela provisória de urgência serão os mesmos do *caput* do referido art. 300: 1º) a *probabilidade* de existência do direito material trabalhista; 2º) o *perigo de dano* a esse direito material ou o *risco* ao resultado útil do processo, lembrando-se que, embora este primeiro pressuposto seja mais adequado à tutela antecipada e o segundo à tutela cautelar, o próprio legislador manteve a técnica da fungibilidade dessas tutelas (art. 305, parágrafo único, do novo Código). De modo que, igualmente, na esfera trabalhista não mais se poderá exigir verossimilhança da alegação e tampouco prova inequívoca para a concessão de tutela antecipada. Outrossim, basta a demonstração de perigo de dano, não se exigindo que haja fundado receio de dano irreparável ou de difícil reparação.

Com efeito, pensamos que se o trabalhador junta aos autos cópia da CTPS anotada (com baixa do contrato) e/ou do aviso prévio sem justa causa, já estará demonstrada a *probabilidade* de que as verbas rescisórias não foram pagas. Ademais, se ele demonstra que está passando necessidades, por exemplo, com a juntada de contas a serem pagas, ou que está com sua conta bancária "negativa", já terá demonstrado satisfatoriamente a situação de fato que causa *perigo de dano* ao seu direito material.

E a mesma advertência deve ser feita aqui: não se pode entender as situações de risco autorizadoras da concessão da tutela de urgência — perigo de dano ao direito material e risco ao resultado útil do processo — como "sinônimo" de perigo de demora do processo. O processo do trabalho, se cumpridas as formalidades legais — especialmente o de rito sumaríssimo (arts. 852-B, III e 852-H, § 7º, da CLT) —, pode durar menos de dois meses. Contudo, as situações de perigo mencionadas no dispositivo legal em comento podem demandar uma providência jurisdicional em tempo muito mais expedito, por vezes imediata, sob pena de absoluta ineficácia caso postergada. Imagine-se a situação de empregador que está dilapidando todo o seu patrimônio ou da testemunha que vai se mudar para o exterior. Não concedida uma tutela cautelar para assegurar bens ou a produção da prova, o dano ao reconhecimento ou à futura fruição do direito material poderá ser irreversível. E na mesma situação de perigo de dano encontra-se o trabalhador que não está recebendo salário ou que, dispensado sem justo motivo, sequer recebe as guias apropriadas para saque do FGTS depositado e requerimento do benefício do seguro-desemprego. São essas situações de *perigo de dano* que podem ser remediadas pelo deferimento e efetivação da tutela provisória de urgência, ainda que a prestação jurisdicional formal seja dada em breve espaço de tempo.

De outra mirada, a doutrina trabalhista sempre enfatizou, de modo praticamente uníssono, que a exigência de caução real ou fidejussória para a concessão de tutela de urgência é *absolutamente incompatível* com o processo do trabalho, dada a notória hipossuficiência do trabalhador, tanto que esta é da essência do princípio mais importante do direito do trabalho, o *princípio da proteção*. Agora, com a ótima novidade inserida na parte final do § 1º do art. 300 do novo Código de Processo Civil, pensamos que a norma torna-se *compatível* com o processo do trabalho, exatamente por facultar ao juiz a *dispensa da caução* real ou fidejussória para a concessão tanto da tutela cautelar quanto da tutela antecipada, quando verificar a *hipossuficiência econômica* do trabalhador. Ora, se este não está recebendo salários ou nem recebeu seus haveres rescisórios, exigir se dele esse tipo de caução seria uma afronta ao senso de justiça.

Também e principalmente no processo do trabalho o juiz poderá conceder, *de plano*, sem ouvida do réu, qualquer das espécies de tutela de urgência, quando verificar a presença dos pressupostos de concessão. Tendo dúvida, o juiz do trabalho deveria designar *audiência de justificação prévia*, para a oitiva do requerente e de suas testemunhas, a fim de que obtenha mais subsídios à tomada de sua decisão, seja pela concessão, seja pelo indeferimento da medida postulada. De modo que, também na Justiça do Trabalho, *não se pode exigir* o contraditório antecipado para a concessão da tutela provisória de urgência — cautelar ou antecipada —, contraditório que será *diferido*, nos moldes do § 2º deste art. 300, c/c o art. 9º e parágrafo único do novo Código de Processo Civil. Não é raro que o demandado, tomando ciência prévia da medida a ser implementada, frustre sua eficácia. Imagine-se a hipótese de concessão de tutela antecipada para o pagamento de salários, sem que o juiz tome a iniciativa de bloquear valores depositados na conta corrente bancária da empresa. Se ela tomar ciência prévia dessa medida, poderá inviabilizar a sua efetivação, simplesmente sacando o saldo lá existente. Se o juiz do trabalho determinar o bloqueio cautelar desses valores, por mais que pareça arbitrário, estará apenas cumprindo sua nobre missão jurisdicional, atento aos princípios inquisitivo, do acesso à justiça e da efetividade, preconizados no art. 765 da CLT, *desde 1943*, e mais recentemente na Constituição brasileira.

Questão: nessa ordem de ideias, o juiz do trabalho precisaria preocupar-se com o perigo de irreversibilidade dos efeitos de sua decisão? A se entender que não, dada a vocação social da Justiça do Trabalho, a regra do § 3º deste art. 300 do novo Código de Processo Civil seria incompatível com o processo do trabalho. Contudo, o juiz do trabalho não pode ser justiceiro, e sim efetivar a justiça nas relações de trabalho. De modo que, havendo *sério risco* de que essa irreversibilidade se concretize, o juiz não deve conceder a tutela antecipada ao trabalhador, não havendo, portanto, essa incompatibilidade. Agora, sendo caso de tutela cautelar, que não importa em satisfação do direito material, não deve haver essa preocupação.

Contudo, a mesma ponderação deve ser feita no processo do trabalho. Em caso de dúvida, o juiz do trabalho deve verificar qual decisão causará um *mal menor*: a concessão ou a não concessão da tutela antecipada ao trabalhador. E a dúvida deve ser a seguinte: qual o risco de, posteriormente, o juiz decidir que o direito material *não existe ou já foi satisfeito*. O risco do processo não pode ser apenas do trabalhador, recordando-se que *não há efetividade sem riscos*.

Ademais, temos a convicção de que, se bem aplicada, a tutela antecipada promoverá a *inclusão social* de pessoas que precisam se prevenir de ataques aos seus direitos, mormente quando esses direitos tutelados têm uma função alimentar, como se dá com os salários e verbas rescisórias dos trabalhadores. Outrossim, a correta utilização das tutelas de urgência é uma forma de garantir a própria *função jurisdicional* do Estado, haja vista que a sociedade somente confiará na atuação do Poder Judiciário quando este der a devida proteção aos direitos, sobretudo os de foro constitucional, *no tempo razoável*. Não encontrada essa equação necessária, outras reformas processuais se tornarão logo necessárias.

Art. 301.

A tutela de urgência de natureza cautelar pode ser efetivada mediante arresto, sequestro, arrolamento de bens, registro de protesto contra alienação de bem e qualquer outra medida idônea para asseguração do direito.

Comentário de *José Antônio Ribeiro de Oliveira Silva*

MEDIDAS DE EFETIVAÇÃO DA TUTELA CAUTELAR

Este dispositivo trata da *efetivação da tutela cautelar*, não encontrando correspondência exata no CPC de 1973. Por óbvio que a norma comporta *interpretação extensiva*, não sendo taxativas as medidas especificadas para essa efetivação, como deixa bem claro a parte final da norma. Assim, conforme a necessidade do caso concreto, o juiz poderá, para assegurar o resultado útil do processo, determinar as seguintes medidas de natureza cautelar:

a) *arresto* — disciplinado no art. 813 e seguintes do CPC de 1973 — regras que não poderão mais ser invocadas porque o novo Código de Processo Civil não mais disciplina sobre o "Processo Cautelar", como já destacado —; contudo, sempre que necessário arrestar bens do demandado — por exemplo, quando este, em situação de insolvência, aliena ou tenta alienar ou dar em garantia real bens de sua propriedade, transfere bens para o nome de terceiros, ou comete qualquer outro artifício fraudulento a fim de lesar credores — é conveniente a medida cautelar de arresto, sobretudo quando recomendada para assegurar o resultado útil da futura execução por quantia certa;

b) *sequestro* — normatizado no art. 822 e seguintes do CPC/1973 — regras que terão a mesma sorte das relativas ao arresto —; em certas situações, poderá ser conveniente assegurar o próprio bem sobre o qual as partes controvertem, daí surgindo a medida cautelar de sequestro do bem determinado; também pode ser necessária essa medida em ações do direito de família, como as de anulação de casamento, separação e divórcio; enfim, a medida de sequestro pode ser demandada a fim de garantir futura execução para a entrega de coisa (certa);

c) *arrolamento de bens* — previsto no art. 855 e seguintes do CPC/1973, para situações específicas, nas quais "há fundado receio de extravio ou de dissipação de bens" (art. 855);

d) *registro de protesto contra alienação de bem* — preconizado no art. 867 e seguintes do CPC/1973, como medida de natureza administrativa, tanto que "não admite defesa nem contraprotesto nos autos", embora o demandado possa "contraprotestar em processo distinto" (art. 871);

e) *qualquer outra medida idônea para asseguração do direito* — nesta parte final do art. 301 o novo Código de Processo Civil coloca em evidência duas *características* da tutela cautelar: 1ª) desde que idônea a preservar uma situação de fato necessária a garantir o êxito do processo, qualquer medida — típica ou atípica, nominada ou inominada — derivada do *poder geral de cautela* que a todo juiz é concedido, pode por este ser determinada; 2ª) estas medidas se destinam a *assegurar o resultado útil do processo*, ou seja, conservar (função conservativa) uma situação que proporcione segurança à satisfação do próprio direito material e, bem por isso, diz-se que toda medida cautelar tem uma *função assecuratória, conservativa*, ou, como se extrai da dicção da norma em comento, de "asseguração do direito".

PROCESSO DO TRABALHO

Conquanto não se duvide da plena possibilidade de concessão de tutela cautelar no processo do trabalho, não é tão simples a definição de quais medidas de natureza cautelar poderão ser cabíveis no âmbito da Justiça do Trabalho, como uma Justiça especializada em questões afetas ao mundo do trabalho, *ex vi* do art. 114 da Constituição da República Federativa do Brasil.

Das medidas nominadas pelo novo Código de Processo Civil em seu art. 301, apenas a *cautelar de arresto* pode ser manejada sem qualquer objeção nos domínios do processo do trabalho, dada sua relevantíssima finalidade. Quantas e quantas vezes se faz necessário arrestar bens do empregador ou responsável pelo adimplemento das obrigações trabalhistas, em casos de notória insolvência, de tentativa de alienação de bens, de transferência de bens para o nome de terceiros — não se descurando dos casos de sucessão trabalhista —, ou de tantos outros artifícios fraudulentos levados a efeito com o escopo de frustrar a satisfação dos créditos trabalhistas.

E teremos uma boa novidade com o CPC de 2015, quanto a essa matéria. *Não mais* se exigirão os requisitos burocráticos do art. 814 do CPC de 1973 — prova literal da dívida líquida e certa (inciso I) e prova documental ou justificação prévia de alguma das hipóteses de cabimento mencionadas no art. 813 —, os quais, levados a ferro e fogo, quase sempre conduzem à denegação da medida no processo do trabalho, porque na maior parte das vezes a medida se torna urgente antes mesmo da sentença condenatória e, portanto, o trabalhador ainda não dispõe de prova documental de seu crédito.

Destarte, o juiz do trabalho não precisará mais empreender a ginástica que sempre utilizava nesses casos, indeferindo a liminar de arresto, mas concedendo, de ofício, uma medida cautelar inominada de indisponibilidade de bens. Doravante, presentes os pressupostos do art. 300 do novo Código de Processo Civil, poderá o juiz conceder a medida cautelar de arresto, independentemente da prova escrita da obrigação, até porque, em sede de tutela provisória de urgência, basta a "probabilidade do direito", como já visto.

Relativamente ao *sequestro*, como na Justiça do Trabalho não cabem ações do direito de família e muito raramente as partes controvertem sobre bem móvel, semovente ou imóvel específico, não há espaço, na prática, para essa medida cautelar. Contudo, como não há incompatibilidade entre a finalidade da medida e as normas do processo do trabalho, verificada a necessidade de se assegurar o resultado útil de futura execução para a entrega de coisa (certa), por ex., de uma ferramenta de trabalho, *torna-se cabível*, na Justiça do Trabalho, essa espécie de tutela cautelar.

A mesma sorte tem as medidas cautelares de arrolamento de bens e de registro de protesto contra alienação de bem específico, porquanto, embora tecnicamente cabíveis no processo do trabalho, a prática demonstra o contrário, dada sua absoluta desnecessidade. Se o trabalhador pode desde logo conseguir o arresto de bens — ou outra medida com igual eficácia — para garantir sua futura execução por quantia certa em face do empregador ou tomador de serviços, por que iria requerer essas medidas?

De outra mirada, plenamente compatível com o processo do trabalho a parte final deste art. 301, que autoriza o juiz a determinar "qualquer outra medida idônea para asseguração do direito" do trabalhador, desde que idônea a preservar uma situação de fato que garanta o resultado útil do processo, como uma busca e apreensão de coisas (por ex., da CTPS do trabalhador), a produção antecipada de provas e tantas outras medidas que se mostrarem necessárias ao atingimento desse escopo.

> **Art. 302.**
>
> Independentemente da reparação por dano processual, a parte responde pelo prejuízo que a efetivação da tutela de urgência causar à parte adversa, se:
>
> I – a sentença lhe for desfavorável;
>
> II – obtida liminarmente a tutela em caráter antecedente, não fornecer os meios necessários para a citação do requerido no prazo de 5 (cinco) dias;
>
> III – ocorrer a cessação da eficácia da medida em qualquer hipótese legal;
>
> IV – o juiz acolher a alegação de decadência ou prescrição da pretensão do autor.
>
> Parágrafo único. A indenização será liquidada nos autos em que a medida tiver sido concedida, sempre que possível.

Comentário de José Antônio Ribeiro de Oliveira Silva

REPARAÇÃO DE DANOS NA TUTELA DE URGÊNCIA

A normativa deste art. 302 e parágrafo único do novo Código de Processo Civil encontra correspondência no art. 811 e parágrafo único do CPC de 1973, que prevê as mesmas hipóteses, mas apenas para os prejuízos decorrentes da efetivação da tutela cautelar. Doravante, de modo *sistêmico e uniforme*, o regime de reparação de danos será o mesmo, tanto na efetivação da tutela cautelar quanto da tutela antecipada.

Com efeito, além da *reparação por dano processual* em virtude de litigância de má-fé — arts. 79 a 81 do novo Código —, se a efetivação da tutela de urgência — cautelar ou antecipada — *causar prejuízo* à parte contra a qual deferida a medida, esse prejuízo terá de ser reparado, nos próprios autos, desde que comprovado, nas seguintes hipóteses:

1ª) se a sentença for desfavorável ao requerente da medida, o que evidencia que ele não tinha o direito material que visou proteger;

2ª) se requerida a tutela em caráter antecedente — tanto a cautelar quanto a antecipada (art. 303 e seguintes do novo Código de Processo Civil), e não só concedida liminarmente, mas efetivada sem contraditório prévio, não pode o demandante se aproveitar da situação e permanecer inerte; antes, deve "fornecer os meios necessários para a citação do requerido no prazo de 5 (cinco) dias", sob pena de indenizar-lhe os prejuízos que resultarem dessa demora;

3ª) se "ocorrer a cessação da eficácia da medida em qualquer hipótese legal", dentre elas, as previstas no art. 309 do novo Código, correspondentes às hipóteses de cessação da eficácia previstas no art. 808 do CPC de 1973;

4ª) se "o juiz acolher a alegação de decadência ou prescrição da pretensão do autor", em consonância com o art. 189 do Código Civil, que, mais técnico, evidencia que o prescreve é a pretensão material do autor, não a ação, tampouco o direito.

Contudo, não basta a concessão, pois os prejuízos indenizáveis são os advindos da *efetivação* da medida, porque somente quando da "execução" da decisão que concede a tutela cautelar ou a tutela antecipada é que a decisão puramente abstrata se materializa, vale dizer, produz efeitos concretos.

Como na normativa anterior, o parágrafo único deste art. 302 disciplina a *desnecessidade* de ação autônoma para a apuração e reparação dos danos, porquanto o valor da indenização será apurado *nos próprios autos* em que a medida tiver sido concedida e efetivada, claro, sempre que isso seja possível. Não o sendo, a liquidação dos danos e a efetivação de medidas que assegurem o recebimento da indenização correspondente serão concretizadas em autos apartados, físicos ou eletrônicos, para não inviabilizar o prosseguimento do processo (principal), se for o caso.

PROCESSO DO TRABALHO

Por mais que o processo do trabalho seja de índole protetiva ao trabalhador, refletindo o princípio lapidar do direito material a que serve de mero instrumento, não se pode aceitar que o trabalhador se valha de atitudes maliciosas, em evidente má-fé processual, para conseguir uma tutela provisória de urgência, tanto a de natureza cautelar quanto a de antecipação dos efeitos substanciais da pretensão material.

Imagine-se a situação de arresto ou protesto contra alienação de bens, quando o empregador tinha patrimônio amplamente suficiente para garantir o adimplemento das verbas trabalhistas, se a efetivação da medida frustra uma alienação lucrativa de determinado bem. E o que é pior, imagine-se a situação do empregador que é surpreendido com a efetivação de uma tutela antecipada que bloqueia e transfere valores para conta à disposição do juízo, para a garantia de pagamento de verbas rescisórias que já tinham sido adimplidas no tempo oportuno. Nesses e outros casos o trabalhador *deve ser responsabilizado*, com toda a energia que o caso reclame, porque o que está em jogo, para além dos prejuízos suportados pelo empregador, é o *respeito à dignidade da justiça*. Com efeito, constatada má-fé do trabalhador para a obtenção e efetivação de medida cautelar ou antecipatória, deve indenizar ao empregador não somente os valores arbitrados por dano processual, mas também os prejuízos suportados, desde que demonstrados.

Contudo, uma das hipóteses de reparação do art. 302 do novo Código de Processo Civil não se coaduna com o processo do trabalho. Na Justiça do Trabalho a *citação do réu* não precisa ser requerida e nem sequer determinada pelo juiz, pois é *ato de secretaria*, nos moldes do art. 841 da CLT. Ademais, no processo do trabalho há integral gratuidade do processo, pelo menos na propositura da ação, de modo que o trabalhador não precisa antecipar quaisquer despesas para a realização da citação. A única hipótese em que o inciso II do art. 302 poderia ser aplicável no processo do trabalho diz respeito à incorreção do endereço do réu, mas também aqui não vemos como aplicar a norma, por duas razões: 1ª) se não se sabe o endereço dele dificilmente haverá possibilidade de efetivação de medida cautelar ou antecipada que possa causar prejuízo ao réu; 2ª) o juiz do trabalho pode determinar, de ofício, a citação do réu por edital, em conformidade com o art. 841, *caput*, da CLT.

Senso assim, apenas as demais hipóteses preconizadas no art. 302 é que serão aplicáveis no processo do trabalho: 1ª) se a sentença for desfavorável ao trabalhador; 2ª) se sobrevier a cessação da eficácia da medida, principalmente nos casos de improcedência do pedido principal ou de extinção do processo sem resolução do mérito, além de outras hipóteses legais; 3ª) se o juiz do trabalho acolher a alegação de decadência ou de prescrição da pretensão do trabalhador, formulada pelo empregador em tempo oportuno.

Enfim, no processo do trabalho, dada sua *simplicidade e informalidade*, por certo que a apuração e a reparação dos danos suportados pelo empregador ocorrerão nos mesmos autos (físicos ou eletrônicos), salvo em casos nos quais se constate a inviabilidade dessa prática.

CAPÍTULO II
DO PROCEDIMENTO DA TUTELA ANTECIPADA REQUERIDA EM CARÁTER ANTECEDENTE

Art. 303.

Nos casos em que a urgência for contemporânea à propositura da ação, a petição inicial pode limitar-se ao requerimento da tutela antecipada e à indicação do pedido de tutela final, com a exposição da lide, do direito que se busca realizar e do perigo de dano ou do risco ao resultado útil do processo.

§ 1º Concedida a tutela antecipada a que se refere o *caput* deste artigo:

I – o autor deverá aditar a petição inicial, com a complementação de sua argumentação, a juntada de novos documentos e a confirmação do pedido de tutela final, em 15 (quinze) dias ou em outro prazo maior que o juiz fixar;

II – o réu será citado e intimado para a audiência de conciliação ou de mediação na forma do art. 334;

III – não havendo autocomposição, o prazo para contestação será contado na forma do art. 335.

§ 2º Não realizado o aditamento a que se refere o inciso I do § 1º deste artigo, o processo será extinto sem resolução do mérito.

§ 3º O aditamento a que se refere o inciso I do § 1º deste artigo dar-se-á nos mesmos autos, sem incidência de novas custas processuais.

§ 4º Na petição inicial a que se refere o *caput* deste artigo, o autor terá de indicar o valor da causa, que deve levar em consideração o pedido de tutela final.

§ 5º O autor indicará na petição inicial, ainda, que pretende valer-se do benefício previsto no *caput* deste artigo.

§ 6º Caso entenda que não há elementos para a concessão de tutela antecipada, o órgão jurisdicional determinará a emenda da petição inicial em até 5 (cinco) dias, sob pena de ser indeferida e de o processo ser extinto sem resolução de mérito.

Comentário de *José Antônio Ribeiro de Oliveira Silva*

RITO DA TUTELA ANTECIPADA EM CARÁTER ANTECEDENTE

A normativa deste art. 303 e §§ do novo Código de Processo Civil se trata de *absoluta novidade* no processo civil brasileiro, porque até então tínhamos apenas a possibilidade de ajuizamento de ação cautelar de modo antecipado, a chamada cautelar preparatória. O requerimento de tutela antecipada sempre foi incidental, num processo em curso, ainda que já formulado no bojo da petição inicial. Doravante, em casos de *urgência*, será possível ao autor, antes mesmo da propositura da ação, para cuja petição inicial há certo formalismo e requisitos mais rígidos (art. 319), postular a *antecipação* dos efeitos da tutela substancial, em caráter *antecedente*.

Com efeito, havendo *urgência* na obtenção da medida, o autor poderá "ofertar uma petição inicial sumarizada, limitando-se ao requerimento da tutela antecipada de modo antecedente", em conformidade com o ideário de que, "em determinadas situações de urgência extrema, a parte não dispõe do tempo ou dos elementos necessários para a apresentação da inicial com todos os requisitos do art. 319 do CPC/2015". Essa inicial *sumarizada* deve, no entanto, conter os seguintes *requisitos*: 1º) o requerimento de tutela antecipada, por óbvio; 2º) a indicação do pedido de tutela final, para que se possa verificar a natureza provisória e satisfativa da tutela antecipada; 3º) a exposição do conflito (da lide), a fim de que o juiz analise a presença do interesse processual na obtenção da providência; 4º) a exposição do direito que se busca realizar, para demonstrar a probabilidade desse direito (*fumus boni iuris*); 5º) a demonstração do perigo de dano ou do risco ao resultado útil do processo, pois são estes requisitos que propiciam o exame da urgência da tutela, consubstanciada no chamado *periculum in mora*; 6º) a indicação do valor da causa, que deve corresponder ao valor do pedido de tutela final, tendo em vista que haverá um único processo; 7º) a indicação pelo autor, nessa petição sumarizada, de que pretende se valer do direito de apresentar o pleito de tutela final, atendendo todos os requisitos do art. 319, em *aditamento* à petição inicial e no prazo a ser assinado pelo juiz (GAJARDONI, 2015, p. 891-892).

Ademais, o *procedimento* será distinto, levando-se em consideração o teor da decisão judicial sobre o pedido de tutela antecipada em caráter antecedente. Se houver *concessão* dessa tutela antecipada, cabe ao autor *aditar* sua petição inicial e confirmar o pedido de tutela final, no prazo de 15 dias ou em prazo maior definido pelo juiz, sob pena de extinção do processo sem resolução do mérito; caso o requerimento seja *indeferido*, por ausência dos requisitos imprescindíveis à sua concessão, "o órgão jurisdicional determinará a emenda da petição inicial em até 5 (cinco) dias, sob pena de ser indeferida e de o processo ser extinto sem resolução de mérito" (§ 6º). No aditamento, poderá o autor complementar sua argumentação (causa de pedir) e proceder à juntada de novos documentos idôneos à comprovação de seu direito material. Para tanto, *não haverá* incidência de novas custas processuais, porque o aditamento se dará, por óbvio, nos próprios autos do processo em curso. Enfim, se concedida a tutela antecipada, após o aditamento à inicial o juiz deverá designar *audiência de conciliação ou de mediação*, para a qual o réu deverá ser intimado, ao mesmo tempo em que será citado, conquanto o prazo para sua contestação passe a fluir apenas a partir da referida audiência, caso não haja autocomposição (§ 1º).

No entanto, assim que tomar ciência do processo e da concessão da tutela antecipada, o réu poderá interpor *agravo de instrumento*, no prazo de 15 dias (arts. 1.015 e 1.003, § 5º, do CPC de 2015). Por isso, a doutrina recomenda que o juiz assine prazo maior do que 15 dias para o aditamento à petição inicial, para que o autor possa aguardar o decurso do prazo que o réu terá para impugnar a decisão concessiva, pois, caso não recorra, haverá a *estabilização da tutela antecipada antecedente*, nos moldes do art. 304 do novo Código de Processo Civil, instituto que vai gerar muita controvérsia no sistema processual brasileiro.

"Enfim, o regramento dos arts. 303 (tutela antecipada antecedente) e 304 (estabilização da tutela

Comentários ao Novo CPC — Art. 304

antecipada) do CPC/2015, especialmente no que toca às interações entre eles, é sem dúvida o trecho mais confuso e complexo do Novo CPC. É urgente, ainda no período da *vacatio legis* do CPC/2015, que haja intervenção legislativa para evitar um caos interpretativo e jurisprudencial" (GAJARDONI, 2015, p. 893-894).

PROCESSO DO TRABALHO

O processo do trabalho *não tem* regra própria sobre tutela antecipada em caráter antecedente, até porque se trata o instituto de absoluta novidade do novo Código de Processo Civil. E pensamos ser louvável esse ideário de que, havendo *extrema urgência* para a obtenção da tutela antecipada, não se pode exigir ao demandante a formulação de toda a extensão do pedido, com a suficiente causa de pedir e a preparação de todos os documentos necessários à comprovação do direito, porque isso poderia frustrar a própria *satisfatividade* do direito material. Ainda mais no *processo do trabalho*, cujas petições iniciais englobam diversos pedidos de verbas não satisfeitas durante o curso da relação de trabalho. De modo que o instituto, nesse particular, mostra-se *plenamente compatível* com o processo do trabalho.

Com efeito, também no processo do trabalho o trabalhador poderá, a partir da vigência do novo Código de Processo Civil, apresentar uma petição inicial *sumarizada*, para requerer a concessão da tutela antecipada *em caráter antecedente*, petição que deve conter os mesmos *requisitos* da inicial sumarizada do processo civil: 1º) o requerimento de tutela antecipada; 2º) a indicação do pedido de tutela final; 3º) a exposição do conflito (da lide); 4º) a exposição do direito material que ele busca realizar; 5º) a demonstração do perigo de dano ou do risco ao resultado útil do processo; 6º) a indicação do valor da causa; e 7º) a indicação de que ele pretende se valer do direito de apresentar o pleito de tutela final, observando os requisitos do art. 840, § 1º, da CLT, em *aditamento* à petição inicial e no prazo que o juiz do trabalho fixar.

A partir daí, o procedimento a ser seguido levará em conta o resultado da apreciação da medida requerida. Se o juiz do trabalho *conceder* a tutela antecipada, o trabalhador terá de *aditar* sua petição inicial, confirmando o pedido de tutela final, no prazo de 15 dias ou em outro prazo fixado pelo juiz, sob pena de extinção do processo sem resolução do mérito. Poderá haver complementação da causa de pedir e a juntada de novos documentos, a despeito do art. 787 da CLT. Logicamente, não haverá incidência de novas custas processuais, inexigíveis no processo do trabalho para a propositura da ação. Em seguida, *o rito será o da CLT*, com designação de audiência una, na qual, frustrada a tentativa conciliatória, o réu terá de apresentar sua defesa e documentos que entender pertinentes (arts. 846 e 847 da CLT). De outra mirada, se o requerimento de tutela antecipada for *indeferido*, o juiz do trabalho desde logo determinará a *emenda* da petição inicial, no prazo de até 5 (cinco) dias, sob pena de indeferimento da inicial sumarizada e de extinção do processo sem resolução do mérito.

Contudo, no processo do trabalho *não cabe* agravo de instrumento contra a decisão que defere ou indefere a tutela antecipada, podendo o réu valer-se de mandado de segurança, se a decisão concessiva ferir um seu direito líquido e certo, nos termos da Súmula n. 414 do TST. Por isso, *nenhuma aplicação* tem no processo do trabalho a confusa e esdrúxula normativa do art. 304 e §§ do novo Código de Processo Civil.

Art. 304.

A tutela antecipada, concedida nos termos do art. 303, torna-se estável se da decisão que a conceder não for interposto o respectivo recurso.

§ 1º No caso previsto no *caput*, o processo será extinto.

§ 2º Qualquer das partes poderá demandar a outra com o intuito de rever, reformar ou invalidar a tutela antecipada estabilizada nos termos do *caput*.

§ 3º A tutela antecipada conservará seus efeitos enquanto não revista, reformada ou invalidada por decisão de mérito proferida na ação de que trata o § 2º.

§ 4º Qualquer das partes poderá requerer o desarquivamento dos autos em que foi concedida a medida, para instruir a petição inicial da ação a que se refere o § 2º, prevento o juízo em que a tutela antecipada foi concedida.

§ 5º O direito de rever, reformar ou invalidar a tutela antecipada, previsto no § 2º deste artigo, extingue-se após 2 (dois) anos, contados da ciência da decisão que extinguiu o processo, nos termos do § 1º.

§ 6º A decisão que concede a tutela não fará coisa julgada, mas a estabilidade dos respectivos efeitos só será afastada por decisão que a revir, reformar ou invalidar, proferida em ação ajuizada por uma das partes, nos termos do § 2º deste artigo.

TUTELA ANTECIPADA ESTABILIZADA

Sem dúvida, as normas deste art. 304 e §§ do novo Código de Processo Civil são as mais *esdrúxulas* de toda a extensa normativa deste Código. A redação não é apenas confusa e complexa, é muito ruim mesmo. O legislador quis "modernizar" o sistema processual brasileiro, importando do direito italiano a *técnica da estabilização dos efeitos da tutela antecipada*, mas, como se verá, além de não imprimir uma concatenação lógica ao regramento, a tendência é a de que ele se torne inócuo.

Por certo que a intenção foi das melhores, a de reduzir a quantidade de processos em trâmite, pois se o réu, ciente de que há um processo no qual integra a relação jurídica processual e de que contra si foi deferida uma tutela antecipada não interpõe o recurso cabível, no prazo assinalado, por que prosseguir com este processo apenas para se obter uma decisão de fundo, que virá apenas confirmar a decisão antecipatória? O processo poderia ser extinto, por não ter havido controvérsia sobre o pedido e a antecipação de seus efeitos substanciais. É o que preconizam o *caput* e o § 1º deste art. 304.

No entanto, a doutrina já adverte: essa diretriz estimulará ainda mais a *recorribilidade*. Ora, considerando-se que "a práxis brasileira é a interposição de recurso contra quase todas as principais decisões do processo, principalmente as emitidas em juízo de cognição sumária, o modelo proposto pode acabar a ter efeito reverso, qual seja, o de sobrecarregar os tribunais de 2º grau com recursos (principalmente agravos de instrumento) para evitar a estabilização" (GAJARDONI, 2015, p. 895).

Mas não é somente isso. Para o autor também não haverá grande vantagem em se contentar com a referida estabilização, se o réu pode, no prazo de dois anos, demandar-lhe "com o intuito de rever, reformar ou invalidar a tutela antecipada estabilizada" (§§ 2º e 5º), porque, embora não tenha sido objeto de recurso e, em tese, surta os mesmos efeitos como se lhe tivesse sido agregado o fenômeno da coisa julgada, a decisão concessiva "não fará coisa julgada" (§ 6º).

Se a decisão de concessão não for impugnada por recurso e der azo à extinção do processo, nem por isso recebe a qualidade da coisa julgada, podendo ser revista, reformada ou mesmo invalidada a qualquer tempo, desde que a *demanda revisional* seja proposta no prazo de dois anos, curiosamente, o mesmo prazo da ação rescisória (art. 975). Destarte, o *melhor caminho* é o de logo *aditar* a petição inicial, esperar pela audiência de conciliação ou de mediação e, caso não haja composição, aguardar o transcurso do prazo de contestação, porque pode ocorrer de o réu, inerte quanto ao recurso para cassar os efeitos da decisão antecipatória, não resistir à demanda e, nesse caso, poderá haver *julgamento antecipado do mérito* (art. 355), com a propensão à eficácia da *coisa julgada*.

Ademais, pode ocorrer de o juiz conceder apenas *parcialmente* a tutela antecipada postulada, ou de a tutela antecipada se referir a apenas *um dos pedidos* de tutela final a serem formulados posteriormente, casos nos quais não se terá como evitar o aditamento à petição inicial e, portanto, o prosseguimento do processo, não tendo qualquer serventia o instituto ora analisado. Assim, tanto nos casos em que o pleito antecipatório não corresponde integralmente ao objeto total do pedido, quanto naqueles de deferimento de tutelas antecipadas antecedentes parciais, torna-se *indispensável* que o autor, ainda que não interposto o recurso pelo réu, *adite sua petição inicial*, sob pena de extinção do processo e de "cessação dos efeitos da tutela parcial" (GAJARDONI, 2015, p. 898-899).

Outrossim, "não há necessidade de que o recurso seja conhecido ou provido para que se impeça a estabilização da tutela antecipada. O ato de recorrer já é o suficiente para apontar a discordância do prejudicado com o teor da decisão provisória, de modo que, nesses casos, a ação deverá ter seguimento regular", com citação do réu, tentativa conciliatória, defesa, instrução e sentença, prolatada mediante cognição exauriente. "A exceção fica por conta do não conhecimento do recurso por intempestividade" (*Idem*, p. 900).

Como se não bastasse, a decisão que concede a tutela antecipada antecedente "não fará coisa julgada", simplesmente porque "fundada em cognição sumária (provisória)", fruto de uma decisão "meramente política", tendo em vista que não há qualquer "óbice constitucional para se reconhecer a formação da coisa julgada de tutelas deferidas em cognição sumária, mormente porque, no caso da estabilização, oportuniza-se ao prejudicado o exercício do contraditório logo ali, mediante o manejo de recursos e sucedâneos" recursais (*Idem*, p. 902).

Enfim, conquanto apenas hipóteses academicistas possam justificar a escolha, o legislador previu que inclusive o autor possa ajuizar a *ação revisional*, pois "qualquer das partes poderá demandar a outra com o intuito de rever, reformar ou invalidar a tutela antecipada estabilizada" (§ 2º), podendo "requerer o desarquivamento dos autos em que foi concedida a medida", para a obtenção de documentos e cópias de atos jurídicos praticados, a fim de "instruir a petição inicial da ação" a ser proposta (§ 4º). Contudo, a ação revisional deverá ser proposta perante o mesmo juízo, que estará *prevento*, tratando-se de regra de *competência funcional*. Não ajuizada a ação revisional no prazo de dois anos, "contados da ciência da decisão que extinguiu o processo" (§ 5º) em que concedida a tutela antecipada, ocorre a estabilização definitiva dos efeitos da tutela antecipada concedida em caráter antecedente, conquanto não se possa falar em coisa julgada.

PROCESSO DO TRABALHO

Por óbvio que temos uma manifesta lacuna no processo do trabalho quanto à *técnica da estabilização dos efeitos da tutela antecipada*, mas pensamos que esse regramento do art. 304 e §§ do novo Código de Processo Civil *não se aplica* na seara trabalhista, por *evidente incompatibilidade*, ademais de se tratar de um instituto que tende a se tornar "letra morta".

No processo do trabalho as decisões interlocutórias de concessão ou de indeferimento de tutela antecipada *não desafiam recurso*, tampouco agravo de instrumento, nos termos do art. 893, § 1º, da CLT. Como já afirmamos, quando muito o réu poderá se valer da via estreita do mandado de segurança, caso esteja em condições de demonstrar violação de direito líquido e certo, em conformidade com a Súmula n. 414 do TST.

Além disso, como já destacado, na Justiça do Trabalho, em regra quase geral, o trabalhador formula inúmeros pedidos de verbas não satisfeitas no curso da relação de trabalho, sendo quase acadêmica a possibilidade de o demandante ter apenas um pedido e que *ao mesmo tempo* sobre essa verba ainda estejam presentes os requisitos imprescindíveis para a concessão de uma tutela antecipada em caráter antecedente (art. 300 do novo Código).

Como se não bastasse, qual serventia pode ter um instituto que não dará a segurança jurídica necessária às relações trabalhistas? Ora, se a decisão concessiva da tutela antecipada — irrecorrível, na Justiça do Trabalho —, ainda que não impugnada, "não faz coisa julgada", dando ensejo a que o empregador possa ajuizar *ação revisional*, no longo prazo de dois anos, para postular a revisão, reforma ou a invalidação da decisão, por que o trabalhador se fiaria nesse instituto? Pensamos que, por segurança jurídica, efetividade e o que mais se queira, é melhor que o trabalhador *desde logo* adite a petição inicial e requeira o prosseguimento do processo, a fim de obter o *julgamento do mérito*, ainda que de modo antecipado por ausência de contestação, para que essa decisão de fundo atraia a *eficácia da coisa julgada*.

De outra mirada, se a decisão concessiva é irrecorrível, como pode o réu ser penalizado na Justiça do Trabalho com a referida estabilização da tutela antecipada, após o decurso do prazo que o juiz lhe assine para se manifestar sobre a decisão? Se o mero pedido de reconsideração *não se equipara* a recurso, o réu não pode ser penalizado nem mesmo ao quedar-se silente, porque, como regra geral, no processo do trabalho se pode atacar qualquer decisão tomada no curso do processo somente quando da interposição do recurso contra a decisão de fundo, que encerra o procedimento em 1º grau de jurisdição.

Por isso, insistimos: *não há espaço* para aplicação, no processo do trabalho, dessa ambígua e extravagante normativa do art. 304 e §§ do novo Código de Processo Civil.

CAPÍTULO III
DO PROCEDIMENTO DA TUTELA CAUTELAR REQUERIDA EM CARÁTER ANTECEDENTE

Art. 305.

A petição inicial da ação que visa à prestação de tutela cautelar em caráter antecedente indicará a lide e seu fundamento, a exposição sumária do direito que se objetiva assegurar e o perigo de dano ou o risco ao resultado útil do processo.

Parágrafo único. Caso entenda que o pedido a que se refere o *caput* tem natureza antecipada, o juiz observará o disposto no art. 303.

Comentário de *José Antônio Ribeiro de Oliveira Silva*

RITO DA TUTELA CAUTELAR ANTECEDENTE

A norma deste art. 305, *caput*, do novo Código de Processo Civil corresponde, em certa medida, à do art. 801 do CPC de 1973. Contudo, não disciplina apenas os requisitos da petição inicial em que o autor requer determinada medida cautelar. Com efeito, esta norma traz uma *grande novidade* para o sistema processual brasileiro, pois concebe a possibilidade de o autor requerer a tutela cautelar *no mesmo processo* em que posteriormente irá postular a satisfação de seu direito material. Assim, o pedido principal será apresentado nos mesmos autos (art. 308), não havendo mais necessidade de se propor outra ação para veicular a demanda relacionada ao bem da vida. Ademais, o novo Código permite que, desde já, o autor apresente uma *cumulação objetiva de demandas*, formulando o pedido principal conjuntamente com o pedido de tutela cautelar (§ 1º do art. 308).

Por óbvio que, preferindo requerer a tutela cautelar em *caráter antecedente*, o autor, em sua petição inicial, deverá fazer o endereçamento ao juízo competente para conhecer o pedido principal, apresentar a completa qualificação das partes e indicar as provas das quais pretende se valer para o convencimento do juiz quanto à necessidade de uma tutela assecuratória ou conservativa de seu direito. Não obstante, trata-se de *requisitos inerentes* a toda petição inicial, disciplinados no art. 282 do CPC/1973 e no art. 319 do novo Código de Processo Civil. Daí porque o novel art. 305 não os menciona. Permanecem, contudo, os *requisitos específicos* da cautelar antecedente — não mais preparatória, já que não haverá processo "principal" —, a saber:

a) *a lide e seu fundamento* — esta locução sempre foi objeto de acirrada controvérsia doutrinária, uma corrente entendendo que diz respeito à "lide" cautelar, outra doutrinando que se refere à "lide" principal; de saída, a melhor interpretação dessa exigência legal deve ter como premissa que a expressão "lide" não foi tecnicamente bem utilizada, porquanto, na doutrina de Carnellutti, *lide* é o próprio *conflito de interesses*, qualificado por uma pretensão resistida; de modo que a "lide" aí mencionada diz respeito ao *pedido principal* que seria formulado no processo "principal", vale dizer, a pretensão material ao bem da vida que seria apresentada posteriormente, com a indicação de seu *fundamento jurídico*, para se aferir a necessidade de se acautelar o direito material; sendo assim, se o autor desde logo formular o pedido principal em conjunto com o pedido de tutela cautelar (art. 308, § 1º, do novo Código), não necessitará explicitar qual seria a "lide" e seu fundamento;

b) *a exposição sumária do direito que se objetiva assegurar* — como já afirmado anteriormente, em sede cautelar basta que o autor demonstre a plausibilidade do seu direito material, o chamado *fumus boni iuris*, requisito específico da tutela cautelar; sendo a tutela cautelar apenas conservativa do direito material — assegurando situações de prova ou de garantia da futura execução —, basta uma "exposição sumária" desse direito;

c) *o perigo de dano ou o risco ao resultado útil do processo* — já o dissemos, tecnicamente, o perigo de dano é requisito que se afeiçoa melhor à tutela antecipada, ao passo que o "risco ao resultado útil do processo" é pressuposto específico e clássico da tutela cautelar, como sempre se ensinou na melhor doutrina; contudo, como já ressalvamos, tendo o novo Código de Processo Civil optado por não fazer diferenciações que compliquem a vida dos profissionais do Direito,

dado ser ainda nebulosa, na prática, a distinção entre as duas espécies de tutela — tanto que enfatizada no parágrafo único deste art. 305 a fungibilidade das tutelas cautelar e antecipada —, os requisitos aparecem aqui como sendo "alternativos"; destarte, o *periculum in mora* para o deferimento da tutela cautelar tanto pode estar consubstanciado na situação de *perigo de dano*, de ameaça, ao próprio direito material, quanto no *risco de alteração* da situação fática que possa conduzir à ineficácia da tutela principal, caso não acautelada aquela situação pelo deferimento da medida cautelar que se fizer necessária.

FUNGIBILIDADE DAS TUTELAS

Em regra similar à do § 7º do art. 273 do CPC de 1973, o parágrafo único deste art. 305 disciplina sobre a *fungibilidade* das tutelas cautelar e antecipada. A diferença de texto legal está em que, no regime do CPC/1973, se o autor requer, a título de tutela antecipada, uma providência que em verdade seja de natureza cautelar, o juiz poderá — presentes os pressupostos da cautelar — "deferir a medida cautelar em caráter incidental", no mesmo processo. Agora, com o novo Código, se o autor formular um pedido (antecedente) de tutela cautelar e o juiz verificar que esse pedido, em verdade, tem natureza de tutela antecipada, ou seja, que o autor pretende uma medida satisfativa do próprio direito material, o juiz determinará que se observe o procedimento do art. 303 e §§, com a possibilidade de estabilização da tutela antecipada (art. 304 e §§).

Daí que houve uma "inversão" na *ordem da fungibilidade*: da tutela antecipada para a tutela cautelar no CPC/1973; da tutela cautelar para a tutela antecipada no CPC de 2015. Não obstante, Dinamarco sempre ensinou que a fungibilidade é uma via de mão dupla, havendo, portanto, um *duplo sentido vetorial* na apreciação das tutelas antecipada e cautelar (DINAMARCO, 2002b, p. 92).

De modo que a ordem inversa também pode ocorrer: o autor postular uma tutela antecipada em caráter antecedente, e o juiz entender que se trata de tutela cautelar, apenas assecuratória de uma situação de fato, podendo determinar que se observe o rito do art. 305 e seguintes do novo Código de Processo Civil.

PROCESSO DO TRABALHO

Não tendo o processo do trabalho regramento próprio sobre o procedimento específico para a postulação de tutela cautelar, mormente em caráter antecedente, a princípio não se poderia questionar a plena aplicabilidade das normas do art. 305 e parágrafo único do novo Código de Processo Civil no segmento juslaboral. Contudo, as coisas não são simples assim. Daí a grande dificuldade dos juslaboralistas em lidar com as inovações do processo civil, porque, além de bem compreendê-las, têm de verificar se há lacunas e principalmente compatibilidade das inovações com as normas — regras, princípios e valores — do processo do trabalho.

Pois bem, se o *caput* deste art. 305 trata, em verdade, dos requisitos da petição inicial na qual o autor formula pedido de tutela cautelar em caráter antecedente, de não se olvidar da regra própria do processo laboral, inserta no art. 840, § 1º, da CLT, que já demonstra a simplicidade do processo do trabalho ao conter um rol de requisitos bem mais sucinto que o do art. 319 do novo Código (art. 282 do CPC/1973). Não obstante, em relação aos requisitos específicos deste art. 305, não há como não exigi-los na Justiça do Trabalho. Daí que o trabalhador — em regra generalíssima, o autor de demanda trabalhista —, se formular pedido de tutela cautelar em *caráter antecedente*, deverá indicar, em sua petição inicial:

a) *a lide "principal"* — o pedido principal que será formulado após a efetivação da tutela cautelar, ou seja, a pretensão material ao cumprimento de uma obrigação de dar (pagar), fazer ou não fazer, contudo, *sem necessidade* de indicar o fundamento jurídico desse pleito, requisito que não se aplica à petição inicial trabalhista, questão que será melhor analisada quando dos comentários ao art. 319 do novo Código de Processo Civil;

b) *a exposição sumária do direito material* — tendo em vista que o trabalhador pretende apenas uma tutela cautelar quanto à prova ou à futura execução, para assegurar o resultado útil do processo, é suficiente que faça uma "exposição sumária" dos fatos que deram origem ao nascimento do seu direito; basta o *fumus boni iuris*;

c) *o perigo de dano ou o risco ao resultado útil do processo* — sendo o *periculum in mora* o requisito mais importante para o deferimento da tutela cautelar, torna-se necessário que o trabalhador alegue e demonstre, ainda que posteriormente, a situação de *ameaça* ao seu direito material, pelo *risco* de se perder o objeto de prova ou de desaparecem os bens que serviriam de suporte à sua futura execução, tornando necessário conservar a situação fática levada a juízo.

No tocante à *fungibilidade* das tutelas cautelar e antecipada, a doutrina juslaboralista nunca apresentou óbice à aplicação do § 7º do art. 273 do CPC/1973 no processo do trabalho. Como a mudança foi apenas na "ordem" da fungibilidade e considerando que se trata de *via de mão dupla*, a regra do parágrafo único deste art. 305 será aplicável no segmento laboral, com seu *duplo sentido vetorial*. Contudo, as mesmas restrições à aplicação do art. 303 e §§ do novo Código de Processo Civil aqui se apresentam, principalmente quanto à *desnecessidade* de audiência específica de conciliação ou mediação, porque no processo do trabalho a tentativa de conciliação sempre foi realizada, em todas as audiências, em seu início, meio e fim, não havendo a menor necessidade de audiência exclusiva para tanto, o que somente retarda a prestação jurisdicional.

Art. 306.

O réu será citado para, no prazo de 5 (cinco) dias, contestar o pedido e indicar as provas que pretende produzir.

Comentário de *José Antônio Ribeiro de Oliveira Silva*

CITAÇÃO DO RÉU

A norma corresponde à do art. 802 do CPC de 1973, não sendo necessária extensa argumentação em torno de seu conteúdo e alcance, dada a clareza da regra. Tratando-se de tutela cautelar requerida em *caráter antecedente*, o réu ainda não tem conhecimento da ação e, por óbvio, precisa ser citado. Ademais, sendo a tutela cautelar apenas assecuratória de uma situação de fato, em torno dela *não há* necessidade de tentativa conciliatória. Outrossim, o rito deve ser o mais breve possível, tendo em vista tratar-se de tutela de urgência, de modo que, concedida liminarmente, o réu será o maior interessado em que o procedimento conduza rapidamente à decisão de fundo, na qual o juiz poderá rever sua decisão. Não havendo concessão liminar, o autor terá grande interesse na instrução do feito, quando poderá convencer o juiz a mudar seu entendimento e conceder a medida postulada. Daí o *prazo* de apenas *cinco dias* para que o réu possa, caso queira, "contestar o pedido e indicar as provas que pretende produzir".

PROCESSO DO TRABALHO

No processo do trabalho, conquanto haja completa omissão quanto ao procedimento da cautelar antecedente, *apenas* a primeira parte deste art. 306 se mostra compatível com seus princípios, mormente o da celeridade, motivo pelo qual o juiz, concedendo ou não a tutela cautelar *inaudita altera parte*, deverá determinar a citação do réu para contestar o pleito, no prazo de cinco dias. Mas *não haverá* necessidade de o réu indicar as provas que pretende produzir, sob pena de preclusão, porque esse requisito *não se aplica* no processo do trabalho, não sendo exigível do autor na petição inicial e, portanto, não podendo ser cobrado do réu em sua defesa.

Poder-se-ia cogitar a total inaplicabilidade deste art. 306 ao processo do trabalho, ao argumento de que na Justiça do Trabalho a contestação é apresentada em audiência, e somente após a tentativa conciliatória que, portanto, é exigível antes mesmo da oportunidade de defesa, nos moldes do art. 846 da CLT. Não obstante, em sede de genuína tutela cautelar, que não é satisfativa do direito material, *não há espaço para conciliação*, que diz respeito ao próprio direito vindicado em juízo. De modo que a necessidade de audiência, inclusive para a tentativa conciliatória, somente se dará *após* a apresentação do pedido principal (art. 308, § 3º, do novo Código de Processo Civil).

Art. 307.

Não sendo contestado o pedido, os fatos alegados pelo autor presumir-se-ão aceitos pelo réu como ocorridos, caso em que o juiz decidirá dentro de 5 (cinco) dias.

Parágrafo único. Contestado o pedido no prazo legal, observar-se-á o procedimento comum.

Comentário de *José Antônio Ribeiro de Oliveira Silva*

CONTESTAÇÃO DO RÉU

As normas deste artigo correspondem às do art. 803 e parágrafo único do CPC de 1973. Também aqui, não se faz necessária argumentação mais abrangente, pois as regras são bem claras, tratando de duas situações jurídicas:

1ª) o réu, embora citado, *não apresenta defesa* em relação aos fatos afirmados pelo autor, fatos que, portanto, serão considerados incontroversos, não havendo necessidade de dilação probatória, tornando a questão relativamente simples e por isso o juiz teria de decidir sobre a pretensão cautelar no prazo de cinco dias;

2ª) o réu *contesta o pedido* no prazo de cinco dias e, diante da controvérsia, o juiz deve observar o procedimento comum, disciplinado no art. 318 e seguintes do novo Código de Processo Civil, verificando a necessidade de produção de outras provas, designando, se necessário, audiência de instrução e julgamento (arts. 355 a 357 do novo Código).

Sem embargo, se efetivada a tutela cautelar e o pedido principal for apresentado pelo autor, no prazo de 30 dias (art. 308), como não haverá mais outro processo, pelo contrário, pedidos cautelar e principal serão processados nos mesmos autos, outro será o procedimento, pois, nesse caso, haverá necessidade de realização de *audiência de conciliação ou de mediação*, na forma do art. 334 e §§ do novo Código, a menos que ambas as partes manifestem, de forma expressa, não terem interesse na composição consensual. Apenas se não houver autocomposição, é que terá início o prazo de 15 dias para que o réu apresente sua contestação sobre o pedido principal (art. 335). De sorte que, nesse caso, a instrução do feito poderia abranger tanto as questões controvertidas da cautelar quanto as do pedido principal.

No entanto, não nos parece conveniente postergar a instrução da tutela cautelar para o momento da instrução da causa principal, porque a genuína cautelar se trata de uma *tutela de urgência* que, portanto, não pode aguardar o ritual lento e burocrático do procedimento comum. Imagine-se ter o autor de aguardar pelo menos trinta dias para realização da audiência de conciliação ou de mediação, ou até 90 dias (art. 334, *caput* e § 2º), e mais um prazo razoável para contestação e saneamento do processo, para somente depois ver designada audiência de instrução, o que pode levar, em Varas sobrecarregadas e com poucos servidores, a prazos extensos de um ano para a realização dessa audiência. *Incompatível*, portanto, com a urgência da medida cautelar ainda não deferida, toda essa liturgia. E, de outra mirada, se o réu tem legítimo interesse em demonstrar, mediante prova oral, que o deferimento da medida não foi a melhor solução, principalmente nas situações em que isso pode lhe causar danos, também nesse caso a *instrução da cautelar* não deveria ser postergada para momento posterior.

De modo que, sempre que o caso concreto reclame postura distinta, o juiz deverá desde logo determinar as provas as serem produzidas e, sendo necessário, designar audiência de instrução para as *questões fáticas da cautelar*, e não observar a liturgia do procedimento comum, como determina o parágrafo único deste art. 307.

PROCESSO DO TRABALHO

Como não há no processo do trabalho regramento específico para a cautelar antecedente, o *caput* deste art. 307 é nele aplicável. Duas hipóteses, portanto:

1ª) *se o réu não apresentar defesa* em relação aos fatos afirmados pelo trabalhador em sua postulação cautelar, esses fatos se tornarão incontroversos, carecendo de prova a seu respeito, autorizando o juiz do trabalho a decidir sobre a pretensão no prazo de cinco dias, decisão esta que será pela confirmação da tutela cautelar, se deferida liminarmente, ou pelo deferimento da medida;

2ª) *se o réu contestar o pedido cautelar* no prazo de cinco dias, o juiz do trabalho, verificando a extensão da controvérsia e a necessidade de produção de outras provas, as deferirá, designando, se for o caso, *audiência de instrução e julgamento*, mas nos moldes dos arts. 813 e seguintes da CLT, e não do procedimento comum do novo CPC, ainda que diversas normas deste sejam aplicáveis ao processo do trabalho, nas lacunas deste e desde que haja compatibilidade, como exaustivamente enfocado nestes Comentários.

Assim, no processo do trabalho *não haverá* a menor necessidade de se designar audiência de conciliação ou de mediação, esperar o resultado desta, a contestação ao pedido principal, para somente depois deliberar pela necessidade de produção de outras provas e, conforme o caso, designar audiência de instrução. Ainda que ambas as demandas, de natureza cautelar e principal, sejam processadas nos mesmos autos, diante da urgência da medida não deve o juiz do trabalho esperar para fazer instrução conjunta da tutela cautelar e do pedido principal. Pensamos que, em observância aos princípios da celeridade e efetividade do processo do trabalho, deve o juiz desde logo verificar se há necessidade de provas e, havendo necessidade, *designar audiência de instrução* para a produção de prova oral sobre as questões fáticas da cautelar.

Por isso, entendemos que o parágrafo único deste art. 307 *não se aplica* ao processo do trabalho, quando determina a observância do procedimento comum do processo civil.

Art. 308.

Efetivada a tutela cautelar, o pedido principal terá de ser formulado pelo autor no prazo de 30 (trinta) dias, caso em que será apresentado nos mesmos autos em que deduzido o pedido de tutela cautelar, não dependendo do adiantamento de novas custas processuais.

§ 1º O pedido principal pode ser formulado conjuntamente com o pedido de tutela cautelar.

§ 2º A causa de pedir poderá ser aditada no momento de formulação do pedido principal.

§ 3º Apresentado o pedido principal, as partes serão intimadas para a audiência de conciliação ou de mediação, na forma do art. 334, por seus advogados ou pessoalmente, sem necessidade de nova citação do réu.

§ 4º Não havendo autocomposição, o prazo para contestação será contado na forma do art. 335.

Comentário de José Antônio Ribeiro de Oliveira Silva

CAUTELAR E PEDIDO PRINCIPAL

A *normativa* deste art. 308 e §§ do novo Código de Processo Civil é *inédita*. A única correspondência que poderia haver em relação ao CPC de 1973 é a menção ao prazo de 30 dias, ao qual faz referência o art. 806 do CPC/1973. Contudo, esse prazo, no regime em vigor, é para a propositura da ação principal, tendo em vista que a ação cautelar preparatória reclama outro processo, chamado de "principal".

Como já observado, no regime do novo Código haverá apenas *um processo*, no qual serão formuladas ambas as demandas, a de tutela cautelar e a do pedido principal, que será formulado pelo autor *nos mesmos autos*, no prazo de trinta dias após a *efetivação* da tutela cautelar. Tratando-se do mesmo processo, não haverá exigência de "adiantamento de novas custas processuais", em harmonia com a diretriz sobre a tutela provisória requerida em caráter incidental (art. 295 do novo Código).

Repita-se: não haverá dois processos, mas apenas um, cuja petição inicial conterá um pedido de tutela cautelar, com a indicação do pedido principal e de seu fundamento (art. 305), e, posteriormente, efetivada ou não a tutela cautelar, uma petição (incidental) em que o autor formulará o pedido principal, desta feita observando rigorosamente os requisitos do art. 319 do novo Código de Processo Civil.

Agora, se deferida e *efetivada* (execução completa) a tutela cautelar, o autor terá o prazo *peremptório* de 30 dias para apresentar esse pedido principal, sob pena de cessação *ope legis* da eficácia da medida cautelar concedida anteriormente, nos moldes do art. 309, inciso I, do novo Código. Evidente que o autor não ficará inibido de propor sua demanda principal após esse prazo, mas terá de amargar a situação de perigo ao seu direito material, sem poder ser valer da mesma tutela cautelar, salvo se apresentar um novo fundamento para obter novamente a referida tutela, em conformidade com o parágrafo único do art. 309. Por exemplo, se o autor obtiver uma cautelar de arresto e não observar o prazo de 30 dias para a formulação do pedido principal, essa tutela cautelar será revogada e, posteriormente, no curso do processo, ainda que haja considerável demora para a solução deste, *não terá direito* a nova cautelar de arresto, a menos que apresente *novos fatos* autorizadores de sua concessão.

Contudo, o § 1º deste art. 308 faculta ao autor a apresentação do pedido principal "conjuntamente com o pedido de tutela cautelar", numa *cumulação objetiva* de demandas, como já destacado. Nesse caso, além de observar todos os *requisitos inerentes* à petição inicial, disciplinados no art. 319 do novo Código de Processo Civil (art. 282 do CPC/1973), deve o autor explicitar a *situação de perigo* de dano ou o *risco* ao resultado útil do processo, como requisito específico para a concessão da tutela cautelar (o *periculum in mora*), bem como indicar as provas aptas ao convencimento do juiz quanto à necessidade de obtenção dessa tutela. Como já estará formulando seu pedido principal, não lhe tocará indicar a lide e seu fundamento, não lhe sendo dado, por outro lado, apenas fazer uma exposição sumária do direito, porque, em relação ao pedido principal, terá de apresentar *os fatos e os fundamentos jurídicos* desse pedido, bem como suas especificações (art. 319, III e IV).

De outra mirada, se o pedido principal for apresentado posteriormente — legítimo caso de tutela cautelar em caráter antecedente —, como na postulação cautelar basta a "exposição sumária do direito", na formulação daquele (pedido principal) o autor poderá *aditar a causa de pedir*, explicitando melhor os fatos e trazendo toda a extensão dos fundamentos jurídicos do pedido (§ 2º). Ademais, toda a extensão do pedido — a pretensão material ao bem da vida — poderá ser exibida quando do aditamento para a formulação do pedido principal.

Ademais, apresentado o pedido principal pelo autor, efetivada ou não a tutela cautelar, e tratando-se de caso que admite a autocomposição, terá de haver a designação de *audiência de conciliação ou de mediação*, para a qual as partes deverão ser intimadas, "por seus advogados ou pessoalmente". Torna-se obrigatória, portanto, a audiência (pré-via) de conciliação ou de mediação, a fim de que as partes, estimuladas a tanto, envidem esforços para a solução consensual do conflito. Tanto é assim que a ausência injustificada de qualquer das partes à referida audiência será considerada ato atentatório à dignidade da justiça, merecendo a sanção preconizada no § 8º do art. 334 do novo Código. Para essa audiência, de se observar o ritual e as diretrizes do art. 334 e §§ do CPC/2015, como determina o § 3º deste art. 308.

Por óbvio, sendo apenas um processo e tendo o réu já sido citado para apresentar defesa quanto ao pedido cautelar (art. 306), não há "necessidade de nova citação", bastando sua *intimação* para comparecer à audiência conciliatória, a partir da qual fluirá seu prazo de defesa, caso não haja autocomposição, nos moldes do art. 335 do novo Código, como evidencia este § 4º. Tratando-se de direitos disponíveis, a audiência somente não será realizada se ambas as partes manifestarem, *de forma expressa*, "desinteresse na composição consensual" (§ 4º do art. 334).

PROCESSO DO TRABALHO

Conquanto *não haja* no processo do trabalho regramento específico para a cautelar antecedente, nem toda a normativa deste art. 308 e §§ será nele aplicável, diante da *incompatibilidade* de procedimento.

Assim, teremos as seguintes consequências:

1ª) também no processo do trabalho haverá apenas *um processo*, em que o autor — em regra o trabalhador — formulará ambas as demandas, a de tutela cautelar e a da pretensão principal, nos mesmos autos; o prazo para a formulação do pedido principal também será de *trinta dias* após a efetivação da tutela cautelar deferida, sob pena de cessação da eficácia da medida; no processo do trabalho, ainda que não houvesse a regra da parte final do art. 308, não seria exigível o recolhimento de custas processuais para o processamento da demanda principal;

2ª) quanto aos *requisitos da petição inicial*, de se observar a regra do art. 840, § 1º, da CLT e as ponderações que já fizemos a respeito da matéria;

3ª) também no processo do trabalho será facultado ao autor a formulação do pedido principal *em conjunto* com a pretensão de tutela cautelar, cumulando ambas as demandas já na petição inicial, não podendo o demandante olvidar-se de apontar a situação de perigo de dano ao seu direito ou o risco ao resultado útil do processo, pois se trata de *requisito especial* para o deferimento da tutela cautelar;

4ª) igualmente, poderá o autor *aditar a causa de pedir* quando da posterior formulação do pedido principal, embora, no processo do trabalho, basta que faça uma exposição sumária dos fatos, não lhe sendo exigível apresentar os fundamentos jurídicos do pedido, em conformidade com o art. 840, § 1º, da CLT;

5ª) enfim, no processo do trabalho *não haverá nenhuma* necessidade de designação de audiência exclusiva para conciliação ou mediação, com toda a liturgia do art. 334 e §§ do novo Código de Processo Civil, motivo pelo qual *não se aplicam*, na seara trabalhista, os §§ 3º e 4º do art. 308 do novo Código, como já enfatizamos.

Art. 309.

Cessa a eficácia da tutela concedida em caráter antecedente, se:

I – o autor não deduzir o pedido principal no prazo legal;

II – não for efetivada dentro de 30 (trinta) dias;

III – o juiz julgar improcedente o pedido principal formulado pelo autor ou extinguir o processo sem resolução de mérito.

Parágrafo único. Se por qualquer motivo cessar a eficácia da tutela cautelar, é vedado à parte renovar o pedido, salvo sob novo fundamento.

Comentário de *José Antônio Ribeiro de Oliveira Silva*

CESSAÇÃO DOS EFEITOS DA TUTELA CAUTELAR

As normas deste art. 309 e seu parágrafo único encontram correspondência no art. 808 e parágrafo único do CPC de 1973. Elas tratam das hipóteses da *cessação da eficácia* da tutela cautelar e sobre a (im)possibilidade de renovação do mesmo pedido. Resta claro, portanto, que a cessação dos efeitos refere-se apenas à "tutela concedida em caráter antecedente", porque as duas primeiras hipóteses não se coadunam com a tutela cautelar requerida em caráter incidental, por razões óbvias. Destarte, dá-se a cessação da eficácia da tutela cautelar requerida e *concedida* em caráter antecedente nas *seguintes hipóteses*:

1ª) *se o autor não deduzir o pedido principal no prazo legal* — como já visto nos comentários ao art. 308, se concedida e efetivada a tutela cautelar, o autor terá o prazo *peremptório* de 30 dias para formular em juízo o pedido principal; caso não observe esse prazo, até poderá propor, posteriormente, sua demanda principal; contudo, cessará *ope legis* a eficácia da medida cautelar que havia sido deferida (art. 309, inciso I), sem que o autor possa renovar o pedido de concessão dessa tutela, salvo se houver *novo fundamento* para tanto (parágrafo único do art. 309);

2ª) *se ela não for efetivada dentro de 30 (trinta) dias* — cabe ao autor, portanto, oferecer os *meios necessários* para a "execução" da tutela cautelar que lhe tenha sido concedida; por se tratar de tutela de urgência, não é concebível que a efetivação dessa tutela não se concretize no menor tempo possível, entendendo o legislador atual — tal qual o fazia o de 1973 — que esse prazo razoável é de *30 dias*; de modo que, por exemplo, concedida a tutela cautelar para a *oitiva antecipada de uma testemunha*, o autor deve fornecer o endereço atual e providenciar os meios para a intimação — ou até condução — dessa testemunha, sob pena de revogação da medida, caso não efetivada no prazo de 30 dias, por incúria do autor; não obstante, se é a pauta do juiz que impede essa oitiva em 30 dias, não pode o autor ser penalizado por um fato ao qual não deu causa; igualmente, concedida uma cautelar de *sequestro de bem móvel* sobre o qual as partes disputam a propriedade, cabe ao autor fornecer a correta localização do bem ou ofertar meios necessários para tanto, sob pena de cessação da eficácia da tutela concedida, caso em que o juiz não tomará mais providências para a efetivação, passados os 30 dias da ciência da concessão;

3ª) *se o juiz julgar improcedente o pedido principal formulado pelo autor ou extinguir o processo sem resolução de mérito* — por questão de lógica processual, se o próprio pedido principal — formulado em caráter antecedente, conjuntamente ou posteriormente ao pedido cautelar — foi julgado *improcedente*, concluindo-se que ao autor não socorre o próprio direito material invocado, ao qual a tutela cautelar serve apenas de garantia, não há porque manter os efeitos da tutela "acessória"; é dizer, *não havendo direito material* a amparar, desaparece a função assecuratória da tutela cautelar, cuja eficácia, de plano, deixa de existir no mundo jurídico; igual sorte tem o autor se seu processo for *extinto sem resolução do mérito*, porque se a própria pretensão material nem sequer será analisada, nas hipóteses do art. 485 do novo Código de Processo Civil — correspondentes às do art. 267 do CPC/1973 —, não tem o menor sentido manter-se a eficácia da tutela cautelar concedida, em caráter antecedente ou mesmo incidental.

Ademais, se *por qualquer motivo* — nas hipóteses *retro* ou em outras que a casuística revelar — ocorrer a cessação da eficácia da tutela cautelar — antecedente ou incidental —, "é vedado à parte renovar o pedido, salvo sob novo fundamento", na dicção do parágrafo único deste art. 309. É dizer, *não se pode* renovar o mesmo pedido de tutela cautelar no curso do processo ou inclusive em processo posterior — quando o primeiro foi extinto sem resolução do mérito —, porque se houver "novo fundamento" para a concessão da tutela cautelar já estaremos diante de *nova causa de pedir* — novos fatos ou novos fundamentos jurídicos —, de sorte que não se trata da mesma tutela cautelar postulada anteriormente, ainda que a medida de efetivação seja a mesma, por ex. uma medida de arresto.

Por isso já exemplificamos: se o autor obtive uma tutela cautelar de arresto e não formulou o pedido principal em 30 dias — ou se não conseguiu meios para sua efetivação nos mesmos 30 dias —, amargará a revogação dessa tutela cautelar e no curso do processo *não terá direito* a outra cautelar de arresto, salvo se apresentar "novo fundamento" para a concessão.

PROCESSO DO TRABALHO

Nessa matéria, o processo do trabalho *não tem* disciplina específica sobre cautelar antecedente, tampouco sobre cessação da eficácia da tutela assim concedida. E se mostra *plenamente compatível* com as normas do processo laboral as diretrizes deste art. 309 e parágrafo único do novo Código de Processo Civil.

Destarte, também no processo do trabalho ocorrerá a *cessação da eficácia* da tutela cautelar concedida em caráter antecedente nas hipóteses que seguem:

1ª) *se o autor não deduzir o pedido principal no prazo legal* — se efetivada a tutela cautelar no processo do trabalho, o autor — em regra generalíssima o trabalhador — terá o prazo de 30 dias para, no mesmo processo, formular seu pedido principal, sob pena de não mais poder contar com os efeitos assecuratórios da medida cautelar que havia sido deferida; contudo, essa contumácia não o impedirá de fazer suas postulações de direito material posteriormente, inclusive porque no processo do trabalho são *inúmeros* os pedidos "principais", sendo que alguns deles talvez nem mereçam a (mesma) proteção cautelar, por exemplo, a cautelar de arresto não se destina a assegurar o cumprimento de obrigações de fazer, não fazer e entrega de coisa, obrigações que não raro são demandadas no mesmo processo em que se postula a satisfação de pagamento de verbas trabalhistas;

2ª) *se ela não for efetivada dentro de 30 (trinta) dias* — por mais que o processo do trabalho prime pela efetividade, nele também deverá haver um *prazo razoável* para a efetivação da tutela cautelar, que é uma tutela de urgência; por isso, o prazo para o cumprimento da tutela cautelar trabalhista deve ser o de 30 dias, tal como no processo civil; a única diferença em relação ao processo civil é que, no processo do trabalho, pela aplicação do *princípio inquisitivo*, o juiz do trabalho não pode ficar exigindo o oferecimento de meios — sobretudo os materiais — para a efetivação da medida, devendo agir de ofício, com amparo no art. 765 da CLT;

3ª) *se o juiz julgar improcedente o pedido principal formulado pelo autor ou extinguir o processo sem resolução de mérito* — ora, se o próprio pedido principal foi julgado *improcedente*, também no processo do trabalho não há fundamento para a manutenção dos efeitos da tutela cautelar, que é meramente assecuratória ou conservativa da tutela principal; e se o trabalhador teve seu processo extinto sem resolução do mérito, não há porque manter-se a eficácia da tutela cautelar (antecedente ou incidental) concedida, porque nem se proferiu julgamento sobre a existência do próprio direito material.

Enfim, também no processo do trabalho o autor somente poderá renovar o pedido de tutela cautelar, quando ocorrer a cessação da eficácia dessa tutela, se apresentar *novo fundamento* para tanto, ou seja, novos fatos, tendo em vista que na seara trabalhista não se exige, como requisito da petição inicial, a indicação dos fundamentos jurídicos do pedido, seja o cautelar, seja o principal, como já comentado. Assim, no exemplo já dado, se o trabalhador conseguiu o deferimento de uma tutela cautelar de arresto e não apresentou o pedido principal em 30 dias, ou não conseguiu a efetivação da medida no mesmo prazo, terá revogada essa tutela cautelar, não tendo direito a outra no curso do processo, a menos que formule *novo pedido* com base em novos fatos, para a obtenção de *nova cautelar de arresto*.

Art. 310.

O indeferimento da tutela cautelar não obsta a que a parte formule o pedido principal, nem influi no julgamento desse, salvo se o motivo do indeferimento for o reconhecimento de decadência ou de prescrição.

Comentário de José Antônio Ribeiro de Oliveira Silva

TUTELA CAUTELAR E COISA JULGADA

Este art. 310 encontra correspondência no art. 810 do CPC de 1973, mantendo-se a mesma diretriz, com melhora de redação. Tratando-se de tutelas distintas, a cautelar e a tutela jurisdicional que resolve a pretensão material deduzida em juízo (pedido principal), tendo aquela apenas uma função assecuratória desta, como tantas vezes enfatizado, não seria lógico mesmo que o *indeferimento* da tutela cautelar criasse algum óbice à formulação do pedido principal. Na cautelar se discute sobre a situação de perigo de dano ao direito material ou de risco ao resultado útil do processo, *não sobre o direito material* em si, do qual basta uma "exposição sumária" (art. 305).

Por isso, a necessidade de se trazer à apreciação judicial o *pedido principal*, com aditamento da causa de pedir, se for o caso, porque nesse momento o autor deverá cumprir todos os rígidos *requisitos da petição inicial*, indicando os fatos e os fundamentos jurídicos do pedido, bem como formulando as especificações que esse pedido possa contemplar, como já comentado.

Em suma, o direito material é objeto de discussão nessa *segunda demanda*, a principal, motivo pelo qual o resultado da cautelar — seja o deferimento ou o indeferimento — não pode influir na solução da pretensão de direito substancial, vale dizer, ao próprio bem da vida vindicado. É dizer, a existência ou não do direito material *não depende* do resultado da demanda cautelar. Se a tutela cautelar foi indeferida é porque não se avistou os requisitos específicos para sua concessão, mormente a situação de perigo de dano (ao direito material ou ao processo). Posteriormente, num juízo de *cognição exauriente*, após o contraditório pleno e a ampla produção das provas, o juiz poderá convencer-se de que o autor *tem razão* em seu pleito, assegurando-lhe a *satisfação* de seu direito material mediante uma *sentença* declaratória, constitutiva ou condenatória, ainda que essa satisfação não tenha sido acautelada por uma medida própria.

Contudo, o próprio Código ressalva duas hipóteses: "o reconhecimento de decadência ou de prescrição". Nesse caso, se a cautelar foi indeferida porque o juiz reconheceu a *decadência do direito material* ou a *prescrição da pretensão condenatória*, essa decisão irradia seus efeitos para o pedido principal. A questão tormentosa que daí surge é a seguinte: *há coisa julgada na tutela cautelar?*

Havia na doutrina cizânia sobre essa questão, mas a discussão perde agora um pouco o sentido porque não haverá mais "sentença cautelar", tendo em vista que não teremos mais dois processos, o cautelar e o "principal". Como já visto, ambos os pedidos, o de tutela cautelar e o pedido principal, deverão ser processados nos mesmos autos (art. 308) e o processo terá apenas *uma sentença*, ainda que nesta remanesçam questões sobre a tutela cautelar a serem decididas. De modo que, se for o caso, a solução da demanda cautelar será apenas um *capítulo da sentença* de fundo.

Em regra, a concessão ou o indeferimento da tutela cautelar se dará em *decisão interlocutória*, que poderá ser revogada ou modificada a qualquer tempo (art. 296, *caput*), ou reformada em julgamento de agravo de instrumento interposto por qualquer das partes (art. 1.015, inciso I, do novo Código de Processo Civil). Destarte, não há falar nem mesmo em coisa julgada formal em relação à tutela cautelar, a partir da vigência do novo Código, porque não haverá "sentença cautelar".

Contudo, nas *situações excepcionais* retratadas neste art. 310, haverá mais do que simples coisa julgada formal. Se, na decisão que indefere a tutela cautelar, o juiz o faz firme na convicção de que ocorreu a *decadência* do direito material — nas ações constitutivas ou desconstitutivas — ou a *prescrição* da pretensão condenatória ao cumprimento de obrigação de dar, fazer, não fazer ou entregar coisa, a essa decisão estará agregada a qualidade de *coisa julgada material*, quando ela se tornar indiscutível no processo.

Ora, se o autor decaiu do direito ou se teve sua pretensão fulminada pela prescrição, não pode formular o pedido principal porque *a sorte deste será a mesma*. Melhor dizendo, quando o juiz pronuncia a decadência ou a prescrição, ainda que em sede de cautelar, o que ele resolve é a *própria demanda principal*, mesmo que não haja, ainda, pedido principal a ser examinado. Nesse caso, haverá uma *sentença cautelar*, que inviabilizará o próprio pedido principal, cuja formulação estará obstada.

Cabe ao autor, nesse caso, interpor apelação para obter do tribunal a reforma daquela decisão, sob pena de, apresentado o pedido principal, o juiz, de plano, sentenciar o processo com fundamento no art. 487, inciso II, do novo Código de Processo Civil (art. 269, IV, do CPC/1973). Para tanto, o juiz deverá, contudo, oportunizar às partes manifestação sobre a questão, antes de tomar essa decisão, nos moldes do parágrafo único deste art. 487.

Nada obsta, porém, que, não tendo pronunciado essa decadência ou prescrição em sede cautelar, o juiz o faça assim que formulado o pedido principal, julgando desde logo, liminarmente, improcedente o pedido, ao reconhecer esses fatos extintivos do direito, mediante sentença de mérito (art. 487, II), nos moldes do art. 332, § 1º, do novo Código de Processo Civil.

PROCESSO DO TRABALHO

No processo do trabalho temos lacuna quanto a essa matéria e *compatibilidade* desta norma do art. 310 do novo Código de Processo Civil com as do processo laboral. De modo que, tendo a tutela cautelar sido indeferida porque o juiz do trabalho reconheceu a decadência do direito material ou a prescrição da pretensão condenatória, essa decisão irá, por consequência lógica, *irradiar* seus efeitos para o pleito principal do trabalhador.

Ademais, também no processo do trabalho não haverá mais "sentença cautelar", porque não teremos, a partir da vigência do novo Código de Processo Civil, processo cautelar. O processo será um só, pois nos mesmos autos serão processados o pedido de tutela cautelar e o pedido principal, valendo a mesma observação anterior, no sentido de que, em verdade, no segmento laboral haverá vários pedidos "principais", dada a tradicional *cumulação de demandas* no processo do trabalho.

Igualmente, na Justiça do Trabalho a natureza jurídica da decisão que conceder ou indeferir a tutela cautelar será a de decisão interlocutória e, portanto, irrecorrível de imediato, nos termos do art. 893, § 2º, da CLT, o que poderá gerar um aumento na impetração de mandados de segurança, ainda que dificilmente se vislumbre um direito líquido e certo a ser amparado por esta via estreita, em sede de cautelar.

Contudo, também no processo do trabalho, se o juiz indefere a tutela cautelar com fundamento na *decadência* do direito material ou na *prescrição* da pretensão condenatória ao cumprimento de uma obrigação, essa decisão se trata de uma *sentença de mérito*, ainda que parcial. Contra ela caberá recurso ordinário, a menos que, já tendo sido formulado o pedido principal, o juiz verifique que apenas algumas pretensões materiais estejam abrangidas pela decadência ou prescrição declaradas. Nesse caso, de se aguardar a sentença de fundo, que resolverá todas as demandas cumuladas, para que se possa, no recurso ordinário, questionar aquela decisão. É dizer, em alguns casos, no processo do trabalho, o trabalhador não terá óbice à formulação do pedido principal — não atingido pela decadência ou prescrição —, quando então o juiz do trabalho determinará o processamento da causa (principal). De tal modo que a qualidade de *coisa julgada material* quanto à matéria somente se dará após o trânsito em julgado da sentença que pronuncia a prescrição ou a decadência.

TÍTULO III
DA TUTELA DA EVIDÊNCIA

Art. 311.

A tutela da evidência será concedida, independentemente da demonstração de perigo de dano ou de risco ao resultado útil do processo, quando:

I – ficar caracterizado o abuso do direito de defesa ou o manifesto propósito protelatório da parte;

II – as alegações de fato puderem ser comprovadas apenas documentalmente e houver tese firmada em julgamento de casos repetitivos ou em súmula vinculante;

III – se tratar de pedido reipersecutório fundado em prova documental adequada do contrato de depósito, caso em que será decretada a ordem de entrega do objeto custodiado, sob cominação de multa;

IV – a petição inicial for instruída com prova documental suficiente dos fatos constitutivos do direito do autor, a que o réu não oponha prova capaz de gerar dúvida razoável.

Parágrafo único. Nas hipóteses dos incisos II e III, o juiz poderá decidir liminarmente.

Comentário de *José Antônio Ribeiro de Oliveira Silva*

TUTELA DA EVIDÊNCIA

Este art. 311 amplia *significativamente* as hipóteses de concessão da chamada *tutela da evidência*, que no regime do CPC de 1973 se restringe ao fato de restar caracterizado o abuso do direito de defesa ou o manifesto intuito protelatório do réu, hipótese que agora se encontra agasalhada no inciso I do art. 311. De sorte que há várias (e boas) *novidades* no novo Código de Processo Civil, no tocante à tutela da evidência, a começar pela norma do *caput* do art. 311, a qual, partindo da premissa de que essa espécie de tutela pode (ou deve) ser concedida porque o direito material se tornou evidente, *dispensa* a demonstração de perigo de dano ou de risco ao resultado útil do processo para sua concessão.

É dizer, se o direito vindicado se tornou evidente, manifesto, não há porque exigir demonstração de situação de perigo ao próprio direito ou à eficácia do processo, devendo o juiz *desde logo* deferir a tutela de modo antecipado para propiciar a fruição imediata do direito, especialmente na hipótese clássica de tutela da evidência, retratada no inciso I do art. 311. Não há falar, nesses casos, em situação de urgência para a tutela, que é concedida diante da *evidência* de que o direito vindicado é bom e precisar ser atendido, tanto que a parte contrária está apenas a protelar a satisfação desse direito, fato que deve ser coibido prontamente pelo juiz, zelando, assim, pela dignidade da justiça.

Destarte, a tutela da evidência pode ser concedida pelo juiz nas seguintes hipóteses que, se demonstradas, dispensam a comprovação de qualquer pressuposto adicional:

1ª) quando *"ficar caracterizado o abuso do direito de defesa ou o manifesto propósito protelatório da parte"* — essas hipóteses abrangem todos os casos de *litigância de má-fé*, disciplinados no art. 17 do CPC de 1973 e no art. 80 do novo Código de Processo Civil, já que as condutas maliciosas ali descritas se enquadram perfeitamente no gênero *abuso do direito de defesa*, que não raro provocam dano processual passível de indenização e retardam a satisfação do direito pela parte; aqui, outra *novidade*: não apenas o réu pode abusar na defesa de seus interesses ou protelar a entrega da prestação jurisdicional, *mas também o autor* que, sabedor da inexistência do direito postulado ou do cumprimento da obrigação, abusa na prática de atos processuais, requerimentos, impugnações, recursos etc., tudo com o objetivo de manter a litispendência, onerando a parte contrária e por vezes buscando induzir o juízo em erro para tomada de uma decisão que lhe favoreça; em todos esses casos, a antecipação da tutela para permitir ao autor a imediata fruição do direito ou ao réu a desoneração da obrigação é medida que se impõe, porque a partir da efetivação da tutela o intuito protelatório ou o abuso da parte produzirá um efeito reverso;

2ª) quando *"as alegações de fato puderem ser comprovadas apenas documentalmente e houver tese firmada em julgamento de casos repetitivos ou em súmula vinculante"* — são dois, portanto, os requisitos para a configuração dessa hipótese de antecipação dos efeitos da tutela postulada: haver *prova documental* do fato alegado — por ser o único meio de prova desse fato — *e* existência de *tese jurisprudencial* assentada sobre a matéria, advinda do julgamento de casos repetitivos ou firmada em súmula vinculante, que é obrigatória para todos;

3ª) *quando "se tratar de pedido reipersecutório fundado em prova documental adequada do contrato de depósito"* — segundo Gajardoni, essa norma recupera o *prestígio do contrato de depósito* porque, "havendo prova documental do contrato de depósito (a prova literal referida no art. 902 do CPC/1973), possibilita-se a imediata retomada da coisa", em medida equivalente à busca e apreensão do DL n. 911/69 e do art. 1.071 do CPC/1973, inclusive porque a tutela antecipada com a ordem de entrega do bem depositado se dará "sob a cominação de multa (astreinte)"; ora, se o direito do autor "se mostra tão evidente ante a prova do depósito", não há o menor sentido em privá-lo da "tutela imediata (embora ainda dependente de confirmação na sentença final)"; enfim, com a concessão da "ordem liminar de busca e apreensão do bem, distribui-se de modo mais justo o tempo do processo, fazendo com que aquele que aparenta não ter razão (o depositário infiel) acabe por suportá-lo" (GAJARDONI, 2015, *on line*).

4ª) *quando "a petição inicial for instruída com prova documental suficiente dos fatos constitutivos do direito do autor, a que o réu não oponha prova capaz de gerar dúvida razoável"* — a hipótese parte da premissa de que o autor junta, já na propositura da ação, *prova documental praticamente incontestável*, cabal, que deixa evidente o direito material buscado em juízo; nesse caso, a menos que o réu não argua falsidade documental ou junte outra prova com igual força probante, capaz de, no mínimo, "gerar dúvida razoável" na mente do julgador, a tutela da evidência deverá ser concedida, para também nesse caso possibilitar a *imediata satisfação* do direito material.

Bem se vê que na primeira e na quarta hipóteses *não há* como o juiz decidir de plano pela concessão da tutela antecipada, porque a evidência surge exatamente no momento em que se verifica o abuso no direito de defesa ou a mera protelação, bem como a ausência de prova idônea a desconstruir a força probatória do documento que comprova a existência do direito do autor. Por isso, a norma do parágrafo único deste art. 311 disciplina que *apenas* na segunda e terceira hipóteses (incisos II e III), "o juiz poderá decidir liminarmente", *inaudita altera parte*. É dizer, não há como investigar manifesto propósito protelatório da parte, abuso do direito de defesa ou até ausência de contraprova idônea enquanto não fluir o prazo de resposta do réu.

A respeito da antecipação da tutela quando se constatar a *incontrovérsia* a respeito de determinado pedido, nos moldes do § 6º do art. 273 do CPC de 1973, o novo Código de Processo Civil não contemplou essa hipótese, disciplinando a questão no seu art. 356, I, segundo o qual o juiz poderá decidir "parcialmente o mérito quando um ou mais dos pedidos formulados ou parcela deles" se apresentar incontroverso. Como já advertia a doutrina, *não se trata* de hipótese de tutela antecipada, porque o juiz já está a julgar o próprio mérito, prolatando *sentença*, portanto, ainda que *parcial*, somente em relação ao(s) pedido(s) que "mostrar-se incontroverso". Daí o novo Código de Processo Civil disciplinar a matéria na Seção III do Capítulo X do Título I do Livro I da Parte Especial, intitulada: "Do Julgamento Antecipado Parcial do Mérito".

PROCESSO DO TRABALHO

Infelizmente, conquanto *plenamente compatível* com os princípios e o procedimento do processo do trabalho, neste não tem sido bem utilizada essa ferramenta de *tamanha efetividade*, que é a tutela da evidência. Em inúmeros processos em trâmite na Justiça do Trabalho se constata o simples abuso do direito de defesa do empregador, conjugado com seu intuito meramente protelatório, tornando o direito, senão manifesto, mais do que provável, *evidente*. De se aproveitar melhor, portanto, no segmento trabalhista, a excepcional norma do *caput* deste art. 311 do novo Código de Processo Civil, a qual autoriza a concessão da tutela da evidência *independentemente* da demonstração de situação de perigo de dano ao próprio direito do trabalhador ou ao resultado útil do processo. Com efeito, se o juiz do trabalho constatar as hipóteses dos incisos I e IV deste artigo, que *defira logo* a tutela de modo antecipado para propiciar a fruição imediata do direito pelo trabalhador, mormente em se tratando de salários e verbas rescisórias.

Sendo assim, também no processo do trabalho a tutela da evidência pode ser concedida pelo juiz quando:

1ª) *"ficar caracterizado o abuso do direito de defesa ou o manifesto propósito protelatório da parte"* — verificada alguma das hipóteses de litigância de má-fé previstas no art. 80 do novo Código de Processo Civil (art. 17 do CPC de 1973), deve o juiz do trabalho não somente condenar o réu por dano processual, mas também *conceder ao trabalhador* a tutela antecipada para lhe possibilitar a imediata fruição do direito porque, como já afirmado, a partir do momento em que houver a efetivação da tutela não terá mais sentido o intuito protelatório ou o abuso de defesa por parte do empregador ou tomador de serviços; igualmente, se o trabalhador não tiver razão alguma, teimando em recorrer contra decisão dada em conformidade com jurisprudência assentada sobre o tema, insistindo em produção de provas quando sabido que não tem o direito vindicado, de se condená-lo por dano processual e, eventualmente, conceder uma tutela da evidência ao empregador, desonerando-o de imediato da obrigação pretendida;

2ª) *"a petição inicial for instruída com prova documental suficiente dos fatos constitutivos do direito do autor, a que o réu não oponha prova capaz de gerar dúvida razoável"* — imagine-se o caso em que o trabalhador junta, com a petição inicial, uma prova documental *praticamente incontestável* de seu direito, por exemplo, um *TRCT* confeccionado pelo próprio empregador, com o cálculo de todas as verbas salariais e rescisórias devidas, com o carimbo do sindicato da categoria dando conta de que a homologação serviu apenas para a liberação do FGTS depositado e para o requerimento do seguro-desemprego, tendo em vista que nenhum valor foi pago; a única prova *idônea* a reverter a eficácia *quase plena* desse documento — que só não pode ser manejado como título executivo extrajudicial por injustificável falta de previsão legal na CLT —, a ser juntada pelo empregador na primeira audiência trabalhista, é o *recibo de pagamento* (posterior) devidamente assinado pelo trabalhador; na falta deste, é mais um caso em que o juiz do trabalho deve conceder a tutela da evidência, caso o empregador conteste o pedido correspondente — e outros, lembrando-se da invariável cumulação de demandas no processo do trabalho.

Quanto à hipótese do inciso II — prova exclusivamente documental e existência de tese jurisprudencial assentada sobre o tema (julgamento de casos repetitivos ou súmula vinculante) —, como os requisitos são *cumulativos*, pelo uso da conjunção aditiva "e", não nos recordamos de direito trabalhista que esteja garantido por súmula vinculante. Assim, até que haja iterativa jurisprudência dos tribunais do trabalho no julgamento de IRDR — incidente de resolução de demandas repetitivas — ou súmula vinculante sobre algum direito trabalhista que dependa apenas de prova documental, não vemos como aplicar essa hipótese ao processo do trabalho.

Já a hipótese do inciso III — quando "se tratar de pedido reipersecutório fundado em prova documental adequada do contrato de depósito" — não tem mesmo a *menor possibilidade* de aplicação no processo laboral, porque a Justiça do Trabalho *não tem* competência material para decidir ações fundadas em contrato de depósito, em sentido estrito. O que poderá ocorrer é a necessidade de uma medida cautelar de busca e apreensão de bens, caso em que o juiz do trabalho até poderá conceder uma tutela da evidência, por analogia, para resguardar a coisa sobre a qual as partes litigam, por exemplo, ferramentas de trabalho. A mesma solução pode ser pensada para a busca e apreensão de CTPS em poder do empregador, inclusive com a imediata entrega do documento ao trabalhador, mas sem que, nem de longe, haja no caso uma demanda fundada em "contrato de depósito".

Enfim, também no processo do trabalho o juiz poderia decidir de plano pela concessão da tutela antecipada, deferindo-a liminarmente, sem oitiva do réu, apenas nas hipóteses dos incisos II e III deste art. 311 — e a se entender que são cabíveis na Justiça do Trabalho. Se não há como aferir manifesto propósito protelatório, abuso do direito de defesa ou ausência de contraprova idônea enquanto não terminado o prazo de defesa do réu, na (primeira) *audiência trabalhista*, não há como o juiz do trabalho deferir a tutela da evidência antes desse momento.

LIVRO VI

DA FORMAÇÃO, DA SUSPENSÃO E DA EXTINÇÃO DO PROCESSO

TÍTULO I
DA FORMAÇÃO DO PROCESSO

Art. 312.

Considera-se proposta a ação quando a petição inicial for protocolada, todavia, a propositura da ação só produz quanto ao réu os efeitos mencionados no art. 240 depois que for validamente citado.

Comentário de *José Antônio Ribeiro de Oliveira Silva*

PROPOSITURA DA AÇÃO

A norma deste art. 312 corresponde à do art. 263 do CPC de 1973, mas foi, no entanto, bastante simplificada. Doravante, não importa se o fórum tem vara única ou mais de uma vara, porque não será mais o despacho da petição inicial e nem a distribuição da petição inicial que definirá o marco inicial da propositura da ação, e sim o mero *protocolo* da petição inicial. Daí por diante, não importa se a petição inicial — com os documentos que a acompanham — será direcionada a uma das varas, após distribuição, ou à vara única, porque o processo já estará em curso.

Contudo, como no regime anterior, a propositura da ação produzirá os efeitos mencionados no art. 240 do novo Código de Processo Civil — induz litispendência, torna litigiosa a coisa e constitui em mora o devedor — em relação ao réu *somente* "depois que for validamente citado". Até o aperfeiçoamento deste ato processual imprescindível à formação da *litiscontestatio* a relação jurídica processual ainda estará em formação, não podendo surtir efeito em face de pessoa que ainda não tem conhecimento da existência do processo. Quanto à interrupção da prescrição, nos moldes do § 1º do referido art. 240, depende de despacho do juízo, ainda que incompetente, ordenando a citação do réu, para que ela possa ocorrer; no entanto, essa interrupção *retroage* à data da propositura da ação, ou seja, à data em que simplesmente protocolada a petição inicial.

PROCESSO DO TRABALHO

No processo do trabalho temos regras próprias quanto à propositura da ação (reclamação) trabalhista, nos arts. 837 — nas localidades em que houver apenas uma vara, "a reclamação será apresentada diretamente à secretaria" da vara —, 838 — nas localidades em que houver mais de uma vara, "a reclamação será, preliminarmente, sujeita a distribuição", nos termos dos arts. 783 a 788 da CLT — e 841 da Consolidação, sendo que este último menciona o *protocolo* da reclamação.

Assim, no processo do trabalho *sempre foi* o mero protocolo da petição inicial o ato que dá início à formação do processo, de modo que a primeira parte do art. 263 do CPC de 1973 não tinha aplicação no segmento juslaboral, inclusive por mencionar o despacho da petição inicial pelo juiz, ato que não existe no processo do trabalho, *ex vi* do art. 841 da CLT. Igual sorte terá a primeira parte deste art. 312.

Sem embargo, a parte final do art. 312 — correspondente à parte final do referido art. 263 —, quando exige a citação do réu para que em face dele se produzam os efeitos da litispendência, da coisa litigiosa e da *mora debendi*, não encontra similar no processo do trabalho. Não obstante, a citação, na Justiça do Trabalho, é ato de secretaria, automático, que independe de qualquer despacho do juiz, em conformidade com o art. 841 da CLT: "*Recebida e protocolada a reclamação, o escrivão ou secretário, dentro de 48 (quarenta e oito) horas, remeterá a segunda via da petição, ou do termo, ao reclamado, notificando-o ao mesmo tempo, para comparecer à audiência do julgamento, que será a primeira desimpedida, depois de 5 (cinco) dias*".

Por isso, no processo do trabalho também é o *simples protocolo* da petição inicial que dá ensejo à litispendência, inclusive no litígio para entrega de coisa, à mora (art. 883 da CLT, parte final) e também à interrupção da prescrição, nos termos da Súmula n. 263 do C. TST: "*A ação trabalhista, ainda que arquivada, interrompe a prescrição somente em relação aos pedidos idênticos*". É dizer, ainda que não citado o réu, e mesmo que arquivada a ação trabalhista, haverá *interrupção da prescrição*, todavia, exclusivamente em relação aos pedidos formulados na primeira demanda.

TÍTULO II
DA SUSPENSÃO DO PROCESSO

Art. 313.

Suspende-se o processo:

I – pela morte ou pela perda da capacidade processual de qualquer das partes, de seu representante legal ou de seu procurador;

II – pela convenção das partes;

III – pela arguição de impedimento ou de suspeição;

IV – pela admissão de incidente de resolução de demandas repetitivas;

V – quando a sentença de mérito:

a) depender do julgamento de outra causa ou da declaração de existência ou de inexistência de relação jurídica que constitua o objeto principal de outro processo pendente;

b) tiver de ser proferida somente após a verificação de determinado fato ou a produção de certa prova, requisitada a outro juízo;

VI – por motivo de força maior;

VII – quando se discutir em juízo questão decorrente de acidentes e fatos da navegação de competência do Tribunal Marítimo;

VIII – nos demais casos que este Código regula.

§ 1º Na hipótese do inciso I, o juiz suspenderá o processo, nos termos do art. 689.

§ 2º Não ajuizada ação de habilitação, ao tomar conhecimento da morte, o juiz determinará a suspensão do processo e observará o seguinte:

I – falecido o réu, ordenará a intimação do autor para que promova a citação do respectivo espólio, de quem for o sucessor ou, se for o caso, dos herdeiros, no prazo que designar, de no mínimo 2 (dois) e no máximo 6 (seis) meses;

II – falecido o autor e sendo transmissível o direito em litígio, determinará a intimação de seu espólio, de quem for o sucessor ou, se for o caso, dos herdeiros, pelos meios de divulgação que reputar mais adequados, para que manifestem interesse na sucessão processual e promovam a respectiva habilitação no prazo designado, sob pena de extinção do processo sem resolução de mérito.

§ 3º No caso de morte do procurador de qualquer das partes, ainda que iniciada a audiência de instrução e julgamento, o juiz determinará que a parte constitua novo mandatário, no prazo de 15 (quinze) dias, ao final do qual extinguirá o processo sem resolução de mérito, se o autor não nomear novo mandatário, ou ordenará o prosseguimento do processo à revelia do réu, se falecido o procurador deste.

§ 4º O prazo de suspensão do processo nunca poderá exceder 1 (um) ano nas hipóteses do inciso V e 6 (seis) meses naquela prevista no inciso II.

§ 5º O juiz determinará o prosseguimento do processo assim que esgotados os prazos previstos no § 4º.

Comentário de *José Antônio Ribeiro de Oliveira Silva*

SUSPENSÃO DO PROCESSO

O art. 313 do novo Código de Processo Civil corresponde, em larga medida, ao art. 265 do CPC de 1973, com o acréscimo de duas hipóteses de suspensão não tratadas no CPC/1973 (incisos IV e VII do art. 313), disciplina melhor sobre a suspensão e seus efeitos nos casos de morte ou perda da capacidade

Art. 313

processual das partes, de seu representante legal ou de seu procurador (§§ 1º e 2º) e trata com mais precisão do prosseguimento do processo, especialmente nos §§ 4º e 5º. Ocorrendo qualquer dos fatos ali especificados — alguns que devem ser comprovados nos autos pelo interessado —, o juiz deverá *sempre* determinar a suspensão do processo.

Como é sabido, este longo dispositivo normatiza as hipóteses de *suspensão do processo*, a saber:

1ª) *pela morte de qualquer das partes* — no caso de morte da parte, os herdeiros devem proceder à habilitação nos mesmos autos, em ação incidental, nos termos do art. 689 do novo Código de Processo Civil (§ 1º do art. 313), cujo procedimento é o dos arts. 690 a 692 do CPC/2015; se não houver a propositura da referida ação, o juiz tomará as seguintes providências, conforme o polo da relação jurídica processual em que se verificou a morte:

a) *se falecido o réu*, o juiz "ordenará a intimação do autor para que promova a citação do respectivo espólio, de quem for o sucessor ou, se for o caso, dos herdeiros, no prazo que designar, de no mínimo 2 (dois) e no máximo 6 (seis) meses", nos moldes do inciso I do § 2º deste art. 313, sob pena de extinção do processo sem resolução do mérito;

b) *se falecido o autor* e desde que o direito por este postulado seja transmissível — porque se não passível de transmissão, sendo personalíssimo, o processo deverá ser extinto sem resolução do mérito —, o juiz "determinará a intimação de seu espólio, de quem for o sucessor ou, se for o caso, dos herdeiros, pelos meios de divulgação que reputar mais adequados" — publicação em jornais, divulgação em rádio, na rede mundial de computadores (internet) etc. —, para que, caso tenham interesse na sucessão, "promovam a respectiva habilitação no prazo designado" — um prazo razoável, no máximo, de seis meses —, "sob pena de extinção do processo sem resolução de mérito", em conformidade com o inciso II do § 2º do art. 313;

2ª) *pela morte do representante legal de qualquer das partes* — embora não haja regramento específico para essa hipótese, neste art. 313, as soluções são as mesmas já alvitradas para o caso no art. 76 do novo Código, dependendo do polo da relação jurídica processual em que se verificar a morte do representante legal; *se falecido o representante do réu*, o juiz assinará prazo razoável para regularização da representação processual, sob pena de se declarar sua revelia; de outra mirada, *se falecido o representante do autor* e este não promover a referida regularização no prazo que lhe for assinado, o juiz determinará a extinção do processo sem resolução do mérito (§ 1º do referido art. 76);

3ª) *pela morte do procurador de qualquer das partes* — nesse caso houve uma mudança de diretriz com o Código de 2015, pois, "ainda que iniciada a audiência de instrução e julgamento", o juiz deverá *suspender o processo* — e, portanto, não realizará a audiência —, assinando prazo de 15 dias para que a parte constitua novo mandatário, ou seja, novo advogado, com as cominações do § 3º deste art. 313, mais uma vez, dependendo da posição da parte na relação processual: a) *se o autor* não nomear novo advogado, o juiz "extinguirá o processo sem resolução de mérito"; b) *se o réu* não o fizer, o juiz "ordenará o prosseguimento do processo à revelia" dele;

4ª) *pela perda da capacidade processual* de qualquer das partes, de seu representante legal ou de seu procurador — nessas três hipóteses, as soluções são as mesmas alvitradas para as três situações anteriores, relacionadas à morte da parte, de seu representante ou de seu procurador;

5ª) *pela convenção das partes* — o novo Código mantém a possibilidade de o processo ser suspenso por vontade de ambas as partes, especialmente se a suspensão se dá para tentativa conciliatória; de resto, mantém-se o *prazo máximo* de seis meses para essa suspensão (§ 4º do art. 313), findo o qual o juiz, de ofício, determinará o prosseguimento do feito (§ 5º do mesmo artigo);

6ª) *pela arguição de impedimento ou de suspeição* — nessa hipótese houve duas mudanças significativas com o novo Código; primeiramente, *não haverá mais* exceção de incompetência relativa, como já visto anteriormente nos comentários ao art. 64 e §§, motivo pelo qual não há falar em suspensão do processo por esse motivo, como previsto no § 4º do art. 265 o CPC/1973, regra não repetida no Código de 2015; em segundo plano, o inciso III deste art. 313 faz menção unicamente a arguição de impedimento ou de suspeição, não mais mencionando juiz (juízo), câmara ou tribunal, de modo que, numa interpretação literal, poder-se-ia concluir que qualquer exceção de impedimento ou de suspeição, seja do juiz ou de auxiliares da justiça, conduziria à suspensão do processo para a solução do incidente processual; contudo, o § 2º do art. 148 do novo Código — como já o fazia o § 1º do art. 138 do CPC/1973 — evidencia que, no caso se impedimento ou suspeição de membro do MP ou de auxiliares da justiça, *não haverá* suspensão do processo, pois o incidente será processado em separado; ademais, até mesmo em relação ao juiz da causa poderá não haver suspensão do processo, por determinação do relator ao qual for distribuído o incidente (§ 2º, I, do art. 146 do novo Código);

7ª) *pela admissão de incidente de resolução de demandas repetitivas* — esta hipótese se trata de absoluta novidade no sistema processual brasileiro, condizente com o IRDR — incidente de resolução de demandas repetitivas —, novo instituto introduzido nos arts. 976 a 987 do novo Código, cabível quando presentes os pressupostos cumulativos do art. 976, matéria sobre a qual comentaremos oportunamente;

8ª) *quando a sentença de mérito "depender do julgamento de outra causa ou da declaração de existência ou de inexistência de relação jurídica que constitua o objeto principal de outro processo pendente"* — situação bastante clara e muito encontrada na prática processual, por exemplo, quando há uma ação penal em andamento e a existência do crime e de sua autoria possam influir no resultado da demanda de natureza cível; nesse caso, como se trata de matéria cuja competência para solução é da Justiça criminal, convém aguardar o resultado daquela ação, para que não haja decisão em sentido contrário no juízo cível; não obstante, o processo em curso na Justiça civil não pode ficar eternamente suspenso, sobretudo quando houver outros meios de se solucioná-lo com justiça, motivo pelo qual o *prazo máximo* de suspensão é de um ano (§ 4º do art. 313); findo esse prazo, com ou sem solução do outro processo, o que estava suspenso terá seu prosseguimento, por determinação judicial, inclusive de ofício (§ 5º do mesmo artigo);

9ª) *quando a sentença de mérito "tiver de ser proferida somente após a verificação de determinado fato ou a produção de certa prova, requisitada a outro juízo"* — também aqui a regra é bastante clara e se trata de hipótese bastante frequente no dia a dia forense; a situação mais encontrada é a de expedição de *carta precatória* para produção de determinada prova em outro juízo, sobretudo a prova testemunhal; presentes os requisitos para a expedição dessa precatória, o juiz deve determinar sua expedição e também aguardar a produção da prova e o retorno da deprecata, sob pena de ofensa aos princípios do contraditório e da ampla defesa; contudo, o processo não pode ficar indefinidamente suspenso, principalmente quando se tratar de causa urgente ou se havia outros meios de produção da prova no juízo originário; por isso mesmo, *não haverá* violação aos referidos princípios constitucionais do processo se o juiz, vencido o prazo de um ano sem produção da prova no juízo deprecado, determinar o prosseguimento do processo que estava suspenso, porque a isso autorizado pelos §§ 4º e 5º deste art. 313; enfim, de se observar que a hipótese da letra "c" do inciso IV do art. 265 do CPC/1973 não foi repetida no novo Código;

10ª) *por motivo de força maior* — havendo fato extraordinário, imprevisível e inevitável que conduza à necessidade de suspensão do processo, como uma inundação que torne impossível a continuidade da prática dos serviços forenses, por óbvio que o processo deverá ser suspenso;

11ª) *"quando se discutir em juízo questão decorrente de acidentes e fatos da navegação de competência do Tribunal Marítimo"* — trata-se de novidade introduzida pelo novo Código, que acreditamos ser bem esporádica no dia a dia forense;

12ª) *nos demais casos que o Código regula* — e várias são as hipóteses espalhadas pelo Código, que foram ou serão comentadas oportunamente.

PROCESSO DO TRABALHO

No processo do trabalho sempre houve aplicação de grande parte das hipóteses de suspensão do processo previstas no art. 265 do CPC/1973, de sorte que não vemos óbices à continuidade de aplicação dessas hipóteses, agora previstas no longo rol do art. 313 do novo Código de Processo Civil. À míngua de normativa própria, desde que compatíveis com as regras e princípios do processo laboral, as regras do art. 313 serão neste aplicáveis, merecendo destaque as seguintes observações:

1ª) ocorrendo a *morte de qualquer das partes*, seus herdeiros devem proceder à habilitação, nos mesmos autos, de modo simples e informal, *por mera petição*, da qual se dará vista à parte contrária, sem a necessidade de ação incidental, sendo que o juiz do trabalho poderá determinar essa habilitação de ofício (art. 765 da CLT); o prazo para tanto deverá ser o suficiente, de no máximo 30 dias, a não ser em casos extremos; se o falecido for o trabalhador e desde que os direitos por este postulados sejam transmissíveis — por ex., o direito à reintegração no emprego não é transmissível, mas somente o direito à indenização do período de garantia de emprego —, a habilitação será feita nos moldes da Lei n. 6.858/80, como já mencionado; não havendo habilitação, o processo será extinto sem resolução do mérito;

2ª) noticiada a *morte do representante legal* de qualquer das partes, de se aplicar o regramento do art. 76 do novo Código, observando-se o polo da relação jurídica processual em que se verificou a morte, tendo como consequências a revelia ou a extinção do processo sem resolução do mérito, da mesma maneira como ocorre no processo civil;

3ª) no entanto, a *morte do procurador* de qualquer das partes, no processo do trabalho, *não produz* os mesmos efeitos que no processo civil, diante do *ius postulandi* que ainda vigora no processo laboral, *ex vi* do art. 791 da CLT; daí que o juiz do trabalho assinará prazo de 15 dias — ou um prazo menor, dependendo da urgência da solução do caso — para que a parte constitua novo advogado; porém, não sendo cumprida a providência, quer se trate do autor, quer se trate do réu, a solução será a mesma: o juiz *ordenará o prosseguimento do processo*, não sendo o caso de se declarar revelia, pois, nessa hipótese, de se presumir que a parte quis se valer de seu direito à postulação em nome próprio, ainda que não tenha formação jurídica;

4ª) quanto à *convenção das partes* para a suspensão do processo, pensamos que essa previsão legal se aplica no processo do trabalho em uma única hipótese: para a *tentativa conciliatória*, que sempre foi a finalidade precípua da Justiça do Trabalho (art. 764 da CLT); ademais, o prazo dessa suspensão não dever ser longo, sendo suficiente o prazo de 30 dias; ainda que não se entenda assim, jamais esse prazo poderá ser superior a seis meses, o *prazo máximo* inclusive nos domínios do processo civil;

5ª) se houver *arguição de impedimento ou de suspeição* — no processo do trabalho, por meio de exceção, pelo menos quanto à suspeição do juiz, nos moldes do art. 801 da CLT — o processo *deverá ser suspenso* até a solução pelo tribunal, tendo em vista que não temos mais na Justiça do Trabalho a representação classista e, sendo assim, o próprio juiz acusado de parcialidade não poderá decidir sobre seu impedimento ou suspeição, sob pena de afronta aos princípios do juiz natural e do devido processo legal; quanto ao procedimento, de se observar o art. 146 do novo Código de Processo Civil e as regras regimentais de cada tribunal do trabalho;

6ª) também no processo do trabalho pode ocorrer de a sentença de mérito, no processo em curso, *depender do julgamento de outra causa*, ainda que nesta se busque apenas a declaração de existência (ou de inexistência) de determinada relação jurídica; por ex.: alegada *justa causa* por sério ato de improbidade, fato que está sendo apurado na Justiça criminal, convém aguardar-se a definição sobre a prática de crime e de sua autoria; tendo o trabalhador postulado num processo o reconhecimento de *vínculo de emprego* e as verbas rescisórias, e noutro o pagamento de horas extraordinárias e reflexos correspondentes, de bom alvitre que se aguarde a solução daquele, em primeiro lugar; sem embargo, no processo do trabalho também deve ser respeitado o *prazo máximo* de suspensão, que é de um ano, após o qual o processo que estava suspenso deverá ter seu prosseguimento, a requerimento da parte ou de ofício, a não ser que haja motivação convincente acerca da injustiça que isso poderia causar;

7ª) a mesma solução se apresenta se a sentença de mérito trabalhista não puder ser proferida antes da verificação de determinado fato ou da *produção de prova requisitada a outro juízo*; por ex.: a expedição de *carta precatória* para oitiva de testemunhas em outro fórum trabalhista; não obstante, como já se afirmou, não haverá qualquer ofensa aos princípios do contraditório e da ampla defesa se, vencido o *prazo de um ano* sem a produção da prova, o juiz do trabalho determinar o prosseguimento do processo que se encontrava suspenso, inclusive porque no processo do trabalho a quase totalidade das verbas reclamadas é de natureza alimentar, como exaustivamente lembrado nestes comentários;

8ª) havendo autêntico caso de força maior e em se admitindo no processo do trabalho o incidente de resolução de demandas repetitivas, de se determinar a suspensão processual nas hipóteses, bem como em outras previstas em lei ou surgidas por necessidade imperiosa; contudo, *nenhuma aplicação* tem no processo do trabalho a hipótese do inciso VII do art. 313 do novo Código de Processo Civil, porque a competência do Tribunal Marítimo não se sobrepõe, em questões trabalhistas, à competência constitucional da Justiça do Trabalho (art. 114 da Constituição da República Federativa do Brasil).

Art. 314.

Durante a suspensão é vedado praticar qualquer ato processual, podendo o juiz, todavia, determinar a realização de atos urgentes a fim de evitar dano irreparável, salvo no caso de arguição de impedimento e de suspeição.

Comentário de José Antônio Ribeiro de Oliveira Silva

A norma deste artigo corresponde à do art. 266 do Código de 1973, havendo nela *duas regras*: 1ª) durante todo o período em que o processo permanece suspenso, *não se pode* praticar ato processual; 2ª) contudo, não podem ser obstaculizados os *atos urgentes*, sobretudo os que, não realizados, possam importar em manifesto prejuízo à parte, podendo lhe causar dano irreparável; nesse caso, numa *tutela preventiva de dano*, autoriza-se a prática desses atos urgentes, após o que o processo, ainda pendente a causa de suspensão, retorna à posição de aguardo.

A novidade fica por conta da parte final deste dispositivo, segundo a qual nem mesmo os atos urgentes para se evitar dano grave à parte podem ser praticados, quando a causa de suspensão for a *arguição de impedimento ou de suspeição do juiz*. Ora, se questionada sua imparcialidade, não pode o juiz determinar a prática de nenhum ato processual, tampouco praticar os que lhe competem, enquanto não solucionada a arguição de sua parcialidade que, se constatada, pode ferir o *princípio do juiz natural*. Assim, a menos que o relator receba o incidente sem efeito suspensivo (inciso I do § 2º do art. 146, já comentado), ainda que se trate de tutela de urgência, o juiz da causa não poderá apreciar o pedido, tampouco determinar a prática de quaisquer atos tendentes a evitar dano ao direito.

Quanto ao *processo do trabalho*, não havendo regramento específico e sendo absolutamente compatíveis com sua dinâmica essas diretrizes do art. 314 do novo Código, por certo que nele se dará a *aplicabilidade* dessa norma.

Art. 315.

Se o conhecimento do mérito depender de verificação da existência de fato delituoso, o juiz pode determinar a suspensão do processo até que se pronuncie a justiça criminal.

§ 1º Se a ação penal não for proposta no prazo de 3 (três) meses, contado da intimação do ato de suspensão, cessará o efeito desse, incumbindo ao juiz cível examinar incidentemente a questão prévia.

§ 2º Proposta a ação penal, o processo ficará suspenso pelo prazo máximo de 1 (um) ano, ao final do qual aplicar-se-á o disposto na parte final do § 1º.

Comentário de *José Antônio Ribeiro de Oliveira Silva*

SUSPENSÃO DO PROCESSO EM QUESTÃO CRIMINAL

A hipótese deste art. 315, no fundo, é a mesma retratada no inciso V do art. 313, mas específica para o caso de haver uma *questão penal* a ser examinada e solucionada na justiça criminal. As regras do *caput* e do § 1º correspondem às do art. 110 e § 1º do CPC/1973. A regra do § 2º não encontra correspondência no CPC/1973.

Como já afirmamos, se a existência do delito e a definição de sua autoria podem influir na solução da demanda de natureza cível, convém aguardar o resultado da ação penal, para que não haja decisões conflitantes sobre os mesmos fatos, com a agravante de, em determinados casos, a decisão transitada em julgado na esfera criminal produzir efeitos (coisa julgada) nas demandas de natureza civil, *ex vi* dos arts. 63 a 67 do Código de Processo Penal.

Entrementes, se a ação penal nem sequer foi proposta ainda, estando a apuração do fato em sede de inquérito policial, de se aguardar apenas o *prazo de três meses*. Vencido este, sem notícia da propositura da ação penal, cabe ao juiz cível determinar o prosseguimento do processo sob sua jurisdição, examinando, em caráter incidental, a questão (criminal) prévia. E mesmo depois de proposta a ação penal, o processo cível não pode ficar suspenso por tempo indeterminado. A não ser em casos de extrema gravidade, o *prazo máximo* de suspensão deve ser de um ano, ao final do qual o juiz cível deverá determinar o prosseguimento do processo que se encontrava suspenso, decidindo incidentemente a questão prévia, sem que essa decisão ganhe a qualidade de coisa julgada, por não ter este juiz competência criminal.

Quanto ao *processo do trabalho*, diante da lacuna primária e da compatibilidade com sua normativa, *aplicam-se* estas regras do art. 315 e §§ do novo Código de Processo Civil. Não obstante, de se determinar a suspensão do processo laboral apenas em casos graves, com indícios fortes da prática de algum ilícito penal, e de se observar *rigorosamente* os prazos máximos de suspensão dos §§ 1º e 2º aqui analisados, diante da premência da solução da causa trabalhista, sobretudo quando houve dispensa por justa causa e o trabalhador nem sequer recebeu as verbas tipicamente rescisórias.

TÍTULO III
DA EXTINÇÃO DO PROCESSO

Art. 316.

A extinção do processo dar-se-á por sentença.

Comentário de José Antônio Ribeiro de Oliveira Silva

NOÇÃO DE SENTENÇA

A regra deste art. 316 não encontra correspondência no CPC de 1973. Até 2005 não havia muito questionamento sobre o *conceito de sentença*, como um ato judicial, tendo em vista que o § 1º do art. 162 do CPC/1973 definia sentença como "o ato pelo qual o juiz põe termo ao processo, decidindo ou não o mérito da causa". Daí que a sentença sempre importava na extinção do processo. Se por meio dela o juiz resolvia o mérito, a pretensão material deduzida em juízo, prolatava uma sentença *definitiva*; caso contrário, se havia algum óbice de natureza processual à apreciação do mérito, sua sentença era apenas *terminativa*.

Contudo, a partir da Lei n. 11.232/2005, que reformou o processo civil e instituiu o chamado *processo sincrético*, extirpando do sistema o chamado processo de execução, o conceito de sentença passou a ser rediscutido na doutrina, a partir da nova redação dada ao referido § 1º por esta lei: *"Sentença é o ato do juiz que implica alguma das situações previstas nos arts. 267 e 269 desta Lei"*. Como sabido, o art. 267 do CPC de 1973 trata das hipóteses nas quais o juiz extingue o processo sem resolução do mérito (sentença terminativa), ao passo que o art. 269 disciplina as hipóteses de sentença com resolução do mérito, que será definitiva apenas se não houver interposição de recurso contra ela. Se interposto recurso (apelação) contra a sentença, a terminativa ou a de mérito, o processo prossegue, em grau recursal, ainda que haja cumprimento (provisório) da sentença condenatória. Daí porque a doutrina passou a conceituar sentença como o *ato judicial que encerra o procedimento em primeiro grau de jurisdição*.

Agora, disciplinando este art. 316 que a extinção do processo ocorrerá sempre por meio de uma *sentença*, mudam-se as noções de sentença? A sentença voltará a ser o ato judicial por meio do qual se coloca termo (final) ao processo? A resposta parece ser *negativa*, porquanto o § 1º do art. 203 do novo Código de Processo Civil — correspondente ao § 1º do art. 162 do CPC/1973 — continua com a mesma diretriz adotada em 2005, definindo sentença como *"o pronunciamento por meio do qual o juiz, com fundamento nos arts. 485 e 487, põe fim à fase cognitiva do procedimento comum, bem como extingue a execução"*. No início do dispositivo, apenas ressalvas quanto às "disposições expressas dos procedimentos especiais". Com efeito, à semelhança dos arts. 267 e 269 do CPC de 1973, os arts. 485 e 487 do CPC/2015 tratam, respectivamente, das hipóteses nas quais o juiz prolata sentença sem resolver o mérito e das hipóteses de sentença em que ocorre a resolução do mérito, não havendo qualquer alusão a extinção do processo.

Sendo assim, a sentença não extingue o processo, a menos que seja terminativa e contra ela não haja interposição de recurso no prazo hábil. Havendo recurso ou sendo o caso de se cumprir algum comando sentencial, por certo que o processo segue seu curso até que nenhum ato processual seja mais necessário ou possível (preclusão). Aí, sim, ocorrerá a *extinção do processo*, inclusive na fase de execução, nos termos do art. 925 do novo Código de Processo Civil, correspondente ao art. 795 do CPC/1973.

No *processo do trabalho*, ainda que haja as disposições dos arts. 832 e 852-I da CLT, não há disciplina específica sobre a temática tratada no Código de Processo Civil, quanto à noção de sentença, de suas hipóteses de incidência e de seus efeitos, motivo pelo qual não vemos *nenhum óbice* à aplicação tanto do art. 316 quanto dos arts. 485, 487 e 925 do novo Código de Processo Civil na seara trabalhista. Claro que há hipóteses no rol do art. 485 que são inaplicáveis no processo do trabalho (perempção e convenção de arbitragem, esta para as ações individuais), mas isso será objeto de análise oportunamente.

Art. 317.

Antes de proferir decisão sem resolução de mérito, o juiz deverá conceder à parte oportunidade para, se possível, corrigir o vício.

Comentário de *José Antônio Ribeiro de Oliveira Silva*

CORREÇÃO DO VÍCIO DE NATUREZA PROCESSUAL

Este dispositivo encontra parcial correspondência no art. 284 do CPC/1973, apenas quanto à preocupação de oportunizar ao autor a emenda da petição inicial, para corrigir defeitos daquela peça que dificultem a solução do mérito.

Não obstante, a norma deste art. 317 tem uma abrangência muito mais ampla, pois se dirige a *ambas as partes* e a qualquer *vício de natureza processual* que possa ser sanado. Assim, tratando-se de vício que possa ser corrigido, o juiz não poderá proferir sentença terminativa, deixando de apreciar o mérito, sem oportunizar à parte que tenha o ônus de corrigir o vício, *prazo razoável* para fazê-lo. Portanto, o prazo poderá ser inferior ou mesmo superior a 10 dias, dependendo do caso concreto.

De modo que, coerente com outras regras do novo Código de Processo Civil, esta norma enfatiza que o juiz deve, *sempre*, buscar a solução do processo, resolvendo seu mérito, as pretensões materiais deduzidas pelas partes, não se apegando ao formalismo processual para tangenciar a solução da controvérsia. A sentença terminativa não atende aos interesses mediatos de nenhuma das partes, sobretudo quando a parte possa corrigir o vício em outro processo — a grande maioria dos casos (art. 486 e §§ do novo Código) —, além de contrariar os *princípios da economia processual, do acesso à justiça e da efetividade*. Daí a *preferência*, absoluta, *pela decisão de mérito*, a qual mereceu o maior prestígio possível no CPC de 2015.

Com essa perspectiva, por óbvio que a regra do art. 317, em análise, é *plenamente compatível* com o processo do trabalho, que não tem regra semelhante, e, por isso, pode perfeitamente agasalhá-la em seu espaço de especialização.

REFERÊNCIAS BIBLIOGRÁFICAS

ALVIM, Arruda. *Manual de direito processual civil*. 2. ed., v. I. São Paulo: Revista dos Tribunais, 1986.

AMARAL, Paulo Osternack. In: WAMBIER, Teresa Arruda Alvim *et al* (coord.). *Breves comentários ao Novo Código de Processo Civil*. São Paulo: Revista dos Tribunais, 2015.

AMENDOEIRA JR., Sidnei. In: WAMBIER, Teresa Arruda Alvim *et al* (coord.). *Breves comentários ao Novo Código de Processo Civil*. São Paulo: Revista dos Tribunais, 2015.

ARAGÃO, Egas Dirceu Moniz de. *Comentários ao código de processo civil*, Lei n. 5.869, de 11 de janeiro de 1973. V. II: arts. 154-269. 9. ed. rev. e atual. Rio de Janeiro: Forense, 1998.

ASSIS, Carlos Augusto. *Código de Processo Civil Anotado*. In: TUCCI, José Rogério Cruz e; FERREIRA FILHO, Manoel Caetano; APRIGLIANO, Ricardo de Carvalho; DOTTI, Rogéria Fagundes; MARTINS, Sandro Gilbert (coord.). São Paulo/Curitiba: AASP/OAB-PR, 2015.

BARROS, Alice Monteiro de. *Curso de direito do trabalho*. 3. ed. São Paulo: LTr, 2007.

BASSO, Guilherme Mastrichi. *Dissídio coletivo de natureza jurídica*. Brasília: Revista Jurídica Virtual, v. 1, n. 4, ago. 1999. Disponível em: <http://www.planalto.gov.br/ccivil_03/revista/Rev_04/diss%EDdio_coletivo_de_natureza_ju.htm>. Acesso em: 20 abr. 2015.

BATALHA, Wilson de Souza Campos. *Tratado de direito judiciário do trabalho*. 3. ed., v. I. São Paulo: LTr, 1995.

BATISTA, J. Pereira. *Reforma do processo civil*: princípios fundamentais. Lisboa, Lex, 1997.

BAUR, Fritz. *Wege zu einer Konzentration der mündlichen Verhandlung im Prozeß*. Berlin: Walter de Gruyter, 1966.

BECKER, Rodrigo Frantz. *Amicus curiae no Novo CPC*. Informativo Jota. Disponível em: <http://jota.info/amicus-curiae-novo-cpc>. Acesso em: 15 ago. 2015

BOCHENEK, Antônio César. *Competência cível da justiça federal e dos juizados especiais cíveis*. São Paulo: Revista dos Tribunais, 2004.

BONAVIDES, Paulo. *Curso de direito constitucional*. 19. ed. atual. São Paulo: Malheiros, 2006.

BÖTTCHER, Hans-Ernst. *The Role of the Judiciary in Germany*. German Law Journal: Review of Developments in German, European and International Jurisprudence, Lexington, German Law Journal, out. 2004, v. 5, n. 10, p. 1317-1330. Disponível em: <*http://www.germanlawjournal.com/ index. php?pageID=11&artID=508*>. Acesso em: 6 jan. 2012.

BRAIN, Daniel Horacio. *Derecho procesul del trabajo*. Córdoba: Advocatus, 2008.

BUEN L., Nestor de. *Derecho procesal del trabajo*. 12. ed. México: Porrua, 2002.

BUENO, Cassio Scarpinella. *Quatro perguntas e quatro respostas sobre o* amicus curiae. Revista Nacional da Magistratura, ano II, n. 5. Brasília: Escola Nacional da Magistratura/Associação dos Magistrados Brasileiros, mai. 2008.

_____. *Novo Código de Processo Civil anotado*. São Paulo: Saraiva, 2015.

CALAMANDREI, Piero. *Proceso y democracia*. Trad. Hector Fix Zamudio. Buenos Aires: Ediciones Juridicas Europa-America, 1960.

CANOTILHO, J. J. Gomes. *Direito constitucional e teoria da Constituição*. 3. ed. Coimbra: Almedina, 1999.

CAPPELLETTI, Mauro; GARTH, Bryant. *Acesso à justiça*. Trad. Ellen Gracie Northfleet. Porto Alegre: Sérgio Antonio Fabris Editor, 1988.

CARNEIRO. Athos Gusmão. *Jurisdição e competência*: área do direito processual civil. 13. ed., rev. e atual. de conformidade com a jurisprudência do Superior Tribunal de Justiça. São Paulo: Saraiva, 2004.

CARNEIRO, Paulo Cezar Pinheiro. In: WAMBIER, Teresa Arruda Alvim *et al*. *Breves comentários ao Código de Processo Civil*. São Paulo: Revista dos Tribunais, 2015.

CARRAZZA, Roque Antonio. *Curso de direito constitucional tributário*. 5. ed. São Paulo: Malheiros, 1993.

CASTELO, Jorge Pinheiro. *O direito material e processual do trabalho e a pós-modernidade*: a CLT, o CDC e as repercussões do novo código civil. São Paulo: LTr, 2003.

CINTRA, Antonio Carlos de Araújo; GRINOVER, Ada Pellegrini; DINAMARCO, Cândido Rangel. *Teoria geral do processo*. 9. ed. São Paulo: Malheiros, 1993.

_____. *Teoria geral do processo*. 22. ed. rev. e atual., de acordo com a EC n. 45, de 8.12.2004 e com a Lei n. 11.232, de 22.12.2005. São Paulo: Malheiros, 2006.

COMOGLIO, Luigi Paolo; FERRI, Corrado; TARUFFO, Michele. *Lezioni sul processo civil*. 2. ed. Bologna: Il Mulino, 1998.

CORRÊA, Lélio Bentes, *et al*. O juiz do trabalho e a competência para autorizações do trabalho artístico de crianças e adolescentes. *Revista do Tribunal Regional do Trabalho da 15ª Região*. Escola Judicial do TRT — 15ª Região, n. 47, p. 101-130, jul./dez. 2015.

COUTURE, Eduardo Juan. *Estudios de derecho procesal civil*. 3. ed., tomo I. Buenos Aires: Depalma, 2003.

DELGADO, Mauricio Godinho. Arbitragem, mediação e comissão de conciliação prévia no Direito do Trabalho brasileiro. *Revista LTr*, São Paulo, ano 66, n. 6, jun. 2002.

_____. *Curso de direito do trabalho*. 14. ed. São Paulo: LTr, 2015.

DELLORE, Luiz *et al*. *Teoria geral do processo*: comentários ao CPC de 2015: parte geral. São Paulo: Forense, 2015.

DIDIER JR., Fredie. *Curso de direito processual civil*: teoria geral do processo e processo de conhecimento. 10. ed., V. 1. Salvador: JusPodivm, 2008.

DINAMARCO, Cândido Rangel *et al*. *Teoria geral do processo*. 10. ed. São Paulo: Malheiros, 1994.

DINAMARCO, Cândido Rangel. *Litisconsórcio*. 5. ed., rev. e atual. São Paulo: Malheiros, 1997.

_____. *Instituições de direito processual civil*. V. II. São Paulo: Malheiros, 1999.

_____. *Instituições de direito processual civil*. V. I. São Paulo: Malheiros, 2001.

_____. *Intervenção de terceiros*. 3. ed. São Paulo: Malheiros, 2002.

_____. *A reforma da reforma*. 2. ed. São Paulo: Malheiros, 2002.

_____. *Instituições de direito processual civil*. 2. ed., v. I. São Paulo: Malheiros, 2002.

_____. *Instituições de direito processual civil*. 4. ed., v. I, rev. atual. e com remissões ao Código Civil de 2002. São Paulo: Malheiros, 2004.

DINIZ, Maria Helena. *Código civil anotado*. 11. ed. São Paulo: Saraiva, 2005.

_____. *As lacunas no direito*. 8. ed., adaptada ao novo Código Civil (Lei n. 10.406, de 10.1.2002). São Paulo: Saraiva, 2007.

DÓREA, Flávia Hellmeister Clito Fornaciari. *Código de processo civil anotado*. In: TUCCI, José Rogério Cruz e, *et al* (coord.). São Paulo/Curitiba: AASP/OAB-PR, 2015.

FELICIANO, Guilherme Guimarães. O novíssimo processo civil e o processo do trabalho: uma outra visão. *Revista LTr. Legislação do Trabalho*. São Paulo: LTr, 2007. v. 71, p. 1-19.

_____. *Direito à prova e dignidade humana*: cooperação e proporcionalidade nas provas condicionadas à disposição física da pessoa humana. São Paulo: LTr, 2007.

Comentários ao Novo CPC

_____. Os princípios do direito processual do trabalho e o anteprojeto de processo laboral da Décima Quinta Região do Trabalho. *Revista do Tribunal Regional do Trabalho da 15ª Região*. Campinas: Tribunal Regional do Trabalho da 15ª Região, v. 43, p.117-144, 2013.

_____. *Curso crítico de direito do trabalho*. São Paulo: Saraiva, 2014.

_____; DIAS, Carlos Eduardo de Oliveira. *De juízos autoritários*. In: <http://www.conjur.com.br/2015-ago-24/juizes-nao-sao-automatos-tambem-manifestam-percepcoes-subjetivas> (Conjur). Acesso em: 15 dez. 2015.

_____. *Tutela processual de direitos humanos fundamentais*: inflexões no *due process of law*. São Paulo: LTr, 2016.

FERRAZ JR., Tércio Sampaio. *Introdução ao estudo do direito*: técnica, decisão, dominação. São Paulo: Atlas, 1991.

FREITAS, José Lebre de. *Introdução ao processo civil*: conceito e princípios gerais à luz do código revisto. Coimbra: Coimbra Editora, 1996.

GAJARDONI, Fernando da Fonseca. *Teoria geral do processo*: comentários ao CPC de 2015: parte geral. São Paulo: Forense, 2015.

_____. *Novo CPC*: a ressurreição da ação de depósito. Disponível em: <http://jota.info/novo-cpc-ressurreicao-da-acao-de-deposito>. Acesso em: 9 set. 2015.

GARCIA, Gustavo Filipe Barbosa. *Curso de direito processual do trabalho*. 2. ed., rev. e atual. Rio de Janeiro: Forense, 2013.

GIGLIO, Wagner D. *Direito processual do trabalho*. 6. ed., rev., ampl. e atual. São Paulo: LTr, 1986.

_____. *Direito processual do trabalho*. 12. ed., rev. atual. e ampl. São Paulo: Saraiva, 2002.

GOMES, Orlando; GOTTSCHALK, Élson. *Curso de direito do trabalho*. 11. ed. Rio de Janeiro: Forense, 1990.

GONÇALVES, Carlos Roberto. *Coleção Sinopses jurídicas, v. 6, Direito das Obrigações (Parte Especial), Tomo I — Contratos*. 5. ed. São Paulo: Saraiva, 2001.

GONÇALVES, Helena Coelho. *Código de Processo Civil Anotado*. In: TUCCI, José Rogério Cruz e, *et al* (coord.). São Paulo/Curitiba: AASP/OAB-PR, 2015.

GRINOVER, Ada Pellegrini. *Os princípios constitucionais e o código de processo civil*. São Paulo: Bushatsky, 1975.

GRUNSKY, Wolfgang. Il cosiddetto 'Modello di Stoccarda' e l'accelerazione del processo civile tedesco. In: *Rivista di Diritto Processuale*, Padova: CEDAM, n. 3, 1971.

HAAS, Ulrich. Il rapporto tra il giudice e le parti nel diritto tedesco. Trad. Daniele Boccucci. In: *Revisa de Processo*, São Paulo, Revista dos Tribunais, v. 197, jul. 2011.

HESSE, Konrad. *Grundzüge des Verfassungsrechts der Bundesrepublik Deutschland*. 4. Aufl. Heidelberg: C. F. Müller, 1970.

IZQUIERDO, Raquel Aguilera. *Proceso laboral y proceso civil*: convergencias y divergencias. Madrid: Civitas Ediciones, 2004.

JAEGER, Nicola. *Corso di diritto processuale del lavoro*. Padova: IDEA, 1933.

LEITE, Carlos Henrique Bezerra. *Curso de direito processual do trabalho*. 8. ed. São Paulo : LTr, 2010.

_____. *Curso de direito processual do trabalho*. 9. ed. São Paulo: LTr, 2011.

LOBO, Luiz Felipe Bruno. *A antecipação dos efeitos da tutela de conhecimento no direito processual civil e do trabalho*. São Paulo: LTr, 2000.

LOBO, Paulo. *Comentários ao estatuto da advocacia e da OAB*. 4. ed. São Paulo: Saraiva, 2007.

LOPES, Americo. *Nulidades no processo judiciário do trabalho*. Rio de Janeiro: A. Coelho Branco, 1945.

MADRUGA, Antenor. *A reciprocidade como interação entre Estados*. Revista Consultor Jurídico, 5.7.2012. Disponível em: <http://www.conjur.com.br/2012-jul-05/cooperacao-internacional-reciprocidade-interacao-entre-estados>. Acesso em: 31 jan. 2015.

MAIOR, Jorge Luiz Souto. *Direito processual do trabalho*: efetividade, acesso à justiça e procedimento oral. São Paulo: LTr, 1998.

_____. Os modos extrajudiciais de solução dos conflitos individuais do trabalho. *Revista LTr*, São Paulo, ano 66, n. 6, jun. 2002.

MARINONI. Luiz Guilherme. *Curso de processo civil: teoria geral do processo*. V. 1. São Paulo: Revista dos Tribunais, 2006.

_____; ARENHART, Sérgio Cruz. *Processo de conhecimento*. 7. ed. São Paulo: Revista dos Tribunais, 2008.

_____; ARENHART, Sérgio; MITIDIERO, Daniel. *Código de processo civil comentado*. São Paulo: Thomson Reuters, 2015.

MARTINS, Sérgio Pinto. *Direito processual do trabalho*: doutrina e prática forense; modelos de petições, recursos, sentenças e outros. 24. ed. São Paulo: Atlas, 2005.

MELLO, Celso Antonio Bandeira de. *Curso de direito administrativo*. 8. ed. São Paulo: Malheiros, 1996.

MENDES, Aluísio Gonçalves de Castro. *Competência cível da Justiça Federal*. 2. ed. São Paulo: Revista dos Tribunais, 2006.

MIRANDA, Pontes de. *Comentários ao Código de Processo Civil*. Tomo I, arts. 1º a 45. 5. ed. Rio de Janeiro: Forense, 1999.

_____. *Comentários ao Código de Processo Civil*. Tomo II, arts. 46 a 153, 3. ed., rev. e aum. Rio de Janeiro: Forense, 1993.

MONTEIRO, André Luís; VERÇOSA, Fabiane. *Breves Comentários ao Novo Código de Processo Civil*. In: WAMBIER, Teresa Arruda Alvim *et al* (coord.). São Paulo: Revista dos Tribunais, 2015.

MORENO, Faustino Cordón. El derecho a obtener la tutela judicial efectiva. In: GUTIÉRREZ-ALVIZ CONRADI, Faustino (*et al.*). *Derechos procesales fundamentales*. Madrid: Consejo General del Poder Judicial, 2004.

MÜLLER, Friedrich. *Métodos de trabalho do direito constitucional*. Trad. Peter Naumann. 2. ed. São Paulo: Max Limonad, 2000.

NASCIMENTO, Amauri Mascaro. *Curso de direito processual do trabalho*. 27. ed. São Paulo: Saraiva, 2012.

NERY JUNIOR, Nelson. *Código de processo civil comentado e legislação extravagante em vigor*. 2. ed. rev. e ampl. São Paulo: Revista dos Tribunais, 1996.

_____. *Princípios do processo na Constituição Federal*: processo civil, penal e administrativo. 9. ed. rev., ampl. e atual., com as novas súmulas do STF (simples e vinculantes) e com análise sobre a relativização da coisa julgada. São Paulo: Revista dos Tribunais, 2009.

_____; NERY, Rosa Maria de Andrade. *Comentários ao Código de Processo Civil*. São Paulo: Revista dos Tribunais, 2015.

FERREIRA, Aurélio Buarque de Holanda. *Novo dicionário Aurélio da língua portuguesa*. 3. ed., 2. impres. Curitiba: Positivo, 2004.

PAIM, Nilton Rangel Barretto; HILLESHEIN, Jaime. O assédio processual no processo do trabalho. *Revista LTr*, São Paulo, ano 70, n. 9, p. 1112-1118, set. 2006.

Comentários ao Novo CPC

PAULA, Paulo Afonso Garrido de. *Código de processo civil interpretado.* MARCATO, Antonio Carlos (coord.). São Paulo: Atlas, 2004.

PESSOA, Fabio Guidi Tabosa. *Breves comentários ao Novo Código de Processo Civil.* WAMBIER, Teresa Arruda Alvim et al. (coord.). São Paulo: Revista dos Tribunais, 2015.

PETERS, Egbert. Münchener Kommentar zur Zivilprozeßordnung: *mit Gerichtsverfassungsgesetz und Nebengesetzen.* Gerhard Lüke, Alfred Walchshöfer (Hrsg.), München: Verlag C. H. Beck, 1992.

PINTO, Paulo Mota. *Teoria geral do direito civil.* 3. ed. Coimbra: Coimbra Editora, 1996.

POCHMANN, Marcio. Transformações contemporâneas no emprego. In: DEDECCA, Claudio Salvadori; PRONI, Marcelo Weishaupt (orgs.). *Economia e Proteção Social*: textos para um estudo dirigido. Campinas: IE — UNICAMP, 2006.

PODETTI, J. Ramiro. *Tratado del proceso laboral.* Tomo 1. Buenos Aires: Ediar, 1949.

ROMANO NETO, Odilon. Competência da Justiça Federal fundada em tratados internacionais. *Revista Eletrônica de Direito Processual,* v. V. Disponível em: <http://www.arcos.org.br/periodicos/revista-eletronica-de-direito-processual/volume-v/competencia-da-justica-federal-fundada-em-tratados-internacionais#_ftn42>. Acesso em: 31 dez. 2015.

RUSSOMANO, Mozart Victor. *Comentários à CLT.* V. II. Rio de Janeiro: Forense, 1990.

SANTOS, Elisson Miessa. *Súmulas e Orientações Jurisprudenciais do TST*: comentadas e organizadas por assunto. 5. ed., rev. ampl. e atual. Salvador: JusPodivm, 2015.

SANTOS, Moacyr Amaral. *Primeiras linhas de direito processual civil.* 13 ed., v. 2. São Paulo: Saraiva, 1989-1990.

SCHENCK, Leonardo Faria. In: WAMBIER, Teresa Arruda Alvim et al (coord.). *Breves comentários ao Novo Código de Processo Civil.* São Paulo: Revista dos Tribunais, 2015.

SCHIAVI, Mauro. *Manual de direito processual do trabalho.* São Paulo: LTr, 2008.

SICHES, Luis Recaséns. *Tratado general de filosofia del derecho.* 16. ed. México: Porrúa, 2002.

SILVA, Ana Paula Mota da Costa e. Legalidade das formas de processo e gestão processual ou as duas faces de Janus. *Revista Trabalhista: direito e processo.* Brasília: ANAMATRA/LTr, v. 10. n. 38, p. 39-50, abr./jun. 2011.

SILVA, José Afonso da. *Curso de direito constitucional positivo.* 9. ed. São Paulo: Malheiros, 1993.

SILVA, José Antônio Ribeiro de Oliveira. Temas polêmicos do novo CPC e sua aplicação no processo do trabalho. *Revista LTr,* São Paulo, ano 79, n. 7, p. 815-828, jul. 2015.

SILVA, Ovídio A. Baptista da. *A ação cautelar inominada no direito brasileiro.* 4. ed. Rio de Janeiro: Forense, 1992.

_____. *Processo e Ideologia*: o paradigma racionalista. 2. ed. Rio de Janeiro: Forense, 2004.

SILVA, Ricardo Perlingeiro Mendes da. Cooperação jurídica internacional e auxílio direto. *Revista CEJ,* v. 10, n. 32, jan./mar. 2006. Disponível em: <http://www.jf.jus.br/ojs2/ index.php/revcej/article/viewArticle/701>. Acesso em: 31 jan. 2015.

STAFFORINI, Eduardo R. *Derecho procesal social.* Buenos Aires: Tipográfica Editora Argentina, 1955.

TEIXEIRA FILHO, Manoel Antonio. *Litisconsórcio, assistência e intervenção de terceiros no processo do trabalho.* 3. ed. São Paulo: LTr, 1995.

_____. *Curso de direito processual do trabalho.* V. I. São Paulo: LTr, 2009.

TEPEDINO, Gustavo. *Temas de direito civil.* 3. ed. Rio de Janeiro: Renovar, 2004.

THEODORO JÚNIOR, Humberto. *Curso de direito processual civil*: teoria geral do direito processual civil e processo de conhecimento. 47. ed., v. I. Rio de Janeiro: Forense, 2007.

TOLEDO FILHO, Manoel Carlos. Capítulos de sentença sob o enfoque do processo trabalhista. *Revista do TRT-15*, n. 20, Campinas: 2002, p. 138-159.

_____. *Fundamentos e perspectivas do processo trabalhista brasileiro*. São Paulo: LTr, 2006.

_____. *As transformações do CPC e sua repercussão no processo do trabalho*. Disponível em: <http://www.amatra15.org.br/NovoSite//artigos/detalhes.asp?PublicacaoID=27764>. Acesso em: 15 dez. 2015.

_____. Os poderes do juiz do trabalho face ao novo código de processo civil. In: MIESSA, Elisson (org.). *O novo código de processo civil e seus reflexos no processo do trabalho*. Salvador: JusPodivm, 2015. p. 327-342.

TOSELLI, Carlos Alberto; ULLA, Alicia Graciela. *Código procesal del trabajo*. Ley 7987, 2. ed., ampl. e atual. Córdoba: Alveroni Ediciones, 2007.

TUCCI, José Rogério Cruz e. *Supremacia da garantia do contraditório no Novo Código de Processo Civil*. Disponível em: <http://www.conjur.com.br/2015-abr-28/paradoxo-corte-supremacia-garantia--contraditorio-cpc>. Acesso em: 29 abr. 2015.

URIARTE, Oscar Ermida. *Meditación sobre el derecho del trabajo*. Montevidéu: Cadernillos de la Fundación Electra, 2011.

WAMBIER, Teresa Arruda Alvim, et al. *Breves comentários ao Novo Código de Processo Civil*. São Paulo: Revista dos Tribunais, 2015.

ZAVASCKI, Teori Albino. *Antecipação da tutela*. 3. ed., rev. e ampl. São Paulo: Saraiva, 2000.

Produção Gráfica e Editoração Eletrônica: RLUX
Projeto de capa: FÁBIO GIGLIO
Impressão: RENOVAGRAF

LOJA VIRTUAL
www.ltr.com.br

E-BOOKS
www.ltr.com.br